Operations Research Proceedings 1989

DGOR

Papers of the 18th Annual Meeting
Vorträge der 18. Jahrestagung

Edited by / Herausgegeben von
K.-P. Kistner J. H. Ahrens
G. Feichtinger J. Minnemann
L. Streitferdt

With 161 Figures/Mit 161 Abbildungen

Springer-Verlag Berlin Heidelberg New York
London Paris Tokyo Hong Kong

Prof. Dr. Klaus-Peter Kistner
Fakultät für Wirtschaftswissenschaften
Universität Bielefeld
Postfach 8640
D-4800 Bielefeld 1

Prof. Dr. Joachim H. Ahrens
Universität Kiel
Mathematisches Seminar
Ludewig-Meyn-Str. 4
D-2300 Kiel 1

Prof. Dr. Gustav Feichtinger
Technische Universität Wien
Institut für Ökonometrie,
Operations Research u. Systemtheorie
Argentinierstr. 8/119
A-1040 Wien

Dr. Joachim Minnemann
Westdeutsche Landesbank-Girozentrale
Herzogstr. 15
D-4000 Düsseldorf 1

Prof. Dr. Lothar Streitferdt
Transatlantische Lebensversicherungs-AG
Schwarzer Weg 28
D-2000 Hamburg 60

ISBN-13: 978-3-540-52489-2 e-ISBN-13: 978-3-642-75639-9
DOI: 10.1007/978-3-642-75639-9

2142/7130-543210

Vorwort

Die Operations Research Proceedings 1989 dokumentieren die Vorträge, die auf der 18. Jahrestagung der Deutschen Gesellschaft für Operations Research e.V. in der Zeit vom 13. bis 15. September 1989 an der Universität Kiel gehalten wurden.

Mehr als 250 Teilnehmer aus 11 Ländern waren der Einladung der DGOR gefolgt, neue methodische Entwicklungen und Anwendungspotentiale auf den unterschiedlichen Gebieten des Operations Research miteinander zu diskutieren.

Insgesamt wurden auf der Tagung in 14 Sektionen 105 Fachvorträge gehalten, von denen 60 als Langfassung, die übrigen 45 als Kurzfassung in diesen OR-Proceedings wiedergegeben werden. Leser, die sich auf Grund der Lektüre einer Kurzfassung besonders für die dargestellte Problemstellung interessieren, können sich direkt mit dem jeweiligen Referenten in Verbindung setzen; die Anschriften der Autoren sind am Ende des Buches zusammengestellt.

Die Gliederung des Tagungsbandes entspricht der des Programms der Jahrestagung. Mit den Anwendungen des Operations Research in der betrieblichen Praxis befassen sich die Referate aus den beiden branchenbezogenen Sektionen "Operations Research in der Industrie", "Operations Research in Banken und Versicherungen", aber auch die an den betrieblichen Funktionen orientierten Sektionen "Produktion", "Marketing", "Logistik und Verkehr", sowie "Organisation und Entscheidungstheorie".

Primär methodische Fragestellungen des Operations Research standen bei den Vorträgen der übrigen Sektionen im Vordergrund. Mit der Anwendung von Verfahren des Operations Research in der Informatik befaßten sich die Sektionen "Statistik, Datenanalyse und Prognose", "Decision Support-Systeme und Künstliche Intelligenz" und "Wirtschaftsinformatik". Theoretische Fragen des Operations Research standen hingegen im Mittelpunkt der Sektionen "Stochastische Prozesse, Zuverlässigkeits- und Bedienungstheorie", "Mathematische Optimierung", "Spieltheorie" und "Kontrolltheorie".

Neben den Fachvorträgen bildeten fünf Plenarvorträge einen weiteren Schwerpunkt der diesjährigen DGOR-Tagung. In dem Vortrag von F. Ferschl "Katastrophentheorie: Gleichgewicht und Revolution in hochkomplexen Systemen" wurden Entwicklungen aus dem Grenzgebiet zwischen Mathematik und Operations Research angesprochen. Das Gegengewicht zu der mehr theoretisch ausgerichteten Fragestellung dieses Vortrages bildete das Referat von E. Jaugey, das die Entwicklung von Personaleinstellungsstrategien anhand eines Simulationsmodells präsentierte. Während K.-H. Elster "Neuere Entwicklungen in der Nichtlinearen Optimierung" vorstellte, referierte E. van Damme über "Signalling and Forward Induction in a Market Entry Context". Zum Abschluß der Tagung zeigte W. Dinkelbach in seinem Vortrag "Elemente einer umweltorientierten betriebswirtschaftlichen Produktions- und Kostentheorie auf der Grundlage von LEONTIEF-Technologien" , wie klassische Verfahren des Operations Research zur Lösung eines zentralen Problems der neueren Betriebswirtschaftslehre eingesetzt werden können.

Wie in jedem Jahr veranstaltete die DGOR einen Studentenwettbewerb, in dem Diplomarbeiten aus dem Bereich des Operations Research ausgezeichnet wurden. Als Sieger des diesjährigen Wettbewerbs ging Karsten Wiese hervor, dessen Vortrag in die Proceedings aufgenommen worden ist.

Abschließend möchte ich allen danken, die zum Gelingen der Tagung beigetragen haben: Den Referenten für ihren Beitrag auf der Tagung, den Sektionsleitern für die Mithilfe bei der Erstellung des wissenschaftlichen Programms sowie den Sitzungsleitern, ohne deren Unterstützung die reibungslose Abwicklung des Programms nicht möglich gewesen wäre. Die Spender, die durch ihre finanzielle Hilfe die Durchführung der Veranstaltungen gefördert haben, sind im folgenden namentlich aufgeführt.

Mein Dank gilt auch Herrn Prof. Dr. R. Schmidt und seinen Mitarbeitern, insbesondere Herrn Dipl.-Kfm. C. Weimann, für die perfekte Durchführung der örtlichen Tagungsorganisation und das attraktive Rahmenprogramm.

Besonders danken möchte ich jedoch meinen Mitarbeitern Frau Dr. M. Steven und Herrn Dipl.-Kfm. S. Schumacher für die Unterstützung bei den Arbeiten des Programmausschusses und bei der Vorbereitung des vorliegenden Tagungsbandes. Dank gebührt auch meiner Sekretärin Frau M. Thomas und nicht zuletzt Frau R. Bennhardt in der Geschäftsstelle der DGOR für die gute Zusammenarbeit. Dem Springer-Verlag danke ich für die Unterstützung bei der Drucklegung der Proceedings.

Bielefeld, im Januar 1990 K.-P. Kistner

Programmausschuß

K.-P. Kistner, Bielefeld (Vorsitzender); J.H. Ahrens, Kiel;
G. Feichtinger, Wien; J. Minnemann, Düsseldorf; L. Streitferdt, Hamburg

Sektionsleiter	Sektionen
P. van Beek, Wageningen	Operations Research in der Industrie
M. Meyer zu Selhausen, München	Operations Research in Banken und Versicherungen
G. Zäpfel, Linz	Produktion
F. Böcker, Regensburg	Marketing
H. Isermann, Frankfurt	Logistik und Verkehr
W. Gaul, Karlsruhe	Statistik, Datenanalyse und Prognose
B. Schauenberg, Berlin	Organisation und Entscheidungstheorie
A. Cremers, Dortmund	Decision Support-Systeme und Künstliche Intelligenz
P. Stahlknecht, Osnabrück	Wirtschaftsinformatik
H. Daduna, Hamburg	Stochastische Prozesse einschl. Zuverlässigkeits- und Bedienungstheorie
T. Gal, Hagen	Mathematische Optimierung
G. Schwödiauer, Bielefeld	Spieltheorie
R. F. Hartl, Wien	Kontrolltheorie

Für die finanzielle Unterstützung der Tagung danken wir folgenden Firmen und Institutionen:

Deutsche Bank AG

Deutsche BP AG

Dresdner Bank AG

Friedrich Flick - Förderstiftung

Gesellschaft für Betriebswirtschaft zu Kiel e.V.

Dr.-Ing. Rudolf Hell GmbH

Howaldtswerke-Deutsche Werft AG

Kieler Spar- und Leihkasse

Kieler Volksbank eG

Krupp MaK Maschinenbau GmbH

Walter G. Mühlau

R. Oldenbourg Verlag GmbH

Preussag AG

Provinzial Versicherungsanstalten, Kiel

RWE AG

Inhaltsverzeichnis

Begrüßung durch den Vorsitzenden der Deutschen Gesellschaft für Operations Research

Plenarvorträge

Studentenwettbewerb

Operations Research in der Industrie

Operations Research in Banken und Versicherungen

Produktion

Marketing

Logistik und Verkehr

Statistik, Datenanalyse und Prognose

Organisation und Entscheidungstheorie

Decision Support-Systeme und Künstliche Intelligenz

Wirtschaftsinformatik

Stochastische Prozesse einschl. Zuverlässigkeits - und Bedienungstheorie

Mathematische Optimierung

Spieltheorie

Kontrolltheorie

Begrüßung durch den Vorsitzenden der Deutschen Gesellschaft für Operations Research Prof. Dr. Wolfgang Bühler

Sehr geehrter Herr Prorektor,
verehrter Herr Staatssekretär,
liebe DGOR-Mitglieder,
meine sehr geehrten Damen und Herren,

ich begrüße Sie herzlich zur 18. Jahrestagung der Deutschen Gesellschaft für Operations Research in Kiel und ich wünsche uns drei fruchtbare Tage, in denen wir uns in konstruktiv-kritischer Weise mit den von den Referenten präsentierten Thesen und Ergebnissen auseinandersetzen werden.

Wir tagen nach 1977 nun schon zum zweiten Mal an der Kieler Universität, und ich darf Ihnen, sehr geehrter Herr Prorektor, danken, daß Sie uns wiederum das Gastrecht an Ihrer gerade auch im wirtschaftswissenschaftlichen Bereich international renommierten Alma Mater gewähren.

Mein und unser Dank gilt auch den Veranstaltern vor Ort, Herrn Kollegen Schmidt und seinen Mitarbeitern, insbesondere Herrn Weimann, die mit großem Engagement die Vorbereitung dieser Jahrestagung übernommen und die Vielzahl der für Außenstehende nicht erkennbaren großen und kleinen Probleme gelöst haben.

Schließlich möchte ich mich noch beim Programmausschuß, insbesondere bei seinem Vorsitzenden, Herrn Kollegen Kistner, und dessen Mitarbeiter, Herrn Schumacher, für die Gestaltung des diesjährigen wissenschaftlichen Programms bedanken. Mit den 120 Fachvorträgen bietet es wiederum einen Überblick über das gesamte Spektrum des Operations Research.

Jahrestagungen bieten ja den willkommenen Anlaß, sich einmal vom Tagesgeschäft zurückzulehnen, den Schreibtisch leerzufegen, um aus der Distanz das eigene Tun und den Stand der Profession zu betrachten.

In den letzten Jahren - genauer etwa seit Mitte der 70er Jahre - werden Stimmen laut, die sich kritisch zur Entwicklung des Operations Research äußern. Die Kritik läßt sich drei Bereichen zuordnen, die zugleich eine gewisse Korrespondenz mit der historischen Entwicklung des OR besitzen.

1. Historisch ist das Operations Research entstanden als pragmatische und interdisziplinäre Vorgehensweise zur Entscheidungsunterstützung. Beklagt wird der Verlust an Interdisziplinarität und die zunehmenden Sprachbarrieren zwischen einzelnen Vertretern des Operations Research und zwischen dem Operations Research auf der einen Seite sowie dem Management auf der anderen Seite.

Mir scheint diese Klage überzogen zu sein. Darf in bezug auf das Problem der Interdisziplinarität die Zusammensetzung einer OR-Gruppe aus den Anfängen - bestehend aus Wirtschaftswissenschaftlern, Physikern, Mathematikern, Soziologen und Ingenieuren - heute noch als Maßstab dienen? Es ist doch keineswegs zwingend, daß diese historische Zusammensetzung einer OR-Gruppe auch unter den jetzt bestehenden Organisationsformen der Unternehmen und für die aktuellen, gewandelten Problemstellungen die geeignete Rahmenbedingung darstellt, unter der erfolgreich Operations Research betrieben wird. Eine Zuordnung zu Funktionsbereichen - wie wir sie beobachten - bietet möglicherweise die besseren Voraussetzungen und liefert unter einer Einschränkung der weiten Interdisziplinaritätsforderung auf eine engere, funktionsbezogene bessere Ergebnisse. Ich möchte dies mit zwei Beispielen belegen:

a) An den Hochschulen ist es inzwischen selbstverständlich geworden, daß in jeder der traditionellen Funktionsdisziplinen, beispielsweise Produktion, Finanzierung und Marketing, OR-Ansätze vermittelt werden, wie dies vor 30 Jahren noch undenkbar gewesen wäre. Ich darf in Klammern anmerken, daß vor 30 Jahren der erste betriebswirtschaftliche Methodenstreit nach dem 2. Weltkrieg zwischen Gutenberg und Mellerowicz ausgetragen wurde, in dem es auch um die Frage ging, inwieweit eine Formalisierung betriebswirtschaftlicher Probleme mit dem Erkenntnisziel der Betriebswirtschaftslehre zu vereinbaren ist. Diese funktionsbezogene Vermittlung OR-orientierter Ansätze zur Entscheidungsunterstützung stellt eine wichtige und sachgerechte Werbung für das Operations Research dar, auch wenn dies nicht immer unter diesem Namen geschieht.

b) In einzelnen Funktionsbereichen von Unternehmen - etwa im Produktionsbereich - gelingt heute eine Steuerung von Prozeßabläufen großer Komplexität bei einer gleichzeitigen hohen Nutzerfreundlichkeit der eingesetzten Systeme, wie man dies vor 20 Jahren - meinem ersten Besuch einer OR-Tagung - noch für unmöglich gehalten hätte.

Die Sprachprobleme zwischen einzelnen Gruppen, die Operations Research betreiben, stellen ein Faktum dar, das letztlich auf den unterschiedlichen Karrieremustern dieser Gruppen beruht. Hier der Wunsch nach der Entwicklung eines neuen, möglicherweise besonders ästhetischen Lösungsverfahrens, dort der Druck, Probleme fristgerecht, angemessen und mit robusten Verfahren zu lösen.

Diese Unterschiede werden nie auszuräumen sein. Bei dem erforderlichen Selbstbewußtsein beider Gruppen kann und wird diese Spannung - wir erleben dies auf DGOR-Tagungen - fruchtbar genutzt werden. DAß wir es uns allerdings in Deutschland leisten, zwei OR-Gesellschaften zu unterstützen, ist nach meiner persönlichen Auffassung ein Luxus, den wir mit hohen Reibungsverlusten und einem nicht ausreichenden Ideentransfer bezahlen.

Das zweite Sprachproblem betrifft die Verständigungsschwierigkeiten zwischen Management und Operations Research. Hier bin ich durch die Entwicklung im PC-Bereich außerordentlich optimistisch. Der PC leistet für das Operations Research gleich mehrere unschätzbare Dienste:

- der - ich übertreibe - menschenverachtende Batchbetrieb, wie er früher für die Lösung von OR-Problemen auf Großrechnern in Kauf genommen werden mußte, gehört zu einem Teil der Vergangenheit an,
- der PC hat die Computerangst in eine positive Einstellung zum Computer gewandelt,
- der PC erlaubt eine Visualisierung der Lösungsergebnisse, ein entscheidender Vorteil beim "Verkauf" von OR-Resultaten und
- die existierende Massensoftware wird den Wunsch nach der Lösung komplexerer Probleme weiter verstärken.

2. Ich komme zum zweiten Kritikpunkt. Er knüpft an den großen Entwicklungen von Algorithmen Ende der 40er und in den 50er Jahren an. Es wird gesagt, daß

   - nun genügend Algorithmen verfügbar seien und diese auf ihre erfolgreiche Implementierung harrten und daß
   - die Forschung in diesem Bereich stagniere.

   Beide Aussagen sind gleichermaßen falsch. Ich darf erinnern an

   - den Nachweis der polynomialen Lösbarkeit linearer Programme durch Khatchian (1979),
   - an das ebenfalls polynomiale Verfahren von Karmarkar (1984),
   - an die zunächst esoterisch erscheinende algebraische Charakterisierung der Facetten von Polyedern, die aber die Grundlage für die Lösung großer ganzzahliger Probleme mit speziellen Strukturen bilden. Der Plenarvortrag von Herrn Kollegen Korte auf der letzten DGOR-Tagung über die Anwendung dieser Techniken auf das Design von Chips bildet hierfür ein herausragendes Beispiel.

- Schließlich möchte ich aus meinem engeren Fachgebiet die Anwendung der Kontrolltheorie zur Bewertung von Optionen nennen. Das Ergebnis ist eine partielle Differentialgleichung, deren Lösung heute von der Mehrzahl aller Optionshändler auf der ganzen Welt benutzt wird.

3. Ein dritter Kritikpunkt bezieht sich auf die in neuester Zeit erfolgte Abspaltung erfolgreicher Teilgebiete vom Operations Research und auf die Entstehung von Konkurrenzdisziplinen. Das Projektmanagement und die Logistik sind Beispiele für den ersten, Decision Support Systeme, Expertensysteme und Systeme der künstlichen Intelligenz mit nicht immer klaren Unterschieden Beispiele für den zweiten Sachverhalt.

   Die erste Entwicklung ist eine in der Wissenschaftsgeschichte immer zu beobachtende Konsequenz der Ausdifferenzierung und im Grundsatz nicht tragisch. Hier wird funktionsbezogenes Operations Research in einem neuen Rahmen erfolgreich betrieben. Dennoch müssen wir dafür Sorge tragen, daß die erfolgreichen Teilbereiche des Operations Research nicht vollständig abwandern und auf unseren Jahrestagungen nicht mehr präsent sind.

   Der zweite Sachverhalt stellt eine Herausforderung und zugleich eine Chance für das Operations Research dar. Zeigt er doch, daß für die Planungsaufgaben in einer zunehmend komplexer werdenden Welt auch komplexe Problemlösungen gesucht und akzeptiert werden. Diese zunehmende Komplexität und ihre Bewältigung stellt eine große Chance und Aufgabe für das Operations Research dar. Verglichen mit der Situation vor 10 Jahren wird die Lösungsmöglichkeit dieser Aufgabe insbesondere dadurch verbessert, daß neben dem PC nun auch zunehmend interne und externe Datenbanken verfügbar sind und laufend gepflegt werden. Diese Datenbanken stellen eine zentrale Vorbedingung für die erfolgreiche Anwendung von Operations Research in vielen Fällen dar.

Der für das Operations Research typische Denkstil, Fragestellungen von der Problemformulierung, der Datenermittlung, der Problemlösung und der Problemvariation zu bearbeiten, ist wichtiger denn je. Wer Freude an dieser Form der Vorbereitung von Entscheidungen hat, wird auch in der Zukunft im Bereich des Operations Research ein breites Tätigkeitsfeld finden, zumal sich die Anwendungsvoraussetzungen für das Operations Research entscheidend verbessert haben. Operations Research hat nichts von seiner Faszination verloren.

Katastrophentheorie: Gleichgewicht und Revolution in hochkomplexen Systemen

F. Ferschl, München

ABSCHNITT 1: **Einleitung**

Schon vor mehr als zehn Jahren erreichte die Diskussion um René THOMs Katastrophentheorie einen - von Kontroversen begleiteten - Höhepunkt. In diversen Wochenmagazinen (wie etwa dem Spiegel) wurde die Katastrophentheorie als ein Druchbruch gepriesen, der sich mit NEWTONs Werk messen könne. Christopher ZEEMAN insbesondere verblüffte das staunende Publikum mit einer breiten Palette verschiedenartigster Anwendungen; zum Beispiel

- Interpretation von Gefängnisrevolten
- Modell der Herztätigkeit
- Bimodales Regierungsverhalten („Tauben und Falken")
- Deutung von nervösen und psychotischen Störungen
- Umschwünge im Wählerverhalten

Dazu kamen ernstzunehmende Anwendungen in der Mechanik, Optik (die „Laserkatastrophe"), Thermodynamik, Kosmologie. Schließlich erschienen eine Reihe von einführenden Darstellungen in mathematischen Fachzeitschriften, die allerdings nicht ganz leicht zu konsumieren sind (besonders lesenswert sind etwa J. CALLAHAN [1974] und [1977], M. GOLUBITSKY [1978]).

Daneben erhoben sich auch kritische Stimmen (H.J. SUSSMAN und R.S. ZAHLER [1978]) bezüglich der Anwendung in den Sozialwissenschaften und der Ruf „Der Kaiser hat keine Kleider" wurde laut. In der Zwischenzeit ist es wieder etwas ruhiger um die Katastrophentheorie geworden; es sind aber bemerkenswerte Vorstöße in den Bereich der Wirtschaftswissenschaften zu registrieren. Wohl der wichtigste Versuch in dieser Richtung ist das Werk von H. URSPRUNG (insbesondere das Buch [1982] und die Arbeit [1984]). Dieses sieht in der Katastrophentheorie eine Weiterentwicklung der komparativen Statik, so wie sie in P. SAMUELSON's Foundations of Economics entwickelt wurde; in H. URSPRUNG [1984] wird überdies der Versuch unternommen, der SCHUMPETERschen Konzeption des entrepreneurs, also des innovativen Unternehmers, die Katastrophentheorie als adäquates mathematisches Modell zur Seite zu stellen, etwa in der Art, wie seinerzeit die HICKSschen mathematische Kreislaufmodelle der KEYNESschen Theorie erst so richtig zum Durchbruch verhalfen.

Der Titel meines Vortrags enthält implizit einige Versprechungen, die einzulösen nicht ganz einfach ist: „Revolution", „hochkomplexe Systeme". Dazu müssen Vorstellungen wie „Gestalt", „strukturelle Stabilität" hinzugenommen und präzisiert werden, um den spezifischen Charakter der Katastrophentheorie deutlich zu machen. Das ist insofern nicht ganz leicht, als die eigentliche O.R.-Literatur kaum Anwendungen der Katastrophentheorie vorweisen kann. Wo also beginnen?

Operations Research Proceedings 1989

Glücklicherweise kann man eine Einführung in die Katastrophentheorie auf zwei Beine stellen, die den Bereich des Operations Research immerhin berühren, nämlich die Singularitätentheorie differenzierbarer Funktionen und die Theorie der deterministischen dynamischen Systeme.

ABSCHNITT 2: **Zur Singularitätentheorie**

A. *Eine einfache Optimierungsaufgabe*

Wir gehen von der einfachsten Klasse von Optimierungsaufgaben aus, die man schon in der Schule kennenlernt, nämlich der Bestimmung lokaler Extrema von differenzierbaren Funktionen [1], das heißt: Optimierungsaufgaben ohne Nebenbedingungen.
Wir betrachten ein einfaches Beispiel - H. URSPRUNG [1984] folgend - in einer Variablen, das *Problem des Monopolisten.*
Seien

$$\begin{aligned} x &:= \text{produzierte Menge,} \\ p(x) &:= \text{Preis,} \\ C(x,t) &:= \text{Produktionskosten.} \end{aligned}$$

Die Produktionskosten mögen noch einen Parameter t enthalten, der den technischen Stand der Produktion repräsentiere (Technologieparameter).

Zielfunktion ist der Gewinn g in Abhängigkeit von der produzierten Menge

$$g(x) = xp(x) - C(x,t) \quad \cdots \quad \text{Max !}$$

Notwendige Bedingung für ein lokales Extremum ist bekanntlich

$$\frac{dg(x)}{dx} = 0.$$

Punkte mit dieser Eigenschaft nennt man allgemein *singuläre Punkte* (an solchen Stellen ist die Funktion g nicht umkehrbar).

Hinreichend für ein Maximum ist

$$\frac{d^2g(x)}{dx^2} < 0.$$

Bei Optimierungsproblemen dieser Art rechnet man damit, daß $\frac{d^2g(x)}{dx^2} \neq 0$ gilt. Man sagt dann auch, es liege eine *einfache (nichtdegenerierte)* Singularität vor. Was aber, wenn

$$\frac{dg(x)}{dx} = 0 \text{ und } \frac{d^2g(x)}{dx^2} = 0 \;\; ?$$

[1] Unter differenzierbaren Funktionen verstehen wir hier immer: „beliebig oft differenzierbar".

Im Falle einer Variablen liefert die Analysis bekannte Regeln, die auf höhere Ableitungen zurückgreifen und die (bei analytischen Funktionen) gestatten zu entscheiden, ob ein Wendepunkt mit waagerechter Tangente (Terrassenpunkt) oder ein lokales Maximum bzw. Minimum vorliegt.

Im Falle von Funktionen mehrerer Variablen liegen die Dinge nicht so einfach. *Notwendige* Bedingung ist nach wie vor die Singularität. *Hinreichende* Bedingungen werden über die HESSEsche Matrix

$$\left(\frac{\partial^2 f}{\partial x_i \partial x_j}\right)$$

gewonnen. Verschwindet jedoch an den Stellen mit „waagerechter" Tangentialebene die Determinante der HESSEschen Matrix (das entspricht $\frac{d^2 g(x)}{dx^2} = 0$ im Falle einer Funktion einer Variablen), so kann man mit Ableitungskriterien allein nichts mehr über das Vorliegen von Extremwerten aussagen. Hiefür gibt es einfache, aber eindrucksvolle Beispiele, so etwa

$$f(x,y) = x^3 - xy^2$$

oder die PEANO-Funktion

$$p(x,y) = (y^2 - x^2)(y^2 - 3x^2),$$

jeweils an der Stelle $(x,y) = (0,0)$ betrachtet.

B. *Strukturelle Stabilität*

Es lohnt sich also schon, in Fällen einer degenerierten Singularität die Gestalt einer Funktion in der Umgebung eines singulären Punktes näher zu untersuchen. Genau das ist die Aufgabe der Singularitätentheorie. Allerdings betrachtet man dort etwas allgemeiner differenzierbare Abbildungen des Typs

$$f : \mathbb{R}^n \to \mathbb{R}^p.$$

In der Praxis tröstet man sich damit, daß solche Erscheinungen „nicht vorkommen". Wie die Singularitätentheorie nachweist, tut man dies zurecht. Degenerierte Singularitäten sind

- *strukturell instabil*
- *untypisch (nicht generisch)*

„Strukturell instabil" bedeutet, daß eine „kleine Störung" die degenerierten Singularitäten beseitigt und in gewöhnliche Singularitäten auflöst oder, wie man sagt, *„entfaltet"*.

Es gibt präzise Formulierungen von „kleiner Störung", „strukturell stabil" und „typisch" (generisch). Sie benötigen aber schwereres mathematisches Geschütz, das über die oben gebrauchten, elementaren Bilder weit hinausgeht.

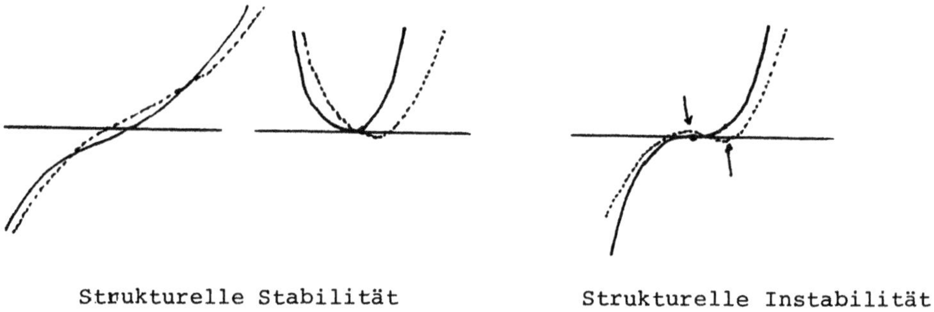

Bild 1: Strukturelle Stabilität und strukturelle Instabilität

C. *Entfaltungen*

Der obige Verweis auf das Nichtvorkommen von degenerierten Singularitäten in der Praxis ist, so einfach ausgesprochen, nicht ganz in Ordnung. Betrachtet man nämlich parametrisierte Optimierungsprobleme, so trifft man typischerweise auf degenerierte Singularitäten, das heißt: Beim Variieren der Parameter entsteht eine Schar von Singularitäten, die typischerweise eine degenerierte Singularität enthält.

Mit Bedacht wurde daher auch in unserer einfachen Aufgabe, dem Problem des Monopolisten, ein Technologieparameter eingeführt. In H. URSPRUNG [1984] wird gezeigt, daß bei ökonomisch sinnvollen Voraussetzungen über die Funktionen $p(x)$ und $C(x,t)$ tatsächlich ein Durchgang durch eine degenerierte Singularität stattfindet.

Solche Durchgänge einer parametrischen Schar von Funktionen durch eine Singularität sind genau der Gegenstand der elementaren Katastrophentheorie. Allerdings wechselt man dort den Gesichtspunkt insofern, als man nun den Durchgangspunkt zum *Ausgangspunkt* wählt, das heißt: Man *bettet* die degenerierte Singularität in eine parametrische Schar *ein*.

Eine solche Einbettung eines Terrassenpunktes ist etwa durch die Schar

$$f(x;a) = x^3 - ax$$

gegeben (wir werden sie als einfachste in der Liste der elementaren Katastrophen wiederfinden). Der Terrassenpunkt - er erzeugt ein labiles Gleichgewicht - erscheint beim Durchgang des Punktes a durch den Wert $a = 0$.

Es ist dies eine erste Präzisierung des Begriffes „Entfaltung" einer Singularität, der zugleich das begriffliche Kernstück der elementaren Katastrophentheorie ist.

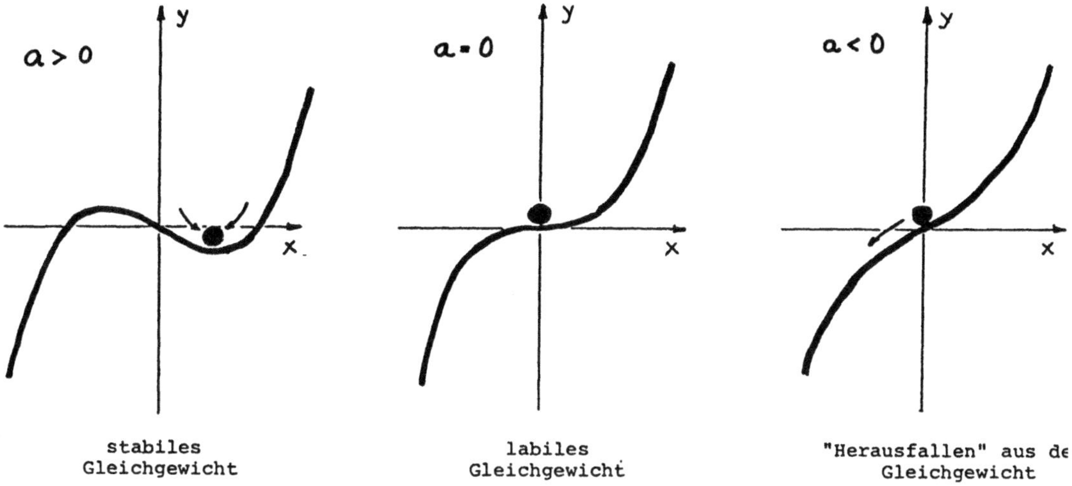

Bild 2: Gleichgewichte in der Schar $y = x^3 - ax$

ABSCHNITT 3: **Dynamische Systeme**

Die Bedeutung des Katastrophen–Bildes dürfte aber wohl besser erkennbar sein, wenn man von der Betrachtung dynamischer Systeme ausgeht. Ebenso sind Verallgemeinerungen und Weiterentwicklungen eher von diesem Startpunkt aus in Sicht.

A. *Zum Begriff des deterministischen dynamischen Systems*

Deterministische dynamische Systeme verkörpern die Idee der deterministischen Weltbeschreibung schlechthin; sie sind gewissermaßen ein universales Instrument der deterministischen Modellbildung. Die Ingredienzien eines dynamischen Systems sind

- n *Zustandsvariable*, die als Funktionen der Zeit t aufgefaßt werden.

$$x_1(t), \cdots, x_n(t) \quad ; \qquad x_i(t) \in \mathbb{R} \quad ; \quad i = 1, \cdots, n.$$

- Der Systemzustand im Zeitpunkt t wird durch einen *Zustandsvektor* beschrieben

$$x(t) \ := (x_1(t)), \cdots, x_n(t); \ \in \mathbb{R}^n.$$

Man deutet $x(t)$ als Punkt im n-dimensionalen *Phasenraum* $\mathbb{R}^n$. Ein dynamisches System gilt als vollständig beschrieben, wenn man die Funktionen $x_i(t)$ kennt.

• Die *Bewegung des Systems* wird als Bewegung des Punktes $x(t)$ im Phasenraum aufgefaßt. Sie wird durch ein System von Differentialgleichungen erster Ordnung gesteuert:

$$\dot{x}_1(t) = f_1(x_1(t), \cdots, x_n(t); a_1, \cdots a_k)$$

$$\cdots \tag{1}$$

$$\dot{x}_n(t) = f_n(x_1(t), \cdots, x_n(t); a_1, \cdots a_k)$$

$$\text{mit} \quad \dot{x}_i(t) := \frac{dx_i(t)}{dt}.$$

• Das Systemverhalten wird überdies von den Parametern $a_1, \cdots, a_k$ beeinflußt. Man nennt $a_1, \cdots, a_k$ *exogene Variable, Steuer-* oder *Kontrollvariable*; dagegen $x_1 \cdots, x_n$ *endogene Variable* oder *Systemvariable.*

• Die Eigenschaften eines dynamischen Systems sind somit vollständig gegeben durch die differenzierbaren Funktionen

$$f_1, f_2, \cdots, f_n$$

und die (festen) Werte der Kontrollen

$$a_1, a_2, \cdots, a_k.$$

• Die vektorielle Zusammenfassung der Systembeschreibung lautet:

$$\dot{x}(t) = f(x(t); a)$$

mit

$$f = (f_1, f_2, \cdots, f_n)$$

$$a = (a_1, a_2, \cdots, a_k)$$

$$f_i : \mathbb{R}^n \times \mathbb{R}^k \to \mathbb{R} \ ; \quad i = 1, \cdots, n$$

$$f \ : \mathbb{R}^n \times \mathbb{R}^k \to \mathbb{R}^n.$$

B. *Zur Beschreibung eines dynamischen Systems*

• Durch das Differentialgleichungssystem (1) wird jedem Punkt des Phasenraums ein Vektor der Dimension n „angeheftet“:

$$v = (\dot{x}_1, \dot{x}_2, \cdots, \dot{x}_n) = (f_1(x), f_2(x), \cdots f_n(x)).$$

Man deutet dabei v als Geschwindigkeitsvektor.

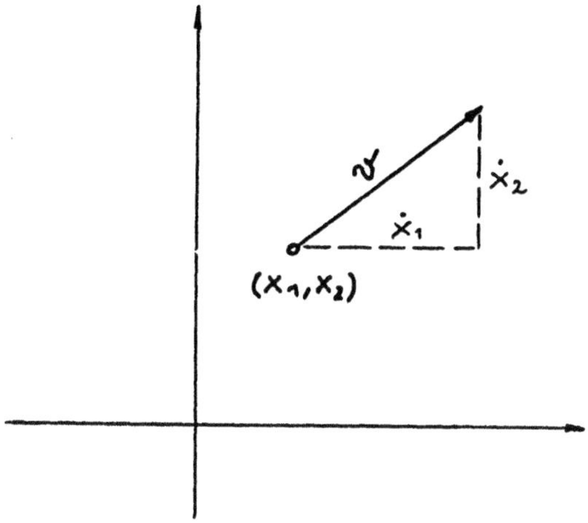

Grundelement eines Vektorfeldes
im Falle n = 2 : Punkt mit
angeheftetem Vektor

Bild 3: Geschwindigkeitsvektor im Phasenraum

- Ein Gebiet des $\mathbb{R}^n$ mit angehefteten n-dimensionalen (Geschwindigkeits-)Vektoren heißt *Vektorfeld.*

Ein Vektorfeld kann man sich also als einen Phasenraum mit Wegweisern vorstellen etwa in folgender Weise: Ist man im Zeitpunkt t im Punkt x angekommen, findet man dort den Wegweiser v vor, welcher

die Geschwindigkeit $|v|$

und

die Richtung $\frac{v}{|v|}$

angibt, mit der sich das System weiterbewegt. Das Vektorfeld zeigt somit, wie das System, von einem beliebigen Anfangspunkt $x_o = x(t_o)$ ausgehend, durch den Phasenraum geführt wird.

- Konkret wird die Bewegung eines Punktes durch *Bahnkurven (Trajektorien)* beschrieben.

Die Gesamtheit der Bahnkurven zusammen mit dem Phasenraum heißt *Fluß.* Das geometrische Bild des Flusses nennt man ein *Phasenporträt.*

C. *Gleichgewichtspunkte und Attraktoren*

Zwei wichtige Erscheinungen in dynamischen Systemen sind Gleichgewichtspunkte und Attraktoren.

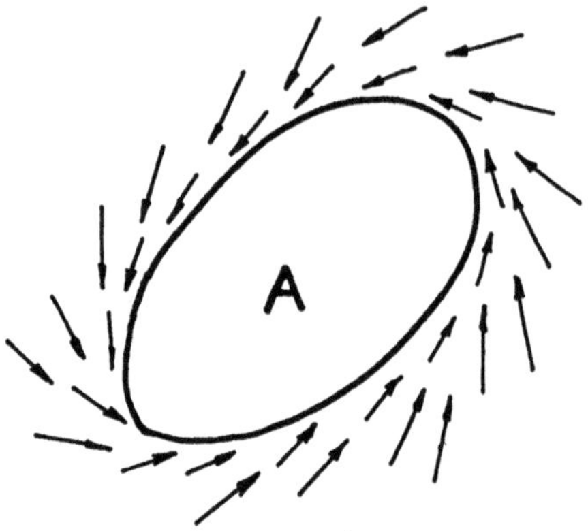

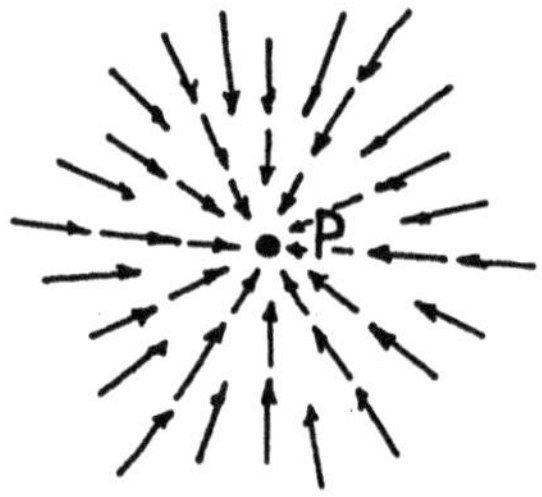

Bild 4: Gleichgewichtspunkt und Attraktor

• In einem *Gleichgewichtspunkt* ist der Geschwindigkeitsvektor v gleich dem Nullvektor,

$$v = (\dot{x}_1, \dot{x}_2, \cdots, \dot{x}_n) = (0, 0, \cdots, 0).$$

Befindet sich ein System einmal in einem Gleichgewichtspunkt, so verbleibt es in diesem für immer.

• Ein *Attraktor* ist eine abgeschlossene Punktmenge A mif folgender Eigenschaft:

Jede Trajektorie, die durch einen Punkt „genügend nahe" an A geht, konvergiert gegen A.

- Ein ***dynamisch stabiler Gleichgewichtspunkt*** ist eine Attraktor, der nur aus einem Punkt besteht. Die übrigen Gleichgewichtspunkte sind ***dynamisch instabile Gleichgewichtspunkte***.

D. *Allgemeine Katastrophentheorie und die Theorie der dynamischen Systeme*

Zum besseren Verständnis der Katastrophentheorie, gleichzeitig zu ihrer Abgrenzung, sei auf zwei Theorien hingewiesen, die ebenfalls mit deterministischen dynamischen Systemen zu tun haben.

- *Die Theorie der optimalen Kontrolle dynamischer Systeme.* Hier werden die exogenen Variablen $a_1, a_2, \cdots, a_k$ zu zeitabhängigen, planbaren Kontrollvariablen gemacht:

$$a_1(t),\ a_2(t), \cdots, a_k(t).$$

Die Bewegung der Kontrolle wird als synchron mit den Zustandsvariablen gedacht. Das Problem besteht darin, die Funktionen $a_1(t)$, $a_2(t), \cdots, a_k(t)$ so zu bestimmen, daß ein Funktional der verallgemeinerten Bahn $(x(t),\ a(t))$ maximiert wird.

Auch die Zeit t selbst kann als exogene Variable auftreten. Man spricht dann von einem *nichtautonomen* dynamischen System.

- *Die Chaos-Theorie.* Diese in letzter Zeit ziemlich in Mode gekommene deterministische Theorie betrachtet Systeme, in denen sogenannte *„strange attractors"* vorkommen. Ein strange Attraktor ist ein Attraktor, der eine sensitive Abhängigkeit von den Anfangsbedingungen zeigt, das heißt: Ein Anfangsfehler in der Festlegung der Anfangsbedingungen wächst exponentiell mit der Zeit an (dies cum grano salis, da Attraktoren nur eine endliche Ausdehnung haben).

Die dadurch hervorgerufene faktische Nichtprediktabilität ist eine typische Eigenschaft gewisser dynamischer Systeme (turbulenter Flüssigkeitsstrom; Wettergeschehen). Wir werden aber sehen, daß die Katastrophentheorie eine gewissermaßen gegenläufige Betrachtungsweise pflegt, obwohl man - etwa im Zusammenhang mit dem Phänomen der *Bifurkation* - auch von Nichtvoraussagbarkeit sprechen kann.

- Im Gegensatz dazu pflegt die Katastrophentheorie vor allem in den wirtschaftlichen, sozialwissenschaftlichen und biologischen Anwendungen die folgende Betrachtungsweise. Wenn man die exogenen Parameter $a_1, a_2 \cdots, a_k$ stetig ändert, kann man im allgemeinen erwarten, daß sich auch die Gestalt des Systems ändert. Dynamisch stabile Gleichgewichtspunkte wandern, verschwinden oder entstehen; Attraktoren verändern ihre Form und Lage.

Dabei erfolge die endogene Bewegung, also die Bewegung der Systemvariablen, im Vergleich zur Änderung der exogenen Parameter „sehr schnell". Das wird manchmal durch den Ansatz

$$\dot{x}(t) = \frac{1}{\epsilon} f(x(t), a)$$

$\epsilon > 0$, klein ausgedrückt.

Nehmen wir nun der Einfachheit halber an, das System hätte nur dynamisch stabile Gleichgewichtspunkte als Attraktoren. Wegen der Schnelligkeit der Systembewegung „sieht“ man das System nur in Gleichgewichtslagen. Bewegen sich die exogenen Parameter, so sieht man als Bewegtes nur die wandernden Gleichgewichtspunkte. Dabei ist aber durchaus möglich, daß Gleichgewichtspunkte an manchen Stellen verschwinden und an anderen Stellen auftauchen. Dann „sieht“ man trotz der langsamen Bewegung der Kontrollen einen Sprung im Systemverhalten: Eben das nennt man eine Katastrophe.

- Nach H. URSPRUNG [1982], S.111 f., ist die allgemeine Katastrophentheorie eine Theorie der strukturellen Instabilität dynamischer Systeme. Das Gegenteil, nämlich strukturelle Stabilität bedeutet dabei, daß eine kleine Störung (Änderung) des dynamischen Systems ein System erzeugt, das „nahe“ am ursprünglichen System liegt, das heißt, daß sich seine Gestalt nicht wesentlich ändert. Diese Begriffe bedürfen allerdings einer umfangreichen und ausführlichen mathematischen Präzisierung.

Eine solche allgemeine Katasthrophentheorie dynamischer Systeme befindet sich jedoch noch in den Anfängen.

D. *Die elementare Katastrophentheorie*

Was wir hier näher betrachten wollen, ist nur ein Sonderfall dieser allgemeinen Theorie, nämlich die *elementare Katastrophentheorie*. Das ist genau jene Theorie, die von René THOM entwickelt und auch zu einem gewissen Abschluß gebracht wurde, eben die eingangs zitierte, aufsehenerregende Theorie der 70–er Jahre.

Die elementare Katastrophentheorie betrachtet dynamische Systeme, welche durch die Minimierung einer Potentialfunktion

$$U(x_1, \cdots, x_n)$$

gesteuert werden, dergestalt, daß die „angehefteten“ Vektoren (abgesehen vom Vorzeichen) als partielle Ableitungen von U angesehen werden können:

$$f_i(x_1, \cdots, x_n) = -\frac{\partial U}{\partial x_i}(x_1, \cdots, x_n) \qquad i = 1, \cdots, n$$

Stabile Gleichgewichtslagen im System können somit als Ergebnis eines Optimierungs- (Minimierungs)prozesses gedeutet werden.

Ein solches Vektorfeld nennt man ein Gradientensystem.

Die exogenen Parameter können auch in die Potentialfunktion eingeführt werden; man erhält dadurch Scharen von Potentialfunktionen, die wir in der Singularitätentheorie als Entfaltungen vorgefunden haben.

ABSCHNITT 4: **Die Beschreibung einer speziellen Katastrophe: Die Spitzen–(Kuspen–)katastrophe**

Wir betrachten eine relativ einfache Schar von Potentialfunktionen mit einer Zustandsvariablen und zwei exogenen Parametern

$$U(x) = \frac{1}{4}x^4 - \frac{1}{2}ax^2 - bx$$

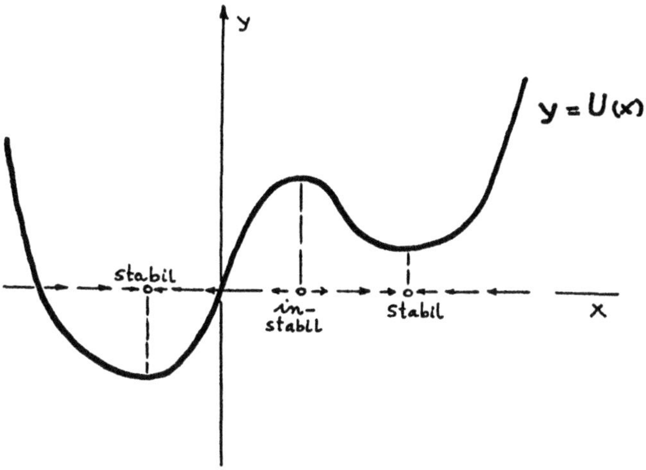

Gleichgewichte in einem dynamischen System, gesteuert durch die Potentialfunktion

$$U(x) = \frac{1}{4}x^4 - \frac{1}{2}ax^2 - bx$$

Bild 5: Gleichgewichte in einem dynamischen System

A. *Darstellung des dynamischen Systems*

- Das zugehörige dynamische System

$$\dot{x} = x^3 - ax - b$$

bildet ein Vektorfeld auf einer Geraden.

Für geeignete Parameterwerte $a < 0$ und $b > 0$ ergibt sich die folgende bimodale Gestalt der Potentialfunktion. Siehe dazu Bild 5.

In Bild 5 findet man darüberhinaus auf der Geraden $y = 0$ das Vektorfeld angedeutet, ebenso die beiden stabilen Gleichgewichtspunkte (Minima) und einen instabilen Gleichgewichtspunkt (Maximum).

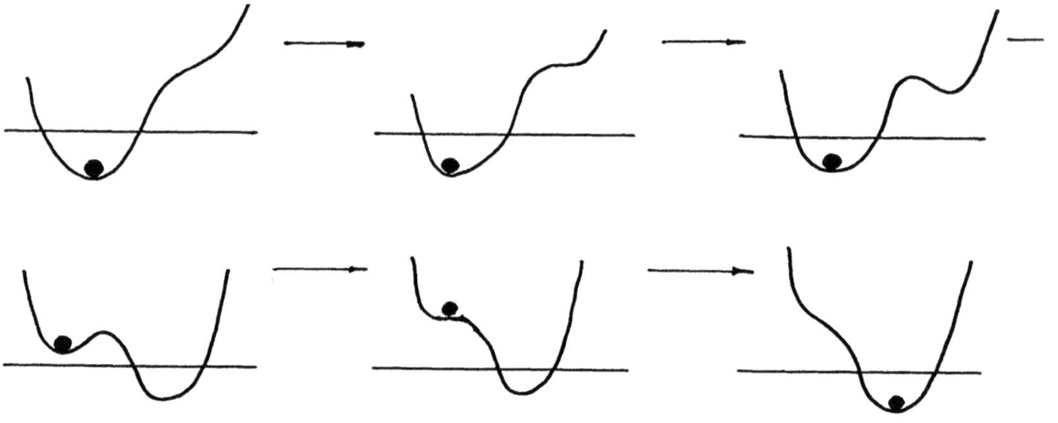

Bewegung der Gleichgewichtslage in der Kurvenschar $y = \frac{1}{4}x^4 - \frac{1}{2}ax^2 - bx$

Bild 6: Bewegung der Gleichgewichtslage bei Änderung von Parametern

Vektorfelder auf Geraden lassen sich leider nicht so anschaulich darstellen (man sieht keine Bahnkurven) wie dies etwa bei den üblicherweise verwendeten Bildern von Vektorfeldern in der Ebene der Fall ist.

- Werden nun die beiden exogenen Parameter a, b variiert, entstehen verschiedene Formen von Potentialkurven (bzw. dynamischen Systemen). Siehe dazu Bild 6.

Der jeweilige Gleichgewichtszustand, durch Minimierung erzeugt, kann dabei durch die Lage einer beweglichen Kugel repräsentiert werden.

B. *Die Darstellung der Spitzenkatastrophe*

Wir suchen nun nach einer übersichtlichen geometrischen Darstellung, die alle wesentlichen Eigenschaften des Systems, insbesondere das simultane Zusammenwirken von endogenen Variablen x und exogenen Variablen a, b erkennen läßt. Besonders interessiert dabei die wechselnde Lage der stabilen und instabilen Gleichgewichtspunkte. Dazu werden endogene und exogene Variable zu einem Tripel

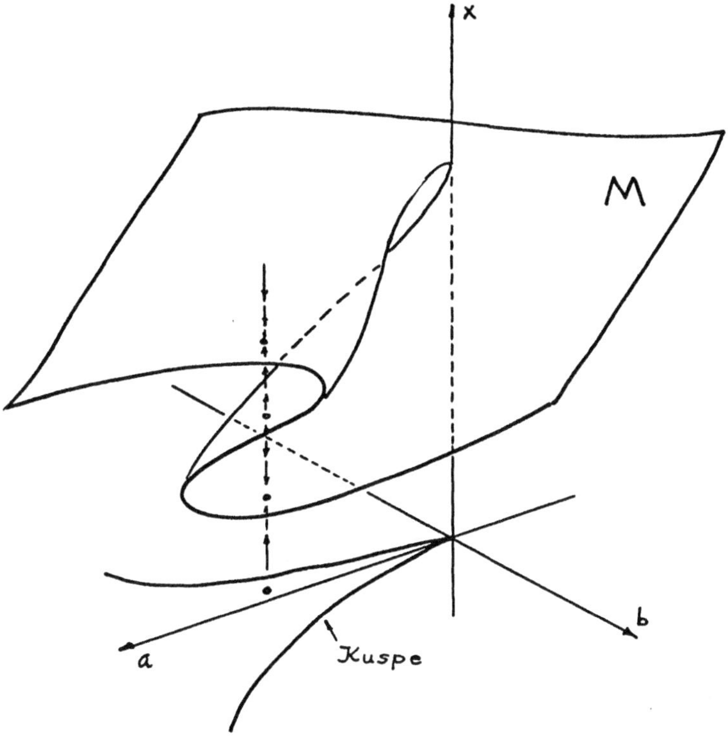

Kuspendarstellung des dynamischen Systems
$U(x) = \frac{1}{4}x^4 - \frac{1}{2}ax^2 - bx$

Bild 7: Kuspendarstellung des dynamischen Systems

$$(x; \underbrace{a, b})$$

Zustand — Form der Potentialfunktion

zusammengefaßt. Die Menge der möglichen Kurvenformen wird in der (a, b)–Ebene beschrieben; das zugehörige dynamische System „spielt sich auf einer Geraden ab", die im Punkt (a, b) zur Ebene der exogenen Parameter senkrecht steht. Siehe dazu Bild 7.

Diese Art der Darstellung von Katastrophen nennt man auch „ZEEMAN-Geometrie" (siehe J. CALLAHAN [1977], S.781).

Wir zerlegen nun die Interpretation des ZEEMAN-Bildes in mehrere Schritte.

Erster Schritt Bei fester Wahl der Parameter a, b kann sich der Wert der Zustandsvariablen zunächst noch „irgendwo" über dem Punkt (a, b) befinden. Er bewegt sich aber „sehr schnell" auf einen stabilen Gleichgewichtspunkt(–zustand) zu. Einzige untypische Ausnahme: Das System befindet sich exakt in einem instabilen Gleichgewichtspunkt.

Zweiter Schritt Wir fragen: Wo befinden sich Gleichgewichtspunkte, seien sie stabil oder instabil? Es sind dies die Punkte mit waagerechter Tangente an die Potentialkurve $y = U(x)$. Man erhält sie durch die Gleichung

$$U'(x) = x^3 - ax - b = 0.$$

Faßt man nun die drei Variablen x, a, b wieder als „gleichberechtigt" auf, so liefert obige Gleichung eine Fläche im $\mathbb{R}^3$. Dort, wo die Gleichung drei reelle Wurzeln hat, bildet sich eine „Falte". Diese Fläche bzw. Punktmenge

$$M := \{(x, a, b) \mid x^3 - ax - b = 0\}$$

nennt man *Gleichgewichtsfläche.*

Dritter Schritt Ändert man die exogenen Parameter a, b langsam, so scheint sich der Verhaltensparameter auf der Fläche M zu bewegen. Geht man dabei über eine Falte hinaus, so scheint die Zustandsvariable auf das jeweils andere Niveau hinauf oder hinunter zu „springen". Siehe dazu Bild 8 auf Seite 15.

> Man beachte: Die mittlere Fläche ist praktisch nicht besetzt, sie repräsentiert ja nur die instabilen Maxima. Wegen der „unendlich großen" Störempfindlichkeit ist die mittlere Fläche typischerweise nicht besetzt.

Vierter Schritt Wir fragen: In welchen Punkten $(x, a, b) \in \mathbb{R}^3$ treten Sprüngen auf? Das Bild 6 zeigte, daß dies immer dann der Fall ist, wenn ein Wendepunkt mit waagerechter Tangente (Terrassenpunkt) vorliegt. Terrassenpunkte erfüllen die beiden Gleichungen

$$U'(x) = 0, \qquad U''(x) = 0.$$

Die durch diese beiden Gleichungen bestimmte Punktmenge

$$C = \{(x, a, b) \mid x^3 - ax - b = 0 \ \wedge \ 3x^2 - a = 0\}$$

ist eine Raumkurve; man nennt sie die *Katastrophenmenge.*

Fünfter Schritt Eliminiert man schließlich aus den beiden Gleichungen $U'(x) = 0$ und $U''(x) = 0$ die Variable x, so erhält man die Projektion von C auf die (a, b)–Ebene:

$$B = \{(a, b) \mid 4a^3 - 27b^2 = 0\}.$$

Man nennt B die *Bifurkationsmenge.* B ist eine Kurve in der (a, b)–Ebene mit einer Spitze im Punkt $(0, 0)$. Siehe dazu Bild 9 auf Seite 16.

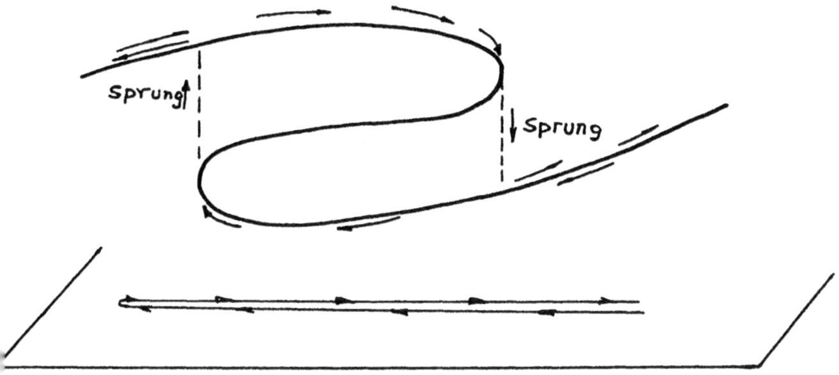

Die Erklärung von. Sprüngen und die Lage von Sprungstellen im Kuspenmodell

Bild 8: Zur Erklärung von Sprüngen

Es ist dieses Bild der Bifurkationsmenge (also Bild 9), die dem hier vorgestellten Modell den Namen „Spitzen-“ oder „Kuspenkatastrophe“ verschaffte.

ABSCHNITT 5: **Die vollständige Liste der elementaren Katastrophen.**

A. *Noch einmal die Spitzen- (Kuspen-)Katastrophe*

Die meisten der bisher veröffentlichten Anwendungen der Katastrophentheorie betreffen die Spitzenkatastrophe.

• Die zentralen Aussagen der elementaren Katastrophentheorie können schon an diesem Spezialfall mit zwei exogenen Variablen formuliert und verdeutlicht werden:

– *Wenn* ein dynamisches Modell vorliegt, das durch die Minimierung einer Potentialfunktion in n Variablen gesteuert wird,

– *wenn* es dabei genau zwei exogene Parameter a, b gibt,

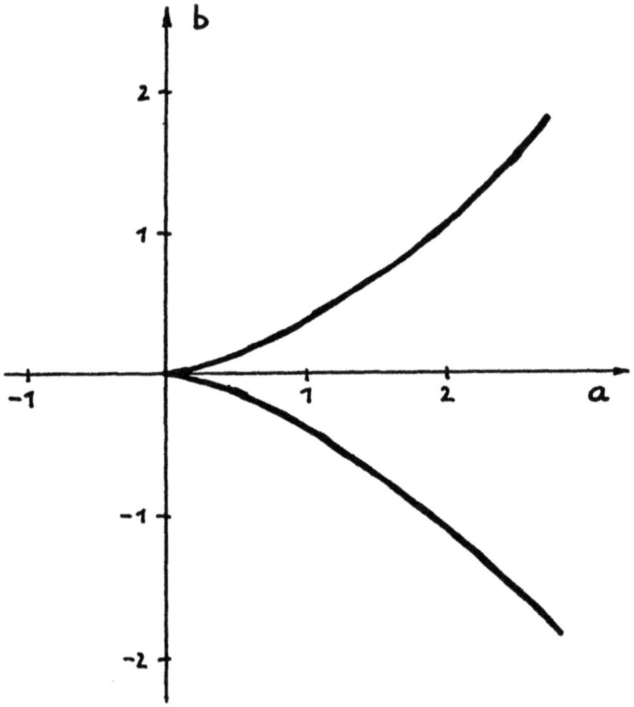

Schaubild der Kurve $4a^3 - 27b^2 = 0$

Bild 9: Eine Bifurkationsmenge

– *dann* gibt es eine Koordinatentransformation im Raum $\mathbb{R}^n \times \mathbb{R}^2$, bei der das Gleichgewichtsverhalten durch eine Zustandsvariable (einen Verhaltensparameter) x beschrieben wird, dergestalt, daß das in Abschnitt 4 beschriebene Spitzenmodell erzeugt wird.

• Bemerkenswert an diesen Aussagen sind vor allem die folgenden Tatsachen:

– Auf die tatsächliche Anzahl der endogenen Variablen kommt es gar nicht an, d.h. die „Komplexität" des Modells spielt keine Rolle.

– Die Aussage ist eine bloße Existenzaussage; sie behauptet nur die Existenz eines „Index" x, der die Beschreibung des Phänomens durch einfache Polynommodelle erlaubt.

– Als bloße Existenzaussage gibt sie kein effektives Verfahren an, welches gestattet, den „Index“ x tatsächlich zu gewinnen bzw. die Koordinatentransformation effektiv durchzuführen.

B. *Die umfassende Aussage der elementaren Katastrophentheorie*

ist der Satz von THOM. Er bezieht sich auf die Liste der elf elementaren Katastrophen. [2] Diese Liste wird in Bild 10 auf der nächsten Seite gegeben.

Natürlich hat man nun, abgesehen von der Falte und der Spitze, nicht mehr die einfachen Verhältnisse wie bei der Spitzenkatastrophe. Bild 11 auf Seite 19 (entnommen dem Buch von H. URSPRUNG, S.143) deutet die Verhältnisse bei der Schmetterlingskatastrophe an. Die Bifurkationsmenge ist hier bereits eine dreidimensionale Mannigfaltigkeit im $\mathbb{R}^4$, die nicht mehr vollständig dargestellt werden kann. Im Bild 11 sind nur gewisse Schnitte mit konstantem a und b gezeichnet.

Der Satz von THOM überträgt nun im wesentlichen die oben für die Spitzenkatastrophe skizzierten Wenn–dann–Aussagen auf die ganze Liste, das heißt: Ist ein dynamisches System gegeben, das von einer Potentialfunktion gesteuert wird, und gibt es nicht mehr als fünf exogene Kontrollparameter, dann gibt es Koordinatentransformationen, welche diese Potentialfunktion in eines der elf Polynome aus der Liste transformieren.

Man kann den Sachverhalt noch anders ausdrücken: Für alle praktisch relevanten Fälle destilliert die Katastrophentheorie eine endliche Menge von Gestalten aus der ungeheuer großen Zahl der möglichen Potentialfunktionen – und damit von Gradientensystemen – mit nicht mehr als fünf exogenen Kontrollen heraus.

C. *Zum Beweis des Satzes von THOM*

Die hier zur Verfügung stehenden mathematischen Mittel gestatten nicht, eine exakte Formulierung des Satzes von THOM zu geben, geschweige einen Beweis. Eine „Beweis*skizze*“ bei H. URSPRUNG [1982] benötigt allein schon über 40 Textseiten. Dennoch sei hier versucht, einige grundlegende Gedanken herauszuarbeiten, die man bei Formulierung und Beweis des Satzes von THOM verwendet. Gleichzeitig sollen dabei aber auch die Grenzen der elementaren Katastrophentheorie sichtbar gemacht werden.

Bei der Betrachtung der Liste drängen sich unmittelbar zwei Fragen auf:

1) Wie kommt eine solche Liste überhaupt zustande?

2) Inwiefern hat die Liste etwas mit „hochkomplexen“ Systemen zu tun?

Beide Fragen hängen eng zusammen. Ihre präzise Beantwortung macht die eigentliche Leistung der Katastrophentheorie aus.

Wenden wir uns zunächst der ersten Frage zu. Die Tabelle der Katastrophen (siehe Bild 10) ist so in zwei Kolonnen organisiert, daß je zwei Teile der aufgeführten Polynome erkennbar sind, und zwar

---

[2] Man beachte, daß die „Spitze“ nun in etwas einfacherer Schreibweise auftritt als im Abschnitt 4; solche Transformationen der äußeren Parameter spielen natürlich für die Diskussion der Gestalten keine Rolle.

Bild 10: Die elf elementaren Katastrophen

	SPITZEN (Kuspen)		
	* Falte	x^3	$+ax$
†	* Spitze	x^4	$+ax^2+bx$
	* Schwalbenschwanz	x^5	$+ax^3+bx^2+cx$
†	* Schmetterling	x^6	$+ax^4+bx^3+cx^2+dx$
	Wigwam	x^7	$+ax^5+bx^4+cx^3+dx^2+ex$
	NABELSCHNÜRE (Umbilics)		
	* elliptische NS	x^2y-y^3	$+ax^2+bx+cy$
	* hyperbolische NS	x^2y+y^3	$+ax^2+bx+cy$
†	* parabolische NS	x^2y+y^4	$+ax^2+by^2+cx+dy$
	2. elliptische NS	x^2y-y^5	$+ax^2+by^4+cy^2+dx+ey$
	2. hyperbolische NS	x^2y+y^5	$+ax^2+by^4+cy^2+dx+ey$
†	symbolische NS	x^3+y^4	$+axy^2+bxy+cy^2+dx+ey$

* die sieben THOMschen Katastrophen

† <u>duale</u> Katastrophen sind möglich

Bild 11: Zur Veranschaulichung der Schmetterlingskatastrophe

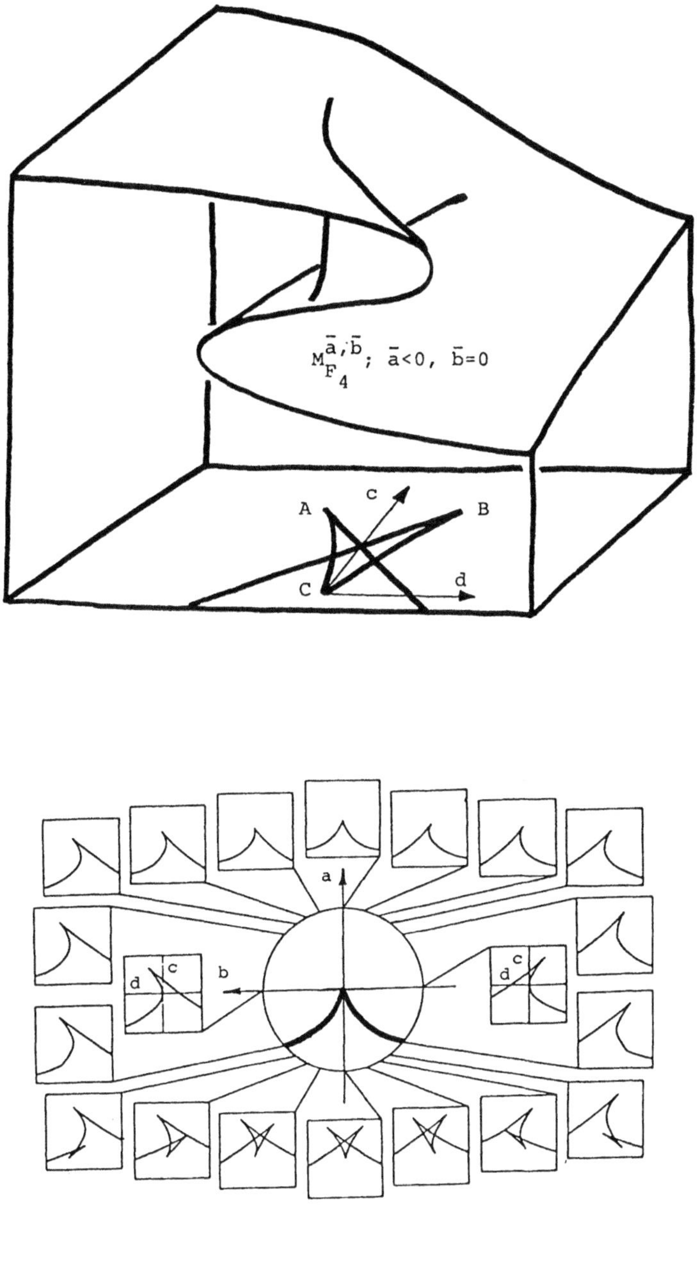

erster Teil: Das Organisationszentrum

zweiter Teil: Der parametrische Teil = der „Entfaltungsteil".

Beide Teile zusammen bilden die Entfaltung des Organisationszentrums. Wir gliedern nun die weiteren Überlegungen in eine Reihe von Unterpunkten auf.

- Der erste Teil besteht aus gewissen Polynomen mit instabilen Singularitäten an der Stelle 0. Als Maß der Instabilität dient die Kodimension. Sie kann anschaulich als die - höchste - Anzahl der neu auftretenden, einfachen Singularitäten aufgefaßt werden, die bei einer kleinen Störung erscheinen können.

- Man ist nur an stabilen Entfaltungen interessiert. Stabile Entfaltungen sind solche, die bei einer kleinen Störung reparametrisiert werden können.

- Stabile Entfaltungen sind *universell:* Gibt es eine stabile Entfaltung, so sind alle Entfaltungen (auch solche mit einer größeren Zahl von Parametern) zu der betrachteten stabilen Entfaltung äquivalent. Man kann sich also auf Normalformen von Entfaltungen beschränken.

> Beispiel: $x^3 + ax$ ist eine stabile Entfaltung von x^3. Das muß zunächst gezeigt werden. Also kann man, wie in der Liste geschehen, $x^3 + ax$ als Normalform nehmen. x^3+cx^2+dx wäre ebenfalls eine Entfaltung von x^3. Diese kann aber durch Änderung der Koordinaten in x^3+ax verwandelt werden, ist also im „wesentlichen" gleich der Falten-Katastrophe.

- Die minimale Anzahl der Parameter in einer stabilen Entfaltung ist gleich der Kodimension des Organisationszentrums.

- Degenerierte Singularitäten können in Äquivalenzklassen eingeteilt werden. Degenerierte Singularitäten in mehr als zwei Variablen haben Kodimensionen $k \geq 6$.

- Inwiefern spielen Kodimensionen mit $k \leq 5$ eine Rolle? Dafür gibt es zwei Gründe.

a) Nur für $k \leq 5$ gibt es eine endliche Klassifikation der stabilen Entfaltungen. Ein Grund hiefür ist das Auftreten von parametrischen Familien inäquivalenter Singularitäten, sogenannter *Moduli* (siehe M. GOLUBITSKY [1978]).

b) Nur für $k \leq 5$ sind stabile Entfaltungen typisch. Der Begriff „typisch" bzw. „generisch" ist im gleichen Sinn aufzufassen wie Funktionen mit nichtdegenerierten (stabilen) Singularitäten typisch sind.

- Warum werden hier instabile Entfaltungen aus dem Kreis der Betrachtung ausgeschieden? Eine einzelne instabile Entfaltung spielt in der Praxis insofern keine Rolle, als sie bei einer kleinen Störung sofort verschwindet, ihre „Gestalt ist nicht erkennbar".

D. *Katastrophentheorie und komplexe Systeme.*

Nun sei noch kurz auf das Thema „Komplexität" eingegangen. Wir identifizieren hier „Komplexität" schlicht und einfach mit der Anzahl der endogenen Systemvariablen.

Man kann nun zeigen, daß Auftreten und Art von Singularitäten nur vom Korang der HESSEschen Matrix abhängen. Die hierher gehörenden Theoreme der Differentialtopologie sind das *MORSE-Lemma* und das *Splitting-Lemma*.

> Man könnte vielleicht glauben, daß bei „sehr großen Variablenzahlen" das Auftreten von degenerierten Singularitäten wahrscheinlicher sei, da ja „irgendeine der vielen Variablen Anlaß zu einer degenerierten Singularität geben könnte". Das globale MORSE-Theorem (etwa M. GOLUBITSKY [1978]) sagt aber, daß glatte Funktionen mit nichtdegenerierten Singularitäten in der Menge aller glatten Funktionen typisch sind, das heißt hier sogar, daß sie eine offene und dichte Menge im Raum aller differenzierbaren Funktionen in n Variablen, und zwar unabhängig von n, bilden.

Die Reduktion auf die endliche Menge von Katastrophen-Gestalten geschieht also ohne Rücksicht auf die Anzahl der endogenen Systemvariablen.

ABSCHNITT 6: **Resumé und Ausblick**

Ich möchte abschließend eine kurze, zusammenfassende Würdigung der Leistungen der Katastrophentheorie in einige Feststellungen kleiden.

1. Feststellung Die Bezeichnung „Katastrophentheorie" ist offengestanden etwas propagandistisch gefärbt und eher irreführend. Katastrophen im ursprünglichen Wortsinn eines irreversiblen Zusammenbruches (Dammbruch, Revolution) kommen zwar durchaus unter den THOMschen Katastrophen vor, bilden aber nur den einfachsten Fall, nämlich die Faltenkatastrophe. Für allgemeinere Katastrophen wäre THOMs Bezeichnung „Morphogenese" wohl zutreffender.

2. Feststellung Es gibt respektable, neuere Versuche, die Katastrophentheorie als Instrument der Wirtschaftstheorie zu etablieren. H. URSPRUNG meint, man könne mit der Katastrophentheorie eine essentiell nichtlineare Theorie der qualitativen Systemänderungen in die Ökonomie einbringen (H. URSPRUNG [1982], S.305).

3. Feststellung Die elementare Katastrophentheorie ist als mathematische Theorie im wesentlichen abgeschlossen. Zukunftsaussichten scheinen jedoch in gewissen Weiterentwicklungen zu liegen.

So skizzieren T. POSTON und I. STEWART [1978] eine *Katastrophentheorie mit Nebenbedingungen*: Eine solche Theorie könnte möglicherweise eine nähere Verbindung zur üblichen nichtlinearen Optimierungstheorie des O.R. herstellen. In H. URSPRUNG [1982] wird an vielen Stellen gezeigt, welche Möglichkeiten die *Katastrophentheorie allgemeiner dynamischer Systeme* für neue Ansätze der ökonomischen Theorie bieten könnte. V.I. ARNOLD [1984] gibt einen Überblick über das weite Anwendungsfeld der Katastrophentheorie in den Naturwissenschaften. Dort allerdings überwiegen Probleme, die mehr der *Morphogenese*, also der Entstehung von Gestalten, gewidmet sind. Schließlich gibt es einen breiten Strom mathematischer Arbeiten, die unter dem Namen „Bifurkationstheorie" firmieren, die aber mehr oder weniger enge Verbindungen mit den Ideen der Katastrophentheorie aufweisen.

4. Feststellung Die Katastrophentheorie ist, soweit ich sehe, *unmittelbar* weder in der Planung einsetzbar noch zur Prognose verwendbar. Sie besteht ja im Grunde nur aus Existenztheoremen, wenn auch sehr gewichtigen.

Die Katastrophentheorie bietet dagegen eine hermeneutische Betrachtungsweise an, die den Mechanismus von Systemen verstehbar macht. So kann man etwa zeigen: Wenn eine hysteretische Bewegung, ein Hin- und Herspringen zwischen entfernten Systemzuständen beobachtbar ist, dann *muß* das Phänomen von mindestens zwei exogenen Parametern gesteuert sein.

Nun sollte man aber das bloße „Verstehen" von Phänomenen nicht zu gering schätzen. *Jede* Modellbildung ist letzlich *auch* ein formalisiertes „Verstehensangebot". In diesem Sinne mag die Katastrophentheorie auch der Betriebswirtschaftslehre und der Planungswissenschaft des Operations Research neue Perspektiven geben.

Literaturverzeichnis

ARNOLD, V.I. [1979]: Gewöhnliche Differentialgleichungen. Springer-Verlag, Berlin

ARNOLD, V.I. [1984]: Catastrophe Theory. Springer-Verlag, Berlin

CALLAHAN, J. [1974]: Singularity and Plane Maps. The American Mathematical Monthly, Vol.81, 211-240

CALLAHAN, J. [1977]: Singularity and Plane Maps II: Sketching Catastrophes. The American Mathematical Monthly, Vol.84, 765-803

FEICHTINGER, G. und R.F. HARTL [1986]: Optimale Kontrolle ökonomischer Prozesse. Anwendungen des Maximumprinzips in den Wirtschaftswissenschaften. Walter de Gruyter, Berlin

FERSCHL, F. [1980]: Katastrophentheorie - Eine Diskussion ihrer Möglichkeiten. Discussion paper. Institut für Gesellschafts- und Wirtschaftswissenschaften der Universität Bonn, Abteilung für Bank- und Börsenwesen

GOLUBITSKIY, M. [1978]: An Introduction to Catastrophe Theory and Its Applications. Siam Review, Vol. 20, 352-387

GOLUBITSKY, M. und V. GUILLEMIN [1973]: Stable Mappings and Their Singularities (Graduate Texts in Mathematics 14). Springer-Verlag, New York

GUCKENHEIMER, J. [1978]: The Catastrophe Controversy. The Mathematical Intelligencer, Vol.1, 15-20

HIRSCH, M.W. [1976]: Differential Topology (Graduate Texts in Mathematics 33). Springer-Verlag, New York

JACKSON, E.A. [1989]: Perspectives of Nonlinear Dynamics, Vol.1. Cambridge University Press, Cambridge

LU, Y.C. [1976]: Singularity Theory and an Introduction to Catastrophe Theory (Universitext). Springer-Verlag, New York

MAJTHAY, A. [1985]: Foundations of Catastrophe Theory. Pitman, Boston

POSTON, T. und I. STEWART [1978]: Catastrophe Theory and Its Applications. Pitman, London

RUELLE, D. [1980]: Strange Attractors. The Mathematical Intelligencer, Vol.2, 126-137

SUSSMAN, H.J. und R.S. ZAHLER [1978]: Catastrophe Theory as Applied to the Social and Biological Sciences: A Critique. Synthese, Vol.37, 117-216

URSPRUNG, H.W. [1982]: Die elementare Katastrophentheorie: Eine Darstellung aus der Sicht der Ökonomie (Lecture Notes in Economics and Mathematical Systems 195). Springer-Verlag, Berlin

URSPRUNG, H.W. [1984]: Schumpeterian Entrepreneurs and Catastrophe Theory or A New Chapter to the Foundations of Economic Analysis. In: Bös, Bergson und Mayer (Hrsg.), Entrepreneurship. Suppl. IV Zeitschrift für Nationalökonomie. Springer–Verlag, Wien, S.39–69

WALKER, J. [1989]: The Amateur Scientist: A Drop of Water Becomes a Gateway into the World of Catastrophe Optics. Scientific American, Vol.261, No 3, 120–123

ZEEMAN, E.C. [1976]: Catastrophe Theory. Scientific American, Vol.234, No 4, 65–83

ENTWICKLUNG VON PERSONALEINSTELLUNGSSTRATEGIEN ANHAND EINES SIMULATIONSMODELLS

Etienne Jaugey, Düsseldorf

Zusammenfassung

In allen Bereichen und Funktionen der Unternehmen, insbesondere in der Informationsverarbeitung, steigen die Aufgaben und deren Komplexität laufend, und entsprechend steigen auch die Anforderungen an die "Qualität" der Mitarbeiter. Gleichzeitig nimmt jedoch die Zahl qualifizierter Kandidaten auf dem Arbeitsmarkt ab. Eine wirksame, gezielte Personalbeschaffungspolitik ist damit entscheidend für jedes Unternehmen, das sich eine wettbewerbsüberlegene Mannschaft schaffen will. Eine solche Politik festzulegen ist jedoch schwierig, da häufig keine brauchbare, vollständige Faktenbasis vorhanden ist. Statt eines aufwendigen Prognosemodells wurde in der WestLB hierfür ein stochastisches Simulationsmodell mit einem Standard-Tabellenkalkulationsprogramm auf einem PC entwickelt. Die Ergebnisse erfüllten die Erwartungen voll - das Modell lieferte zum ersten Mal die notwendigen Informationen für kurzfristige gezielte Personalbeschaffungsmaßnahmen und Ansatzpunkte für eine erfolgversprechende Personalbeschaffungsstrategie.

Summary

In view of the wide gap between supply of and demand for qualified personnel - particularly in the area of information processing -, a sound personnel marketing strategy is crucial for any enterprise. WestLB developed a simple stochastic simulation model using the standard spreadsheet program Symphony on a standard PC with 640 K memory. The model works with just a few matrices, primarily a personnel status matrix (tenure and education) and an attrition matrix. The results of the first simulation proved a valuable basis for short-term personnel marketing actions and the longer-term direction of the recruiting strategy. The model's logic can be expanded and its user-friendliness enhanced.

DAS SACHPROBLEM: PERSONALNACHFRAGE UND ANGEBOT KLAFFEN AUSEINANDER

Das DV-Projektportfolio der WestLB umfaßt heute ca. 1000 Mannjahre. Die Zahl der Systementwickler hat zwar in den letzten 20 Jahren kontinuierlich zugenommen und sich seit 1971 sogar verdreifacht. Außerdem wird fast ständig eine wechselnde Zahl von Mitarbeitern verschiedener Software-Häuser beschäftigt, so daß bis zu 35% des Systementwicklungsbudgets auf externe Entwicklung entfallen.

Operations Research Proceedings 1989

Aber dennoch können nicht alle Anforderungen der Bank erfüllt werden, denn zum einen steigt - wie in vielen Unternehmen - der Bedarf für neue und immer komplexere DV-Systeme laufend. Zum anderen wird es immer schwieriger, qualifizierte DV-Mitarbeiter zu finden.

Der steigende Bedarf an DV-Systemen hat vielfältige Ursachen:
- Der Wettbewerb bzw. die Kunden zwingen zum Eintritt in neue Märkte und zum Angebot neuer Produkte.
- Die Komplexität des Geschäfts und der internen Zusammenhänge verlangt mehr und feinere Controllinginstrumente.

Erschwerend hinzu kommen zwei weitere Faktoren:
- Viele Online-Systeme der ersten Generation müssen dringend ersetzt werden, denn sie sind jetzt 10 bis 15 Jahre alt und erfüllen damit die heutigen Anforderungen nicht mehr. Außerdem ist der Pflegeaufwand sehr hoch.
- Die vom Endnutzer selbst entwickelten Systeme (personal computing) haben bislang nicht die erwartete Entlastung gebracht, denn einheitliche Datenstrukturen - eine Voraussetzung für den Austausch und die Konsolidierung von Daten - sind schwer durchzusetzen. Auch Datensicherheit und -vertraulichkeit verursachen noch Probleme.

Eine Änderung, d.h. ein Abflauen der Nachfrage ist nicht zu erwarten - im Gegenteil, sie dürfte eher noch steigen. Genannt sei nur das Stichwort Liberalisierung in Europa. Sie bringt gerade für die Banken viele neue Herausforderungen, die sich wiederum in verstärktem Systemunterstützungsbedarf niederschlagen werden. Gleichzeitig haben es die Unternehmen in kaum einer Fachrichtung so schwer wie in der Informationsverarbeitung, überhaupt und gar noch hochqualifizierte Mitarbeiter zu gewinnen. An dieser Situation dürfte sich auch kaum etwas ändern; wahrscheinlich wird sie sich eher noch verschlechtern.

- 1987 gab es in der Bundesrepublik 57.000 offene Stellen im Bereich Informationsverarbeitung. Dagegen betrug die Zahl der Berufsanfänger nur ca. 10.000 - also etwas mehr als ein Sechstel.
- Praktisch alle Prognosen stimmen darin überein, daß die Zahl der offenen Stellen weiterhin stärker steigen wird als der Berufsanfänger; sie schätzen nur die Lücke unterschiedlich groß ein.

Die Ursache liegt vor allem darin, daß die wichtigste Altersgruppe für qualifizierte DV-Spezialisten - die 20- bis 30jährigen - derzeit am größten ist und bis zum Jahr 2000 um ca. 40% abnehmen wird. Von der demografischen Entwicklung her ist also keine Entlastung der ohnehin angespannten Arbeitsmarktlage in der Informationsverarbeitung zu erwarten. Deshalb wird eine wohldurchdachte, ausgewogene Rekrutierungs- und Weiterbildungspolitik immer wichtiger.

DAS ENTSCHEIDUNGSDILEMMA: WELCHE EINSTELLUNGSSTRATEGIE VERFOLGEN?

Bei der Personalbeschaffungspolitik geht es im Grunde genommen, also ganz unabhängig vom Fachgebiet bzw. der Funktion, zunächst immer um zwei ganz einfache Fragen: 1. Wieviele Mitarbeiter sollen eingestellt werden? 2. Welche Art Mitarbeiter soll eingestellt werden? Dabei spielen natürlich Kostengesichtspunkte eine nicht unerhebliche Rolle, denn jeder neue Mitarbeiter bzw. jede neue Mitarbeiterin erhöht den Fixkostenblock für einen Zeitraum von bis zu 40 Jahren. In der WestLB entfallen auf die DV-Abteilung inzwischen ca. 20% der Gesamtkosten - in den meisten Unternehmen dürfte der Anteil ähnlich hoch sein. Und wie fast überall lag die jährliche Steigerungsrate der DV-Kosten bei der WestLB in den letzten Jahren bei ca. 15%. Angesichts dieser Zahlen darf es also nicht verwundern, daß sich die Unternehmensleitung gegen eine allgemeine Personalaufstockung sträubt.

Sie fordert vielmehr eine maßgeschneiderte Einstellungspolitik, denn auf den ersten Blick durchaus plausible Strategien funktionieren nicht: Z.B. könnte ein Unternehmen beschließen, nur Hochschulabgänger der Fachbereiche Mathematik und Informatik einzustellen, um mit wenigen, wenn auch möglicherweise teureren Mitarbeitern den Kostenanstieg aufzuhalten und dennoch die Anforderungen zu erfüllen. Allerdings wechselt diese Gruppe häufiger als andere Gruppen den Arbeitsplatz, so daß ein Mitarbeiterstamm mit Erfahrung schwer aufzubauen ist. Statt dessen müssen möglicherweise sogar mehr Mitarbeiter eingestellt werden, nur um den Stand zu halten. Ein Nettozuwachs kann zum fast unerreichbaren Ziel werden.

Die Einstellungspolitik muß also so differenziert sein, daß ein dem Unternehmen angemessener Mix von Mitarbeitern eingestellt wird. Das sagt sich leichter, als es getan ist, denn die Faktenbasis fehlt meist. Auch die WestLB stand vor diesem Problem. Statt nun ein aufwendiges Simulationsmodell zu entwickeln, wurde beschlossen, eine sozusagen kleine Lösung auszutesten, nämlich ein einfaches Simulationsmodell für PC (Abb. 1).

Das Simulationsmodell ist einfach aufgebaut

Struktur des Simulationsmodells

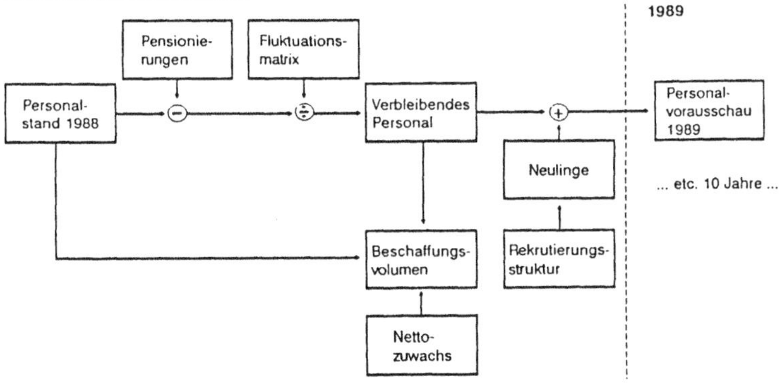

Abb.1

DIE LÖSUNG: BRAUCHBARE ERGEBNISSE MIT EINEM EINFACHEN SIMULATIONSMODELL

Ausgangspunkt war die Tatsache, daß die Ursache-Wirkung-Beziehung zwischen der heutigen Einstellungspolitik und dem künftigen Personalbestand im Zentralbereich Organisation/EDV nicht deterministisch ist. Deshalb mußte ein stochastisches Modell verwendet werden. Die Entwicklung des Modells dauerte nicht einmal eine Woche. Die mit dem Modell erzielten Ergebnisse gaben der WestLB zum ersten Mal eine Faktenbasis für gezielte personalwirtschaftliche Maßnahmen, um einen bestimmten geplanten Anstieg des Personals zu erreichen. Das wichtigste Ergebnis war, daß für diese Nettoerhöhung vermehrt Mitarbeiter eingestellt werden mußten, denn erst das Modell verdeutlichte das Fluktuationsverhalten und seine Auswirkungen. Als erste Maßnahmen wurden deshalb die Werbung forciert und die Verbindungen zu Universitäten intensiviert, um das Image der WestLB bei Studienabgängern zu verbessern. Diese Maßnahmen haben sich bereits positiv ausgewirkt: Die Zahl der Bewerbungen nahm um 70% zu und die der Neueinstellungen um 59%. Damit konnte der geplante Nettozuwachs erreicht werden.

Das Modell

Das Modell besteht im Grunde genommen aus einigen wenigen Matrizen und Formeln zur Approximation und Simulation für die nächsten 10 Jahre. Die erste Matrix stellt den derzeitigen Personalstand als Betriebszugehörigkeits-/Ausbildungs-Matrix dar. Hierfür sind Mitarbeiterkategorien festzulegen, die üblicherweise bestimmten Arbeitsgebieten zugeordnet werden können. Für die WestLB waren es Hochschulabgänger, Fachhochschulabgänger, Math. Assistenten, DV-Kaufleute, Bankkaufleute und andere, z.B. im Hause ausgebildete Programmierer (Abb. 2). Die anstehenden Pensionierungen werden entsprechend der bekannten Altersstruktur eingegeben.

Zunächst sind Mitarbeiterkategorien festzulegen

		Bevorzugte Arbeitsgebiete			
Ausbildung		Strategie-Arbeit	Konzeptentwicklung + Design	Umsetzung + Verwaltung	Programmierung
H	Hochschulabsolvent	++	+	-	--
F	Fachhochschulabsolvent	o	++	+	-
M	Math.-Techn. Assistent	-	+	++	++
D	DV-Kaufmann	--	-	+	++
B	Bankkaufleute (im Hause ausgebildet)	--	-	+	o
S	Sonstige, z. B. im Hause ausgebildete Programmierer	--	-	+	++

Abb. 2

Die zu erwartende Fluktuation wird in in einer Fluktuationsmatrix dargestellt (Abb. 3). Die Wahrscheinlichkeit, daß ein Mitarbeiter in einem beliebigen Jahr wechselt, wird durch die Zugehörigkeit zur jeweiligen Kategorie und durch die Betriebszugehörigkeit bestimmt. Die Erfahrung hat z.B. gezeigt, daß Hochschulabgänger am häufigsten und die meisten Mitarbeiter nach 5 Jahren Betriebszugehörigkeit wechseln.

Die Wahrscheinlichkeit eines Wechsels ist abhängig von Betriebszugehörigkeit und Kategorie

Fluktuationsmatrix

Betriebs-zugehörigkeit			Personalkategorien			
Jahre	H	F	M	D	B	S
14 +	0.01	0.01	0.01	0.01	0.01	0.01
8 - 13	0.04	0.03	0.03	0.01	0.02	0.01
3 - 7	0.15	0.15	0.15	0.02	0.03	0.01
0 - 2	0.01	0.01	0.01	0.01	0.01	0.01

Abb. 3

Die Einstellungspolitik wird definiert als jährlich gewünschter Nettozuwachs während des Simulationszeitraums und als deren Struktur, d.h. Prozentanteile je Mitarbeiterkategorie. Hierbei sollte ein Unternehmen auch allgemeine Trends in der eigenen und in anderen Branchen prüfen und gegebenenfalls mit berücksichtigen. Der geplante Nettozuwachs und die gewünschte Mitarbeiterstruktur werden separat eingegeben.

Zur Berechnung der Mitarbeiterstruktur für die zu simulierenden Jahre wird eine B (n,p)-verteilte Zufallsvariable verwendet, wobei n die Eingabe in der Ausgangsmatrix abzüglich der Pensionierungen ist, d.h. die maximal mögliche Anzahl Mitarbeiter der jeweiligen Kategorie und der jeweiligen Betriebszugehörigkeit, und p die Wahrscheinlichkeit der Kündigung, abgeleitet aus der Fluktuationsmatrix.

Erforderlich ist eine Software, die zwischen 0 und 1 gleichmäßig verteilte Zufallszahlen liefert, die dann über Approximierung nach Gauss in B(n,p)-verteilte Zufallszahlen umgesetzt werden. Der Rechenvorgang für die Simulation läuft in mehreren Schritten ab und wird für jedes Jahr des Simulationszeitraums separat durchgeführt.

Technische Umsetzung

Ziel der WestLB war, für 10 Jahre ab 1987 eine Simulation durchzuführen und nicht, ein benutzerfreundliches, interaktives und vielseitiges System nach dem neuesten Stand zu entwickeln. Verwendet wurde deshalb ein Standardkalkulationsprogramm, nämlich Symphony von Lotus, und ein Standard-PC mit 640 K Speicherkapazität.

Die Schritte des Rechenvorgangs nach der Eingabe der ersten Ausbildungs/Betriebszugehörigkeitsmatrix sind 1) Bereinigung um Pensionierungen, 2) Veränderung um Zufallsfluktuation, 3) Eingabe des Neueinstellungsbedarfs für den gewünschten Nettozuwachs und 4) Eingabe der Anzahl Anfänger pro Mitarbeiterkategorie.

Diese Schritte wurden elfmal durchgeführt, um elf Jahre zu simulieren. Jedes Element in jeder Matrix wird mittels einer Formel dargestellt, die ca. 100 Bytes Speicherkapazität benötigt. Um Speicherprobleme zu vermeiden, werden diese Formeln jeweils nur auf eine Matrix angewendet. Die Ergebnisse werden in Zahlen mit ein oder zwei Stellen umgewandelt, bevor die nächste Matrix gerechnet wird.

Der gesamte Simulationsprozeß ist makro-gesteuert, so daß die vielen zeitraubenden Simulationsläufe über Nacht durchgeführt werden können. Außerdem kann die Simulation gleichzeitig auf mehreren PCs laufen. Der längste Lauf dauerte ca. 12 Stunden für 100 Simulationsschleifen. Mehrere Simulationsläufe wurden durchgeführt, um eine ausreichende Basis für statistische Auswertungen zu erhalten. Hierfür wurden nach jedem Lauf die interessantesten Ergebnisse auf einer Diskette gespeichert.

Nützliche Ergebnisse

Die Ergebnisse mit diesem vergleichsweise einfachen System waren sehr interessant und ergaben erstmals eine nachvollziehbare Faktenbasis für die Einstellungspolitik der nächsten Jahre. Die Ergebnisse mit zwei denkbaren Einstellungsszenarien sollen etwas ausführlicher dargestellt werden:

- Nullwachstum (Szenario 1): nur Ersatzbeschaffung, ausschließlich Hochschulabsolventen
- Stetiges Wachstum (Szenario 2): Nettozuwachs 20 Mitarbeiter jährlich, mit einem Anteil von 60% Hochschulabsolventen, 20% Fachhochschulabsolventen und 20% Mathematische Assistenten

Die Auswirkungen auf die beiden Faktoren Betriebszugehörigkeit und Mitarbeiterstruktur waren:

1. Betriebszugehörigkeit 1998. Bei Nullwachstum würde die durchschnittliche Zugehörigkeit in 1998 15 Jahre betragen, bei stetigem Wachstum 8,3 Jahre. Der heutige Durchschnitt liegt bei 7,9 Jahren (Abb. 4). Die wichtigsten Erkenntnisse sind demnach, daß

- ein Nettowachstum (Szenario 2) die durchschnittliche Zugehörigkeit von hoch auf ein vernünftiges Niveau bringt
- die Einstellung von mehr der häufiger wechselnden Hochschulabsolventen einen ausreichenden Anteil erfahrener Mitarbeiter keinesfalls ausschließt.

Beurteilung 1

Betriebszugehörigkeitsstruktur 1998

Ø Zugehörigkeit 1987: 7,9 Jahre

Ø Zugehörigkeit 1998 mit Szenario 1: 15,0 Jahre

Ø Zugehörigkeit 1998 mit Szenario 2: 8,3 Jahre

Zugehörigkeit	Mittel	Std. Abw.	Wachstum Stetiges	Null
0 - 2 Jahre	128.5	10,5	129	20
3 - 7 Jahre	103.3	17,1	103	15
8 - 13 Jahre	46.9	11,4	47	23
> 13 Jahre	110.5	8,5	111	111

Kernaussagen

- Netto-Personalzuwachs senkt Ø Zugehörigkeit von hoch auf vernünftiges Mittel
- Einstellung von Hochschulabsolventen mit höherer Fluktuationsrate schließt ausreichenden Anteil von erfahrenen Mitarbeitern nicht aus

Abb. 4

2. Mitarbeiterstruktur 1998. Die Mitarbeiterstruktur wurde analysiert, aber auch der jährliche Einstellungsbedarf. Die wichtigsten Erkenntnisse sind, daß

- ein gleichbleibendes Wachstum jährlich steigende Neueinstellungen notwendig macht
- der Erfahrungswert für die Integration von neuen Mitarbeitern von 15% im Szenario 2 nicht überstiegen wird.

Diese Ergebnisse stammen aus einer Analyse der einzelnen Zeilen und Reihen der verschiedenen simulierten Ausbildungs-/Betriebszugehörigkeitsmatrizen. Außerdem wurden aber auch Matrizen als Ganzes ausgewertet, und zwar für die Jahre 1988, 1993 und 1998. Einer dieser sogenannten Schnappschüsse zeigt deutlich, daß 1998 im Bereich Orga/DV im wesentlichen junge Hochschulabsolventen und erfahrene Kräfte aus anderen Bereichen arbeiten werden. Ab 1989 werden keine/kaum noch DV-Kaufleute, Bankkaufleute und "andere" Mitarbeiter eingestellt (Abb. 5).

Beurteilung 3

Profile:
Zugehörigkeits-/Ausbildungsmatrizen
1988 - 1998

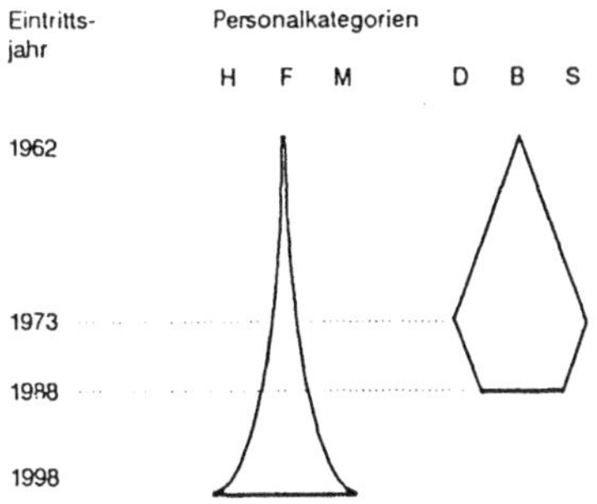

Kernaussage:

- Künftige Struktur: Junge Hochschulabsolventen + erfahrene Mitarbeiter im wesentlichen DV- und Bankkaufleute
- Ab 1989 keine Einstellung mehr von DV- und Bankkaufleuten

Abb. 5

* * * * *

Die Ergebnisse dieses pragmatischen Simulationsverfahrens erwiesen sich damit als sehr brauchbar. Sie lieferten Zahlen für eine realistische Einschätzung der tatsächlichen Ursache-Wirkung-Zusammenhänge, d.h. der Auswirkungen einer bestimmten Einstellungspolitik. Auf dieser Basis konnten spezifische Maßnahmen eingeleitet werden. Außerdem wurde der Entscheidungsprozeß erheblich verkürzt.

Ein Vergleich der echten Daten mit den Simulationsergebnissen ca. ein Jahr danach bestätigte deren Brauchbarkeit. Zwar gab es mehr Abweichungen als erwartet, aber sie lagen durchaus innerhalb der Bandbreiten der Simulation.

Das Modell bietet einige grundsätzliche interessante Vorteile:
- Selbst "extreme" Strategien und Szenarien lassen sich testen
- Die Sensitivität von Annahmen kann untersucht werden
- Das Modell kann für jeden Bereich, aber auch bereichsübergreifend angewendet werden.

Das Modell läßt sich selbstverständlich noch ausbauen: Die Verwendungsmöglichkeiten lassen sich durch Ergänzen der Logik, d.h. das Hinzufügen von weiteren Matrizen erweitern, z.B. eine Mitarbeiterbeförderungsmatrix. Außerdem ist auch ein Ausbau der Funktionen denkbar, z.B. um Grafikfunktionen für die interaktive Nutzung.

NEUERE ENTWICKLUNGEN IN DER NICHTLINEAREN OPTIMIERUNG

K.-H. Elster
Technische Hochschule Ilmenau
6300 Ilmenau/DDR

"Bei Erweiterung des Wissens macht sich von Zeit zu Zeit eine Umordnung nötig; sie geschieht meistens nach neueren Maximen, bleibt aber immer provisorisch."

(Goethe, Maximen und Reflexionen)

1. Einleitung

Die nichtlineare Optimierung beschäftigt sich mit der Untersuchung einer nichtlinearen Funktion, welche das Verhalten eines technischen, ökonomischen oder anderen Systems ausdrückt, bezüglich maximaler bzw. minimaler Werte unter gegebenen Restriktionen, die ihrerseits wiederum Widerspiegelungen bestehender Beschränkungen (an Material, Arbeitskräften, Geldmitteln usw.) darstellen. Solche Beschränkungen bestehen in vielen Fällen in Gleichungen und/oder Ungleichungen. Es liegt dann folgendes Problem vor:

$$(P) \qquad f(x) \longrightarrow \min, \ x \in B,$$

wobei f eine reellwertige Funktion und die zulässige Menge $B \subseteq R^n$ bestimmt ist durch das System

$$g_i(x) \leqq 0, \ i \in I := \{1, \ldots, m\},$$

$$h_j(x) = 0, \ j \in J := \{m+1, \ldots, m+p\}.$$

Es ist bekannt, daß die Entwicklung der nichtlinearen Optimierung mit der klassischen Arbeit von KUHN und TUCKER /8/ aus dem Jahre 1951 einsetzt, auch wenn wichtige frühere Ergebnisse von Fritz JOHN aus dem Jahre 1948 und von KARUSH aus der Chicagoer Schule der Hervorhebung verdienen. Es war auch naheliegend, daß die nichtlineare Optimierung zunächst eine konvexe Optimierung sein mußte. Konvexe Mengen und konvexe Funktionen besitzen bemerkenswerte Eigenschaften, die die Her-

Operations Research Proceedings 1989

ausbildung einer Theorie (d. h. Angabe von Optimalitätskriterien und Herleitung von Dualitätssätzen) unterstützen.

Heute spielt die nichtlineare Optimierung die Rolle einer Grundlagendisziplin für zahlreiche Teilgebiete der mathematischen Optimierung und befindet sich weiterhin in rascher und fruchtbarer Entwicklung. Einige Aspekte dieser Entwicklung seien genannt:

a) von der konvexen Optimierung zur nichtkonvexen Optimierung,
b) von der differenzierbaren Optimierung zur nichtdifferenzierbaren (besser: nichtglatten) Optimierung,
c) Berücksichtigung mehrerer Zielfunktionen (Entscheidungsprobleme oder Vektoroptimierungsprobleme, jenachdem, ob die zulässige Menge endlich bzw. unendlich ist),
d) Entwicklung leistungsfähiger Verfahren mit hoher Effektivität, heute vielfach unter dem Aspekt der Parallelisierung (Nutzung von Parallelrechnern) betrachtet und bearbeitet, wobei mit der Verfügbarkeit bewundernswert leistungsfähiger PC ein neues Verhältnis der nichtlinearen Optimierung zum OR und damit zur Behandlung praktischer Aufgaben verbunden ist,
e) Grundlagenuntersuchungen bis hin zu sehr allgemeinen Trennungsaussagen und deren Beziehungen zu grundlegenden Sätzen der Optimierungstheorie, Axiomatisierungsversuche (bezüglich Dualitäten bzw. Polaritäten oder bezüglich Kegelapproximationen),
f) neue Entwicklungen in Nachbardisziplinen der nichtlinearen Optimierung, nicht zuletzt in der Steuerungstheorie, wo theoretische und spektakuläre praktische Resultate gleichermaßen Aufmerksamkeit verdienen, Verbindungen zur diskreten, parametrischen und stochastischen Optimierung.

Obwohl diese Aufzählung noch keineswegs vollständig ist, macht sie doch die Dynamik der Entwicklung in der nichtlinearen Optimierung deutlich. Auf die ersten beiden Aspekte wollen wir etwas näher eingehen.

2. Entwicklungen zur nichtkonvexen Optimierung

Der Weg von konvexen Optimierungsproblemen zu nichtkonvexen Aufgaben vollzieht sich in mehreren Entwicklungslinien, was offenbar durchaus sachgemäß ist, da von einer Theorie der nichtkonvexen Optimierung keine Rede sein kann, sondern nur gewisse Klassen von nicht konvexen

Problemen behandelt werden können.

Die erste Entwicklungslinie besteht in der Verwendung verallgemeinerter konvexer Funktionen, wobei wir uns hier auf quasikonvexe und pseudokonvexe Funktionen beschränken. Bekanntlich besitzen konvexe Funktionen einige erfreuliche Eigenschaften:

- Jedes lokale Minimum einer konvexen Funktion ist zugleich ihr globales Minimum.
- In jedem Punkt ihres Definitionsbereichs besitzt eine konvexe Funktion eine Richtungsableitung beliebiger Richtung; diese Richtungsableitung ist positiv homogen und subadditiv.
- Bei einer konvexen Funktion ist das Subdifferential nichtleer in jedem Punkt des relativen algebraisch Inneren ihres Definitionsbereichs.
- Die Summe von (endlich vielen) konvexen Funktionen ist wieder eine konvexe Funktion.
- Die Niveaumengen konvexer Funktionen sind konvex.

Will man hier verallgemeinern, und dies erfolgte in starkem Maße bereits zu Beginn der 70er Jahre, so kann man z. B. nach denjenigen Funktionen fragen, die durch konvexe Niveaumengen charakterisiert werden und gelangt zwangsläufig zu den quasikonvexen Funktionen. Obwohl letztere die wichtige Eigenschaft nicht besitzen, daß die Addition quasikonvexer Funktionen wiederum solche ergibt, wurde in den zurückliegenden Jahren relativ erfolgreich eine Theorie der quasikonvexen Optimierung entwickelt, wobei manche Anwendungen motivierend wirkten. Bei den pseudokonvexen Funktionen, bei deren Definition wir die Differenzierbarkeit vorausgesetzt denken, seien die Eigenschaften erwähnt, daß

- eine globale Minimumstelle charakterisiert wird durch das Verschwinden des Gradienten in diesem Punkt und
- daß bei einem Optimierungsproblem mit pseudokonvexer Zielfunktion und quasikonvexen differenzierbaren Restriktionsfunktionen (Restriktionen in Ungleichungsform) die KUHN-TUCKER-Bedingungen hinreichend für das Vorliegen einer globalen Minimumstelle sind.

Trotz dieser nützlichen Eigenschaften erwies sich die Verwendung der genannten verallgemeinert konvexen Funktion allein als nicht ausreichend. Sie erfaßt nur einen bescheidenen Teil jüngst erzielter Resultate (/12/).

Als zweite Entwicklungslinie sei die Verwendung verallgemeinerter konjugierter Funktionen hervorgehoben. In der klassischen Arbeit von FENCHEL /6/ wurde 1953 einer konvexen Funktion $f\colon D(f) \subseteq R^n \to R$ eine (konvexe) konjugierte Funktion $f^*(y) := \sup_{x \in D(f)} \{ \langle x,y \rangle - f(x) \}$ zugeordnet (entsprechend einer konkaven Funktion $g(x)$ eine (konkave) konjugierte Funktion $g_*(y)$) und damit für die dualen Optimierungsprobleme

(P): $f(x) - g(x) \to \min,\ x \in D(f) \cap D(g);\ f, -g$ konvex,

(D): $g_*(y) - f^*(y) \to \max,\ y \in D(f^*) \cap D(g_*)$

eine allgemeine Dualitätsaussage bewiesen. Der geometrische Hintergrund der Fenchelkonjugierten besteht in der Polarität an einer speziellen Hyperfläche zweiter Ordnung (im R^3 ein elliptisches Paraboloid). Geht man von Polaritäten an beliebigen nichtentarteten Hyperflächen zweiter Ordnung Φ aus, so kann man entsprechende Φ-konjugierte Funktionen einführen, die u. a. die Fenchel-konjugierten Funktionen und auch die Rockafellarschen Polarfunktionen als Spezialfälle enthalten (vgl. /11/). Mittels dieser Φ-konjugierten Funktionen lassen sich für eine umfangreiche Klasse von nichtkonvexen Optimierungsproblemen Dualitätssätze und Optimalitätsbedingungen herleiten (/3/).

Das Konzept der Konjugation wurde über das eben Gesagte hinaus weiter verallgemeinert. Wir verweisen auf

- die Verwendung von Kopplungsfunktionalen bei der Definition konjugierter Funktionen (/10/),
- abstrakte Polaritäten und zugeordnete Optimierungsprobleme (/5/),
- die Nutzung der Struktur des vollständigen Verbandes bei der Definition und Untersuchung konjugierter Funktionen (/9/, /13/).

Als dritte Entwicklungslinie nenne ich die der d. c.-functions (d. h. der Differenz konvexer Funktionen). Dabei geht es bezüglich der Optimierung um folgende Aufgaben:

(A_1): Zu minimieren ist die Differenz von zwei konvexen Funktionen über einer abgeschlossenen konvexen Menge (d. c.-Optimierung).

(A_2): Zu maximieren ist eine konvexe Funktion über einer konvexen Menge (konvexe Maximierung).

(A_3): Zu minimieren ist eine konvexe Funktion über einen zulässigen Bereich, der Durchschnitt einer abgeschlossenen konvexen Menge und des Komplements einer konvexen Menge ist (revers konvexe Optimierung).

Die Aufgaben (A_1) und (A_2) sind in gewissem Sinne äquivalent und lassen sich zudem auf die Aufgabe (A_3) zurückführen. Bezüglich (A_1) und (A_2) sind interessante notwendige und hinreichende Bedingungen für globale Optimalität erzielt worden (/7/, /14/).

3. Entwicklungen zur nichtglatten Optimierung

In der nichtglatten Optimierung betrachtet man Optimierungsprobleme mit Funktionen (Operatoren), die nicht mehr im klassischen Sinne als differenzierbar bezeichnet werden können. In den 70er Jahren wurden zahlreiche verallgemeinerte Differenzierbarkeitsbegriffe eingeführt, die jedoch zunächst vorwiegend theoretische Ziele verfolgten. Beim Vergleich solcher Konzepte liegt der Ausgangspunkt im üblichen Begriff der Differenzierbarkeit einer Funktion $f: R^n \rightarrow R$, wobei unterschieden wird zwischen der (Richtungs-)Ableitung $\langle \nabla f(x), \cdot \rangle$ von f als linearer stetiger Funktion auf dem R^n und dem Gradienten $\nabla f(x)$ als Element des Dualraums. Demgemäß werden auch bei den meisten Konzepten Richtungsableitung und Subdifferential als Verallgemeinerungen der genannten Begriffe z. T. unabhängig voneinander definiert, jedoch unter Wahrung eines dualen Zusammenhanges.

Während der konvexe Fall im Rahmen der konvexen Analysis zu einer ausgebauten Theorie führte und hier die wichtigsten Anforderungen an die Differenzierbarkeitsbegriffe erfüllt waren, können im nichtkonvexen Fall die meisten Konzepte nicht voll befriedigen, da z. T. wesentliche Eigenschaften verlorengehen (z. B. Verlust von Stetigkeits- und Konvexitätseigenschaften, Einschränkung von Rechenregeln, schlechte Approximation von Funktionen).

Bei der formalen Übertragung der Begriffe Richtungsableitung und Subdifferential aus der konvexen Analysis durch PENOT (1974) gehen die Konvexität der Richtungsableitung und damit insbesondere der duale Zusammenhang zwischen beiden Begriffen verloren. Setzt man jedoch zusätzlich Konvexitätseigenschaften der Richtungsableitung voraus bzw. versucht man, diese sublinear zu majorisieren, so kann eine Reihe von wichtigen Aussagen über konvexe Funktionen auf eine umfangreichere Funktionenklasse übertragen werden. Ergebnisse dazu erbrachten PŠENIČNIJ (1972, 1980), JOFFE/TICHOMIROV (1974), JOFFE (1979) und GINER (1981).

Als wichtiger Beitrag zur Entwicklung der mathematischen Optimierung erwies sich die Einführung des Subdifferenzierbarkeitskalküls durch CLARKE 1975 (/1/). Die Verwendung einer modifizierten (stets sublinearen) Richtungsableitung ermöglichte eine umfangreiche Theorie der Subdifferentialrechnung vor allem für Lipschitz-stetige Funktionen.

Hervorzuheben sind die Bemühungen, Richtungsableitungen und Subdifferentiale durch lokale (konvexe) Approximationen der Graphen bzw. Epigraphen von Funktionen zu gewinnen. Dieser Zugang erlaubt eine Darstellung von Zusammenhängen zwischen lokaler Approximation von Mengen und lokaler Approximation (d. h. Differenzierbarkeit) von Funktionen, die Konstruktion abstrakter Optimalitätsbedingungen und begünstigt die Einordnung und den Vergleich konkreter Differenzierbarkeitsbegriffe (/4/).

Abweichend von dem Vorgehen, die Untersuchungen auf der Grundlage konvexer Richtungsableitungen zu führen, wurde von DEMYANOV 1980 (/2/) das Konzept der Quasidifferenzierbarkeit vorgestellt. Es verwendet die "gewöhnliche" Richtungsableitung und setzt lediglich deren Darstellung als Differenz zweier sublinearer Funktionen voraus. Dieser Zugang ermöglicht sowohl die Einbeziehung einer großen Klasse von Funktionen als auch die Zusammenstellung umfangreicher Rechenregeln.

Neben den Vorteilen für theoretische Untersuchungen bewährten sich die Konzepte von CLARKE und DEMYANOV vor allem bezüglich ihrer Anwendbarkeit bei der Beschreibung numerischer Verfahren. Dies zeigen u. a. Arbeiten von PALLASCHKE (1984) bezüglich quasidifferenzierbarer Probleme, von SHOR (1979) über Subgradientenverfahren sowie von LEMARÉCHAL (1978), KIWIEL (1984) über Bündelungsverfahren.

4. Einige Schlußfolgerungen

Die oben angegebenen Aspekte bei der Entwicklung der nichtlinearen Optimierung beziehen sich auch auf andere mathematische Disziplinen, z. B. in Verbindung mit der Axiomatisierung, mit der Nutzung algebraischer Strukturen sowie mit so grundlegenden Aussagen wie Trennungssätzen und HAHN-BANACH-Theorem.

Gleiche Wertigkeit bei der Beurteilung der nichtlinearen Optimierung besitzt jedoch das Gebiet der Lösungsverfahren, weil es letztlich um die Umsetzung der theoretischen Erkenntnisse in wirtschaftlich nutzbare Resultate geht. Dabei erhalten die Beziehungen zwischen nichtlinearer Optimierung und Operations Research durch die rapide Entwicklung der Rechentechnik eine neue Qualität und sind zudem eingebettet in das Spannungsfeld zwischen Mathematik und Informatik.

5. Literatur

/1/ CLARKE, F. H.: Optimization and Nonsmooth Analysis. John Wiley, New York 1983.

/2/ DEMYANOV, V. F. and RUBINOV, A. M.: On quasidifferentiable functionals. Soviet. Math. Dokl. 21(1980)1, 14 - 17.

/3/ DEUMLICH, R./ELSTER, K.-H.: Φ-conjugation and nonconvex optimization. A survey.

Part I: optimization 14(1983)1, 125 - 149
Part II: optimization 15(1984)4, 499 - 515
Part III: optimization 16(1985)6, 789 - 803.

/4/ ELSTER, K.-H./THIERFELDER, J.: Abstract cone approximations and generalized differentiability in nonsmooth optimization. optimization 19(1988)3, 315 - 341.

/5/ ELSTER, K.-H./WOLF, A.: On a general concept of conjugate functions as an approach to nonconvex optimization problems. Preprint 149. Univ. de Pisa, Dipt. di Matematica , 1987 .

/6/ FENCHEL, W.: Convex Cones, Sets, and Functions. Lecture Notes, Department of Math., Princeton Univ., Princeton, N. J. 1953.

/7/ HIRIART-URRUTY, J.-B.: Miscellanies on nonsmooth analysis and optimization. In: DEMYANOV, V. F./ PALLASCHKE, D. (eds.): Nondifferentiable Optimization: Motivations and Applications. Lect. Notes Econom. Math. Systems 255, Springer, Berlin-Heidelberg-New York-Tokyo 1985, 8 - 24.

/8/ KUHN, H. W./ TUCKER, A. W.: Nonlinear programming. In: Proc. of the Second Berkeley Symposium on Math. Stat. and Prob., Univ. of Calif. Press, Berkeley 1951, 481 - 492.

/9/ MARTINEZ-LEGAZ, J. E./ SINGER, I.: "Dualities between complete lattices", INCREST, Preprint Series in Mathematics No. 19/1987, (submitted).

/10/ MOREAU, J. J.: Fonctionnelles convexes , Séminaire sur les Equations aux Dérivées Partielles II, Collège de France, Paris, 1966 - 1967.

/11/ ROCKAFELLAR, R. T.: Convex Analysis. Princeton University Press, Princeton N. J. 1970.

/12/ SCHAIBLE, S./ ZIEMBA, W. T. (eds.): Generalized Concavity in Optimization and Economics. Academic Press, New York 1981.

/13/ SINGER, I.: Infimal generators and dualities between complete lattices, Annali di Matematica Pura ed Applicata 148, 1987, pp. 289 - 352.

/14/ TUY, H.: Global minimization of a difference of two convex functions. In: CORNET, B. et al. (eds.): Nonlinear Analysis and Optimization. Math. Progr. Study 30, North-Holland, Amsterdam-New York-Oxford 1987, 150 - 182.

SIGNALING AND FORWARD INDUCTION IN A MARKET ENTRY CONTEXT

Eric van Damme[1]

Abstract: Recent developments in noncooperative game theory (especially those dealing with information transmission and equilibrium refinements) are illustrated by means of variations on a simple market entry game.

1 Introduction

During the last decade there has been a tremendous increase in the use of game theoretic modeling and methodology in the social sciences, especially in economics, accompanied by a considerable progress in the development of the theory itself. My aim in this paper is to illustrate some of these recent developments and to show why they were necessary for the applications to be successful. Emphasis will be on the intuitive ideas, not on the formal concepts. For a description of the latter, the reader may turn to VAN DAMME (1987).

The two areas in economics that have probably profited most from adopting game theoretic models are 'industrial organization' and 'the economics of information'. In the present paper we consider variations on a simple market entry game. This example is chosen to allow illustration of some of the basic issues in these areas, as well as of the game theoretic problems involved. In Section 2, the most simple variant of this game is considered (Fig. 1). The game of Fig. 1 is one of perfect information and illustrates the difference between Nash equilibria and subgame perfect equilibria. In Section 3 modifications of the game are introduced that have incomplete information. The examples in this section illustrate the notion of sequential equilibrium, as well as why it is necessary to refine this concept. Various such refinements are briefly discussed.

The games considered in Section 3 are so called signaling games. They have the following structure: There are two players, one informed and one uninformed; the informed party moves first and its action is observed by the uninformed; the uninformed draws inferences about which

[1]CentER for Economic Research, Tilburg University, The Netherlands.

Operations Research Proceedings 1989

information the other has and then takes an action; the payoffs to both players depend on the actions taken and on the information. The essential question is how much information will be revealed in equilibrium. Typically, however, there exist multiple equilibria, both pooling ones (no information transfer) as well as separating ones (full information revelation) and hybrids (part of the information is revealed). More refined equilibrium notions try to capture the idea, called Forward Induction, that the uninformed party should realize that the other will reveal only that information that is profitable to him. Section 3 makes this idea more precise.

It should be clear that examples of signaling games abound. Let us just mention a few: (i) Finance (buying back shares signals that they are undervalued), (ii) Macroeconomics (Mrs T. wants to signal that she is really tough on inflation), (iii) Intelligence (how to show that you are not a double spy?), (iv) Accounting (You know you cheated but the tax inspector does not), (v) Advertising (a more extended warranty signals higher quality), (vi) Bargaining (how to show your strength?) and (vii) Politics (how can Mr Krenz show that he is "different" from Mr Honecker?, Is the opening of the Berlin Wall together with displaying the luxuries of Wandlitz enough to establish credibility? Hence, the question of how to solve these games is of some importance. (It is worthwhile to note that signaling games were first studied in SPENCE (1973).)

In Section 4 we turn to the case where the private information that a player has is not exogenously determined, but rather concerns what he will do in the future. It is shown that the idea of Forward Induction may increase the predictive power of game theory also in this case. Section 5 considers an even more elaborate model in which there is simultaneous signaling of private information about the past (i.e. the type) and the future (i.e. the actions). The model of that Section, although relatively simple, is a prototype of the so called 'reputation' models in macro-economics, i.e. how, in repeated context, one can get a reputation for being tough (or for being cooperative). Again Forward Induction is an essential element when trying to interpret signals.

The paper emphasizes the underlying ideas rather than the formalities. The discussion will make clear that many important problems in the area are still open, and some open problems are mentioned in the text. It is hoped that the material signals that this is a very challenging area to work in.

2 Market Entry: Complete Information

Consider a market in which 2 firms (firm I and firm II) contemplate entry. The market, however, is a natural monopoly. If one firm enters, it makes a profit (say of 1 unit), but if both firms enter, each makes a loss (say of a units each). If a firm stays out, it has zero profit. Let us first assume that firm I has detected the potential profitability of this market first. Hence, firm I makes its entry decision first and is committed to this choice. Firm II decides upon entry after firm I and being fully informed about firm I's choice. The situation may be modeled by the extensive form game from Figure 1

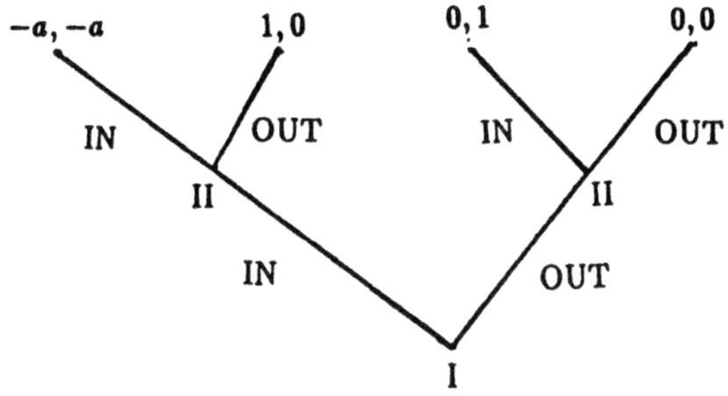

Figure 1

The solution of the game is found by straightforward backward induction (dynamic programming): Firm II will choose OUT when I has chosen IN (having 0 is better than losing a) and II will choose IN when I has chosen OUT. Knowing this it is optimal for player I to choose IN. The outcome is that firm I captures the market and that II stays out.

Using game theoretic terminology, one says that the above solution is the subgame perfect equilibrium of the game (SELTEN (1965)). This solution is also a Nash equilibrium but there exist other Nash equilibria as well. A second Nash equilibrium is the strategy pair where firm I chooses OUT and II decides to go IN irrespective of what I has done. The reason that this pair is a Nash equilibrium is that II's threat (to play IN after I has chosen IN) does not have to be executed when it is believed by I. Basically the Nash concept only requires that players behave optimally on the equilibrium path; since only ex ante expected payoffs matter for this concept, events off the equilibrium path are irrelevant as they have probability zero. However, in games, probabilities are endogenously determined, hence, an event to which one assigns zero probability ex ante does matter since during the game one may find out that it has happened after all. In the game of Figure 1, even if II expects I to choose OUT, he may observe I choosing IN and in that case II optimally chooses OUT: The threat to play IN in that event is incredible. Selten's concept of subgame perfectness strengthens Nash's notion in that it requires ex post optimality at every decision point rather than ex ante optimality. By now there is almost unanimous agreement among game theorists that those Nash equilibria that are not subgame perfect do not make sense.

Even though for games of perfect information the notion of ex post optimality is easy to define (one simply assumes that no matter what has happened in the past, players will behave rationally in the future[1], hence one obtains the standard dynamic programming procedure), things become

[1]BINMORE (1987) and others have pointed out the logical difficulties of this procedure.

much more intricate when information is imperfect or incomplete. The KREPS AND WILSON (1982) notion of sequential equilibrium (which is closely related to SELTEN's (1975) perfectness concept) can be seen as an attempt to extend the dynamic programming reasoning to this class of games. The basic idea is that at each decision point a player constructs beliefs about what has happened in the past and then optimizes against these beliefs. One naturally requires that beliefs are Bayes consistent with the strategies that are played and that they are consistent across time and across players. The examples from Section 3 illustrate the sequential equilibrium concept as well as the need to refine it.

3 Market Entry: Incomplete Information

Consider the market entry situation discussed in the previous section but now assume that if both firms enter the outcome is determined by a battle, the winner of which is the financially strongest firm. There are two possibilities: Firm I is either strong (in which case it wins the battle) or weak (and then it looses). Assume that the loosing firm looses a, that firm II makes an overall profit of b if it drives the weak firm I out of the market and that firm I looses x (which may be positive or negative) when it wins the battle from firm II. Assume that firm I knows which case prevails but that II only knows that I is strong with probability $1-\varepsilon$ and weak with probability ε. (ε small but positive.) Assume also that these beliefs are common knowledge. Again firm I moves first and firm I's choice is observable. Note that the essential assumption is that the market may be profitable for II even as a duopoly, but that there is only a very small probability that this is the case. The game now has one-sided incomplete information; it may be represented by a tree in which first nature determines which firm is superior, then firm I (having this information) moves and finally firm II (knowing only what I has done) chooses between IN and OUT. Note that firm I's action may signal its information. Such a game is therefore called a signaling game. A bimatrix representation of the game is given in Figure 2. (The left matrix describes the payoffs if I is superior (= strong), the right one the payoffs if I is of the weak type; I knows which matrix he is playing but II does not.)

	IN	OUT
IN	$-x, -a$	1,0
OUT	0,1	0,0

s (prob $1-\varepsilon$)

	IN	OUT
IN	$-a, b$	1,0
OUT	0,1	0,0

w (prob ε)

Figure 2

The game is easy to solve if x is negative. In this case it is a dominant strategy for the strong firm

I to enter. Firm II knows this and assesses a probability of at least $1-\varepsilon$ that it will loose a if it enters as well. Hence, if ε is small, firm II will choose to stay OUT after I has gone IN. The weak firm I, knowing this, also chooses IN. Hence, the presence of the strong firm I provides a positive externality for the weak type of this firm. In the incomplete information game, the weak type has payoff one whereas its payoff would be zero if it were common knowledge that it were weak.

Things become more interesting if $x > 0$. Intuitively one would argue that, if ε is small, the solution should not be much different from the one where it is common knowledge that firm I is strong ($\varepsilon = 0$). The latter was derived in the previous section: The strong firm I chooses IN and after this choice II decides to remain OUT (which again enables to weak firm I to also enter). Indeed if $\varepsilon \leq a/(a+b)$ there exists a sequential equilibrium in which firm I chooses IN irrespective of its type and II chooses OUT after IN. (Such an equilibrium in which the action of the informed party does not reveal any information about its type is said to be a pooling equilibrium.) However, paradoxical as it may seem, there exists a second pooling equilibrium and in this equilibrium, the outcome is completely different from the outcome derived in the previous section. In the second equilibrium, firm I chooses OUT irrespective of its type and firm II chooses IN irrespective of what I does, hence, II captures the market. Note that given this strategy of II, the behavior of I is indeed optimal (by going IN I always looses so it is better to stay OUT), and it is clearly also optimal for II to go IN when I stayed OUT. The question is whether II's threat to go IN also when I goes IN is credible. (Note that, in the equilibrium the threat does not have to be carried out, I never chooses IN.) According to the sequential equilibrium concept, this threat is credible: If II observes that I has chosen IN, II may believe that firm I is of the weak type (beliefs are arbitrary since Bayes' rule does not apply off the equilibrium path) and, if firm I is actually weak, it is ex post optimal to go IN as well. We see that, in games of imperfect information, the question of which threats (actions) are credible amounts to asking which beliefs are credible, since actions can be made credible (i.e. ex post optimal in a Bayesian sense) by adopting incredible beliefs.

The problem of how to define credible beliefs has drawn a lot of attention from game theorists since it was first formulated in KREPS AND WILSON (1982). Various formalizations have been proposed and lack of space prevents a detailed discussion here (see VAN DAMME (1987, Ch. 10)), but the main ideas may be sketched briefly (also see CHO AND KREPS (1987)). The central theme is that of Forward Induction, i.e. the question of when one observes something unexpected, then what should one deduce from the past and what should one infer for the future? The simplest formulation of this idea is due to David Kreps and is known as "the intuitive criterion". It amounts to saying that one should not believe that one is dealing with a type that cannot benefit at all by choosing the unexpected action. The criterion is quite weak, hence, frequently, it is not very helpful. This is also the case in the game of Fig. 2 (both the strong and weak type of firm I benefit from choosing IN if this leads to II staying OUT), hence, we will not discuss it further.

A much more stronger (and more controversial) concept requires that one believes one deals with those types that most easily gain from the defection. Formally, this notion requires "independence of never weak best responses" (INWBR), it is implied by the concept of stable equilibrium advanced in KOHLBERG AND MERTENS (1986). Consider, in the game of Fig. 2, the pooling equilibrium where both types of I choose OUT. To prevent the strong type to deviate to IN, firm II should after IN go IN as well with a probability p satisfying

$$-xp + 1 - p \leq 0 \tag{3.1}$$

Similarly, to force the weak type to choose OUT, we should have

$$-ap + 1 - p \leq 0 \tag{3.2}$$

If $x < a$ only the first constraint is binding, hence, the strong type is more inclined to deviate. In this case, INWBR requires that, after IN, firm II believes it is dealing with the strong firm I, hence, it should stay OUT. But if II stays OUT, I moves IN. Hence, if $x < a$ only the pooling equilibrium where firm I goes IN and II stays OUT satisfies INWBR. (It indeed satisfies this requirement; more generally, Kohlberg and Mertens have shown that there always exists a stable equilibrium outcome.)

If $x \geq a$, condition (3.2) is binding and according to INWBR, the belief that one faces the weak type if I unexpectedly chooses IN is credible. In fact, the pooling equilibrium in which both types of I choose OUT is stable (in the sense of Kohlberg and Mertens) if $x > a$. (It should be noted that also the 'intuitive outcome' is stable and that there exists a third equilibrium (in which the strong type randomizes the weak type chooses IN, and II goes IN after IN with probability $p = 1/(1+x)$), that is stable as well.) There exist refined equilibrium notions that exclude those equilibria where firm I does not pool at IN (see OKUNO-FUJIWARA AND POSTLEWAITE (1987) for example) but none of these is entirely satisfactory. All these concepts are based on the idea that, since it is in the interest of the types of firm I to pool at IN they will do so, hence, these concepts assume that different types of a player can cooperate to a certain extent (although they are not physically present at the same point in time) and they assume away coordination problems. Hence, the state of the art is that current refined noncooperative equilibrium concepts do not succeed in reducing the game of Fig. 2 to what (at first) seems the unique plausible outcome. Apparently some work remains to be done. To conclude this section, let us however remark that there exists an entirely different theory (viz. that of HARSANYI AND SELTEN (1988)) that does not incorporate the idea of forward induction, but that produces the 'plausible' outcome in the game of Fig. 2. This theory is based on uniform perturbations, i.e. on passive updating, hence, whenever something unexpected happens one does not deduce anything but rather one assumes that the ex ante probabilities are still valid. Therefore, if $\varepsilon < a/(a+b)$, II will respond to an unexpected IN with OUT and the 2 types of firm I can safely choose IN.

4 Advertising and Repetition

Let us return to the simple model of Section 2 but let us now assume that firms make their entry decision simultaneously, i.e. firm II cannot condition its behavior on what I has done. The bimatrix representation is given in Figure 3.

	IN	OUT
IN	$-a, -a$	1,0
OUT	0,1	0,0

Figure 3

The game of Fig. 3 has three Nash equilibria, viz. (IN, OUT), (OUT, IN) and an equilibrium in which each firm randomizes, choosing IN with probability $1/(1+a)$. The latter equilibrium yields an expected payoff of zero for both firms.

Now let us introduce an asymmetry by assuming that, before making the entry decision, firm I (and firm I only) can start an advertising campaign. For simplicity (but without loss of generality) assume that the intensity of advertising is not a choice variable, firm I just chooses whether or not to advertise. Finally, assume that advertising costs c with $0 < c < 1$ and that firm II can observe whether I advertises or not. The question is whether firm I advertises and which firm will enter the market.

Using Forward Induction, the reasoning of firm II runs as follows. Firm I can guarantee itself a payoff of zero by not advertising and staying OUT. If firm I advertises, I (i.e. firm II) should conclude that it goes IN for otherwise it will simply have incurred an unnecessary loss of c. Hence, if firm I advertises, I (i.e. firm II) should stay OUT. Firm II, therefore, concludes that, by advertising, firm I guarantees itself a payoff of $1 - c > 0$. However, then taking the argument one step further, firm II should conclude that firm I will also go IN even if it does not advertise. Namely, staying OUT only yields zero so that I would have foregone a sure payoff of $1 - c$. Hence, II concludes that I chooses IN irrespective of whether it advertises or not, hence II stays OUT in both circumstances. Firm I, mimicking the above reasoning, concludes that there is no need to advertise and chooses IN.

The astute reader will have noted that the above Forward Induction argument amounts to nothing else than elimination of weakly dominated strategies in the normal form of the game. Indeed there is a link between the 2 concepts (see KOHLBERG AND MERTENS (1986) and VAN DAMME (1989)), Forward Induction generally is more restrictive, however[2].

The latter claim may be illustrated by considering the game in which, before making the entry decision, the 2 firms simultaneously decide whether to advertise or not. (Hence, also firm II now has the possibility to advertise, and w.l.o.g. we may assume that its advertising costs are also c.) Assume that before making the entry decision, it is common knowledge which firms advertised. The normal form of this game is an 8×8 bimatrix game and by eliminating dominated strategies it cannot be reduced that much. However, Forward Induction still allows to eliminate many equilibria and leads to the conclusion that, in any 'sensible' equilibrium both firms must advertise with positive probability. Namely, consider a subgame perfect equilibrium outcome in which no firm advertises. (The ones where only one firm advertises are disposed of just as easily.) There are just three of these: After the first stage players continue with one of the equilibria from the bimatrix of Fig. 3. Suppose they continue with (IN, OUT). Then II's payoff in equilibrium is zero. By advertising in the first stage, firm II may credibly signal that it will choose IN rather than OUT in the second stage (advertising followed by OUT leads to a sure loss, followed by IN it may give a profit if $1 - c$), hence firm I has to give in. The other possibilities are eliminated by a similar argument. (If players intended to randomize at stage 2, then each firm can credibly signal that only it should be IN by advertising.) Hence, advertising must occur. It can be checked that there exists exactly one symmetric equilibrium outcome that cannot be eliminated by Forward Induction (i.e. that is stable): In the first stage, each firm advertises with probability $1 - c$, if it happens that only firm advertises then this firm captures the market at stage 2, otherwise firms play the mixed equilibrium from Fig. 3 at stage 2. The expected payoffs in this equilibrium are zero, hence, advertising is purely dissipative.

Let us return to the basic game from Fig. 3 without advertising. Assume that this game is repeated twice, with firms having full information about the outcome at stage 1 when they make their second entry decision. Also assume $0 < a < 1$. The 2-stage game has many subgame perfect equilibrium outcomes of which some may be eliminated by Forward Induction. Consider,

[2]In the literature one may find various definitions that try to capture the intuition of Forward Induction, but none is completely satisfactory (see VAN DAMME (1989)). In what follows, we will indentify Forward Induction with the INWBR criterion described in Section 3.

for example, the outcome in which (IN, OUT) is played in both periods. Firm II has a payoff zero in this equilibrium, hence, if II deviates to IN in the first period (thereby incurring a cost a) it credibly signals that it will choose IN also in the second period since this is the only way by means of which II can recoup the cost. Firm I realizes this and indeed stays OUT in period 2, thereby enabling II to make and overall profit of $1 - a$. (Formally, the outcome in which (IN, OUT) is played twice does not satisfy INWBR in the normal form of the 2-period game.) Similarly the outcome in which only firm II is IN in both periods does not satisfy INWBR, nor does an outcome in which first one firm is IN and then there is randomization in the second period. Of the outcomes that consist of strings of one-shot pure equilibria, only two are consistent with the Forward Induction logic: The firms alternate in being in the market. Hence, there seems a tendency to fair sharing. In addition to these sharing equilibria, there also exist many inefficient equilibria in which both firms randomize in the first period. Such equilibria are also consistent with Forward Induction since deviations cannot be detected, hence, there can be no signaling. For further results on Forward Induction in repeated games the reader is referred to OSBORNE (1987) and PONSSARD (1989). Let us mention that not much is known yet. For example, denote by $P(n)$ the set of average payoff vectors associated with stable equilibria of the n times repetition of the game from Fig. 3. One would like to know $\lim_n P(n)$, but one does not know it. (Is it the line segment from $(0,0)$ to $(1/2, 1/2)$?)

5 Commitment and Entry Deterrence

In the basic game from Fig. 1 there is a first mover advantage: Firm I gets the market. The situation would be different if firm II could make credible the threat to go IN irrespective of what I does. If II could commit itself in advance, i.e. if II could make the choice of OUT after the IN of player I infeasible or highly unattractive, then the threat would be credible. Hence, when possible, it is attractive for II to commit itself in advance. Of course, it is also necessary that I knows that II is committed. In turn it is important that II attaches positive probability to I knowing that II is committed. The commitment of II being common knowledge is definitely sufficient for commitment being optimal. In this section we first make the above statements more precise. Thereafter, we show that, in a repeated context, it is sufficient that I attaches an arbitrarily small, but positive probability to II being committed. The latter part of the section is based on KREPS AND WILSON (1982a).

Let us first consider the situation where the commitment of II is common knowledge. The game of Fig. 1 is modified such that first II chooses to commit ($=C$), i.e. to delete his choices OUT in Fig. 1, or not ($=N$) and that I is informed of II's choice. If II chooses N, the game from Fig. 1

is played, if C is chosen they play the game in which OUT is not available for II. It is easily seen that the unique subgame perfect equilibrium prescribes that II should commit and that I should stay OUT, hence, II captures the market. The situation is different if I is not informed whether II has chosen C or N (and if II knows that I is not informed). Replacing subgames by their unique equilibria, this situation may be reduced to a simultaneous move game where I chooses between IN and OUT and II chooses between commitment or not. The bimatrix is given in Figure 4.

	C	N
IN	$-a, -a$	$1, 0$
OUT	$0, 1$	$0, 1$

Figure 4

(OUT, C) and (IN, N) are equilibria of this game, but only the latter survives elimination of dominated strategies. Therefore, when II knows that I does not know whether II is committed, it is optimal not to commit and I captures the market. Let us finally in this static context analyze what happens when II does not know what I knows: II thinks that with probability p I is informed about his choice between C or N and that with probability $1-p$ I is not informed. If I indeed is informed or uninformed and if p is common knowledge, we have a well-defined game with incomplete information. If $p > 0$, there exists a (stable) equilibrium in which II commits and captures the market, and if $p > a/(1+a)$ this is the only equilibrium. If $p < a/(1+a)$, however, there also exists an equilibrium where II does not commit and I goes IN, as well as an equilibrium where both I and II randomize.

The above makes clear that, even in this simple context, the outcome crucially depends on the players' knowledge. We will return to this issue in Section 6.

Next, let us turn to repetitions of the game of Fig. 1. Assume that there are N markets in which firm II contemplates entering. Unfortunately, in each market there is a competitor (firm I_n in market n) who has the option to enter first. In each market the game from Fig. 1 is played. We assume the game starts in market N, then moves to $N-1$ etc., until market 1, and that, when playing the game in market n, the players II and I_n are fully informed about what happened in any market k with $n < k \leq N$. In order to simplify the derivation below somewhat we will assume that $I_n \neq I_k$ if $n \neq k$ (i.e. different competitors in different markets) so that only II is a "long-run" player, but qualitatively the analysis would also go through with two long run players. In the game just described, there is a unique subgame perfect equilibrium: Firm I_n enters in market n (for any n) and II stays out everywhere. To some extent, this result is counterintuitive as one might have expected that II will invest to require a reputation for toughness. Specifically, firms

I_n with n large may fear that if they enter, II will choose IN as well in order to convince firms I_k ($k < n$, k not too small) that they better stay out; and as a consequence firms I_n (n large) would prefer to stay out. Hence, one might have expected that II captures at least the initial markets. The fact that formal game theoretic reasoning does not capture the intuition in this case is known as the chain store paradox (SELTEN (1973)).

In the remainder of this section we show that the equilibrium may be completely different (and may be more in accordance with the intuition) if the firms I just assign a small, but positive probability to the event that II may be committed to IN. Specifically, we assume that each firm I_n believes that there is a probability ε that II is an automaton that is programmed to play always IN in the game of Fig. 1. The heuristic argument for why the outcome is different is that now reputation arguments can come into play. The argument runs as follows: Firm I_n should choose IN if the probability that II chooses IN as well is sufficiently small, otherwise it should stay out. Clearly, the probability that II chooses IN in market n is not zero: II may be committed. However, I_n should consider the probability that II chooses IN to be larger than the probability that II is committed. Namely, if player II would choose OUT after IN, II would reveal itself as not being the automaton, hence II would receive zero for the rest of the game. (When it becomes common knowledge that II is not committed, players continue with the subgame perfect equilibrium described above.) However, if II chooses IN after OUT, the firms I_k with $k < n$ may revise upward their belief that II is committed and they may conclude that it is better to stay out. Hence, if n large, firm I_n realizes that II has such a strong desire to pretend to be an automaton, that, therefore, the probability of fought entry is so large that it is better to stay out. Consequently, II will indeed capture the initial markets.

The formal analysis proceeds by backwards induction. (See KREPS AND WILSON (1982a) or VAN DAMME (1987, Ch. 10) for more details.) Since, in equilibrium, the payoffs to player II cannot be negative (II can guarantee zero by consistently choosing OUT) it follows that II chooses IN when I_n chooses OUT. (If II would choose OUT as well its payoff would be zero, by choosing IN the payoff is at least 1.) Hence, we will concentrate on what happens when I_n chooses IN. Let p_n be the probability that I_n attaches to the event that II is an automaton, let e_n be the probability that the noncommitted firm II chooses IN after the IN of firm I_n, and let f_n be the probability I_n assigns to entry being fought, $f_n = p_n + (1 - p_n)e_n$. Finally, let v_n be the overall equilibrium payoff of the noncommitted firm II summed over the markets $1, \ldots, n$ if beliefs in market n are p_n. (We will show that these payoffs are almost always unique.) We assume $0 < a < 1$.

Since player I_n is "short run", his decision is easy: Choose IN if the resulting expected payoff is larger than zero, hence

$$\text{IN if } f_n < 1/(1+a), \text{OUT if } f_n > 1/(1+a) \tag{5.1}$$

Now consider market $n = 1$. Obviously $e_1 = 0$, hence, $f_1 = p_1$. Therefore

$$v_1 = \begin{cases} 1 & \text{if} \quad p_1 > 1/(1+a) \\ \in [0,1] & \text{if} \quad p_1 = 1/(1+a) \\ 0 & \text{if} \quad p_1 < 1/(1+a) \end{cases} \tag{5.2}$$

Next, consider market $n = 2$, assume that $p_2 > 1/(1+a)$ and that I_2 chooses IN. If II responds with IN as well, Bayesian updating forces I_1 to put $p_1 = p_2$, hence, to stay OUT. Consequently, IN yields II a payoff $1 - a > 0$, so that IN is optimal. Next, assume $p_2 < 1/(1+a)$ and I_2 chooses IN. Bayesian updating now leads to the conclusion that, if II responds with IN, its payoff is $-2a < 0$, hence, IN cannot be optimal. On the other hand, in equilibrium, we cannot have that II chooses OUT, since in this case, fought entry would signal that II is committed, hence, it would lead to I_1 staying OUT, but then II would rather pretend to be committed. We see that, in equilibrium, II must randomize if I_2 chooses IN and $p_2 < 1(1+a)$. Such randomization is optimal only if II is indifferent, and given that revealing to be not committed yields zero, we see that we must have $-a + v_1(p_1) = 0$. Hence, (5.2) yields $p_1 = 1/(1+a)$. Now, by Bayes' rule

$$p_1 = \frac{p_2}{p_2 + (1-p_2)e_2} \tag{5.3}$$

so that

$$e_2 = \frac{ap_2}{1-p_2} \qquad \text{if} \qquad p_2 < 1/(1+a) \tag{5.4}$$

and, therefore

$$f_2 = p_2(1+a) \qquad \text{if} \qquad p_2 < 1/(1+a) \tag{5.5}$$

Substituting the latter equality into (5.1) yields that I_2 should stay OUT if $p_2 < 1/(1+a)^2$, and

v_2 can now be computed. The induction can be continued, and one finds that I_n should stay OUT if $p_n < 1/(1+a)^n$. If N is large enough, then $p_N = \varepsilon < 1/(1+a)^N$ and I_N stays out. Then $N-1$ does not have new information, hence $p_{N-1} = p_N$ and also it stays out. We see that at least the initial competitors stay out. In particular, for fixed $\varepsilon > 0$, as $N \to \infty$ almost all competitors stay out: A little bit of uncertainty may make a lot of difference. (For more general results on long run players that are committed with small probability, see FUDENBERG AND LEVINE (1989).)

One may also imagine the situation in which the firms I_n know that II is not committed but in which they do not exactly know the profit function of II: Perhaps the market is even profitable as a duopoly for firm II. Call firm II strong in the latter case and weak if payoffs are as in Fig. 1. Assume firms I_n assign ex ante probability ε to II being strong. Intuitively this situation is very much like the one analyzed above: The strong type of firm II will always go IN and the weak type will pretend to be strong, at least initially. Hence, one expects the same outcome. This intuition is indeed confirmed by formal game theoretic analysis, but, what is perhaps a bit surprising at first, is that one needs a refinement of sequential equilibrium (i.e. a Forward Induction argument, or (formally) INWBR) to obtain this conclusion. If one does not use Forward Induction, one cannot eliminate counterintuitive equilibria in which I_n goes IN and II stays OUT irrespective of its type. For example, if p_2 is large enough (but $p_2 < 1$) it is possible that I_2 goes IN and that II stays OUT of market 2. The reason that II does not go in is that I_1 would (foolishly) interpret such fought entry as a signal that II is weak. INWBR forces I_1 to draw the proper conclusion that II is strong in such case, hence, it affords the strong type a profitable deviation, and eliminates such equilibria. (An interesting open question is to what extent the results of FUDENBERG AND LEVINE (1989) can be extended to games where the short run players are uncertain about the motives (payoffs) of the long run player.)

6 Conclusion

In this paper I have tried to make two related points:

(i) In many games that arise naturally there exists a multiplicity of equilibria. To come up with definite predictions, game theorists have had to refine their equilibrium concepts. In interesting classes of games, the multiplicity is caused by the existence of what, under closer examination, turn out to be incredible threats, either in actions or in beliefs. Several concepts that aim to exclude equilibria sustained by such incredible threats were illustrated and examples were given where even the most refined concepts do not give 'what we want', implying that either intuition is wrong or that the theory is incomplete.

(ii) Seemingly minor changes in the rules of the game may have drastic consequences on the outcome. We have played around with several variations of the basic market entry game from Section 2 and along the way we have encountered many different solutions. Hence, game theoretic predictions do not seem very robust. Closer examination, however, may reveal that the variations in the game were not minor ones at all, and that game theoretic analysis has given us the insight why such changes are essential. (Up to now, we do not yet have a satisfactory topology on games.) What should have become clear, however, is that modeling the knowledge of players is a delicate issue. This should be a point of concern for game theorists, especially since any game theoretic analysis assumes that the game itself is common knowledge. (For a nice illustration of the importance of common knowledge see RUBINSTEIN (1989).)

The issues raised above actually cast some doubt on the relevance of the refinements program. Namely, Forward Induction requires that one looks for consistent explanations of observed deviations within the given game. Since the model is narrowly defined it may indeed be possible to come up with a unique 'sensible' explanation of why a player deviated. If, however, one would allow for richer models[3] one probably would find many more consistent explanations, hence, Forward Induction may loose its power. One could actually have some kind of Uncertainty Principle: Within a given model, there exists a unique 'plausible' outcome, but over the class of plausible models, this outcome varies considerably. By tracing the class of 'plausible' models, one may trace out the set of all Nash equilibria of the original game; if one does not (or cannot) fix the game, refinement is futile. (A related point is made in FUDENBERG, KREPS AND LEVINE (1988), in my view, however, their topology on games is too coarse.)

References

Binmore, K. (1987). Modelling Rational Players, Part I. *Economics and Philosophy* **3**, 179-214.

Cho, I.-K. and D. Kreps (1987). Signalling Games and Stable Equilibria. *Quarterly Journal of Economics* **102**, 179-221.

Damme, E. van (1987). *Stability and Perfection of Nash Equilibria.* Berlin: Springer-Verlag.

Fudenberg, D. and D.K. Levine (1989). Reputation and Equilibrium Selection in Games with a Patient Player. *Econometrica* **57**, 759-778.

[3]The critique of BINMORE (1987) (see Fn. 1) also looses its force if one allows richer models.

Fudenberg, D., D. Kreps and D.K. Levine (1988). On the Robustness of Equilibrium Refinements. *Journal of Economic Theory* **44**, 354-380.

Harsanyi, J. and R. Selten (1988). *A General Theory of Equilibrium Selection in Games.* Cambridge, Mass.: MIT Press.

Kreps, D.M. and R. Wilson (1982a). Sequential Equilibria. *Econometrica* **50**, 863-894.

Kreps, D.M. and R. Wilson (1982b). Reputation and Imperfect Information. *Journal of Economic Theory* **27**, 253-279.

Okuno-Fujiwara, M. and A. Postlewaite (1987). Forward Induction and Equilibrium Refinement. CARESS Working Paper #87-01, University of Pennsylvania.

Osborne, M.J. (1987). Signaling, Forward Induction, and Stability in Finitely Repeated Games. Discussion Paper, McMaster University.

Ponssard, J.-P. (1989). Forward Induction and Sunk Costs give Average Cost Pricing. Discussion Paper, École Polytechnique.

Rubinstein, A. (1989). The Electronic Mail Game: Strategic Behavior Under "Almost Common Knowledge". *American Economic Review* **79**, 385-391.

Selten, R. (1965). Spieltheoretische Behandlung eines Oligopolmodells mit Nachfrageträgheit. *Zeitschrift für die gesamte Staatswissenschaft* **12**, 301-324.

Selten, R. (1975). Reexamination of the Perfectness Concept for Equilibrium Points in Extensive Games. *International Journal of Game Theory* **4**, 25-55.

Selten, R. (1978). The Chain Store Paradox. *Theory and Decision* **9**, 127-159.

Spence, A.M. (1974). *Market Signalling: Information Transfer in Hiring and Related Processes.* Harvard University Press.

ELEMENTE EINER UMWELTORIENTIERTEN BETRIEBSWIRTSCHAFTLICHEN PRODUKTIONS- UND KOSTENTHEORIE AUF DER GRUNDLAGE VON LEONTIEF-TECHNOLOGIEN

Werner Dinkelbach

Zusammenfassung

Industrielle Produktionsprozesse sind nicht nur durch die Erzeugung erwünschter Produkte (Hauptprodukte), sondern auch durch den unvermeidbaren Anfall mehr oder weniger unerwünschter Nebenprodukte gekennzeichnet. Mit diesem Beitrag werden einige produktions- und kostentheoretische Ansätze zur Analyse von nicht verwertbaren und damit zu entsorgenden Nebenprodukten sowie von verwertbaren und damit zu rezyklierenden Nebenprodukten vorgestellt.

1. Einleitung

Neben der angenehmen Eigenschaft, erwünschte Produkte (Hauptprodukte) erzeugen zu können, haben industrielle Produktionsprozesse häufig auch die unangenehme Eigenschaft, unvermeidbar mehr oder weniger unerwünschte Nebenprodukte zu produzieren. Im folgenden werden einige produktions- und kostentheoretische Aspekte sowohl von nicht verwertbaren als auch von verwertbaren Nebenprodukten aufgezeigt.

Die in einem Produktionsprozeß unvermeidbar entstehenden, nicht verwertbaren Nebenprodukte sind nicht Bestandteil des Produktions- und Absatzprogramms eines Unternehmens; sie sind jedoch insofern häufig in hohem Maße unerwünscht, als allein ihre Existenz mit Problemen verbunden ist. Zum einen kann die Entsorgung von nicht verwertbaren Nebenprodukten mit nicht unerheblichen Kosten verbunden sein. Zum anderen können nicht verwertbare Nebenprodukte rein mengenmäßig außerbetrieblichen Auflagen oder auch innerbetrieblichen Restriktionen unterliegen. Nicht verwertbare Nebenprodukte sind Gegenstand des 3. Abschnitts.

Operations Research Proceedings 1989

Auch verwertbare Nebenprodukte, die zwangsweise in Produktionsprozessen entstehen, sind insofern unerwünscht, als sie nicht Bestandteil des Produktions- und Absatzprogramms eines Unternehmens sind; sie können jedoch - im Gegensatz zu nicht verwertbaren Nebenprodukten - ohne prinzipielle Schwierigkeiten eine zumindest nicht nutzlose Verwertung finden. Es wird hier von außerbetrieblichem Recycling gesprochen, wenn verwertbare Nebenprodukte außerhalb desjenigen Produktionsprozesses, in dem sie angefallen sind, wieder eingesetzt werden. Das außerbetriebliche Recycling kann somit in einem anderen Produktionsprozeß desselben Unternehmens oder in einem Produktionsprozeß eines anderen Unternehmens erfolgen, wobei entweder ein nichtnegativer innerbetrieblicher Verrechnungspreis oder ein nichtnegativer Deckungsbeitrag zu berücksichtigen ist. Unter innerbetrieblichem Recycling wird hier die volle oder teilweise Wiedereinsetzung eines verwertbaren Nebenprodukts nach einer kostenverursachenden Überarbeitung in den Entstehungsprozeß verstanden. Der 4. Abschnitt ist dem außerbetrieblichen und innerbetrieblichen Recycling von verwertbaren Nebenprodukten gewidmet.

Das Recycling von Produkten, deren Nutzung erschöpft oder abgeschlossen ist, wie etwa Altpapier, Altglas oder Altsande, ist nicht Gegenstand dieses Beitrags. Auch wird auf die Entsorgung als eigenständiger Produktionsprozeß nicht eingegangen. Im Mittelpunkt dieser Untersuchung steht vielmehr der Entstehungsprozeß, d.h. derjenige Produktionsprozeß, in dem die erwähnten Nebenprodukte entstehen, wobei hier exemplarisch von LEONTIEF-Technologien ausgegangen wird, die in Abschnitt 2 einführend vorgestellt werden.

2. LEONTIEF-Technologien als Basismodell

Unter einer Technologie oder auch Technologiemenge versteht man üblicherweise in der Produktionstheorie die Menge aller zulässigen Produktionen oder auch Produktionspunkte, d.h. die Menge aller Faktor-Produkt-Mengenkombinationen, die in einem gegebenen Produktionssystem realisiert werden können. Eine lineare Technologie ist eine Technologie mit einer speziellen Struktur, bei der vorausgesetzt wird, daß dann, wenn ein bestimmter Produktionspunkt zulässig ist, auch ein nichtnegatives Vielfaches dieses Produktionspunktes zulässig ist. Für lineare Technologien existiert eine ausgebaute Theorie, die auch unter der Bezeichnung Aktivitätsanalyse bekannt und eng mit der Theorie der linearen Programmierung verbunden ist (vgl.

u.a. KOOPMANS 1951; WITTMANN 1968, S. 102ff.; HILDENBRAND/HILDENBRAND 1975, S. 22ff.; KAMPKÖTTER 1981, S. 96ff.; KISTNER 1981, S. 46ff.). Bei Mehrfaktor-Einprodukt-Produktionssystemen lassen sich lineare Technologien durch Basisproduktionspunkte definieren, die angeben, wieviele (nichtnegative) Faktoreinheiten der Faktoren zur Produktion einer Produkteinheit erforderlich sind. Durch eine Vervielfachung eines Basisproduktionspunktes entsteht ein (Produktions-)Prozeß oder auch Teilprozeß. Lineare Technologien werden vielfach um Nebenbedingungen ergänzt, die etwa die zur Verfügung stehenden Faktormengen nach oben und die geforderten Produktionsmengen von unten begrenzen. Um Nebenbedingungen ergänzte lineare Technologien heißen auch LEONTIEF-Technologien.

In dieser Untersuchung, in der nicht LEONTIEF-Technologien als solche, sondern der Einbezug von Umweltaspekten in LEONTIEF-Technologien im Zentrum stehen, wird von einem M-Faktor-Einprodukt-Produktionssystem mit K Prozessen und den Basisproduktionspunkten

$$y^k_{BL} := (-a_{1k}, \ldots, -a_{Mk}, 1)^T$$

ausgegangen. Zur Produktion von 1 PE (Produkteinheit) sind somit beim k-ten Produktionsprozeß $r_m = 1 \cdot a_{mk}$ FE_m ((nichtnegative) Faktoreinheiten des m-ten Faktors) erforderlich (m = 1,...,M; k = 1,...,K). In den Basisproduktionspunkte wiedergebenden Vektoren werden Faktoren (Inputmengen) mit negativen und Produkte (Outputmengen) mit positiven Vorzeichen eingetragen. Ferner seien $\bar{\bar{r}} := (\bar{\bar{r}}_1,\ldots,\bar{\bar{r}}_M)^T$ ein Vektor der Obergrenzen für die zur Verfügung stehenden Faktormengen und $\bar{x}$ eine Untergrenze für die Produktionsmenge. Die (Produktions-)Koeffizienten a_{mk} werden zur (Technologie-)Matrix A zusammengefaßt. Die Elemente des Vektors $\underline{x} = (x_1,\ldots,x_K)^T$ geben die in den einzelnen (Teil-)Prozessen herzustellenden (Teil-)Mengen des Produkts an. o sei ein Nullvektor und 1 ein Einsvektor.

Definition 1:

Die Menge

$$LT := \left\{ \begin{pmatrix} -r \\ x_0 \end{pmatrix} \in \mathbb{R}^{M+1} \;\middle|\; r = A\,\underline{x} \leq \bar{\bar{r}}; \quad x_0 = 1\,\underline{x} \geq \bar{x}; \quad \underline{x} \geq o \right\}$$

heißt LEONTIEF-Technologie.

Neben den in der Technologiemenge LT auftretenden Koeffizienten werden zur kostentheoretischen Analyse noch der Vektor der Beschaffungspreise $q := (q_1,\ldots,q_M)$ für die M Faktoren, die fixen (Produktions-)Kosten K_F sowie der Verkaufspreis p für das Produkt benötigt. Da die variablen Gesamtkosten, nicht jedoch der Gesamterlös prozeßabhängig sind, werden zur weiteren Analyse zunächst die minimalen variablen Gesamtkosten $K_L^*(x)$ für jede zulässige Produktionsmenge - mit Hilfe der parametrischen linearen Programmierung - ermittelt. Es wird mithin die Funktion der minimalen variablen Gesamtkosten bestimmt, die im folgenden - kürzer, dafür weniger präzise - stets minimale Kostenfunktion genannt wird. Im Rahmen der parametrischen Programmierung spricht man von optimaler Lösungsfunktion. Das parametrische lineare Programm zur Bestimmung der minimalen Kostenfunktion lautet:

$$\min \left\{ q\, A\, \underline{x} \;\middle|\; A\, \underline{x} \leq \bar{\bar{r}};\quad \mathbf{1}\, \underline{x} = x;\quad \underline{x} \geq o \right\} \qquad \text{für } x \geq \bar{x}.$$

Analog zur minimalen Kostenfunktion heißt im folgenden

$$G_L^*(x) := p\, x - K_L^*(x) - K_F$$

maximale Gewinnfunktion.

3. Um nicht verwertbare Nebenprodukte erweiterte LEONTIEF-Technologien

LEONTIEF-Technologien zeichnen sich u.a. durch konstante Produktionskoeffizienten aus, so daß es naheliegt, den Anfall von Nebenprodukten ebenfalls pro PE des (Haupt-)Produkts als konstant zu unterstellen. Die Vektoren der Basisproduktionspunkte sind dann um Koeffizienten für die Nebenprodukte zu ergänzen. Da nicht verwertbare Nebenprodukte, obwohl sie in einem Produktionsprozeß "entstehen", grundsätzlich Kosten verursachen und damit den Charakter von zu minimierenden Größen haben, werden die Koeffizienten für nicht verwertbare Nebenprodukte mit negativen Vorzeichen in den Vektor der Basisproduktionspunkte aufgenommen.

Mit c_{qk}, gemessen in $ENPE_q$, wird die pro PE des (Haupt-)Produkts im k-ten Prozeß anfallende Menge des q-ten nicht verwertbaren Nebenprodukts bezeichnet (q = 1,...,Q; k = 1,...,K). Die Koeffizienten c_{qk} werden zur Matrix C zusammengefaßt. Der Basisproduktionspunkt des k-ten Prozesses lautet:

$$y_{BE}^k := (-a_{1k}, \ldots, -a_{Mk}, -c_{1k}, \ldots, -c_{Qk}, 1)^T.$$

Bedingt etwa durch innerbetriebliche Lagerbegrenzungen oder durch außerbetriebliche beschränkte Entsorgungskapazitäten sind die insgesamt anfallenden Mengen der nicht verwertbaren Nebenprodukte auf $\bar{\bar{v}} := (\bar{\bar{v}}_1, \ldots, \bar{\bar{v}}_Q)^T$ nach oben begrenzt.

<u>Definition 2:</u>
Die Menge

$$ELT := \left\{ \begin{pmatrix} -r \\ -v \\ x_o \end{pmatrix} \in \mathbb{R}^{M+Q+1} \;\middle|\; \begin{array}{ll} r = A\,\underline{x} \le \bar{\bar{r}}; & x_o = 1\,\underline{x} \ge \bar{x} \\ v = C\,\underline{x} \le \bar{\bar{v}}; & \underline{x} \ge o \end{array} \right\}$$

heißt - um nicht verwertbare Nebenprodukte - erweiterte LEONTIEF-Technologie (vgl. DINKELBACH/PIRO 1989, S. 401).

Zur Analyse der erweiterten LEONTIEF-Technologie ELT müssen in Hinblick auf verschiedene Zielsetzungen neben den Faktorpreisen q sowie dem Produktpreis p auch die Entsorgungskostensätze $q_v := (q_{v1},...,q_{vQ})$ gegeben sein. Entsorgungskosten können nicht nur die Kosten der Entsorgung im engeren Sinne sein, wie z.B. die Kosten des Transports, der Zwischenlagerung, der Entgiftung oder der Endlagerung nicht verwertbarer Nebenprodukte, sondern auch Kosten im Sinne einer Umweltgebühr für Beseitigung von bereits bestehenden oder für Maßnahmen zur Verhinderung weiterer Umweltschäden.

Zur Bestimmung der minimalen Gesamtkosten $K_E^*(x)$ ist das parametrische lineare Programm

$$\min \left\{ (q\,A + q_v\,C)\,\underline{x} \;\middle|\; \begin{array}{ll} A\,\underline{x} \le \bar{\bar{r}}; & 1\,\underline{x} = x \\ C\,\underline{x} \le \bar{\bar{v}}; & \underline{x} \ge o \end{array} \right\} \qquad \text{für } x \ge \bar{x},$$

d.h. für alle zulässigen Produktionsmengen, zu lösen. Die gewinnmaximale Produktionsmenge x^* erhält man anschließend aus der Gewinnfunktion

$$G_E^*(x) := p\,x - K_E^*(x) - K_F.$$

4. Um verwertbare Nebenprodukte erweiterte LEONTIEF-Technologien

Der Einbezug des Recycling in LEONTIEF-Technologien erfolgt in ähnlicher Weise wie die Berücksichtigung der Entsorgung nicht verwertbarer Nebenprodukte (vgl. Abschnitt 3). Die Vektoren der Basisproduktionspunkte werden jeweils durch Koeffizienten für die pro PE des (Haupt-)Produkts anfallenden Mengen der verwertbaren Nebenprodukte ergänzt. Diese Koeffizienten werden nunmehr mit positiven Vorzeichen in den Vektor der Basisproduktionspunkte aufgenommen, da bei der Wiederverwendung grundsätzlich mit nichtnegativen Erlösen und deshalb mit zu maximierenden Größen zu rechnen ist.

Die im k-ten Prozeß pro PE des (Haupt-)Produkts anfallende Menge des p-ten verwertbaren Nebenprodukts wird mit b_{pk}, gemessen in $RNPE_p$, bezeichnet ($p = 1,...,P$; $k = 1,...,K$). Die Koeffizienten b_{pk} werden zur Matrix B zusammengefaßt. Der Basisproduktionspunkt des k-ten Prozesses lautet nunmehr:

$$y^k_{BR} := (-a_{1k},..., -a_{Mk}, b_{1k},..., b_{Pk}, 1)^T.$$

Es wird davon ausgegangen, daß das p-te Nebenprodukt mit einem Anteil κ_p ($0 \leq \kappa_p \leq 1$) - gegebenenfalls nach einer kostenverursachenden Überarbeitung - wieder in einen Produktionsprozeß eingesetzt werden kann ($p = 1,...,P$). - Um in der folgenden Definition sowohl das außerbetriebliche als auch das innerbetriebliche Recycling erfassen zu können, wird $P \geq M$ unterstellt. Dabei können die ersten M verwertbaren Nebenprodukte mit einem Anteil κ_p als rezyklierte Faktoren im Entstehungsprozeß wiedereingesetzt, d.h. innerbetrieblich rezykliert werden, während der Anteil $1 - \kappa_p$ veräußert werden kann ($p = m = 1,...,M$). Die ersten M Zeilen der Matrix B werden zu einer Untermatrix BI zusammengefaßt; ferner sei K eine Diagonalmatrix mit den Elementen $\kappa_1,...,\kappa_M$. Die restlichen P - M verwertbaren Nebenprodukte können voll, d.h. $\kappa_p = 1$ ($p = M+1,...,P$), außerbetrieblich rezykliert werden, d.h. in einem anderen Produktionsprozeß desselben Unternehmens oder in einem Produktionsprozeß eines anderen Unternehmens. Zu einer Untermatrix BA werden die letzten P - M Zeilen der Matrix B zusammengefaßt. Kann kein Nebenprodukt innerbetrieblich bzw. außerbetrieblich rezykliert werden, ist BI bzw. BA eine Nullmatrix. - Die insgesamt anfallenden Mengen der verwertbaren Nebenprodukte sind etwa in Hinblick auf eine beschränkte Überarbeitungskapazität oder die Aufnahmekapazität eines Marktes auf $\bar{\bar{u}} := (\bar{\bar{u}}_1,...,\bar{\bar{u}}_P)^T$ nach oben begrenzt.

Definition 3:

Die Menge

$$RLT := \left\{ \begin{pmatrix} -r \\ u \\ x_O \end{pmatrix} \in \mathbb{R}^{M+P+1} \;\middle|\; \begin{array}{ll} r = (A - K\,BI)\,\underline{x} \leq \bar{\bar{r}}; & x_O = 1\,\underline{x} \geq \bar{x} \\ u = B\,\underline{x} \leq \bar{\bar{u}}; & \underline{x} \geq o \end{array} \right\}$$

heißt - um verwertbare Nebenprodukte - erweiterte LEONTIEF-Technologie (vgl. DINKELBACH/PIRO 1989, S. 475).

Ergänzend zu den Faktorpreisen $\mathbf{q}$ sowie dem Produktpreis p müssen zur Analyse der erweiterten LEONTIEF-Technologie RLT die Preise $\mathbf{p}_u := (p_{uM+1},...,p_{uP})$ für die nicht überarbeiteten und/oder die Preise

$p_{um} := (p_{um1},...,p_{umM})$ für die überarbeiteten Nebenprodukte und/oder die Überarbeitungskostensätze $q_u := (q_{u1},...,q_{uM})$ gegeben sein. Die Preise p_u und p_{um} können Marktpreise oder auch innerbetriebliche Verrechnungspreise sein.

4.1. Außerbetriebliches Recycling

Werden verwertbare Nebenprodukte außerhalb desjenigen Produktionsprozesses, in dem sie angefallen sind, wieder eingesetzt, wird hier von außerbetrieblichem Recycling gesprochen. In der erweiterten LEONTIEF-Technologie RLT ist BI = 0 zu setzen. Die Zielfunktion des parametrischen linearen Programms zur Bestimmung der minimalen Kostenfunktion lautet nunmehr

$$z_{AR} := (q\ A - p_u\ BA)\ \underline{x}.$$

Die Recyclingerlöse werden wegen ihrer Prozeßabhängigkeit bei den Stückkosten in Ansatz gebracht.

4.2. Innerbetriebliches Recycling

Werden verwertbare Nebenprodukte in demjenigen Produktionsprozeß, in dem sie angefallen sind, vielfach nach einer kostenverursachenden Überarbeitung als rezyklierter Faktor wieder eingesetzt, wird hier von innerbetrieblichem Recycling gesprochen. In der erweiterten LEONTIEF-Technologie RLT ist nunmehr BA = 0 zu setzen. Es wird davon ausgegangen, daß ein Teil des Nebenprodukts noch in der Periode des Anfalls zurückgeführt werden kann. Die Aspekte der Mehrstufigkeit, die sich beim innerbetrieblichen Recycling ergeben können, werden an dieser Stelle nicht weiter verfolgt. Für den Fall des innerbetrieblichen Recycling mit der zusätzlichen Möglichkeit, die restlichen überarbeiteten Nebenprodukte zu veräußern, lautet die Zielfunktion des parametrischen linearen Programms zur Ermittlung der minimalen Kostenfunktion

$$z_{IR} := \left[\ q(A - K\ BI) + (q_u - p_{um}\ (E - K))BI\ \right]\underline{x}.$$

Die Wiederverwendung des überarbeiteten Nebenprodukts als rezyklierter Faktor mit identischer Qualität bewirkt eine Änderung der Basisproduktionspunkte und damit eine Änderung der ursprünglichen Technologiemenge.

5. Auswirkungen auf die optimalen Prozeßkombinationen

In diesem Abschnitt wird der Frage nachgegangen, ob sich die zusätzliche Berücksichtigung von Umweltaspekten auf die jeweils optimalen Prozeßkombinationen, d.h. auf die Komponenten des Vektors $\underline{x}^* := (x_1^*,\dots,x_K^*)^T$ zur kostenminimalen Produktion von $x = 1$ $\underline{x}^*$ PE ohne Berücksichtigung von Umweltaspekten, auswirkt oder auswirken kann. Daß es nicht zwingend zu einer Änderung führen muß, ist evident, wenn man die zusätzlich zu berücksichtigenden Kosten und Erlöse hinreichend klein und die zusätzlich zu berücksichtigenden Restriktionen hinreichend wirkungslos macht. Daß es jedoch zu Änderungen der optimalen Prozeßkombinationen kommen kann, wird an den folgenden Beispielen illustriert.

<u>Beispiel L</u>

Für die LEONTIEF-Technologie eines Zweifaktor-Einprodukt-Produktionssystems seien im Rahmen des Beispiels L (L = LEONTIEF) folgende Basisproduktionspunkte gegeben:

$$y_B^1 = \begin{pmatrix} -30 \\ -40 \\ 1 \end{pmatrix}, \quad y_B^2 = \begin{pmatrix} -40 \\ -32 \\ 1 \end{pmatrix}, \quad y_B^3 = \begin{pmatrix} -60 \\ -24 \\ 1 \end{pmatrix}.$$

Vom Faktor 1 stehen $\bar{\bar{r}}_1 = 12800$ FE_1, vom Faktor 2 $\bar{\bar{r}}_2 = 8000$ FE_2 zur Verfügung; es sind mindestens $\bar{x} = 100$ PE herzustellen. Der Beschaffungspreis für den Faktor 1 bzw. den Faktor 2 beträgt $q_1 = 7$ GE/FE_1 bzw. $q_2 = 8$ GE/FE_2. Außerdem sind fixe Kosten in Höhe von $K_F = 55000$ GE zu berücksichtigen. Das Produkt kann zum Verkaufspreis $p = 780$ GE/PE abgesetzt werden. Das parametrische lineare Programm

$$\min \left\{ 530x_1 + 536x_2 + 612x_3 \;\middle|\; \begin{array}{l} 30x_1 + 40x_2 + 60x_3 \leq 12800 \\ 40x_1 + 32x_2 + 24x_3 \leq 8000 \\ x_1 + x_2 + x_3 = x \\ x_1, x_2, x_3 \geq 0 \end{array} \right\} \text{ für } x \geq 100$$

führt zu der minimalen Kostenfunktion

$$K_L^*(x) := \begin{cases} 530x & \text{für } 100 \leq x \leq 200 \\ 560x - 6000 & \text{für } 200 \leq x \leq 250 \\ 840x - 76000 & \text{für } 250 \leq x \leq 273^1/_3. \end{cases}$$

Es können insgesamt $x_{max} = 273^1/_3$ PE hergestellt werden. Die maximale Gewinnfunktion $G_L^*(x) := 780x - K_L^*(x) - 55000$ hat ihr Maximum bei $x^* = 250$ PE. Der maximale Gewinn beträgt $G_L^*(250) = 6000$ GE.

Beispiel E

Das Beispiel E (E = Entsorgung) besteht aus dem Beispiel L mit folgenden zusätzlichen Daten: C = (11, 8, 3) (jeweils ENPE/PE), $\bar{\bar{v}}$ = 1848 (ENPE) und q_v = 4 (GE/ENPE). Zur Bestimmung der minimalen Kostenfunktion ist das nachfolgende parametrische Programm zu lösen:

$$\min \left\{ 574x_1 + 568x_2 + 624x_3 \;\middle|\; \begin{array}{rcl} 30x_1 + 40x_2 + 60x_3 & \leq & 12800 \\ 40x_1 + 32x_2 + 24x_3 & \leq & 8000 \\ 11x_1 + 8x_2 + 3x_3 & \leq & 1848 \\ x_1 + x_2 + x_3 & = & x \\ x_1, x_2, x_3 & \geq & 0 \end{array} \right\} \quad \text{für } x \geq 100.$$

Die minimale Kostenfunktion lautet für dieses Beispiel

$$K_E^*(x) := \begin{cases} 568x & \text{für } 100 \leq x \leq 231 \\ 657{,}6x - 20697{,}6 & \text{für } 231 \leq x \leq 262^2/_3 \\ 792x - 56000 & \text{für } 262^2/_3 \leq x \leq 273^1/_3 \,. \end{cases}$$

Der maximale Gewinn $G_E^*(x) = 780x - K_E^*(x) - 55000$ ist für $x \in [100, 273^1/_3]$ negativ; er erreicht bei $x^* = 262^2/_3$ PE sein Maximum mit $G_E^*(262^2/_3) = -2152$ GE. Das Beispiel E zeigt auf der einen Seite den trivialen Sachverhalt, daß mit steigenden Kosten der Gewinn sinkt; es bietet sich auf der anderen Seite jedoch als Analyseinstrument an, um Auswirkungen der betrieblichen Entsorgung untersuchen zu können (vgl. DINKELBACH 1989, S. 13ff.).

Beispiel SM

Im Beispiel SM (SM = Schadstoffminimierung) wird, ausgehend von Beispiel E, der Anfall des nicht verwertbaren Nebenprodukts als Emission eines Schadstoffs interpretiert. Für jede zulässige Produktionsmenge x sind diejenigen Prozeßkombinationen zu suchen, bei denen die emittierte Menge des Schadstoffs minimal ist. Die zu minimierende Zielfunktion des entsprechenden parametrischen linearen Programms lautet demnach

$$z_{SM} := 11x_1 + 8x_2 + 3x_3.$$

Die minimale emittierte Menge des Schadstoffs, gemessen in ENPE, in Abhängigkeit der zu produzierenden Menge x ist

$$SM(x) := \begin{cases} 3x & \text{für } 100 \leq x \leq 213^1/_3 \\ 18x - 3200 & \text{für } 213^1/_3 \leq x \leq 273^1/_3 \,. \end{cases}$$

Optimale Prozeßkombinationen sind für die Beispiele E, L und SM exemplarisch in Tab. 1 zusammengefaßt (vgl. Abb. 1 in DINKELBACH 1989, S. 9).

x	Beispiel L	Beispiel E	Beispiel SM
	(x_1^*,x_2^*,x_3^*)	(x_1^*,x_2^*,x_3^*)	(x_1^*,x_2^*,x_3^*)
100	(100,0,0)	(0,100,0)	(0,0,100)
200	(200,0,0)	(0,200,0)	(0,0,200)
$213^1/_3$	$(146^2/_3,66^2/_3,0)$	$(0,213^1/_3,0)$	$(0,0,213^1/_3)$
231	(76,155,0)	(0,231,0)	(0,53,178)
250	(0,250,0)	$(0,219^3/_5,30^2/_5)$	(0,110,140)
$262^2/_3$	$(0,212,50^2/_3)$	$(0,212,50^2/_3)$	$(0,148,114^2/_3)$
$273^1/_3$	$(0,180,93^1/_3)$	$(0,180,93^1/_3)$	$(0,180, 93^1/_3)$

Tab. 1: Optimale Prozeßkombinationen

Bei L beginnt der betriebliche Anpassungsprozeß mit dem (Teil-)Prozeß $k = 1$ für $100 \leq x \leq 200$. Werden Entsorgungskosten wie bei E berücksichtigt, ist es optimal, mit dem (Teil-)Prozeß $k = 2$ für $100 \leq x \leq 231$ zu beginnen, wobei der kritische Wert $x = 231$ PE durch die beschränkte Entsorgungskapazität bestimmt wird. Erst für das Intervall $262^2/_3 \leq x \leq 273^1/_3$ stimmen die jeweils optimalen Prozeßkombinationen für L und E überein. Bei SM beginnt der betriebliche Anpassungsprozeß mit dem (Teil-)Prozeß $k = 3$ für $100 \leq x \leq 213^1/_3$. Sowohl bei E als auch bei SM ist $x_1^* = 0$ PE für alle zulässigen Produktionsmengen.

Die Berücksichtigung von Entsorgungskosten und beschränkter Entsorgungskapazität bei E führt gegenüber L einerseits zu einem geringeren maximalen Gewinn und andererseits für $100 \leq x < 262^2/_3$ zu einem geringeren Nebenproduktanfall bei jeweils gleichen Mengen des (Haupt-)Produkts. Das Beispiel E zeigt, daß die Entsorgungskosten, interpretiert als Lenkungssteuer zur Beeinflussung von Verhaltensweisen, bei kostenminimaler Anpassung eine Verringerung des Nebenproduktanfalls, interpretiert als Schadstoffanfall pro PE, bewirken. Offensichtlich besteht hier ein Zusammenhang zwischen der Produktionsweise eines Unternehmens und der Höhe der Entsorgungskosten im Sinne einer Umweltgebühr.

In SM wird schließlich der für jede zulässige Produktionsmenge minimale Schadstoffanfall ermittelt. In Tab. 1 wird der Konflikt zwischen der Schadstoffminimierung in SM und den Zielsetzungen in L und E deutlich. Bis auf die Menge $x_{max} = 273^1/_3$ PE unterscheiden sich sämtliche Prozeßkombinationen in SM von denen in L und E. Durch eine Erhöhung der Umweltgebühr kann selbstverständlich erreicht werden, daß dann der kostenminimale und der schadstoffminimale Anpassungsprozeß zusammenfallen, d.h., daß die ertragsorientierte und die umweltorientierte Betrachtungsweise zu identischen Ergebnissen führen.

6. Schlußbemerkungen

Mit den Ausführungen dieses Aufsatzes konnte gezeigt werden, daß für eine Berücksichtigung von Nebenprodukten - seien sie verwertbar oder nicht - keine neuartigen produktionstheoretischen Ansätze entwickelt werden müssen, daß sich vielmehr Nebenprodukte problemlos in bekannte Produktions- und damit auch Kostentheorien einbauen lassen. Die Ausführungen sollten auch gezeigt haben, daß sich unter dem Stichwort "Minimierung der Umweltbelastung" ein weites Feld für die Anwendung von Optimierungsverfahren zu öffnen beginnt. Dort, wo Produktionsprozesse - im weitesten Sinne des Wortes - optimal bezüglich eines unternehmerischen Zielsystems geplant werden, da können und sollten auch Auswirkungen auf die Umwelt durch Modifikation des unternehmerischen Zielsystems Berücksichtigung finden.

L I T E R A T U R

DINKELBACH, W.: Umweltaspekte im Rahmen der betriebswirtschaftlichen Produktions- und Kostentheorie auf der Grundlage von LEONTIEF-Technologien. Diskussionsbeiträge des Fachbereichs Wirtschaftswissenschaft der Universität des Saarlandes, A 8903. Saarbrücken 1989.

DINKELBACH, W., und A. PIRO: Entsorgung und Recycling in der betriebswirtschaftlichen Produktions- und Kostentheorie: LEONTIEF-Technologien. Wirtschaftsstudium (WISU) 18. Jg. (1989), S. 399-405 und 474-480.

HILDENBRAND, K., und W. HILDENBRAND: Lineare ökonomische Modelle. Berlin et al.: Springer 1975.

KAMPKÖTTER, H.: Einzelwirtschaftliche Ansätze der Produktionstheorie. Königstein/Ts.: Athenäum 1981.

KISTNER, K.P.: Produktions- und Kostentheorie. Würzburg-Wien: Physica 1981.

KOOPMANS, T.C.: Analysis of production as an efficient combination of activities. In: KOOPMANS, T.C. (Hrsg.): Activity analysis of production and allocation. New York: Wiley 1951, S. 33-97.

WITTMANN, W.: Produktionstheorie. Berlin et al.: Springer 1968.

"Kostensenkung durch Werkverkehr - Möglichkeiten der Substitution von Fremd- durch Eigentransport dargestellt an einem mittelständischen Unternehmen".

Karsten Wiese, Münster

1. Einführung

Ausgangspunkt für die im Rahmen einer Diplomarbeit durchgeführten Untersuchungen war die konkrete Situation eines mittelständischen Unternehmens. Das Unternehmen fertigt Rolltore für Industrieanlagen. Die Tore werden an Kunden im gesamten Bundesgebiet geliefert.
Je nach Saison werden täglich im Durchschnitt zwischen 20 und 35 Sendungen versendet. Das Gewicht der Sendungen kann im Einzelfall bis zu 5.000 kg betragen. Da pro Tag auch eine größere Anzahl relativ leichter Ersatzteile verschickt wird, liegt das durchschnittliche Gewicht einer Sendung bei ca. 400-500 kg.
Der Transport der Sendungen erfolgte in der Vergangenheit überwiegend per Bahn, teilweise auch per Spediteur.

Von der Unternehmensleitung wurde vermutet, daß durch den Einsatz eigener Auslieferungsfahrzeuge die Transportkosten gesenkt werden könnten.
Die Unternehmensleitung war sich dabei darüber im Klaren, daß ein Transport ausschließlich mit eigenen Fahrzeugen voraussichtlich nicht wirtschaftlich sein würde, da:
- die Kundenstandorte über das gesamte Bundesgebiet verstreut liegen
- und das Sendungsaufkommen saisonal stark schwankt.

In der Diplomarbeit sollte dementsprechend ermittelt werden, ob in dem vorliegenden Fall der kombinierte Eigen-/Fremdtransport kostengünstiger ist als der reine Fremdtransport und somit, ob durch eine Investition in einen eigenen Fuhrpark die Gesamtversandkosten gesenkt werden können.
Für die Analysen wurden von dem Unternehmen Zielort und Frachtgewicht aller in 4 repräsentativen Monaten transportierten Sendungen als Datenbasis zur Verfügung gestellt.

2. Grundlegende Überlegungen

Will man einen Kostenvergleich "kombinierter Eigen-/Fremdtransport" versus "reiner Fremdtransport" durchführen, so bietet sich die Form des Gesamtkostenvergleiches an.

Die Ermittlung der reinen Fremdtransportkosten ist im vorliegenden Fall recht einfach:
Sowohl bei dem Transport per Spedition als auch bei dem Transport per Bahn werden die Sendungen als Stückgut abgerechnet. Eine Frachtoptimierung, die Mengendegressionseffekte durch das Zusammenlegen mehrerer Sendungen zur Kostensenkung nutzt, wird von dem Unternehmen nicht durchgeführt.

Operations Research Proceedings 1989

Die Gesamtkosten des Fremdtransportes können somit direkt anhand der gültigen Tarife unter Berücksichtigung der gewährten Sonderkonditionen bestimmt werden.

Die Ermittlung der Gesamttransportkosten bei kombiniertem Eigen-/Fremdtransport bereitet hingegen Schwierigkeiten, da zuvor mehrere Entscheidungen getroffen werden müssen:

- Wieviel eigene Fahrzeuge sollen eingesetzt werden?
- Welche Kapazitäten haben diese Fahrzeuge?
- Welche Sendungen sollen durch eigene Fahrzeuge transportiert werden?
- Welche Touren sollen dabei gefahren werden?

Um die Gesamtkosten des kombinierten Eigen-/Fremdtransportes bestimmen zu können, sind somit Entscheidungen sowohl strategischer Art (Fuhrparkstruktur) als auch operativer Art (Fuhrparkeinsatzplanung) zu treffen.

3. Ansätze zur Bestimmung der Gesamtkosten bei Kombination von Eigen- und Fremdtransport

Unter der Prämisse, daß ein Kostenminimum bei kombiniertem Eigen-/Fremdtransport angestrebt wird, müssen diese Entscheidungen aus theoretischer Sicht simultan getroffen werden. Ein derartiger simultaner Ansatz ist jedoch für Probleme praktischer Größenordnung derzeit nicht rechenbar.
Ein in jüngster Zeit von Kett (1988) veröffentlichter Ansatz, der zunächst isoliert aufgestellte Teilpläne mit Hilfe eines Abstimmungsalgorithmus koordiniert, scheint grundsätzlich zur Lösung des vorliegenden Problems geeignet. Da jedoch in der Veröffentlichung keine Angaben über zu erwartende Rechenzeiten gemacht werden, ist derzeit nicht abschätzbar, ob Probleme realer Größenordnung hiermit gelöst werden können.

Um den gewünschten Kostenvergleich "Fremdtransport" versus "kombinierter Eigen-/Fremdtransport" trotz dieser Probleme durchführen zu können, bedient man sich in der Praxis des Instrumentes der Simulation verschiedener Fuhrparkstrukturen.
Für jeden Simulationslauf wird dann angenommen, daß die strategischen Entscheidungen über die Fuhrparkstruktur bereits getroffen sind. Es wird nun versucht, für jeden fiktiven Fuhrpark die operativen Entscheidungen, d.h. die Fuhrparkeinsatzplanung, unter Berücksichtigung des Fremdtransportes zu optimieren, um anschließend die Gesamttransportkosten des kombinierten Eigen-/Fremdtransportes ermitteln zu können.

Bei der Aufteilung der Sendungen auf Eigen- und Fremdtransport wird dabei wie folgt vorgegangen:

- Es wird zunächst davon ausgegangen, daß sämtliche Sendungen von eigenen Fahrzeugen transportiert werden können. Dementsprechend wird ein Tourenplan entwickelt, der alle Sendungen in den Touren verplant. Ziel dieses Tourenplanes ist es, die Gesamtzahl der zu fahrenden Kilometer zu minimeren.
- Anschließend werden für alle ermittelten Touren die (variablen) Kosten berechnet, die für den Fremdtransport der entsprechenden Sendungen zu zahlen wären.

Die Touren, die kostengünstiger durch Fremdtransport durchgeführt werden können, werden auf jeden Fall an Spediteure bzw. an die Bahn vergeben.
Reicht die vorhandene Kapazität des eigenen Fuhrparks nicht aus, um die restlichen Touren selbst zu fahren, werden weitere Touren an Fremdtransporteure vergeben. Hierfür werden die Touren ausgewählt, die die geringsten Mehrkosten bei Fremdtransport aufweisen.

Grundprinzip dieser in der Praxis üblichen Vorgehensweise ist somit:
- zunächst Tourenplanung für alle Sendungen,
- dann tourbezogener Kostenvergleich Eigen- und Fremdtransport.

Es wird also in zwei Stufen isoliert optimiert. Das Ergebnis einer derartigen zweistufigen "Optimierung" ohne Rückkoppelung zwischen den Stufen wird i.d.R. jedoch nicht dem Gesamtoptimum entsprechen.

Die besondere Problematik, die sich aus der Zweistufigkeit der Optimierung ergibt, soll anhand eines einfachen Beispieles verdeutlicht werden:

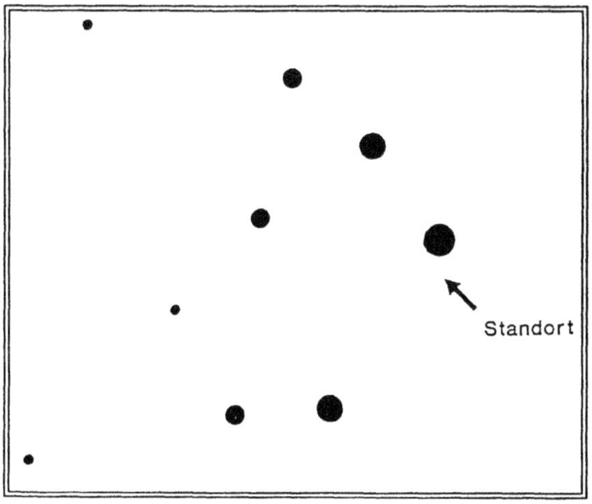

Abbildung 1: Beispiel: Ausgangssituation

Von einem Lager ("Standort") sollen 8 Orte mit Sendungen beliefert werden. Die Größe der Kreise in Abbildung 1 soll ein Indiz für das Gewicht der zu den einzelnen Orten zu transportierenden Sendungen sein. Für die Auslieferung steht lediglich ein eigenes Fahrzeug zur Verfügung. Da die Kapazität des eigenen Fahrzeuges nicht ausreicht, um alle Orte in der Planperiode (z.B. 1 Tag) zu beliefern, muß ein Teil der Sendungen z.B. von einem Spediteur transportiert werden.
Nach der oben beschriebenen, in der Praxis gebräuchlichen "klassischen" Vorgehensweise kann sich der in Abbildung 2 gezeigte Tourenplan ergeben. Dieser Tourenplan enthält zwei Touren, von denen jedoch im vorliegenden Fall nur eine Tour in der Planperiode von dem eigenen Fahrzeug gefahren werden kann (vgl. oben). Die Sendungen der anderen Tour müssen dann an einen Spediteur vergeben werden. Von den beiden ermittelten Touren wird dem eigenen Fahrzeug die Tour zugeordnet, sodaß die Summe aus Kosten

des Eigentransportes dieser Tour und Speditionskosten der Sendungen der anderen Tour minimal ist.

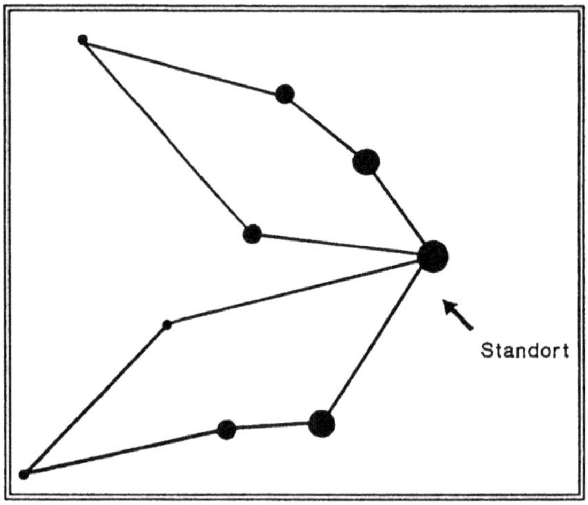

Abbildung 2: Beispiel: klassische Tourenplanung

Geht man bei der Einsatzplanung des eigenen Fahrzeuges wie gerade beschrieben vor, so ergibt sich aus der Zweistufigkeit des Planungsalgorithmus u.U. folgendes Problem:
Im vorliegenden Beispiel sind in beiden vorgeschlagenen Touren Orte enthalten, die mit einer Sendung mit relativ geringem Sendungsgewicht beliefert werden sollen. Für die Belieferung dieser Orte muß teilweise ein relativ großer "Umweg" gefahren werden (d.h.: würden die Orte aus der Tour herausgenommen, so ergäbe sich eine erheblich geringere Tourlänge). Einem relativ geringen Nutzen (Einsparung an Speditionskosten) steht somit ein relativ hoher Betrag an Kosten (zusätzliche variablen Kosten des eigenen LKW) gegenüber. Andererseits werden, egal welche der beiden Touren für das eigene Fahrzeug ausgewählt wird, Sendungen mit einem relativ hohen Gewicht (d.h. auch hohem Einsparungspotential an Fremdtransportkosten) an Spedition bzw. Bahn vergeben, obwohl dem relativ hohen Nutzen eines Eigentransportes dieser Sendungen relativ geringe Mehrkosten durch eine Aufnahme in die eigene Tour gegenüberstehen.

Offensichtlich könnten die Gesamtkosten für die Belieferung der Orte erheblich gesenkt werden, wenn für das eigene Fahrzeug keine der beiden vorgeschlagenen Touren vorgegeben wird und statt dessen eine Tour derart entwickelt wird, daß das Kosten-Nutzen-Verhältnis des Eigentransportes einer Sendung bei der Entwicklung der Tour berücksichtigt wird.
Primärziel einer derartigen Tourenplanung sollte nicht mehr die Minimierung der zu fahrenden km sondern die Minimierung der Gesamttransportkosten sein.

4. Das neuentwickelte Verfahren der sendungsbezogenen Tourenplanung

Bei diesem Verfahren handelt es sich um einen Ansatz zur Fuhrparkeinsatzplanung, d.h. für die operative Planung, der durch Simulationsrechnungen zur strategischen Planung genutzt werden kann.

Durch Integration der Stufen "Tourenplanung" und "sendungsbezogener Kostenvergleich Eigen-/Fremdtransport" wird ein Tourenplan für eigene Fahrzeuge ermittelt, der im Vergleich zur bisher üblichen zweistufigen Vorgehensweise dem angestrebten Gesamtkostenminimum näher kommt.

Grundprinzip dieses heuristischen Verfahrens ist das Verkürzen übergroßer Tourenpläne auf der Basis relativer Grenzkostendifferenzen.

Die Vorgehensweise soll an dem zuvor gezeigten Beispiel verdeutlicht werden:

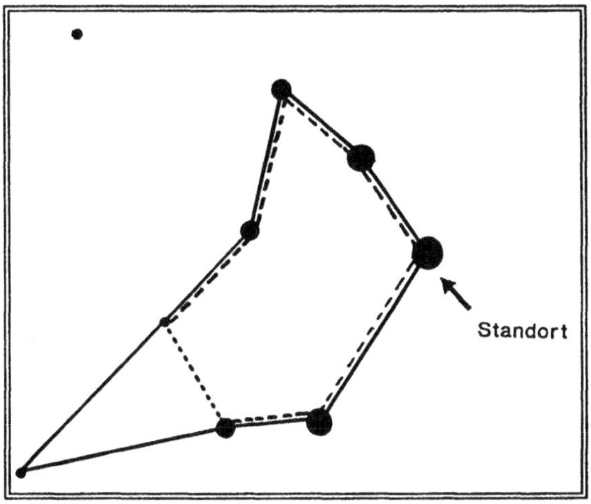

Abbildung 3: Beispiel: sendungsbezogene Tourenplanung

In einem ersten Schritt wird zunächst eine übergroße Tour entwickelt, die aufgrund ihrer Länge oder des zu ladenden Gewichtes von dem zur Verfügung stehenden Fahrzeug nicht realisiert werden kann. Die Größe dieser Tour kann durch Vorgabe entsprechender Parameter z.B. auf einen Auslastungsgrad des Fahrzeuges von 150% festgesetzt werden (d.h.: hat ein Fahrzeug eine max. Zuladung von 4000 kg und eine max. in der Planperiode realisierbare Tourlänge von 350 km, so werden für den Aufbau der Basistour z.B. "fiktive" Restriktionen von 6000 kg und 525 km vorgegeben).
Zum Aufbau der übergroßen Basistour wird in der implementierten Version des Verfahrens das sequentielle Savingsverfahren genutzt.
In Abbildung 3 ist eine derartige "übergroße" Tour (durchgezogene Linie) für das vorliegende Beispiel dargestellt.
Da die Tour in dieser Form nicht von dem vorgesehenen Fahrzeug realisiert werden kann, ist nun zu fragen, wie sie sinnvoll auf ein realisierbares Maß gekürzt werden kann.
Dies geschieht in einem zweiten Schritt mit Hilfe der "relativen Grenzkostendifferenzen".

Exkurs:

Die operative Entscheidung "Eigen- oder Fremdtransport" hat große Ähnlichkeit mit dem in der Betriebswirtschaftslehre bekannten "make-or-buy" Problem. Liegt in einem

Produktionsprozeß ein Engpaß vor und können deshalb nicht alle benötigten Produkte selbst hergestellt werden, so werden bevorzugt die Güter selbst hergestellt, deren relative Deckungsspannendifferenzen besonders groß sind. Die knappen eigenen Kapazitäten werden hierdurch besonders wirtschaftlich genutzt.
Überträgt man dieses Instrumentarium auf das vorliegende Problem, so kann die relative Wirtschaftlichkeit des Eigentransportes einer Sendung innerhalb einer Tour mit Hilfe der relativen Deckungsspannendifferenzen oder, bei Annahme konstanter Erlöse, mit Hilfe der relativen Grenzkostendifferenzen (rel. GKD) ermittelt werden.

$$\text{rel. GKD} = \frac{\text{Mehrkosten bei Fremdtransport einer Sendung}}{\text{durch Fremdtransport eingesparte Engpaßkapazität}}$$

$$= \frac{\text{Fremdtransportkosten - eingesparte var. km-Kosten}}{\text{eingesparte Engpaßkapazität}}$$

(Exkurs-Ende)

Zunächst wird demnach für alle Sendungen der gerade ermittelten Tour der Wert der relativen Grenzkostendifferenz ermittelt. Hierfür müssen für jede Sendung folgende Daten berechnet werden:

- Welche Fremdtransportkosten würden bei der Vergabe dieser Sendung an einem Spediteur oder an die Bahn entstehen?
- Wieviel variable Kosten des Eigentransportes können gespart werden, wenn diese Sendung aus der bisher ermittelten übergroßen Tour herausgenommen wird?
- Welcher Engpaß (Tourlänge oder max. Zuladung) greift bei der jetzigen übergroßen Tour stärker, und welche Kapazität in diesem Engpaß könnte eingespart werden, wenn eine Sendung aus der bisher ermittelten übergroßen Tour herausgenommen würde?

Sind für alle Sendungen der bisherigen Tour die rel. GKD bestimmt worden, so wird diejenige Sendung aus der Tour eliminiert, deren rel. GKD am geringsten ist.
Da sich durch die Herausnahme eines Ortes aus der bisherigen Tour die optimale Reihenfolge der Belieferung der Orte ändern kann, wird für die verbleibenden Orte der Tour die optimale Reihefolge mit Hilfe des Savingsverfahrens erneut ermittelt.

Durch die Verkürzung der übergroßen Basistour wird im obigen Beispiel aus der übergroßen Basistour der untere linke Ort eliminiert. In Abbildung 3 führt die Tour führt nun entlang der gestrichelten Linie.
Da die Tour in dieser Form vom vorgesehenen Fahrzeug noch immer nicht realisiert werden kann, wird der Schritt der Tourverkürzung auf der Basis der jeweils neu berechneten rel. GKD so oft durchlaufen, bis die durch das Fahrzeug vorgegebenen realen Restriktionen nicht mehr verletzt werden.
Die letztlich auf diese Weise ermittelte realisierbare Tour ist in Abbildung 4 dargestellt. Im Vergleich mit Abbildung 2 ist erkennbar, daß die Ladekapazität des Fahrzeuges nun deutlich höher ausgelastet ist und für "kleine" Sendungen keine "großen Umwege" gefahren werden. Die Gesamttransportkosten liegen nun deutlich unter denen, die entsprechend der zweistufigen Vorgehensweise bei der Tourenplanung entstanden wären.

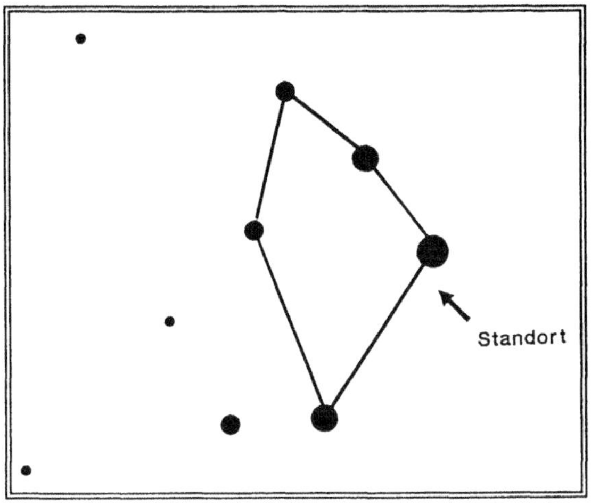

Abbildung 4: Ergebnis der sendungsbezogenen Tourenplanung

Im vorliegenden Beispiel ist die Planung nach Vollzug dieser beiden Schritte abgeschlossen. In der Realität ist die Anzahl der zu beliefernden Orte und die Anzahl der zu ermittelnden Touren jedoch größer als in diesem, zur Verdeutlichung stark vereinfachten Beispiel. Sollen dementsprechend mehr als diese eine Tour berechnet werden, so sind die Orte, die in der gerade ermittelten Tour enthalten sind, aus der Menge der zu verplanenden Orte herauszunehmen.
Der Algorithmus wird nun erneut gestartet, um weitere Touren zu bilden. I.d.R. wird es sinnvoll sein, auf diese Weise mehr Touren zu ermitteln, als von den vorhandenen Fahrzeugen gefahren werden können. Unter diesen Touren können dann für die eigenen Fahrzeuge die Touren ausgewählt werden, die gegenüber dem Fremdtransport die größten Einsparungen ergeben.

5. Ergebnisse der Untersuchungen

Die Heuristik der sendungsbezogenen Tourenplanung wurde auf einem PC implementiert. Anschließend wurden für das betrachtete mittelständische Unternehmen Simulationsrechnungen durchgeführt.
Die Rechnungen ergaben, daß das Unternehmen bei der Umstellung vom reinen Fremdtransport auf kombinierten Eigen-/Fremdtransport mit einem Kostenanstieg zu rechnen hat. Von einer Investition in einen eigenen Fuhrpark wurde dementsprechend abgeraten.

Abschließend sollen noch einige Bemerkungen zur Leistungsfähigkeit der neuentwickelten Heuristik gemacht werden:
Eine Heuristik wird i.d.R. anhand von zwei Kriterien beurteilt:
- Welche Rechenzeiten werden benötigt?
- Wie nah kommt das Ergebnis der Heuristik an das Optimalergebnis, bzw. wie gut ist die Heuristik im Vergleich zu bisher bekannten Heuristiken?

Rechenzeiten:

Das implementierte Programm ist derzeit noch nicht Geschwindigkeitsoptimiert. Konkrete Angaben über zu erwartende Rechenzeiten können somit zur Zeit nicht gemacht werden. Es ist jedoch abzuschätzen, daß die Rechenzeiten prinzipbedingt je nach Wahl der Parameter (z.B. fiktive Tourlänge im Verhältnis zur max. realen Tourlänge) mehr oder weniger deutlich über denen des reinen Savingsalgorithmus liegen. Da der Savingsalgorithmus jedoch recht schnell ist, dürfte dies bei den heutigen Rechnerleistungen kein Problem darstellen.

Qualität der Ergebnisse:

Auch eine exakte Beurteilung der Qualität der von der Heuristik entwickelten Einsatzpläne ist im zeitlichen Rahmen der Diplomarbeit nicht möglich gewesen.
Erste Vergleichsrechnungen zeigen jedoch, daß der Algorithmus der sendungsbezogenen Tourenplanung bei der Einsatzplanung des kombinierten Eigen-/Fremdtransportes deutlich bessere Ergebnisse liefert als das bisher übliche zweistufige Verfahren.

Literaturhinweis:

Kett, I.W.: Fuhrparkplanung als integratives Planungskonzept, in: Quantitative Ökonomie, Bd. 6, Hrsg.: Bomsdorf, E., Kösters, W., Matthes, H., Bergisch Gladbach, Köln 1988.

Die Rolle von Operations Research bei der Entwicklung und dem Einsatz eines Informationssystems für die Logistik

H. Grünwald, B. Matzinger

1. Einleitung

Die Rolle, die OR spielte war vielleicht nicht sehr eindrucksvoll. Aber es war und ist eine wirkliche Rolle in einem wirklichen System und keine arithmetische Ubung. Der Vortrag soll zeigen, dass das und wie das möglich war

Mit den folgenden Schritten werden wir uns auf unser Thema "einzoomen":

PHILIPS - PRODUKTDIVISION COMPONENTS - LOGISTIK - DAS SYSTEM LOPIC - (LOgistics, Planning und Information Control) - OPERATIONS RESEARCH

2. Die Philipsgruppe und die Produktdivision Components

Die Totalität der umgebenden Organisation bestimmt die Randbedingungen, die Anforderungen, die an Systeme und Methoden gestellt werden. Bei der Philipsgruppe haben wir es mit einer grossen, auf high tech gerichteten Industrie zu tun, die mit ziemlich vielen Problemen zu kämpfen hat. Etwas mehr als 300.000 Leute produzieren ungefähr einen Wert von 30 Milliarden Dollar im Jahr und zwar - trotz der Tendenz zu immer kürzeren Lebenszyklen der Produkte, zunehmender Notwendigkeit weltweit zu operieren und einer sich dauernd verstärkenden Dynamik der Technologie - mit immer steigender Produktivität.

Abbildung 1: Die Philipsgruppe und die Produktdivision Components

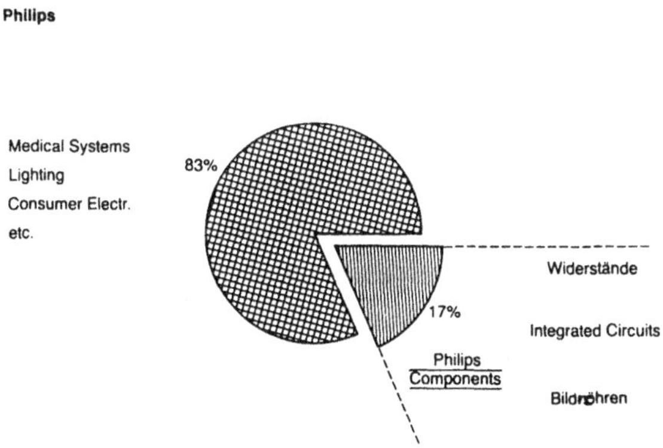

Alles was für Philips insgesamt gilt, das gilt auch für die Produktdivision Components, die Passive Komponenten (z.B. Widerstände), Bildröhren und andere Displayelemente, IC's und andere Halbleiterbauelemente herstellt; wobei der Umsatz ungefähr 5 Milliarden Dollar beträgt, was

Operations Research Proceedings 1989

Philips-Components zum weltgrössten Verkäufer von elektronischen Komponenten macht. Es handelt zich natürlich ebenfalls um eine high tech Industrie, deren Fertigungsbetriebe in einigen Ländern konzentriert sind, während der Verkauf sich in der ganzen Welt abspielt.

Abbildung 2: Das weltweite Kommunikationsnetzwerk von Philips Components

22 Länder, 84 Fabriken, 1800 Terminals

Auch für diese Division ist Japan ein grosser Konkurrent und die Kundenwünsche hinsichtlich Qualität, Lieferzuverlässigkeit und Lieferfristen werden stark durch Ideen beeinflusst, die durch japanische Betriebe propagiert werden: JustInTime, Zero Inventory, Zero Defect, Co-makership. Alles Randbedingungen für die Logistik.

3. Die Logistik und das System LOPIC (LOgistics, Planning and Information Control):
Die Logistik hat dafür zu sorgen, dass die von den Abnehmern bestellten Produkte in der erwünschten Menge und Qualität zur richtigen Zeit am richtigen Ort eintreffen, wobei die ökonomische Situation, Technologie, Markt und Konkurrenz auch noch dazu zwingen immer zuverlässiger, schneller und preiswerter zu arbeiten.
Ein weltweites computerunterstütztes Informations- und Kommunikationssystem ist dafür unerlässlich.

Das dachte man schon in 1979 und begann mit dem Bau des Systems LOPIC. Die Basisideen von LOPIC waren: Transparenz der Logistik zwischen Produzent und Verkauf, Planung als Resultat von Zielabwägungen, Konsistenz der Planungen hinsichtlich Termin und Trajekt, Messung logistischer Kennzahlen. Hauptziel war dabei den Markt schneller und mit weniger Vorrat zu bedienen.

Um sich ein Bild von LOPIC zu machen muss man sich viele verschiedene Aspekte (Abbildungen 2 und 3) vorstellen: das materielle, das Güterstromnetzwerk, aufgespannt zwischen Fertigung, Verteilung und Vertrieb, die Menschen, die diese Ströme planen, abrufen und steuern mit dem dazugehörigen Netzwerk von Funktionen und Aufgaben, das Kommunikationsnetzwerk, insbesondere die kommunikativen Verbindungen zwischen den Disponenten in den Knotenpunkten des Güterstroms, die Abbildung des Geschehens auf Daten, -Stammdaten und Bewegungsdaten- erforderlich um adäquat zu handeln, die Programme für die Verarbeitung der Daten, das Netzwerk von Hardware und Software, das für die Verarbeitung und Kommunikation sorgt.

Abbildung 3: Teilsysteme von LOPIC und einige unterstützte Funktionen

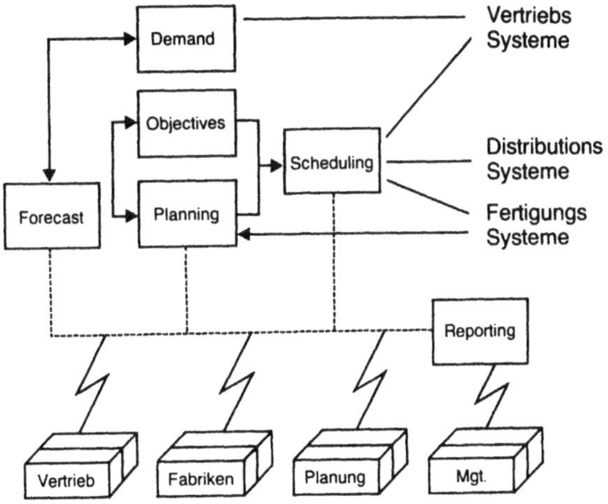

Um den Entwurf zu realisieren und zu implementieren brauchte man beinahe ein Jahrzehnt. Eine Million Programmschritte musste kodiert werden. 240 Personenjahre - davon 140 EDV - und 120 Millionen Gulden waren nötig. Jetzt verarbeitet das System eine Million Auftragszeilen per Jahr - 1800 Terminals sind dafür aufgestellt -, 13 Millionen Gulden per Jahr machen die operationellen Kosten aus; Die Einsparungen liegen bei - gemessenen - 100 Millionen im Jahr (Abbildung 4).

Abbildung 4: Höhere Zuverlässigkeit

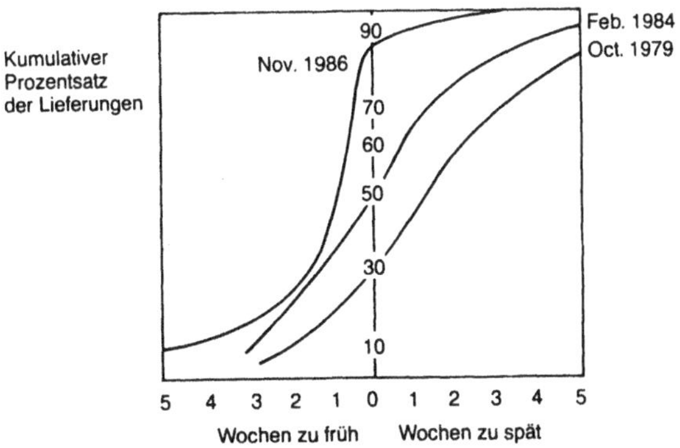

Vor allem hat LOPIC jedoch zusammen mit anderen Massnahmen - alle notwendig, keine allein hinreichend! - die Weiterexistenz der Unternehmung auf Topniveau ermöglicht. Wäre das nicht der Fall gewesen, hätten sich sehr wesentliche, vielleicht katastrophale Anderungen hinsichtlich Arbeitsplätzen, Produktpalette, Umgebungsbeziehungen ergeben. Das System ist also nicht nur für Effizienz und Effektivität wesentlich, sondern auch von existenzieller Bedeutung.

4. Operations Research

Operations Research hat bei der Entwicklung und beim Einsatz des Systems die verschiedensten Beiträge geliefert.

a) Bei der Ideenformung

Ein Forschungsprojekt "Integrale Steuerung des Güterstroms" (Grünwald 1972, Braat 1973) hat wichtige Beiträge zu den BasisIdeen von LOPIC geliefert.

Der Systementwurf bei diesem Projekt war wesentlich stimuliert durch OR-methoden wie etwa die Vorhersagetechnik Exponential Smoothing, eine lineare Planungsregel (= HMMS), eine Variante auf die s,S Vorratpolitik, die Anwendung vom Begriff Echelonvorrat, Prioritätsscheduling.

Auch half OR beim Evaluieren des Entwurfes durch Simulation, Vorrattheorie, Wartezeittheorie, Die ursprünglichen Ideen hinsichtlich Transparenz, Durchkopplung der Information, intensiver Verwendung von EDV waren allerdings nicht explizite Resultate von Operations Research (wohl von "Untersuchungen der Operationen" im Zusammenhang mit der Güterstromsteuerung)

b) Beim Entwurf

Eine Rolle spielte OR bei der Strukturierung des Planungsgeschehens insbesondere bei der Situierung des Entkoppelpunktes im Güterstrom (Hoekstra 1985).

Das ist die Grenze - meistens ein Vorratpunkt - zwischen den durch die Kundenaufträge angetriebenen und den planungsgesteuerten Teilen der Organisation (Abbildung 5).

Abbildung 5: Fünf Basisstrukturen für die Güterstromsteuerung

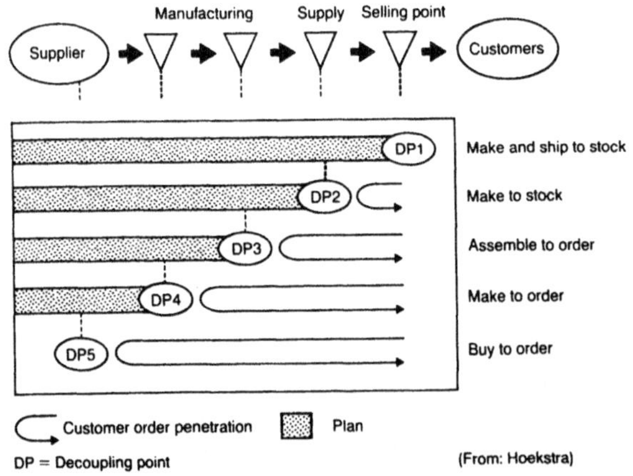

Five basic models define the range of structure for decoupling points

Die Lage des Punktes ist von vielen Einflüssen abhängig: zu den wichtigsten gehören die technischen Möglichkeiten für Lagerung, die Lieferzeiten und die Flexibilität der Fabriken, der Wertzuwachs per Fertigungsphase, die Zahl der Produkte per Fertigungsphase. Auch OR Berechnungen (Vorratnormen) helfen bei der Entscheidungsfindung (Modul Objectives in Abbildung 3)

c) Bei der Planung

Weiters werden die Vorhersage der Nachfrage und die Planung der Auslieferungen von Operations Research Methoden unterstützt.Insbesondere werden einfache Extrapolationssysteme (Exponentielle Glättung 1. und 2. Ordnung mit automatischer Bewachung) verwendet in der Module Vorhersage. Die Situierung der Module im System ist in Abbildung 3 skizziert.

d) Bei der Operation

Zum Beispiel wird die wöchentliche Auftragserstellung für die Endfertigung von Halbleitern von Integer LP unterstützt. Vorratanfüllungen werden teilweise automatisch mittels s,Q Technik bestellt.

5. Folgen und Folgerungen

Wenn wir nun in Abbildung 3 OR Anwendungen eingetragen, bekommt man nicht gerade den Eindruck von einem überwältigenden Einfluss von OR.

Abbildung 6: OR Teile im System LOPIC

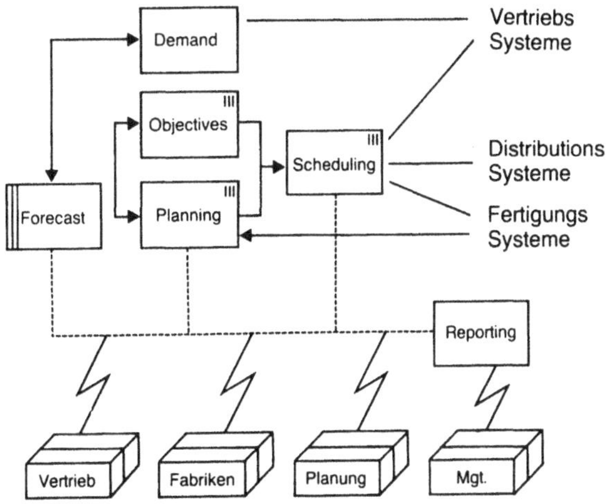

Doch bedeutet, verglichen mit den Jahren 70, die Tatsache, dass OR wirklich verwendet wird, eine deutliche Haltungsveränderung.

Uberhaupt ist seit diesen Zeiten im sozialen System "Organisation" viel geschehen. Wir können von einer Evolution des Organisationsdenkens sprechen.

Die funktionsgerichtete, stark hierarchische und selbstgenügsame Organisation ist (End)Produkt gerichtet, flacher und dezentraler und offener geworden.
Aber auch komplexer. Die Erlebniswelt der Planer war früher auf die unmittelbar angrenzenden Teile der Organisation beschränkt. Heute befinden sie sich in dauernder Interaktion mit einem viel weiter reichenden Umfeld. Das wird durch die Abbildung 7 illustriert.

Abbildung 7: die Erlebniswelt der Planer vor und in LOPIC

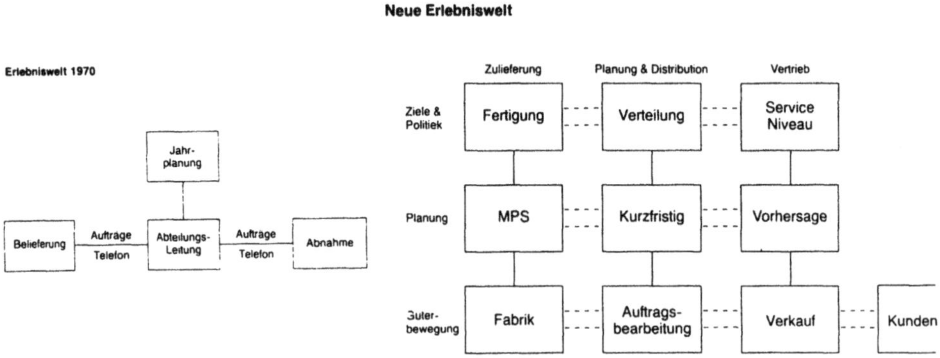

Die Problematik, die derartige Veränderungen hervorrufen, wird von dem folgenden Zitat gut umschrieben: "Wir arbeiten in Strukturen von gestern mit Methoden von heute an Problemen von morgen vorwiegend mit Menschen, die die Strukturen von gestern gebaut haben und das Morgen innerhalb der Organisation nicht mehr erleben werden".

Warum wir auch darüber berichten?
Wir glauben, dass auch in der OR-Welt eine Haltungsänderung, eine Befreiung, in diesem Fall aus der "algorithmischen Nische", gut täte. Den grössten Einfluss hatte OR eigentlich nicht durch die Algorithmen (Vorhersage, IP) sondern durch das Stimulieren allgemeiner Uberlegungen hinsichtlich Struktur und Entwurf. Und für neue Systeme, die wir bauen müssen, ist noch mehr fundamentelles Denken über Strukturen und Prozesse hochkomplexer, soziotechnischer Systeme nötig. Ein Kritiker vom (algorithmischen) OR meinte ".... where OR/MS proponents still truncate their Weilbull distributions and refine their simplex start-up algorithms, the world of expert systems, decision support systems ... and so on, seems to be passing them by" (Lindsay 1985).
Wir meinem demgegenüber, und hoffen es durch den vorliegenden Beitrag illustriert zu haben, dass

- OR einerseits relativ ungestört und selbstgenügsam in seiner Nische weiter leben kann (par. 4),
- es aber andererseits (Grünwald u.a. 1989) wenn es die vielen Herausforderungen annimmt, "Operationen zu analysieren" ein viel weiteres Feld hat um sich in der heutigen Welt nützlich zu machen.

Schliesslich war OR "in the forties a pragmatic interdisciplinary approach to the solution of urgent and important management problems" (Müller-Merbach 1985). So gesehen handelt doch fast unser ganzer Beitrag von OR.

Literatur:

Braat J.J.M., "The IPSO control system", Int.J.Prod.Res., 1973, 11, 4, 417-436

Grünwald H.J., "Entwurf und Analyse eines Management informationssystems für die Steuerung einer grossen industriellen Organisation". In 'Planungsforschung und Forschungsplanung im öffentlichen und privaten Bereich', Springer Verlag, Wien-New York, 1972

Grünwald H.J., Fortuin L., "DSS and ES in the 'information organisation' - Back to the roots of OR", Eur.J.Op.Res., 1989, 41, 2, 142-150

Hoekstra S. (ed), Romme S. (ed), "Op weg naar integrale logistieke strukturen", Kluwer Deventer 1987. Auch als interner Philipsrapport: "Towards Integral Logistic Structures".

Lindsay R.K., "the prospects for artificial intelligence", Human Systems Management, 5, 2, 1985, 93-94

Müller-Merbach, H., IFORS, Letters from the president, March 1985

QUANTITATIVE EVALUATION VON TYPISCHEN PLANUNGSSYSTEMEN FÜR LOGISTIK UND PRODUKTION: MRP, JIT, OPT, ETC.

Herbert J. Grünwald und P. Weeda, Eindhoven

Seit vielen Jahren werden von Praktikern, ORern, EDVern und anderen die verschiedensten Planungssysteme für Logistik und Produktion vorgeschlagen. Recorder Point Planning, Base Stock Control, Manufacturing Requirements Planning (MRP-I), Manufacturing Resource Planning (MRP-II), Just In Time (JIT), Optimized Production Technology (OPT) kamen teils nacheinander, teils gleichzeitig in Mode.

Operations Research kann mittels eines quantitativen Vergleichs der Effektivität der Systeme zu einer Versachlichung der Diskussion beitragen.

Zu diesem Zweck führen wir die Höhe der Vorräte und den Ausliefergrad als Indikatoren für die Effektivität ein. Ferner charakterisieren wir die Situationen, in denen ein System implementiert werden soll. Hierzu verwenden wir Maßzahlen für die Auslastung der Kapazität, für einige Strukturgrößen der Produktion und der Produkte sowie für die Unsicherheiten in der Nachfrage, Produktion und Beschaffung. Damit ist ein "Situationsraum" definiert, für dessen Punkte wir per System die erwähnten Indikatoren bestimmen.

Unsere Berechnungen stützen sich auf Vorrattheorie und auf die Theorie stochastischer Prozesse, insbesondere die der Warteschlangen. Soweit nötig, sind sie durch Simulationen ergänzt. Wir können dann die Grenzen ziehen zwischen denjenigen Gebieten im "Situationsraums", in denen eines des Systeme über seine "Konkurrenten" dominiert. Das heißt, daß seine, mit unseren Indikatoren gemessene Effektivität größer ist als die der jeweils anderen Systeme.

Eine Diskussion weiterer, vor allem auch qualitativer Kriterien wird damit natürlich nicht überflüssig, wohl jedoch vereinfacht.

Ansätze zur strategischen Standort– und Produktionsplanung – ein Anwendungsbeispiel

Wolfgang Domschke und Stefan Voß , Darmstadt

Zusammenfassung:

Im Rahmen der strategischen Planung eines Unternehmens der Elektro–Branche betrachten wir ein Problem der betrieblichen Standortplanung. Dabei geht es, bezogen auf mehrere verschiedene Güter, um die Frage, welche Produkte in welcher Menge an welchem Standort zu produzieren und zu welchem Nachfrageort zu transportieren sind. Bei diesem Anwendungsbeispiel treten darüber hinaus zusätzliche Kosten– und Kapazitätsbeschränkungen auf. Ergebnisse werden sowohl für ein exaktes Verfahren (Anwendung kommerzieller Software basierend auf einer gemischt–ganzzahligen Formulierung des Problems) als auch für ein speziell entwickeltes heuristisches Lösungsverfahren angegeben.

Summary:

In strategic planning for a company in the branch of electronics we deal with a generalized location problem. Referring to multiple commodities the problem involves simultaneous interaction not only on the location decision but also on some production decision. With respect to this real world application additional capacity restrictions are considered. Based on a mixed integer programming formulation computational results on optimal solutions are given. The paper also contains results obtained with a heuristic solution procedure developed for this problem.

1. Einführung

Im Rahmen der strategischen Planung eines Unternehmens betrachten wir folgendes Problem der betrieblichen Standortplanung:

Ein Unternehmen beliefert n verschiedene Absatzmärkte, die pro Periode eine bestimmte Menge der von ihm angebotenen p Güter nachfragen. Für die Produktion der Güter stehen eine vorgegebene Anzahl von Produktionsstätten zur Verfügung. Darüber hinaus können weitere Produktionsstätten an potentiellen Standorten errichtet werden. Für alle m Standorte sind (sofern an ihnen produziert werden soll) sowohl für die Produktion jedes einzelnen Gutes als auch für die insgesamt in diesem Standort produzierten Güter untere und obere Kapazitätsschranken (hinsichtlich der mit Herstellkosten bewerteten Produktionsmenge) zu beachten. Die Herstellkosten sind in Form stückweise linearer Funktionen vorgegeben. Für den Transport eines Gutes von einem Standort zu einem Markt fallen sowohl Frachtkosten als auch ggf. Zölle an. Gesucht sind, unter

Operations Research Proceedings 1989

Minimierung der Summe aller entstehenden Kosten (Herstellkosten, Frachtkosten, Zölle sowie fixe Kosten für die Errichtung neuer Produktionsstätten), ein optimaler Transportplan sowie eine Entscheidung darüber, an welchen potentiellen Standorten ein zusätzlicher Betrieb zu errichten ist.

Ausgehend von einem kapazitierten Warehouse Location–Problem entwickeln wir im folgenden Abschnitt ein gemischt ganzzahliges mathematisches Modell zur Beschreibung dieses Problems. Vermöge dieser Formulierung lassen sich praktische Probleme mit einem kommerziellen Software–paket (LINDO) auf einem PC derzeit nur bis zu einer Größenordnung von circa n, m, $p \leq 10$ lösen. Dies legt es nahe, ein spezielles Branch & Bound–Verfahren zu entwickeln, das sowohl als Relaxation als auch im Rahmen der Bestimmung oberer Schranken, d.h. zulässiger Lösungen, klassische Transportprobleme als "einfache" Teilprobleme löst.

In dieser Arbeit beschränken wir uns jedoch auf die Beschreibung einer heuristischen Vorgehensweise (Abschnitt 3).

Mit LINDO bzw. mit der Heuristik erhaltene Ergebnisse werden im vierten Abschnitt anhand von Daten aus der Praxis dokumentiert. Die mit beiden Verfahren erzielten Lösungen dienen als Entscheidungsunterstützung bei der strategischen Standort– und Produktionsplanung eines Unternehmens der Elektro–Branche.

2. Modellformulierung

Die im vorigen Abschnitt skizzierte Problemstellung wird in der Literatur unseres Wissens bisher nicht betrachtet. Es ist eine Verallgemeinerung des in zahlreichen Aufsätzen und Monographien behandelten (einstufigen) Warehouse Location–Problems (WLP):

> Gegeben seien eine Menge zu bedienender Kunden ($j=1,...,n$) und eine Menge ($i=1,...,m$) von potentiellen Standorten (für Lager oder Betriebe bzw. Produktionsstätten zur Bedienung der Kunden). Die Befriedigung der Kundennachfrage von Kunde j durch Standort i verursacht Transportkosten in Höhe von t_{ij} Geldeinheiten, und das Errichten eines Standortes i selbst läßt Fixkosten in Höhe von f_i Geldeinheiten entstehen.
>
> An welchen Standorten sind Lager bzw. Produktionsstätten einzurichten, und welche Kunden sollen (bei voller Befriedigung der Nachfrage) durch welche Lager bedient werden, wenn die Summe aus Fixkosten und Transportkosten zu minimieren ist?

Das so beschriebene Modell bezeichnet man als *unkapazitiertes WLP.* Führt man z.B. aufgrund vorgegebener Daten über Arbeitskräftepotential oder firmenbedingte Größen von Standorten Höchstkapazitäten für die an einem Standort zu fertigenden Güter ein, so ergibt sich ein *kapazitiertes WLP.* Lösungsverfahren zu beiden WLPen finden sich z.B. in Domschke und Drexl (1985, S. 32 ff.). Die dort beschriebenen Verfahren erlauben auch die Berücksichtigung linearer Lager– bzw. Produktionskosten (in den Standorten). Die von uns betrachtete Problemstellung unterscheidet sich vor allem in folgenden drei Punkten von (einstufigen) WLPen:

- In den Standorten sind nichtlineare, konkave Herstellkosten zu berücksichtigen (mit zunehmender Stückzahl abnehmende Herstellkosten / "economies of scale"), die von uns durch stückweise lineare Abschnitte approximiert werden. Im Gegensatz zu linearen Herstellkosten können diese nicht unmittelbar den Transportkosten zugeschlagen werden, so daß wir beide Kostenarten getrennt berücksichtigen. Standortmodelle unter Einbeziehung stückweise linearer, konkaver Kostenfunktionen betrachten z.B. Hummeltenberg (1981, S. 70 ff.) sowie Hurter und Martinich (1989, S. 49 ff.); zu Netzwerkflußproblemen mit derartigen Kostenverläufen siehe Balakrishnan und Graves (1989).
- Unser Problem ist vor allem wegen unterschiedlich hoher Frachtkosten und Zölle als ein Mehrgüterstandortmodell zu behandeln. Einfache Standortmodelle dieser Art betrachten z.B. Geoffrion und Graves (1974), Tempelmeier (1983) sowie Klincewicz und Luss (1987).
- Gegenüber den bisher genannten Modellen sehr einschneidende Restriktionen stellen obere und untere Kostenschranken dar, die zusätzlich zu den in WLPen üblichen Mengenkapazitäten zu berücksichtigen sind. Sie fordern (ausgedrückt durch die Summe der Herstellkosten), daß an keinem Standort eine unökonomische oder unerwünschte Betriebsgröße entsteht.

Die Herstell- oder Produktionskosten unseres Problems sind in Form stückweise linearer Funktionen gegeben. In den vorgegebenen praktischen Beispielen gehen wir von **q**=2 bzw. **q**=3 *Produktionskostenstufen* aus (z.B. sind bei 3 Stufen ausgehend von den Herstellkosten der mittleren Stufe ein Aufschlag von 10% für die erste Stufe sowie ein Abschlag von 5% für die dritte Stufe zu berücksichtigen). In Abb. 1 veranschaulichen wir das Problem für **m**=3 Standorte (davon sind **m1**=2 fest vorgegeben und m–m1=1 als potentielle Standorte aufzufassen), **n**=2 Märkte und **p**=2 Güter. Dabei finden folgende Parameter Verwendung:

b_{jk} Bedarf des Gutes k am Markt j

f_i Fixkosten für die Errichtung des (potentiellen) Standortes i

Abb. 1: Veranschaulichung des Problems

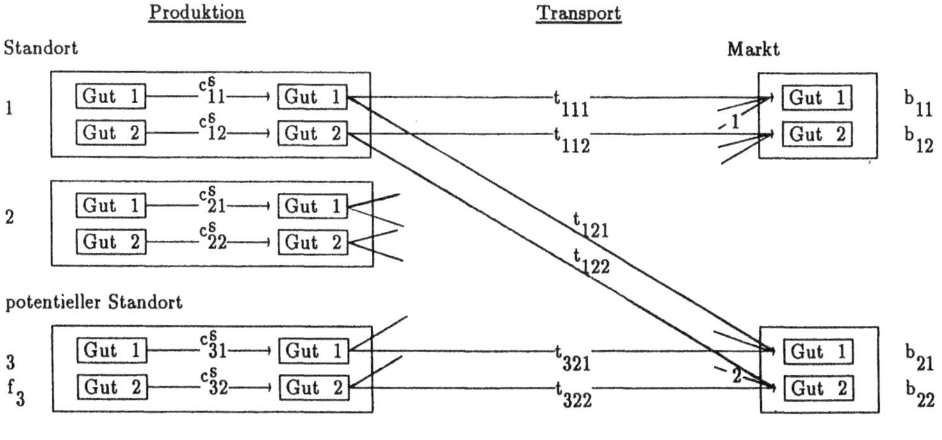

t_{ijk} Transportkosten (inklusive Zölle) für den Transport des Gutes k vom Standort i zum Markt j

c^s_{ik} Herstellkosten des Gutes k am Standort i auf der s–ten Produktionskostenstufe

Für die Produktion der einzelnen Güter k (=1,...,p) sind an den jeweiligen Standorten i (=1,...,m) sowohl untere (λ_{ik}) als auch obere (κ_{ik}) Kapazitätsschranken vorgegeben. Der Wechsel von einer Produktionskostenstufe s (=1,...,q–1) zur nächsthöheren Stufe s+1 wird ebenfalls durch eine Kapazitätsschranke (μ^s_{ik}) charakterisiert. Abb. 2 zeigt hierzu ein Beispiel mit q=2 Produktions–kostenstufen. (Die Produktion jeder unterhalb von μ^1_{ik} liegenden Menge verursacht Kosten in Höhe von c^1_{ik} pro Stück. Jede über μ^1_{ik} hinausgehende Mengeneinheit kann demgegenüber zum günstigeren Preis von c^2_{ik} produziert werden.)

Abb. 2: Produktionskostenverlauf

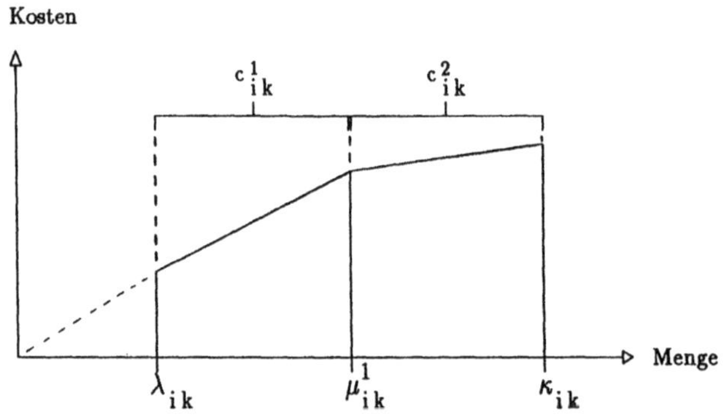

Des weiteren verwenden wir in unserem Modell:

LB_i / UB_i untere bzw. obere Kostenschranke des Standortes i (bezogen auf die an i entstehenden Produktionskosten)

sowie als Variablen:

$$y_i \begin{cases} = 1, & \text{falls am potentiellen Standort i (=m1+1,...,m) ein Betrieb errichtet wird} \\ = 0, & \text{sonst} \end{cases}$$

$$y^s_{ik} \begin{cases} = 1, & \text{falls das Gut k am Standort i in der s–ten (sowie allen davor liegenden)} \\ & \text{Produktionskostenstufe(n) produziert wird} \\ = 0, & \text{sonst} \end{cases}$$

tx_{ijk} Transportmenge des Gutes k von Standort i zum Markt j

cx^s_{ik} produzierte Menge des Gutes k am Standort i in der s–ten Stufe

Unter der Voraussetzung, daß $q \geq 2$ gilt (sowie mit μ^0_{ik}:=0), läßt sich unser Problem nunmehr mathematisch wie folgt formulieren:

$$\text{Minimiere} \quad \sum_{i=m1+1}^{m} f_i y_i + \sum_{i=1}^{m}\sum_{j=1}^{n}\sum_{k=1}^{p} t_{ijk}\cdot tx_{ijk} + \sum_{s=1}^{q}\sum_{i=1}^{m}\sum_{k=1}^{p} c_{ik}^{s}\cdot cx_{ik}^{s} \tag{1}$$

unter den Nebenbedingungen

$$\sum_{i=1}^{m} tx_{ijk} = b_{jk} \qquad \forall j \; \forall k \tag{2}$$

$$\sum_{j=1}^{n} tx_{ijk} = \sum_{s=1}^{q} cx_{ik}^{s} \qquad \forall i \; \forall k \tag{3}$$

$$\lambda_{ik}\cdot y_{ik}^{1} \le cx_{ik}^{1} \qquad \forall i \; \forall k \tag{4}$$

$$y_{ik}^{1} \le y_i \qquad \forall i=m1+1,..,m \; \forall k \tag{5}$$

$$(\mu_{ik}^{s-1} - \mu_{ik}^{s-2})\cdot y_{ik}^{s} \le cx_{ik}^{s-1} \qquad \forall i \; \forall k \; \forall s=2,...,q \tag{6}$$

$$cx_{ik}^{s} \le (\mu_{ik}^{s} - \mu_{ik}^{s-1})\cdot y_{ik}^{s} \qquad \forall i \; \forall k \; \forall s=1,...,q-1 \tag{7a}$$

$$cx_{ik}^{q} \le (\kappa_{ik} - \mu_{ik}^{q-1})\cdot y_{ik}^{q} \qquad \forall i \; \forall k \tag{7b}$$

$$UB_i \ge \sum_{s=1}^{q}\sum_{k=1}^{p} c_{ik}^{s}\cdot cx_{ik}^{s} \ge \begin{cases} LB_i & \forall i=1,\ldots,m1 \quad (8a) \\ y_i\cdot LB_i & \forall i=m1+1,\ldots,m \quad (8b) \end{cases}$$

$$tx_{ijk} \ge 0 \quad \forall i \; \forall j \; \forall k; \qquad cx_{ik}^{s} \ge 0 \quad \forall i \; \forall k \; \forall s \tag{9a}$$

$$y_{ik}^{s} \in \{0,1\} \quad \forall i \; \forall k \; \forall s; \qquad y_i \in \{0,1\} \quad \forall i=m1+1,...,m \tag{9b}$$

Die Nebenbedingungen (2) gewährleisten, daß alle Bedarfe befriedigt werden, und gemäß (3) werden alle zu transportierenden Mengen auch produziert. (4) in Verbindung mit (5) erreicht für die potentiellen Standorte, daß eine Produktion nur bei Einrichtung eines Betriebes stattfinden kann, wobei (4) (sowohl für die potentiellen als auch für die fest vorgegebenen Standorte) die Einhaltung der unteren Kapazitätsschranken der ersten Stufe sicherstellt. Die Ungleichungen (6) und (7) gewährleisten die Einhaltung der Kapazitätsschranken auf den weiteren Stufen (sofern dort überhaupt produziert wird bzw. werden darf). Dabei läßt sich (6) auch als Bestimmungsungleichung für die y_{ik}^{s} sowie (7) für die cx_{ik}^{s} auffassen. Die oberen und unteren Kostenschranken werden in (8) berücksichtigt, wobei diese bei potentiellen Standorten nur im Falle von deren Errichtung relevant sind. (Eine Modifikation dieser Nebenbedingungen insbesondere in Verbindung mit (5) ist ebenfalls möglich.)

3. Ein heuristischer Lösungsansatz

In diesem Abschnitt beschreiben wir für obiges Problem einen heuristischen Lösungsansatz zur Bestimmung zulässiger Lösungen (bzw. oberer Schranken im Rahmen eines Branch&Bound–Verfahrens). Bei dieser Heuristik handelt es sich um ein kombiniertes Eröffnungs– und Verbesserungsverfahren. Das Eröffnungsverfahren läßt sich dabei als ein aus zwei Teilen bestehendes Dekompositionsverfahren charakterisieren (vgl. die "Dekomposition" der Bereiche Produktion und Transport in Abb. 1).

Abb. 3: Koeffizientenmatrix in Verbindung mit dem Eröffnungsverfahren

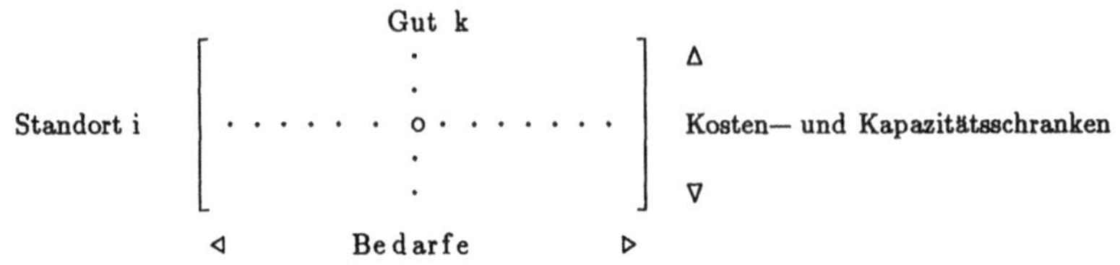

Eröffnungsverfahren

(i) Zuordnung von Produktionsmengen zu Standorten unter ausschließlicher Berücksichtigung der Produktionskosten.

Ziel ist hierbei eine zulässige Lösung für den Produktionsbereich, so daß alle Nachfragen erfüllt werden können. Voraussetzung ist dabei, daß alle potentiellen Standorte zunächst einbezogen (d.h. Betriebe errichtet) werden. Veranschaulicht man sich das Problem mit Hilfe seiner Koeffizientenmatrix, so wird jeweils zeilenweise versucht, die Kosten– und Kapazitätsschranken zu erfüllen, und spaltenweise die Befriedigung der Bedarfe zu erreichen (vgl. Abb. 3). Die Zuordnung erfolgt in vier Schritten:

Schritt 1: Zuweisung von Produktionsmengen zu Standorten mit dem Ziel, die Kostenunterschranken LB_i ($\forall$ i) zu erreichen (bzw. zu übersteigen).

Schritt 2: Erhöhung von Produktionsmengen der Güter mit dem Ziel, die geforderten Bedarfe zu erfüllen (bzw. zu übersteigen). Überkapazitäten, die dabei an den einzelnen Standorten entstehen, werden, soweit möglich, reduziert.

Schritt 3: Senkung von Produktionsmengen an entsprechenden Standorten mit dem Ziel, die Kostenoberschranken UB_i zu erreichen (bzw. zu unterschreiten). Überproduktionen der Güter werden, soweit möglich, eliminiert. Wird an einem potentiellen Standort i die Kostenschranke LB_i unterschritten, so wird i eliminiert.

Schritt 4: In Fällen der Unterproduktion werden, unter Beachtung der Kapazitätsschranken, die Produktionsmengen entsprechend erhöht.

Im Rahmen dieser Zuordnungen bedienen wir uns folgender *Prioritätsregeln:*

Die Erhöhung von Produktionsmengen an Standorten erfolgt in der Reihenfolge der am billigsten herzustellenden Güter; bei der Senkung von Produktionsmengen wird in der Reihenfolge abnehmender Kosten auf die Produktion von Gütern verzichtet (Schritt 1 bzw. 3). Analoges gilt für das Erhöhen bzw. Senken der Produktionsmengen einzelner Güter (Schritt 2 bzw. 4).

(ii) Unter Maßgabe des gemäß (i) erzeugten Ergebnisses sind p (Anzahl an Gütern) klassische Transportprobleme zu lösen (z.B. mit Spaltenminimum– und MODI–Methode).

Verbesserungsverfahren

Schritt 1: Eliminiere bisher aufgenommene potentielle Standorte i und vergleiche die dabei eingesparten Fixkosten mit der durch eine "Umverteilung der an i gefertigten Produkte auf andere

Standorte" verursachten Änderung an Produktions- und Transportkosten. Erbringt die Eliminierung eine Kostenersparnis oder eine Kostenerhöhung von höchstens ϵ Geldeinheiten, so führe sie aus.

Schritt 2: Tausche, unter Berücksichtigung von Transportmengen und Transportkosten, Produktionsmengen zwischen einzelnen Standorten (ggf. rekursives Aufrufen von Schritt 2 wegen der Forderung nach Zulässigkeit der modifizierten Lösung).

Durch Vorgabe eines Parameters $\epsilon \geq 0$ sind ggf. auch Verschlechterungen des Zielfunktionswertes möglich. Es handelt sich damit in Abhängigkeit der jeweils vorgenommenen Vertauschungen bzw. Umverteilungen (zufällige Reihenfolge der zu überprüfenden Vertauschungen) um ein probabilistisches Austauschverfahren. Solange Vertauschungen möglich sind, wird Schritt 2 (mit $\epsilon \rightarrow 0$) wiederholt.

4. Ergebnisse

Basierend auf der im zweiten Abschnitt entwickelten gemischt-ganzzahligen Formulierung des Problems wurde versucht, optimale Lösungen mit Hilfe kommerzieller Software zu erzeugen. Tab. 1 gibt Aufschluß über vier verschiedene Klassen der von uns betrachteten praktischen Probleme. Ein Unterscheidungsmerkmal neben der betrachteten Problemgröße (Anzahl der Variablen, Anzahl der betrachteten Produktionskostenabschnitte) ist die geforderte Genauigkeit. Dabei stellt sich die Frage, ob das jeweilige Problem optimal zu lösen ist, oder aber die Lösungsgüte sich im Bereich einer vorgegebenen Schranke bewegen soll (z.B. kann nach einer zulässigen Lösung gesucht werden, deren Zielfunktionswert um bis zu 1% vom optimalen Zielfunktionswert abweicht).

Tab. 1: Eingabedaten aus der Praxis

Problemklasse	1	2	3	4
Genauigkeit	1–3%	1–3%	exakt	exakt
Anzahl Produktionskostenabschnitte	2	3	3	3
Anzahl feste/potentielle Standorte	6/1	6/1	0/10	6/3
Anzahl Märkte	10	10	10	10
Anzahl Güter	13	13	10	13
LB_i und UB_i berücksichtigt	ja	nein	ja	ja

Der erste Lösungsansatz bestand darin, gemäß obiger Modellformulierung eine Koeffizientenmatrix aufzustellen, in MPS-Format zu transformieren und mit Hilfe des Programmpaketes LINDO (Linear INteractive Discrete Optimization; vgl. Schrage (1986)) auf einem PC (IBM-kompatibel, 10 Mhz-Taktung) zu bearbeiten.

Bei Problemklasse 4 handelt es sich um die größten aus der Praxis vorgegebenen Daten. Diese ließen sich jedoch in keinem Fall mit LINDO auf dem PC lösen. Probleme der dritten Klasse ließen sich zum Teil lösen, während Probleme der ersten beiden Klassen gelöst werden konnten. Die Rechenzeit bei einer vorgegebenen Genauigkeit von 3% lag bei bis zu 45 Minuten. Bei den nicht lösbaren Problemen spielte neben dem Umfang der jeweiligen Eingabedaten die schlechte Konditionierung der entsprechenden Koeffizientenmatrix (im Verhältnis zu den anderen Daten sehr hohe Kostenschranken LB_i bzw. UB_i) eine wesentliche Rolle, da aufgrund von starken Rundungsfehlern im Rechenprozeß das Programm abgebrochen werden mußte.

Eine zweite Möglichkeit der Bearbeitung des Problems bestand in der Anwendung von MPSX/370, Version 2, auf einer IBM 3090 (mit sogenannten Vector–facilities). Dort ließ sich das größte Problem (vgl. Klasse 4) mit einem Rechenaufwand von 305 CPU–Sekunden exakt lösen.

Die in Abschnitt 3 beschriebene Heuristik ist in der Lage, für alle Probleme aus Tab. 1 innerhalb von fünf Minuten akzeptable zulässige Lösungen zu liefern. Die Güte dieser Lösungen bewegte sich dabei im Rahmen einer Genauigkeit von $\leq 3\%$ bei alleiniger Anwendung des Eröffnungsverfahrens. Nach Anwendung des Verbesserungsverfahrens konnte eine Genauigkeit von $\leq 1\%$ erzielt werden (wobei $0 \leq \epsilon \leq 0.3\%$ der Gesamtkosten der mit dem Eröffnungsverfahren erzielten Lösung als Startwert gewählt wurde).

Eine abschließende Beurteilung der hier vorgestellten Vorgehensweise zeigt anhand der mit kommerzieller Software erzeugten optimalen Lösungen, daß im Bereich des betrachteten Standort– und Produktionsplanungsproblems mit dem in Abschnitt 3 entwickelten Verfahren mit vertretbarem Rechenaufwand akzeptable Lösungen erzielt werden können. Im Rahmen der strategischen Planung des betrachteten Unternehmens der Elektro–Branche kann dieses Verfahren somit auch zu Simulationszwecken unter verschiedenen Annahmen (bzw. Datenänderungen) angewendet werden.

Aus theoretischer Sicht bleibt die Einbindung dieser Heuristik in ein Branch&Bound–Verfahren von Interesse. Dabei können als relaxierte Probleme jeweils klassische Transportprobleme betrachtet werden. Ein bislang nicht näher betrachteter Ansatz wäre eine auf unser Problem bezogene Verallgemeinerung eines zur Lösung von WLPen bekannten Dual–Ascent–Verfahrens (vgl. z.B. Domschke und Drexl (1985, S. 58 ff.)). Die Nebenbedingungen bezüglich der betrachteten Kostenschranken (LB_i bzw. UB_i) könnten dabei in Form einer Lagrange–Relaxation mit in die Zielfunktion aufgenommen werden.

Literatur

A. Balakrishnan und *S.C. Graves*: A composite algorithm for a concave – cost network flow problem. Networks 19 (1989), S. 175 – 202.

W. Domschke und *A. Drexl*: Logistik: Standorte. Oldenbourg, München–Wien, 2. Aufl., 1985.

A.M. Geoffrion und *G.W. Graves*: Multicommodity distribution system design by Benders decomposition. Management Science 20 (1974), S. 822 – 844.

W. Hummeltenberg: Optimierungsmethoden zur betrieblichen Standortwahl. Physica, Würzburg – Wien, 1981.

A.P.Hurter und *J.S. Martinich*: Facilty location and the theory of production. Kluwer, Boston – Dordrecht – London, 1989.

J.G. Klincewicz und *H. Luss*: A dual – based algorithm for multiproduct uncapacitated facility location. Transportation Science 21 (1987), S. 198 – 206.

L. Schrage: Linear, integer, and quadratic programming with LINDO. Scientific Press, Redwood City, 3. Aufl., 1986.

H. Tempelmeier: Quantitative Marketing – Logistik. Springer, Berlin u.a., 1983.

KRAFTWERKSEINSATZPLANUNG MITTELS ZUFALLSGESTEUERTER SUCHSTRATEGIEN

Richard HARTL, Wien
Gerold PETRITSCH, Maria Enzersdorf

In dieser Arbeit wird die kurzfristige Optimierung des Kraftwerkseinsatzes eines Energieversorgungsunternehmens am Beispiel der EVN (Energieversorgung Niederösterreich) behandelt. Als Methoden werden bei der Maschinenauswahl die Dynamische Programmierung sowie "Simulated Annealing" und Evolutionsstrategien verwendet. Das stetige Problem der Lastaufteilung wird mittels dualer Optimierung gelöst.

1. Aufgabenstellung

Ziel der Betriebsplanung elektrischer Systeme ist der Aufbau eines "Closed-Loop"-Betriebs im Lastverteiler. Dieser ermöglicht den geschlossenen, rechnergestützten Einsatz der eigenen Kraftwerke unter Beachtung der Vertragsverpflichtungen über Strombezug und -lieferung, so daß in kostengünstigster Form der Verbrauch des Elektrizitätsversorgungsunternehmens (EVU) abgedeckt wird.

Diese kurzfristige Planungsaufgabe kann grob in zwei Teilaufgaben zergliedert werden, die allerdings voneinander nicht unabhängig sind:

1. **Vorhersageteil** (Prognose): hier wird der nicht beeinflußbare Teil des Strombedarfes prognostiziert. Dieser Teil wird hier *nicht* behandelt.

2. **Optimierung** (Planung im engeren Sinn): in dieser Phase wird die Aufbringung (Erzeugung) des vorhergesagten Bedarfs (elektrische Last) nach vorgegebenen Kriterien optimiert, wobei betriebliche und technische Nebenbedingungen einzuhalten sind.

Der konkret zu planende Zeithorizont reicht bei der kurzfristigen Planung von wenigen Stunden bis etwa 10 Tage. Bei der EVN wird die nächste Woche geplant, um die trägen thermischen Kraftwerke sowie die "Wochenspeicher" adäquat berücksichtigen zu können. Die Zeitrasterung richtet sich i.a. nach der vertraglich vereinbarten Abrechnungsperiode mit den Tauschpartnern und beträgt in Österreich einheitlich eine halbe Stunde.

2. Zielfunktion und Nebenbedingungen

Wichtigstes Ziel der Optimierung ist die Minimierung der Gestehungskosten. Weitere Ziele wie die Minimierung von Emissionen, die schonende Fahrweise der Kapazitäten (Kraftwerke) etc. können als Nebenbedingungen formuliert oder aber in die Kostenfunktion eingebaut werden. Im folgenden ist nur von Kostenminimierung die Rede.

Bei der **kurzfristigen Optimierung** können all jene Kosten vernachlässigt werden, die innerhalb dieser Frist Fixkosten sind wie z.B. Investitionen. Zu berücksichtigen sind daher folgende **Kosten**:

Operations Research Proceedings 1989

-> die (in der Leistung nichtlinearen) *Brennstoffkosten* thermischer Kraftwerke: sie hängen auch von der Betriebsart (Solo-, Kombi-Betrieb, Anteile der verwendeten Brennstoffe) ab.

-> die (nicht-kontinuierlichen, dynamischen) *Anfahr-* bzw. *Abstell-* und *Stillstandskosten* bestimmter thermischer Kraftwerke: diese beinhalten zusätzliche Brennstoffkosten für den Anfahrvorgang, aber auch hochgerechnete Kosten für die raschere Abnützung bzw. erhöhte Wartungskosten bei oftmaligem Anfahren.

-> Energiekosten für *Vertragsbezüge*: diese sind in Österreich i.a. linear, aber vom Wochentag und der Uhrzeit ("Tarifzeit") abhängig.

Die Summe dieser Kosten ist für den Optimierzeitraum (wenige Tage) zu minimieren. Man erkennt, daß die Kostenfunktion nichtlinear und unstetig ist, also zu einem ziemlich schwierigen Optimierproblem führt.

Zusätzlich sind folgende **Nebenbedingungen** zu berücksichtigen:

Die Gruppe der *statischen Nebenbedingungen* kann unabhängig pro Zeitpunkt betrachtet werden und ist somit relativ angenehm zu behandeln. Dazu gehört vor allem die Einhaltung der Leistungsbilanz, d.h. daß die Summe der erzeugten Leistungen die vorgegebene Netzlast ergeben muß. Gleichzeitig sind Ausschließungs-Bedingungen zwischen Kraftwerken oder die verschiedenen Betriebsarten von Kraftwerken zu beachten, ferner die Mindest- und Höchstlast (Einsatzgrenzen) der Kraftwerke.

Bei der Gruppe der *dynamischen Nebenbedingungen* ist die zeitliche Abfolge von Belang. Dazu gehören die Beschränkungen der Laständerungs-Geschwindigkeit und Fahrtbedingungen (betriebliche Mindestfahrt- und- Stillstandsdauer thermischer Kraftwerke).

Als wichtige dynamische Nebenbedingungen sind die integralen Nebenbedingungen zu erwähnen. Man kann sie einteilen in Output(energie)-Restriktionen, d.h. Mindest- oder Höchstenergien bestimmter Kraftwerke oder von Verträgen (linear in den Leistungen) und Input(energie)-Restriktionen, z.B. Beschränkungen der Primärenergie (Kohle etc.) eines oder mehrerer Kraftwerke, aber auch Speicher- und Pegelbegrenzungen der Speicherkraftwerke: Diese sind NICHT-linear in den Leistungen. Da Wasserkraftwerken in der kurzfristigen Planung keine Betriebskosten zuzuordnen sind, wird ihr Einsatz nur durch solche Nebenbedingungen eingeschränkt. Nichtlinear sind auch ökologische Restriktionen (Beschränkungen für Emissionen), die statisch (maximale "momentane" Emission) oder integral (Emissionsmenge, etwa tageweise) definiert sein können.

Die Größenordnung des Problems ist i.a. beträchtlich: Ein mittelgroßes EVU verfügt über etwa 10 Kraftwerke und Vertragskomponenten. Bei einer Wochenoptimierung in Halbstundenrasterung ergeben sich daher etwa 3000 kontinuierliche und 1000 bis 2000 Entscheidungsvariable und insgesamt 4000 bis 5000 Kostenterme. Von den Nebenbedingungen sind die 300 Leistungsbilanzen und ca. 6000 Ober-/Untergrenzen weniger kritisch als die ca. 2000 Pegelbegrenzungen bei angenommen 3 Speicherkraftwerken. Dazu kommen einzelne (kritische) integrale Nebenbedingungen.

Üblicherweise wird das angeführte Optimierproblem in zwei gekoppelte Teilprobleme zerlegt:

-> Die **Maschinenauswahl** (Unit Commitment): dieses beinhaltet die (0/1) Entscheidungsvariablen, ist also dafür verantwortlich, welche Kraftwerke wann in Betrieb sind.

-> Die optimale **Lastaufteilung** (Dispatch): diese behandelt nur die kontinuierlichen Variablen, ist also dafür verantwortlich, wie stark und in welcher Betriebsart die Kraftwerke zu allen Zeitpunkten eingesetzt werden, in denen sie in Betrieb sind.

Diese Teilprobleme sind miteinander verknüpft, d.h. das Unit Commitment läßt sich nicht ohne Wissen über die Lastaufteilung lösen, und umgekehrt hängt diese vom Unit Commitment ab.

3. Maschinenauswahl (Unit Commitment, UC)

Das Maschinenauswahlproblem besteht darin, die zur Deckung der Last notwendigen Maschinen so auszuwählen, daß die Last mit möglichst geringen Kosten unter den gegebenen Nebenbedingungen abgedeckt werden kann.

Die Dimension dieses Teilproblems beträgt theoretisch 2^{T*M}, wobei M die Zahl der von einander unabhängigen Maschinen und T die Zahl der Zeitschritte ist. In OPAL wird eine erste Reduktion der Problemgröße durch Konzentration auf die "UC-relevanten Maschinen" erreicht, die mit Anfahrkosten behaftet sind und/oder bestimmten Fahrtbedingungen (Mindestfahrt-, -Stillstandsdauer) genügen müssen. Für die übrigen Kraftwerke (i.a. Verträge, Wasserkraftwerke, Gasturbinen) läßt sich das Unit Commitment-Problem nämlich nach der Zeit separieren, d.h. für jeden Zeitpunkt getrennt betrachten.

Als exakte Optimierungsverfahren kommen in Betracht:

-> Integer programming (Wird zwar oft verwendet, führt aber zu sehr großen MIPs, die große Rechenanlagen und teure Software benötigen und zu langen Rechenzeiten führen)

-> Dynamische Programmierung (DP; kommt infolge Fahrtbedingungen nur beschränkt in Frage und wird bei OPAL zur Bestimmung von Ausgangslösungen verwendet)

Heuristiken scheiden als allgemeingültiges Verfahren aus, weil sie nicht gewährleisten können, unter den sich ändernden Bedingungen immer einen nahezu optimalen Zustand zu erreichen.

Schließlich bietet sich wie für viele große kombinatorische Probleme die Klasse der zufallsgesteuerten Suchalgorithmen an, also Evolutionsstrategien und "Simulated Annealing". Sie werden in OPAL zur Verbesserung der aktuellen Lösung verwendet.

BESTIMMUNG DER AUSGANGSLÖSUNG MITTELS DP:

Ein Frosch sprang einst diskret von state
Zu state, *wie's Fröschen eben geht*
So als Exempel für Progreß
In einem Markoffschen Prozeß.

Nebstbei verlor bei jedem Sprung
Er jegliche Erinnerung
An jeden Sprung, den irgendwann
In der Vergangenheit getan.

...

A. Mehlmann, Mathematische Gedichte

Die Methode der Dynamischen Programmierung (vgl. SCHNEEWEISS, 1974) läßt sich bekanntlich dann anwenden, wenn das Problem in Stufen strukturiert werden kann (hier Zeitschritte) und wenn im Zustand zu jedem Zeitpunkt die gesamte Information über den bisherigen Verlauf der Optimierung enthalten ist (Markow-Eigenschaft).

Hier ist der Zustand (und auch die Entscheidung) zu jedem Zeitpunkt ein 0/1-Vektor, bei dem jede Komponente einem Kraftwerk entspricht, dessen Betrieb mit 1 und der Stillstand mit 0 codiert ist. Dies ergibt pro Zeitschritt bis zu 2^M mögliche Zustände mit je 2^M Entscheidungsmöglichkeiten.

Dabei ergibt sich allerdings das Problem, daß die Zuordnung von Anfahrkosten, sowie die Einhaltung von Fahrtbedingungen im Widerspruch zur geforderten Markow-Eigenschaft stehen: die Optimierung des UC verlangt ein längeres "Gedächtnis".

Die Zeitpunkte möglicher Änderungen werden daher in OPAL vom Anwender in solchen Abständen gewählt, daß die simplifizierende Annahme der Markow-Eigenschaft nur unwesentliche Verschlechterungen der Zielfunktion bewirkt. Die Fahrtbedingungen müssen vom DP freilich eingehalten werden. Dadurch erhält man eine Lösung mit einer "groben" Struktur, wo Änderungen nur zu wenigen Zeitpunkten erlaubt sind. Sie muß also nicht unbedingt optimal sein, eignet sich aber sehr gut als Startlösung für die genetischen Algorithmen.

VERBESSERUNG DER LÖSUNG MITTELS GENETISCHER ALGORITHMEN:

Denken wir über dieses Ringen nach, so können wir uns mit der festen Überzeugung trösten,
daß der Kampf der Natur nicht unaufhörlich vor sich geht
und daß die Kräftigen, die Gesunden, die Glücklichen überleben und sich vermehren.

Charles Darwin: Origin of Species, Kap.III

Genetische Algorithmen sind der biologischen Evolution nachempfundene Systematisierungen der klassischen Monte-Carlo-Simulation zur Optimierung "schwieriger" Probleme; siehe RECHENBERG (1973), SCHWEFEL (1977) oder ABLAY (1987). Ein verwandtes Optimierverfahren ist die Methode des "simulated annealing" (siehe HAJEK, 1988 oder WEBER-LIEBLING, 1986), die physikalischen Modellen (der Thermodynamik) nachempfunden wurde.

Evolutionsstrategien wurden für das kontinuierliche (und i.a. auch konvexe) Problem der Lastaufteilung bereits früher erprobt, werden in OPAL jedoch nicht verwendet, da klassische Verfahren besser sind. Da genetische Algorithmen aber für kombinatorische, "NP-schwere" Probleme i.a. gut geeignet sind, lag die Idee nahe, sie gerade auf das Maschinenauswahl-Problem anzuwenden. Diese Idee wurde in OPAL erstmals implementiert.

Entscheidend für die effiziente Behandlung des Problems mittels einer Evolutionsstrategie ist die die Codierung eines Systemzustandes in Chromosomen und Gene. Jede UC-relevante Einheit erhält ein Chromosom zugeordnet. Darin sind als Gene die *Zustandsänderungszeitpunkte* (Anfahr- bzw. Abstellzeiten) dieser Einheiten gespeichert. Zwei Genen entspricht also eine "Fahrt" eines Kraftwerks. Anhand dieser Gene lassen sich eine Reihe von Nebenbedingungen sofort überprüfen, speziell Fahrtbedingungen. Chromosomensätze, die zu nicht zulässigen Systemzuständen führen, werden ausgeschieden ("Totgeburt") oder zu einem zulässigen Zustand adaptiert.

Zur Ermittlung der "Fitness", also der Zielfunktion einer Lösung muß die *optimale Lastaufteilung* mittels Lagrange-Relaxation (siehe Abschnitt 4) berechnet werden. Dabei werden die erweiterte

Lagrange-Funktion, die "virtuellen Kosten" oder andere Approximationen der Kosten im Optimalpunkt verwendet, um nicht für jeden Zustand die "exakten" Kosten errechnen zu müssen.

KONSTRUKTION DER EVOLUTION:

Ein Biomathematiker,
beileibe kein Fanatiker,
bewies - ich glaube indirekt
und im Beweis war klug versteckt
das "Tertium non datur" -
daß eine Fischpopulation
nach stattgefund'ner Extinktion
vor allem durch des Schicksals Schwere
sich überhaupt nicht mehr vermehre.

A. Mehlmann, Mathematische Gedichte

Als Mutation bietet sich die zufällige Änderung der Gene (Zeitpunkte und Maschinenindex) an. Dabei können Fahrten eines Kraftwerkes zusammengelegt, verlängert, verkürzt, aufgespalten, gelöscht oder gänzlich neu generiert werden. Das Ausmaß der jeweiligen Änderung wird durch eine Zufallsgröße bestimmt, deren Standardabweichung als **Schrittweite** bezeichnet wird.

Die Steuerung dieser Schrittweite ist nun für die Konvergenz des Verfahrens von größter Bedeutung. Zu kleine wie auch zu große Schrittweiten führen zu langsamer Fortschrittsgeschwindigkeit. Während bei Populationen mit nur einem Individuum eine deterministische Vorschrift (1/5 Erfolgsregel) verwendet werden kann (vgl. RECHENBERG, 1973), wird hier die Streuung durch Vererbung der Mutations-Anfälligkeit gesteuert. Auch wird die Wahrscheinlichkeit, mit der die einzelnen Mutationsarten gewählt werden, je nach Erfolg oder Mißerfolg erhöht bzw. verringert. Dies führt dazu, daß erfolgsversprechende Mutationen häufiger angesetzt werden, was sich als beschleunigende Maßnahme bewährt hat.

Bei der **Selektion**, d.h. bei der Auswahl der neuen "Elternpopulation" aus den erzeugten Nachkommen, läßt man mit gewisser Wahrscheinlichkeit auch schlechtere Individuen überleben, um lokale Optima überwinden zu können. Dies kann durch die Einführung von Destabilisierungsphasen erfolgen; siehe auch ABLAY (1987). Alternativ dazu können durch Übertragung der Idee des Simulated Annealings auf Populationen mit mehreren Individuen laufend mit gewisser Wahrscheinlichkeit "schlechtere" Individuen ausgewählt werden. In OPAL sind diesbezüglich mehrere Varianten implementiert und können über Eingabeparameter gewählt werden.

Rekombination (Crossing over) von Chromosomen kann realisiert werden, indem die Fahrten einer Maschine nach Durchschnitts- oder Vereinigungsoperation der "elterlichen" Fahrten zusammengesetzt werden: Es werden nur die gemeinsamen oder alle Fahrten beider Eltern verwendet. Als dritte Art bietet sich an, die elterlichen Fahrten bestimmter Zeitabschnitte zu kombinieren. Die Wahrscheinlichkeit der Rekombination wird dabei gemäß der bisherigen Erfolgswahrscheinlichkeit bestimmt. Falls sich durch die Rekombination nach anschließender Mutation unzulässige Individuen ergeben, wird versucht, durch möglichst geringfügige Modifikationen ein zulässiges Individuum zu erzeugen; ansonsten wird das Individuum als Totgeburt verworfen. Die Auswahl der Eltern dieser quasisexuellen Fortpflanzung kann zufällig (vgl. SCHWEFEL, 1977), oder durch Rekombination des besten Individuums ("Vater") mit zufällig gewählten anderen Individuen (vgl. DEWDNEY, 1986) erfolgen. Beide Möglichkeiten sind sinnvoll und in OPAL implementiert. Ein typischer Ablauf der Evolutionsstrategie ist in Abb. 1 dargestellt.

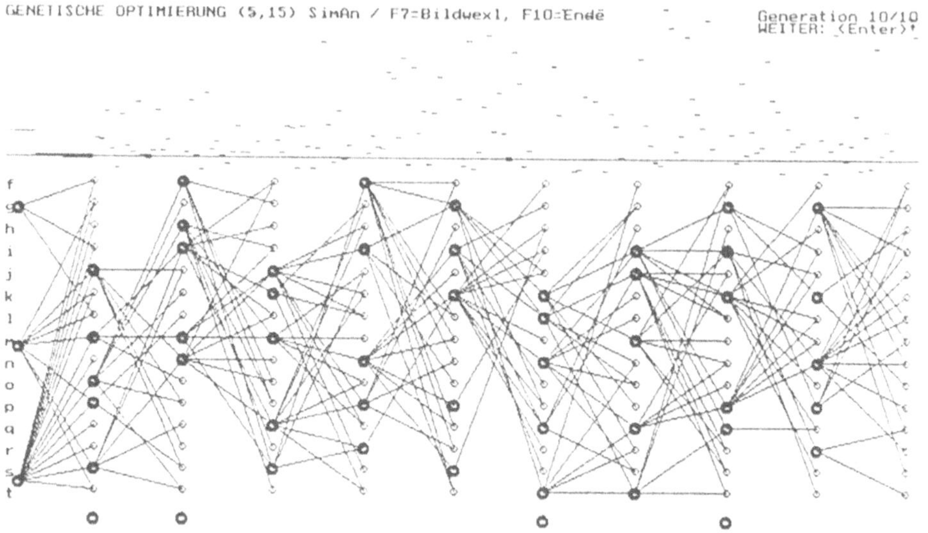

Abb. 1: Ablauf der Evolutionsstrategie: "Stammbaum" der Individuen. Fette Kreise kennzeichnen in jeder Generation jene Individuen, die zu neuen Eltern gewählt wurden. Die kurzen Striche oben geben den jeweiligen Kostenwert der Individuen an. Die waagrechte Linie repräsentiert die mittels DP ermittelte Ausgangslösung.

Im nächsten Abschnitt wird das Lastaufteilungsproblem behandelt, dessen Lösung bei der Maschinenauswahl als Unterproblem benötigt wird.

4. Lastaufteilung - duale Optimierung

Nahezu alle Optimierverfahren der Lastaufteilung versuchen den Rechenaufwand durch Zerlegung in kleinere Teilprobleme (Dekomposition) zu reduzieren, und zwar meist nach der Zeit oder der Erzeugung (z.B. thermisch - hydraulisch). Diese wird entweder primal (vgl. z.B. BRÄNNLUND et al., 1987) oder dual (vgl. z.B. EA-MONTI, 1986, oder JOHANNESEN et al., 1985) durchgeführt. OPAL führt eine **Dekomposition** nach der Zeit (nicht aber der Erzeugung) durch: die - mittels dualer Optimierung gewonnenen - Wasserbewertungen werden zur gemeinsamen Optimierung mit den thermischen Kraftwerken verwendet.

Das Optimier-Verfahren von OPAL leitet sich vom klassischen Zuwachs- oder Grenzkostenverfahren (siehe z.B. EDELMANN-THEILSIEFJE, 1974) ab:

Für konvexe Kostenkurven kann man nachweisen, daß im Optimalpunkt die Grenzkosten der Maschinen gleich sind oder eine Lastgrenze angenommen wird. Man kann dieses Verfahren als duale Optimierung deuten: gesucht wird eine duale Variable l_t (die optimalen Grenzkosten zum Zeitpunkt t) so, daß die zugehörige Lagrangefunktion einen Sattelpunkt aufweist, d.h. daß diese bezüglich der Leistungen ein Minimum und bezüglich der l_t ein Maximum besitzt (Kuhn-Tucker-Theorem bzw. Satz von Slater; siehe LUENBERGER, 1973 oder LUPTACIK, 1981).

Besonders im Mehrbrennstoff-Betrieb kann es vorkommen, daß die Grenzkosten bei niedrigen Leistungen höher sind als bei großer Aufbringung. Damit wird das Problem *nichtkonvex*.

Entsprechend der Anzahl der Extrema dieser Grenzkosten- Kurve, d.h. der Wendepunkte der Kostenkurve, ist dann eine Fallunterscheidung durchzuführen.

Die *integralen Restriktionen* (Wasser- und Vertragsmengen etc.) werden in OPAL ebenfalls über duale Variable bewertet werden. Es zeigt sich, daß die zu einer *Output- bzw. Inputrestriktion* (Energierestriktion) gehörige duale Variablen als *additive bzw. multiplikative* Veränderung der marginalen Kosten der entsprechenden Maschinen zu interpretieren ist. Dieser Faktor ist im gesamten Zeitintervall gleich für alle zugehörigen Maschinen. Das bedeutet, daß jede Energieeinheit um die Höhe der dualen Variablen teurer oder billiger sein müßte, um ohne die explizite Restriktion die gewünschten Energiemenge zu erzeugen. Die duale Variable kann bei Wasserkraftwerken direkt als Speicher- oder Wasserbewertung gedeutet werden und ermöglicht die gemeinsame Behandlung mit thermischen Maschinen in der "statischen Optimierung".

Das bedeutet für unser Verfahren, daß das Gesamtproblem in zwei hierarchisch gekoppelte Teilprobleme zerlegt werden kann: In der oberen Ebene werden die zu den integralen Restriktionen gehörigen dualen Variablen errechnet. Als Kriterium kann hierbei die Einhaltung der Nebenbedingungen selbst oder die Lagrangefunktion verwendet werden. Die Methode ist als duales Optimierverfahren interpretierbar. Auf der unteren Ebene in der "lokalen Optimierung" wird die zu diesem Satz dualer Variablen gehörige erweiterte (primale) Zielfunktion nach den Leistungen optimiert.

Mit dieser Methode lassen sich auch die Trägheitsbedingungen, Pumpen und steuerbare Energien behandeln. Die vorgeschlagene Vorgangsweise birgt gegenüber primalen Methoden (LP, nichtlineare Programmierungstechniken) folgende Vorteile:

> Dimensionsreduktion: es sind nur ganz wenige duale Variable zu optimieren. Dieser Vorteil geht teilweise verloren, wenn Speicherbeschränkungen bei Wasserkraftwerken bzw. Beschränkungen der Laständerungsgeschwindigkeit oft zu berücksichtigen sind.

> Interpretierbarkeit: die dualen Variablen lassen sich elegant deuten und für analytische Aufgaben (z.B. Vertragsverhandlungen) nutzen.

> Einheitlichkeit der Planung: die den dualen Variablen entsprechenden Bewertungen erlauben die Koppelung der verschiedenen Planungsstufen (Kurzfrist- bzw. Mittelfristoptimierung).

5. Implementierung und Ergebnisse

OPAL ist ein interaktives Programmpaket zur Unterstützung des Lastverteilers. Es läuft auf Industriestandard-kompatiblen PCs unter MS-DOS und wurde in Turbo-Pascal 5 entwickelt. OPAL enthält Programme für

-> Datentransfer mit dem "Prozeßrechner"

-> Lastprognose mittels Kalmanfilter

-> Dateibearbeitung

-> Simulation und Optimierung

Während des Ablaufes sind "händische" Eingriffe immer möglich. So kann der Lastverteiler etwa die automatische Prognose und den optimierten Fahrplan ändern. Man kann aber auch mittels grafischen Dialogs einen "händischen" Fahrplan erstellen und mit dem "maschinellen" vergleichen.

Weiters können vergangene Fahrpläne bewertet oder nachträglich optimiert werden. Dadurch sind auch viele Trainings- und Simulationsaufgaben erfüllbar. Der Anwender kann auch den Ablauf selbst steuern (etwa die Methode ändern) und kann die automatische Hilfestellung benützen.

Der Anwender arbeitet dabei fast ausschließlich nur mit einem Programm, das bei Bedarf die anderen Programme selbsttätig aufruft. Dadurch ist ein einheitlicher Dialog gewährleistet.

Das Programmsystem befindet sich derzeit im Probeeinsatz und wird allmählich in den täglichen Betrieb übernommen. Gleichzeitig wird die mittelfristige Optimierung auf dieselbe Basis wie OPAL gebracht, sodaß die integralen Restriktionen, speziell die Jahresverträge, mittels der in Abschnitt 4 eingeführten dualen Variablen eingehalten werden können.

6. Literatur

[1] ABLAY, P. (1987) "Optimieren mit Evolutionsstrategien", *Spektrum der Wissenschaften*, Heft 7, 104-115.

[2] BRÄNNLUND, H., D. SJELVGREN, J. BUBENKO, N. ANDERSON (1987): "Optimal generation scheduling of large hydrothermal power systems by network programming methods", *Ninth Power Systems Computation Conference*, Butterworths.

[3] DEWDNEY, A.K. (1986) "Computer-Kurzweil", *Spektrum der Wissenschaften*, Heft 1, 4-10.

[4] EA, K., M. MONTI (1986) "Daily operational planning of the EdF plant mix - proposal for a new method", *IEEE PWRS*-1, No.3, 251-257.

[5] EDELMANN, H., K. THEILSIEFJE (1974) *Optimaler Verbundbetrieb in der elektrischen Energieversorgung*, Springer, Berlin.

[6] GILL, P.E., W.MURRAY, M.H.WRIGHT (1981) *Practical Optimization*, Academic Press.

[7] GREFENSTETTE, J. et al. (1985) "Genetic algorithms for the travelling salesman problem", *Proceedings International Conference on Genetic Algorithms and their Applications* (J. Grefenstette, Ed.), Robtoics Institute, Carnegie-Mellon University.

[8] HAJEK, B. (1988) "Cooling schedules for optimal annealing", *Mathematics of Operations Research* 13 (2) 314-329.

[9] JOHANNESEN, A. et al.(1985) "Short-term scheduling of a large hydroelectric power system", *Proceedings IFAC Symposium on planning and operation of electric energy systems*, Rio de Janeiro, pp.99-106.

[10] LUENBERGER, D.G. (1973) *Introduction to Linear and Nonlinear Programming*, Addison-Wesley, Reading.

[11] LUPTACIK, M. (1981) *Nichtlineare Programmierung mit ökonomischen Anwendungen*, Athenäum, Königstein/Ts.

[12] RECHENBERG, I. (1973) *Evolutionsstrategien, Optimierung Technischer Systeme nach Prinzipien der biologischen Evolution*, Frommann-Holzboog, Stuttgart.

[13] SCHNEEWEISS, Ch. (1974) *Dynamisches Programmieren*, Physica.

[14] SCHWEFEL, H.-P. (1977) *Numerische Optimierung von Computer-Modellen mittels der Evolutionsstrategie*, Birkhäuser.

[15] WEBER, M., Th.M. LIEBLING (1986) "Euclidian Matching Problems and the Metropolis Algorithm", ZOR-A 30, A85-A110.

TIMING OF A NEW PRODUCT INTRODUCTION

Soumyo D. MOITRA, Morristown

The goal of this research is to explore the optimal time for introducing a new product or service in a competitive market and to identify the parameters to which this optimal time is most sensitive. A stochastic model is developed that would assess the impact of the time of introduction of the product or service on its overall value. This is a theoretical model that combines a life cycle model with the effects of competition. This model is then simulated under different scenarios and the results obtained are discussed. In general there is a tradeoff between introducing the product too early and thus losing out on future technological efficiencies and the risk of another firm introducing the product first and capturing market share. The results indicate that estimating the expected time of entry by the competitor is a critical part in this decision making process. A general illustrative example is used. Sensitivity analysis suggests that the parameter representing the increase in technological efficiency over time can also be significant.

IDEAS, FOR INTEGRAL LOGISTICS IN CENTRALIZED WOOD PROCESSING

Martin Peter REINDERS, Wageningen

A decision support system (DSS) is developed to improve the quality of decision making in wood processing companies. Wood processing companies are businesses that import (buy, harvest) raw materials, stems and logs, and export (deliver) products, assortments and boards, after a multi-step conversion process.
The DSS, called IDEAS (Integral Decision Effect Analysis System), supports the operational, tactical and strategic level of decision making, by providing a range of tools of varying complexity.

Various analyses have been made for validating the underlying models. A case study was performed to test the impact for the relevant business chain.

Possible other fields of application can be the oil-industry, slaughter-houses, and in general cutting-stock performing industries. All these industrial circles share the package-production problem in common.

Management descriptors: Wood processing, Operational pattern optimization, multi-period, multi-product tactical production planning, strategic "what-if" simulation.

Technical descriptors: Nested dynamic programming, knapsack problems, multiple goal programming, dual interpretation, column generating procedure.

Tool descriptors: Menu-driven soltware, SCICONIC/VM, PRODUCER, FORTRAN, modular programming, SAS.

EIN VERFAHREN ZUR 2-DIMENSIONALEN VERSCHNITTMINIMIERUNG BEI HOMOGENEM UND INHOMOGENEM VERSCHNITTMATERIAL

Walter SCHNEIDER, Linz

Problemstellung: Aus rechtwinkeligen Halbzeugen gleicher Dimension sind rechtwinkelige Zuschnitte unterschiedlicher Größe derart herauszuschneiden, daß der dabei anfallende Abfall minimal wird. Dabei sind folgende Bedingungen zu erfüllen:

- SCHNEIDETECHNISCHE RESTRIKTIONEN: Es sind einzig durchgehende Guillotineschnitte erlaubt.
- PRODUKTIONSBEDINGTE RESTRIKTIONEN: Die Schnitte müssen in einer definierten Sequenz durchlaufen werden. D.h. es müssen zuerst Schnitte entlang der Breite erfolgen, danach Schnitte entlang der Länge; u.s.w..
- PRODUKTSPEZIFISCHE RESTRIKTIONEN: Die inhärente Richtung des Werkstoffes (z.B. die Maserung des Holzes) muß berücksichtigt werden oder nicht. Im 2. Fall kann zur Verringerung des Abfalls Länge und Breite vertauscht werden (Drehungsneutralität).
- DIE NACHFRAGE muß erfüllt werden.

Die vorgestellte Heuristik greift auf Erfahrungen bei der Berechnung des tatsächlichen Optimums zurück. Sofern möglich wird auch die entwickelte Software vorgestellt.

Kurzfristige Produktionsprogrammplanung in einem Hochofenwerk durch intensitätsmäßige Anpassungsmaßnahmen

Univ.-Prof. Dr.-Ing. K. Koch, Dr.-Ing. J. Pethke, Univ.-Prof. Dr. rer. nat R. Schwinn*)

1 Untersuchungsgegenstand und Modellformulierung

1.1 Problemstellung

Gegenstand der nachfolgenden Überlegungen ist die Entwicklung eines Modells für mehrere Hochöfen eines Hochofenwerks auf der Grundlage der linearen Optimierung mit dem Ziel, diese simultan durch den Einsatz intensitätsmäßiger Anpassungsmaßnahmen an einen zeitlich schwankenden Roheisenbedarf anzupassen. Dabei ist das Optimierungskriterium die Minimierung der entscheidungsabhängigen Kosten.

Auf der Nachfrageseite wird von einem gegebenen und entlang der Zeitachse schwankenden Roheisenbedarf ausgegangen, der quotenmäßig aufzuteilen und den betrachteten Hochöfen im Rahmen der technischen Möglichkeiten zuzuweisen ist. Konkret wird diese Aufgabe in Form von zwei Arbeitsschwerpunkten in Angriff genommen:

1. Zunächst sind die Abhängigkeiten der Betriebsparameter jedes einzelnen Hochofens aus Aufzeichnungen vergangener Betriebsperioden mit Hilfe von Gleichungssystemen mathematisch zu bestimmen sowie die Verbrauchsmengen (Energie, Rohstoffe, etc.) zu ermitteln und mit Hilfe von entscheidungsrelevanten Kostengrößen zu bewerten. Dabei ist darauf zu achten, daß zur Beschreibung des Hochofenprozesses nur solche Einflußgrößen herangezogen werden, die betriebswirtschaftlich eindeutig bewertbar oder aber auf Veränderliche zurückzuführen sind, für die dieser Grundsatz gilt.
2. Darauf aufbauend ist ein Modell zu entwickeln, das es gestattet, bei einer vorgegebenen, mit der Nachfrage korrespondierenden Gesamtleistung des Hochofenwerkes (t Roheisen/-Zeiteinheit, abgekürzt t RE/ZE) simultan die anteilmäßige Leistung der einzelnen Hochöfen im Rahmen ihrer jeweiligen Produktionsmöglichkeiten so zu bestimmen, daß die zugehörigen der Entscheidung unterliegenden Kosten insgesamt das Minimum erreichen.

Das im folgenden zu entwickelnde Modell wurde am Beispiel von vier Hochöfen (Ofen A, 7, 5, 1) des Hochofenwerkes Salzgitter falsifiziert. Diese Hochöfen unterscheiden sich in ihren technischen Parametern teilweise erheblich.

---

*) Univ.-Prof. Dr.-Ing. K. Koch, Institut für Eisenhüttenkunde und Gießereiwesen der Technischen Universität Clausthal. Dr.-Ing. J. Pethke, Stahlwerke Peine-Salzgitter AG, Abteilung Betriebswirtschaft, Univ.-Prof. Dr. rer nat. R. Schwinn, Institut für Wirtschaftswissenschaft der Technischen Universität Clausthal.

Operations Research Proceedings 1989

1.2 Technologische Grundkonzeption

Zentrale Größe für die technische Beschreibung eines Hochofens ist die spezifische Hochofenleistung, d. h. der Output je Nutzungsstunde (t/Nh). Bei den wesentlichen Einflußgrößen auf die spezifische Hochofenleistung wird zwischen **primären** und **sekundären** Einflußgrößen unterschieden. Erstere sind technisch und betriebswirtschaftlich bewertbare Größen, während es sich bei letzteren um Größen handelt, die nach außen zunächst nicht sichtbar werden und damit auch direkt keine Kosten verursachen.

Zu den primären Einflußgrößen bei der Roheisenproduktion zählen Wind- und Sauerstoffverbrauch, Windfeuchte, Windtemperatur, Cowpergasverbrauch, Ölverbrauch, Bruttomöller, Koksverbrauch, Gichtgasmenge, Nettomöller und Schlackenmenge. In die Gruppe der sekundären Einflußgrößen gehören Permeabilität, Formengasmenge, Formengastemperatur und Schlackenbasizität.

Alle anderen Einflußgrößen auf das Hochofenverfahren, wie z. B. Roheisenanalyse und -temperatur sowie Kornaufbau der Möllerstoffe werden vereinfachend als konstant angenommen.

Für die Leistung eines gegebenen Hochofens ist wichtig, welche absolute Gasmenge je Stunde durch die Möllersäule geblasen werden kann. Je nach dem spezifischen Gasverbrauch je t RE errechnet sich daraus auch die RE-Erzeugung. Diese beiden Möglichkeiten beschreiben somit zwei Arten der intensitätsmäßigen Anpassung, und zwar zum einen in Form der Änderung der Durchgasbarkeit der Möllersäule und zum anderen in Form der Änderung der spezifisch notwendigen Gasmenge je t Roheisen. Beide Formen der intensitätsmäßigen Anpassung werden simultan eingesetzt.

1.3 Arbeitsschritte im Rahmen des Modellaufbaus

Arbeitsschritt 1

Im Mittelpunkt des ersten Arbeitsschrittes steht die Regressionsanalyse, d. h. hier die Analyse der vorstehend skizzierten Einflußgrößen auf die spezifische Hochofenleistung in ihren quantitativen Wirkungszusammenhängen. Im Ergebnis führt die Regressionsanalyse zu fünf Gruppen von Regressionsgleichungen, und zwar

1. Leistung = f (spez. Formengasmenge, Permeabilität)
2. Koksverbrauch = f (Ölsatz, Feuchte, Sauerstoffsatz, Windtemperatur, Sinter-, Pellet-, Stückerzsatz, Nettomöller)
3. Permeabilität = f (Sinter-, Pellet-, Stückerzsatz, Koksverbrauch, Nettomöller, Formengastemperatur)
4. Gichtgasmenge = f (Koks-, Ölverbrauch)
5. Gesamt-O_2-Verbrauch = f (Koks-, Ölverbrauch)

Die zu ermittelnden Regressionsgleichungen resultierten aus technisch-metallurischen Zusammenhängen.

Ofen			Grenzen	B %
A	Leistung	$X_1 = 184{,}74 + 1{,}61\,X_2 - 0{,}09\,X_3$		67,2
5	Leistung	$X_1 = 119{,}5 + 0{,}64\,X_2 - 0{,}06\,X_3$	$X_9 \leq 600$	62,9
1	Leistung	$X_1 = 1{,}5 + 1{,}50\,X_2 - 0{,}02\,X_3$		70,2
7	Leistung	$X_1 = 125{,}7 + 0{,}39\,X_2 - 0{,}048\,X_3 + 0{,}23\,X_{25}$		76,4
A	Koksverbrauch	$X_4 = 115{,}5 - 1{,}34\,X_5 + 1{,}106\,X_6 + 0{,}285\,X_7 - 0{,}04\,X_{15} - 0{,}007\,X_8 + 0{,}044\,X_9 + 0{,}018\,X_{10} + 0{,}237\,X_{18}$	$X_6 \leq 20$	92,9
5	Koksverbrauch	$X_4 = -24{,}7 - 1{,}392\,X_5 + 1{,}174\,X_6 + 0{,}626\,X_7 - 0{,}51\,X_{15} - 0{,}091\,X_8 - 0{,}063\,X_9 - 0{,}086\,X_{10} + 0{,}712\,X_{18}$	$X_9 \leq 600$	85,0
1	Koksverbrauch	$X_4 = 1738{,}5 - 1{,}202\,X_5 - 0{,}437\,X_6 + 0{,}705\,X_7 - 0{,}235\,X_{15} - 2{,}934\,X_8 - 2{,}8624\,X_9 - 3{,}0149\,X_{10} + 2{,}229\,X_{18}$	$X_5 \leq 30 \wedge X_7 \leq 35$	88,7
7	Koksverbrauch	$X_4 = -457{,}8 - 1{,}257\,X_5 - 1{,}162\,X_6 + 0{,}555\,X_7 - 0{,}044\,X_{15} + 0{,}185\,X_8 - 0{,}409\,X_{22} + 0{,}3119\,X_{10} + 0{,}123\,X_{18} + 9{,}07\,X_{24}$		88,0
A	Permeabilität	$X_2 = 95{,}0 - 0{,}030\,X_8 - 0{,}028\,X_9 - 0{,}038\,X_{10} + 0{,}074\,X_4 - 0{,}013\,X_{18} + 0{,}020\,X_{23}$		49,5
5	Permeabilität	$X_2 = 270{,}8 + 0{,}0359\,X_8 + 0{,}0415\,X_9 + 0{,}0525\,X_{10} + 0{,}063\,X_4 - 0{,}0997\,X_{18} - 0{,}0613\,X_{23}$		55,9
1	Permeabilität			
7	Permeabilität	$X_2 = 517{,}6 + 0{,}0213\,X_8 + 0{,}0091\,X_{10} + 0{,}0808\,X_{22} + 0{,}388\,X_4 - 0{,}182\,X_{18} + 0{,}0097\,X_{23} - 3{,}695\,X_{24}$	$X_8 \leq 1180$	68,2
alle	Gichtgasmenge	$X_{16} = -9435{,}6 + 29{,}3\,X_4 + 29{,}4\,X_5$		93,5
alle	Gesamt-O_2-Bedarf	$X_{26} = -34{,}19 + 0{,}564\,X_4 + 0{,}89\,X_5 \hat{=}\,X_6 + 0{,}21\,X_{14}$		78,6

X_1	= Leistung	t/Nh
X_2	= Permeabilität	Nm³/bar · h
X_3	= Formengas	Nm³/tRE
X_4	= Koksverbrauch	kg_{tr}/tRE
X_5	= Öl	kg/tRE
X_6	= Sauerstoff	Nm³/tRE
X_7	= Feuchte	g/Nm³
X_8	= Sinter	kg Stoff/tRE
X_9	= Pellets	kg Stoff/tRE
X_{10}	= Stückerz	kg Stoff/tRE
X_{14}	= Windmenge	Nm³/tRE
X_{15}	= Windtemperatur	°C
X_{16}	= Gichtgas	MJ/tRE
X_{18}	= Nettomöller	kg/tRE
X_{20}	= Cowpergas	MJ/tRE
X_{22}	= Ferrophosphor	kg/Stoff/tRE
X_{23}	= Formengastemperatur	°C
X_{24}	= % Fe des Sinters	%
X_{25}	= H_2-Gehalt des Formengases	%
X_{26}	= Gesamter O_2-Bedarf	Nm³/tRE

Abb. 1 Regressionsanalyse Ofen A, 1, 5 und 7

Die Ergebnisse der Regressionsanalyse (Regressionsgleichungen 1 - 5) sind aus der Abbildung 1 zu entnehmen. Sie stellen die Grundlage für den Aufbau des Optimierungsmodells dar.

Mit den zugrunde gelegten Einflußgrößen ergeben sich insgesamt hohe Bestimmtheitsmaße (B in %) bei den durchgeführten Regressionsanalysen. Eine Ausnahme bildet hier die Ermittlung der Permeabilität. Das Bestimmtheitsmaß von nur 49,5 % am Ofen A macht deutlich, daß offenbar nicht alle Einflußgrößen erfaßt worden sind. Eine detaillierte Diskussion der Qualität der Rechenergebnisse kann an dieser Stelle jedoch nicht erfolgen.

Arbeitsschritt 2

Im Zentrum des zweiten Arbeitsschrittes steht der Aufbau eines Optimierungsmodells für jeden Hochofen **einzeln** mit Hilfe der linearen Planungsrechnung. Dabei wird auf die Ergebnisse des ersten Arbeitsschrittes zurückgegriffen. Die zu minimierende Zielfunktion (Z) des Modells beinhaltet die einzelnen primären und sekundären Einflußgrößen auf die Hochofenleistung, multipliziert mit ihren jeweiligen konstanten variablen Stückkosten, gemessen in DM je Einheit Einflußgröße. Aus der Notwendigkeit zur Einhaltung der wichtigsten technischen Restriktionen resultieren insgesamt 30 Gleichungen/Ungleichungen für jeden Hochofen. Vervollständigt wird das Modell durch die Nichtnegativitätsbedingungen für alle Entscheidungsvariablen. Für den Hochofen A sind diese Zusammenhänge in der Abbildung 2 exemplarisch ausgewiesen.

In der Nebenbedingung (30) wurde iterativ die Solleistung des jeweiligen Ofens verändert, um die gesamte mögliche Bandbreite der Hochofenleistung zu erfassen und gleichzeitig zu ermitteln, in welchem Rahmen die Leistung verändert werden kann. In dem Simplextableau der Abbildung 2 ist daher für diese Nebenbedingungen kein Wert angegeben (?)

Als Ergebnis dieser Berechnung erhält man für jeden Hochofen die Funktion "Variable Kosten (DM/t RE)" als Funktion der "Hochofenleistung (t/Nh)." Für den Ofen A sind diese Zusammenhänge in der Abbildung 3 exemplarisch dargestellt.

Arbeitsschritt 3

Im Mittelpunkt des dritten Arbeitsschrittes steht die Lösung der eingangs formulierten Aufgabe, d. h. mehrere Hochöfen in den Lösungsprozeß simultan einzubeziehen mit dem Ziel einer kostenminimalen Aufteilung der Gesamtnachfrage auf die einzelnen Hochöfen. Ausgangspunkt dieser Überlegungen sind für jeden Hochofen die im Arbeitsschritt 2 ermittelten Funktionswerte (vgl. die Abbildung 3). Diese Funktionswerte werden zunächst mit der Ofenleistung multipliziert und liefern dann die neuen Funktionswerte "Variable Roheisenkosten je Nutzungsstunde (DM/Nh)", die wiederum als Funktion der Ofenleistung betrachtet werden. Diese Kostenfunktionen lassen sich für alle Hochöfen im Rahmen einer Regressionsanalyse als ein Polynom zweiten Grades darstellen, wobei das Bestimmtheitsmaß jeweils fast 100 % beträgt. Differenziert man nun diese Kostenfunktionen jeweils nach der Ofenleistung, so führt das zu linearen Verläufen der Roheisengrenzkosten in Abhängigkeit von der jeweiligen Ofenleistung. Für den Hochofen A ist dieser Sachverhalt exemplarisch in der Abbildung 4 dargestellt.

lfd. Nr.	X_1 t/Nh	X_2 Nm³/h bar	X_3 Nm³/tRE	X_4 kg/tRE	X_5 kg/tRE	X_6 Nm³/tRE	X_7 g/Nm³	X_8 kg/tRE	X_9 kg/tRE	X_{10} kg/tRE	X_{11} kg/tRE	X_{12} kg/tRE	X_{13} kg/tRE	X_{14} Nm³/tRE	X_{15} °C	X_{16} GJ/tRE	X_{18} kg/tRE	X_{19} kg/tRE	X_{20} kg/tRE	X_{21} kg/tRE	X_{23} °C		·
Z	-	-	-	0,31	0,5	0,0742	0,1	0,11	0,1	0,093	0,0155	0,045	0,022	0,0059	-	- 0,006	0,001	0,0014	0,007	- 0,018	-	=	min.
1	1	- 1,61	0,09	-	-	-	-	-	-	-	-	-	-	-	-	-	-	-	-	-	-	=	184,74
2	-	1,0	-	- 0,074	-	-	-	0,03	0,028	0,038	-	-	-	-	-	-	0,013	-	-	-	- 0,02	=	95,00
3	-	-	-	1,0	1,34	- 1,11	- 0,29	0,007	- 0,044	- 0,018	-	-	-	-	0,04	-	- 0,237	-	-	-	-	=	115,5
4	-	-	-	-29.3	- 29,4	-	-	-	-	-	-	-	-	-	-	1,0	-	-	-	-	-	=	- 9435,6
5	-	-	-	- 0,56	- 0,89	1,0	-	-	-	-	-	-	-	0,21	-	-	-	-	-	-	-	=	- 34,19
6	-	-	1,0	-	- 1,28	- 2,0	- 2,48	-	-	-	-	-	-	- 1,21	-	-	-	-	-	-	-	=	0
7	-	-	-	-	-	- 1,0	- 0,6	-	-	-	-	-	-	- 1,0	- 1,04	-	-	-	1,0	-	-	=	0
8	-	-	-	- 0,067	-	-	-	- 0,174	- 0,061	- 0,0456	- 0,9362	- 0,9186	- 0,57	-	-	-	-	1,0	-	0,153	-	=	- 16
9	-	-	-	-	-	-	-	-	-	-	-	-	-	-	-	-	-	1,0	-	-	-	≤	300
10	-	-	-	-	-	-	-	-	-	-	-	-	-	-	-	-	-	1,0	-	-	-	≥	170
11	-	-	-	0,00664	-	-	-	0,58	0,647	0,639	0,041	0,049	0,007	-	-	-	-	-	-	0,272	-	=	960
12	-	-	-	-	-	-	-	-	-	-	-	-	-	-	-	-	- 0,008	-	-	1,0	-	=	0
13	-	-	-	-	-	-	-	1,0	-	-	-	-	-	-	-	-	-	-	-	-	-	≥	600
14	-	-	-	-	-	-	-	1,0	-	-	-	-	-	-	-	-	-	-	-	-	-	≤	1000
15	-	-	-	-	-	-	-	-	1,0	-	-	-	-	-	-	-	-	-	-	-	-	≥	200
16	-	-	-	-	-	-	-	-	1,0	-	-	-	-	-	-	-	-	-	-	-	-	≤	600
17	-	-	-	-	-	-	-	-	-	1,0	-	-	-	-	-	-	-	-	-	-	-	≥	100
18	-	-	-	-	-	-	-	-	-	1,0	-	-	-	-	-	-	-	-	-	-	-	≤	400
19	-	-	-	- 0,03634	-	-	-	0,02734	- 0,0308	- 0,026	- 0,6951	0,0054	0,5001	-	-	-	-	-	-	-	-	≥	- 15,04
20	-	-	-	- 0,0402	-	-	-	0,02135	- 0,0348	- 0,0287	- 0,0767	- 0,0284	0,4991	-	-	-	-	-	-	-	-	≤	- 16,54
21	-	-	-	-	1,0	-	-	-	-	-	-	-	-	-	-	-	-	-	-	-	-	≤	30
22	-	-	-	-	-	-	-	-	-	-	-	-	-	-	1,0	-	-	-	-	-	-	≤	1150
23	-	-	-	-	-	-	-	-	-	-	-	-	-	-	1,0	-	-	-	-	-	-	≥	1000
24	-	-	-	-	-	1,0	-	-	-	-	-	-	-	-	-	-	-	-	-	-	-	≤	20
25	-	-	-	-	2,2	- 3,0	5,0	-	-	-	-	-	-	-	- 0,7	-	-	-	-	-	1,0	=	1624,7
26	-	-	-	-	-	-	-	-	-	-	-	-	-	-	-	-	-	-	-	-	1,0	≤	2291
27	-	-	-	-	-	-	-	-	-	-	-	-	-	-	-	-	-	-	-	-	1,0	≥	2191
28	0,14	-	-	-	- 27,53	-	-26,77	-	0,7	0,7	-	-	-	-	-	-	-	-	-	-	-	=	- 500
29	-	-	-	-	-	-	-	- 1,0	- 1,0	- 1,0	- 1,0	- 1,0	- 1,0	-	-	-	1,0	-	-	0,008	-	=	0
30	1,0	-	-	-	-	-	-	-	-	-	-	-	-	-	-	-	-	-	-	-	-	=	?

- X_1 Leistung
- X_2 Permeabilität
- X_3 Formengas
- X_4 Koksverbrauch
- X_5 Öl
- X_6 Sauerstoff
- X_7 Feuchte
- X_8 Sintersatz
- X_9 Pelletsatz
- X_{10} Stückerz
- X_{11} Kies
- X_{12} Olivin
- X_{13} Kalk
- X_{14} Windmenge
- X_{15} Windtemp.
- X_{16} Gichtgasmenge
- X_{18} Nettomöller
- X_{19} Schlacke
- X_{20} Cowpergas
- X_{21} Gichtstaub
- X_{23} Flammtemp.

Abb. 2 Simplextableau für den Hochofen A

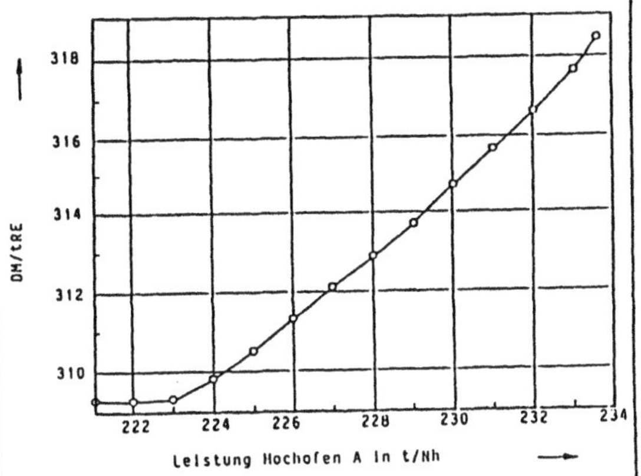

Abb. 3	Zusammenhang zwischen den variablen Kosten je t RE und der Leistung des Hochofens A in t/Nh bei Stahlroheisen.

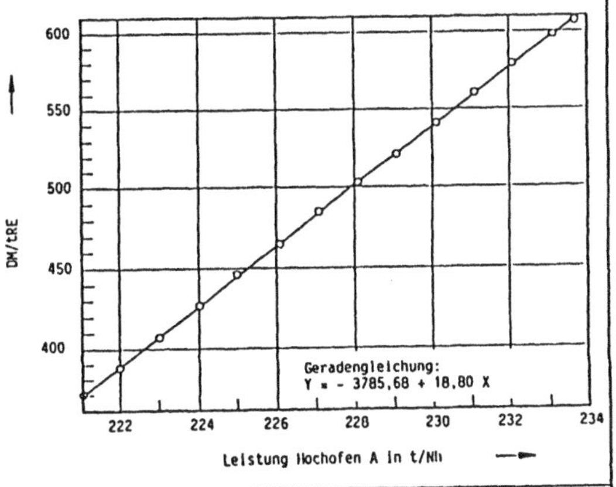

Abb. 4	Grenzkosten in DM/t RE des Hochofens A in Abhängigkeit von seiner Leistung bei Stahlroheisen

Für die Festlegung der kostenoptimalen Produktionsaufteilung auf die betrachteten Hochöfen wird nun ein Kernsatz aus der Kostentheorie von H. Jacob benutzt, wonach "die kostengünstigste Produktionsaufteilung dann erreicht (ist), wenn die Grenzkosten der einzelnen Anlagen entweder übereinstimmen oder soweit einander angenähert sind, wie dies unter Berücksichtigung der technisch determinierten Leistungsgrenzen möglich ist".

Die Verfasser erreichen dieses Ziel mit Hilfe eines Rechenprogramms, in welchem dem Rechner Iterationsschritte der Intervallgröße "0,50 DM Grenzkosten/t Roheisen" vorgegeben werden. Der Rechner ermittelt dann die jeweiligen zu den Grenzkosten gehörenden Ofenleistungen. Diese Funktionswerte werden schließlich zu einer Gesamtfunktion Grenzkosten ("DM je t Roheisen") als Funktion der Gesamtleistung ("t Stahlroheisen je Nutzungsstunde") aggregiert. Im Ergebnis kann nunmehr abgeleitet werden, welche Teilleistungen bei gegebener Gesamtleistung, die parametrisch variiert wird, auf die einzelnen Hochöfen nach dem Kriterium minimaler entscheidungsabhängiger Kosten entfallen.

Das nachfolgende Kapitel beinhaltet die exemplarische Interpretation der Rechenergebnisse.

2 Rechenergebnis

Von den zur Zeit der Untersuchung tätigen Hochöfen erzeugten die Hochöfen A, 1 und 5 Stahlroheisen, während der Hochofen 7 der Produktion von Thomasroheisen (phosphorreiches Roheisen) vorbehalten war. Im Mittelpunkt unserer Erörterung steht die Produktion von Stahlroheisen. Deshalb bleibt Hochofen 7 hier zunächst außerhalb der Betrachtung. Folgerichtig existieren für die Hochöfen 1 und 5 analoge funktionale Abhängigkeiten, wie sie für den Hochofen A exemplarisch in der Abbildung 4 grafisch dargestellt sind. Die Ergebnisse des vorangegangenen Arbeitsschrittes 3 finden ihren Niederschlag in der nachfolgenden Abbildung 5. Diese ist wie folgt zu interpretieren:

Aus der Summe der Einzelleistungen der drei Stahlroheisenöfen resultiert eine Gesamtleistung an Stahlroheisen von mindestens 364 bis zu maximal 386 t/Nh und Grenzkosten von ca. 350,00 DM/t RE bis 605,00 DM/t RE. Der Teil a) der Abbildung 5 zeigt diesen Zusammenhang. Der Kurvenverlauf besteht aus vier linearen Abschnitten (in der Abbildung 5 mit Abschnitt I bis IV bezeichnet).
Im Teil b) der Abbildung 5 wird deutlich, wie, ausgehend von der hier untersuchten Minimalleistung in Höhe von 364 t/Nh des Hochofenwerkes mit den drei einzelnen stahlroheisenproduzierenden Hochöfen, die Produktionssteigerung, die für zusätzliche Aufträge nötig wird, auf die einzelnen Hochöfen verteilt werden muß, damit die Stahlroheisenkosten das Minimum erreichen.

Ausgehend von der Minimalleistung resultiert aus der Forderung nach einer kostenoptimalen Erhöhung der Produktion zunächst die Leistungssteigerung der Hochöfen 1 und 5, da ihre hier nicht ausgewiesenen Grenzkosten geringer sind, als die Grenzkosten vom Hochofen A von ca. 370 DM/t RE (vgl. Abbildung 4). Ab ca. 370 t/Nh muß parallel dazu die Leistung des Ofens A angehoben werden (Abschnitt II). Bei einer Leistung von ca. 372 t/Nh ist die maximale Leistung des Ofens 1 erreicht, so daß eine weitere Produktionserhöhung vom Ofen A und 5 übernommen werden muß (Abschnitt III). Über 376 t/Nh hinaus ist eine Produktionssteigerung nur noch durch den Ofen A möglich (Abschnitt IV), da dann auch der Ofen 5 seine Maximalleistung erreicht hat.

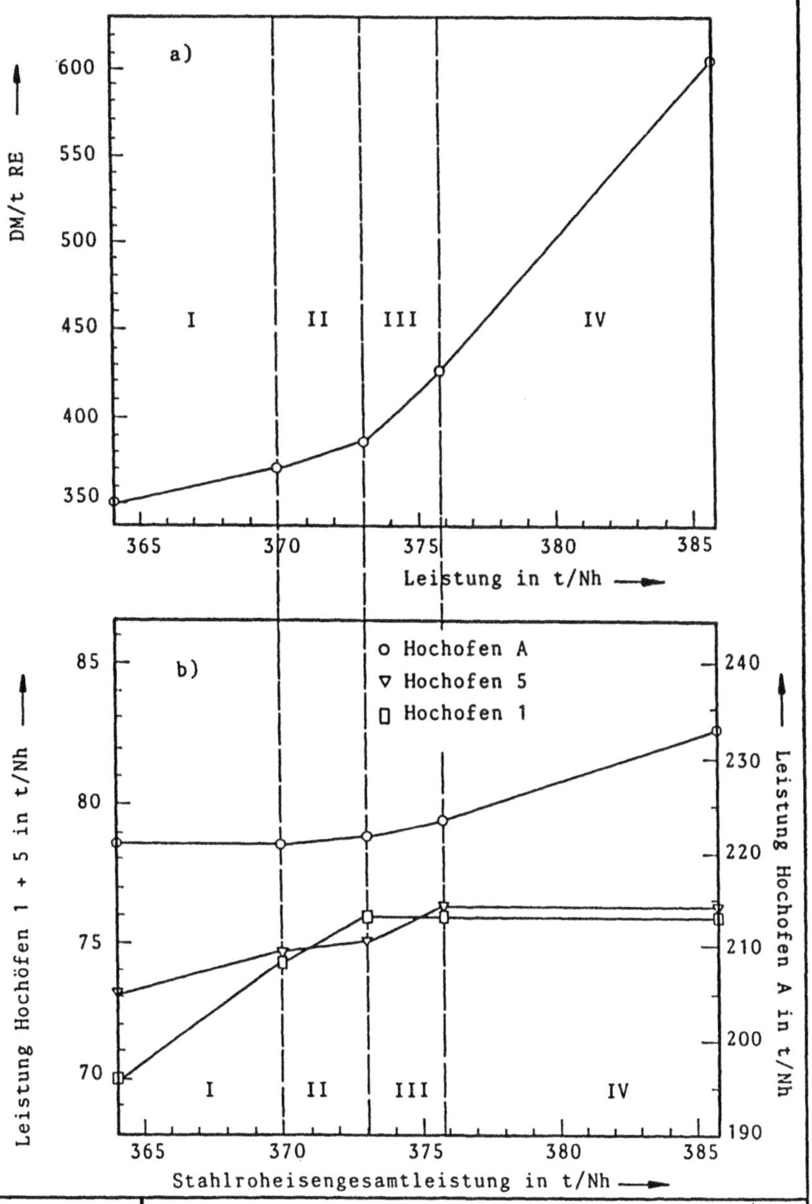

Abb. 5	Zusammenhang zwischen der gesamten Stahlroheisenproduktion sowie deren Aufteilung auf die einzelnen Hochöfen und den Stahlroheisengrenzkosten je t RE

Designing a model for the industrial end-user.

R.Staudinger,ARBED Luxembourg

1 Optimizing liquid steel production at ARBED S.A.,Luxembourg.

Producing liquid steel at minimal cost is an important problem for an integrated steel-producer. At ARBED (Luxembourg) this involves expenditures of approx. 2 billion Flux/month (approx. 50 million US$/month - direct costs only) and has been the subject of an optimisation-model for over 15 years.

This model has been completely redesigned at least 6 times (changes of concepts,of software,of computer etc), every new design involving radical restructuring.Additionnal improvements are released about twice a year.Three years ago it migrated from the software specialists to the on-site engineers and has so far withstood that practical challenge very well.

This report outlines the model from a design perspective, that is it emphasizes the more original or powerful features which make this model valuable to its end-users.

1.1 General outline of the model.

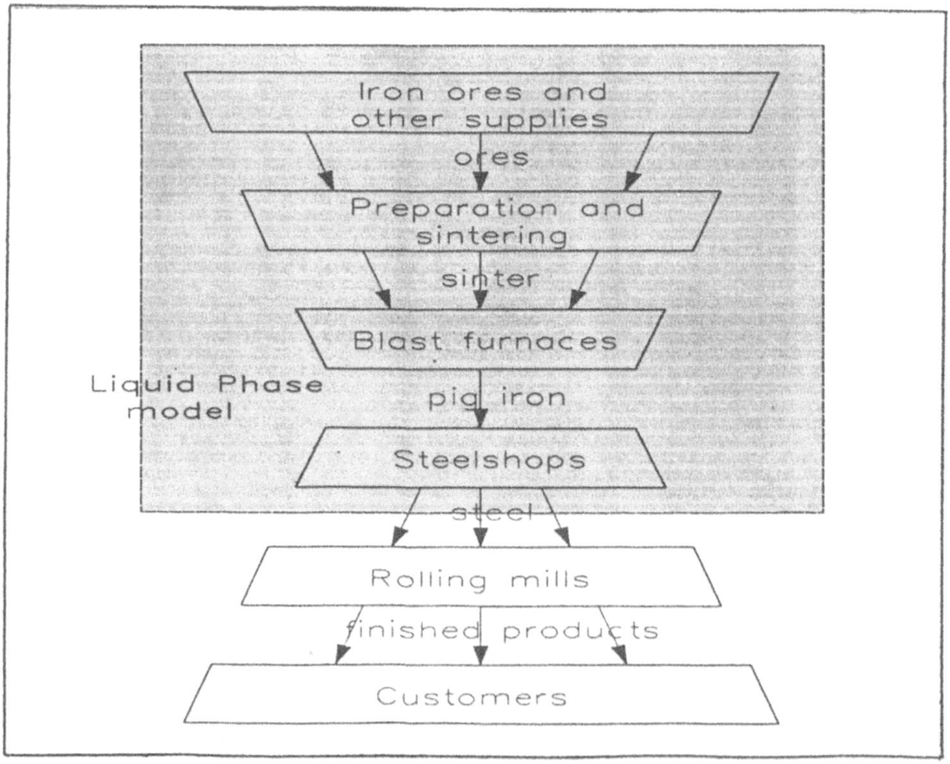

The so-called 'integrated' steel-producer uses iron ores and fuels from many different sources to produce a single product, namely pig-iron.This is transformed into steel and rolled into numerous finished products.

The 'Liquid Phase'-model describes the first half of this process and tries to produce steel at minimal cost.

Typical uses for this model are production planning,budgeting,investment planning,rationalisations,assessing new modes of operation etc.

1.2 How to make the model realistic.

A model is powerful if it allows realistic simulations and this often means some extra mathematical difficulties.In the case of steel-production, the main obstacles are the nonlinearities. Some of these can be linearized around a certain point (by statistical methods for example), but others are more difficult to handle.

The distribution of pig-iron.

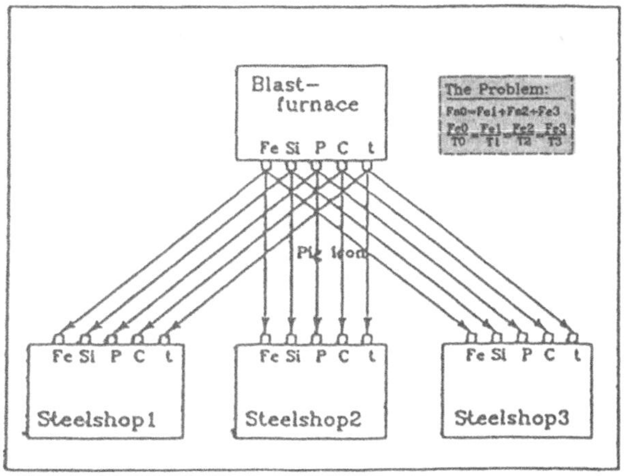

The analyses of pig-iron (Fe,Si,P,C and others) are variable within certain bounds. Thus pig-iron cannot be represented by a single vector with constant coefficients but must be represented by a group of vectors, one for each analysis.The distribution of such a material from one source to multiple destinations is inevitably a quadratic problem because the arriving materials must obviously have the same analyses as the source material.

Since this problem (sometimes called the 'pooling-problem') is important for efficient production-planning,several nonlinear approaches were tried by ARBED, with the result that recursion was the only method which gave the desired precision and flexibility.

The valorisation of blast-furnace gas.

Blast-furnace gas is a valuable resource which replaces costly natural gas at the reheating furnaces. Different ores however may result in very different heating powers and thus different consumptions of blast-furnace gas, the thermodynamic formulas being quite non-linear. Again, recursion proved to be the only effective method.

1.3 How to make the model flexible.

If we define the flexibility of a model as its ability to simulate all the possible changes arising in the real situation this means essentially that we want to access and change the basic data in many different ways.This model applies several basic ingredients to achieve flexibility:

Using a matrix-generator.

A matrix generator is mainly a specialized programming language which makes it possible to separate a model into two components:

- The user data which can be organized in a problem-oriented way and which are the only part that the user sees and manipulates.
- The equations which are generated by program from the user-data,and whose (artificial) complexities are completely hidden from the user.

The data-driven approach

is a style of programming which is particularly assisted by some matrix-generators.It aims to separate the data from the programs so that the user sees only the data and is entirely free to access and modify them.

While this separation is easy to implement for numeric data such as technical coefficients or prices, it becomes much harder for higher levels of data (control structures) which are normally not numeric.But the payoff in terms of flexibility can be quite high.

The following paragraphs are drawn from the ARBED-model and are meant to illustrate the data-driven approach.

An installation-list is one example of a data-structure containing non-numeric information. It allows one to add new installations (example: investment-problems), to delete installations (example: rationalisations) or to consider only part of the installations (example:study one division only).

```
        List of installations.

            Data inst
    **    name(3)
    a1    'sintering plant 1'
    a2    'sintering plant 2'
    b1    'blast-furnace 1'
    s1    'steel-shop 1'
    s2    'steel-shop 2'
    s3    'steel-shop 3'
```

The same holds obviously true for a list of materials which makes it much easier to add or delete materials.But one can also go one step higher in the control-structure and define the possible types of materials that occur in the model.

If the engineers come up with a new production-process involving new types or routings of materials such a list can make the adaptation of a model very easy.
The same holds true when the mode of operation changes and some types of materials are not used any more.

Types of materials.

```
        Data mtypes
** name(3)      from    to
o1 'loc.ores' market  prep.
o2 'fine ores'market  splant
o3 'cal.ores' market  blastf.
o4 'scrap'    market  steels.
o5 'sinter'   splant  blastf.
```

It is of interest to note here that in a powerful matrix generator these lists are open-ended in the sense that such lists can be modified without accompanying programming-changes.

Using parameters.

Having separated the data from the programs is however not enough for flexible manipulation. The main reason for this is that in a complex model the data are often interdependent.

Such situations demand a structuring of the input-data and the definition of additional parameters which enter into the model-data.

For example,a typical problem in production-planning is that the production-engineers want to program their operations by weeks, while the accounting-department operates in months and the supply-department which has to buy the ores thinks in yearly contracts.The situation becomes even more complicated when some installations (such as blast-furnaces) operate around the clock while others close on weekends.
The suitable choice of parameters allows one to simulate all the desired situations.

Available materials.

```
        Data avail

**        min     max     fix
ore1              12000*s
ore2                      6000*s
scrap1  6000*t


where
s=nb. of weeks at blast-furn
t=nb. of weeks at steelshops
```

The same problem exists in many instances and the clearest sign for it is when some operation on the data has to be done repeatedly: for this reason most user data-tables in the ARBEO-model also accept parametrized expressions instead of numbers. Although this parametrisation or structuring of the data is a slow and evolutionary process it gives a very problem-oriented flexibility to the end-user.

Allowing for unforeseen constraints

is a recurring problem in most real-life models. Clearly the design of a model should allow as much flexibility for unforeseen situations as possible. Clearly the notion of a data-driven model, and of parametrisation go a long way towards this goal. But in practice there are always new constraints, and some of them are structurally new and cannot be translated into parameter-changes only.

This model offers a series of tables which function more or less as blackboards: new constraints may be added at will in a reasonably readable form, and existing constraints may be changed in the same way.

This example shows an additional blast-furnace constraint. It is an inequality (see type=L meaning 'less than') and states that mat1+0.58*mat2 < 36000*s (where s is again a parameter meaning the number of weeks of operation).
This is extracted from a real run and limits the use of the material mat1.

One table can hold as many equations as desired and similar tables exist for all installations.

```
  Additional blast-furnace
  equation.

      Data Bf-eq

** mat1  mat2  type   RHS
eq15  1   0.58   L   36000*s


translates as:
1*mat1 + 0.58*mat2 < 36000*s
```

Together with the data-driven approach and the level of parametrisation achieved so far, these tables have managed to catch most of the real situations occuring in the plants and the flexibility of the model is satisfactory for the moment.Yet parametrisation is a fuzzy subject and efforts are continuing in this direction.

1.4 How to make the model easy to use.

See the distributed text for more details.

1.5 The problem of devising good reports

Devising good reports is a never-ending task.Being on the somewhat forgotten tail-end of a model they suffer from any changes to the matrix. They need to be short yet contain enough information,but as soon as a report-program is written, the modifications start and after enough modifications the program becomes a mess and has to be rewritten again.Some of those limitations have been overcome in this model.

Devising completely parametrized reports.

In the course of repeated rewritings the structure of the model became progressively clearer so that it became at last possible to write a single completely parametrized report-program.It has been in use for over a year now and has so far withstood all practical changes.As a consequence reports can now be modified in minutes instead of hours or days.

```
                 Layout of a report.

           data layout1
** FUNCT      TEXT          INSTALLATION  VARIABLES
  header1   crushers
  header2  'local ores'
    lines  ...              crushers        A**
  subtotal
  header1   sieves
  header2  'rich ores'
    lines  run of mine ... sieves           F**
  subtotal
```

The layout of the report is defined by a table which states what variables have to appear in what order and under what headings.Quotients or sums can also be specified under 'variables'.

```
                The produced report.

--------------------------------------------------
 Material           Plant1    Plant2        Total
--------------------------------------------------
                    CRUSHERS.
                    ---------
LOCAL ORES.
  Montrouge                    212311       212311 BS
  Ferdinand                    728213       728213 UL
  Bure                         220115 EQ    220115
  F.Brune                      127830       127830
                               ------       ------
                              1288469      1288469 EQ
                    SIEVES
                    ------
RICH ORES.
  Run of mine KD 25            311072       311072
  Run of mine GR                26338        26338
                               ------       ------
                               337410       337410  LL
```

The report is then put together from

- the layout definition and
- the texts from the database and
- the solution values.

An important ingredient in these parametrized reports is a clear structure of the model which leads to a clear coding and handling of the variable names.

Adding status information.

In practice it turns out that model-solutions are always conditioned by bottlenecks:lower limits, upper limits and equalities play their role in determining the structure of the solution.Some of the limits are reached and are real bottlenecks, others are not reached and have no bearing on the situation.

To quickly understand a solution it is important to know these bottlenecks and also to know if they were reached. This.model computes and prints status information for each numerical element in the reports, be they single variables or quotients or totals.

The produced report (detail).

```
-----------------------------------------------------
 Material           Plant1     Plant2        Total
-----------------------------------------------------

                    CRUSHERS.
                    ---------
LOCAL ORES.
  Montrouge                     212311       212311 BS
  Ferdinand                     728213       728213 UL
  Bure                          220115 EQ    220115
  F.Brune                       127830       127830
                                ------       ------
                               1288469      1288469 EQ


  Explanations:
  -------------
  LL=Lower limit (reached)
  UL=Upper limit (reached)
  EQ=forced equality
  BS=Basic (limits not reached)
```

This feature has been in operation for one year now: it has been very naturally accepted by all users and makes the understanding of a solution much quicker.

2 Future evolution of the steel-production model.

2.1 What is left to do?

The model is continually evolving: new versions are released twice a year,and improvements always involve technical updates, more power and more flexibility. This can be expected to continue in the foreseeable future.

A new problem is however appearing: the model has become so inclusive that by now it incorporates specialised know-how from different sectors such as blast-furnaces,steelworks and energy-distribution and moreover calls on some notions from economy.Thus its manipulation requires care:the user who has questions to ask may either lack some technical knowledge or be unfamiliar with some economic aspects so that for the time being the model cannot be distributed to all of those who would normally be interested.

This problem calls for a new kind of software (an 'intelligent' user-interface) which not only catches errors but also helps to interprete the solutions (why is a solution infeasible? .why does it behave thus?). This is however strictly a research topic (ARBED expects to participate in a european project in 1989) and no quick results are to be expected.

2.2 About basic softwares.

It goes without saying that this model requires exceptionally powerful basic software. During the 15 years of evolution of this model ARBED has started with self-made programs and afterwards has used most of the major LP-softwares on the market: GAMMA (by Bonner and Moore), TEMPO/MODELER (by Burroughs), OMNI (by Haverly Systems) and has now settled for MPSIII (by Ketron).

2.3 A final remark on organisation.

For reasons of feasibility a model should conform to an organisation and not vice-versa.An interesting situation is however developing with this model insofar that by now it cuts across organisational boundaries and globally optimises 1 blast-furnace division and 3 steelshop-divisions which have all been somewhat independent so far.

It seems conceivable that in the long run a coordinating instance for all of these 'liquid phase'-installations should appear: this would demonstrate the more rare (but possible) case where an organisation conforms to a software-tool.

Herstellkosten bei alternierender Kostenartenzuordnung

Manfred Welscheid, Düsseldorf

1. Grundlagen

Für die Herstellkostenberechnung in der chemischen Industrie mit zyklischer Produktion und dem Anfall von Kuppelprodukten bietet sich meistens die Lösung durch Formulierung von Matrizenmodellen an.

Bei der Produktion von n verschiedenen Leistungseinheiten (Produkten) in n zugeordneten Kostenstellen ist dann folgendes System linearer Gleichungen zu lösen (i=1,...,n):
(Notation im Hinblick auf Computersprachen)

k(i) + a(i,1)*x(1) + a(i,2)*x(2) + ... + a(i,n)*x(n) = x(i)

Die genannten Modellgrößen bedeuten hierbei:

- k(i) : Primäre Kosten der Kostenstelle i pro Leistungseinheit Bekannter Kostenvektor k
- x(i) : Gesamtkosten der Kostenstelle i pro Leistungseinheit Zu bestimmender Kostenvektor x
- a(i,j) : Die in Kostenstelle i zur Erzeugung von Leistungseinheit i benötigte Menge von Leistungseinheit j

Mit Einführung der drei Matrizen

- A(n,n) : "Originäre" Verflechtungsmatrix der a(i,j)
- I(n,n) : "Identität" (Einheitsmatrix)
- M(n,n) : "Bilanzierte" Verflechtungsmatrix M = I - A

läßt sich die dem Produktionsgeschehen zugrundeliegende Kostenverflechtung wie folgt darstellen:

x = k + A*x oder (I - A)*x = k oder M*x = k

Die Kalkulation von insgesamt U verschiedenen Kostenarten ergibt sich durch Lösung entsprechend vieler Gleichungssysteme

M*xu = ku (u=1,...,U)

Für disjunkte Kostenarten gilt: x1 + x2 + ... + xU = xG
Bei Unterteilung der Gesamtkosten (xG) einer Leistungseinheit in variable (xH) und (stück-)fixe (xL) Anteile setzt sich die für ein einzelnes Produkt i geltende Beziehung xH(i) + xL(i) = xG(i) in aller Regel auch fort, wenn aus mehreren Zwischenprodukten ein Fertigprodukt (Endprodukt) erzeugt wird:

Zwischenprodukt 1 (Plastikflasche) : xH(1) + xL(1) = xG(1)
Zwischenprodukt 2 (1 kg Klebstoff) : xH(2) + xL(2) = xG(2)

Für das Fertigprodukt 3 (1 kg Klebstoff abgepackt in einer Plastikflasche) gilt dann:
xH(3) = xH(1) + xH(2)
xL(3) = xL(1) + xL(2)
xG(3) = xG(1) + xG(2)

Die Ergebnisse der an zwei ausgewählten Kostenarten - hier speziell bei variablen und fixen Kosten - angestellten Betrachtungen lassen sich nicht beliebig auf alle Kostenarten übertragen. Die oben gezeigten Zusammenhänge verlieren ihre Gültigkeit, wenn das Regelwerk für die Behandlung von unterschiedlichen Kostenarten den Rahmen der unterstellten "Konstanz" der Kostenarteneigenschaften sprengt. Am konkreten Beispiel wird zunächst der Begriff der "alternierenden Kostenartenzuordnung" eingeführt und dann das Lösungsverfahren entwickelt.

2. Problembeschreibung

Die Unterteilung der Gesamtkosten in Verpackungskosten und Kostenanteile des eigentlichen Inhaltes - der ja primär verkauft werden soll - führt vor dem Hintergrund einer Reihe von Kalkulationsvorschriften zu Problemen, die nicht - wie bei der Aufteilung in variable und fixe Anteile - durch den Simultanansatz

M*xG = kG   mit   M*xH = kH   und   M*xL = kL

zu lösen sind. Mathematische Schwierigkeiten leiten sich ab aus den Anforderungen an die Kalkulation, die sich auf die folgenden Überlegungen stützen:

- Jedes Erzeugnis - Zwischen- oder Endprodukt - ist getrennt nach den beiden Anteilen "Inhalt" und "Verpackung" zu kalkulieren.
- Die Einsatzart eines Zwischenproduktes - das ist i.a. in Form des Einsatzortes der zugehörige Produktionsprozeß seiner Verwendung - entscheidet darüber, in welcher Form seine beiden Kostenkomponenten an das im Prozeß erzeugte Produkt weitergegeben werden:
  - In der pro Einsatzprodukt ermittelten Aufteilung
  - In ihrer Summe als Kosten für den Inhalt
  - In ihrer Summe als Kosten für die Verpackung
- Alle im Produktionsgeschehen angefallenen Kosten sind letztlich auf die für den Verkauf zur Verfügung gestellten Fertigprodukte zu verteilen. Das hat zur Folge, daß im Falle der Beschädigung von Produkten, von denen Bestandteile wieder verwendet werden können, spezielle Regelungen zu treffen sind. Diese sehen im Kern vor, daß bei einer derartigen Wiederverwendung nicht nur die Kostenanteile der jeweiligen noch intakten Komponenten in Ansatz gebracht werden, sondern die Gesamtkosten, die bisher auf dem Produkt angefallen waren.

Betrachtet wird somit die Aufteilung der Gesamtkosten (xG) in die Kostenanteile für Inhalt/Ware (xW) und Verpackung (xV).
Für ein Produkt i gilt dann die Kostenrelation

xG(i) = xW(i) + xV(i)   ---   oder grafisch:

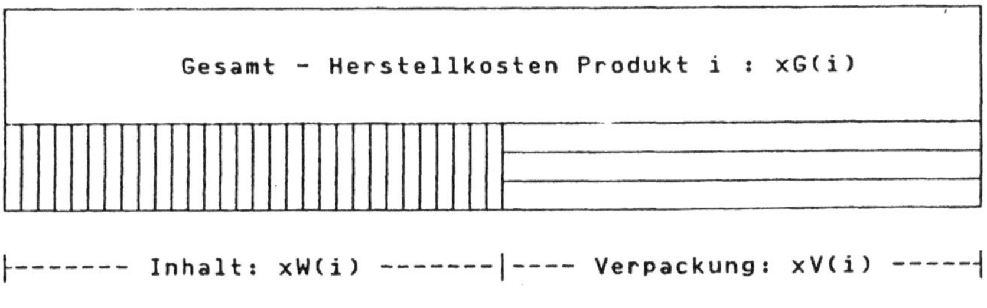

Die abstrakt formulierten Forderungen an die Kostenkalkulation sollen zunächst an konkreten Fällen illustriert werden.

1. Beispiel

Im einfachsten Fall wird ein erzeugtes Produkt entsprechend seiner Kostenaufteilung auch in nachgelagerten Prozessen berücksichtigt: Die Kostenzerlegung einer mit Leim gefüllten Plastikflasche bleibt erhalten, wenn diese Flasche mit anderen Leimsorten zu einer Sortimentspackung - als neues Produkt - zusammengestellt wird.

Ermittelte Herstellkosten (der Flasche Leim) :

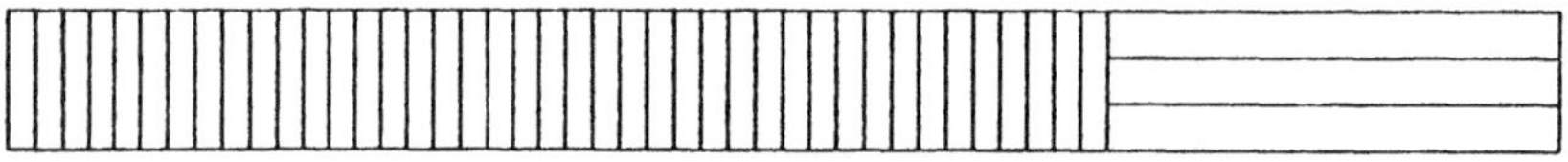

Zu berücksichtigende Kosten (für das Sortiment) :

2. Beispiel

Für einen Leim (Produkt q), der mit den Gesamtkosten xG(q) und den Kostenanteilen xV(q) und xW(q) kalkuliert wurde, seien für den Einsatz in weiteren Produktionsprozessen folgende Verwendungsformen möglich:

- Der Leim wird in einem Abfüllprozeß (Verpackungsprozeß) von Säure in Fässer kostenmäßig als Verpackungskomponente eingesetzt. Er wird benötigt, um Etiketten auf die Fässer zu kleben. In diesem Falle ist der Herstellkostenbeitrag des Leimes wie folgt zu sehen (Das Symbol "&" deutet bezogen auf die Kostenkomponenten die Veränderung ihrer wertmäßigen Verwendung an):

  Als Verpackungskosten gehen in die Prozeßkalkulation die Gesamtkosten (xG) des Leimes ein: xV&(q) = xG(q). An Kosten für den Inhalt (die Säure) bringt die Verwendung des Leimes keinen Kostenbeitrag: xW&(q) = 0.
  Berücksichtigung der Kosten des Leimes also in der Form

  Ermittelte Herstellkosten (des Leimes) :

  Zu berücksichtigende Kosten (für das Faß mit Säure) :

Der Leim wird als Rohstoff eingesetzt zur Herstellung von Pappkartons. Hier werden die Gesamtherstellkosten des Leimes $xG(q)$ gesehen als reine Kosten für den Inhalt; Verpackungsanteile bringt der Leim in diesem Falle nicht: $xV\&(q) = 0$ und $xW\&(q) = xG(q)$.

Ermittelte Herstellkosten (des Leimes) :

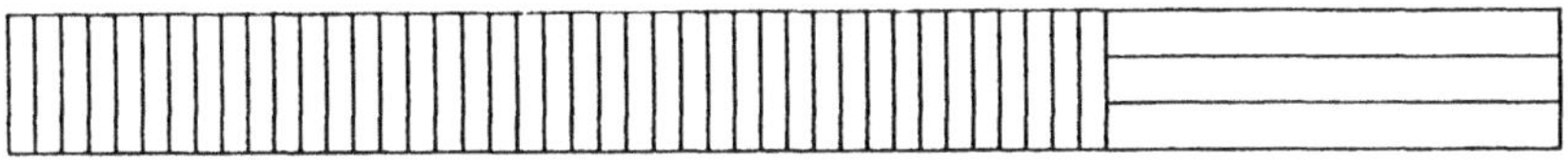

Zu berücksichtigende Kosten (für den Pappkarton) :

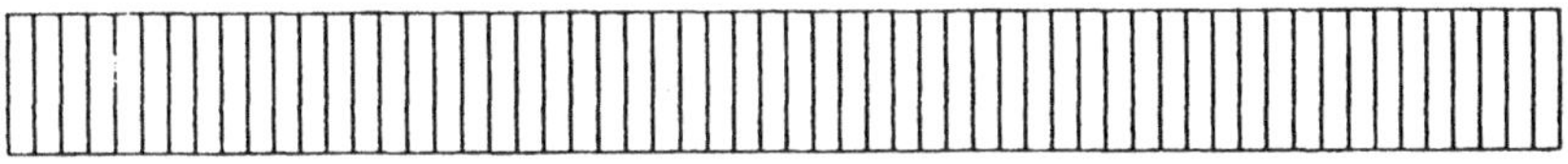

Es sei betont, daß die Kartons selbst wieder als reines Verpackungsmaterial zum Einsatz kommen können. Die dabei auftretenden Probleme sind in den nachfolgenden Überlegungen berücksichtigt.

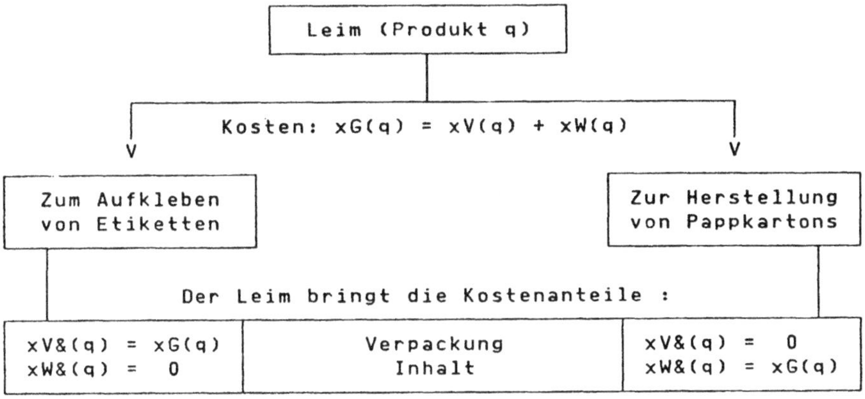

3. Beispiel

Eine ähnliche Situation wie im vorigen Beispiel ist gegeben, wenn "Retouren" in die Kostenkalkulation einbezogen werden. Hierbei geht es um die Wiederverwendung von Teilen eines bereits fertigen, jedoch beschädigten Produktes und darum, daß seine bis dahin angefallenen Gesamtkosten bei der Kalkulation berücksichtigt werden. Um diese Situation zu verdeutlichen, werden zwei verschiedene Abfüllprozesse unter jeweils anderem Aspekt betrachtet:

Abfüllung von Säuren in Fässer

2% der bereits abgefüllten Säure - Endprodukt a - verdirbt bei der Lagerung oder läuft aus. Der Inhalt mit dem Wert $xW(a)$ ist verloren, das Faß mit dem Wert $xV(a)$ bleibt intakt und kann erneut als Verpackungsmaterial verwendet werden mit den Kosten $xV\&(a) = xG(a)$ und $xW\&(a) = 0$.

Abfüllung von Leimgranulat in Säcke

2% der mit Leimgranulat gefüllten Säcke - Endprodukt b - zerreißt bei Lagertransporten. Das Verpackungsmaterial mit dem Wert xV(b) ist wertmäßig verloren. Der Inhalt wird aufgefangen und kann erneut verpackt werden. Diese 2% des Granulats werden wiederverwendet mit den Kosten xW&(b) = xG(b) und xV&(b) = 0.

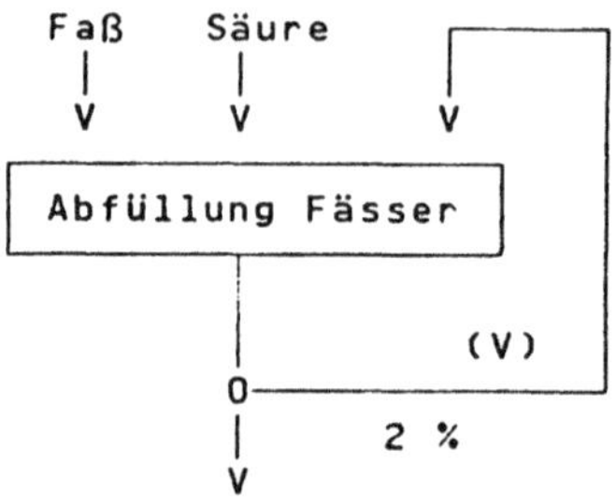

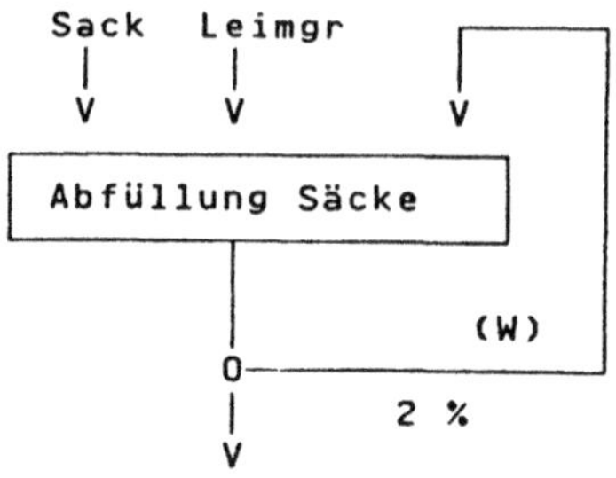

Die oben geschilderten linearen Zusammenhänge lassen sich rechnerisch noch relativ leicht fassen. Aufwendiger wird die Angelegenheit bei zyklischer Produktion und Situationen, in denen für ausgewählte Produkte in Abhängigkeit von ihrem Einsatzprozeß die Berücksichtigung der Kostenkomponenten in unterschiedlicher Form gefordert wird. Die Kostenkomponenten werden in ihrer Eigenschaft als Kostenarten nicht durchgehend konstant gehalten, sie oszillieren zwischen den drei alternativen Einsatzformen

- (N) - Normalfall: Kosten getrennt nach Inhalt und Verpackung
- (W) - Inhalt: Einsatz Gesamtkosten als Inhalt
- (V) - Verpackung: Einsatz Gesamtkosten als Verpackung

Aufgrund der hier definierten "alternierenden Kostenartenzuordnung" führt der Simultanansatz über die bilanzierte Verflechtungsmatrix M mit den beiden Teilmodellen M*xV = kV und M*xW = kW nicht zum Ziel. Die aus diesem Grunde im Matrizenmodell vorzunehmenden "Manipulationen" werden im folgenden entwickelt.

Zuvor sei noch angemerkt, daß besondere Probleme bei der Kalkulation von Herstellkosten auch dann auftreten, wenn für Zwischen- und Endprodukte vor der Berechnung bestimmte Forderungen an die Ergebnisse formuliert werden. Derartige "Kostenfixierungen" resultieren meistens aus Marketingüberlegungen und können in folgender Form vorgenommen werden:

- Fest vorgegebene Kosten:
  Ein Produkt erhält den vorgegebenen Kostenwert K0
- Mindest- und Höchstwerte:
  Die zu "berechnenden" Kosten müssen zwischen K1 und K2 liegen
- Kostenrelationen unter Produkten:
  Produkt a muß billiger sein als Produkt b

In solchen Fällen versagt der direkte Ansatz M*x = k ebenfalls. Es helfen dann solche Modelle weiter, die interaktive Eingriffe in den Kalkulationsmechanismus vor dem Hintergrund eines derartigen Regelkataloges zulassen und unterstützen.

3. Lösungsverfahren

Die hier beschriebenen Regeln für die Kostenkalkulation bedingen die Entwicklung eines speziellen Lösungsverfahrens.
Für Zwischenprodukte sind die Kostenanteile "Inhalt" und "Verpackung" getrennt entsprechend den Vorstufen ihrer Erzeugung zu kalkulieren. Diese Kostenkomponenten werden von den Zwischenprodukten bei ihrem Einsatz in nachgelagerten Prozessen auf die mit ihnen erzeugten Produkte weitergeleitet. Dabei können sie sich, wie schon ausgeführt, je nach ihrer Verwendung in den einzelnen Einsatzprozessen "oszillierend" verhalten - ein und dasselbe Zwischenprodukt ist im Extremfall auf drei Arten zu berücksichtigen.
Im folgenden wird ein Zwischenprodukt q betrachtet, für das jeweils eine der drei möglichen Grundformen der Kalkulation (N),(V) und (W) in den drei Produktionsprozessen R,S,T (Erzeugungsprozesse der Produkte r,s,t) gefordert wird; für seinen Einsatz gilt:

Einsatz in Prozeß	Kalkulation gemäß	Wertmäßiger Einsatz Inhaltsanteile	Verpackungsanteile
R	(N)	xW(q)	xV(q)
S	(W)	xV(q) + xW(q)	0
T	(V)	0	xV(q) + xW(q)

Die Tabelle macht noch einmal deutlich ("xV(q) + xW(q)"), daß bei Einbeziehung des Zwischenproduktes q in zyklische Produktionsketten - normale Rückflüsse oder Retouren - der Versuch einer schrittweise Kalkulation, die zuerst die Berechnung der Kostenanteile "Inhalt" (M*xW = kW) vornimmt und die Ermittlung der Kostenanteile "Verpackung" (M*xV = kV) anschließt, nicht zum Ziele führen kann.

Bei der Kalkulation der Kosten der Inhalte sind die in einigen Prozessen (hier Prozeß S) wertmäßig schon zu berücksichtigenden Verpackungsanteile noch unbekannt. Entsprechendes gilt wegen der geschilderten Zusammenhänge auch, wenn versucht wird, im ersten Schritt mit der Berechnung der Kostenanteile der Verpackungen zu beginnen.
Entscheidender Ansatzpunkt für die Lösung des Problems ist die Interpretation der in Ergänzung zum Standardfall (N) formulierten zusätzlichen Kalkulationsvorschriften: Bei den beiden "neuen Verwendungsformen"

- (W) : Einsatz Gesamtkosten als Inhalt
- (V) : Einsatz Gesamtkosten als Verpackung

ist die kostenmäßige Unterteilung in Inhalts- und Verpackungsanteile in einigen Prozessen für bestimmte Zwischenprodukte aufzugeben. Neben der ersten Forderung nach ihrer separaten Berechnung (Inhalt/Verpackung) ist der zweiten Forderung zu entsprechen, beide Komponenten als Summe (Inhalt + Verpackung) wertmäßig als eine dieser beiden Kostenarten (Inhalt ODER Verpackung) einzusetzen - und das nicht unbedingt konsequent einheitlich. Für das Zwischenprodukt q sind also die Fälle (W) und (V) nebeneinander möglich, dazu nach wie vor immer wieder auch (N).
Der Aspekt, daß insbesondere auch die Berücksichtigung in der Summe gefordert wird, legt den Schluß nahe, die Berechnungen mit den Gesamtkosten (xG) zu beginnen. Ausgehend von dieser Basis kann dann im zweiten Schritt eine der beiden Kostenarten berechnet werden, z.B. die Verpackungskosten. Bei der so gewählten Reihenfolge ergeben sich die Kostenanteile "Inhalt" dann als Saldo: xW = xG - xV

Es wurde oben erörtert, daß für diesen zweiten Rechenschritt der direkte Zugang über M*xV = kV nicht möglich ist, und daß als Voraussetzung für die weiteren Berechnungen gewisse "Manipulationen" im Matrizenmodell vorgenommen werden müssen. Umfang und Art dieser Eingriffe werden hergeleitet aus den Anforderungen der Kostenrechnung, wie sie sich durch den Einsatz in den Prozessen R, S und T an das Zwischenprodukt q stellen.
Es wird sich herausstellen, daß auf die originäre Verflechtungsmatrix A zurückgegriffen werden muß, da in der bilanzierten Verflechtungsmatrix M die getrennt zu verfolgenden Einflüsse bereits ineinander verwoben sind und sich der Separierung entziehen. Die arithmetischen Beziehungen lassen sich in eine allgemeine Form bringen, die eine algorithmische Behandlung auf einer Rechenanlage ermöglicht.

Prozeß R - Fall (N)

Bei der Kalkulation von Produkt r gehen die beiden Kostenanteile xV(q) und xW(q) des Zwischenproduktes q jeweils in die ihren Kostenarten entsprechenden Anteile xV(r) und xW(r) ein.
xV(r) ist im Rechenschritt "Verpackungsanteile" eine zu berechnende Unbekannte: a(r,q)*xV(r) bleibt in der Rechnung.

Prozeß S - Fall (W)

Bei der Produktion von Produkt s wird das Zwischenprodukt q als reiner Rohstoff eingesetzt; q liefert also keinen Beitrag bei der Ermittlung von Verpackungsanteilen.
Für diesen Rechenschritt ist zu setzen: a(s,q) = 0.

Prozeß T - Fall (V)

Bei der Produktion von Produkt t wird das Zwischenprodukt q als reines Verpackungsmaterial eingesetzt, und zwar mit den Kosten xV&(q) = xG(q) aus dem ersten Rechenschritt "Gesamtkosten".
Damit ist a(t,q)*xV(q) = a(t,q)*xV&(q) ein bekannter Wert und stellt als bekannte Größe rechentechnisch lediglich Pseudo-Sekundärkosten dar. Dieser Kostenanteil wird vor der weiteren Berechnung mit den zugehörigen, ebenfalls bekannten Primärkosten kV(t) - rechte Seite des Gleichungssystems - "saldiert". Danach wird a(t,q) = 0, da kV(t) ja über a(t,q)*xV&(q) bereits entsprechend korrigiert wurde.

Anhand der drei charakteristischen Prozesse R,S,T wurde aufgezeigt, welche Manipulationen im Rechenschritt "Verpackungsanteile" immer dann durchzuführen sind, wenn das Zwischenprodukt q zum Einsatz kommt. Aus dieser Detaildiskussion läßt sich nun der Formalismus entwickeln, der Voraussetzung ist für eine algorithmische Bearbeitung des zugrundeliegenden Input-Output-Problems.

Für alle Produkte ist die Analyse sämtlicher Einsatzbeziehungen mit anderen Produkten vorzunehmen und die Produktionsverflechtung in 0-1-Beziehungen über Inzidenz-Matrizen darzustellen.

Für jede mögliche Relation (i,j = 1,...,n)

"Einsatz des Produktes j bei Herstellung von Produkt i"

sind zwei Inzidenz-Koeffizienten d(i,j) und e(i,j) mit den zugehörigen Inzidenz-Matrizen D(n,n) und E(n,n) zu bilden.
Die Koeffizienten ergeben sich aus der Tabelle:

Einsatzform	d(i,j)	e(i,j)
(N)	1	0
(W)	0	0
(V)	0	1
Kein Eins.	0	0

Jedes Element a(i,j) der Verflechtungsmatrix A(n,n) wird nun mit diesen Inzidenz-Koeffizienten elementweise getrennt einmal mit d(i,j) und einmal mit e(i,j) multipliziert; es ergeben sich dann die zwei Hilfsmatrizen
B(n,n) = (a(i,j)*d(i,j)) und C(n,n) = (a(i,j)*e(i,j))
Mit Hilfe dieser beiden Matrizen sind nun folgende Transformationen vorzunehmen:

Verflechtungsmatrix A	--->	"Verpackungsmatrix" B
Primärkosten kV	--->	kV + C*xG
(I - A)*xV = kV	--->	(I - B)*xV = kV + C*xG

Die jeweiligen Ableitungen aus der Verflechtungsmatrix A mit dem daraus resultierenden Gleichungssystem erfassen die Überlegungen von oben und stellen für jedes Produkt sicher, daß es in der Phase der Berechnung der Verpackungsanteile wie folgt behandelt wird:

- Beim Einsatz als reine Inhaltskomponente erfolgt kein Kostenbeitrag (Koeffizient = 0).
- Beim Einsatz als reines Verpackungsmaterial wird auf seinen bereits ermittelten Wert aus der Berechnung der Gesamtkosten zurückgegriffen; dann wird der entsprechende Koeffizient modifiziert.
- Beim Einsatz als "Normalfall" erfolgt kein Eingriff in das Gleichungssystem.

Die Bestimmung von Herstellkosten - gegliedert in die drei Kostenarten "Inhalt", "Verpackung" und "Gesamt" - geschieht also in folgenden Schritten:

- Transformation der Verflechtungsmatrix A:
  Analysiere für jedes Produkt seine Einsatzbeziehungen bei der Erzeugung anderer Produkte und transformiere aufgrund dieser Beziehungen die Verflechtungsmatrix A in die Matrizen B und C.
- Berechnung der Gesamtkosten xG: M*xG = kG
- Berechnung der Verpackungsanteile xV: (I - B)*xV = kV + C*xG
- Berechnung der Inhaltsanteile xW: xW = xG - xV

Lösungsschema:

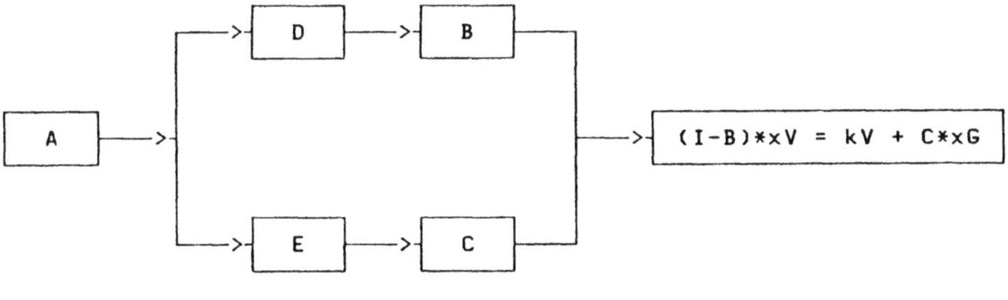

OPERATIONAL RESEARCH IN INDUSTRY — A SURVEY

Leonard FORTUIN, Eindhoven

Management of industrial enterprises increasingly means decision making under complex and often confusing circumstances. Economies in the free world have changed from a type in which every product quickly would find a customer, to a type where markets are fragmented and populated with well-organized and demanding customers whose tastes may change from one day to the other. Governmental rules, both caused by international integration and by an increasing care for the "environment", are becoming ever more impeding. Science, more in particular operational research, mathematics and informatics, has produced tools to support the decision maker in his difficult task. This paper gives an overview of recent results. It contains examples of OR applications in a large multi-national company. Logistics play an important part in the examples: the loading of vehicles with large rectangular boxes; the calculation of the required number of vehicles to transport a given amount of boxes; the management of service parts for a vast range of consumer products. Furthermore, the paper discusses the conditions that have to be satisfied in order to successfully use OR in practice. A "project-based approach" with strong involvement of the client organization has turned out to be of paramount importance. The steps to be taken in such a project are briefly described: (1) a preliminary investigation to define the problem and generate ideas for its solution; (2) the main body of activities to work out the selected solutions, compare them and make recommendations for a choice and its implementaiton; (3) the implementation itself. The profile of the OR-worker, the pitfalls to avoid and the difficulties that he or she to solve, will get some attention also.

PORTFOLIO INSURANCE AM DEUTSCHEN RENTENMARKT

Wolfgang BÜHLER, Dortmund

Aufgrund der gestiegenen Zinsvolatilität gewinnt die Kontrolle von Zinsänderungsrisiken bei Finanzintermediären zunehmend an Bedeutung. Ein besonderes Gewicht besitzen dabei Portefeuilles aus Anleihen.

Die Absicherung des Kursrisikos von Anleihen für einen zukünftigen Zeitpunkt könnte mit Hilfe von Optionen erreicht werden. Da Optionen auf Portefeuilles von Anleihen und der gewünschten Laufzeit nicht verfügbar sind, kann versucht werden, in Analogie zur Portfolio Insurance für Aktien mit Hilfe einer dynamischen Umschichtungsstrategie synthetische Optionen des gewünschten Typs zu erzeugen.

In der vorliegenden empirischen Studie wird auf der Grundlage eines speziellen, zur Bewertung von Optionen auf Anleihen entwickelten Modells untersucht, inwieweit am deutschen Rentenmarkt eine Absicherung des Kursrisikos mit Hilfe synthetischer Optionen auf Anleihen und Portefeuilles aus Anleihen möglich ist. Hierzu werden für den Zeitraum von 1970-1985 für unterschiedliche Absicherungszeiträume die Absicherungsqualität und die Höhe der "Versicherungskosten" ex post analysiert.

Einfluß der Prämienkalkulation und Reservebildung auf das versicherungstechnische Risiko

Helmut Freudenberger, München

1. Das versicherungstechnische Risiko

1.1. Definition des versicherungstechnischen Risikos

Die gesamte Risikosituation eines Versicherungsunternehmens ist nicht nur allgemeinen und speziellen Unternehmerrisiken ausgesetzt, sondern es tritt darüberhinaus ein arteigenes Risiko, das sogenannte versicherungstechnische Risiko, hinzu, welches die Geschäftstätigkeit von Versicherungsunternehmen prägt. Das vereinfachte, auf Prämien und Schadenzahlungen reduzierte Grundmodell des sogenannten Risikogeschäfts bildet den Kern der Versicherungsproduktion, woraus das versicherungstechnische Risiko als Branchenspezifikum entsteht. Versicherungsunternehmen bieten den Versicherungsnehmern die Dienstleistung Versicherungsschutz an, die durch einen Versicherungsvertrag "in einem genau festgelegten Rahmen für einen bestimmten Zeitraum"([3], S. 651) gewährt wird. Hierzu zahlt der Versicherungsnehmer zu Beginn der Versicherungsperiode i.a. ein festes Entgelt, die (Versicherungs-) Prämie; diesem Prämienzufluß stehen nachfolgend Schadenzahlungen in zufälliger Höhe gegenüber. Diese dem Versicherungsgeschäft inhärente Indeterminiertheit von Schadenzahl und Schadenhöhe rechtfertigt, dem Versicherungsunternehmen ein arteigenes Risiko zuzusprechen.

In der versicherungswissenschaftlichen Literatur existieren einige Definitionen des versicherungstechnischen Risikos; im weiteren Verlauf soll auf die Formulierung von SCHWAKE [7] und ALBRECHT [3] zurückgegriffen werden. Beide Verfasser stellen heraus, daß es nicht genügt, nur die Schadenseite des Versicherungsgeschäfts zu einer Definition des versicherungstechnischen Risikos heranzuziehen, sondern auch die a priori festgelegte Prämie, die auf Grundlage von planmäßigen stochastischen Gesetzmäßigkeiten kalkuliert wird, als Äquivalent für den Risikotransfer zwischen Versicherungsnehmer und Versicherungsunternehmen Berücksichtigung finden muß.

Die vom Versicherungsnehmer an das Versicherungsunternehmen zu entrichtende Prämie setzt sich aus der Risikoprämie (Summe aus Netto-

Operations Research Proceedings 1989

risikoprämie und Sicherheitszuschlag), Betriebskosten- und Gewinnzuschlägen zusammen. Die Nettorisikoprämie dient dazu, planmäßige Schadenkosten zu decken, und der Sicherheitszuschlag hat die Funktion, zum einen zufällige Überschäden der Versicherungsperiode über die Nettorisikoprämie hinaus zu tragen und zum anderen zur langfristigen Finanzierung der Sicherheitsmittelreserve beizutragen. In den folgenden Untersuchungen wird nur die Risikoprämie berücksichtigt.

Eine weitere Finanzierungsquelle neben der Prämie zur Deckung der Schadenkosten stellt das vorhandene Sicherheitskapital (Risikoreservefonds, Schwankungsfonds, Überschadenreserve) dar. Es ist einerseits erforderlich, um eventuelle Verluste aus dem Risikogeschäft auszugleichen und andererseits, um die Existenz des Versicherungsunternehmens zu sichern.

Das versicherungstechnische Risiko läßt sich somit wie folgt formulieren: ([3], S. 652)

"Das versicherungstechnische Risiko ist die Gefahr, daß für einen bestimmten Zeitraum der Gesamtschaden des versicherten Bestandes die Summe der für die reine Risikoübernahme zur Verfügung stehenden Gesamtprämie und des vorhandenen Sicherheitskapitals übersteigt".

Im nächsten Schritt soll nun das so definierte versicherungstechnische Risiko modelltheoretisch quantifiziert werden.

1.2. Quantifizierung des versicherungstechnischen Risikos

Um die vom Zufall abhängigen Risiken zu beschreiben, werden innerhalb der Versicherungsmathematik Modelle entwickelt, die insbesondere auf wahrscheinlichkeitstheoretische Überlegungen zurückgreifen. Zur Spezifizierung von Risiken "dienen die jeweiligen Schadenverteilungen, d.h. Schadenzahlverteilung, Schadensummenverteilung und Gesamtschadenverteilung sowie deren Funktionalparameter"([6], S. 41).

Ausgehend von einer Folge der unabhängigen Zufallsvariablen Schadenzahl N und Schadensummen $X_1,\dots,X_N,\dots$ definiert man den Gesamtschaden

$$S = X_1 + \dots + X_N = \sum_{k=1}^{N} X_k \quad , \tag{1}$$

wobei N die Anzahl der zufällig auftretenden Schäden, $X_1, \ldots, X_N$ die Schadenhöhen der Schäden 1 bis N und S den Gesamtschaden einer versicherungstechnischen Einheit oder eines Kollektivs in einer Zeiteinheit bedeuten.

Zur Quantifizierung der in der Definition des versicherungstechnischen Risikos beschriebenen Gefahr bietet sich die einperiodige Ruinwahrscheinlichkeit (Verlustwahrscheinlichkeit)

$$P(S > \pi) = \epsilon \qquad (2)$$

bzw. bei Berücksichtigung eines Sicherkapitals $U > 0$

$$P(S > \pi + U) = \epsilon \qquad (3)$$

als geeignetes Risikomaß an, also die Wahrscheinlichkeit ϵ, daß der Gesamtschaden S die vereinnahmte Prämie π bzw. die Summe aus vereinnahmter Prämie π und Sicherheitskapital U in einer Periode übersteigt.

Aus (2) bzw. (3) lassen sich zwei risikopolitische Maßnahmen, die Risikoprämienpolitik und die Risikoreservepolitik, quantifizieren, deren jeweilige Ausgestaltung in unterschiedlicher Weise das versicherungstechnische Risiko beeinflußt. Daraus läßt sich die Frage beantworten, wie die Risikoprämie kalkuliert sein muß, so daß eine gegebene Verlustwahrscheinlichkeit ϵ mit und ohne Berücksichtigung von Sicherheitskapital nicht überschritten wird.

2. Prämienprinzipien und ihre Wirkung auf die einperiodige Ruinwahrscheinlichkeit

2.1. Vorbemerkungen zu Prämienprinzipien

Innerhalb der versicherungsmathematischen Risikotheorie kommt der Kalkulation einer risikoadäquaten Prämie eine zentrale Bedeutung zu. Die Theorie der Prämienkalkulation basiert auf Zufallsgesetzmäßigkeiten des zu kalkulierenden Risikos und dessen charakteristischen Größen.

Die Kalkulation der Risikoprämie erfolgt durch Prämienprinzipien. Ein Prämienprinzip π ordnet dem Gesamtschaden S eines Risikos oder eines Kollektivs von Risiken eindeutig einen Wert $\pi(S)$ aus $[0,\infty]$ zu: $\pi: S \to \pi(S)$. Gilt $\pi(S) = \infty$, so wird das Risiko als unversicherbar bezeichnet. Der Erwartungswert $E(S)$ heißt Nettorisikoprämie und der den Erwartungswert übersteigende Teil $\pi(S) - E(S)$ wird Sicherheitszuschlag genannt.

Aus dem versicherungstechnischen Äquivalenzprinzip ergibt sich die Minimalforderung $\pi(S) \geq E(S)$. Ergebnisse der Ruintheorie (vgl. [1], S. 528) zeigen, daß die alleinige Vereinnahmung der Nettorisikoprämie $\pi(S) = E(S)$ in jeder Versicherungsperiode mit Wahrscheinlichkeit 0,5 zum Ruin führt. Daher ist die Erhebung eines Sicherheitszuschlags zusätzlich zur Nettorisikoprämie notwendig.

Wird der Sicherheitszuschlag Z(S) proportional zu Momenten der Gesamtschadenverteilung gewählt, so spricht man von funktionalparametrischen Prämienprinzipien, die sich allgemein wie folgt darstellen lassen:

$$\pi(S) = E(S) + Z(S).$$

Die in praxi bedeutsamsten sind

$$\pi(S) = E(S) + \lambda_1 E(S) \qquad \text{Erwartungswertprinzip} \qquad (4)$$

$$\pi(S) = E(S) + \lambda_2 \sigma(S) \qquad \text{Standardabweichungsprinzip} \qquad (5)$$

$$\pi(S) = E(S) + \lambda_3 \sigma^2(S) \qquad \text{Varianzprinzip} \qquad (6)$$

wobei die Parameter $\lambda_1>0$, $\lambda_2>0$ und $\lambda_3>0$ in Abhängigkeit von der Risikoeinstellung des Entscheidungsträgers zu bestimmen sind und nicht vom Risiko S abhängen.

Ein weiteres Prämienprinzip ist das Perzentilprinzip. Hierbei wird die Risikoprämie $\pi(S)$, bzw. bei Zerlegung in $\pi(S)=E(S)+Z(S)$ der Sicherheitszuschlag Z(S), durch die Verlustwahrscheinlichkeit $P(S>\pi(S))=\epsilon$ direkt festgelegt.

Ist F die Verteilungsfunktion von S, so erhält man die exakte Form dieses Prinzips: (vgl. [5], S. 1316)

$$\pi_\epsilon(S) = F^{-1}(1-\epsilon) = \inf \{\pi | \; F(\pi) \geq 1-\epsilon\} \qquad (7)$$

Die Risikoprämie wird so bemessen, daß der Gesamtschaden nur mit einer Wahrscheinlichkeit ϵ größer als die vereinnahmte Prämie sein kann.

Anzumerken ist, daß bei Steuerung der Sicherheitszuschläge für die Prämienprinzipien (4), (5) und (6) durch die Verlustwahrscheinlichkeit ϵ (2) alle drei Prämienprinzipien die identische Risikoprämie erbringen und die Parameter λ_1, λ_2 und λ_3 abhängig vom Risiko S sind (vgl. [2], S. 172 f). Es liegen dann nicht die Prämienprinzipien im üblichen Sinne vor, denn ihre Eigenschaften, wie z.B. Additivität für (4) und (5), haben keine Gültigkeit mehr.

2.2. Abschätzungen bzw. Approximationen des Perzentilprinzips

Ist die Verteilungsfunktion F nicht vollständig bekannt, so greift man zu Abschätzungen bzw. Approximationen der einperiodigen Ruinwahrscheinlichkeit und somit für $\pi_\epsilon(S)$ bzw. $Z(S)$.

Eine grobe Abschätzung erhält man mit der Cantelli-Ungleichung.

Satz: Sei X eine Zufallsvariable mit $E(X)=0$ und $Var(X)<\infty$, so gilt

$$P(X>x) \leq \frac{Var(X)}{Var(X) + x^2}, \qquad \text{falls } x > 0. \tag{8}$$

Die Ungleichung (vgl. [2], S. 170)

$$P(S>E(S)+Z(S)) \leq \frac{Var(S)}{Var(S) + Z(S)^2}, \tag{9}$$

liefert eine Abschätzung für $Z(S)$ und somit eine Obergrenze für $\pi_\epsilon(S)$:

$$\pi_\epsilon(S) \leq E(S) + \sqrt{\frac{1-\epsilon}{\epsilon}}\,\sigma(S) =: \pi^*_\epsilon(S) \tag{10}$$

Genauere Approximationen für (2) bzw. (7) erhält man, wenn die Gültigkeit des Zentralen Grenzwertsatzes vorausgesetzt werden kann.

Definition: Eine Folge unabhängiger Zufallsvariablen X_i mit $0<Var(X_i)$ $<\infty$ für alle i genügt dem Zentralen Grenzwert, wenn gilt

$$P\left(\frac{\sum_{i=1}^{n} \left[X_i - E(X_i) \right]}{\sigma(X_1+...+X_n)} \leq x \right) \overset{n\to\infty}{\longrightarrow} N(x),$$

wobei $N(x)$ die Verteilungsfunktion der Standardnormalverteilung bedeutet.

Hat der Zentrale Grenzwert Gültigkeit für ein Kollektiv von Risiken, so läßt sich für hinreichend großes n die Verteilungsfunktion des kollektiven Gesamtschadens S durch eine Normalverteilung mit Erwartungswert $E(S)$ und Varianz $Var(S)$ approximieren.

Nach dem Satz von Lindeberg-Levy genügt jede Folge unabhängiger Zufallsvariablen mit identischer Verteilung und endlicher, positiver Varianz dem Zentralen Grenzwertsatz. Dieser Satz garantiert für homogene

Kollektive unabhängiger Risiken die Gültigkeit des Zentralen Grenzwertsatzes für den kollektiven Gesamtschaden S.

Aus (vgl. [2], S. 170)

$$P(S>E(S)+Z(S)) \approx 1 - N(Z(S)/\sigma(S)) \tag{11}$$

ergibt sich eine Approximation für $\pi_\epsilon(S)$

$$\pi_\epsilon(S) \approx E(S) + N_\epsilon \, \sigma(S) =: \pi_\epsilon^{**}(S) \tag{12}$$

mit dem $(1-\epsilon)$-Quantil der Standard-Normalverteilung $N_\epsilon := N^{-1}(1-\epsilon)$.

Ein weiterer Schritt besteht darin, die Normalverteilungsapproximation zu verbessern. Mit Hilfe der Normal-Power-Approximation ist es möglich, die Schiefe $\gamma(S)$ der zu approximierenden Verteilung F zu berücksichtigen. Durch Abbrechen der Edgeworth-Entwicklung (vgl. [4], S. 107) nach dem zweiten Glied besitzt die Normal-Power-Approximation die Form: (vgl. [4], S. 110):

$$F(x) \approx N\left(\frac{-3}{\gamma(S)} + \sqrt{\frac{9}{\gamma(S)^2} + \frac{6(x-E(S))}{\gamma(S)\ \sigma(S)} + 1}\right) \tag{13}$$

Hierdurch gewinnt man eine weitere Approximation für $\pi_\epsilon(S)$:

$$\begin{aligned}\pi_\epsilon(S) &\approx E(S) + N_\epsilon\sigma(S) + \frac{1}{6}(N_\epsilon{}^2-1)\ \gamma(S)\ \sigma(S) \\ &= E(S) + N_\epsilon\sigma(S) + \frac{1}{6}(N_\epsilon^2-1)\ \frac{M_3}{Var(S)} =: \pi_\epsilon{}^{***}(S)\end{aligned} \tag{14}$$

mit dem dritten zentralen Moment $M_3=E((S-E(S))^3)$.

2.3. Berücksichtigung von Sicherheitskapital bei der Prämienkalkulation

Steht einem Versicherungsunternehmen eine Reserve U>0 zur Verfügung, so wird in bezug auf die einperiodige Ruinwahrscheinlichkeit (3) deutlich, daß sich das versicherungstechnische Risiko verringert im Vergleich zur Situation ohne Sicherheitskapital und daß Prämie und Sicherheitskapital grundsätzlich in substitutiver Beziehung stehen (vgl. [7], S. 78).

Soll nun das Sicherheitskapital bei der Prämienkalkulation berücksichtigt werden, so muß die kollektive Risikoprämie ${}_U\pi_\epsilon(S)$ der Gleichung

$$P(S > {}_U\pi_\epsilon(S) + U) = \epsilon$$

genügen. Offensichtlich folgt aus (7)

$${}_U\pi_\epsilon(S) = \pi_\epsilon(S) - U$$

Analog zum Fall ohne Sicherheitskapital erhält man durch Anwendung der Cantelli-Ungleichung (9), der Normalverteilungsapproximation (11) bzw. Normal-Power-Approximation (13)

$${}_U\pi_\epsilon(S) \le E(S) + \sqrt{\frac{1-\epsilon}{\epsilon}}\,\sigma(S) - U =: {}_U\pi_\epsilon^*(S)$$

$${}_U\pi_\epsilon(S) \approx E(S) + N_\epsilon\,\sigma(S) - U =: {}_U\pi_\epsilon^{**}(S)$$

$${}_U\pi_\epsilon(S) \approx E(S) + N_\epsilon\sigma(S) + \frac{1}{6}(N_\epsilon^2 - 1)\frac{M_3}{\mathrm{Var}(S)} - U =: {}_U\pi_\epsilon^{***}(S)$$

Hieraus ergeben sich mit (10), (12) und (14) folgende Gleichungen:

$${}_U\pi_\epsilon^*(S) = \pi_\epsilon^*(S) - U$$

$${}_U\pi_\epsilon^{**}(S) = \pi_\epsilon^{**}(S) - U$$

$${}_U\pi_\epsilon^{***}(S) = \pi_\epsilon^{***}(S) - U\ ,$$

d.h. berücksichtigt man bei der Prämienkalkulation ein Sicherheitskapital U, so ergeben sich die kollektiven Risikoprämien, die exakt, abgeschätzt oder approximativ zu einer (geringen) Verlustwahrscheinlichkeit ϵ führen, durch Abzug von U aus den entsprechend kollektiven Risikoprämien ohne Berücksichtigung von U.

2.4. Hinweise zur Berücksichtigung von Selbstbeteiligung bei der Prämienkalkulation

Eine Selbstbeteiligung im Vertragsverhältnis Versicherungsnehmer/Versicherungsunternehmen liegt vor, wenn nur ein bestimmter Teil $\varphi(S)$ des Risikos S zu entsprechend modifizierter Prämie $\pi(\varphi(S))$ übertragen wird. Dabei wird die jeweilige Selbstbeteiligungsform durch das Entschädigungsfunktional φ beschrieben. Das Versicherungsunternehmen übernimmt das Risiko $\varphi(S)$, der verbleibende Teil $S-\varphi(S)$ wird vom Versicherungsnehmer selbst getragen (vgl. [8], S. 180).

Aus der Sicht des Versicherungsunternehmens ist zu fordern, daß sich durch diese Risikoteilung seine Risikolage nicht verschlechtert, d.h. die Risikoprämie $\pi(\varphi(S))$ muß so bemessen sein, daß gilt

$$P(\varphi(S) > \pi(\varphi(S))) \leq P(S > \pi(S)) = \epsilon$$

bzw. $$P(\varphi(S) > \pi(\varphi(S)) + U) \leq P(S > \pi(S) + U) = \epsilon.$$

Während die verlustwahrscheinlichkeitsgesteuerten Risikoprämien per constructionem diesen Forderungen exakt, abgeschätzt oder approximativ genügen, so zeigt sich bei Anwendung der Prämienprinzipien (4), (5) und (6), daß je nach Wahl des Prämienprinzips und der Selbstbeteiligungsform (proportionale Selbstbeteiligung, Franchisen) sich die Risikolage verschlechtert, verbessert oder nicht verändert.

Literatur:

[1] ALBRECHT, P.: Gesetz der großen Zahlen und Ausgleich im Kollektiv - Bemerkungen zu Grundlagen der Versicherungsproduktion. Zeitschrift für die gesamte Versicherungswissenschaft 1982, S. 501-538.

[2] ALBRECHT, P.: Ausgleich im Kollektiv und Prämienprinzipien. Zeitschrift für die gesamte Versicherungswissenschaft 1984, S. 167-180.

[3] ALBRECHT, P., E. SCHWAKE: Risiko, Versicherungstechnisches. In: Farny, D. et al. (Hrsg.): Handwörterbuch der Versicherung, S. 651-657, Karlsruhe 1988.

[4] BEARD, R., T. PENTIKÄINEN, E. PESONEN: Risk Theory. 3rd ed., London 1984.

[5] HEILMANN, W.-R.: The Percentile and Tolerance Intervals. In: Göppl, H., R. Henn (Hrsg.): Geld, Banken und Versicherungen 1984, Bd. II, Karlsruhe 1985, S. 1315-1326.

[6] HELTEN, E.: Statistische Entscheidungsverfahren zur Risikopolitik von Versicherungsunternehmen. Habilitationsschrift Köln 1973.

[7] SCHWAKE, E.: Das versicherungstechnische Risiko als arteigenes Risiko der Versicherungsunternehmen? Zeitschrift für die gesamte Versicherungswissenschaft 1988, S. 61-81.

[8] STERK, H.-P.: Selbstbeteiligung unter risikotheoretischen Aspekten. Karlsruhe 1979.

Prediction of IBNR events in non-life insurance

Ole Hesselager, Copenhagen

1. Claims reserving in non-life insurance.

We follow a portfolio of insured risks during a fixed exposure period [0,T]. When a claim incur it is reported to the insurance company after a certain period of time, and settled after yet another period of time. The claims process can be illustrated by means of a Lexis' diagram. In Fig. 1.1 below, occurences are indicated by a × on the horizontal time axis. Waiting time until reporting and settlement of a claim is followed along the vertical axis. Reporting, partial payments and settlement is indicated by a □, a ○, and a •, respectively, on the straight line with a 45° slope and origin at the time of occurence.

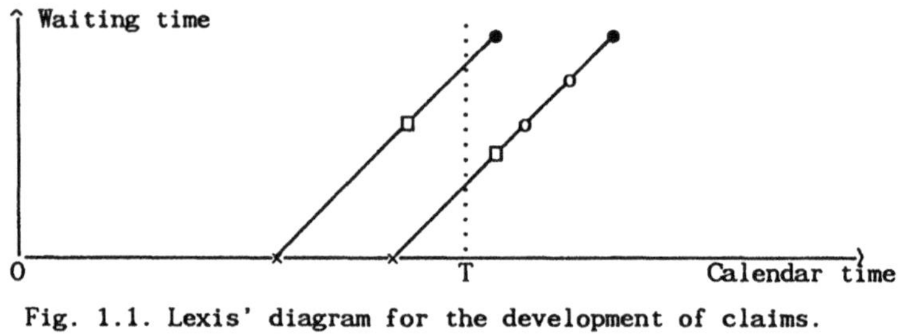

Fig. 1.1. Lexis' diagram for the development of claims.

At the end of the exposure period, at time T, we want to estimate future payments in respect of incurred claims. It is customary to distinguish between IBNR claims (Incurred But Not yet Reported; the second claim in fig. 1.1), and RBNS claims (Reported But Not Settled; the first claim in fig. 1.1). In this talk we restrict ourselves to the pure IBNR estimation problem and assume that claim amounts are known once the claims are reported to the insurance company (or rather that the claim amounts can be estimated sufficiently accurate at that time).

2. Modelling of heterogeneity and prediction.

Consider n exposure periods, numbered in consecutive order by $i=1,\dots,n$. For convenience we take exposure periods to be of equal lenght one year, and assume that at least the first exposure year is fully developed. Let N_{ij}, $j=0,1,\dots,n-1$, denote the number of claims incurred in year i and reported to the company in year i+j, and let Y_{ijl}, $l=1,\dots,N_{ij}$, denote the corresponding claim amounts. The total claim amount in respect of claims incurred in year i and reported in year i+j is

$$X_{ij} = \sum_{l=1}^{N_{ij}} Y_{ijl}.$$

We shall be concerned with cases where the risk process is affected by variations in basic risk conditions, such as changing weather conditions. A much used way of modelling such heterogeneity between exposure years is to represent basic risk characteristics by random parameters in a Bayesian setting. A key reference is Norberg (1986). Following Norberg (1986) we introduce a pair of random parameters $\Gamma_i = (\Theta_i, \Psi_i)$, where Θ_i is a real-valued (non-negative) parameter which acts upon the (distribution of) number of claims incurred in year i, and Ψ_i, which may be quite general, acts upon the (distribution of) single claim amounts. Furthermore it is assumed that

(*i*) All quantities related to different exposure years are stochastically independent, and $\Gamma_1,\dots,\Gamma_n$ are iid.

(*ii*) Given Γ_i, all claim numbers and single claim amounts are mutually independent.

(*iii*) Given Γ_i, the number of claims, N_{ij}, is Poisson distributed with parameter $V_i\pi_j\theta_i$, where V_i is a known measure of volume and $\pi_0,\ldots,\pi_{n-1}$ is a fixed distribution of delays.

(*iv*) Given Γ_i, the claim amounts Y_{ijl}, $l=1,\ldots,N_{ij}$, are identically distributed according to $G_j(\cdot|\Psi_i)$.

The distribution of Γ_i remains unspecified for the moment.

We denote by $\underset{\sim}{X}_i = (X_{i0},\ldots,X_{i,n-i})'$ the vector of total claim amounts in respect of claims incurred in year i and already reported at the end of year n. We seek an estimate, $\hat{X}_{ik}$, of outstanding claim amounts X_{ik}, $i+k>n$, based on the observed statistics $\underset{\sim}{X}_1,\ldots,\underset{\sim}{X}_n$. Using the MSE criterion

$$\rho(\hat{X}_{ik}) = E(X_{ik}-\hat{X}_{ik})^2, \tag{2.1}$$

the optimal estimator is $\tilde{X}_{ik} = E(X_{ik}|\underset{\sim}{X}_i)$. This is however not a mathematically feasible solution unless we make considerably more restrictive assumptions than in (*i*)-(*iv*) above. If, instead, we agree to restrict ourselves to inhomogeneous linear estimators $X_{ik} = a_{ik} + \sum_{i+j\le n} b_{ij}X_{ij}$, the optimal estimator, the LB (Linear Bayes) estimator, is (see e.g. Norberg (1979))

$$\overline{X}_{ik} = EX_{ik} + \mathrm{Cov}(X_{ik},\underset{\sim}{X}_i{}')(\mathrm{Var}\underset{\sim}{X}_i)^{-1}(\underset{\sim}{X}_i-E\underset{\sim}{X}_i), \tag{2.2}$$

and the corresponding MSE is

$$\rho(\overline{X}_{ik}) = \mathrm{Var}X_{ik} - \mathrm{Cov}(X_{ik},\underset{\sim}{X}_i{}')(\mathrm{Var}\underset{\sim}{X}_i)^{-1}\mathrm{Cov}(\underset{\sim}{X}_i,X_{ik}), \tag{2.3}$$

which depend on the distributions in play only through certain unconditional moments of first and second order. The number of unknown parameters which are needed to calculate (2.2), (2.3) is however quite high (to be precise: $2n+n(n+1)/2$), mainly because the family of conditional distributions $G_j(\cdot|\Psi_i)$ in *(iv)* are allowed an arbitrary dependence on the random parameter Ψ_i. While a rich family is sometimes advantageous (e.g., in marriage), it can make statistical estimation more difficult. In the following two sections we therefore consider more restrictive specifications of the model.

3. A random scale parameter model.

Assume, in addition to *(i)*-*(iv)* above, that Ψ_i acts as a scale parameter in the conditional distributions $G_j(\cdot|\Psi_i)$. That is, Ψ_i is interpreted as a random claims cost index related to exposure year i. Before commenting upon this assumption, we investigate formulas for the LB estimator and corresponding MSE in this case. Straightforward calculations show that the required 1. and 2. order moments can now be expressed in terms of "only" $2n+1$ basic parameters β_j, γ_j, $j=0,\dots,n-1$, and $\lambda=E(\theta_i\Psi_i)^2/E^2(\theta_i\Psi_i)>0$ as

$$EX_{ij} = V_i\beta_j, \tag{3.1}$$

$$\mathrm{Cov}(X_{ij},X_{ik}) = \delta_{jk}V_i\gamma_j + V_i^2\beta_j\beta_k\lambda. \tag{3.2}$$

Furthermore, this momentstructure can be recognized as one giving simple LB forecasts (see. Jewell (1976)). The LB estimator can be cast as

$$\bar{X}_{ik} = V_i\beta_k(1-z_i) + \hat{X}_{ik}z_i, \tag{3.3}$$

a weighted average between the unconditional mean (3.1) and the estimate

$$\hat{X}_{ik} = (\beta_k \sum_{j=1}^{n-i} \beta_j X_{ij}/\gamma_j)/(\sum_{j=1}^{n-i} \beta_j^2/\gamma_j). \tag{3.4}$$

The credibility weight

$$z_i = \frac{\lambda W_i}{1+\lambda W_i}; \quad W_i = V_i \sum_{j=1}^{n-i} \beta_j^2/\gamma_j \tag{3.5}$$

is an increasing function in λ and the volume V_i. The corresponding MSE is

$$\rho(\overline{X}_{ik}) = V_i\gamma_j + (V_i\beta_k)^2(1-z_i)\lambda. \tag{3.6}$$

Using (3.2) we get an interpretation of

$$\lambda = \mathrm{Cov}(\frac{X_{ij}}{EX_{ij}}, \frac{X_{ik}}{EX_{ik}}), \quad j \neq k, \tag{3.7}$$

as a measure of covariation between past and future quantities X_{ij}/EX_{ij} with common mean 1. Since $\lambda>0$, also $z_i>0$, and a large claim amount corresponding to reported claims ($\hat{X}_{ik}$ large) indicates a large value of Θ_i or/and Ψ_i, and results in a large estimate of outstanding claim amounts ($\overline{X}_{ik}$ large), and vice versa. Even though this seems reasonable in great many cases, there may be applications where also the opposite effect should be taken into account. E.g., in automobile hull insurance, it is well-known that icy wheather results in more, but (on the average) smaller claims. On the other hand, large claims are generally reported more quickly than small claims, such that a small claim amount in respect of reported claims need not in this case indicate a small final claim amount, but could equally well indicate that the major proportion of incurred claims have not yet been reported.

Effects like those discussed above could be accounted for in the model, e.g. by assuming $G_j(\cdot|\Psi_i)$ to be a mixed distribution with Ψ_i as a (multi-dimensional) mixing parameter. Alternatively, Θ_i could be replaced by a vector $(\Theta_{i0},\dots,\Theta_{i,n-1})$, with Θ_{ij} being a random Poisson parameter acting upon the number of claims reported with a delay of j years. Neither of these ideas produce practicable solutions. A more indirect approach is outlined in the following section.

4. A model allowing for varying development pattern.

In the previous model, section 3, the development pattern (or speed of finalization) is described by the parameters β_j, $j=0,\dots,n-1$, (compare (3.1)) and an extension to the case with varying development pattern is therefore obtained, if we replace β_j in (3.1), (3.2) by a parameter β_{ij}, depending on the exposure year. Obviously, formulas (3.3)-(3.6) remain valid in this extended model. However, in order to make the method operational (that is, to be able to estimate the unknown parameters), we need to establish some connexion between development patterns $\underset{\sim}{\beta}_i = (\beta_{i0},\dots,\beta_{i,n-1})$ corresponding to different exposure years. A mathematically convenient approach is to assume that $\beta_{ij} = \beta\Pi_{ij}$, where β is a fixed parameter, and $\underset{\sim}{\Pi}_i = (\Pi_{i0},\dots,\Pi_{i,n-1})$, $i=1,\dots,n$, are independent and identically Dirichlet distributed with parameters $\alpha_0,\dots,\alpha_{n-1}$. The first and second order monents of $\underset{\sim}{\Pi}_i$ are (see De Groot (1970))

$$E\Pi_{ij} = \pi_j,\quad \mathrm{Cov}(\Pi_{ij},\Pi_{ik}) = \frac{1}{1+\alpha}\{\delta_{jk}\pi_j - \pi_j\pi_k\}, \tag{4.1}$$

where $\alpha=\alpha_0+\dots+\alpha_{n-1}$ and $\pi_j=\alpha_j/\alpha$. Hence, the extented model can, together with (4.1), be specified by rewriting (3.1), (3.2) in the original model as

$$E(X_{ij}|\underset{\sim}{\Pi}_i) = V_i\beta\Pi_{ij}, \tag{4.2}$$

$$\mathrm{Cov}(X_{ij},X_{ik}|\underset{\sim}{\Pi}_i) = \delta_{jk}V_i\gamma_j + (V_i\beta)^2\lambda\Pi_{ij}\Pi_{ik}. \tag{4.3}$$

It is straightforward to verify (using (4.1)-(4.3)) that the unconditional moments in this model can be written as

$$EX_{ij} = V_i\beta_j, \tag{4.4}$$

$$\mathrm{Cov}(X_{ij},X_{ik}) = \delta_{jk}V_i[\gamma_j+V_i\varphi\beta_j] + V_i^2\eta\beta_j\beta_k. \tag{4.5}$$

where $\beta_j=\beta\pi_j$, $j=0,\dots,n-1$, describe the average development pattern and

$$\eta = (\tfrac{\alpha}{1+\alpha})\lambda + (\tfrac{1}{1+\alpha})(-1) < \lambda, \qquad \varphi = (\lambda-\eta)\beta > 0. \tag{4.6}$$

First we observe that (4.4), (4.5) has the same form as (3.1), (3.2) in the original model. Formulas for the LB estimator and corresponding MSE are therefore obtained simply by substituting $\eta \to \lambda$ and $\gamma_j+V_i\varphi\beta_j \to \gamma_j$ in (3.3)-(3.6). Secondly, it follows from (4.5) that η can be interpreted as a measure of covariation between past and future quantities X_{ij}/EX_{ij}, analogeous to λ (compare (3.7)) in the original model. Furthermore, because of (4.6), the credibility weight (cf. (3.5)) in this extented model is smaller than in the original model.

In the limiting case $\alpha \to \infty$, corresponding to fixed development pattern (cf. (4.1)), the LB estimator, and MSE, obviously concide with that of section 3. The limiting case $\alpha\to 0$ represents the case with maximum variability in the development pattern. In this case we find that $\eta \to -1$, $\varphi \to (1+\lambda)\beta$, and the credibility weight approaches its lower limit $\dfrac{-W_i^-}{1-W_i^-} < 0$, where $0 < W_i^- = \sum_{j=0}^{n-i} \dfrac{V_i\beta_j^2}{\gamma_j+V_i(1+\lambda)\beta\beta_j} < 1$.

In such extreme cases (negative credibility) a large claim amount in respect of reported claims indicates that a major part of the total claim amount is already reported, and that one should expect a small claim amount in respect of outstanding claims.

References.

De Groot, M. H. (1970). Optimal statistical decisions. McGraw Hill, New York.

De Vylder, F. (1982). Estimation of IBNR claims by credibility theory. Insurance: Mathematics and Economics 1, p. 35-40.

Hesselager, O. & Witting, T (1988). A credibility model with random fluctuations in delay probabilities for the prediction of IBNR claims. Astin Bulletin 18, p. 79-90.

Jewell, W.S. (1976). Two classes of covariance matrices giving simple linear forecasts. Scand. Actuarial J. 1976, p. 15-29.

Norberg, R. (1979). The credibility approach to experience rating. Scand. Actuarial J. 1979, p. 181-221.

Norberg, R. (1986). A contribution to modelling of IBNR-claims. Scand. Actuarial J. 1986, p. 155-203.

EPIDEMIOLOGISCHE PROGNOSEN VON AIDS UND IHRE AUSWIRKUNGEN AUF DIE KALKULATION VON LEBENSVERSICHERUNGSTARIFEN

Hans-Jochen BARTELS, Göttingen

Zur Prognose über die Auswirkungen von AIDS existieren verschiedene Mikro- und Makromodelle. Hier sollen die Ergebnisse eines deterministischen epidemiologischen Modells nach Bailey berichtet werden, welches bei Untergliederung der Bevölkerung in vier Subpopulationen verschiedenen Risikos das Wachstum der Epidemie über gewöhnliche nichtlineare Differentialgleichungssysteme beschreibt. Die Ergebnisse der Hochrechnungen für die nächsten zwölf Jahre stimmen mit den Ergebnissen anderer Autoren (S. Weyer, J. Lörper et al., D. Drude, A.D. Wilkie et al., M.J. Cowell u. Hoskins), die zum Teil mit komplizierteren (und nicht in Einzelheiten publizierten) oder auch sehr viel einfacher gebauten Modellen arbeiten, erstaunlich gut überein.

Besondere Schwierigkeiten bereiten dabei natürlich die Schätzungen der auftretenden Parameter (Kontaktraten, Sterberaten) bei zu dünnem statistischen Material, welches teilweise selbst aus Schätzwerten besteht. Dies gilt insbesondere auch im Hinblick auf die bei Epidemien (mit anfänglich exponentiellem Anstieg der Fallzahlen) beobachtete kürzere Verdoppelungszeit der Anzahl der Gestorbenen als die der Infizierten.

Die Auswirkungen auf die von den Lebensversicherungen verwendeten Sterbetafeln und damit auf die Kalkulation der Todesfallversicherungen werden diskutiert. Diese lassen eine Korrektur der Tarifkalkulation für Risikoversicherungen Mitte der neunziger Jahre notwendig erscheinen.

Literatur:

A. Dreher: "Eine epidemiologische Prognose von AIDS und mögliche Auswirkungen auf die Sterbetafeln der Lebensversicherungen", Diplomarbeit, Göttingen 1989.

DIE PROBLEMATIK DER TILGUNGS- UND ZINSVERRECHNUNG BEI (HYPOTHEKEN-) DARLEHEN VOR DEM HINTERGRUND DER ZINSURTEILE DES BGH VOM 24. NOVEMBER 1988

Günter ALTROGGE, Hamburg

Der BGH hat in zwei Urteilen vom 24.11.1988 die in Verträgen über Hypothekendarlehen übliche Klausel der Tilgungsverrechnung zu Jahresende für unwirksam erklärt, ganz genau gesagt unter weiteren Bedingungen. Betroffen ist eine Vielzahl von Darlehensverträgen, die nach dem 31. März 1977 und vor dem 1. September 1985 abgeschlossen wurden, wobei der letztere Termin nicht ganz unproblematisch ist.

Vertragsgemäß sind vom Darlehensnehmer unterjährige Ratenzahlungen in gleichbleibender Höhe zu erbringen, die sich laut Urteil aus einem Zinsanteil und einem Tilgungsanteil zusammensetzen. Der Tilgungsanteil ist nun taggenau zinswirksam zu verrechnen. Eine solche Aufteilung führt zu offenbar enormen Schwierigkeiten. Neben dem oft vorgebrachten, heute kaum noch zu rechtfertigenden Argument des hohen Rechenaufwandes liegt der zentrale Grund darin, daß unterjährige Zinsen über den entsprechenden Anteil des Jahreszinssatzes berechnet werden im Gegensatz zur weitgehenden internationalen Gepflogenheit für Effektivzinsen, unterjährig mit konformen und entsprechend niedrigeren Zinssätzen zu rechnen. Damit wird die Frage des "richtigen" Kontoführungsmodells mehr als virulent, zumal der BGH zwar taggenaue (anteilige) Verrechnung der gezahlten Raten als Tilgung verlangt, zu einer Zinsverrechnung aber nichts sagt.

Nach den bisherigen Verlautbarungen ist neben der Frage der Verjährung von Ansprüchen der Kreditnehmer offen und strittig, wann Zinsverrechnungen zu erfolgen haben, genauer: für welchen Zeitpunkt Zinsgutschriften zu erfolgen haben. Jährliche Zinsverrechnung entspräche dem Kontoführungsmodell des Sparbuchs und ebenso dem Kontoführungsmodell des effektiven Jahreszinses nach der Preisangabenverordnung, die in § 4 (2) eine "nachschüssige Zinsbelastung gemäß § 608 BGB" fordert. Jährliche Zinsverrechnung führt zu relativ hohen Rückzahlungsansprüchen der Kreditnehmer. Unterjährige und gar zahlungstaggenaue Zinsverrechnung reduziert diese Ansprüche, führt aber zu Problemen der Verrechnung neben den kontrovers diskutierten rechtlichen Fragen.

In diesem Beitrag werden die verschiedenen möglichen Kontoführungsmodelle diskutiert. Insbesondere sollen die Konsequenzen für den Verlauf des Darlehenskontos betrachtet werden und nicht zuletzt die Höhe von Rückzahlungsansprüchen.

Effizienz von Bonus-Malus-Systemen

Andrea Boos , München

1. Einleitung

Eines der größten Probleme stellt für die Versicherungsunternehmen die Kalkulation einer risikoadäquaten Prämie für die Produktion des Gutes Versicherungsschutz dar. Insbesondere in Versicherungszweigen, in welchen der Schadenverlauf durch a priori nicht meßbare, an das einzelne zu tarifierende Risiko gebundene Risikofaktoren beeinflußt wird - wie dies z. B. in der Kraftfahrzeughaftpflichtversicherung ("KH-Versicherung") der Fall ist. Gerade in der KH-Versicherung kann beobachtet werden, daß Risiken trotz identischer Ausprägung a priori meßbarer Risikofaktoren wie Wagnisart, -stärke, kW, Regio usw. dennoch aufgrund der Existenz a priori nicht meßbarer Risikofaktoren wie z. B. Reaktions- und Sehvermögen, Fahrroutine usw. keine identischen Schadenverläufe vorweisen. Um auch diese Risikocharakteristika bei der Tarifierung berücksichtigen zu können, greift man auf die **Erfahrungstarifierung** zurück. Eine erfahrungstarifierte Prämie ist definitionsgemäß eine in Abhängigkeit vom **individuellen** Schadenverlauf variierende Prämie, die sich mit wachsender Beobachtungsdauer der nach Voraussetzung zeitstabilen, korrekten Prämie annähert.

Die Erfahrungstarifierung wird in der KH-Versicherung über **Bonus-Malus-Systeme ("BMS")** umgesetzt. Die Bonus-Malus-Tarifierung berücksichtigt nämlich den individuellen Schadenverlauf in der Weise, daß der Versicherungsnehmer nach genau festgelegten Umstufungsmechanismen in Abhängigkeit von der Anzahl der dem Versicherungsunternehmen in einer Versicherungsperiode gemeldeten Schäden einer bestimmten Schaden- bzw. Schadenfreiheitsklasse (S/SF-Klasse) zugeordnet wird, in der die zu zahlende Prämie gegenüber der Basisprämie um einen bestimmten Prozentsatz erhöht oder erniedrigt wird. Die Grundprämie richtet sich nach dem Schadenbedarf der in bezug auf ex ante festgelegte Risikofaktoren homogenen Teilkollektive. Die Vielfalt der in Europa praktizierten BMS läßt darauf schließen, daß keine einheitliche Meinung darüber besteht, welches Gewicht dem individuellen Schadenzahlverlauf, also dem in der Vergangenheit realisierten Wert der Zufallsvariablen Schadenzahl, beigemessen werden soll. Ziel dieses Beitrags ist es nun, auf der Basis eines von **BORGAN, HOEM und NORBERG ("BHN")** entwickelten Maßes zu untersuchen, wie "effizient" einzelne ausgewählte BMS - hier die Systeme von Belgien, der Bundesrepublik Deutschland sowie das System Österreichs - sind.

2. Bonus-Malus-Systeme der Kraftfahrzeughaftpflichtversicherung für Personenwagen

2.1. Allgemeine Definition und formale Darstellung von Bonus-Malus-Systemen

Definition: Ein **BMS** zeichnet sich durch die folgenden Eigenschaften aus [vgl. z. B. [1], S. 9; [5], S. 93][1]:

1.) Am Anfang einer Versicherungsperiode wird jedes zu versichernde Risiko einer bestimmten S/SF-Klasse zugeordnet.

2.) Es gibt H S/SF-Klassen.

3.) Die Prämie π pro Versicherungsperiode ist eine Funktion der S/SF-Klasse: $\pi = \pi(j)$, $j = 1, \ldots, H$.
Man vereinbart: $\pi(j) < \pi(j+1)$ $(j \in \{1, \ldots, H-1\})$.

4.) Alle Risiken werden bei Vertragsabschluß in die Anfängerklasse a eingestuft.

5.) Die Zuordnung zu den einzelnen S/SF-Klassen erfolgt in Abhängigkeit genau festgesetzter Umstufungsregeln.
Die Umstufungsregel legt in Abhängigkeit der Klassenzugehörigkeit in der Vorperiode und der Anzahl der während der Versicherungsperiode gemeldeten Schäden, für die Entschädigungsleistungen gezahlt oder Rückstellungen gebildet wurden, die S/SF-Klasse am Beginn der neuen Versicherungsperiode fest.

Mithin ist ein BMS exakt beschrieben durch das Tripel $M=(U,\pi,a)$ mit den Umstufungsregeln U, der Anfängerklasse a sowie der Prämienskala π.

Um jedoch die Effizienz eines BMS überprüfen zu können, muß das BMS operationalisierbar gemacht werden.

Die Einstufung in eine bestimmte S/SF-Klasse in der kommenden Periode hängt von der Realisation der Zufallsvariablen Schadenzahl in der vorangegangenen Periode ab. Da weiter ausschließlich die Klassenzugehö-

---

1) Die in eckigen Klammern ausgewiesenen Ziffern beziehen sich auf die Quellenangaben am Ende.

rigkeit der Vorperiode die zukünftige Klasse bestimmt, können die Umstufungsmechanismen durch eine **Markoffkette** beschrieben werden. Es handelt sich hier sogar um **homogene** Markoffketten, da der Übergang von einer zur anderen Klasse nur von der Länge des betrachteten Zeitintervalles, nicht aber von dessen Lage auf der Zeitachse abhängt.

Eine homogene Markoffkette ist vollständig durch die Angabe der einperiodigen Übergangswahrscheinlichkeiten und den Zustandsvektor bei Vertragsbeginn bestimmt. Dies bedeutet, daß neben der Kenntnis der Prämienskala zur vollständigen Charakterisierung eines BMS die Wahrscheinlichkeit ermittelt werden muß, mit welcher ein Risiko, welches sich in der Periode t in der Klasse j ($j \in \{1,..,H\}$) befindet, in der darauffolgenden Periode t+1 in eine Klasse k umgestuft wird. Diese Wahrscheinlichkeit hängt von der Verteilungsfunktion der Zufallsvariablen Schadenzahl ab. Bei Beobachtungsbeginn, der hier dem erstmaligen Vetragsabschluß gleichzusetzen ist, wird das Risiko mit Wahrscheinlichkeit 1 der länderspezifischen Anfängerklasse zugeordnet.

2.2. Das Bonus-Malus-System von Belgien, das System der Bundesrepublik Deutschland sowie das österreichische Bonus-Malus-System

Die drei BMS bestehen aus jeweils 18 S/SF-Klassen. Die Prämienspanne des bundesdeutschen Systems reicht von 200% (S3) bis zu 40% (SF13), die in der höchsten SF-Klasse eingestuften österreichischen Autofahrer zahlen 50%, die belgischen 60% der Grundprämie und in der niedrigsten S-Klasse zahlen die österreichischen wie belgischen Fahrzeughalter ebenfalls 200% der Basisprämie. Im Regelfall [Anfängersonderregelungen werden hier nicht berücksichtigt] wird der deutsche Fahranfänger in die Klasse 0 (175%), der österreichische Führerscheinneuling in Klasse 10 (100%) eingestuft. Der belgische Fahranfänger beginnt in Klasse 6 (85%). Während jeder Schaden, den ein österreichischer Autofahrer verursacht, eine Rückstufung um 3 Klassen innerhalb der Bonus-Malus-Skala zur Folge hat, wird der bundesdeutsche Fahrer je nach Klassenzugehörigkeit im Jahr der Schadenmeldung um 2 bis 5 Klassen zurückgestuft: Beispielsweise wird er bei Zugehörigkeit zur Klasse SF4 (65%) bei einem Schaden nach SF2 (85%), jedoch bei Zugehörigkeit zu Klasse SF9 (40%) nach SF4 (65%) umgestuft. Nach einem Jahr mit einem Schaden wird der belgische Versicherungsnehmer um 2 Klassen, für jeden weiteren Schaden in einer Versicherungsperiode um 3 Klassen zurückgestuft. Ein Versicherungsnehmer, der sich nach 4 schadenfreien Jahren immer noch in einer Klasse unterhalb von Klasse 10 (Beitragssatz höher als 100%) befindet, wird automatisch in die Klasse 10 eingestuft.

In allen drei Ländern wird unfallfreies Fahren mit einer Höherstufung um 1 Klasse "belohnt". Befindet sich jedoch ein bundesdeutscher Fahrer in einer der S-Klassen (S1-S3), wird er nach einem schadenfreien Jahr bereits wieder der SF1 (100%) zugeordnet.

Da, wie später erläutert wird, bei der Berechnung der Effizienzgröße nach BHN über die Klassenzahl aufsummiert wird und die realen Prämiensätze nicht in die Kalkulation eingehen, liefert uns das Effizienzkriterium eine Aussage darüber, ob lineare Umstufungsmechanismen, bei denen jeder Schaden gleichstreng bestraft (Österreich) wird, oder ob unregelmäßige Umstufungsmechanismen (Bundesrepublik Deutschland) effizienter sind. Weiter kann aufgrund identischer Klassenzahl die Wirkung der belgischen Sonderregelung - automatischer Wiederaufstieg in die SF-Klassen nach 4 schadenfreien Jahren - auf die Effizienz überprüft werden.

3. Das Effizienzmaß von BORGAN, HOEM und NORBERG

Das Effizienzmaß von BHN [vgl. [2]] wurde ausgewählt, weil sein Abstraktionsniveau von den realen Gegebenheiten - im Vergleich zu anderen Maßen - relativ gering ist.

BHN definierten ein **BMS M effizienter als ein BMS M'** genau dann, wenn die folgende Ungleichung erfüllt ist:

$$\delta_M := \sum_{j=1}^{H} \bar{\pi}_M(j)^2 \cdot \bar{z}_M(j) > \sum_{j=1}^{H'} \bar{\pi}_{M'}(j)^2 \cdot \bar{z}_{M'}(j) =: \delta_{M'} \qquad (1)$$

wobei H bzw. H' die Klassenzahl von M bzw. M' angibt.

Hierbei gelten für alle BMS M die Definitionen:

$$\bar{\pi}_M(j) := \sum_{t=0}^{\infty} \pi_{M,t}(j) \frac{w_t \; z_{M,t}(j)}{\bar{z}_M(j)} \qquad (2)$$

$\pi_{M,t}(j)$ ist die in der Periode t, in der Klasse j zu bezahlende Credibility-Prämie, mithin gerade die Prämie, die die erwartete quadratische Abweichung zum individuellen Erwartungsschaden $\mu(\theta)$, also zu der risikoadäquaten korrekten Prämie, der Periode t minimiert.

$$\bar{z}_M(j) := \sum_{t=0}^{\infty} w_t \, z_{M,t}(j) \tag{3}$$

$z_{M,t}(j)$ gibt die Wahrscheinlichkeit dafür an, daß sich ein Risiko bei gegebenem BMS M in der Periode t in der Klasse j ($j \in \{1,...,H\}$) befindet.

Für die Gewichtungsfaktoren w_t muß gelten:

$$w_t \geq 0 \text{ und } \sum_{t=0}^{\infty} w_t = 1 \tag{4}$$

Die Gewichtungsfaktoren sind zahlreichen Interpretationen zugänglich. Hier sollen die Gewichtungsfaktoren die mögliche Altersstruktur des Kollektivs modellieren. Für eine beliebige Zufallsvariable Y gilt dann: $P(Y=t) = w_t$; die Wahrscheinlichkeit, daß die Zufallsvariable Y (Alter des Risikos) den Wert t annimmt, ist gleich w_t.

Mißt $Q_{M,t}$ in Abhängigkeit vom betrachteten BMS M den erwarteten quadratischen Abstand der nach Gleichung (2) berechneten Credibility-Prämie zur risikoadäquaten, korrekten Prämie $\mu(\theta)$, gilt also:

$$Q_{M,t} = E\left[(\mu(\theta) - \pi_{M,t}(j))^2\right] = \text{Minimum}, \tag{5}$$

dann erhält man mit dem gewichteten Abstandsmaß $\bar{Q}_M$

$\bar{Q}_M := \sum_{t=0}^{\infty} w_t \, Q_{M,t}$ den folgenden Satz, der die Motivation für die Wahl des Effizienzmaßes nach Gleichung (1) liefert.

Satz: $\bar{Q}_M < \bar{Q}_{M'}$ genau dann wenn $\delta_M > \delta_{M'}$. [Vgl. [2], S. 170]

4. Interpretation der gewonnenen Ergebnisse

Um die einzelnen Komponenten, die in das Maß von BHN eingehen, berechnen zu können, müssen vorab einige Modellannahmen getroffen werden.

Die Zufallsvariable Schadenzahl N sei poissonverteilt mit Parameter ϑ. Das als Zufallsvariable aufgefaßte ϑ soll eine diskrete Verteilungsfunktion der in Tabelle 1 angegebenen Form besitzen [vgl. [5], S. 103]:

ϑ	$P(\theta = \vartheta)$
0,667	0,001
0,633	0,001
0,6	0,001
0,567	0,001
0,533	0,001
0,5	0,003
0,467	0,004
0,433	0,006
0,4	0,007
0,367	0,014
0,333	0,029
0,3	0,043
0,267	0,057
0,233	0,072
0,2	0,086
0,167	0,1
0,133	0,114
0,1	0,143
0,067	0,172
0,033	0,143

Tabelle 1: Strukturfunktion

Für den Erwartungswert der Zufallsvariablen θ gilt: $E(\theta) = 0{,}152$.

Für die Gewichtungsfaktoren w_t, als mögliche Altersverteilung des Bestandes interpretiert, soll gelten:

t = 1: "von 18 bis unter 20 Jahre" $w_1 = 0{,}04$
t = 2: "von 20 bis unter 25 Jahre" $w_2 = 0{,}1$
t = 3: "von 25 bis unter 30 Jahre" $w_3 = 0{,}1$
t = 4: "von 30 bis unter 35 Jahre" $w_4 = 0{,}09$
t = 5: "von 35 bis unter 40 Jahre" $w_5 = 0{,}08$
t = 6: "von 40 bis unter 45 Jahre" $w_6 = 0{,}08$
t = 7: "von 45 bis unter 50 Jahre" $w_7 = 0{,}1$
t = 8: "von 50 bis unter 55 Jahre" $w_8 = 0{,}08$
t = 9: "von 55 bis unter 60 Jahre" $w_9 = 0{,}075$
t = 10: "von 60 bis unter 65 Jahre" $w_{10} = 0{,}068$
t = 11: "von 65 bis unter 70 Jahre" $w_{11} = 0{,}048$
t = 12: "von 70 bis unter 75 Jahre" $w_{12} = 0{,}052$
t = 13: "von 75 bis unter 80 Jahre" $w_{13} = 0{,}045$
t = 14: "80 und mehr Jahre" $w_{14} = 0{,}042$.

$w_{14} = 0{,}042$ besagt dann z. B., daß ein zufällig aus dem Kollektiv gegriffenes Risiko mit einer Wahrscheinlichkeit von 4,2% 80 Jahre und älter ist. Für $t > 14$ gilt $w_t = 0$.

Mit diesen Annahmen errechnet man nach Gleichung (1) für das BMS von Belgien $\delta_B = 2{,}577 * 10^{-2}$, für das bundesdeutsche System $\delta_D = 2{,}466 * 10^{-2}$ und für Österreich $\delta_A = 2{,}602 * 10^{-2}$. Auf der Basis des Kriteriums von

BHN [Gl. (1)] gilt also folgendes "Ranking": **A > B > D**. ">" symbolisiert "..ist effizienter als..".

Interessant ist zunächst die Erkenntnis, daß die Wahl der Gewichtungsfaktoren in diesem Beispiel keinen wesentlichen Einfluß auf das Ergebnis hat, denn bei gleichverteilten Faktoren (berechntet für $w_t = 0{,}05$ $t = 1,\ldots,20$ und $w_t = 0$ für $t > 20$) erhält man analog: **A > B > D**. Hieraus darf jedoch nicht uneingeschränkt auf die Unabhängigkeit der Ergebnisse von der Wahl der Gewichtungsfaktoren geschlossen werden.

Weiter kann aus dem erhaltenen Ranking abgelesen werden, daß lineare Umstufungsmechanismen, also eine gleichstrenge "Bestrafung" jedes Schadens, am effizientesten sind. Selbst Sonderregelungen, wie die von Belgien praktizierten, sind effizienter als unsystematische Mechanismen wie die des bundesdeutschen Systems. Andererseits aber zeigt der Vergleich Österreichs mit Belgien, daß eine Sonderregelung für schadenbehaftete Risiken nicht unbedingt effizienter sein muß.

Die Strukturfunktion [vgl. Tabelle 1] spiegelt die Zusammensetzung des Kollektivs bezüglich des individuellen Schadenverlaufs wider. Da in jedem Land sicher unterschiedliche Ausprägungen der Schadenneigungen der einzelnen Risiken gegeben sind, wurde die Effizienz nach BHN für weitere Strukturfunktionen berechnet. Bei sonst identischen Modellannahmen und einer Strukturfunktion mit Erwartungswert $\mathbf{E(\theta) = 0{,}077}$ ergab sich: $\delta_B = 7{,}757 * 10^{-3}$, $\delta_D = 6{,}632 * 10^{-3}$, $\delta_A = 7{,}735 * 10^{-3}$. Für $\mathbf{E(\theta) = 0{,}2603}$ erhält man: $\delta_B = 8{,}231 * 10^{-2}$, $\delta_D = 7{,}671 * 10^{-2}$, $\delta_A = 8{,}167 * 10^{-2}$. Daraus folgt in beiden Fällen als Effizienzranking: **B > A > D**. Auch resultierte für beide Strukturfunktionen bei gleichverteilten Gewichtungsfaktoren: **B > A > D**. Jedoch wird, verglichen mit den Ergebnissen der Strukturfunktion gemäß Tabelle 1, nun das belgische System dem Österreichs vorgezogen. Dies unterstreicht zum einen die Abhängigkeit der Ergebnisse von der gewählten Strukturfunktion, anderseits wird jedoch auch deutlich, daß unabhängig von der Strukturfunktion das BMS der Bundesrepublik Deutschland immer weniger effizient ist als Systeme mit linearen Umstufungsmechanismen.

5. Zusammenfassung

Mit den hier auszugsweise wiedergegebenen Resultaten der durchgeführten Analyse konnte nur tendenziell aufgezeigt werden, welche Form von BMS, insbesondere welche Struktur der Umstufungsmechanismen eines BMS am effizientesten ist.

Die Behauptung, daß lineare Umstufungsmechanismen oder zumindest eine annähernd identisch strenge "Bestrafung" von Schäden innerhalb der S/SF-Klassen, unsystematischen Umstufungsregeln zu präferieren sind, konnte jedoch mit dem Vergleich der für die BMS der Länder Finnland, Italien, Schweden, Schweiz und Spanien nach BHN berechneten Effizienzgrößen untermauert werden. Auch die Anwendung zweier weiterer - asymptotischer - Effizienzkriterien von LOIMARANTA [4] und NORBERG [5] bestätigten die hier aufgezeigten Erkenntnisse bezüglich der "effizientesten" Struktur von Umstufungsmechanismen.

Mit Blick auf die Öffnung des europäischen Binnenmarktes und mit der damit einhergehenden Notwendigkeit auch die Tarifbestimmungen der KH-Versicherung neu zu überdenken, kann hier als Fazit festgehalten werden: Lineare Umstufungsmechnismen sind effizienter als unregelmäßige.

Alle aus den Effizienzberechnungen gezogenen Schlußfolgerungen sind jedoch immer unter der Hypothese zu sehen, daß der unterstellte gemischte Schadenzahlprozeß sowie die Werte für die Gewichtungsfaktoren die realen Gegebenheiten exakt modellieren.

Literatur

[1] **Boos, A.**: Zur Effizienz von Bonus-Malus-Systemen, Manuskript Nr. 26, Institut für Versicherungswissenschaft Universität Mannheim, Mannheim 1987

[2] **Borgan, O., J. Hoem, R. Norberg**: A Nonasymptotic Criterion for the Evaluation of Automobile Bonus-Systems, Scandinavian Actuarial Journal 1981, S. 165-178

[3] **Lemaire, J.**: Automobile Insurance, Actuarial Models, Boston, Dordrecht, Lancaster 1985

[4] **Loimaranta, K**: Some asymptotic properties of Bonus Systems, ASTIN Bulletin VI, 1971, S. 233-245

[5] **Norberg, R.**: A Credibility Theory for Automobile Bonus Systems, Scandinavian Actuarial Journal 1976, S. 92-107

sowie länderspezifische **Tarifbestimmungen** der KH-Versicherung für Personenwagen

MISCHUNG VON OPTIONEN UND TERMINGESCHÄFTEN

Holger HINZ, Kiel

Von besonderem Interesse für das Treasury Management erscheint die Frage nach einer Mischung von Optionen und Termingeschäften vor allem aus zweierlei Gründen: Sofern diese beiden Instrumente im Vergleich grundsätzlich unterschiedliche Risiko-/Renditecharakteristika aufweisen, ist möglicherweise der Einsatz beider zur zielgerechten Portefeuillegestaltung empfehlenswert. Aber auch, wenn dies nicht der Fall wäre, könnten Preisunterschiede existieren, die auszunutzen wären.

Aus theoretischer Sicht ließe sich weiterhin die offensichtlich interessante Frage klären, ob bei Unsicherheit eher Optionen einzusetzen wären als Termingeschäfte.

Daher wird am Beispiel von Devisen ein Ansatz vorgestellt, mit dessen Hilfe Sensitivitätsanalysen zur Überprüfung derartiger Reaktionsmuster durchgeführt werden können: Basispreise und Prämien verschiedener Optionen, Exposurehöhe und Wechselkurse, sowie Varianzen der verschiedenen Zufallsvariablen stellen variierbare Strukturblöcke dar, deren Einfluß auf die wünschenswerte Mischung solcher Instrumente aufgezeigt werden soll. Zusätzlich wird anhand von Beispielen auf die Wirkung geschäftspolitischer Restriktionen eingegangen.

BEWERTUNG VON HANDLUNGSALTERNATIVEN BEI UNVOLLKOMMENEM KAPITALMARKT

Raimund SCHIRMEISTER, Landau

Handlungsalternativen, welche durch zeitverschiedene finanzielle Konsequenzen charakterisiert sind, werden unter Zuhilfenahme von Verzinsungsmaßstäben bewertet. Weichen die Konditionen für anzulegendes und aufzunehmendes Kapital voneinander ab (unvollkommener Kapitalmarkt), bestimmen nicht nur Höhe und Termin aller Einnahmen und Ausgaben einer Maßnahme ihre Vorziehenswürdigkeit, sondern darüber hinaus die Gesamtheit aller temporären und ineinandergreifenden Aktivitäten des Investierens und Finanzierens; Vorschriften des Steuersystems treten überformend hinzu. Einfangen lassen sich diese interdependenten Zusammenhänge in einer rekursiven Modellkonstruktion. Bei gegebenem Datenkranz gestattet jene, alternative Präferenzen zu realisieren: erzielbares Einkommen, das ein finanzielles Engagement regelmäßig oder endfällig verspricht, bzw. die Rentabilität des jeweils eingesetzten Kapitals. Gemeinsamkeiten, Unterschiede und Tragweite dieser - als Investitionsrechnungen interpretierbaren - Bewertungsfunktionen werden anschließend anhand eines entscheidungstheoretischen Axiomensystems herausgearbeitet und auf ihre betriebswirtschaftlichen Implikationen hin ausgelotet. Die Annahme des unvollkommenen Kapitalmarktes erweist sich hierbei in zweifacher Hinsicht als fruchtbar: Konzeptionell, weil diese Prämisse so weitreichend ist, daß sie eine gleichermaßen geschlossene wie konsistente Analyse erlaubt, wobei sich die verschiedenen Maßstäbe wechselseitig ergänzen. Pragmatisch, da eine Unternehmung stets mit einer Vielfalt an Investitionsgelegenheiten wie Finanzierungsbedingungen konfrontiert ist, die allesamt mit dem einheitlichen Modellansatz bewältigt werden können. Die Einbindung von zwischenzeitlichen Einnahmenüberschüssen und Ausgabenfehlbeträgen als Zinssätze - somit als (Markt-)Preise - sichert hierbei die isolierte Vorteilsermittlung jeder Handlungsmöglichkeit, was im konkreten Anwendungsfall ein hohes Maß an Entscheidbarkeit gewährleistet.

OPTIONSSCHEINE AUF DEUTSCHE AKTIEN

Edgar KLEIN und Manfred NUSKE, Frankfurt

Optionsanleihen sind eine beliebte Finanzierungsform geworden, das Marktsegment der Optionsscheine auf deutsche Aktien ist kräftig expandiert. Im April 1989 zählen wir 63 Titel, wobei unter den jüngsten Emittenten nicht nur die großen Gesellschaften mit langjähriger Optionsanleihenerfahrung, sondern zunehmend auch kleinere Unternehmen, wie bspw. AGAB, Krones, Markt & Technik und AVA, zu finden sind. Nach Branchen aufgeschlüsselt, ergibt sich aktuell eine breite Verteilung der Emissionen über die verschiedensten Wirtschaftszweige des deutschen Kapitalmarkts. Besonders stark vertreten sind allerdings nach wie vor die traditionellen "Optionsscheinbranchen" Chemie und Banken.

Der angekündigte Beitrag beschreibt die Bewertung von Optionsscheinen mit Hilfe der Black/Scholes-Optionstheorie. Es wird gezeigt, daß dieses Instrument eine nützliche Bewertungshilfe liefern kann, insbesondere auch für die Beurteilung von Neuemissionen. Die empirischen Ergebnisse einer Gegenüberstellung von theoretischen Werten und tatsächlichen Preisen werden beschrieben. Als Datengrundlage dienen dazu wöchentliche Börsenkurse seit Anfang 1984.

Zusammenfassend läßt sich feststellen, daß speziell die marktbreiten Optionsscheine großer Emittenten im Sinne des verwendeten Modells korrekt bewertet sind. Abweichungen vom theoretischen Kurs sind relativ gering und eher temporärer Natur. Der Optionsscheinmarkt insgesamt bietet jedoch durchaus Gelegenheiten zur Erzielung risikobereinigter "Über-Returns". Konkrete Beispiele hierzu werden vorgestellt.

Produktionsablaufplanung und -steuerung bei Mehrproduktfließlinien

Hans Ziegler, Paderborn

1. Einleitung

Die Ausrichtung des Produktionsprogramms an den speziellen Bedürfnissen der Käufer führt auch bei Produkten, die über einen längeren Zeitraum hinweg in großen Stückzahlen herzustellen sind dazu, daß verschiedene Varianten bzw. Modelle eines Grundproduktes zu fertigen sind. Unterscheiden sich die Modelle relativ wenig in Art und Anzahl der Arbeitsgänge, so wird das Produktionssystem häufig in Form einer getakteten Mehrproduktfließlinie organisiert. Der Produktionsprozeß eines jeden Modells wird dann in mehreren hintereinander geschalteten und zeitlich miteinander verketteten Arbeitsstationen einer Linie vollzogen. Sind in einem Planungszeitraum mehrere Modelle in vorgegebenen Stückzahlen zu fertigen, so können diese losweise oder in beliebigem Wechsel einzelner Produkteinheiten verschiedener Modelle hergestellt werden. Im Hinblick auf kurze Durchlaufzeiten und auf einen möglichst niedrigen Bestand an Zwischen- und Endprodukten wird i.a. der beliebige Modellwechsel bevorzugt, sofern er produktionstechnisch möglich ist.

Die Planung und Steuerung des Produktionsablaufs einer getakteten Mehrproduktfließlinie mit beliebigem Modellwechsel beinhaltet die Leistungsabstimmung und die Reihenfolgebestimmung. Aufgabe der Leistungsabstimmung ist die Bestimmung der Anzahl der Arbeitsstationen und die Zuordnung der Arbeitsgänge zu den Stationen. Die Reihenfolgebestimmung hat für einen gegebenen Auftragsbestand die Reihenfolge, in der Einheiten der verschiedenen Modelle zu fertigen sind, zu ermitteln. Im folgenden wird ein Überblick über die Problemstellungen der Ablaufplanung und -steuerung von Mehrproduktfließlinien und über die hierfür in der Literatur vorgeschlagenen Lösungsansätze gegeben.

2. Leistungsabstimmung von Mehrproduktfließlinien

2.1. Charakterisierung der Problemstellung

Zur Bestimmung der Arbeitsaufgaben für die Stationen einer Mehrproduktfließlinie ist zunächst für jedes Modell der Herstellungsprozeß in kleinste, sinnvoll nicht weiter unterteilbare Arbeitsgänge, sogenannte Teilverrichtungen, zu zerlegen. Für jede Teilverrichtung ist eine Vorgabezeit und der aus den Anforderungen an die Arbeitskraft resultierende Werkerlohnsatz zu bestimmen. Weiterhin sind für jedes Modell die technologischen Reihenfolgebedingungen, die bei der Ausführung der Teilverrichtungen eingehalten werden müssen, zu ermitteln. Im allgemeinen kann davon ausgegangen werden, daß die Reihenfolgebedingungen über alle Modelle hinweg miteinander verträglich sind. Die Leistungsabstimmung hat für jedes Modell die Teilverrichtungen so zu den Arbeitsaufgaben für die Stationen zu kombinieren, daß bestimmte Restriktionen eingehalten und eine oder mehrere Zielsetzungen bestmöglich erfüllt werden. Dabei wird üblicherweise von folgenden Restriktionen ausgegangen (vgl. /8/,/16/,/25/,/26/):

(L1) Die Teilverrichtungen sind für jedes Modell den Stationen so zuzuordnen, daß die Reihenfolgebedingungen erfüllt sind.

(L2) In jeder Station darf

(L2.1) für jedes Modell die Summe der Vorgabezeiten der auszuführenden Teilverrichtungen eine vorgegebene Zeitspanne, die Zuordnungstaktzeit, oder

(L2.2) der gesamte zeitliche Arbeitsinhalt im Planungszeitraum die im Planungszeitraum effektiv verfügbare Arbeitszeit
nicht übersteigen.

(L3) Eine bei mehreren Modellen auszuführende Teilverrichtung wird für jedes Modell der gleichen Station zugeordnet.

(L4) Die Anzahl der Stationen ist für alle Modelle gleich.

Die Restriktionen L3 und L4 sind zwar nicht zwingend erforderlich, sie erweisen sich aber für den Produktionsvollzug i.a. als vorteilhaft. So bewirkt L3, daß eine bestimmte Teilverrichtung immer vom gleichen Werker ausgeführt wird und damit ein höherer Lerneffekt sowie eine höhere Qualität erreicht wird. L4 vermeidet bei Modellwechseln eine Veränderung der Werkerzahl und größere Anpassungen der Linie.

Zusätzlich zu L1 - L4 sind in der Praxis häufig weitere Restriktionen, sogenannte Zuordnungsbeschränkungen zu beachten, die die Kombinationsmöglichkeiten der Teilverrichtungen einschränken (vgl. /8/). Dazu gehören etwa Zonenbeschränkungen, die eine Zuordnung von Teilverrichtungen zu Mengen von vorgegebenen Stationen vorschreiben oder verbieten.

Die Leistungsabstimmung wird auf der Grundlage von zeit- oder kostenorientierten Zielen vorgenommen. Als zeitbezogene Zielsetzungen werden die Minimierung der Anzahl der Stationen oder dazu äquivalente Ziele betrachtet (vgl. /8/,/16/,/25/). Existieren mehrere Leistungsabstimmungen mit minimaler Stationszahl, so schlägt Thomopoulos (vgl. /26/) vor, diejenige auszuwählen, bei der für jedes Modell der zeitliche Arbeitsinhalt möglichst gleichmäßig über alle Stationen verteilt ist.

Unter ökonomischen Aspekten ist der Gewinn im Planungszeitraum zu maximieren (vgl./13/,/23/,/29/). Bei fest vorgegebenem Produktionsprogramm sind aufgrund der konstanten Erlöse nur die Kosten entscheidungsrelevant. Wie Steffen (vgl./23/) zeigt, sind bei fester Zuordnungstaktzeit und konstantem Leistungsgrad der Werker nur die Lohnkosten durch die Leistungsabstimmung wesentlich beeinflußbar. Ist der Lohnsatz eines jeden Werkers von der Kombination der Teilverrichtungen unabhängig, dann werden mit der Stationszahl zugleich die Kosten minimiert. Bestimmt sich jedoch im Falle unterschiedlicher Teilverrichtungslohnsätze der für die Ausführung einer Arbeitsaufgabe zu entrichtende Lohnsatz etwa als der maximale, der mittlere oder der gewichtete durchschnittliche

Lohnsatz der kombinierten Teilverrichtungen, so führt eine minimale Stationszahl nicht notwendigerweise zu minimalen Lohnkosten (vgl. /1/, /23/). Für die Leistungsabstimmung ist in diesem Fall die Minimierung der Lohnkosten im Planungszeitraum als Zielsetzung vorzugeben.

Die Leistungsabstimmung von Mehrproduktfließlinien ist ein NP-schwieriges kombinatorisches Optimierungsproblem. Eine exakte Lösung innerhalb einer angemessenen Zeitspanne ist daher nur dann möglich, wenn wenige Teilverrichtungen zu Arbeitsaufgaben zu kombinieren sind. Mit Ausnahme eines von Roberts/Villa (vgl. /21/) auf der Grundlage eines linearen Programms mit Binärvariablen vorgeschlagenen exakten Ansatzes, der jedoch L3 nicht gewährleistet, werden deshalb in der Literatur nur heuristische Lösungsansätze betrachtet. Diese führen die Leistungsabstimmung der Mehrproduktlinie auf mehrere oder nur ein Einproduktproblem zurück.

2.2. Grundsätzliche Lösungsansätze

2.2.1. Sukzessive Leistungsabstimmung der Modelle

Bei der sukzessiven Leistungsabstimmung werden die Modelle nacheinander einzeln abgestimmt. Dabei kann zwischen einer Leistungsabstimmung ohne und mit Stationsbindung von Teilverrichtungen unterschieden werden (vgl./8/). Im Falle der Leistungsabstimmung ohne Stationsbindung werden die Arbeitsaufgaben für jedes Modell unabhängig von den anderen Modellen auf der Grundlage einer individuellen oder einer für alle Modelle gleichen durchschnittlichen Zuordnungstaktzeit ermittelt (vgl./8/). Durch die isolierte Leistungsabstimmung kann zwar für jedes Modell die bestmögliche Lösung erreicht werden, die Restriktionen L3 und L4 werden jedoch nicht immer erfüllt.

Die Einhaltung von L3 ist bei der sukzessiven Leistungsabstimmung mit Stationsbindung von Teilverrichtungen gewährleistet. Wird bei der Leistungsabstimmung eines Modells eine Teilverrichtung, die in mehreren Modellen auftritt, erstmals einer Station zugeordnet, so wird deren Zuordnung für alle nachfolgend abzustimmenden Modelle durch eine Zonenbeschränkung an diese Station gebunden. Aufgrund der sukzessiv einzuführenden Stationsbindungen ist es jedoch möglich, daß keine zulässige Leistungsabstimmung aller Modelle existiert oder daß für die gewählte Reihenfolge der Leistungsabstimmungen keine zulässige Lösung für alle Modelle erreicht werden kann.

2.2.2. Simultane Leistungsabstimmung der Modelle

Die simultane Leistungsabstimmung (vgl. /1/,/8/,/16/,/25/,/26/) erfolgt auf der Grundlage eines Ersatzmodells. Die Menge der Teilverrichtungen des Ersatzmodells umfaßt alle in den Modellen vorkommenden Teilverrichtungen. Jeder Teilverrichtung des Ersatzmodells wird eine Summenvorgabezeit als Summe der mit den Modellstückzahlen multiplizierten Vorgabezeiten der Modelle zugeordnet. Die Reihenfolgebedingungen des Ersatzmodells umfassen alle über die Modelle hinweg auftretenden Reihenfolgebedingungen. Die Teilverrichtungen des Ersatzmodells werden dann so zu Arbeitsaufgaben kombiniert, daß die Summe der Summenvorgabezeiten der einer Station zugewiesenen Teilverrichtungen die im Planungszeitraum effektiv verfügbare Arbeitszeit nicht überschreitet.

Neben der verfahrensbedingten Erfüllung der Restriktionen L3 und L4 hat die simultane Leistungsabstimmung im Vergleich zur sukzessiven den Vorteil, daß nur ein Leistungsabstimmungsproblem zu lösen ist. Nachteilig sind die großen Schwankungen der zeitlichen Arbeitsinhalte, die für die gebildeten Arbeitsaufgaben auftreten können.

2.3. Leistungsabstimmungsverfahren

Zur Lösung des Leistungsabstimmungsproblems einer Mehrproduktfließlinie können die für Einproduktlinien vorgeschlagenen Verfahren verwendet werden. Der Einsatz exakter Verfahren (ein Überblick geben /2/,/13/) ist aufgrund des Rechenaufwandes für Problemstellungen der Praxis nur in den seltensten Fällen möglich. Im folgenden sollen die wichtigsten der für den praktischen Einsatz geeigneten heuristischen Verfahren kurz charakterisiert werden.

Zur Erzeugung von Leistungsabstimmungen wurden Prioritätsregelverfahren, Zufallsregelverfahren und Verfahren mit lokaler Enumeration vorgeschlagen. Charakteristisch für alle Verfahren ist, daß die Arbeitsaufgaben für die einzelnen Stationen sukzessiv bestimmt werden.

Prioritätsregelverfahren ermitteln die Arbeitsaufgaben mit Hilfe einer Prioritätsregel, die angibt, auf welche Weise aus einer Menge von Teilverrichtungen, deren Zuweisung weder Reihenfolge- und Zuordnungsrestriktionen verletzt noch die Zuordnungstaktzeit überschreitet, die der aktuell betrachteten Station als nächste zuzuordnende Teilverrichtung ausgewählt wird. Als nächste Teilverrichtung wird bei einer zeitorientierten Zielsetzung etwa diejenige mit der maximalen Vorgabezeit (Moodie/Young, vgl. /19/), dem maximalen Positionswert, bestimmt als Summe der eigenen Vorgabezeit und der Vorgabezeiten aller nachfolgenden Teilverrichtungen (Helgeson/Birnie, vgl. /11/), dem maximalen Rangwert, bestimmt als Summe der eigenen Vorgabezeit und der Vorgabezeiten aller unmittelbar nachfolgenden Teilverrichtungen (Hahn, vgl. /10/), oder der maximalen Anzahl aller unmittelbar nachfolgenden Teilverrichtungen (Tonge, vgl. /27/) zugewiesen. Bei kostenorientierter Leistungsabstimmung wird nach minimalem Lohnsatz (Rosenberg/Ziegler, vgl. /22/) oder minimaler Differenz zum aktuellen Lohnsatz der Arbeitsaufgabe, wobei die erste Teilverrichtung einer jeden Station durch den maximalen Rangwert bestimmt ist (Steffen, vgl. /23/), ausgewählt.

Die Zufallsregelverfahren wählen die zuzuordnende Teilverrichtung entweder direkt zufällig aus oder mit Hilfe einer zufällig bestimmten Prioritätsregel. Bei direkter Wahl der Teilverrichtung wird jeder zuweisbaren Teilverrichtung entweder die gleiche oder eine von Vorgabezeiten und Reihenfolgebedingungen abhängige Auswahlwahrscheinlichkeit zugeordnet (Arcus, vgl. /1/). Die zufällige Wahl einer Prioritätsregel aus einer Menge vorgegebener Regeln erfolgt entweder mit einer für alle Regeln stets gleichhohen Wahrscheinlichkeit oder mit sich im Verfahrensablauf aufgrund eines Lernprozesses ändernden Wahrscheinlichkeiten (Tonge, vgl./27/; Bennett/Byrd, vgl./3/). Zufallsverfahren werden mehrfach durchgeführt um mehrere verschiedene Leistungsabstimmungen zu erzeugen, von denen die beste ausgewählt wird.

Verfahren mit lokaler Enumeration ermitteln für jede betrachtete Station durch eine Enumerationsstrategie eine lokal optimale Kombination der Teilverrichtungen. Neben zeitorientierten Verfahren (z.B. Hoffman, vgl. /12/) wurden auch kostenorientierte (Rosenberg/Ziegler, vgl. /22/) vorgeschlagen.

Untersuchungen (vgl. /17/,/22/,/24/) zeigen, daß für Einproduktlinien mit heuristischen Verfahren vielfach die optimale Lösung gefunden wird und sehr häufig die Optimalität vermutet werden kann. Für Mehrproduktfließlinien liegen spezielle Untersuchungen, die insbesondere auch Aussagen zur Streuung der Arbeitsinhalte treffen, bislang nicht vor.

Verfahren zur Verbesserung von Leistungsabstimmungen versuchen, die zeitlichen Arbeitsinhalte der Stationen durch eine Veränderung der Zuordnung der Teilverrichtungen möglichst gleichmäßig zu gestalten. Moodie/Young (vgl. /19/) beschreiben für Einproduktlinien ein Verfahren, das auf dem paarweisen Austausch von Teilverrichtungen zwischen Stationen und der Veränderung der Zuordnung einzelner Teilverrichtungen basiert. Dieses Verfahren kann bei sukzessiver Leistungsabstimmung für jedes Modell zur Verringerung der Schwankungen der Arbeitsinhalte über die Stationen hinweg und bei simultaner Leistungsabstimmung zur Nivellierung der gesamten Arbeitsinhalte der Stationen angewendet werden.

3. Reihenfolgebestimmung bei Mehrproduktfließlinien

3.1. Charakterisierung der Problemstellung

Gegenstand der Reihenfolgebestimmung ist die im Hinblick auf eine vorgegebene Zielsetzung bestmögliche Festlegung einer Reihenfolge, in der die einzelnen Produkteinheiten der verschiedenen Modelle eines gegebenen Produktionsprogramms die Linie durchlaufen sollen. Dabei werden i.a. folgende Annahmen zugrunde gelegt (vgl./4/,/9/,/14/,/15/,/25/):

(R1) Von jedem Modell wird genau die durch das Produktionsprogramm vorgegebene Anzahl an Produkteinheiten aufgelegt.

(R2) Der Produktionsprozeß eines jeden Modells wird wie durch die Leistungsabstimmung festgelegt vollzogen.

(R3) In jeder Station ist ein Werker tätig.

(R4) Wegezeiten der Werker von einer Produkteinheit zur nachfolgenden werden vernachlässigt (nicht in /18/,/20/).

(R5) Die Produkteinheiten sind auf einem Transportmittel fixiert, das kontinuierlich mit konstanter Geschwindigkeit bewegt wird.

(R6) Die Produkteinheiten werden in einem vorgegebenen konstanten Zeitabstand (Auflegeintervall) aufgelegt.

(R7) Die Produkteinheiten der verschiedenen Modelle können in beliebigem Wechsel aufeinanderfolgen (Im Extremfall Losgröße 1).

Die örtlichen Ausdehnungen der Stationen, und somit wegen (R5) auch die zeitlichen Stationslängen, werden als bekannt vorausgesetzt oder sie sind simultan mit der Reihenfolge der Produkteinheiten zu bestimmen. Damit kann zwischen dem Reihenfolgeproblem bei gegebenen Stationslängen (RP1) und dem Problem der simultan zu bestimmenden Reihenfolge und Stationslängen (RP2) unterschieden werden. Das Reihenfolgeproblem RP1 bildet eine Entscheidungssituation ab, in der die örtlichen Abmessungen der Stationen nicht verändert werden können, etwa aufgrund der Kürze der hierfür verfügbaren Zeitspanne oder nicht veränderbarer Einrichtungen. RP2 setzt dagegen voraus, daß sich die Stationen bis zum Produktionsbeginn verändern lassen, wie dies z.B. bei entsprechend flexiblen Einrichtungen oder der Neuplanung einer Linie möglich ist.

Hinsichtlich der Arbeitsbereiche der Werker sind geschlossene und offene Stationen zu unterscheiden (vgl. /25/). Bei einer geschlossenen Station ist der gesamte Stationsbereich nur jeweils einem Werker zugeordnet. Im Falle offener Stationen überlappen sich die Arbeitsbereiche zweier benachbarter Werker. Das gleichzeitige Arbeiten zweier Werker im Überlappungsbereich wird im allgemeinen ausgeschlossen (nicht in /15/). Kommt es im Überlappungsbereich zum Konflikt, so hat der stromaufwärts stehende Werker Vorrang bei der Ausführung seiner Tätigkeiten.

Während des Produktionsvollzuges können für die Werker Leerzeiten und Arbeitsüberlastungen auftreten. Hat ein Werker die Arbeitsaufgabe an einer Produkteinheit abgeschlossen und ist die nächste Produkteinheit noch nicht in seiner Station angelangt oder führt der Werker der vorangehenden Station an ihr noch Teile seiner Arbeitsaufgabe im Überlappungsbereich aus, dann tritt für den Werker eine Leerzeit ein. Arbeitsüberlastung entsteht, wenn ein Werker die Arbeitsaufgabe an einer Produkteinheit nicht vor dem Erreichen der stromabwärts liegenden Stationsgrenze beenden kann. Wird ein Springer eingesetzt, der dem überlasteten Werker hilft die Arbeitsaufgabe rechtzeitig zu beenden, so tritt eine Springereinsatzzeit auf. Ist Springereinsatz nicht möglich und muß die Arbeitsaufgabe aus technologischen Gründen in der Station vollständig ausgeführt werden, dann muß die Linie für die benötigte Zeitspanne stillgesetzt werden. Andernfalls kann die Arbeitsaufgabe auch in einer speziellen Station durch Nacharbeit zu Ende gebracht werden. In der Literatur wird im allgemeinen davon ausgegangen, daß

(R8) Arbeitsüberlastungen durch Springereinsatz beseitigt werden.

Die Möglichkeiten zur Festlegung der Reihenfolge der Modelleinheiten können durch vorgegebene Modellfolgerestriktionen, die das Aufeinanderfolgen bestimmter Modelle erzwingen oder verhindern, eingeschränkt sein (vgl. /6/,/9/). Hierdurch können ungünstige Reihenfolgen vermieden, aber auch günstige Reihenfolgen verhindert werden.

Für das Reihenfolgeproblem bei gegebenen Stationslängen werden als zeitorientierte Zielsetzungen die Minimierung der Summe der Leerzeiten (vgl. /7/), die Minimierung der Summe der Leer- und Springereinsatzzeiten (vgl. /28/) sowie die Minimierung der maximalen Werkerabdrift von der Startposition (vgl. /18/,/20/) und als kostenorientiertes Ziel die Minimierung der Reihenfolgekosten (vgl./9/,/14/,/15/,/25/) betrachtet. Die Reihenfolgekosten werden bei geschlossenen Stationen als Summe der Kosten für Leer- und Springereinsatzzeiten berechnet. Im Falle offener Stationen werden üblicherweise zusätzliche Kosten für die Arbeitszeiten in den Überlappungsbereichen berücksichtigt. Ist ein Werker und ggf. ein Springer im Überlappungsbereich tätig, so fallen zusätzlich zu den Lohnkosten für die Ausführung der Arbeitsaufgabe keine weiteren Kosten an. Treten durch die Tätigkeit im Überlappungsbereich in der nachfolgenden Station Leerzeiten auf, dann werden die kostenmäßigen Wirkungen in den Leerkosten des dort tätigen Werkers erfaßt. Die Reihenfolgekosten sind damit auch im Falle offener Stationen als Summe der Kosten für Leer- und Springereinsatzzeiten anzusetzen.

Werden alle Werker und die eingesetzten Springer unabhängig von den ausgeführten Tätigkeiten mit dem gleichen Lohnsatz entlohnt, so sind die zeit- und die kostenorientierten Zielsetzungen im Hinblick auf die Ermittlung der ökonomisch vorteilhaftesten Reihenfolge äquivalent. In der Regel erhalten Springer als höher qualifizierte Arbeitskräfte einen höheren Lohnsatz als Werker. In diesem Fall ist als Zielsetzung die Minimierung der Reihenfolgekosten zu wählen. Dabei können auch unterschiedliche Werker- und Springerlohnsätze berücksichtigt werden.

Das Problem der simultan zu bestimmenden Reihenfolge und Stationslängen wurde bislang nur für die zeitorientierte Zielsetzung der Minimierung der Gesamtlänge der Linie betrachtet, wobei als Nebenbedingung gefordert wird, daß keine Leer- und Springereinsatzzeiten auftreten. Mit der Minimierung der Linienlänge wird zugleich für jede Produkteinheit die Durchlaufzeit, gemessen als Zeitspanne zwischen dem Auflege- und dem Fertigstellungszeitpunkt, minimiert.

Alle betrachteten Reihenfolgeprobleme sind NP-schwierige Optimierungsprobleme, so daß eine exakte Lösung nur für Probleme mit wenigen Produkteinheiten praktikabel ist. Exakte Lösungsansätze werden bisher nur zur Minimierung der maximalen Werkerabdrift für RP1 (vgl. /18/) und für ein mit sehr speziellen Eigenschaften ausgestattetes Problem RP2 (vgl. /5/) vorgeschlagen. Für die heuristische Lösung des Reihenfolgeproblems wurde eine Reihe von Verfahren veröffentlicht, die kurz charakterisiert werden sollen.

3.2. Reihenfolgebestimmung bei gegebenen Stationslängen

Die Verfahren zur Erzeugung einer Reihenfolge lassen sich nach dem Konstruktionsprinzip der Reihenfolge in Verfahren mit sukzessivem Aufbau der Gesamtreihenfolge und Verfahren mit sukzessivem Aufbau mehrerer Teilreihenfolgen sowie Bestimmung der Anordnung der Teilreihenfolgen unterscheiden. Aufgrund der Vorgehensweise zum Aufbau der Reihenfolge können Prioritäts- und Zufallsregelverfahren differenziert werden. Bei beiden Verfahrenstypen wird die Reihenfolge beginnend mit der ersten herzustellenden Produkteinheit sukzessiv bestimmt.

Prioritätsregelverfahren ermitteln das Modell für die als nächste zu bearbeitende Produkteinheit mit Hilfe einer Prioritätsregel, die angibt, welches Modell aus der Menge aller Modelle, von denen mindestens eine Produkteinheit noch nicht zugeordnet wurde und die aufgrund der Modellfolgerestriktionen zuweisbar sind, auszuwählen ist. Als nächste Produkteinheit wird etwa das Modell mit dem minimalen Zuwachs der Summe der Leerzeiten, bei mehreren gleichwertigen Modellen zusätzlich mit dem minimalem Zuwachs der Summe der Springereinsatzzeiten (Wester/Kilbridge, vgl. /28/), mit dem minimalen Zuwachs der Reihenfolgekosten (Thomopoulos, vgl. /25/), oder abwechselnd mit dem minimalen Zuwachs der Reihenfolgekosten und dem minimalen Zuwachs der Springereinsatzzeiten (Macaskill, vgl. /15/) gewählt.

Bei den Zufallsregelverfahren wird das Modell für die nächste Produkteinheit direkt mit einer für jedes Modell gleichen Wahrscheinlichkeit (Görke/Lentes, vgl. /9/) oder mit Wahrscheinlichkeiten, die proportional zur Anzahl der noch nicht zugeordneten Produkteinheiten der Modelle sind (Koether, vgl. /14/) bestimmt oder indirekt durch die gleichwahrscheinliche Wahl von Prioritätsregeln (Görke/Lentes, vgl./9/). Alle Zufallsverfahren werden mehrfach durchgeführt. Von den generierten Reihenfolgen wird die im Hinblick auf die betrachtete Zielsetzung beste gewählt.

Wird die Gesamtreihenfolge aus mehreren Teilreihenfolgen gebildet, dann sind vor der Ermittlung der Teilreihenfolgen die Anzahl und Längen der Teilreihenfolgen sowie die einer jeden Teilreihenfolge zuzuordnenden Modelle mit den zugehörigen Stückzahlen zu bestimmen. Wester/Kilbridge (vgl. /28/) schlagen vor, Teilreihenfolgen zu bilden, wenn die Modellstückzahlen des Produktionsprogramms einen größten gemeinsamen Teiler ungleich 1 besitzen. Dieser bestimmt dann die Anzahl der Teilreihenfolgen, auf die für jedes Modell die Produkteinheiten gleichmäßig aufzuteilen sind. Die für alle Teilreihenfolgen gleiche Reihenfolge der Modelle wird durch die Anwendung eines Prioritätsregelverfahrens für eine Teilreihenfolge bestimmt. Die Anordnung der Teilreihenfolgen zur Gesamtreihenfolge kann beliebig erfolgen. Thomopoulos (vgl. /25/) wendet diese Vorgehensweise auch für ein Beispiel an, das die idealen Voraussetzungen von Wester/Kilbridge nicht erfüllt. Eine allgemeine Vorgehensweise wird jedoch nicht beschrieben.

Beim Verfahren von Felbecker (vgl./7/) werden ausgehend von Teilreihenfolgen, die aus nur einer Produkteinheit bestehen, sukzessiv je zwei Teilreihenfolgen durch Hintereinanderschalten zu einer größeren Teilreihenfolge zusammengefaßt. Dabei wird aus allen möglichen Kombinationen je zweier Teilreihenfolgen, durch deren Hintereinanderschaltung eine vorgegebene Teilreihenfolgehöchstlänge nicht überschritten wird, jeweils diejenige ausgewählt, für die sich der geringste Zuwachs der Leerzeiten ergibt. Haben alle Teilreihenfolgen eine vorgegebene Mindestlänge erreicht, wird die Anordnung der Teilreihenfolgen zur Gesamtreihenfolge durch die exakte Lösung eines Travelling-Salesman-Problems ermittelt.

Eine allgemein gültige Beurteilung der Lösungsgüten der Heuristiken ist nicht möglich. Die Verfahren werden in der Literatur anhand von unterschiedlichen Beispielen demonstriert, für die sehr gute Lösungen erzielt werden. Allgemeine Aussagen zur Lösungsgüte, etwa in der Form von Worst-Case-Analysen werden nicht getroffen. Ein umfassender Vergleich der Verfahren liegt bislang nicht vor.

Verfahren zur Verbesserung von Reihenfolgen wurden bislang nur von Okamura/Yamashina (vgl./20/) vorgestellt. Als Verbesserungsstrategien werden die Auswahl einer Produkteinheit, die aus der Reihenfolge entfernt und an einer anderen Stelle wieder eingefügt wird, sowie das Auswählen und Vertauschen zweier Teilreihenfolgen betrachtet. Okamura/Yamashina untersuchen die isolierte und die kombinierte Anwendung der Strategien. Als hinsichtlich des Rechenaufwands und der Lösungsgüte beste Vorgehensweise wird der abwechselnde Einsatz beider Strategien vorgeschlagen.

3.3. Simultane Bestimmung von Reihenfolge und Stationslängen

Für die simultane Bestimmung von Reihenfolge und Stationslängen wurden von Dar-El/Cother (vgl. /4/) sowie Dar-El/Nadivi (vgl. /6/) zwei Heuristiken zur Minimierung der Linienlänge, unter der Nebenbedingung, daß keine Leer- und Springereinsatzzeiten auftreten, vorgeschlagen. Dar-El/Cother versuchen für eine Linie mit vorgegebenen Stationslängen mit Hilfe eines Prioritätsregelverfahrens eine Reihenfolge ohne Leer- und Springerzeiten zu finden. Wird keine solche Reihenfolge gefunden, werden die Längen der Stationen um einen bestimmten Betrag vergrößert. Mit den neuen Längen wird versucht eine vollständig neue Reihenfolge ohne Leer- und Springerzeiten zu finden. Als Ausgangswerte für die Stationslängen werden geeignet bestimmte untere Grenzen vorgegeben.

Das verwendete Prioritätsregelverfahren versucht sukzessiv eine Gesamtreihenfolge aufzubauen, wobei für die jeweils anzuordnende Produkteinheit alle noch verfügbaren Modelle nach absteigenden Rangwerten solange überprüft werden, bis entweder erstmals ein Modell ohne Leer- und Springerzeiten zugeordnet werden kann oder feststeht, daß kein solches Modell existiert. Der benutzte Rangwert bevorzugt Modelle, von denen eine große Anzahl an Produkteinheiten noch nicht der Reihenfolge zugewiesen wurde, wobei Modelle mit einer großen Modellstückzahl im Planungszeitraum mit dem Fortschreiten der Reihenfolge zunehmend stärker gewichtet werden.

Das Verfahren von Dar-El/Nadivi unterscheidet sich vom Dar-El/Cother-Verfahren lediglich dadurch, daß in den Fällen, in denen kein Modell ohne Leer- und Springerzeiten gefunden werden kann, das Modell mit der minimalen Summe der Leer- und Springerzeiten eingeplant und dann die Stationslängen entsprechend angepaßt werden. Durch diese Modifikation wird der Rechenaufwand erheblich reduziert.

Beide Verfahren erzielen für die von den Autoren betrachteten Beispiele sehr gute Lösungen. Da unterschiedliche Beispiele verwendet werden, kann über die Effizienz der Verfahren keine vergleichende Aussage gemacht werden.

4. Schluß

Die Behandlung von Mehrproduktfließlinien wurde in der Literatur im Gegensatz zur Einproduktlinie bislang vernachlässigt. Insbesondere wird für die Leistungsabstimmung kein kostenorientiertes Verfahren vorgeschlagen und der für das Reihenfolgeproblem wesentliche Aspekt einer möglichst gleichmäßigen Verteilung der Modellvorgabezeiten in den Stationen und über die Stationen hinweg nur ansatzweise betrachtet. Für das Reihenfolgeproblem fehlen aussagefähige Untersuchungen zu den Lösungsgüten der Verfahren sowie umfassende Analysen der Abhängigkeit der Lösungsgüte von Problemparametern wie Stationslängen, Auflegeintervall und Leistungsabstimmung der Modelle.

Trotz der bestehenden vielfältigen Interdependenzen werden das Leistungsabstimmungs- und das Reihenfolgeproblem bislang stets als sukzessiv zu lösende Optimierungsprobleme behandelt. Für eine insgesamt optimale Gestaltung der Mehrproduktfließfertigung ist die Entwicklung integrierter Planungsansätze und von effizienten Verfahren zu ihrer Lösung erforderlich. Aufgrund der Komplexität des Problems können die für eine praktische Anwendung geeigneten Verfahren nur heuristischer Natur sein. Bevorzugt sollten dabei interaktive Mensch-Computer-Systeme entwickelt werden, die es dem Planer ermöglichen, seine Erfahrung in den Lösungsprozeß einzubringen und die speziellen Gegebenheiten der zu planende Linie besser zu berücksichtigen.

Literaturverzeichnis

/1/ Arcus, A.L.: COMSOAL - A Computer Method of Sequencing Operations for Assembly Lines, in: International Journal of Production Research, 4(1966)259-277.

/2/ Baybars, I.: A Survey of Exact Algorithms for the Simple Assembly Line Balancing Problem, in: Management Science, 32(1986)900-932.

/3/ Bennett, G.B./ Byrd, J.: A Trainable Heuristic Procedure for the Assembly Line Balancing Problem, in: AIIE Transactions, 8(1976)195-201.

/4/ Dar-El, E.M./ Cother, R.F.: Assembly Line Sequencing for Model Mix, in: International Journal of Production Research, 13(1975)463-477.

/5/ Dar-El, E.M./ Cucuy, S.: Optimal Mixed-Model Sequencing for Balanced Assembly Lines, in: OMEGA, 5(1977)333-342.

/6/ Dar-El, E.M./ Nadivi, A.: A Model-Mix Sequencing Application, in: International Journal of Production Research, 19(1981)69-84.
/7/ Felbecker, O.: Ein Beitrag zur Reihenfolgeplanung bei Mehrprodukt-Linienfertigung, Dissertation, Aachen, 1980.
/8/ Görke, M.: Rechnerunterstütztes Verfahren zur Leistungsabstimmung von Mehrmodell-Montagesystemen, Mainz, 1978.
/9/ Görke, M./ Lentes, H.-P.: Modellfolgebestimmung bei gemischter Produktfertigung, in: wt Zeitschrift für industrielle Fertigung, 71(1981)153-160.
/10/ Hahn, R.: Produktionsplanung bei Linienfertigung, Berlin - New York, 1972.
/11/ Helgeson, W.B./ Birnie, D.P.: Assembly Line Balancing Using the Ranked Positional Weight Technique, in: The Journal of Industrial Engineering, 12(1961)394-398.
/12/ Hoffman, T.R.: Assembly Line Balancing with a Precedence Matrix, in: Management Science, 9(1963)551-562.
/13/ Klenke, H.: Ablaufplanung bei Fließfertigung, Wiesbaden, 1977.
/14/ Koether, R.: Verfahren zur Verringerung von Modell-Mix-Verlusten in Fließmontagen, Berlin u.a., 1986.
/15/ Macaskill, J.L.C.: Computer Simulation for Mixed-Model Production Lines, in: Management Science, 20(1973)341-348.
/16/ Macaskill, J.L.C.: Production-Line Balances for Mixed-Model Lines, in: Management Science, 19(1972)423-434.
/17/ Mastor, A.A.: An Experimental Investigation and Comparative Evaluation of Production Line Balancing Techniques, in: Management Science, 16(1970)728-746.
/18/ Mitsumori, S./ Takada, K.: Optimal Schedule Control of Conveyor Line in Mixed Production, in: Electrical Engineering in Japan, 92(1972)121-129.
/19/ Moodie, C.L./ Young, H.H.: A Heuristic Method of Assembly Line Balancing for Assumptions of Constant or Variable Work Element Times, in: The Journal of Industrial Engineering, 16(1965)23-29.
/20/ Okamura, K./ Yamashina, H.: A Heuristic Algorithm for the Assembly Line Model-Mix Sequencing Problem to Minimize the Risk of Stopping the Conveyor, in: International Journal of Production Research, 17(1979)233-247.
/21/ Roberts, S.D./ Villa, C.D.: On a Multiproduct Assembly Line-Balancing Problem, in: AIIE Transactions, 2(1970)361-364.
/22/ Rosenberg, O./ Ziegler, H.: Approximation Algorithms for Cost-Oriented Assembly Line Balancing - Description and Analysis of Complexity and Performance, Working Paper FB 5, Universität-GH-Paderborn, 1983.
/23/ Steffen, R.: Produktionsplanung bei Fließbandfertigung, Wiesbaden, 1977.
/24/ Talbot, F.B./ Patterson, J.H./ Gehrlein, W.V.: A Comparative Evaluation of Heuristic Line Balancing Techniques, in: Management Science, 32(1986)430-454.
/25/ Thomopoulos, N.T.: Line Balancing-Sequencing for Mixed-Model-Assembly, in: Management Science, 14(1967)B59-B75.
/26/ Thomopoulos, N.T.: Mixed Model Line Balancing with Smoothed Station Assignments, in: Management Science, 16(1970)593-603.
/27/ Tonge, F.M.: Assembly Line Balancing Using Probabilistic Combinations of Heuristics, in: Management Science, 11(1965)727-753.
/28/ Wester, L./ Kilbridge, M.: The Assembly Line Model-Mix Sequencing Problem, in: Proceedings of the Third Conference on Operations Research Oslo 1963, Band 3, Paris, 1964, 247-260.
/29/ Zäpfel, G.: Ausgewählte fertigungswirtschaftliche Optimierungsprobleme von Fließfertigungssystemen, Berlin u.a., 1975.

VERFAHREN ZUR ABSTIMMUNG VON LINIEN BEI PRODUKTMIX

W. DANGELMAIER, Stuttgart

Oberziel des vorgestellten Verfahrens ist die bestmögliche Kapazitätsauslastung von getakteten Mehrproduktmontagelinien. Diese "Optimierung" soll durch eine Reihenfolgesteuerung erfolgen, die intern das Ziel hat, für die bereitgestellten Werker eine überlastungsfreie Produktion zu gewährleisten. Überlastungsfreie Produktion ist zum einen eine notwendige Bedingung zur Springerreduzierung (dadurch in gleichem Maße Leerzeitreduzierung), zum anderen wird damit zunehmenden Anforderungen von Arbeitnehmervertretern Rechnung getragen.

Um eine reibungslose Reihenfolgesteuerung zu gewährleisten, muß eine Kapazitätsermittlung vorgeschaltet werden, deren Aufgabe es ist, den vorliegenden Fertigungsauftragsbestand auf die daraus resultierende notwendige Werkerkapazität hin zu untersuchen. Dies soll durch einen tagesaktuellen Abgleich von Montageplan und Auftragsbestand erfolgen. Ziel der Kapazitätsermittlung ist die Minimierung der für den Auftragsbestand notwendigen Werker.

Der für die Kapzitätsermittlung als Grundlage dienende Montageplan soll täglich durch eine automatische Leistungsabstimmung erzeugt werden. Ziel der Leistungsabstimmung wird es sein, entsprechend des Auftragsbestandes einen Montageplan zu generieren, der die notwendige Kapazitätsvariabilität für eine spätere, wie oben beschriebene, Feinplanung und Steuerung gewährleistet.

Das Verfahren enthält somit eine dreistufige Vorgehensweise:

a) Automatische Leistungsabstimmung mit dem Ergebnis eines auftragsbestandsbezogenen Montageplanes.

b) Simulation des Auftragsbestandes auf der Montagelinie (Montageplan) auf Basis einer optimalen Reihenfolge, mit dem Ergebnis einer notwendigen Werkerkapazität (Kapazitätsermittlung).

c) Reihenfolgesteuerung aus dem endgültigen Auftragsbestand entsprechend der in b) bestimmten Werkerkapazitätsrestriktionen.

Wirtschaftlichkeitsaspekte der Just-In-Time-Lieferung

Günter Fandel, Peter François und Eugen May, Hagen

1. Einleitung

In diesem Beitrag werden die Kostenauswirkungen der JIT-Lieferung auf die Rüst- und Lagerkosten der Zulieferer untersucht. Außerdem wird der Frage nachgegangen, inwieweit die JIT-Lieferung wirtschaftlich sinnvoll ist. Abschließend wird unter der Annahme fester Lieferzeitpunkte und -mengen eine Formel entwickelt, mit deren Hilfe die Zulieferer die optimale Losgröße bei JIT-Anlieferung bestimmen können.

2. Kalkulationsbeispiel aus der Schmiedeindustrie

Schmiedeunternehmen sind typische Zulieferer anderer Industriezweige. Kleinere Losgrößen bedeuten für sie häufigere Auflagen und damit c.p. höhere Kosten. Zur Verdeutlichung soll folgendes Beispiel aus einer Großschmiede dienen. Es handelt sich um einen Auftrag für ein Automobilunternehmen, das schrittweise zum JIT-Lieferprinzip übergeht. Tabelle 1 gibt die Erhöhung der Selbstkosten pro Stück an, wenn die Losgröße sukzessive vermindert wird.

Tab. 1: Serienstückkosten bei veränderter Losgröße

Losgröße (Stück)	100	500	1000	2000	3000
Materialrabatt (%)	-5	-5	0	0	5
Materialeinzelkosten	14,70	14,70	14,--	14,--	13,30
Ausschußrate (%)	6	5	4	4	2,5
Materialkosten	15,60	15,60	14,90	14,90	14,20
Fertigungskosten	11,--	10,50	10,--	10,--	9,50
Rüst- und Anlaufkosten	10,--	2,--	1,--	0,50	0,33
Werkzeugkosten	75,--	15,--	7,50	3,75	2,50
Summe	111,60	43,10	33,40	29,15	26,53
Ausschußkosten	6,70	2,11	1,34	1,17	0,66
Herstellkosten	118,30	45,21	34,74	30,32	27,19
Verwaltungs- und Vertriebskosten	11,83	4,42	3,47	3,03	2,72
Selbstkosten	130,13	49,63	38,21	33,35	29,91

Operations Research Proceedings 1989

Die Selbstkosten pro Stück steigen um knapp 50 %, wenn die Losgröße ausgehend von 2000 ME zweimal halbiert wird. Diese Kostenerhöhungen dürften deutlich höher sein als die Kosteneinsparungen des Abnehmers.

3. Analytische Überlegungen zur Einführung der JIT-Beschaffung

3.1. Motive des Abnehmers zur JIT-Beschaffung

JIT impliziert einen Übergang zu kleineren Bestellmengen. Dadurch steigen die Beschaffungskosten, und die Lagerkosten sinken. Insgesamt führt dies c.p. zu höheren Gesamtkosten [6]. Folgende Gründe können trotz der angesprochenen Steigerung der Gesamtkosten für eine Reduzierung der Bestellmenge des Abnehmers genannt werden:

- die Flexibilität bezüglich der kurzfristigen Lieferbereitschaft soll erhöht werden,
- die Lagerkosten sind höher als ursprünglich angenommen oder
- die bestellfixen Kosten können durch Rationalisierungen vermindert werden.

Unter der Prämisse, daß die bestellfixen Kosten des Abnehmers durch Rationalisierungsmaßnahmen sukzessive vermindert werden können, wird die optimale Bestellmenge des Abnehmers hier mit Hilfe der Harris-Formel bestimmt [1][5]. Der schrittweise Übergang zu kleineren Beschaffungsmengen ist in Tabelle 2 dargestellt.

Tab. 2: Entscheidungs- und Kostensituation des Abnehmers beim Übergang zum JIT-Bestellprinzip

Schritt	1	2	3	...	S
Planungshorizont T'[Wochen]	16	16	16	...	16
Gesamtbedarf x'[ME]	3.200	3.200	3.200	...	3.200
Lagerkostensatz l'[DM/ME u. Woche]	0,10	0,10	0,10	...	0,10
Bestellfixe Kosten c'[DM/Bestellung]	640	160	40	...	$\frac{10}{49}$
Opt. Bestellmenge q'[ME]	1.600	800	400	...	$\frac{200}{7}$
Bestellhäufigkeit h'	2	4	8	...	112
Gesamtkosten K'	2.560	1.280	640	...	45,72

3.2. Konsequenzen des Lieferabrufsystems für den Zulieferer

Die Einführung von JIT erfolge auf Initiative des Abnehmers. Der Zulieferer muß die Bestellmengen und -zeitpunkte als Daten hinnehmen. Der Übergang zur JIT-Lieferung erfolge schrittweise. Dabei werden drei verschiedene Kostensituationen untersucht, die im folgenden mit Zulieferer A, B und C bezeichnet werden.

Tab. 3: Daten verschiedener Kostenkonstellationen beim Zulieferer

	Zul. A	Zul. B	Zul. C
Planungshorizont T [Wochen]	16	16	16
Gesamtproduktion x [ME]	3.200	3.200	3.200
Produktionsgeschw. z [ME/Woche]	400	400	400
Auflagefixe Kosten a [DM/Auflage]	100	300	800
Lagerkostensatz l [DM/ME u. Woche]	0,08	0,08	0,08

Das Harris-Modell ist nicht anwendbar, da seine Prämissen nicht erfüllt sind (feste Liefertermine und -mengen). Deshalb müssen die Aktionsmöglichkeiten der Zulieferer gesondert untersucht werden.

Die möglichen Auflagepolitiken der Zuliefer in der Ausgangssituation sind in Abbildung 1 dargestellt.

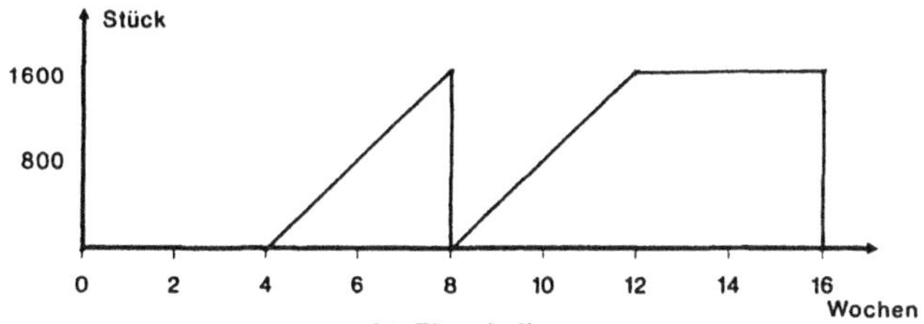

A1: Eine Auflage

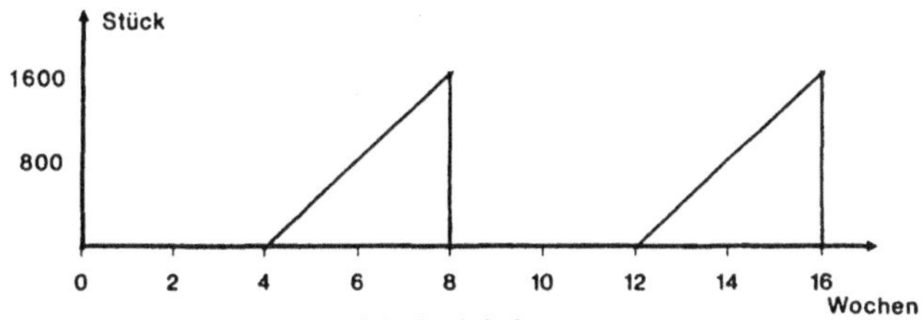

A2: Zwei Auflagen

Abb. 1: Alternativen der Zulieferer für Schritt 1 beim Abnehmer (q'= 1600; Ausgangssituation)

Analog dazu lassen sich die Auflagepolitiken beim Übergang zur JIT-Lieferung darstellen; allerdings sind dabei viele verschiedene Fälle und Unterfälle zu beachten. Die Kosteneffekte bei diesem schrittweisen Übergang in Richtung JIT sollen im folgenden betrachtet werden.

Tab. 4: Kosten der Zulieferer für Schritt 1 beim Abnehmer (q'= 1600) (Ausgangssituation)

	Zul. A	Zul. B	Zul. C
A1: Eine Auflage	1.124	1.324	1.824*
A2: Zwei Auflagen	712*	1.112*	2.112

Tab. 5: Kosten der Zulieferer für Schritt 2 beim Abnehmer (q'= 800) (Bezug: jeweils kostengünstigste Unterfälle)

	Zul. A	Zul. B	Zul. C
A1: Eine Auflage	1.124	1.324	1.824*
A2: Zwei Auflagen	712	1.112*	2.112
A3: Drei Auflagen	684	1.284	2.784
A4: Vier Auflagen	656*	1.456	3.456

Tab. 6: Kosten der Zulieferer für Schritt 3 beim Abnehmer (q'= 400) (Bezug: jeweils kostengünstigste Unterfälle)

	Zul. A	Zul. B	Zul. C
A1: Eine Auflage	1.124	1.324	1.824*
A2: Zwei Auflagen	712	1.112*	2.112
A3: Drei Auflagen	652*	1.252	2.752
A4: Vier Auflagen	656	1.456	3.456
A5: Fünf Auflagen	724	1.724	4.224
A6: Sechs Auflagen	792	1.992	4.992
A7: Sieben Auflagen	844	2.244	5.744
A8: Acht Auflagen	928	2.528	6.528

Ab der optimalen Auflagehäufigkeit, die jeweils mit einem Stern markiert ist, steigen die relevanten Kosten der Zulieferer monoton. Für Zulieferer A lohnt sich der Übergang zu JIT, da A relativ geringe auflagefixe Kosten hat. Für Zulieferer B und C ändert sich nichts an den Gesamtkosten und an ihrer optimalen Auflagepolitik. Die Auflagehäufigkeit wird beibehalten, und die Lagerkosten bleiben gleich.

Schließlich kann festgehalten werden, daß kein Zulieferer seine Situation verschlechtert, wenn ein Übergang zur JIT-Lieferung erfolgt. Voraussetzung ist jedoch, daß die Zulieferer die zukünftigen Bestellmengen kennen.

Dies ist aber gerade das Problem bei der JIT-Lieferung. JIT soll die Flexibilität des Abnehmers erhöhen. Das heißt, er wird seinen Gesamtbedarf von 3.200 ME nicht mehr für 16 Wochen festlegen.

Wenn sich z.B. der Abnehmer nur noch für zwei Wochen bindet und der Zulieferer C nicht das Risiko eingehen will, Güter zu produzieren, ohne daß deren Absatz gesichert ist, muß er achtmal auflegen und hat damit Kosten in Höhe von 6.528 DM. Die Kostenerhöhung beträgt 4.704 DM. Vergleicht man sie mit den Kosteneinsparungen des Abnehmers (2.514,28 DM), so wird deutlich, daß sich die logistische Kette Zulieferer C - Abnehmer verschlechtert. Die Einführung der JIT-Lieferung wäre unter diesen Umständen ökonomisch unsinnig und würde für den Abnehmer zumindest langfristig zu steigenden Einstandspreisen führen.

Mit Hilfe dieses Beispiels läßt sich daher auch die Forderung der Zulieferer begründen, daß die Abnehmer zumindest Bandbreitenangaben für die zukünftigen Lieferungen angeben müssen, um dem Zulieferer - insbesondere in rüstkostenintensiven Betrieben - eine wirtschaftliche Fertigung zu ermöglichen [2][4].

3.3. Herleitung einer Formel zur Bestimmung der optimalen Losgröße eines Serienproduktes bei JIT-Anlieferung

Bisher erfolgte die Bestimmung der optimalen Losgröße durch vollständige Enumeration. Dabei wurde ein fester Planungshorizont unterstellt. Dies führte dazu, daß auch unterschiedlich große Lose optimal sein können. Bei einem offenen Planungshorizont sind jedoch konstante Losgrößen optimal [3]. Die nachfolgende Formel zur Bestimmung der optimalen Losgröße geht von einem offenen Planungshorizont und festen Lieferzeitpunkten und -mengen aus.

Erläuterung der Variablen:

- q' Bestellmenge des Abnehmers (Liefermenge des Zulieferers)
- q Losgröße des Zulieferers
- n Anzahl der Lieferungen, die mit einem Los abgedeckt werden
- T Länge des Planungszeitraumes
- t Länge des Zeitraums vom Planungsbeginn bis zum ersten Liefertermin bzw. zwischen zwei Lieferterminen

z Produktionsgeschwindigkeit des Zulieferers (Mengeneinheiten pro Zeiteinheit)

a auflagefixe Kosten des Zulieferers (Geldeinheiten pro Auflage)

l Lagerkostensatz des Zulieferers (Geldeinheiten pro Mengeneinheit und Zeiteinheit)

$\bar{L}$ kumulierter Lagerbestand

Als Vergleichsbasis für die Kosten unterschiedlich großer Lose sollen die Stückkosten dienen. Die Vorgehensweise zur Herleitung der Formel wird durch Abbildung 2 verdeutlicht.

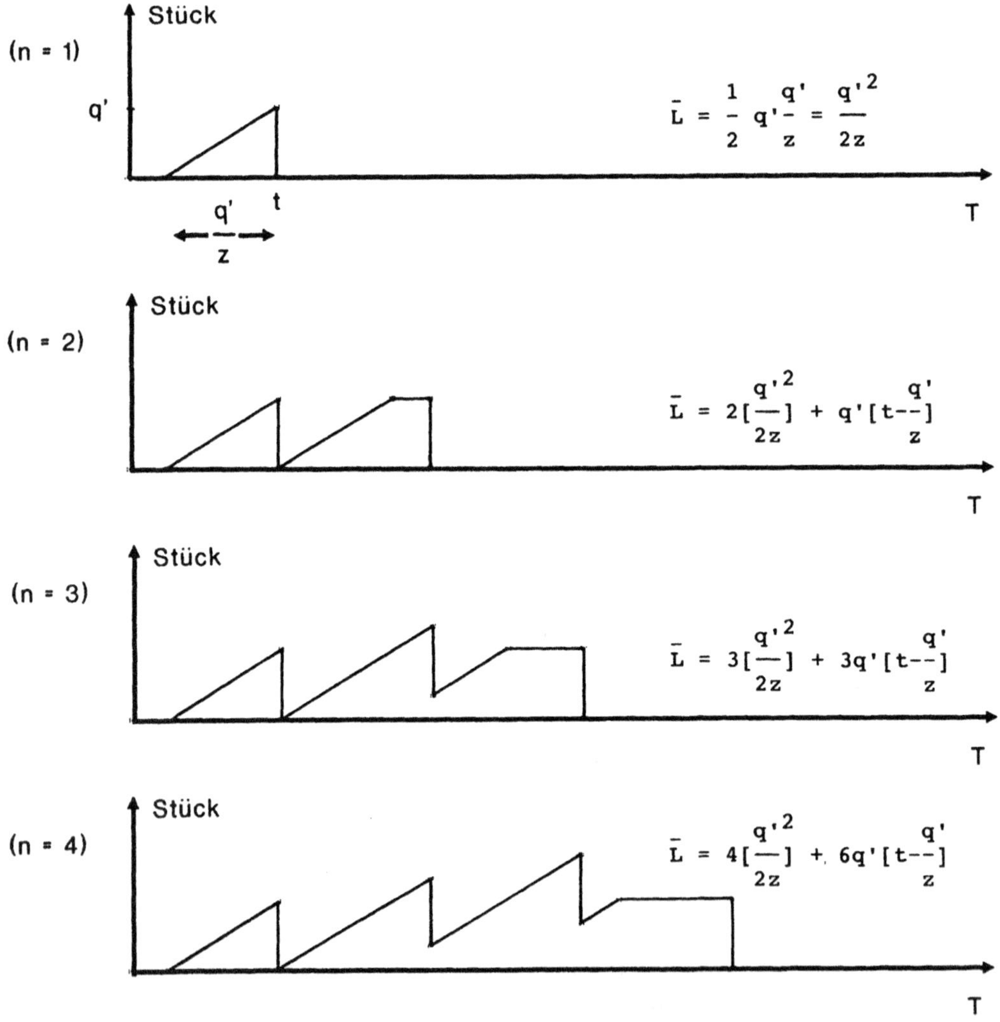

Abb. 2: Bestimmung des kumulierten Lagerbestandes für n=1 bis n=4

Der kumulierte Lagerbestand $\bar{L}(n)$ kann allgemein nach der folgenden Formel bestimmt werden:

$$\bar{L}(n) = n\left[\frac{q'^2}{2z}\right] + q' \sum_{\mu=0}^{n-1} \mu\left[t-\frac{q'}{z}\right]$$

$$= n\left[\frac{q'^2}{2z}\right] + \frac{n}{2}(n-1)q'\left[t-\frac{q'}{z}\right]$$

$$= \frac{nq'}{2z}\left[(n-1)tz-(n-2)q'\right].$$

Die Stückkosten k(n) sind somit:

$$k(n) = \frac{a + l\bar{L}(n)}{nq'}$$

$$= \frac{a}{nq'} + \frac{l}{2z}\left[(n-1)tz-(n-2)q'\right].$$

Für das optimale n^* gilt:

$$k(n^*) = \min_n \{k(n)\}.$$

Die optimale Losgröße lautet dann:

$$q^* = q'n^*.$$

Die Anwendung dieser Formel auf die Zulieferer A, B und C führt zu den in Tabelle 6 festgehaltenen Ergebnissen.

Tab. 6: Kosten der Zulieferer A, B, und C für Schritt 3

Zulieferer	A	B	C
n^*	3	4	7
h^*	2,67	2	1,14
$k(n^*)$	0,2033	0,3475	0,5657
$K(n^*)$	650,67	1.112,00	1.810,24

Der Vorteil der Formel gegenüber einer vollständigen Enumeration besteht in einem erheblich geringeren Rechenaufwand. Eine Näherungslösung mit Hilfe der Harris-Formel mit sukzessivem Lagerzugang ist nicht sinnvoll, da die Harris-Formel bei unerheblich geringerem Rechenaufwand zu suboptimalen Lösungen führt und nicht die tatsächlichen Kosten angibt.

L i t e r a t u r :

[1] Andler, U. (1929): Rationalisierung der Fabrikation und optimale Losgröße, München.

[2] Fandel, G.; François, P. (1988): Rational Material Flow Planning with MRP and Kanban, in: Fandel, G.; Dyckhoff, H.; Reese, J. (Hrsg.): Essays on Production Theory and Planning, Berlin u.a., S. 43-65.

[3] Fandel, G.; François, P.; May, E. (1988): Effects of Call-Forward Delivery Systems on Supplier's Serial per Unit Costs, in: Fandel, G.; Dyckhoff, H.; Reese, J. (Hrsg.): Essays on Production Theory and Planning, Berlin u.a., S. 66-84.

[4] Fandel, G.; Reese, J. (1989): "Just-in-Time"-Logistik am Beispiel eines Zulieferbetriebes in der Automobilindustrie, in: Zeitschrift für Betriebswirtschaft, Heft 1, S. 55-69.

[5] Harris, F. (1915): Operations and Cost, in: Factory Management Series, Chicago, S. 48-52.

[6] Tersine, R.J. (1982): Principles of Inventory and Materials Management, Second Edition, New York.

OPTIMALE LOSGRÖSSEN BEI SERVICEGRADRESTRIKTION, UNSICHERER PRODUKTION UND STOCHASTISCHEM ABSATZ

Hermann Jahnke, Hamburg

1. Einleitung

In ihren Arbeiten beschäftigen sich [WILLIAMS] und [ZIPKIN] mit dem Problem der Bestimmung optimaler Losgrößen bei unsicherer Nachfrage und Produktion für den Fall mehrerer Produkte, die gemeinsam auf (in der einfachsten Situation) einer Anlage intermittierend gefertigt werden.
Dabei kombinieren sie Modelle der Lagerhaltungs- und der Warteschlangentheorie: Fertigungsaufträge vom Umfang der Losgröße werden ausgelöst, sobald der Lagerbestand des betreffenden Produktes eine Meldemenge erreicht. Die Fertigungsaufträge ordnen sich in eine Warteschlange vor der Fertigungsanlage ein, werden gemäß stochastischer Bearbeitungszeiten der Reihe nach bearbeitet und anschließend in ihr Lager transportiert.
Die zu optimierende Kostenfunktion ist an die Zielgrößen der Lagerhaltungstheorie angelehnt, wobei die Rolle der (zufälligen) Lieferzeit von der aus dem Warteschlangenmodell ermittelten Systemzeit (Warte- plus Bearbeitungszeit) der Aufträge bzw. Lose übernommen wird.
Beide Autoren approximieren den Ankunftstrom der Aufträge durch einen Poissonprozeß, was gerechtfertigt erscheint, wenn eine große Anzahl von Produkten betrachtet wird, die eine niedrige Auflagehäufigkeit haben. Diese niedrige Häufigkeit spricht für relativ große Lose, die wiederum zu relativ hohen Lagerbeständen führen. Eine solche Vorgehensweise ist sinnvoll, falls die Rüstkosten hoch, die Lagerkosten niedrig sind.
Die beschriebene Produktionsweise dürfte bei knappen Kapazitäten zu den schon im deterministischen Fall bekannten Problemen der Ablaufplanung (Lossequenzproblem) führen, deren Ergebnis hier die zufällige Wartezeit ist, die vergeht, bis die Abwicklung eines Fertigungsauftrages beginnt. Als Folge dürften sich hohe Fehlmengenkosten einstellen: Tatsächlich deutet WILLIAMS Bericht über simulativ durchgeführte Beispielrechnungen in solche Richtung.
Zudem werden in vielen Fällen die der Sache nach entscheidungsrelevanten und tatsächlich anfallenden Rüstkosten - wenn überhaupt zu ermitteln - vernachlässigbar gering sein, so daß man, unter Beachtung des Kapazitätseffektes von nichtverschwindenden Rüstzeiten, die Lose möglichst klein wählen wird, um die Lagerkosten niedrig zu halten. Die resultierende, eher hohe Auflagehäufigkeit der Sorten wird Konsequenzen für die Wartezeit der Aufträge und als Folge für die Fehlmengen haben. Hohe Fehlmengen(kosten) dürften aber i.d.R. für die Praxis inakzeptabel seien.
Ein Lösungsvorschlag für das Lossequenzproblem im deterministischen Fall findet sich bei [MAGEE, S.310ff]: Wähle die Losgrößen so, daß der Quotient aus Losgröße und Absatzgeschwindigkeit für alle Produkte gleich ist. Die Sorten werden dann in festem Zyklus mit gleicher Häufigkeit aufgelegt.
Stellt ein Unternehmen relativ wenige (Haupt-) Sorten her, die etwa aus den oben dargestellten Gründen eine hohe Auflagehäufigkeit haben, so liegt es auch bei Unsicherheit nahe, sie zu einem solchen Auflagezyklus zusammenzufassen. In diesem wird in vorgegebener, fester Reihenfolge jede Sorte einmal gefertigt.
Ziel dieses im folgenden sehr kurz dargestellten Ansatzes ist es, kostenminimale Losgrößen so zu wählen, daß ein vorgegebener hoher Mindestservicegrad des Lagers eingehalten wird.

Operations Research Proceedings 1989

2. Herleitung der losgrößenabhängigen Kosten

Diese Kosten sollen zunächst für nur eine Sorte ermittelt werden. Dabei wird angenommen, daß Nachfrage, die auf ein leeres Lager trifft, verlorengeht. Daher ist zunächst eine den Gewinn maximierende Losgröße zu bestimmen. Ferner beschränkt sich die vorliegende Arbeit auf die Betrachtung von einstufigen Produktionsvorgängen, bei denen die Herstellung eines Loses einer Sorte erst vollständig abgeschlossen sein muß, bevor - nach eventueller Umrüstung - ein Los einer anderen Sorte aufgelegt werden kann.
Die Durchlaufzeit eines Loses ist die Zeit vom Beginn der Umrüstung der Anlagen auf seine Bearbeitung bis zu seinem geschlossenen Eintreffen im Endproduktlager. Im allgemeinen wird diese Zeit nicht genau vorhergesagt werden können, vielmehr wird sie als stochastische Größe anzusehen sein [TEMPELMEIER, S. 280ff]. Mit der Durchlaufzeit ist die Zeit zwischen zwei Ankünften von Losen der gleichen Sorte im Lager, die Zwischenankunftszeit, zufällig. Im Fall der Betrachtung nur einer Sorte seien $A_1, A_2, A_3, \ldots$ stochastisch unabhängige und identischverteilte Zufallsvariablen, wobei A_i die Zeit zwischen der Ankunft des (i-1)-ten und i-ten Loses der betrachteten Sorte im Lager darstelle. Auf der anderen Seite steht der Absatz der Produkte. In der Sprache der Warteschlangentheorie entspricht er der Bedienung der Kunden: Die im Lager befindlichen Produkteinheiten werden einzeln nacheinander abgesetzt. Steht die i-te Produkteinheit zum Absatz an, so vergehen B_i Zeiteinheiten bis eine Nachfrage nach dieser Einheit auftritt und sie verkauft wird (Zwischenabsatzzeit). $B_1, B_2, B_3, \ldots$, die entsprechenden Zeiten für die Produkteinheiten 1,2,3,..., seien stochastisch unabhängige, identischverteilte Zufallsvariable. Ferner seien die A_i und B_j für alle i und j stochastisch unabhängig, $0<EA_1=1/\lambda<\infty$, $0<EB_1=1/\mu<\infty$ (E sei der Erwartungswertoperator) und die zweiten Momente mögen existieren.
Geht man von stochastisch unabhängigen und identischverteilten Zwischen<u>nachfrage</u>zeiten aus, werden die Zwischen<u>absatz</u>zeiten i.a. nicht identischverteilt sein, außer in dem besonders wichtigen Fall eines poissonschen Nachfrageprozesses. Liegt kein solcher Nachfrageprozeß vor, kann man die Annahme identischverteilter Zwischennachfragezeiten als Approximation ansehen, die umso besser ist, je höher der Servicegrad des Lagers ist. Daneben ist zu bedenken, daß das Wissen der Unternehmen sich in vielen Fällen zunächst auf den Absatz und nicht auf die Nachfrage beziehen wird, so daß die Zwischenabsatzzeiten die ursprünglichen, ins Modell einzubeziehenden Größen sind.
Für eine gegebene Losgröße von y Produkteinheiten sind $C_1:=B_1+B_2+\ldots+B_y$, $C_2:=B_{y+1}+\ldots+B_{2y}, \ldots$ die Absatzzeiten der Lose, $A_1, A_2, \ldots$ und $C_1, C_2, \ldots$ also Zwischenankunfts- bzw. Bedienzeiten in einem G/G/1-Warteschlangenmodell, in dem die im Lager befindlichen, auf ihren Absatz wartenden Lose der Größe y die Rolle der Kunden spielen (Eine einfache Version eines solchen Lagerhaltungsmodelles findet sich bei [COHEN, S. 408ff] und [TIJMS, S. 94f]). Der Warteschlangenlängenprozeß $\{L(t), t\geq 0\}$ ist bekanntlich ein regenerativer stochastischer Prozeß, bei welchem sich also der gleiche wahrscheinlichkeitstheoretische Mechanismus zu wiederholen beginnt, sobald ein ankommendes Los auf ein leeres Lager trifft (Regenerationszeitpunkt). Die erwarteten, mit einer bestimmten gewählten Losgröße verbundenen Kosten und Erlöse sind dann in jedem durch zwei solche Regenerationszeitpunkte gegebenen Regenerationsintervall gleich.
Der erwartete Gewinn im ersten Regenerationsintervall für gegebene Losgröße setzt sich aus den Deckungsbeiträgen, den Rüstkosten und den Lagerkosten dieses Intervalls zusammen. Es sei angenommen, daß im Zeitpunkt 0 ein erstes Los im Lager eintrifft, d.h. 0 ist der erste Regenerationszeitpunkt. Die Absatzzeit dieses Loses sei $C_0:=B_1 + B_2 + \ldots + B_y$ (entsprechend für die Herleitung der Gewinngröße $C_i:=B_{(i-1)y+1} + B_{(i-1)y+2} + \ldots + B_{iy}$, i=1,2,...). S sei der zufällige nächste Regenerationszeitpunkt, d.h. der Zeitpunkt, in dem nach dem Ende der ersten Betriebsperiode - Verkauf der letzten gelagerten Produkteinheit - wieder ein Los im Lager eintrifft. Ist

$\{A(t), t\geq 0\}$ der Erneuerungsprozeß zu den Zwischenankunftszeiten der Lose im Lager, so ist A(S) die Anzahl der im ersten Regenerationsintervall im Lager eingetroffenen Lose ohne das im Zeitpunkt 0 eingelagerte und inclusive des den Beginn des zweiten Regenerationsintervalls markierenden Loses.
Die Lagerkosten kann man nun durch eine gedankliche Zweiteilung des Lagerbestandes ermitteln. Sei

$$L^q(t) = \begin{cases} L(t) - 1 & \text{falls } L(t) \geq 1 \\ 0 & \text{sonst,} \end{cases}$$

so ist in der Sprache der Warteschlangentheorie $L^q(t)$ die Anzahl im Zeitpunkt t vor dem Schalter wartender Kunden oder in unserem Zusammenhang die Anzahl auf Lager liegender Lose, ohne dasjenige, das gerade Produkteinheit für Produkteinheit abgesetzt wird.
Unterstellt man nun die Existenz einer Grenzverteilung der Warteschlangenlänge $\{L(t), t\geq 0\}$, so lauten die erwarteten Lagerkosten dieses Teillagers im ersten Regenerationsintervall bei einem Lagerkostensatz von l Geldeinheiten pro Mengen- und Zeiteinheit und bei Losgröße $y \in \mathbb{N}$

$$E\Big(\int_0^S y\, l\, L^q(t)\, dt\Big) = ES\,[y\, l(EL-\rho)],$$

wobei EL die erwartete Warteschlangenlänge unter der Grenzverteilung, ES die erwartete Länge des Regenerationsintervalls und $\rho = EC_1/EA_1$ die Verkehrsintensität des Warteschlangenmodelles ist. (Es sei $\rho<1$ angenommen, woraus bekanntlich $ES<\infty$ folgt.)
Bis zum Zeitpunkt des Absatzes der letzten Mengeneinheit des letzten Loses im ersten Regenerationsintervall befindet sich jeweils ein Los in "Bedienung", d.h. es wird abgesetzt. Dieses Los bildet den gedanklichen zweiten Teil des Lagers.
Betrachten wir das im Zeitpunkt 0 eintreffende Los. Bis zum Absatz der ersten Produkteinheit vergehen B_1 Zeiteinheiten, bis zu diesem Zeitpunkt ist das ganze Los - y Mengeneinheiten - auf Lager. Anschließend vergehen weitere B_2 Zeiteinheiten bis zum Absatz der nächsten Produkteinheit, während welcher (y-1) Mengeneinheiten auf Lager liegen und so fort, bis nach $B_1 + B_2 + ... + B_y$ Zeiteinheiten das erste Los vollständig abgesetzt ist. Dieser Vorgang wiederholt sich mit dem nächsten Los, bis alle A(S) Lose im ersten Regenerationsintervall abgesetzt sind.

Mit $$Z_i := \sum_{j=1}^{y}(y-j+1)B_{iy+j} \qquad i=0,1,...,A(S)-1$$

erhält man die durch das sich jeweils im Absatz befindende Los verursachten erwarteten Lagerkosten, da A(S) eine Stopzeit für $Z_0, Z_1,...$ ist, mit der Waldschen Gleichung [HEYMAN/SOBEL, S.171] als

$$E\Big(l \sum_{i=0}^{A(S)-1} Z_i\Big) = (l/2)ES\,(y\rho+\rho),$$

so daß die gesamten erwarteten Lagerkosten im ersten Regenerationsintervall $l\,ES[y(EL-(\rho/2))+\rho/2]$ sind.

Die Rüstkosten des ersten Regenerationsintervalls ergeben sich aus der Anzahl in diesem Zeitraum aufgelegter Lose A(S) multipliziert mit den pro Rüstvorgang anfallenden $R \geq 0$ Geldeinheiten. Da $EA(S) = \lambda ES$ ist (A(S) ist Stopzeit für $A_1, A_2, \ldots$ und $S = A_1 + \ldots + A_{A(S)}$), folgt für die erwarteten Rüstkosten $E(R \cdot A(S)) = R\lambda ES$.

Die Anzahl im ersten Regenerationsintervall abgesetzter Lose A(S) multipliziert mit der Losgröße y ergibt die Absatzmenge, für deren Erwartungswert gilt (Beachte: $EC_1 = yEB_1$!) $E(yA(S)) = y\lambda ES = \mu\rho ES$, so daß der erwartete gesamte Deckungsbeitrag des ersten Regenerationsintervalls bei einem Deckungsbeitrag von d Geldeinheiten pro Produkteinheit $d\mu\rho ES$ Geldeinheiten beträgt.

Sowohl der Erwartungswert von C_1, als auch derjenige von A_1, ferner ES hängen von der gewählten Losgröße ab. Da insbesondere die erwartete Länge des ersten Regenerationsintervalles die Wahl der optimalen Losgröße nicht beeinflussen soll, ist das geeignete Kriterium der erwartete Gewinn im ersten Intervall, dividiert durch ES, also

$$G(y) = d\mu - (1-\rho)d\mu - yl(EL-(\rho/2)) - (l\rho/2) - \lambda R.$$

Die ersten beiden Summanden haben dabei folgende Interpretation: Absatz kann nur solange stattfinden, bis das Lager leer ist, d.h. bis zum Augenblick des letzten Absatzvorgangs. Die erwartete Länge dieser Betriebsperiode ist (A(S) ist Stopzeit für $C_0, C_1, \ldots$)

$$E\Big(\sum_{i=0}^{A(S)-1} C_i\Big) = \rho ES.$$

ρ ist also der erwartete Anteil des Regenerationsintervalles, während dessen das Lager nicht leer ist. Entsprechend ist $(1-\rho)ES$ die mittlere Zeit, die zwischen dem Absatz der letzten Produkteinheit und dem Eintreffen eines neuen Loses im leeren Lager (Regenerationszeitpunkt) vergeht, also die erwartete Leerzeit des Lagers, während der auftretende Nachfrage verloren geht.

Der erwartete Absatz ist demnach gleich dem Produkt aus mittlerem Absatz pro Zeiteinheit, falls das Lager nicht leer wird (μ) und der mittleren Zeit, während der das Lager nicht leer ist (ρES). Entsprechend ist μES der erwartete Absatz im ersten Regenerationsintervall, falls das Lager zu keinem Zeitpunkt leer wäre, $\mu(1-\rho)ES$ entsprechend der durch Leerstand des Lagers im Mittel entgangene Absatz. Der zweite Term im Gewinnausdruck oben stellt die pro Zeiteinheit erwartete Fehlmenge, gewichtet mit dem Deckungsbeitrag, also die erwarteten Fehlmengenkosten pro Zeiteinheit dar.

An dieser Stelle ergibt sich eine Interpretation der Verkehrsintensität ρ. Nach dem eben Gesagten ist $\rho = (\rho\mu ES)/(\mu ES)$, also gleich dem Verhältnis von erwartetem Absatz zur insgesamt auftretenden erwarteten Nachfrage im Regenerationsintervall, ρ ist also ein Servicegrad des Lagers [NEUMANN, S. 273].

Äquivalent zur Maximierung des pro Zeiteinheit erwarteten Gewinnes ist die Minimierung der Summe der pro Zeiteinheit erwarteten Lager-, Rüst- und Fehlmengenkosten:

$$\lambda R + ylEL - yl(\rho/2) + (l/2)\rho + d\mu(1-\rho) \qquad (2.1)$$

Wir hatten die Existenz der Grenzverteilung der Warteschlangenlänge unterstellt, die wir benötigten, um in (2.1) ihren Mittelwert EL für gegebene Losgröße y ausrechnen zu können. Diese Existenz ist gesichert, falls $\rho<1$ ist

(und S eine nichtarithmetische Verteilung hat, wovon im weiteren ausgegangen werden soll) [HEYMAN/SOBEL, S. 183]. Im allgemeinen läßt sich für ihren Erwartungswert jedoch kein geschlossener Ausdruck angeben, mit dem sich sinnvoll arbeiten ließe. Er soll daher im folgenden approximiert werden, wozu unterstellt wird, daß ein hoher Mindestservicegrad vorgegeben ist. Man wird aber den Servicegrad auch nicht zu hoch wählen: für $\rho \geq 1$ wächst bekanntlich mit einer sich 1 annähernden Wahrscheinlichkeit der Lagerbestand über jede gegebene Grenze hinaus, das Lager "explodiert" [SCHASSBERGER, S. 72]. Auf Dauer ökonomisch sinnvoll sind also nur Servicegrade kleiner als, aber nahe bei 1.
Diese Situation "starken Verkehrs" (bzw. von heavy traffic) ist aber gerade diejenige, in der sich der stochastische Prozeß $\{L(t), t \geq 0\}$ durch eine geeignete Brownsche Bewegung approximieren läßt [HEYMAN/SOBEL, S. 478]. Die Brownsche Bewegung hat wieder eine Grenzverteilung, deren Erwartungswert man als Näherungswert für die im Mittel zu erwartende Anzahl gelagerter Lose im eigentlichen G/G/1-Modell (EL) bei hohem Servicegrad nutzen kann:

$$EL \approx (1/[2\rho(1-\rho)(EA_1)^2])[(\text{Var } C_1/\rho)+\rho^2 \text{Var } A_1)] \tag{2.2}$$

[HEYMAN/SOBEL, S. 482], wobei Var für den Varianzoperator steht.
Dabei ist für gegebene Losgröße $y \in \mathbb{N}$ $EC_1 = y\ EB_1 = y/\mu < \infty$ und $\text{Var } C_1 = y \text{ Var } B_1 < \infty$. Nicht so leicht lassen sich Erwartungswert und Varianz von A_1 (Zwischenankunftszeit der Lose) herleiten, da sie natürlich von den jeweiligen betrieblichen Gegebenheiten abhängen.
Um zu konkreten Aussagen zu gelangen, sollen im weiteren spezielle Annahmen über den Produktionsvorgang getroffen werden. Es sei betont, daß hier auch andere Annahmen möglich sind, die sich auf ähnliche Weise behandeln lassen.
I.d.R. wird man für ein Produkt aus der Herstellungspalette eines Betriebes eine minimale, technisch determinierte Bearbeitungszeit (ggf. genommen über alle Produktionsstufen) angeben können, von der jedoch i.a. die Durchlaufzeit nach oben abweicht.
Die Abweichung zwischen der Summe der technisch determinierten Bearbeitungszeiten und der Durchlaufzeit eines Loses wird i.a. von der Losgröße abhängen. Üblicherweise wird man die Verteilung der Abweichung nicht kennen, so daß diese Abhängigkeit im Modell nur über die Momente ihrer Verteilung erfaßt werden kann. Sei S_y die zufällig Abweichungszeit für ein Los der Größe y. Sie sei für je zwei Lose stochastisch unabhängig.
Im weiteren sei davon ausgegangen, daß es für die einzelnen Produkteinheiten eine zufällige Abweichungszeit (etwa Zeit für Qualitätsprüfung und Nacharbeitung) von X_i Zeiteinheiten für die i-te Produkteinheit gibt. Dabei sei für alle i $X_i \geq 0$ fast sicher und $0 < EX_1 = EX_i = a < \infty$. Ferner sei $b := \text{Var } X_1 \in (0,\infty)$. Damit gilt $ES_y = ay$.
Die Abweichungszeiten der einzelnen Einheiten eines Loses werden nicht unabhängig voneinander auftreten: Die Abnutzung des Werkzeugs, Maschinendefekte, allgemein mangelnde Faktorqualität wirken nicht nur auf einzelne, sondern systematisch auf Gruppen von oder gar alle Produkteinheiten. Daher ist nicht mit einer mit wachsender Losgröße sinkenden Variabilität der Summe aus technisch determinierter Bearbeitungs- und Abweichungszeit zu rechnen. Vielmehr soll im weiteren angenommen werden, daß der Variationskoeffizient dieser Summe gleich bleibt, d.h. es soll für jede Losgröße $\text{Var } A_1 = by^2$ gelten.

3. Das Modell für die losweise Fertigung mehrerer Sorten auf einer Anlage

Im Fall mehrerer (Haupt-) Sorten sollen alle herzustellenden Sorten zu einem Zyklus zusammengestellt werden, in dem jede Sorte genau einmal aufgelegt wird (einfache Reihenfolge).
Die weiteren Überlegungen beziehen sich auf den einfachsten Fall n=2. Die Ergebnisse lassen sich aber bei einfachen Reihenfolgen ohne weiteres verallgemeinern. Die denkbaren einfachen Reihenfolgen sind (y_1,y_2) oder (y_2,y_1), wobei y_i die Losgröße der Sorte i bezeichne, und o.E. sei (y_1,y_2) die bei Berücksichtigung von reihenfolgeabhängigen Rüstzeiten günstigere. Der Absatz der beiden Sorten sei unabhängig voneinander, so daß wir, falls Produkteinheiten auf Lager sind, stochastisch unabhängige Zwischenabsatzzeiten B_{11}, B_{12}, B_{13},... und B_{21}, B_{22}, B_{23},..., bzw. auf die Lose bezogen von C_{11}, C_{12}, C_{13},... und C_{21}, C_{22}, C_{23},... vorliegen haben.
Es sei wieder $EB_{i1}=1/\mu_i$ bzw. $EC_{i1}=y_i/\mu_i$, i=1,2. Auf der Produktionsseite stellt sich die Frage nach der Zeit zwischen der Ankunft zweier Lose der gleichen Sorte im Lager.
Unter den Annahmen des zweiten Abschnittes gilt folgende Überlegung: Nehmen wir an, ein Los der Sorte 2 sei gerade im Lager angekommen. Nach einer eventuell verschwindenden Ruhezeit von τ_2 Zeiteinheiten wird die Anlage in $r_1>0$ Zeiteinheiten auf die Bearbeitung der Sorte 1 umgerüstet, diese nimmt bei einer technisch determinierten Produktionsgeschwindigkeit von $v_1>0$ pro Mengeneinheit $1/v_1$ Zeiteinheiten in Anspruch und wird durch die zufällige Abweichungszeit S_1 verlängert. Nachdem die Sorte 1 die Produktion verläßt, fallen wieder Ruhezeiten von τ_1 und Rüstzeiten von $r_2>0$ Zeiteinheiten an, bevor die Bearbeitung von Sorte 2 beginnt, die nach y_2/v_2+S_2 Zeiteinheiten beendet wird. D.h. bis zur nächsten Ankunft eines Loses der Sorte 2 vergehen

$$y_1/v_1 + S_1 + y_2/v_2 + S_2 + z \tag{3.1}$$

oder im Mittel $1/\lambda(y_1,y_2) = \vartheta_1 y_1+\vartheta_2 y_2+z$ Zeiteinheiten, wobei $\vartheta_i=1/v_i+a_i$, i=1,2 und $z=\tau_1+r_1+\tau_2+r_2$ sei. Wie in Abschnitt 2 sei ferner $ES_i=a_i y_i$, i=1,2, für $a_1>0$ und $a_2>0$ und darüber hinaus S_1 und S_2 stochastisch unabhängig. Durch (3.1) werden die dem ersten Abschnitt entsprechenden Zwischenankunftszeiten (von Losen der Sorte 2 im Lager) A_{21}, A_{22}, A_{23},... als identischverteilte, stochastisch unabhängie Zufallvariable gegeben, Produktion und Absatz dieser Sorte können also durch ein G/G/1-Warteschlangenmodell wie in Abschnitt 2 beschreiben werden. Etwas anders ist jedoch die Situation für die erste Sorte. Zwar ergibt sich für sie aus (3.1) eine Folge von identischverteilten, stochastisch unabhängien Zufallsvariablen A_{12}, A_{13}, A_{14},... (mit dem obigen Erwartungswert). Jedoch unterscheidet sich hiervon die Zeit A_{11} bis zur Ankunft des ersten Loses dieser Sorte im Lager: Sie beträgt nur $A_{11}=y_1/v_1+S_1+r_1(+\tau_1)$ Zeiteinheiten. A_{11} ist zwar von A_{12}, A_{13},... stochastisch unabhängig, hat jedoch i.a. nicht die gleiche Verteilung. Nun ist aber die Grenzverteilung des stochastischen Prozesses $\{L_1(t), t\geq 0\}$ in dieser Situation von A_{11} unabhängig, solange diese nur eine nichtnegative Zufallsvariable und ihr Erwartungswert endlich ist. Andererseits erfaßt (2.1) nur die Kosten ab dem frühesten Zeitpunkt, zu dem ein Los im Lager eintrifft, d.h. das Kostenkriterium ist unabhängig von A_{11} und wir können daher das tatsächliche A_{11} durch eine wie A_{12} verteilte Zufallsvariable ersetzen. Dann sind A_{11}, A_{12}, A_{13},... stochastisch unabhängige und identischverteilte Zufallsvariable und wir erhalten wie für Sorte 2 eine Beschreibung durch ein G/G/1-Modell.
Die Verkehrsintensität der beiden Sorten

$$\rho_j(y_1,y_2)=y_j / \mu_j(\vartheta_1 y_1+\vartheta_2 y_2+z) \qquad j=1,2 \tag{3.2}$$

läßt sich wieder als Servicegrad des Absatzlagers für das jeweilige Produkt j interpretieren. Der erwartete

Lagerbestand beider Produkte unter der stationären Verteilung, gemessen in der Anzahl auf Lager befindlicher Lose EL_1 (Produkt 1) und EL_2 (Produkt 2), soll wieder durch (2.2) approximiert werden. Dazu sei angenommen, daß für beide Servicegrade eine knapp unter 1 liegende, untere Grenze gegeben sei.
Unterstellt man $\mu_j<\vartheta_j^{-1}$ (D.h. der erwartete Absatz pro Zeiteinheit ist kleiner als die bei Vernachlässigung von Rüst- und Ruhezeiten z erwartete Produktionsmenge der Sorte j pro Zeiteinheit. Diese Annahme korrespondiert mit der im Rahmen der Herleitung der klassichen Losgrößenformel üblichen Prämisse, daß die Produktionsgeschwindigkeit größer als die Absatzgeschwindigkeit sei.), so ergeben sich aus der Forderung $\rho_j(y_1,y_2)<1$, j=1,2, obere Schranken für zulässige Losgrößen:

$$y_1 < (z\mu_1+\mu_1\vartheta_2 y_2) \;/\; (1-\mu_1\vartheta_1) \tag{3.3}$$

$$y_1 > ((1-\mu_2\vartheta_2)y_2 \;/\; \mu_2\vartheta_1) - z/\vartheta_1 \tag{3.4}$$

Wegen z>0 (Wir unterstellen ja $r_i>0$, i=1,2!), haben die beiden zugehörigen Begrenzungsgeraden einen Schnittpunkt im positiven Quadranten, falls $\mu_1\vartheta_1+\mu_2\vartheta_2<1$ ist.
Nun ist μ_j annähernd die pro Zeiteinheit vom Produkt j (j=1,2) abgesetzte Menge und der obige Ausdruck die zu ihrer Herstellung (incl. Prüfung und eventueller Nachbearbeitung) notwendige Zeit, wobei Rüst- und Ruhezeiten vernachlässigt werden. Stände also oben "≥" an Stelle der "<"-Relation, so wären die geforderten hohen Servicegrade eventuell nicht aufrecht zu erhalten, da ja tatsächlich Rüstzeiten anfallen. Daher sei im weiteren $\mu_1\vartheta_1+\mu_2\vartheta_2<1$ unterstellt, woraus sofort wegen $\mu_j\vartheta_j>0$ $\mu_j\vartheta_j<1$, j=1,2, folgt. Untere Schranken für y_1 und y_2 ergeben sich aus der jeweiligen Einhaltung eines Mindestservicegrades $0<\rho_j^-<1$, j=1,2:

$$y_1 \geq (\rho_1^-\mu_1 z + \rho_1^-\mu_1\vartheta_2 y_2) \;/\; (1-\rho_1^-\mu_1\vartheta_1) \tag{3.5}$$

$$y_1 \leq -z/\vartheta_1 + ((1-\rho_2^-\mu_2\vartheta_2 y_2) \;/\; \rho_2^-\mu_2\vartheta_1) \tag{3.6}$$

Wie oben folgt wieder die Existenz eines Schnittpunktes der zugehörigen Begrenzungsgraden im positiven Quadranten aus $\mu_1\vartheta_1+\mu_2\vartheta_2<1$.
Für beide Sorten ergibt sich (unter Annahmen analog Abschnitt 2) für die Varianz der Zwischenankunftszeiten wegen der stochastischen Unabhängigkeit der jeweiligen Abweichungszeiten Var $A_{j1}=b_1y_1^2+b_2y_2^2$, j=1,2 mit $b_1>0$, $b_2>0$. Setzt man die gewonnenen Ausdrücke in die Approximation (2.2) für EL_1 und EL_2 ein, diese wiederum in den Kostenausdruck für die beiden Sorten nach (2.1) und summiert über die Sorten, so erhält man die unter den Nebenbedingungen (3.3) bis (3.6) zu minimierende Kostenfunktion. Fordert man - was allerdings nicht notwendig ist und hier nur der einfacheren Darstellung dient - einen gleichen Servicegrad für beide Sorten, also mit $\eta:=(y_1,y_2)$: $\rho_1(\eta)=\rho_2(\eta)=\rho(\eta)$, so lautet sie

$$\begin{aligned} K(\eta) = {} & (\alpha_1+\alpha_2)\Phi(\eta) + (\beta_1+\beta_2)/\Phi(\eta) + (l_1+l_2)\rho(\eta)/2 + \\ & + ((\gamma_1+\gamma_2+\gamma_3+\gamma_4)\rho^4(\eta))/\Phi(\eta)\xi(\eta) - (\delta_1+\delta_2)\rho^2(\eta)/\xi(\eta) \end{aligned} \tag{3.7}$$

mit $\Phi(\eta):=1-\rho(\eta)$, $\xi(\eta):=1-\mu_1\vartheta_1\rho(\eta)-\mu_2\vartheta_2\rho(\eta)$, $\alpha_i:=\mu_i d_i$, $\beta_i:=(l_i\mu_i^2 \text{ Var } B_{1i})/2$, $\gamma_i:=(l_i b_i \mu_i^3 z)/2$,

$\delta_i := (l_i \mu_i z)/2$ für $i=1,2$ und $\gamma_3 := (l_1 b_2 \mu_1 \mu_2^2 z)/2$, $\gamma_4 := (l_2 b_1 \mu_1^2 \mu_2 z)/2$. Dabei wurden wegen der in der Einleitung erwähnten Probleme verschwindende Rüstkosten unterstellt.
Da die Anzahl ganzzahliger Losgrößen, die (3.3) bis (3.6) erfüllen - falls es überhaupt solche gibt - , endlich ist, folgt die Existenz eines (3.7) minimierenden η^*, so daß man auf den üblichen Wegen durch Ausnutzen der Eigenschaften von K eine optimale Lösung finden kann.

4. Diskussion

Die feste Sortenreihenfolge im obigen Ansatz erlaubt es, den Kapazitätseffekt der Rüstzeiten zu berücksichtigen, Losgrößen also sinnvoll auch bei zu vernachlässigenden Rüstkosten zu ermitteln, ferner unter Einhaltung von Servicegradrestriktionen diese kostenminimal zu wählen: Die feste Produktionsfolge der Sorten macht das Fertigungs- und Absatzsystem berechenbar. Allerdings führt sie im Vergleich mit dem in der Einleitung dargestellten Meldemengensystem auch zu einer gewissen Starrheit, so daß man vermuten könnte, sie führte auf im Mittel höhere Lagerbestände.
Nun sind die interessierenden Größen eines Systems mit Meldemenge m_i und festen Losgrößen y_i $(i=1,2)$ ungleich schwerer zu berechnen: Man benötigt die Verteilung der Systemzeit (siehe Einleitung), die man i.d.R. nicht kennt. Die Argumente für die von WILLIAMS und ZIPKIN benutzten Approximationen gelten aber im Falle relativ weniger Sorten mit hoher Auflagehäufigkeit nicht ohne weiteres. Ein exakter Vergleich beider Produktionsweisen scheint daher nicht möglich.
Aber immerhin kann man die aus dem Ansatz mit fester Sortenreihenfolge errechenbaren mittleren Lagerbestände mit solchen vergleichen, die für entsprechende Meldemengensysteme durch Simulationsuntersuchungen ermittelt werden.
Zwar stehen umfangreiche Untersuchungen hierzu noch aus, erste Ergebnisse deuten jedoch in eine andere Richtung als die geäußerte Vermutung: Um gleichhohe Servicegrade zu garantieren wie im System mit fester Sortenreihenfolge, scheinen hohe Meldemengen nötig zu sein, so daß die mittleren Lagerbestände des Meldemengensystemes die Vergleichsbestände bei fester Reihenfolge unter Umständen sogar übersteigen.

Literatur

Cohen, J.W.	The Single Server Queue, Amsterdam, London 1969
Heyman, D.P., Sobel, M.J.	Stochastic Models in Operations Research, Vol. I, New York, St. Louis 1982
Magee, J.F.	Production Planning and Inventory Control, New York, London 1958
Neumann, K.	Operationsresearchverfahren, Bd. II, München, Wien 1977
Tempelmeier, H.	Materiallogistik, Berlin, Heidelberg 1988
Tijms, H.C.	Stochastic Modelling and Analysis, Chichester, New York 1986
Williams, T.M.	Special products an uncertainty in production/inventory systems, Europ. J. Opl. R. 15(1984), 46-54
Zipkin, P.H.	Models for Design and Control of Stochastic, Multi-Item Batch Production Systems, OR, Vol. 34, 1986, 91-104

LEISTUNGSANALYSE FUR FLEXIBLE FERTIGUNGSSYSTEME MIT BEGRENZTEN LOKALEN PUFFERPLÄTZEN

Horst Tempelmeier, Darmstadt

Zusammenfassung: Es wird ein Verfahren dargestellt, mit dem eine analytische Berechnung des Leistungsverhaltens flexibler Fertigungssysteme (FFS) möglich wird, in denen aufgrund beschränkter maschinennaher Pufferplätze Blockierungen der Maschinen auftreten können. Die Grundidee des Verfahrens besteht darin, auf der Basis einer genauen Analyse der Abläufe in einem solchen FFS die zu erwartenden Blockierdauern zu schätzen und dann zu den Bearbeitungszeiten zu addieren. Zur Berechnung der Leistungskenngrößen des FFS wird dann einer der bekannten Algorithmen eingesetzt.

Summary: An analytical approach for the performance evaluation of flexible manufacturing systems (FMS) with blocking and starving due to limited local buffers is presented. Based on a concise analysis of the conditions under which blocking and starving may occur the mean delays due to these conditions are approximated and added to the normal service times. The FMS performance is then evaluated by means of a classical queueing network algorithm.

1 Problemstellung

Die Festlegung der Konfiguration eines zu installierenden flexiblen Fertigungssystems (FFS) vollzieht sich in der betrieblichen Praxis im Rahmen eines aufwendigen und zeitraubenden Planungsprozesses. Ausgehend von einer durch den Betreiber des FFS vorgegebenen Leistungsanforderung (z.B. Produktionsmengen, Durchlaufzeiten) werden i.d.R. durch den Systemanbieter verschiedene Konfigurationsalternativen definiert und hinsichtlich der geforderten Leistungsmerkmale bewertet. Entscheidungsvariablen der Konfiguration sind i.a. die Anzahl (ersetzender) Maschinen eines Typs, die Art und Anzahl der Transportfahrzeuge sowie die Anzahl der Paletten, die im FFS zirkulieren, aber auch die Menge der dem FFS zugeordneten Erzeugnisse. Die Konfigurationsphase endet mit einem konkreten, realisierbaren FFS-Konfigurationsvorschlag, wobei der Betreiber vom Anbieter i.a. eine Leistungsgarantie verlangt.

Die möglichst genaue Leistungsanalyse eines flexiblen Fertigungssystems (FFS) ist damit eine wichtige Komponente des Konfigurationsplanungsprozesses. Da i.a. zahlreiche Systemalternativen hinsichtlich ihrer Leistungsfähigkeit überprüft werden müssen, besteht ein Bedarf an schnellen und gleichzeitig genauen Methoden zur Abschätzung des Leistungsverhaltens. Insb. in der Grobplanungsphase eines FFS las-

Operations Research Proceedings 1989

sen sich analytische Verfahren, die auf der Theorie der geschlossenen Warteschlangennetzwerke beruhen, in vielen Fällen mit Erfolg zur Leistungsabschätzung einsetzen. Wegen der kurzen Rechenzeit bietet die Anwendung eines analytischen Verfahrens gegenüber dem Einsatz eines Simulationsmodells den Vorzug, daß in kurzer Zeit Leistungsabschätzungen bei parametrischer Variation der Systemdaten möglich sind.

Die derzeit verfügbaren analytischen Verfahren lassen sich jedoch nur zur Analyse bestimmter Typen von FF-Systemen einsetzen, vor allem für solche Systeme, bei denen Blockierungsvorgänge, die aufgrund begrenzter maschinennaher Speicherplätze bzw. aufgrund einer zu geringen Geschwindigkeit des Materialflußsystems entstehen können, keine oder nur eine vernachlässigbare Rolle spielen. In der Praxis sind FFS i.d.R. aber so ausgelegt, daß an den Maschinen entweder überhaupt kein maschinennaher Speicherplatz oder aber nur sehr wenige Speicherplätze für Paletten vorgesehen sind. So kann eine Bearbeitungsstation in dem in Bild 1 dargestellten FFS höchstens zwei Paletten aufnehmen. Alle anderen Werkstücke müssen im zentralen Palettenspeicher zwischengelagert werden. Der physisch vorhandene dritte Stellplatz wird durch die FFS-Systemsteuerung als kurzfristiger Be- und Entladezwischenpuffer freigehalten und nur zu diesem Zweck eingesetzt.

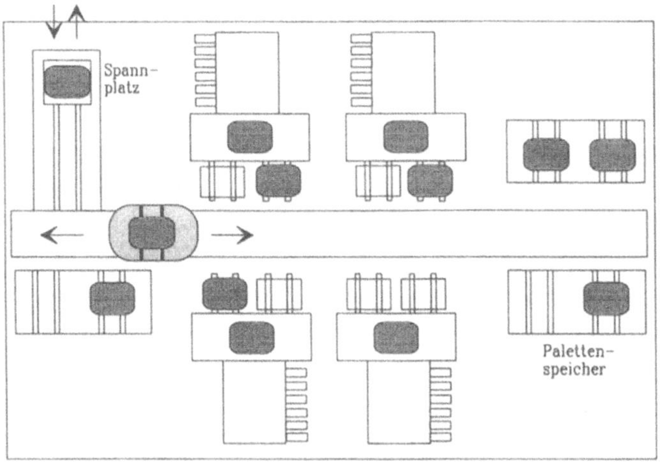

Bild 1: Flexibles Fertigungssystem mit begrenzten maschinennahen Speicherplätzen

In einem derartigen FFS kann die Produktionsleistung durch die mangelnde Verfügbarkeit maschinennaher Speicherplätze erheblich beeinträchtigt werden. Dabei sind zwei Erscheinungsformen der Leistungsbeeinträchtigung zu unterscheiden.

Serviceblockierung

Eine Maschine ist serviceblockiert (blocked), wenn die Bearbeitung an einem Werkstück abgeschlossen ist und bereits das nächste Werkstück (an einer anderen Maschine oder im zentralen Palettenspeicher) auf das Freiwerden des Maschinentischs wartet, dieser aber nicht entladen werden kann, weil der maschinennahe Ausgangspuffer noch durch ein auf den Abtransport wartendes Werkstück belegt ist, welches nicht zum zentralen Palettenspeicher transportiert werden kann, weil auch dieser belegt ist. In dieser Situation ergibt sich eine Stillstandszeit der Maschine, obwohl bereits ein zu bearbeitendes Werkstück auf die Maschine wartet (Bild 2).

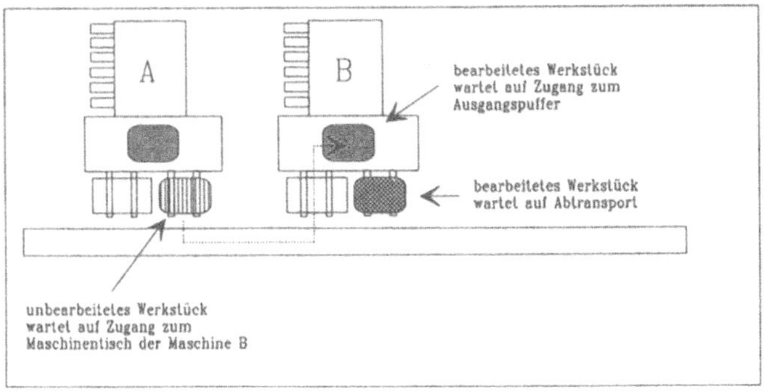

Bild 2: Serviceblockierung einer Maschine

Transportblockierung

Ein ähnliches Problem tritt auf, wenn einer Maschine zwar ein Werkstück zur Bearbeitung zugewiesen worden ist, die Maschine aber noch nicht mit der Bearbeitung beginnen kann, weil das Werkstück erst noch zu der Maschine transportiert werden muß: die Maschine leidet unter Nachschubmangel (Transportblockierung, starving), der dadurch eingetreten ist, daß zu dem Zeitpunkt, an dem ein Transport des Werkstücks zu der Maschine hätte vorgenommen werden können, an der Zielstation kein freier Speicherplatz für das Werkstück verfügbar war.
In dem in Bild 3 dargestellten Beispiel muß die freie Maschine auf die Ankunft des im Ausgangspuffer der anderen Maschine befindlichen Werkstücks warten. Dieses Werkstück wurde zu einem früheren Zeitpunkt aufgrund mangelnden Speicherplatzes an der Zielmaschine am Transport gehindert und wartet nun auf das Transportfahrzeug. Es ist offensichtlich, daß das Ausmaß der Stillstandszeiten aufgrund von Transportblockierungen insb. auch durch die Leistungsfähigkeit und die Belastung des Transportsystems beeinflußt wird. Die Belastung des Transportsystem wiederum wird auch durch das Ausmaß bestimmt,

in dem "unproduktive" Fahrten zwischen den Maschinen und den zentralen Speicherplätzen erforderlich sind.

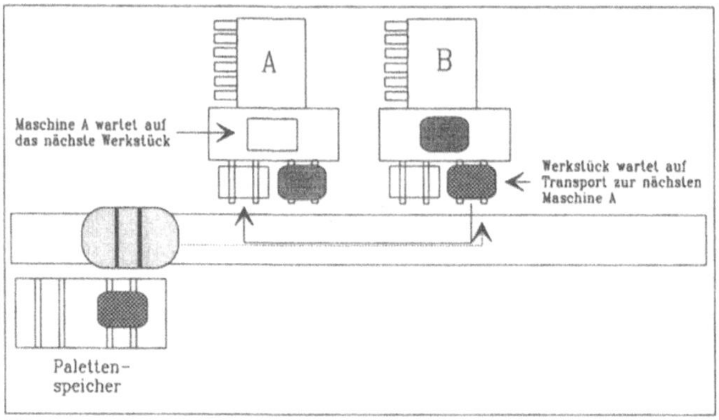

Bild 3: Transportblockierung einer Maschine

Beide Formen des Maschinenstillstands werden durch die Tatsache verursacht, daß die maschinennahen Speicherplätze beschränkt sind. In den Ansätzen, die auf dem klassischen Modell eines geschlossenen Warteschlangennetzwerks beruhen (CANQ, PMVA), wird unterstellt, daß ein Werkstück dann, wenn es logisch in die Warteschlange vor einer Maschine eingereiht wird, auch ohne zeitliche Verzögerung dort zu Bearbeitung physisch bereitsteht. Diese Annahme ist nur dann gerechtfertigt, wenn vor jeder Maschine ein unbegrenzter Speicherplatz verfügbar ist oder wenn die Werkstücke in einem zentralen Speicher gelagert werden und mit einem sehr (unendlich) schnellen Transportmittel zu den Maschinen transportiert werden.

2 Lösungsansatz

Zur Berücksichtigung der Auswirkungen der beschriebenen Formen der Blockierung auf die Leistung eines FFS wird ein Verfahren vorgeschlagen, dessen Grundstruktur in Bild 4 wiedergegeben ist. In einer ersten Phase wird zunächst der zu erwartende Umfang der Leerfahrten und der bei begrenzten maschinennahen Pufferplätzen notwendigen Entsorgungsfahrten zwischen den Maschinen und dem zentralen Palettenspeicher ermittelt. Im Anschluß daran werden für jede Maschine des FFS die zu erwartenden Blockierzeiten aufgrund von Service- und Transportblockierungen quantifiziert, wobei auf Zustandswahrscheinlichkeiten des FFS zurückgegriffen wird, welche durch Einsatz des klassischen Modells eines geschlossenen Warteschlangennetzwerks errechnet werden. Die Blockierdauern werden zu den "normalen", aus den Arbeitsplänen der Werkstücke gewonnenen Bearbeitungszeiten addiert. Zur Berechnung der Kenngrößen des FF-Systems (Durchlaufzeit, Pro-

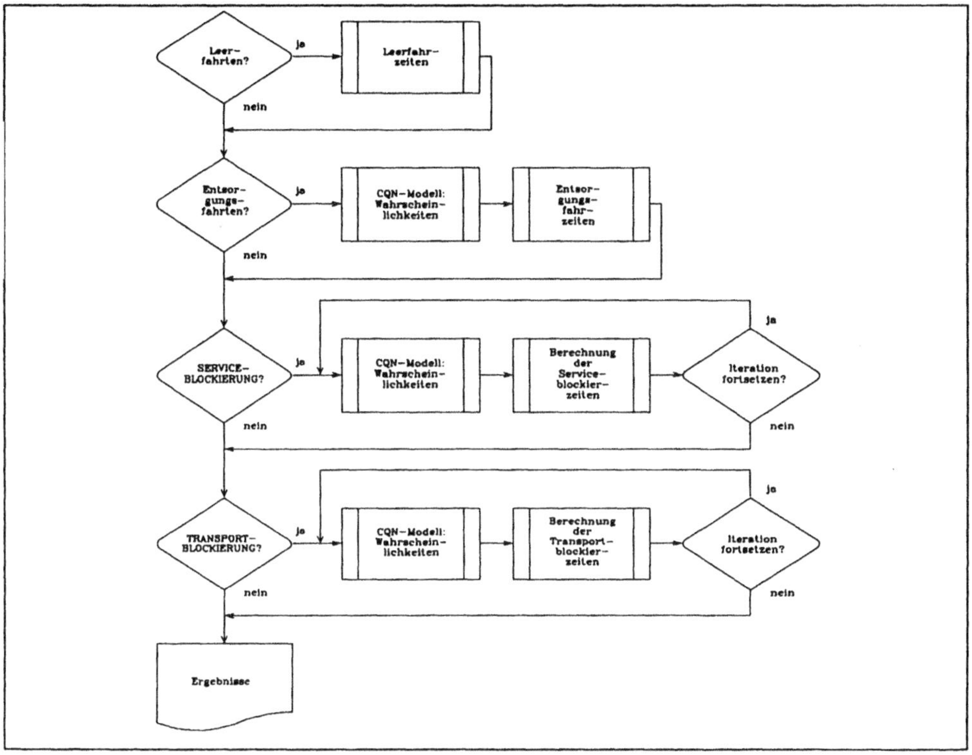

Bild 4: Grundstruktur des Lösungsverfahrens

duktionsrate, Auslastungen) wird dann eines der bekannten Verfahren zur Auswertung klassischer geschlossener Warteschlangennetzwerke eingesetzt.

3 Ergebnisse

Die Qualität der vorgeschlagenen Approximationen sei anhand zweier Beispiele dargestellt. Bild 5 zeigt die Produktionsrate einer Maschine in einem FFS mit fünf Maschinen und Universalpaletten, in dem lediglich Serviceblockierung auftreten kann, in Abhängigkeit von der Anzahl Paletten im System.

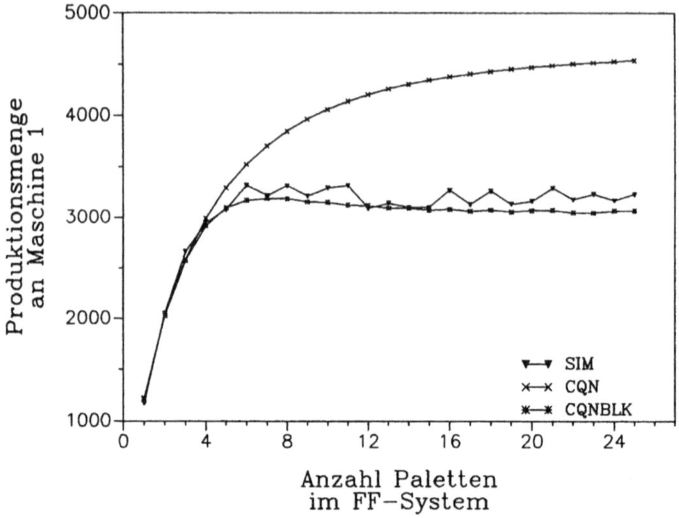

Bild 5: Vergleich der Ergebnisse (Serviceblockierung)

Die Produktionsraten einer ausgewählten Maschine wurden durch Einsatz des klassischen Modells geschlossener Warteschlangennetzwerke (CQN) und der vorgeschlagenen Approximation (CQNBLK) für unterschiedliche Anzahlen von Paletten im System errechnet und mit den Ergebnissen einer detaillierten Simulation (SIM) verglichen. Es wird deutlich, daß die Vernachlässigung der Serviceblockierung mit einer beträchtlichen Überschätzung der Leistungsfähigkeit des FFS verbunden ist.

Bild 6 zeigt das Layout eines FFS mit zwei Spannplätzen und fünf Maschinen, von denen zwei funktionsgleich (parallele Server) sind. In dem FFS zirkulieren drei Palettentypen entsprechend vorgegebenen Arbeitsplänen mit deterministischen Bearbeitungszeiten. Es sei angemerkt, daß die analytischen Verfahren exponentialverteilte Bearbeitungszeiten unterstellen, während in dem Simulationsmodell keine stochastische Komponente enthalten ist. Die Auslastungen der Maschinen und die Durchlaufzeiten der Werkstücke ergeben sich aufgrund der dynamischen Interaktionen in dem FFS. Die Größe des zentralen Palettenspeichers wurde so gewählt, daß nur Transportblockierung auftreten kann.

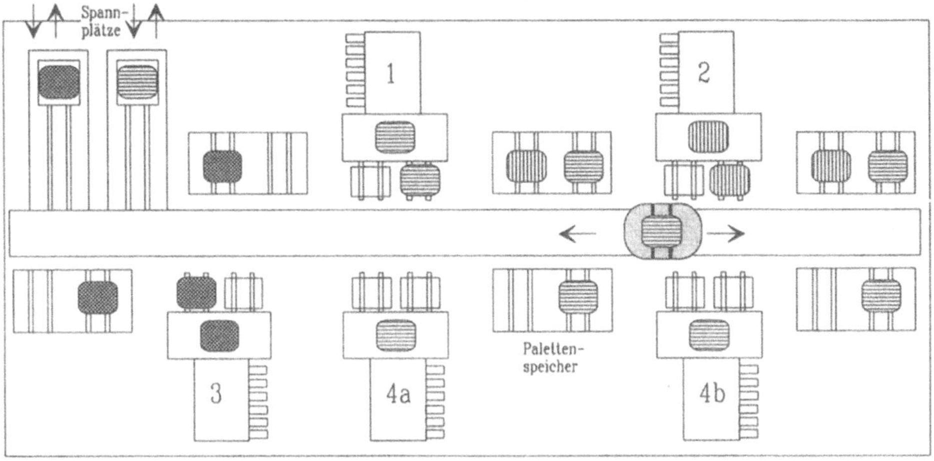

Bild 6: Layout eines FFS (Transportblockierung)

Tabelle 1 stellt die Ergebnisse detaillierter Simulationsläufe für unterschiedliche Anzahlen von Paletten den Ergebnissen gegenüber, die unter Einsatz eines klassischen Modells geschlossener Warteschlangennetzwerke (PMVA) und des vorgestellten Verfahrens (CQNBLK/PMVA) erzielt wurden. Die mit PMVA-O gekennzeichneten Werte wurden durch Einsatz des PMVA-Verfahrens errechnet, wobei als mittlere Transportzeit die Fahrzeit zwischen den Maschinen angegeben wurde. Den in den mit PMVA-Z markierten Spalten angegebenen Ergebnissen lag eine Abschätzung der mittleren Transportzeit zugrunde, bei der die zu erwartenden Fahrten zum Zentralpuffer approximativ einbezogen wurden.

8/2/4 Paletten (1 Fahrzeug)				
	Simulation	CQNBLK/PMVA	PMVA-O	PMVA-Z
DLZ1	289	283	213	240
DLZ2	255	266	186	220
DLZ3	414	386	275	317
Ausl-M1	0.48	0.49	0.67	0.59
Ausl-M2	0.23	0.23	0.32	0.27
Ausl-M3	0.18	0.19	0.27	0.23
Ausl-M4	0.44	0.45	0.60	0.53
Ausl-Spann	0.69	0.69	0.94	0.82
Ausl-FTS	0.76	0.78	0.70	0.93
10/4/6 Paletten (2 Fahrzeuge)				
	Simulation	CQNBLK/PMVA	PMVA-O	PMVA-Z
DLZ1	343	340	284	285
DLZ2	335	330	269	270
DLZ3	487	473	385	386
Ausl-M1	0.53	0.54	0.66	0.65
Ausl-M2	0.36	0.36	0.45	0.44
Ausl-M3	0.24	0.25	0.31	0.31
Ausl-M4	0.47	0.47	0.57	0.57
Ausl-Spann	0.81	0.81	0.98	0.98
Ausl-FTS	0.51	0.46	0.37	0.56
DLZ = Durchlaufzeit; Ausl = Auslastung				

Tabelle 1: Ergebnisse (Transportblockierung)

Anhand zahlreicher Simulationsläufe für unterschiedliche FFS-Systemkonfigurationen wurde nachgewiesen, daß die Leistung eines projektierten FFS durch Einsatz des vorgeschlagenen Verfahrens i.a. erheblich genauer abgeschätzt werden kann als durch Anwendung der klassischen Verfahren zur Auswertung geschlossener Warteschlangennetzwerke. Damit verschiebt sich die Grenze zwischen der analytischen Approximation und der Simulation um ein beträchtliches Stück.

Literatur:

Tempelmeier, H., Kapazitätsplanung für flexible Fertigungssysteme, in: Zeitschrift für Betriebswirtschaft 58(1988), S. 963-980

Tempelmeier, H., Kuhn, H. und U. Tetzlaff, Analytische Leistungsabschätzung von flexiblen Fertigungssystemen mit begrenzten lokalen Puffern: Teil A - Serviceblockierung, Arbeitspapier, Technische Hochschule Darmstadt, Institut für Betriebswirtschaftslehre, Fachgebiet Fertigungs- und Materialwirtschaft, Darmstadt 1988

Tempelmeier, H., Kuhn, H. und U. Tetzlaff, Analytische Leistungsabschätzung von flexiblen Fertigungssystemen mit begrenzten lokalen Puffern: Teil B - Transportblockierung, Arbeitspapier, Technische Hochschule Darmstadt, Institut für Betriebswirtschaftslehre, Fachgebiet Fertigungs- und Materialwirtschaft, Darmstadt 1989

Tempelmeier, H., Kuhn, H. und U. Tetzlaff, Performance Evaluation of Flexible Manufacturing Systems with Blocking, erscheint in: International Journal of Production Research, voraussichtlich Ende 1989

AGGREGATION BEI FLEXIBLEN FERTIGUNGSSYSTEMEN

Marion Steven, Bielefeld

Abstract: The concepts of hierarchical production planning and flexible manufacturing systems are integrated with emphasis on the potentials of aggregation. It can be shown that in this case perfect aggregation is possible. The proposed approach could be examined by a later implementation.

1. Einleitung

Zwei Begriffe, die in der neueren Literatur zur Produktionsplanung wie auch in der Praxis auf zunehmendes Interesse stoßen, sind die hierarchische Produktionsplanung sowie die flexiblen Fertigungssysteme. Es läßt sich feststellen, daß die Diskussion dieser beiden Bereiche bislang weitgehend unverbunden erfolgte.

Das Ziel dieses Beitrags ist es, im Anschluß an eine kurze Charakterisierung der beiden Bereiche ihre *Integration* vorzunehmen, indem ein für die speziellen Anforderungen von flexiblen Fertigungssystemen geeignetes System zur hierarchischen Produktionsplanung definiert wird. Dabei werden die in der Literatur bereits beschriebenen Ansätze zu dieser Integration kritisch gewürdigt.

Der Schwerpunkt des Ansatzes liegt auf der Gleichwertigkeit der Aggregation von Produkten und Kapazitäten, wobei bei letzteren durch die Struktur von flexiblen Fertigungssystemen ein natürlicher Ansatzpunkt für einen hierarchischen Aufbau der Produktionsplanung zu erkennen ist.

2. Grundbegriffe

2.1. Flexible Fertigungssysteme

Unter *Flexibilität* eines Produktionssystems versteht man seine Fähigkeit, sich schnell und kostengünstig an veränderte Anforderungen anzupassen, insbesondere Mengen- und Terminänderungen oder unvorhergesehene Maschinenausfälle zu verkraften. Dies ist vor allem bei der Einzel- und Kleinserienfertigung von Bedeutung, die durch häufige Produktwechsel gekennzeichnet ist.

Die Flexibilität kann unter drei Aspekten betrachtet werden:

(1) *Quantitative Flexibilität* bietet die Möglichkeit, Schwankungen oder Verschiebungen von Produktionsmengen zu kompensieren, z.B. durch Pufferung.
(2) *Qualitative Flexibilität* bezeichnet die Anpassungsfähigkeit an neue Produkte und/oder Werkstoffe.
(3) Unter *zeitlicher Flexibilität* versteht man die Möglichkeit zur schnellen Umstellung auf einen Wechsel der Fertigungsaufgabe.

Sämtliche Aspekte der Flexibilität sind in allen Teilbereichen des Produktionsprozesses, d.h. in Konstruktion, Fertigung und Montage, von Bedeutung. Die Hauptursache für die Notwendigkeit, Flexibilität in den Produktionsprozeß einzuführen, liegt in der zunehmenden Unsicherheit zukünftiger Entwicklungen, dem beschleunigten technischen Wandel, der mit einer ständigen Verringerung von Auflagestückzahlen einhergeht, sowie einer laufenden Verschärfung des Konkurrenzdrucks.

Eine *Einordnung* der flexiblen Fertigungssysteme in den Rahmen anderer Formen der Fertigungsorganisation ist in Abbildung 1 dargestellt. Die beiden Extreme sind das Fließband, dessen Bearbeitungsfolge starr festgelegt ist, und die isolierten Universalma-

Operations Research Proceedings 1989

schinen. Flexibilisierung führt einerseits zu flexiblen Fertigungslinien, andererseits zu flexiblen Fertigungszellen. Flexible Fertigungssysteme im engeren Sinne sind zwischen diesen beiden Typen anzusiedeln.

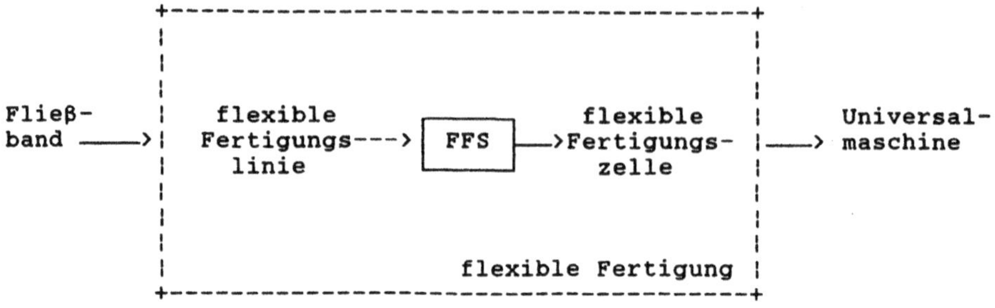

Abb. 1: Einordnung der flexiblen Fertigung

Ein flexibles Fertigungssystem ist ein komplexes System aus Hard- und Software, das vereinfacht aus den folgenden drei interdependenten Komponenten besteht:

(1) Das *Bearbeitungssystem* umfaßt zumindest eine, meist mehrere numerisch gesteuerte Maschinen, die jeweils über einen großen Satz verschiedener Werkzeuge verfügen und daher unterschiedliche Bearbeitungen vornehmen können. Innerhalb eines Systems überlappen sich in der Regel die Bearbeitungsspektren, damit sich die Maschinen bei Ausfall oder Auftreten von Engpässen gegenseitig ersetzen können.

(2) Zum *Materialflußsystem* zählen alle Einrichtungen, die als Fördermittel oder Förderhilfsmittel zum Lagern, Speichern, Transportieren, Bereitstellen und Handhaben von Werkstücken, Werkzeugen und Hilfsstoffen notwendig sind, d.h. Läger, Fahrzeuge, Verkettungseinrichtungen, Paletten, Greifer usw. Der Materialfluß wird durch automatisierte, taktungebundene Verkettung der Fertigungseinrichtungen bewirkt.

(3) Das *Informationssystem* hat die Aufgabe, sämtliche für den Fertigungsprozeß relevanten Daten zu speichern, zu verwalten und zu verarbeiten. Es besteht aus Hardware-Komponenten wie Zentralrechner, Terminals, Leitungen und den benötigten Programmen. Zur Bewältigung der zahlreichen und komplexen Aufgaben ist in der Regel Online-Betrieb erforderlich.

Die Einführung flexibler Fertigungssysteme ist mit vielfältigen Auswirkungen verbunden, sie sind sowohl betriebswirtschaftlicher als auch sozialer Art. Es werden die Organisation von Abläufen und auch der Aufbau und die Anordnung von Fertigungsanlagen beeinflußt. Folgende *Vorteile* werden mit flexiblen Fertigungssystemen verbunden:

- höhere Kapazitätsnutzung
- geringere Stückkosten
- kostengünstigere Fertigung immer kleinerer Losgrößen
- größeres Werkstückspektrum je Maschine
- kürzere Vorlauf- und Durchlaufzeiten
- höhere Termintreue
- höhere Qualität
- schnellere Reaktion auf Marktanforderungen
- Personaleinsparungen

Diese Vorteile werden dadurch erkauft, daß die Planungsprobleme z.T. erheblich umfangreicher und komplexer als bei konventioneller Fertigung werden. Da jedes Werkstück das System auf alternativen Wegen durchlaufen kann und sowohl zwischen den anzulaufenden Maschinen als auch bei den jeweils einzusetzenden Werkzeugen eine Wahlmöglichkeit besteht, werden die herkömmlichen Planungsmodelle um zahlreiche Variablen und Restriktionen erweitert, so daß die Konzeption neuer Planungs- und Kontrollmethoden erforderlich wird.

2.2. **Hierarchische Produktionsplanung**

Bei der hierarchischen Produktionsplanung wird die Gesamtplanungsaufgabe in hierarchisch angeordnete *Entscheidungsebenen* zerlegt, die jeweils ein Teilproblem, insgesamt jedoch das ursprüngliche Problem lösen. Dabei sind folgende Aspekte zu beachten:

- Durch die Orientierung an der vorhandenen organisatorischen Struktur ist keine Schaffung neuer Zuständigkeiten notwendig, die einzelnen Planungsebenen können den ihrer hierarchischen Stufe entsprechenden Planungsebenen zugewiesen werden.
- Durch die Hierarchisierung ist eine problemadäquate Abbildung der Zeitstruktur des Planungsproblems möglich. Die Planungsebenen unterscheiden sich bezüglich der Planungshorizonte und -perioden: von oben nach unten wird das Zeitraster immer detaillierter. Dadurch ist es möglich, jedes Teilproblem über einen Zeitraum zu planen, der seiner Datenqualität entspricht.
- Bei der Problemzerlegung wird Rücksicht auf die Lösungsmöglichkeiten der Teilprobleme genommen. Dadurch ist auf jeder Stufe der Einsatz spezieller, effizienter Algorithmen und Heuristiken möglich.
- Durch die Schaffung überschaubarer, klar abgegrenzter Entscheidungseinheiten und -aufgaben wird eine Abstimmung der Planungsebenen zum einen erforderlich, zum anderen erleichtert, da sich wenige, kontrollierte Schnittstellen definieren lassen.

Beim Aufbau eines Systems zur hierarchischen Produktionsplanung sind von besonderer Bedeutung:

- Problemzerlegung und Hierarchisierung
- Aggregationsstrategie
- Koordinations- und Kommunikationsmechanismen

Der *Einsatzbereich* der hierarchischen Produktionsplanung liegt bislang vor allem in der Massen- und Großserienfertigung, die durch die Produktion großer Stückzahlen von wenigen Endprodukten in Fließ- oder Reihenfertigung gekennzeichnet ist. Dabei spielen Reihenfolgeprobleme eine untergeordnete Rolle, d.h. es handelt sich um eine relativ einfache Planungssituation.

Da strategische Entscheidungen in der hierarchischen Produktionsplanung als abgeschlossen vorausgesetzt werden, erfolgt die Planung für einen mittel- bis kurzfristigen Horizont. Dabei lassen sich in einer groben Sichtweise die taktische und die operative Planungsebene unterscheiden, die wie folgt ausgestaltet werden können:

- Die *taktische Ebene* führt eine aggregierte Produktionsprogramm- und Kapazitätsplanung für einen Horizont von 12 Monaten durch, der üblicherweise in monatliche Planungsperioden eingeteilt wird. Als Daten benötigt sie Angaben die verfügbaren Kapazitäten und die vorhandenen Lagerbestände sowie Nachfrageprognosen. Zur Lösung werden typische Verfahren der aggregierten Produktionsplanung, z.B. lineare Programme, lineare Entscheidungsregeln usw., eingesetzt.
- Die *operative Ebene* ermittelt auf der Grundlage der aggregierten Produktionsmengen unter Hinzunahme von aktualisierten, detaillierten Daten exakte Entscheidungen für den Produktionsvollzug. Es erfolgt eine Disaggregation bezüglich der Mengen in der Losgrößenplanung und eine Konkretisierung des aggregierten Plans bezüglich der Zeitpunkte der Produktion in der Reihenfolgeplanung.

Die Ergebnisse der operativen Planung bilden die Vorgaben für den Produktionsvollzug, die ermittelten Lose sind zu den festgesetzten Zeitpunkten auf den Maschinen einzulasten. Einen Überblick über den Zusammenhang der vorgestellten Planungsebenen gibt Abb. 2.

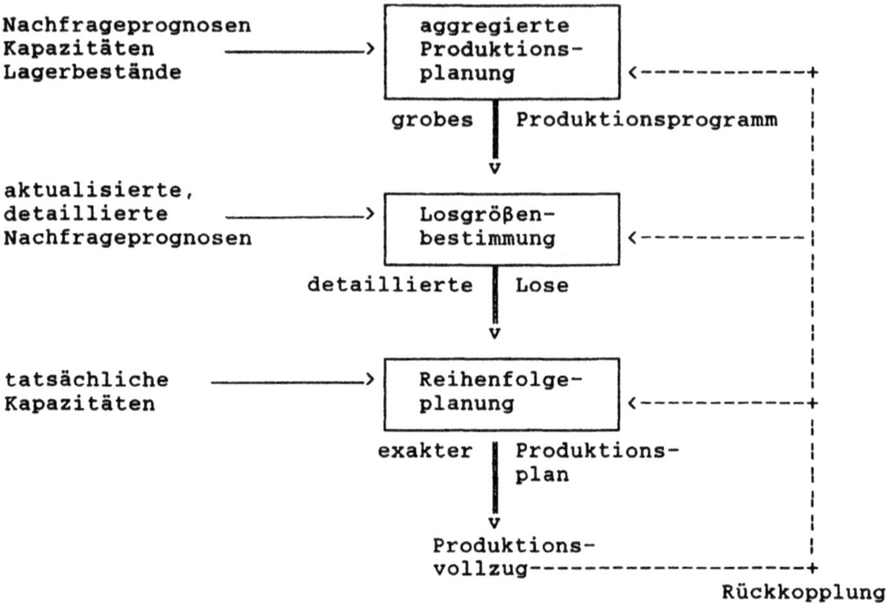

Abb. 2: Planungsebenen bei der hierarchischen Produktionsplanung

2.3. Aggregationsbegriff

Das *Aggregationsproblem* für eine einfache Situation in der Produktionsplanung läßt sich wie folgt formulieren (vgl. Axsäter (1979)):

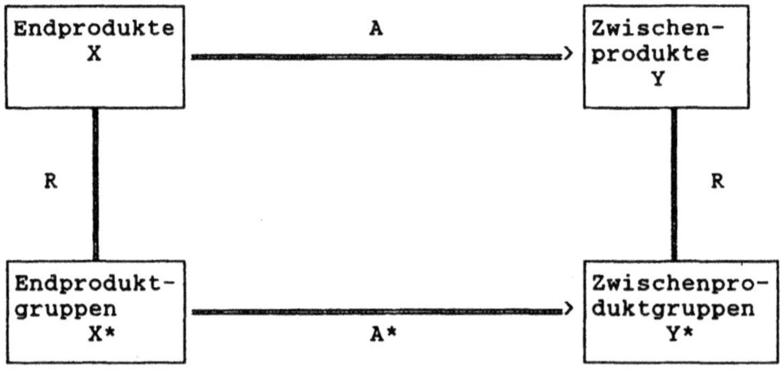

Abb. 3: Teilebedarf

Es sind sowohl die Beziehung, in der sich Endprodukte aus Zwischenprodukten zusammensetzen, als auch die Beanspruchung von Maschinen durch die Endprodukte zu aggregieren. X bezeichnet die Endprodukte, Y die Zwischenprodukte, $Y = A(X)$ die bestehenden Stücklistenbeziehungen. Durch Aggregation von X und Y mittels einer Aggregationsfunktion R erhält man End- bzw. Zwischenproduktgruppen X^* bzw. Y^*, zwischen denen die aggregierte Beziehung A^* besteht. Abb. 3 stellt die Beziehungen des Teilebedarfs dar.

Entsprechend lassen sich die Beziehungen zwischen den Endprodukten X und den Maschinen P darstellen, $P = C(X)$. Während die Aggregation von End- und Zwischenprodukten hier nach demselben Kriterium R erfolgt, kommt für die Maschinen die Aggregationsfunktion S zum Einsatz, vgl. Abb. 4.

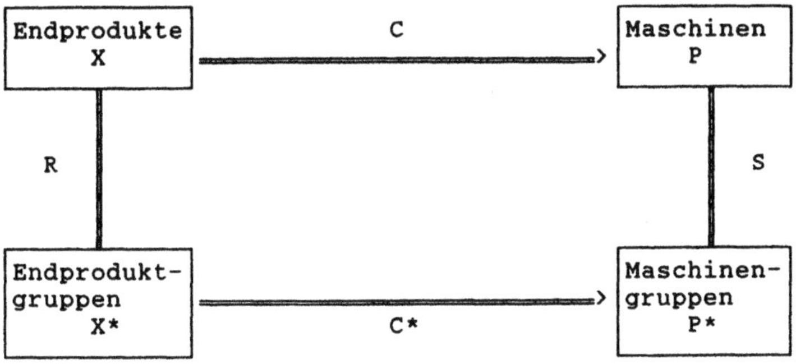

Abb. 4: Kapazitätsbedarf

Im einfachsten Fall sind die Funktionen A, C, R und S lineare Abbildungen, dargestellt z.B. als Gruppierungsmatrizen, die eine 1 enthalten, wenn eine Beziehung besteht, und sonst aus Nullen bestehen.

Man spricht von *perfekter Aggregation*, wenn die Anwendung der Funktion A bzw. C auf das Ausgangsproblem und anschließende Aggregation zum gleichen Ergebnis führt wie die Anwendung der aggregierten Funktion A^* bzw. C^* auf die zuvor aggregierten Ausgangsdaten. Das bedeutet, daß die Diagramme in Abb. 6 und 7 kommutativ sind, es gilt:

$$A^*RX = RAX \qquad \text{und} \qquad C^*RX = SCX$$

Diese Beziehungen müssen unabhängig vom Niveau der Produktion X gelten, die Bedingungen für eine perfekte Aggregation lauten daher:

$$(^*) \qquad A^*R = RA \qquad \text{und} \qquad C^*R = SC$$

Falls diese Gleichungen lösbar sind, ergeben sich die Aggregationsfunktionen eindeutig als:

$$(^{**}) \qquad A^* = RAR^+ \qquad \text{und} \qquad C^* = SCR^+$$

R^+ bedeutet dabei die verallgemeinerte Inverse zu R (auch als Penrose-Inverse oder Pseudo-Inverse bezeichnet), d.h. eine - nicht notwendig quadratische - Matrix, für die gilt:

$$RR^+ = I$$

Durch Einsetzen von $(^{**})$ in $(^*)$ und Umformen erhält man schließlich folgende Bedingungen für eine perfekte Aggregation:

$$RA(I-R^+R) = 0 \qquad \text{und} \qquad SC(I-R^+R) = 0$$

Da diese Gleichungen nicht trivial lösbar sind, verlangt die perfekte Aggregation, daß die derselben Produktgruppe entsprechenden Spalten in den Matrizen RA und SC identisch sein müssen. Inhaltlich bedeutet das, daß alle Produkte einer Produktgruppe auf Maschinen derselben Maschinengruppe gefertigt werden müssen.

Während dieser Fall bei herkömmlicher Produktion so irrelevant ist, daß man von den Bedingungen der perfekten Aggregation auch als "Unmöglichkeitstheoremen" spricht, liegt bei der flexiblen Fertigung gerade diese Situation vor: wegen des Grundsatzes der Komplettbearbeitung eines Werkstücks innerhalb eines flexiblen Fertigungssystems und der Zusammenfassung von fertigungstechnisch verwandten Produkten zu Produktgruppen läßt sich jede Produktgruppe eindeutig einem flexiblen Fertigungssystem zuordnen, welches als Aggregat von Einzelmaschinen gebildet wurde.

3. Hierarchische Produktionsplanung bei flexiblen Fertigungssystemen

3.1. Literaturüberblick

In der jüngeren Literatur finden sich einige Ansätze, die eine Verbindung der beiden vorgestellten Konzeptionen, der hierarchischen Produktionsplanung und der flexiblen Fertigungssysteme, vornehmen.

- Kusiak (1986) betrachtet den Zeitpunkt vor der Einführung eines flexiblen Fertigungssystems und ordnet die anstehenden Entscheidungen zwei Phasen zu, der Design-Phase und der anschließenden Betriebsphase. Letztere wird in vier hierarchisch angeordnete Planungsebenen gegliedert:
  - aggregierte Produktionsprogrammplanung
  - Gruppierung von Produktionskapazitäten (Dekomposition)
  - Disaggregation der Produktgruppen und Zuweisung auf Maschinengruppen
  - detaillierte Reihenfolgeplanung

- Der Schwerpunkt von van Looveren et al. (1986), die grob eine taktische und eine operative Planungsebene unterscheiden, liegt darin aufzuzeigen, welche Modelle und Algorithmen des Operations Research in diesen Bereichen eingesetzt werden können.

- Villa und Rossetto (1986) gehen von einer Aggregation der Kapazitäten aus. Sie unterscheiden drei Planungsebenen: das Gesamtsystem, Fertigungszellen und einzelne Maschinen, deren Problemformulierungen allerdings lediglich grob umrissen werden. Diese Struktur soll auch im folgenden zugrundegelegt werden, vgl. Abb. 5.

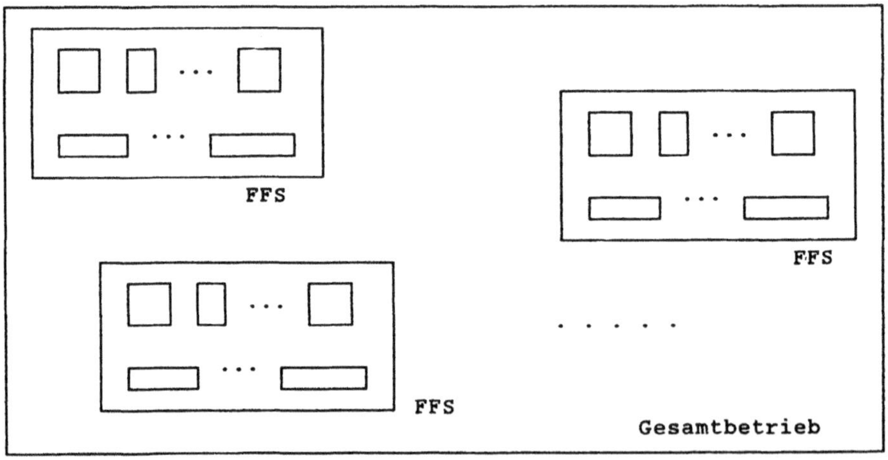

Abb. 5: Hierarchische Struktur bei der flexiblen Fertigung

3.2. **Ein neuer Ansatz**

Im folgenden wird eine hierarchische Produktionsplanung für flexible Fertigungssysteme vorgeschlagen, die sich teilweise an den Konzepten in den zuvor vorgestellten Ansätzen orientiert. Während bei der hierarchischen Produktionsplanung die Produkte die Grundlage der Aggregation und der Hierarchisierung bilden, ist es bei flexiblen Fertigungssystemen sinnvoll, von der ***maschinenbezogenen Sichtweise*** von Villa und Rossetto auszugehen: Durch die Zusammenfassung von mehreren Bearbeitungsmaschinen zu flexiblen Fertigungssystemen, aus denen der Gesamtbetrieb aufgebaut ist, ergibt sich eine natürliche hierarchische Strukturierung.

Daher wird die *taktische Planung* für den Gesamtbetrieb durchgeführt, wobei die einzelnen flexiblen Fertigungssysteme die Entscheidungseinheiten bilden; anschließend erfolgt für jedes flexible Fertigungssystem separat eine Disaggregation auf die Ebene einzelner Maschinen.

Auf der taktischen Planungsebene werden die verschiedenen flexiblen Fertigungssysteme, über die ein Unternehmen verfügt, als Aggregate betrachtet. Im Rahmen einer aggregierten Produktionsplanung erfolgt die Terminierung und die Verteilung von Fertigungsaufträgen auf diese Systeme. Die Zahl und der Umfang der Aufträge werden durch Nachfrageprognosen ermittelt, zum Teil stehen sie aufgrund langfristiger vertraglicher Bindungen bereits definitiv fest.

Neben der Aggregation der Maschinen zu flexiblen Fertigungssystemen ist eine Aggregation der Produkte in Produktgruppen vorzunehmen. Diese kann so erfolgen, daß jeweils Produkte mit *fertigungstechnischen Ähnlichkeiten* zusammengefaßt werden, insbesondere nach ihrer Eignung für dieselben flexiblen Fertigungssysteme. Es zeigt sich, daß aufgrund der speziellen Strukturen in der flexiblen Fertigung das in der hierarchischen Produktionsplanung vielfach diskutierte Aggregationsproblem hier erheblich vereinfacht wird: es ist eine perfekte Aggregation möglich.

Die konzeptionelle Vorgehensweise der Aggregation ist bei flexiblen Fertigungssystemen entgegengesetzt: Während die hierarchische Produktionsplanung von einer sinnvollen Gruppierung der Produkte ausgeht, mit der sich im Normalfall keine konsistente Maschinengruppierung erreichen läßt, sind wir von der sich anbietenden Aggregation von Maschinen zu flexiblen Fertigungssystemen ausgegangen und konnten feststellen, daß sich dazu leicht eine Produktgruppenbildung definieren läßt, die die Bedingungen perfekter Aggregation erfüllt.

Auf der *operativen Planungsebene* erfolgt eine weitgehende Disaggregation der Ergebnisse der taktischen Planung für die erste Planperiode; die restlichen Ergebnisse sind Eventualpläne im Rahmen der rollierenden Planung. Es findet eine detaillierte Reihenfolgeplanung statt, d.h. eine Feinplanung der einem flexiblen Fertigungssystem zugewiesenen Aufträge, die bis zur exakt terminierten Einlastung von Operationen auf Maschinen reicht.

Entsprechend der Aggregation muß auch die Disaggregation sowohl für die Maschinen als auch für die Produkte erfolgen. Während erstere keinerlei Schwierigkeiten bereitet, da sie durch die Art, in der das flexible Fertigungssystem sich aus einzelnen Maschinen zusammensetzt, vorgegeben ist, ist die Aufteilung der den Produktgruppen zugewiesenen Produktionsmengen in Lose einzelner Produkte durchaus nicht trivial. Trotz der perfekten Aggregation kann es hier aufgrund aktualisierter Daten zu Fehlern in Form von Suboptimalität oder Unzulässigkeit kommen.

4. Zusammenfassung

Bei der Integration der Konzepte der hierarchischen Produktionsplanung und der flexiblen Fertigungssysteme liegt der Schwerpunkt auf der Aggregation, für die ein natürlicher Ansatzpunkt existiert. Es läßt sich zeigen, daß in diesem Spezialfall eine perfekte Aggregation möglich ist. Der vorgeschlagene Ansatz zur Aggregation bei flexiblen Fertigungssystemen ist noch durch eine Implementation zu überprüfen.

Literatur

Axsäter, S., Aggregation of Product Data, in: Oettli, W., Steffens, F., (Hrsg.), III. Symposium on Operations Research, Königstein/Ts., 1979, S. 29 - 48

Hax. A.C., Meal, H.C., Hierarchical Integration of Production Planning and Scheduling, in: Geisler, M.A. (Hrsg.), Logistics, TIMS Studies in the Management Sciences, North Holland 1975, S. 53 - 69

Kusiak, A. (Hrsg.), Modelling and Design of Flexible Manufacturing Systems, Elsevier, Amsterdam / Oxford / New York / Tokyo 1986

Kusiak, A., Application of Operational Research Models and Techniques in Flexible Manufacturing Systems, EJOR 24, 1986, S. 336 - 345

van Looveren, A.J., Gelders, L.F., van Wassenhove, L.N., A Review of FMS Planning Models, in: Kusiak, A. (Hrsg.), Modelling and Design of Flexible Manufacturing Systems, Elsevier, Amsterdam / Oxford / New York / Tokyo 1986, S. 3 - 32

Switalski, M., Hierarchische Produktionsplanung und Aggregation, ZfB 58, 1988, S. 381 - 396

Switalski, M., Flexible Fertigungssysteme, WiSt 18, 1989, S. 257 - 263

Switalski, M., Hierarchische Produktionsplanung, Physica-Verlag, Heidelberg 1989

Villa, A., Rossetto, S., Towards a Hierarchical Structure for Production Planning and Control in Flexible Manufacturing Systems, in: Kusiak, A. (Hrsg.), Modelling and Design of Flexible Manufacturing Systems, Elsevier, Amsterdam / Oxford / New York / Tokyo 1986, S. 209 - 228

Wildemann, H., Investitionsplanung und Wirtschaftlichkeitsrechnung für flexible Fertigungssysteme(FFS), Schäffer Verlag, Stuttgart 1987

Kapazitätsabgleich flexibler Fertigungssysteme

Heinrich Kuhn, Darmstadt

Zusammenfassung: Gegenstand des Beitrags ist ein Modell sowie ein Lösungsverfahren zur Minimierung der maximalen Kapazitätsbelastung von sich ersetzenden Maschinen eines flexiblen Fertigungssystems (FFS) unter Berücksichtigung begrenzter Werkzeugmagazine (Systemrüstungsplanung). Ausgangspunkt der Systemrüstungsplanung sind vorgegebene und gemeinsam zu fertigende Werkstücke. Die Arbeitsgänge dieser Werkstücke sowie deren zugehörige Werkzeuge sind den ersetzenden Maschinen eines FFS zuzuordnen. Das Planungsproblem wird als lineares gemischt-ganzzahliges Programm mit dem Zielkriterium Minimierung der maximalen Kapazitätsbelastung der Maschinen (Kapazitätsabgleich) formuliert. Zur Lösung des Modells wird eine Heuristik entwickelt, in der eine Zuordnung der Arbeitsgänge zu den Maschinen durch die Lösung eines parametrischen verallgemeinerten Zuordnungs-Problems erreicht wird. Hierbei approximiert die Zielfunktion die Werkzeugmagazinplätze, die durch diese Zuordnung erforderlich sind. Die Parametrisierung der Problemstellung erlaubt es, Lösungsgüte und Rechenzeit des Verfahrens zu beeinflussen. Der Algorithmus wurde auf einem PC implementiert und an zahlreichen, zufällig gebildeten Beispielen getestet. Es zeigten sich durchweg positive Ergebnisse.

Summary: The paper considers the loading problem in flexible manufacturing systems (FMS). This problem involves the following assignments to the machine tools: operations and associated cutting tools required for part types that have been selected to be produced simultaneously. The loading problem is first formulated as a linear mixed integer program with the objective to minimize the maximum workload assigned to each machine. A heuristic procedure is developed in which an assignment of operations to machine tools is obtained by solving a parametrized generalized assignment problem with an objective function that approximates the use of tool slots required by the operations assigned to the machines. The algorithm was coded in FORTRAN and tested on a PC. Computational results are presented for different test problems to demonstrate the efficiency and effectiveness of the suggested procedure.

1. Problemstellung

Zur effizienten Nutzung eines flexiblen Fertigungssystems (FFS) ist eine hohe und gleichmäßige Kapazitätsauslastung der Maschinen notwendig. Für die ersetzenden Maschinen (Maschinen von einem Typ) eines FFS kann dies erzielt werden, wenn die ausführende Maschine eines Arbeitsgangs noch während dem Systembetrieb festgelegt werden kann. Diese kurzfristige Wahlfreiheit ist aber häufig nicht gegeben, da die Werkzeugmagazine der Maschinen im voraus mit den notwendigen Werkzeugen zu bestücken sind. Es ist daher in einer Vorabplanung (Systemrüstungsplanung) festzulegen, welcher Arbeitsgang eines Werkstücks an welcher Maschine durchzuführen ist, um die notwendigen Werkzeuge bereitzustellen. Gleichzeitig ist darauf zu achten, daß die Werkzeugmagazinkapazitäten der Maschinen nicht überschritten werden und eine gleichmäßige Kapazitätsauslastung erzielt wird.

Ausgangspunkt der Systemrüstungsplanung sind vorgegebene und in der nächsten Periode gemeinsam zu fertigende Werkstücke. Für die Arbeitsgänge dieser Werkstücke ist eine optimale Zuordnung zu den ersetzenden Maschinen zu finden. Die Schwierigkeiten der Systemrüstungsplanung ergeben sich dadurch, daß die an einer Maschine bereitgestellten Werkzeuge von verschiedenen Arbeitsgängen genutzt werden können. Es besteht daher das Bestreben, die Arbeitsgänge, die ähnliche Werkzeugsätze benötigen, einer gemeinsamen Maschine zuzuordnen, um die knappen Werkzeuge und Werkzeugmagazine auszunutzen. Dieses Vorgehen kann aber dem eigentlich verfolgten Zielkriterium (z.B. ausgeglichene Kapazitätsbelastung) entgegenstehen.

Das Planungsproblem ist verwandt mit der Ablaufplanung von parallelen Maschinen bei beschränkten, nicht erneuerbaren und unabhängigen Ressourcen.

Zur Lösung von Modellen der Systemrüstungsplanung wird in der Literatur vorwiegend die Anwendung von Standardprogrammen der gemischt-ganzzahligen Optimierung vorgeschlagen [1,5,6,7]. Berrada und Stecke beschreiben ein spezialisiertes Branch-and-Bound-Verfahren [2] zur exakten Lösung der Problemstellung, während andere Autoren lediglich einfache heuristische Sortierverfahren [8,9] entwickeln. Die Anwendung von Standardprogrammen, wie auch die Anwendung des B&B-Verfahrens von Berrada und Stecke sind auf kleine Problemgrößen beschränkt. Demgegenüber liefert der Einsatz von einfachen Sortierverfahren häufig keine befriedigenden Ergebnisse.
In der vorliegenden Arbeit wird für die Problemstellung der Systemrüstungsplanung zunächst ein lineares gemischt-ganzzahliges Optimierungsmodell formuliert und anschließend zu dessen Lösung ein heuristisches Verfahren entwickelt, das in akzeptabler Rechenzeit für praxisorientierte Problemgrößen gute Ergebnisse erzielt.

2. Modellformulierung

Zur Formulierung von Zielvorschrift und Nebenbedingungen des Optimierungsmodells wird von den folgenden Annahmen ausgegangen:

a) Es liegen k=1,2,..,K Arbeitsgänge vor.

b) Jeder Arbeitsgang kann auf einer der m=1,2,..,M Maschinen des FFS ausgeführt werden.

c) Ein Arbeitsgang kann gleichzeitig nur von einer Maschine ausgeführt werden. Eine Maschine kann gleichzeitig nur einen Arbeitsgang ausführen. Die Ausführung eines Arbeitsgangs darf nicht unterbrochen werden.

d) Jeder Arbeitsgang wird nur einer Maschine zugeordnet.

e) Jeder Arbeitsgang erfordert eine maschinenabhängige Bearbeitungszeit von p_{km} Zeiteinheiten.

f) Zur Ausführung eines Arbeitsgangs ist eine bestimmte Werkzeugmenge I_{km} an der Maschine bereitzustellen.

g) Jede Maschine verfügt über eine Werkzeugmagazinkapazität von w_m Werkzeugen.

Als Zielkriterium wird die Minimierung der maximalen Maschinenbelastung (Kapazitätsabgleich) gewählt. Aus den Prämissen und dem gewählten Zielkriterium läßt sich das folgende Modell aufstellen:

Daten:	K	:	Menge der Arbeitsgänge
	M	:	Menge der Maschinen
	I	:	Menge der Werkzeuge
	p_{km}	:	Bearbeitungszeit des Arbeitsgangs k an Maschine m
	w_m	:	Werkzeugmagazinkapazität an Maschine m
	s_{ki}	=	$\begin{cases} 1, & \text{Arbeitsgang k benötigt Werkzeug i} \\ 0, & \text{sonst} \end{cases}$
Variable:	g_m	:	Kapazitätsbedarf der Maschine m
	g	:	maximaler Kapazitätsbedarf an einer der Maschinen M
	y_{im}	=	$\begin{cases} 1, & \text{Werkzeug i wird der Maschine m zugeordnet} \\ 0, & \text{sonst} \end{cases}$
	v_{km}	=	$\begin{cases} 1, & \text{Arbeitsgang k wird der Maschine m zugeordnet} \\ 0, & \text{sonst} \end{cases}$

Abb.1: Daten und Variablen des Entscheidungsmodells

Zielfunktion:

$$\min \quad g = \max_{m \in M} g_m \qquad (1)$$

u.B.d.R.

Kapazitätsbelastung der Maschinen M:

$$\sum_{k \in K} v_{km} \cdot p_{km} - g_m \leq 0 \qquad \forall\, m \in M \qquad (2)$$

Werkzeugmagazinbeschränkung der Maschinen M:

$$\sum_{i \in I} y_{im} \leq w_m \qquad \forall\, m \in M \qquad (3)$$

Wenn Arbeitsgang k der Maschine m zugewiesen wird, dann sind auch die benötigten Werkzeuge an der Maschine m bereitzustellen (E ist eine große Zahl):

$$\sum_{m \in K} s_{ki} \cdot v_{km} \leq E \cdot y_{im} \qquad \forall\, i \in I,\ \forall\, m \in M \qquad (4)$$

Jeder Arbeitsgang ist genau einer Maschine zuzuordnen:

$$\sum_{m \in M} v_{km} = 1 \qquad \forall\, k \in K \qquad (5)$$

Binär- und Nichtnegativitätsbedingungen:

$$v_{km} = \{0, 1\} \qquad \forall\, k \in K,\ \forall\, m \in M \qquad (6)$$

$$y_{im} = \{0, 1\} \qquad \forall\, i \in I,\ \forall\, m \in M \qquad (7)$$

$$g_m \geq 0 \qquad \forall\, m \in M \qquad (8)$$

3. Lösungsverfahren

Formuliert man ein Beispiel mit 5 Maschinen, 50 Arbeitsgängen und 100 Werkzeugen als ein gemischt-ganzzahliges lineares Optimierungsmodell der Form (1)-(8), so benötigt man: 750 Binärvariable sowie 560 Nebenbedingungen. Die Anwendung eines gemischt-ganzzahligen Programms wird daher schon bei kleineren Problemstellungen zu Schwierigkeiten führen.

Im folgenden wird für das Problem (1)-(8) ein heuristisches, parametrisches Optimierungsverfahren entwickelt. Die Grundelemente der Vorgehensweise sind ähnlich dem Verfahren von Fisher und Jaikumar zur Lösung des Tourenplanungsproblems [3].

Gibt man jeder Maschine m eine Kapazitätsgrenze g_m vor, und minimiert die Anzahl der benötigten Werkzeugplätze, so läßt sich folgendes nichtlineares verallgemeinertes Zuordnungsproblem formulieren:

Zielfunktion:

$$\min \sum_{m \in M} f(v_{km} | v_{km}=1) \qquad (9)$$

u.B.d.R.

Kapazitätsbeschränkung der Maschinen M:

$$\sum_{k \in K} v_{km} \cdot p_{km} \leq g_m \qquad \forall\, m \in M \qquad (10)$$

Jeder Arbeitsgang ist genau einer Maschine zuzuordnen:

$$\sum_{m \in M} v_{km} = 1 \qquad \forall\, k \in K \qquad (11)$$

Binärbedingungen:

$$v_{km} = \{0,1\} \qquad \forall\, k \in K,\ \forall\, m \in M \qquad (12)$$

Dabei bezeichnet $f(v_{km}|v_{km}=1)$ die Anzahl der benötigten Werkzeugplätze an der Maschine m, durch die der Maschine m zugeordneten Arbeitsgänge. Die Funktion ist nicht linear, da die an einer Maschine m einsparbaren Werkzeugplätze erst dann gegeben sind, wenn die Zuordnungen der Arbeitsgänge zu den Maschinen bekannt sind.

Approximiert man die nichtlinearen Koeffizienten der Zielfunktion (9) durch lineare Schätzwerte c_{km}, dann ergibt sich die folgende lineare Zielfunktion:

$$\min \sum_{m \in M} \sum_{k \in K} c_{km} \cdot v_{km} \qquad (13)$$

Man erhält dadurch ein lineares verallgemeinertes Zuordnungsproblem (10)-(13), zu dessen Lösung effiziente Verfahren existieren [4].

Die linearen Schätzwerte c_{km} haben die Aufgabe, Gruppierungen von Arbeitsgängen zu erzeugen, die möglichst dieselben Werkzeuge benötigen.

Zur Bestimmung der Schätzwerte c_{km} kann folgendermaßen vorgegangen werden: man gruppiert die K Arbeitsgänge in M Gruppen derart, daß unter Einhaltung der Werkzeugmagazinrestriktion w_m möglichst wenig Werkzeugplätze an den Maschinen benötigt werden. Anschließend ordnet man jeden Arbeitsgang k jeder Gruppe m probeweise zu und bestimmt die hierbei zusätzlich notwendigen Werkzeugplätze c_{km}. Es wird also für jeden Arbeitsgang k der Bedarfsanstieg an Werkzeugplätzen bestimmt, der dann entstehen würde, wenn die Gruppe m um den Arbeitsgang k erweitert würde (Differenzwerkzeuge).

Gibt man jetzt für jede Maschine eine Kapazitätsgrenze g_m vor, dann wird durch die Lösung des Modells (10)-(13) eine Zuordnung der Arbeitsgänge zu den Maschinen erzeugt, die unter Einhaltung der Kapazitätsgrenzen einen möglichst geringen Werkzeugplatzbedarf verursacht.

Durch dieses Vorgehen werden die begrenzten Werkzeugmagazine nur implizit mitberücksichtigt. Es ist daher nach jeder Lösung des verallgemeinerten Zuordnungsproblems die Einhaltung der Werkzeugmagazinrestriktionen zu überprüfen. Ist eine der Restriktionen verletzt, wird mit veränderten Schätzwerten c'_{km} versucht, eine zulässige Lösung zu erhalten.

Um das ursprüngliche Zielkriterium zu verfolgen, reduziert man bei jedem Vorliegen einer zulässigen Lösung des Problems (10)-(13)+(3),(4),(7) die Kapazitätsgrenzen g_m der Maschinen m. Dies wird solange durchgeführt, bis auch durch eine mehrmalige Anpassung der Schätzwerte c'_{km} keine zulässige Lösung erzeugt werden kann. Die letzte zulässige Lösung ist das Ergebnis.

Die Umformulierung des ursprünglichen Problems (1)-(8) führt damit zu einem parametrischen verallgemeinerten Zuordnungs-Problem, welches innerhalb eines heuristischen Verfahrens (**SYSR**) zur Lösung der ursprünglichen Problemstellung dient. Die Parametrisierung erlaubt es, Lösungsgüte und Rechenzeit des Verfahrens zu beeinflussen. Innerhalb des Algorithmus kann jedes Verfahren zur Lösung eines verallgemeinerten Zuordnungsproblems eingesetzt werden. Dies kann auch ein heuristisches Verfahren sein.

Der genaue Ablauf des Verfahrens **SYSR** ist der Abbildung 2 zu entnehmen.

Stufe 0: Initialisierung

$n=1$; g^{+} : unterer Grenzwert der Kapazitätsbelastung; δg : Kapazitätsreduzierung

Stufe 1: Berechnung einer zulässigen Ausgangslösung

1a: Bestimme eine zulässige Ausgangslösung für das Problem (2)-(8)
1b: Bestimme die resultierende maximale Kapazitätsbelastung g^n, und setze die Kapazitätsgrenzen g_m^n ($g_m^n = g^n$) der Maschinen m.

Stufe 2: Reduzierung der Kapazitätsgrenzen und Berechnung der Schätzwerte

2a: Wenn Grenzwert g^{+} größer oder gleich der maximalen Kapazitätsbelastung g^n ist oder die vorgegebene Programmlaufzeit überschritten wurde, dann gehe zu Stufe 4
2b: Reduziere die Kapazitätsgrenzen g_m^n an den Maschinen m um δg ($g_m^{n+1} = g^n - \delta g$)
2c: Bestimme für jeden Arbeitsgang die Differenzwerkzeuge (Schätzwerte) c^n_{km} zu der Maschinenwerkzeugbelegung aus der letzten zulässigen Lösung

Stufe 3: Erzeugung einer zulässigen Lösung

3a: Löse das Problem (10)-(13), verallgemeinertes Zuordnungsproblem
3b: Wenn keine zulässige Lösung des Problems (10)-(13) existiert oder die vorgegebene Laufzeit des Verfahrens überschritten wurde, dann gehe zu Stufe 4
3c: Wenn eine zulässige Werkzeugmagazinbelegung erreicht wurde (Problem (3),(4),(7)), dann gehe zu Stufe 2a und setze $n=n+1$
3d: Wenn die Iterationsgrenze der Schätzwertanpassungen erreicht wurde, dann gehe zu Stufe 4
3e: Führe eine Anpassung der Schätzwerte c^n_{km} durch und gehe zu Stufe 3a

Stufe 4: Stop

Letzte zulässige Lösung ist das Ergebnis des Verfahrens.

Abb.2: Verfahren **SYSR**

4. Ergebnisse

Zur Analyse des **SYSR**-Verfahrens wurden mit Hilfe eines Zufallszahlengenerators mehrere Problemstellungen erzeugt und die Ergebnisse des Verfahrens mit den Ergebnissen eines exakten **B&B**-Verfahrens und der Heuristik zur Erzeugung einer Ausgangslösung **STA** verglichen. Das **B&B**-Verfahren verzweigt nach der LIFO-Regel und verwendet zur Begrenzung eine einfache untere Schranke. Die quantitativen Tests wurden an einem PC-AT (10 Mhz, Koprozessor) durchgeführt.

Zur besseren Vergleichbarkeit der unterschiedlichen Verfahren, wurde als Vergleichsmaßstab das Verhältnis der resultierenden Zielfunktionswerte $Z_{..}$ zu einer unteren Schranke Z_u gewählt. Eine untere Schranke für das Problem (1)-(8) ergibt sich wie folgt:

$$Z_u = \max \left[\max_{k \in K} (\min_{m \in M} p_{km}),\ (\sum_{k \in K} \min_{m \in M} p_{km}) / M \right] \qquad (14)$$

Bei den in der Tabelle 1 dargestellten Ergebnissen, wurde die Maschinenzahl M zwischen 3 und 8 sowie die Zahl der Arbeitsgänge K zwischen 19 und 32 variiert. Die Werkzeugmagazinkapazität der Maschinen betrug dabei zwischen 40 und 80 Werkzeugplätze. Jeder Arbeitsgang benötigte für seine Ausführung 10 bis 20 Werkzeuge. Die erste Ergebnisspalte enthält die Lösungsgüte der Heuristik **STA**, anschließend ist der Zielwert und die Rechenzeit des **SYSR**-Verfahrens angeführt. In der dritten Ergebnisspalte ist die Rechenzeit dargestellt, die das **B&B**-Verfahren benötigte, um dieselbe Lösungsgüte wie das **SYSR**-Verfahren zu erreichen. In der vierten Ergebnisspalte ist die Rechenzeit und Optimallösung des **B&B**-Verfahrens angeführt. Das **SYSR**-Verfahren wurde abgebrochen, wenn entweder die Gesamtrechenzeit 500 sek oder die Zahl der Schätzwertanpassungen 20 oder die Lösungszeit des verallgemeinerten Zuordnungsproblems 100 sek überstieg.

		STA	SYSR		B&B	B&B	
M	K	Z_{STA}/Z_u	Z_{SYSR}/Z_u	CPU-Zeit [min]	CPU-Zeit [min]	$Z_{B\&B}/Z_u$	CPU-Zeit [min]
3	20	1.16	1.00	.08	9.62	1.00	9.62
3	19	1.16	1.00	.37	3.43	1.00	3.43
3	24	1.11	1.01	.77	130.27	1.00	136.87
3	27	1.09	1.01	.47	518.48	1.00	528.40
4	24	1.63	1.01	2.73	16.13	1.00	22.78
4	23	1.52	1.01	1.10	3.60	1.00	4.02
5	24	1.30	1.01	.72	6.17	1.00	9.00
5	24	1.36	1.04	4.98	9.63	1.00	317.37
6	20	1.60	1.05	9.07	17.08	1.02	788.33
7	22	1.69	1.05	2.82	8.03	1.00	93.90
8	23	1.46	1.07	8.42	.37	1.00	497.35
8	32	1.57	1.04	8.32	218.55	1.00	865.03

Tabelle 1: Ergebnisvergleich mit Optimallösung

Beim **B&B**-Verfahren ist zu erkennen, daß die Rechenzeit für größere Problemstellungen sehr schnell anwächst, sogar dann, wenn das Verfahren beim Erreichen der Lösungsgüte des **SYSR**-Verfahrens abgebrochen wird. Um auch größere Probleme zu analysieren, wurde in einem 2. Vergleich das **B&B**-Verfahren grundsätzlich nach 20 min Rechenzeit abgebrochen. Die Ergebnisse für Probleme von 4-10 Maschinen und 21 bis 90 Arbeitsgängen sind in der Tabelle 2 dargestellt.

Der Ergebnisvergleich zeigt, daß das **SYSR**-Verfahren relativ gute Lösungen in wesentlich geringerer Rechenzeit als das optimierende Vergleichsverfahren erzielt. Dieser Vorteil kommt insbesondere bei größeren Problemen zum Tragen.

		STA	SYSR		B&B				STA	SYSR		B&B	
M	K	Z_{STA}/Z_u	Z_{SYSR}/Z_u	CPU-Zeit [min]	$Z_{B\&B}/Z_u$	CPU-Zeit [min]	M	K	Z_{STA}/Z_u	Z_{SYSR}/Z_u	CPU-Zeit [min]	$Z_{B\&B}/Z_u$	CPU-Zeit [min]
4	31	1.41	1.02	7.33	1.40	20.00	8	25	1.30	1.12	7.28	1.00	8.88
4	30	1.33	1.01	.28	1.09	20.00	8	30	1.46	1.08	4.00	1.02	20.00
4	34	1.18	1.00	2.02	1.35	20.00	8	38	1.41	1.04	3.08	1.27	20.00
5	32	1.46	1.03	3.17	1.37	20.00	8	42	1.46	1.04	9.33	1.46	20.02
5	32	1.37	1.01	4.50	1.23	20.02	8	49	1.59	1.09	8.40	1.34	20.00
5	38	1.19	1.01	7.60	1.24	20.00	8	55	1.36	1.05	7.05	1.65	20.03
5	39	1.31	1.02	3.10	1.19	20.00	8	62	1.34	1.03	8.42	1.49	20.00
5	45	1.25	1.09	8.38	1.27	20.02	8	63	1.20	1.06	2.88	1.46	20.00
6	21	1.37	1.02	2.32	1.00	.35	8	75	1.20	1.04	7.43	1.61	20.03
6	29	1.33	1.01	1.93	1.06	20.00	9	29	1.58	1.21	3.55	—*	20.00
6	31	1.19	1.02	5.43	1.28	20.00	9	38	1.77	1.23	8.67	1.42	20.02
6	35	1.23	1.01	4.25	1.42	20.00	9	46	1.36	1.09	9.57	1.40	20.00
6	40	1.17	1.01	5.60	1.33	20.00	9	47	1.45	1.10	8.43	1.24	20.00
6	44	1.61	1.03	7.97	1.39	20.02	9	54	1.57	1.08	8.67	1.35	20.02
6	50	1.22	1.02	7.72	1.35	20.00	9	62	1.47	1.07	8.57	1.75	20.05
6	50	1.31	1.02	3.02	1.25	20.00	9	67	1.30	1.10	7.57	1.73	20.02
6	51	1.19	1.05	9.35	1.37	20.00	9	70	1.19	1.02	15.02	1.44	20.00
6	56	1.21	1.03	8.50	1.71	20.02	9	83	1.53	1.11	7.38	1.66	20.00
7	23	1.35	1.05	3.33	1.00	6.00	10	31	1.79	1.43	1.40	—*	20.00
7	28	1.84	1.04	4.02	1.09	20.00	10	40	1.54	1.07	8.37	—*	20.02
7	32	1.28	1.06	5.15	1.18	20.00	10	47	1.58	1.10	6.08	1.28	20.00
7	35	1.40	1.05	4.68	1.13	20.00	10	54	1.25	1.16	9.78	1.72	20.03
7	43	1.19	1.04	9.98	1.33	20.00	10	59	1.38	1.08	4.47	1.40	20.02
7	43	1.23	1.05	8.58	1.54	20.02	10	64	1.54	1.04	9.22	1.44	20.02
7	51	1.24	1.05	5.02	1.29	20.00	10	73	1.36	1.09	9.20	1.58	20.00
7	58	1.43	1.05	8.68	1.41	20.02	10	84	1.49	1.07	9.75	1.94	20.07
7	64	1.32	1.02	3.67	1.51	20.00	10	90	1.32	1.09	9.00	1.50	20.03

* es wurde keine zulässige Lösung gefunden

Tabelle 2: Ergebnisvergleich

5. Literatur

[1] Bastos, J. M.: Batching and Routing: Two Functions in the Operational Planning of Flexible Manufacturing Systems, in: EJOR, 33(1988), S. 230-244

[2] Berrada, M. and Stecke, K. E.: A Branch and Bound Approach for Machine Load Balancing in Flexible Manufacturing Systems, in: MS, 32(1986)10, S. 1316-1335

[3] Fisher, M. L., Jaikumar, R. (1981): A Generalized Assignment Heuristic for Vehicle Routing in: Networks, 11(1981), S.109-124

[4] Fisher, M. L., Jaikumar, R., Van Wassenhove L. N. (1986): A Multiplier Adjustment Method for the Generalized Assignment Problem, in: MS, 32(1986)9, S.1095-1103

[5] Kusiak, A.: Loading Models in Flexible Manufacturing Systems, in: Raouf, A. and Ahmad, S. I. (Eds.), Flexible Manufacturing, Amsterdam/Oxfort/New York/Tokyo 1985, S.119-132

[6] Sarin, S. C. and Chen, C. S.: The Machine Loading and Tool Allocation Problem in a Flexible Manufacturing System, in: IJPR, 25(1987)7, S.1081-1094

[7] Stecke, K. E.: Formulation and solution of nonlinear integer production planning problems for flexible manufacturing systems, in: MS, 29(1983)3, S.273-288

[8] Stecke, K. E. and Talbot, F. B.: Heuristics for Loading Flexible Manufacturing Systems, in: Raouf, A. and Ahmad, S. I. (Eds.), Flexible Manufacturing, Amsterdam/Oxfort/New York/Tokyo 1985, S.73-85

[9] Whitney, C. K. and Gaul T. S.: Sequential Decision Procedures for Batching and Balancing in FMSs, in: Annals of Operations Research 3(1985), S.301-316

PRODUCTION SCHEDULING IN A FOUNDRY

Y. ROSSIER und Th. M. LIEBLING, Lausanne

This is a project carried out jointly by the EPFL and a large manufacturing group to set up a computer-aided system of production planning and control at the operational level in an aluminium foundry.

In the context of the project, a CISC (computer-integrated scheduling and control) system was developed and implemented including:

- a relational database describing in the model of the foundry,
- planning modules that schedule the jobs on machines minimizing operating costs (delay, production, setups),
- a user-friendly interface allowing to visualize and modify the schedules.

The foundry can be modelled as a flowshop with two stages (casting, homogenization) having parallel unrelated machines at each production stage. For a single order, the homogenization operations depend on the choice of the casting machine. For a one month planning horizon, more than 200 lots of orders must be scheduled on 7 casting machines and 7 homogenization ovens.

The planning algorithm is structured in a phase of assignment and a phase of scheduling und uses prohabilistic exchange algorithms based on simulated annealing.

REIHENFOLGEPROBLEM BEI DER ACRYLGLASHERSTELLUNG

Wolfgang Domschke, Harald Friedrich, Erwin Pesch[+], Birgit Schildt

Technische Hochschule Darmstadt

[+] Universität Maastricht

1. Problemstellung

Die Produktion von Acrylglasplatten besteht im wesentlichen aus der Herstellung eines chemischen Sirups, dessen Abfüllung zwischen zwei Mineralglasplatten (Sandwichform) und der Polymerisation (Aushärtung) des Sirups zu einer festen Platte. Die Glasplattensandwiches gleicher Produkte werden jeweils auf Gestellen zusammengefaßt.

Abb.1 stellt den Produktionsbereich aus der Sicht eines solchen Gestelles dar. Acrylglasplatten können sich in Sorte (d.h. Farbe und Attribut, wie z.B. blau matt), Format und Stärke unterscheiden. Die Sorte beeinflußt die chemische Zusammensetzung des Sirups und den späteren Arbeitsplan, Format und Stärke determinieren die Anzahl und Größe der zur Produktion zu verwendenden Gestelle.

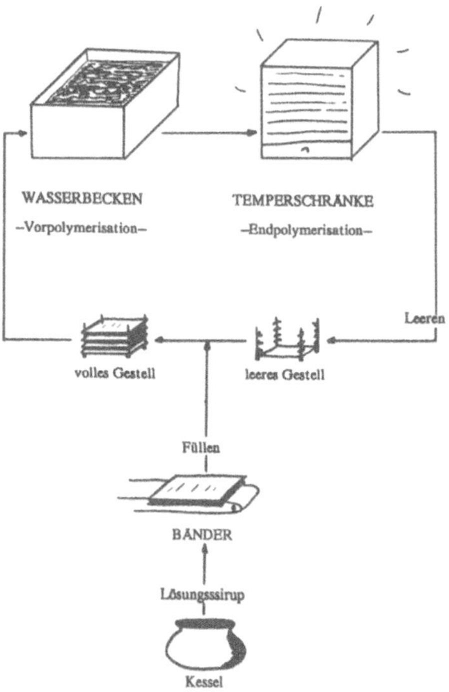

Abb.1: Ablauf der Acrylglasproduktion aus der Sicht eines Gestells

Operations Research Proceedings 1989

Zur Herstellung eines bestimmten Produktes wird in Kesseln der zugehörige Sirup angerührt und an Fließbändern zwischen je zwei Glasplatten, die mit Dichtringen auf Abstand gehalten werden, eingegossen. Die so entstandenen Sandwiches werden in die Leisten eines (noch leeren) Gestells eingeschoben. Im folgenden betrachten wir das (gefüllte) Gestell als Planungseinheit.
Abhängig vom enthaltenen Produkt wird jedes Gestell bei vorgegebenen Temperaturen in ein bis vier aufeinanderfolgenden Wasserbecken vorpolymerisiert. Danach muß es, unter Beachtung einer zulässigen Höchstwartezeit, in einem Temperschrank (Ofen) nach produktspezifischem "Fahrplan" (Temperatur und Temperaturzyklus) endpolymerisieren. Nach Abschluß der Polymerisation werden die Gestelle abgebaut, d.h. die Mineralglasplatten werden entfernt und die nun fertigen (festen) Acrylglasplatten in die Qualitätskontrolle gebracht. Der Kreislauf wiederholt sich mit neuem Lösungssirup.

Anlaß unserer Betrachtungen war die Beobachtung, daß bei gegebenem Produktmix die Reihenfolge der zulaufenden Gestelle den Grad der Kapazitätsauslastung des Polymerisationsbereiches erheblich mitbestimmt. Darin begründet sich das Interesse, Möglichkeiten der Ermittlung von optimalen (bzw. "guten") Produktionsreihenfolgen zu untersuchen.

2. Modellbildung

Zunächst wurde das Problem, wie es sich in der Praxis stellt, analysiert:
Bei gegebenem Produktionsprogramm (Produktmix) für eine Planungsperiode betrachten wir den Polymerisationsbereich (s.o.):

- Vorpolymerisation in Wasserbecken; es stehen Wasserbecken verschiedener Größe zur Verfügung, die alle auf beliebige Temperaturen heizbar sind.
- Endpolymerisation in Temperschränken; die vorhandenen Temperschränke unterscheiden sich nur in ihren Grundflächen. Temperschränke können während der Laufzeit eines Programmes nicht geöffnet werden.

Die vor- und nachgelagerten Kapazitäten wie Bänder, Kessel und Qualitätskontrolle sind über Puffer mit dem Polymerisationsbereich verknüpft und können, da sie unkritisch sind, bei der Optimierung ausgeklammert werden. Optimierungsbereich ist also der Polymerisationsbereich.
Produktionsübergreifend ist jedoch zu berücksichtigen, daß je Gestellgröße nur eine begrenzte Anzahl an leeren Gestellen vorhanden ist.

Der Übersichtlichkeit wegen verzichten wir auf die detaillierte Darstellung aller zu berücksichtigenden Aspekte und Modellannahmen (vgl.[2]).

Die Bestandteile jedes mathematischen Modells zur Beschreibung der Gegebenheiten im Bereich der Endpolymerisation (Temperöfen) sind im folgenden beispielhaft genauer dargestellt:

Zielfunktion:

- Minimax- oder Minisum-Zielsetzung

Nebenbedingungen für den Temperschrankbereich:

- Eintrittszeitrestriktion
- Wartezeitrestriktion
- Temperschrankkapazitätsrestriktionen
- Produktverträglichkeitsrestriktionen
- Temperschrank-Besetzt-Restriktionen
- Durchsatzrestriktionen
- Bedingungen an die Entscheidungsvariablen (z.B. Binärbedingungen)

Übergeordnete Nebenbedingungen:

- Gestellrestriktionen

Bei gegebenem Produktmix besteht die Minimax-Zielsetzung darin, den Fertigstellungszeitpunkt des letzten Gestells zu minimieren, während im Rahmen der Minisum-Zielsetzung die Summe der Aufenthaltsdauern aller Gestelle des jeweiligen Auftragsbestandes im Polymerisationsbereich (incl. Wartezeiten!) minimiert werden. Bezüglich des Temperschrankbereiches zulässige Lösungen müssen den folgenden Bedingungen genügen:

- Ein Gestell kann erst dann einen Temperschrank belegen, wenn seine Wasserbeckenbehandlung abgeschlossen ist.
- Beim Übergang zwischen Wasserbecken- und Temperschrankbereich sind bestimmte zulässige Höchstwartezeiten nicht zu überschreiten, da sonst Qualitätsverluste auftreten.
- Ein Temperschrank kann nicht mehr Gestelle aufnehmen als es seine Grundfläche erlaubt (kein Stapeln).
- Nur Gestelle mit Produkten, die den gleichen Ofenfahrplan erfordern, dürfen gleichzeitig einen Temperschrank belegen.
- Ein Temperschrank muß, während ein Programm läuft, geschlossen bleiben. Es gibt weder Nachladen noch vorzeitige Entnahmen.
- Jedes Gestell muß genau einmal endpolymerisieren. Dazu muß genau ein passender Temperschrank ausgewählt werden.
- Bedingungen an den Typ der Entscheidungsvariablen sind je nach Modell zu stellen.

Im Hinblick auf den Einsatz verschiedener Lösungsverfahren wurden fünf Modelle zur mathematischen Abbildung des Realproblemes formuliert:

1. Ein binäres Optimierungsproblem ("Hauptmodell")
2. Eine Warehouse Location Problem Variante (vgl. zu diesem Problemtyp [1])
3. Ein Set Partitioning Problem (vgl. zu diesem Problemtyp [4])
4. Ein Vehicle Routing Problem (vgl. zu diesem Problemtyp [3])
5. Ein ganzzahliges Optimierungsproblem

3. Lösungsmöglichkeiten

Trotz der Vielfalt alternativer Problemformulierungen und Lösungsansätze erwiesen sich die Methoden der Literatur als ungeeignet.
Exakte Lösungsverfahren wie z.B. Branch & Bound scheitern an dem von der Komplexität des Problems verursachten hohen Rechenaufwand (circa 10^8 Binärvariablen beim "Hauptmodell", das fast ausschließlich mit linearen Nebenbedingungen auskommt und deshalb hohe Erwartungen trug).
Die bekannten Heuristiken könnten nur nach Durchführung gravierender Modifikationen eingesetzt werden. So erschien uns die Entwicklung eigener, problemangepaßter Heuristiken zur Ermittlung ausreichend guter zulässiger Lösungen am geeignetsten.

Unser Lösungsansatz basiert auf folgenden Überlegungen: Die Kapazitäten des Temperschrankbereichs sind der eigentliche produktionslimitierende Engpaß, während sich der Bereich der Wasserbecken wesentlich unkritischer verhält. Wenn es also gelingt, eine gute Produktionsreihenfolge für die Nutzung der Temperschränke zu ermitteln und sie sich auf den vor- (und nach-)gelagerten Kapazitäten (v.a. Wasserbecken) realisieren läßt, so ist diese Reihenfolge eine gute über alle Produktionsschritte hinweg. Denn umgekehrt wird leicht schon an kleinen Beispielen deutlich, daß sich nicht jede gute Produktionsreihenfolge für die Nutzung des Wasserbeckenbereiches im darauffolgenden Temperschrankbereich unter Einhaltung aller Restriktionen (insbes. hinsichtlich Produktverträglichkeit und Wartezeit) endpolymerisieren läßt. Daher beruhen unsere Heuristiken zur Bestimmung einer zulässigen Lösung für den oben definierten Optimierungsbereich, d.h. den Polymerisationsbereich, auf der sogenannten **Rückwärtsrechnung**:

Grundgedanke aller entwickelten Verfahren ist die Ermittlung einer zulässigen Belegungsreihenfolge der Endpolymerisation (Temperöfen) mit den Gestellen des für die Planungsperiode vorgegebenen Auftragsbestandes. Diese Reihenfolge wird simultan (bei jeder für den Temperschrankbereich getroffenen Belegung) oder anschließend (geschlossen für alle Gestelle) mittels Rückwärtsterminierung hinsichtlich ihrer Realisierbarkeit in der vorgelagerten Vorpolymerisation (Wasserbecken) überprüft. Fällt diese Prüfung positiv aus, so hat man eine zulässige Belegungsreihenfolge für den gesamten Polymerisationsbereich, scheitert die Rückwärtsterminierung an mindestens einem Gestell, so müssen die geplanten Temperschrankbelegungen korrigiert und erneut überprüft werden. Weiterhin muß analog für jede geplante Belegung die Einhaltung der Gestellrestriktionen kontrolliert und sichergestellt werden.

Als Verfahren zur Bestimmung zulässiger Belegungsreihenfolgen im Temperschrankbereich schlagen wir vor:

Kenngrößen-Heuristiken / parametergesteuerte Prioritätsregelverfahren:

Sie sind klassische heuristische Ansätze für binäre Optimierungsprobleme und finden hier, implizit auf der Problemformulierung 1. basierend, in Form von Greedy- (und unter Einschränkungen auch Regret-) Heuristiken Anwendung. Jede mögliche Belegungsalternative "Gestell → Temperschrank mit best. Größe und best. Programmfahrplan" wird mit einer positiven reellen Kennziffer bewertet, die die Güte dieser Belegung kennzeichnet. Als Einflußfaktoren auf die Kenngröße sind denkbar:

- Gestellgröße
- Produktbeschaffenheit / Produktverträglichkeit
- evtl. Fertigstellungstermine
- Grundfläche / Kapazität des Temperschranks

Da je nach Zusammensetzung des vorgegebenen Produktmixes die Gewichtung eines Attributes mehr oder weniger sinnvoll sein kann, erfolgt die Berechnung der Kennziffern parametergesteuert. Das Vorgehen der Greedy-Prioritätsregelverfahren besteht darin, die verschiedenen Belegungsalternativen zunächst nach dem Betrag ihrer Kennziffern zu sortieren, um dann die Auswahl zu realisierender Belegungen (Zuordnung Gestell → Temperschrank incl. Fahrplan) gemäß abnehmenden Kenngrößen zu treffen, solange alle Restriktionen des Temperschrankbereichs eingehalten werden können.
Weitere Programmdurchläufe mit stochastisch gestörten Kennziffern erhöhen die Lösungsvielfalt.

"WLP"-Heuristik:

Die sogenannte WLP-Heuristik basiert auf der Formulierung als Variante eines Warehouse Location Problems. Hauptbestandteil dieser Heuristik ist ein mehrfach modifizierter ADD-HI-Algorithmus (vgl. [1]), der zulässige Teilbelegungen erzeugt, die später permutiert und zu Gesamtbelegungsplänen verzahnt werden. Simultane Rückwärtsrechnung ist hier nicht möglich.

DV-technisch realisiert wurde mit dem Programm ComPlex ein Prioritätsregelverfahren (Greedy-Heuristik) im Rahmen einer simultanen Rückwärtsrechnung mit Minimax-Zielsetzung. Dazu ist zu bemerken, daß im Verlauf der Implementierung den theoretisch begründeten Vorgehensweisen aufgrund praktischer Ergebnisse immer mehr stochastische Elemente hinzugefügt wurden.

4. Realisierung im Programmsystem ComPlex

4.1 Überblick

Das Programm ComPlex erstellt einen vollständigen Reihenfolgeplan für die Acrylglasproduktion. Berücksichtigt werden dabei die Daten der Becken, der Temperschränke und der Leergestelle. Als Eingabedaten müssen weiterhin die Aufträge und deren Arbeitspläne vorliegen. Planungseinheit ist jeweils das gefüllte Gestell. Unter einem Auftrag ist die Anweisung zu verstehen, eine oder mehrere gleiche Planungseinheiten zu produzieren.

Ziel des Programmes ComPlex ist es, den Fertigstellungszeitpunkt des letzten Gestelles zu minimieren.

Zur Problemlösung wird ein parametergesteuertes Prioritätsregelverfahren eingesetzt. Hierbei werden die gegebenen Aufträge nach den Merkmalen

. Glasgröße / Gestellgröße

. Produktverträglichkeit im Temperschrank (Kompatibilität)

. gesamte Vorpolymerisationsdauer

und deren Priorität in eine "Wunschreihenfolge" gebracht. Die Merkmale werden dazu mit reellwertigen Parametern gewichtet, die (hier am Beispiel des Gewichtes G1 für die Glasgröße verdeutlicht) folgende Wirkung haben:

G1 = 1.0 -> nimm große zuerst

G1 = 0.5 -> Größe unwichtig

G1 = 0.0 -> nimm kleine zuerst

Da nicht a priori abzusehen ist, welche Parameterkonstellation die erfolgreichste sein wird (das Aussehen der Ergebnisfunktion ist unbekannt), wird eine Vielzahl verschiedener Produktionsreihenfolgen mithilfe verschiedener Parametertupel errechnet.

Zunächst werden 'von Hand' vorgegebene Startparameter verwendet. Um im folgenden jedesmal neue Parameter zu erzeugen, sucht ComPlex stochastisch gesteuert meist in der Nähe der bisher besten Lösung. Um entfernt liegende bessere Lösungen nicht auszuschließen, werden jedoch auch Parameter benutzt, die sich stark von den bisher erfolgreichsten unterscheiden.

4.2 Arbeitsweise

Hier sollen zum Programmablaufplan in Abb. 2 einige Erläuterungen gegeben werden:
Zunächst wird versucht, sukzessive die Öfen für den Zeitpunkt T_{sim} zu belegen. In einer simultanen Rückwärtsterminierung überprüft ComPlex, ob für jeden Auftrag ein passendes Gestell und die entsprechende Beckenkapazität vorhanden wären.

Jeder Auftrag hat einen Status, der folgende Ausprägungen annehmen kann:

F : frei (= noch nicht abgearbeitet)

Z1 : für diesen Zeitpunkt zurückgestellt

Z2 : für diese Temperschrankfüllung zurückgestellt

A : abgearbeitet

In 'Auftragsreihenfolge' werden die Aufträge nach Merkmalen und Gewichten sortiert; ihr Status wird zu 'F' definiert.

'noch Aufträge da?' stellt fest, ob noch mindestens ein Auftrag mit Status 'F' vorhanden ist.

Der Zeitparameter T_{sim} wird um eine Zeiteinheit erhöht, sobald keine Aufträge oder Öfen mehr verfügbar sind. Alle Aufträge mit dem Status 'Z1' erhalten nun den Status 'F'.

'nächster bester Auftrag' sucht den besten Auftrag mit Status 'F'.

'nächster Ofen' sucht den nächsten zu diesem Zeitpunkt unbelegten Temperschrank.

'Gestell?' sucht für den Auftrag ein passendes freies Gestell. Ist dies nicht möglich, erhält der Auftrag den Status 'Z1'.

'Becken?' sucht für den Auftrag dem zugehörigen Arbeitsplan entsprechend ein oder mehrere Becken, die noch über den benötigten Platz verfügen. Sind diese bei T_{sim} nicht zu finden, so bekommt der Auftrag den Status 'Z1'.

'Einstellen!' stellt ein Gestell des Auftrags in den Temperschrank, belegt Leergestell und Becken, verringert den Umfang des Auftrags um eins und setzt den Status gegebenenfalls auf 'A'.

Danach kann der Temperschrank mit kompatiblen Aufträgen aufgefüllt werden: 'Ofen auffüllen!'.

Die Prozedur 'Ofen auffüllen' (Abb. 2b) verwendet Module des Hauptprogramms (Abb. 2a): Alle gleichnamigen Teile entsprechen sich. 'dazustellen!' entspricht 'einstellen'!. Am Ende der Prozedur werden alle Aufträge mit Status 'Z2' auf 'Z1' gesetzt.

'passt dazu?' setzt den Status des Auftrags auf 'Z2', falls dieser entweder im Temperschrank keinen Platz mehr findet oder er nicht kompatibel zum ersten bereits im Temperschrank stehenden Gestell ist.

5. Ergebnisse

ComPlex ermittelt stets zulässige Lösungen.

Die Einlastung eines real im Betrieb gefahrenen 7 Tage Wochenprogramms (330 Gestelle in 107 Aufträgen) benötigt nur 4 Tage 13 Stunden. Das entspricht einer Zeitersparnis von 35% nur durch die Änderung der Produktionsreihenfolge.

Zur Berechnung **einer** zulässigen Lösung benötigt ComPlex auf einem IBM AT nur ca. 35 sec.

ComPlex eignet sich zur Durchführung von 'What if' Analysen.
ComPlex ist in PASCAL geschrieben und daher portabel.

Literatur:

[1] Domschke, W. und A. Drexl: Logistik: Standorte. 2. Auflage, Verlag Oldenbourg, München, 1985.

[2] Friedrich, H.; J. Keßler; E. Pesch und B. Schildt: Batch Scheduling on Parallel Processing Units in Acrylglass Production. Arbeitspapier des Instituts für BWL der TH Darmstadt, 1989.

[3] Golden, B.L. und A.A. Assad: Vehicle Routing: Methods and Studies. North-Holland, Amsterdam, New York, Oxford, Tokyo, 1988.

[4] Syslo, M.M.; N. Deo und J.S. Kowalik: Discrete Optimization with Pascal Programs. Prentice-Hall, Englewood Cliffs, 1983.

Abb. 2 : Programmablaufplan

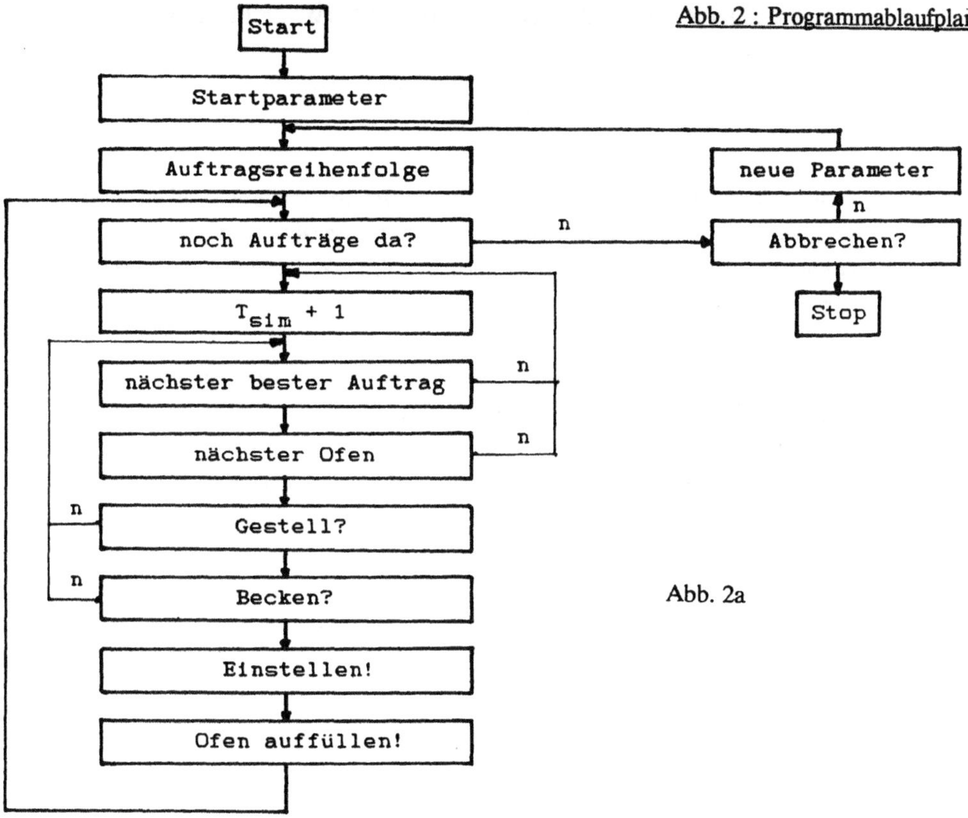

Abb. 2a

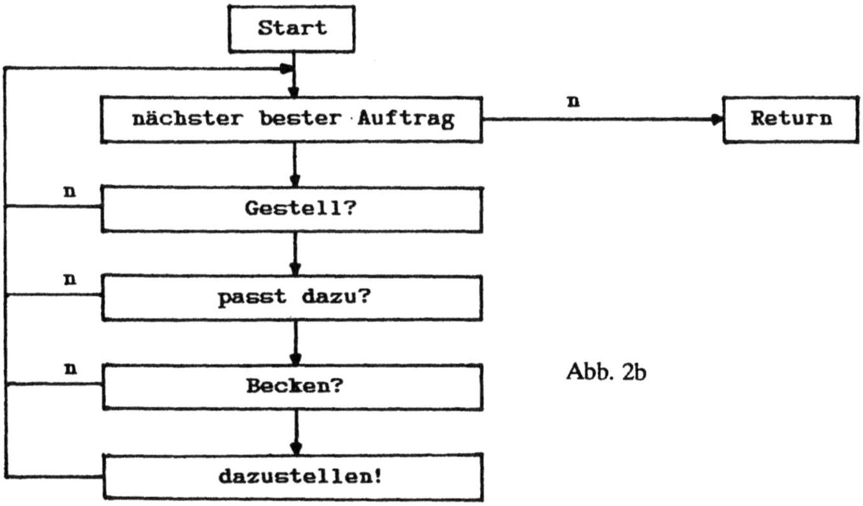

Abb. 2b

DER EINFLUSS DER WERBEKOSTEN AUF DAS OPTIMALE MARKETING-MIX

Bernd HEMPELMANN, Osnabrück

Ziel des Artikels ist es, den Einfluß der Werbekosten auf das optimale Marketing-Mix eines gewinnmaximierenden Monopolisten mit Hilfe einer Sensitivitätsanalyse zu bestimmen. Besonderes Augenmerk soll dabei auf die Frage gerichtet werden, in welcher Weise Werbekosten die monopolistische Preispolitik beeinflussen.

Es sind Bedingungen zu formulieren, unter denen eine Preissenkung bzw. eine Preiserhöhung als optimale Reaktion auf gestiegene Werbekosten erscheinen.

Ausgangspunkt der Analyse ist die Annahme der Existenz einer Responsefunktion, die jeder Kombination aus Produktpreis und Werbeaussagen den bei dieser Kombination erzielbaren Absatz zuordnet.

Das optimale Marketing-Mix wird dann durch das Dorfman-Steiner Theorem charakterisiert. Die angesprochene Sensitivitätsanalyse wird durch eine Aufspaltung der Werbeausgaben in eine Kosten- sowie eine Aktivitätskomponente bewerkstelligt.

Die im folgenden kurz erläuterten Ergebnisse wurden mit Hilfe einer komparativ-statischen Analyse erzielt.

Es zeigt sich, daß eine eindeutige Aussage über den Einfluß der Werbekosten auf die optimale Preispolitik nur möglich ist, wenn verstärkte Werbung zu einer Reduzierung der Preissensitivität der Konsumenten führt.

In diesem Fall erweist sich eine Preissenkung als Reaktion auf gestiegene Werbekosten als optimal, die Politik ist kompensatorischer Natur.

Unter der oben genannten Bedingung besteht eine positive Korrelation zwischen Produktpreis und Werbeintensität.

In diesem Sinn kann davon gesprochen werden, daß Werbung zu erhöhten Produktpreisen führt.

Dauerhafte Konsumgüter und Secondhand–Märkte: Charakterisierung von Gleichgewicht und absatzpolitisches Instrumentarium

Wolfgang Kürsten, Passau

1. Einleitung

Dauerhafte Konsumgüter werden, wenn die Informations– und Transaktionskosten im Vergleich zum Wert des Gutes gering sind, oftmals auf organisierten Secondhand–Märkten (SM) gehandelt (z.B. Automobile). Die Preisbildung dort richtet sich nach Angebot und Nachfrage und liegt außerhalb der unmittelbaren Kontrolle des Anbieters. Absatzpolitische Optionen des Anbieters sind folglich erst dann zu bewerten, wenn der Preisbildungprozeß auf dem SM bekannt ist. Hierzu wird in Abschnitt 2 zunächst ein SM–Modell vorgestellt, das die Charakterisierung des SM–Gleichgewichtes sowie die Berechnung der Preisstruktur von Gebrauchtgütern gestattet. Hierauf aufbauend werden dann in Abschnitt 3 einige produktpolitische Aktionen des Herstellers untersucht, wie z.B. eine Politik psychischer Obsoleszenz. Abschnitt 4 gibt eine kurze Zusammenfassung.

2. Charakterisierung von Gleichgewicht auf Secondhand–Märkten

Wir betrachten ein dauerhaftes Konsumgut mit einer Lebensdauer von $T \geq 1$ Perioden $\underline{t}=[t-1,t)$, $t=1,\ldots,T$. P(0) bezeichne den vom Hersteller fixierten (exogenen) Verkaufspreis, P(T) den (exogenen) Schrottpreis und P(1),...,P(T–1) die endogenen Gebrauchtpreise. Die reale Nachfrage besteht aus T heterogenen Konsumenten $C=\{\tau_1,\ldots,\tau_T\}$, deren Nutzenfunktionen $u(\tau;\underline{t})$ in t <u>monoton fallen</u> (d.h. $\Delta u(\tau;\underline{t}):=u(\tau;\underline{t})-u(\tau;\underline{t+1})\geq 0 \ \forall \tau \in C$) und wie folgt geordnet werden können

$$\Delta u(\tau_i;\underline{t}) > \Delta u(\tau_j;\underline{t}) \qquad \forall t=1,\ldots,T-1 \iff i<j \tag{1}$$

Die Population C bevorzugt also übereinstimmend neue Serviceeinheiten gegenüber gebrauchten, differiert aber hinsichtlich ihrer Präferenzintensität: O.B.d.A. empfindet Konsument τ_1 (τ_T) den relativ stärksten (geringsten) Nutzenrückgang, wenn das Gut um eine Periode gealtert ist. Zu Beginn jeder Periode verkauft der Hersteller eine Produkteinheit an die Population C, der Besitzer des T Perioden alten Exemplars verschrottet dieses, und die übrigen Konsumenten können ihr Gebrauchtexemplar am SM ohne Transaktionskosten handeln.

Operations Research Proceedings 1989

Im Marktgleichgewicht sind alle Preise stationär. Die optimale Politik jedes Konsumenten $\tau \in C$ besteht dann darin, immer wieder diejenige Nutzungsperiode $\underline{t}(\tau)$ zu konsumieren, deren nichtnegativer Consumer surplus maximal ist

$$\underline{t}(\tau) = \arg\max_{t} \{u(\tau;\underline{t}) - P(t-1) + P(t) \geq 0\} . \tag{2}$$

Die bijektive Zuordnung (2) von Konsumenten und Perioden im Marktgleichgewicht erlaubt die Inversion der Funktion $\underline{t}(\cdot)$ und legt es nahe, den Konsumenten der Periode $\underline{1}$, $\tau(\underline{1})$, als typischen Neukäufer, die übrigen Konsumenten $\tau(\underline{2}),\ldots,\tau(\underline{T})$ als Gebrauchtkäufer zu bezeichnen. Das folgende Theorem zeigt, wie sich diese nutzentheoretisch charakterisieren lassen und welche Gebrauchtpreisstruktur sich im Marktgleichgewicht einstellt.

Theorem 1 (Beweis s. Kürsten [4], S. 107 ff.): Das dauerhafte Konsumgut mit Lebensdauer T werde in einem SM mit den heterogenen Konsumenten $\tau_1,\ldots\tau_T$ gehandelt, deren Nutzenfunktionen monoton fallen und gemäß (1) geordnet sind. Dann gilt im Marktgleichgewicht:

a) Neu– bzw. Gebrauchtkäufer sind charakterisiert durch

$$\tau(\underline{t}) = \tau_t \qquad \forall t = 1,\ldots,T \tag{3}$$

b) Die Preisstruktur ist gegeben durch

$$P(t) = (1-\tfrac{t}{T})P(0) + \tfrac{t}{T}P(T) - \sum_{k=1}^{t} kw(k) - \sum_{k=t+1}^{T-1} tw(k) + \tfrac{t}{T}\sum_{k=1}^{T-1} kw(k), \tag{4}$$

wobei $w(k)=(1-\alpha_k)\Delta u(\tau_k;\underline{k})+\alpha_k\Delta u(\tau_{k+1};\underline{k})$ und $\alpha_k \in (0,1)$ ein optionaler Parameter ist zur Messung der Verhandlungsmacht des Konsumenten $\tau_k (k=1,\ldots,T-1)$.

c) Die Preisstruktur (4) ist konvex.

Gemäß Theorem 1,a ist der typische Neukäufer $\tau(\underline{1})$ durch die (relativ zu allen anderen Konsumenten) am stärksten fallende Nutzenfunktion charakterisiert, während die Gebrauchtkäufer relativ flachere Nutzenfunktionen aufweisen. Dies erscheint plausibel, denn meist sind Neukäufer primär an solchen Zusatzattributen des Produktes – Aktualität, Styling, "being first" – interessiert, die schon nach kurzer Zeit an Bedeutung verlieren. Ihre Nutzenfunktion nimmt im Zeitablauf schnell ab. Typische Gebrauchtkäufer (Studenten!) hingegen heben oft ausschließlich auf den Grundnutzen – etwa den Transportservice eines Automobils – ab, der bis zur Verschrottung in konstanter Höhe anfällt [5]. Ihre Nutzenfunktion zeigt einen flacheren Verlauf. Theorem 1,b zeigt weiter, daß die

Gebrauchtpreisstruktur explizit berechenbar und eine <u>konvexe</u> Funktion ist, d.h., neue Güter verlieren schneller an Wert als ältere. Damit läßt sich dieses empirisch belegte [1,3,15], jedem Automobilbesitzer vertraute Phänomen erstmals unter einfachen Prämissen und ohne Akerlof'sche Informationsasymmetrien [2,14] formal ableiten. Die Begründung ist sofort einsichtig: monoton fallende Nutzenfunktionen zeigen an, daß alle Konsumenten relativ neue Nutzungsperioden älteren vorziehen. Gleichgewicht von Angebot und Nachfrage kann dann natürlich nur bestehen, wenn neuere Perioden teurer sind als ältere, m.a.W., wenn die <u>Nutzungspreise</u> $p(\underline{t}):=P(t-1)-P(t)$ in t monoton fallen: $p(\underline{t})>p(\underline{t+1})$ $\forall t$. Dies ist aber gleichbedeutend mit einer konvexen Preisstruktur.

3. Der Einfluß des Secondhand–Marktes auf die Produktpolitik des Anbieters

Theorem 1 legt zunächst eine wichtige Funktion von SM offen: Die Existenz eines SM erweitert das in einer Ökonomie verfügbare Produktspektrum. Während der Anbieter lediglich das Produkt selbst zur Verfügung stellt, können die Konsumenten aus einem Spektrum von T verschiedenen, nach Qualität und Preis differenzierten Subprodukten wählen. Dabei sind die höherwertigen Nutzungsperioden neuerer Exemplare wegen der Konvexität der Preisstruktur (4) teurer als Nutzungsperioden älterer Exemplare. Der Hersteller legt also mit der Festlegung der Produktattribute des Neuproduktes und seines Verkaufspreises P(0) simultan – und kostenlos – die Ausstattung und Preisstruktur für ein abwärts <u>differenziertes Produktspektrum</u> fest. Gleichzeitig sind die Konsumenten gezwungen, sich entlang dieses Spektrums einzuordnen und so ihre Präferenzen via Selbstselektion offenzulegen. Dies ist für den Hersteller, wie schon Mussa und Rosen [6] bemerkt haben, von erheblichem Wert. Einer Preisstruktur etwa, die schon vor Erreichen der technischen Lebensdauer T auf das Schrottpreisniveau P(T) abfällt, könnte der Hersteller entnehmen, daß der Markt die in den letzten Nutzungsperioden enthaltenen Attributkombinationen nicht zu halten wünscht. Er könnte dann eine kostensenkende Verringerung der Produktlebensdauer vornehmen, ohne sich dem Vorwurf geplanter (funktionaler) Obsoleszenz auszusetzen.

Im Rahmen einer Politik der Produktvariation könnte der Anbieter auch eine <u>Verlängerung der Lebensdauer</u> in Erwägung ziehen. Dies erhöht das Leistungspotential des Gutes und damit den Absatz, verringert jedoch den Ersatzbedarf in späteren Perioden ([7], S. 179). Profitabel ist eine solche Aufwertung also nur, wenn hinreichend viele neue Kunden gewonnen werden können. Dies wird bedeutend erleichtert durch die Existenz eines SM, wie komparativ statische Überlegungen zu Theorem 1 zeigen.

<u>Korollar 1</u>: Es bezeichne $P(\cdot)$ bzw. $P^*(\cdot)$ die gleichgewichtige SM–Preisstruktur (4) vor bzw. nach Verlängerung der Produktlebensdauer von T auf T+1 Perioden (cet. par.). Dann gilt für die entsprechenden Nutzungspreise $p(\cdot)$ bzw. $p^*(\cdot)$:

a) $p^*(\underline{t}) \leq p(\underline{t})$ $\quad \forall t=1,\dots,T$

b) $p^*(\underline{T+1}) < \min_t \{p(\underline{t})\}$

Beweis: Wegen $\Sigma_{t=1}^{T} p(\underline{t}) = \Sigma_{t=1}^{T+1} p^*(\underline{t}) = P(0)-P(T)$ und Fortdauer von Marktgleichgewicht folgt a). Wegen der Konvexität der Preisstruktur und a) folgt b): $p^*(\underline{T+1})<p^*(\underline{T})\leq p(T)=\min_t p(\underline{t})$.

Korollar 1 zeigt, daß die Endogenität der Gebrauchtpreise auch alle bisherigen Konsumenten an einer Verlängerung der Lebensdauer partizipieren läßt, nämlich mittelbar über eine Verringerung der Nutzungspreise $p(\cdot)$. Für den Anbieter resultiert hieraus eine Absatzsteigerung. Gleichzeitig werden mit der neu geschaffenen Periode $\underline{T+1}$ neue Käuferschichten erschlossen, denn der Nutzungspreis dieser Periode ist kleiner als der aller vorher verfügbaren Perioden. Der Anbieter erweitert also sein Produktspektrum um eine preisgünstige Variante, die es potentiellen Konsumenten mit geringer Zahlungsbereitschaft erstmals gestattet, das Produkt (gebraucht) zu erwerben. Ohne Präsenz eines SM ist die Erschließung neuer Käuferschichten indes wesentlich schwieriger, denn der volle Neupreis P(0) muß weiterhin entrichtet werden, um in den Genuß der längeren Haltbarkeit zu kommen.

Als weitere produktpolitische Aktion untersuchen wie die – viel diskutierte – Politik geplanter psychischer Obsoleszenz [8,9,11,12,13]. Im SM–Modell ist dies komparativ–statisch operationalisierbar via einer Erhöhung des Nutzens $u(\tau,\underline{1})$ der Neuperiode, mit der eine relative Abwertung gebrauchter Altmodelle erreicht wird, ohne daß diese funktional obsolet würden.

Korollar 2: Erhöht der Hersteller den Nutzen der Neuperiode [0,1) um eine Konstante $\delta>0$ (ceteris paribus), dann folgt für die gleichgewichtige SM–Preisstruktur (4) (* bezeichne wieder die Preisstruktur nach der Nutzenerhöhung):

a) $P^*(t) < P(t) \quad \forall\, t=1,...,T-1$

b) $p^*(\underline{1}) > p(\underline{1})$ und $p^*(\underline{t}) < p(\underline{t}) \quad \forall\, t=2,...,T.$

Beweis: Der Nutzenzuwachs erhöht den Surplus der Neuperiode und damit die Nachfrage nach Neuexemplaren. Zur Wahrung des SM–Gleichgewichts müssen P(1) und damit alle übrigen Nutzungspreise p(t) fallen (b). Dies ist gleichbedeutend mit dem Fallen aller SM–Preise (a).

Korollar 2 bestätigt theoretisch, daß etwa auf dem Automobilmarkt Faceliftings [10] regelmäßig von einem Preisverfall für Gebrauchtwagen begleitet sind. Denn die neuen Gebrauchtpreise müssen sich zur Wahrung des Marktgleichgewichts so einstellen, daß nicht nur die Käufer des gelifteten Modells, sondern auch Gebrauchtkäufer einen Zuwachs an Consumer surplus realisieren. Dies ist jedoch nur über sinkende Gebrauchtpreise möglich. Für den Anbieter resultiert hieraus eine Absatzsteigerung, eine Politik psychischer Obsoleszenz ist also zumindest kurzfristig prinzipiell profitabel. Sie muß sich auch nicht dem Vorwurf ausgesetzt sehen, durch die relative Entwertung des alten Modells zwingend einen Verlust an Konsumentenwohlfahrt zu induzieren. Vielmehr profitieren zunächst sowohl die Käufer des Neumodells als auch, via gesunkener Gebrauchtpreise, Käufer gebrauchter Altmodelle. Geschädigt werden natürlich bisherige Besitzer des Altmodells, die beim Wiederverkauf von dem Preisverfall überrascht werden. Übertreibt der Anbieter die Häufigkeit seiner Modellpolitik, werden sie obsoleszenzbedingte Preisrückgänge antizipieren und zu beständigeren Marken wechseln.

Im Rahmen einer auch langfristig profitablen Facelifting–Strategie muß der Anbieter beide Effekte ausbalancieren. Das optimale Facelifting–Intervall wird hierbei insbesondere von der physischen Produktlebensdauer T beeinflußt. Eine einfache Berechnung zeigt, daß die obsoleszenz–induzierte Erhöhung des Consumer surplus der Neuperiode $\partial s(\tau_1;\underline{1})/\partial\delta$ invers von T abhängt

$$\partial(\partial s(\tau_1;\underline{1})/\partial\delta)/\partial T = -\frac{\delta}{T^2} < 0 \qquad (5)$$

Mit zunehmender Lebensdauer muß der Neukäufer τ_1 nämlich seinen Nutzenzuwachs δ mit immer mehr Gebrauchtkäufern teilen, die kurzfristige Profitabilität der Obsoleszenzpolitik nimmt ab. Dies mag erklären, warum man oftmals den Eindruck hat, daß langlebige Automobile des oberen Marktsegments weniger häufig Faceliftings unterzogen werden als kürzerlebige Kleinwagen.

4. Zusammenfassung

Es wurde ein analytisches SM–Modell vorgestellt, das geeignet ist, Käufer– und Preisstruktur im SM–Gleichgewicht zu charakterisieren. Insbesondere zeigt die Preisstruktur den empirisch bekannten konvexen Verlauf, der für den oftmals raschen Wertverfall bei neuen dauerhaften Konsumgütern verantwortlich ist. Die Existenz eines SM erweist sich für das absatzpolitische Instrumentarium des Herstellers als bedeutsam. Dies wird beispielhaft an einer Verlängerung der Produktlebensdauer bzw. einer Politik psychischer Obsoleszenz demonstriert. Der Grund ist darin zu suchen, daß jede produkt–politische Aktion des Herstellers die ganze Gebrauchtpreisstruktur verändert und somit mittelbar für alle Konsumenten spürbar wird.

Literatur:

[1] ACKERMAN, S.R. (1973): "Used Cars as a Depreciating Asset", Western Economic Journal, 11, 463–474.

[2] AKERLOF, G.A. (1970): "The Market for 'Lemons': Quality Uncertainty and the Market Mechanism", Quarterly Journal of Economics, 84, 488–500.

[3] CRAMER, J.S. (1958): "The Depreciation and Mortality of Motor–Cars", Journal of the Royal Statistical Society, 121A, 18–46.

[4] KÜRSTEN, W.A. (1988): Secondhand–Märkte, Marktmacht und geplante Obsoleszenz. Berlin–Heidelber–New York: Springer–Verlag.

[5] LANCASTER, K.J. (1966): "A New Approach to Consumer Theory", Journal of Political Economy, 74, 132–157.

[6] MUSSA, M. and ROSEN, S.(1978): "Monopoly and Product Quality", Journal of Economic Theory, 18, 301–317.

[7] NIESCHLAG, R., DICHTL, E. und HÖRSCHGEN H. (1988): Marketing, Berlin: Duncker u. Humblot, 15., überarb. u. erw. Aufl.

[8] RAFFEE, H. und WIEDMANN, K.P. (1980): "Die Obsoleszenzkontroverse – Versuch einer Klärung", Zeitschrift für betriebswirtschaftliche Forschung, 32, 149–172.

[9] RÖPER, B. (1975): "Gibt es geplanten Verschleiß? – Zur Problematik und zum Wahrheitsgehalt der These von der geplanten Obsoleszenz", Festschrift für Theodor Pütz, Hrs. von E. Dürr, W.A. Jöhr, K.W. Rothschild, Berlin, 261–271.

[10] SCHLEGEL, H. (1979): "Fallstudie: Produktvariation bei Automobilen", Marketing, 1, 194–198.

[11] SCHLOTTER, H.–G. (1976): "Geplante Obsoleszenz als Gegenstand der Wirtschaftspolitik", Wirtschaftswiss. Studium, 5, 65–70.

[12] SCHMIDT, I. (1971): "Obsoleszenz und Mißbrauch wirtschaftlicher Macht", Wirtschaft und Wettbewerb, 21, 868–877.

[13] SWAN, P.L. (1970): "Durability of Consumption Goods", American Economic Review, 60, 884–894.

[14] WILSON, Ch. (1980): "The Nature of Equilibrium in Markets with Adverse Selection", The Bell Journal of Economics, 11, 108–130.

[15] WYKOFF, F.C. (1970): "Capital Depreciation in the Postwar Period: Automobiles", Review of Economics and Statistics, 52, 168–172.

AN ECONOMIC EVALUATION OF AN ALTERNATIVE SUPPLIER CUSTOMER QUALITY CONTROL SYSTEM

Michael H. Peters
and
Timothy S. Vaughan
Quantitative Business Analysis Department
Louisiana State University
Baton Rouge, LA 70803

Introduction

In the recent literature much attention has been given to the establishment of a "co-maker" relationship between the customer and the manufacturer (supplier) of a commodity. Under a co-maker relationship, the supplier is viewed as an "upstream extension of the customer's process" [1]. Although much has been written about certain aspects of co-maker relationships, little research has been done to investigate and evaluate their economic impact. In this research, an analysis is made of the potential economic benefits of a co-maker relationship relative to quality control efforts. The total quality control costs under the traditional supplier-customer relationship are compared to the total quality control costs under a co-maker relationship.

In the traditional relationship, the two parties operate "at arm's length", independently determining their respective quality control plans with the objective of minimizing only their own (direct and indirect) quality-related costs. In the co-maker relationship, a free exchange of quality control information between supplier and customer is assumed. This allows the quality control plans used by the two parties to be jointly determined.

2. Development of Sampling Plans Under the Traditional Relationship

2.1 The Cost Model for the Supplier

It is assumed that the production process can be in an in-control state (state 0) or can be caused to shift to an out-of-control state by the occurrence of one of s assignable causes. While the process is in state i, p_i proportion defective is produced where $p_{i-1}<p_i$ for i=1,2,...,s. The process begins in control, and the time that the process remains in the in-control state is assumed to be an exponentially distributed variable with a mean of λ^{-1}. The process is not self-correcting.

The supplier is assumed to continually assess the quality state of the production process using the following sampling cycle. After (k-n) units have been produced, the next n units are taken as a sample. It is assumed that the sample size is small enough that the probability of a process shift during that period of production is near zero. The sampled units are inspected to determine the number that are defective. The inspection operation is assumed to be error-free. The decision about the status of the process is made using a single sample, number defective control chart (np-chart). If the number of defective units found in the sample is equal to

Operations Research Proceedings 1989

or less than the control chart's upper control limit c (the lower control limit is assumed to be zero), the process is allowed to continue to operate. If more than c defectives are found in the sample, the process is considered to be in one of the out-of-control states. It is stopped, investigated and, if necessary, corrected back to the in-control state.

There is a fixed cost, u_f, to take a sample, and a variable inspection cost, u_v, per unit sampled. The expected cost to investigate the process, regardless of whether correction is actually needed, is u_i. The expected cost of producing a defective unit is g_d.

The supplier determines a near-optimal sampling plan based on a cost model similar to that presented by Montgomery et al. [2]. The expected quality-related cost per unit as a function of the supplier's sampling plan is

$$ETC(n,c,k) = (u_f + u_v n)/k + (u_i/k) \sum_{i=0}^{s} q_i \alpha_i + g_d \sum_{i=0}^{s} p_i \gamma_i \qquad (1)$$

where α_i = the probability that the process is in state i at the time a sample is taken,

q_i = the probability of investigating the process after a sample, given the process is in state i, and

γ_i = the steady-state probability the process is in state i.

α_i, q_i and γ_i are dependent upon the supplier's sampling plan. Probability q_i is determined according to a binomial distribution with parameters n, c, and p_i. For the sake of brevity, the derivations of α_i and γ_i are not repeated here and the reader is referred to Montgomery et al. [2]. In their derivations, several process parameters are introduced that are relevant to the discussion to follow. A process production rate, R, is required. R always appears in ratio to λ in these derivations. A process shift parameter, π, is used to generate the distribution of shifts to the s out-of-control states. As π is increased, the probability of shifting to a higher out-of-control state increases.

To find the sampling plan which minimizes the supplier's costs, a direct multidimensional pattern search was used on equation (1).

2.2 The Cost Model for the Customer

The customer purchases and receives shipments in lots of fixed size Q. A random sample of size m is selected from each lot and inspected at a cost of g_v per unit. Inspection is assumed to be free of errors. If the sample contains d (acceptance number) defective units or less, the lot is placed in the customer's raw material inventory. If more than d defective units are found in the sample, the lot is rejected and returned to the supplier, i.e., the customer incurs no further direct quality-related costs. Defective units that leave the inventory and enter the customer's process incur an expected cost of g_d per unit.

The expected quality-related cost per unit to the customer is

$$ETC(m,d) = \{g_v m + \sum_f \beta_f \sum_{x=0}^{d} b(x|f) g_d f(Q-m)\}/Q \qquad (2)$$

Here $b(x|f)$ is the probability of x defective in a sample of size n given a lot proportion defective of f. Thus,

$$b(x|f) = \binom{m}{x} f^x (1-f)^{m-x}.$$

β_f is the prior probability that the random variable F (actual lot proportion defective) assumes the value f. It is assumed that an infinitely large number of samples has been observed. Thus, the customer's prior distribution is the true probability distribution for F. Assuming the lot size Q is large compared to the supplier's intersample interval, k, and that each lot of Q units is drawn randomly from supplier's inventory, then

$$P(F=h/Q) = \binom{Q}{h} (\bar{p})^h (1-\bar{p})^{Q-h} = \beta_{h/Q}, \quad h = 0,1,\ldots,Q$$

where

h = the actual number defective in the lot, and

$\bar{p}$ = the mean steady-state proportion defective in the supplier's inventory, i.e.,

$$\bar{p} = \sum_{i=0}^{s} \gamma_i p_i.$$

To simplify the notation in subsequent discussion, we let $\beta_f = P(F=f)$.

An optimal sampling plan is computed using the algorithm presented by Moskowitz and Berry [3]. Note that the customer's policy is determined given the prior distribution β, which is a function of the independently determined supplier's sampling plan.

3. Development of Sampling Plans Under the Co-Maker Alternative

Rejected lots are returned to the supplier at a cost of u_ℓ per shipment. The supplier is assumed to screen the returned lots at a cost of u_v per unit and rework defective units at a cost of u_r per unit.

The supplier's inventory is the summing point for two streams of material. One stream is the output of the production process which produces p_i proportion defective when in state i, and is in state i with probability γ_i at any point in time. The other stream consists of units from lots returned by the customer, screened and reworked by the supplier, and thus have proportion defective $p_{s+1} = 0$. Conceptually, we may consider any unit in the supplier's inventory to have been "produced" by any one of the states $\{i: i=0,\ldots,s+1\}$ with proportion defective p_i for each state. The probability that any given unit in inventory is an "original" product of state i then becomes $\gamma'_i = \gamma_i(1-\gamma'_{s+1})$, $i = 0,\ldots,s$, where γ'_{s+1} is the steady-state proportion of inventory which has been returned, screened, and possibly reworked.

To determine γ'_{s+1}, we note that any unit which leaves the supplier's inventory will either be part of an accepted lot, in which case that unit is replaced in inventory by a new unit from the production process, or it will be part of a rejected lot, in which case that unit is returned to inventory after having been screened and possibly reworked. Thus, γ'_{s+1} is equal to $\bar{b}'$, the probability that any given lot is rejected under the customer's sampling plan (m,d). As $\bar{b}'$ itself depends on the average lot proportion defective, $\bar{b}'$ is given by the root of the equation

$$\bar{b}' - \sum_f \beta'_f\, b(m,d,f) = 0$$

where $\beta'_f = P(F=f=h/Q) = \binom{Q}{h}(\bar{p}')^h(1-\bar{p}')^{Q-h}$,

$\bar{p}' = \bar{p}(1-\bar{b}')$, and

$$b(m,d,f) = \sum_{x=d+1}^{m} \binom{m}{x} f^x (1-f)^{d-x} .$$

The expected cost per unit is

$$\begin{aligned} ETC(n,c,k,m,d) = {} & (u_f + u_v n)/k + (u_i/k) \sum_{i=0}^{s} q_i \alpha_i \\ & + \{g_v m/(\bar{1}-b') + \sum_f \beta'_f \sum_{x=0}^{d} b(x|f)[g_d f(Q-m)] \\ & + \sum_f \beta'_f \sum_{x=d+1}^{m} b(x|b)[u_\ell/(1-\bar{b}') + u_v Q/(1-\bar{b}') + u_r fQ]\}/Q \end{aligned} \qquad (3)$$

The multiplier $1/(\bar{1}-b')$ applied to the last two terms accounts for the expected number of times these costs may be incurred, per unit, before being accepted into the customer's inventory.

As with the determination of the supplier's sampling plan under the traditional relationship, the sampling plans that minimize the supplier and customer (total) costs are found using a pattern search technique.

4. Experiments and Results

4.1 Main Effects of Cost/System Parameters

To ascertain the potential economic benefit of a co-maker relationship relative to the traditional relationship, and to determine the main effects of certain quality-related costs and system parameters on such a benefit, a series of experiments were conducted. In each experiment, the supplier's and customer's sampling plans were computed for the co-maker relationship given a set of cost and system parameters. Next, for the same set of cost and system parameters, sampling plans were found for the traditional relationship. The total expected quality-related cost per unit for both the traditional and co-maker case were determined using equation (3) and the resulting sampling plans. The cost advantage of the co-maker relationship had over traditionally developed plans was expressed as the percentage cost penalty that would be incurred.

Base values were selected for the cost and system parameters. All but the number of out-of-control states and the proportions defective were varied to ascertain the effect of each. To assess the impact of a particular parameter, experiments were conducted using a range of values above and below the parameter's base value with the remaining parameters set to their base values.

For both base cases, the sampling plans and the resulting costs were n=12, c=1, k=43, m=1, d=0, and ETC=$.8461 for the traditional and n=12, c=1, k=5, m=10, d=0, and ETC=$.80969 for the co-maker. The percent cost penalty as 4.572%. In Table 1, the low and high values for each parameter range are given along with the percentage penalty.

Table 1

Range and Percentage Penalty for Cost/System Parameters

Cost/System Parameter	Low Value of Range	% Penalty	High Value of Range	% Penalty
g_d	$ 5.00	0.00	$ 30.00	26.36
u_r	$ 0.10	4.79	$ 1.00	4.30
g_v, u_v	$ 0.10	302.57	$ 1.00	0.00
u_f	$ 1.00	3.33	$ 25.00	26.06
u_i	$25.00	4.71	$200.00	6.24
g_ℓ	$10.00	5.89	$100.00	3.22
R/λ	400	25.46	2000	2.77
Q	200	0.57	2000	4.73
π	0.3	5.27	0.9	4.90

The data indicated the following main effects. The cost penalty is directly related to g_d, u_f and Q. g_v, u_v and R/λ are inversely related to the percentage penalty cost. The penalty is not greatly affected by g_r, u_i, π and (g_ℓ).

4.2 Interaction of Defective, Rework and Variable Sampling Costs

Evaluation of more extensive experimental results indicated an interaction between the defective, rework and variable sampling costs. Table 2 displays the percentage penalty when varying defective and rework costs. A "policy switch-over" contour is formed with no cost penalty to its left. To its right, the percentage penalty varies directly with defective cost and inversely with rework cost. Examining the proportion defective data for situations to the right of the contour shows that the supplier's process proportion defective under the co-maker plan was higher than that experienced under the traditional plan. It was also found that the supplier's inventory proportion defective under the co-maker relationship is less than that found with the traditional relationship. Evaluation of the customer's acceptance sampling plans over the same cases revealed that for the traditional relationship, the customer accepts all lots, therefore the rework option is not used. Thus, as the defective cost increases and rework cost decreases for the co-maker relationship, the probability of accepting a lot decreases, i.e., the number of lots returned to the supplier increases. At the same time, the proportion defective in the supplier's inventory decreases. This is due to the stream of reworked, zero defective lots into the supplier's inventory.

Table 2
Percentage Penalty Under Supplier Rework

Rework Cost	Defective Cost 8	9	10	11	12	13	14	15	16	17	18
0.1	.00	.06	.28	.61	1.06	1.59	2.14	3.07	3.39	4.01	4.74
0.2	.00	.04	.27	.58	1.02	1.54	2.09	3.01	3.33	3.95	4.67
0.3	.00	.00	.25	.55	.99	1.50	2.04	2.96	3.27	3.92	4.61
0.4	.00	.00	.24	.52	.95	1.45	1.99	2.97	3.21	3.86	4.55
0.5	.00	.00	.22	.50	.91	1.41	1.94	2.85	3.15	3.79	4.49
0.6	.00	.00	.20	.47	.87	1.36	1.88	2.79	3.09	3.73	4.43
0.7	.00	.00	.19	.44	.84	1.32	1.83	2.74	3.04	3.68	4.39
0.8	.00	.00	.17	.41	.78	1.27	1.78	2.68	3.00	3.62	4.33
0.9	.00	.00	.15	.38	.76	1.23	1.73	2.62	2.95	3.57	4.27
1.0	.00	.00	.14	.35	.72	1.18	1.68	2.36	2.90	3.52	4.22

5. Conclusions

The results of this study show that based on the total quality-related costs incurred by the supplier and the customer, significant savings may be obtained from entering into a co-maker relationship. This is particularly true when the cost of a defective is high, and the variable sampling and rework costs are low. Such a benefit could be shared by both parties through some form of price adjustment.

The study also found that under a co-maker relationship, the distribution of the quality control effort between the supplier and the customer is frequently altered relative to the distribution under the traditional relationship. For example for a particular set of circumstances, a relatively stringent process control plan may be required of the supplier under the traditional relationship, thus a rather non-discriminating acceptance sampling plan may be justified for the customer. Pricing of the product would take this distribution of effort into account. But under a co-maker relationship, the quality control effort could shift from the supplier to the customer. With this redistribution, it would be reasonable to expect the party who benefits directly from the shift (the supplier in this case) to provide an incentive to the other party to participate in a co-maker relationship so that both can receive the benefits of the relationship. An obvious incentive would be the price of the product, but others may be used. This study provides some insights about the conditions when these shifts occur and the amount of shift that would be helpful in supplier-customer negotiations.

References

[1] "Deming's Point Four: A Study," Quality Progress, XXI, 12 (December 1988), 31-35.

[2] Montgomery, D.C., R.G. Heikes and J.F. Mance, "Economic Design of Fraction Defective Control Charts," Management Science, 21, 11 (July 1975), 1272-1284.

[3] Moskowitz, H. and W.L. Berry, "A Bayesian Algorithm for Determining Optimal Single Sample Acceptance Plans for Product Attributes," Management Science, 22, 11 (July 1976), 1238-1250.

NEUERE ENTWICKLUNGEN AUF DEM GEBIET DER MATERIALWIRTSCHAFTLICHEN LOGISTIK

Günter FANDEL und Peter FRANCOIS, Hagen

Eine Möglichkeit, die Produktions- und Lagerkosten eines Unternehmens zu senken und damit seine Wettbewerbsfähigkeit zu erhöhen, liegt in der Rationalisierung des Materialflusses und der Lagertechnik. Material Requirements Planning (MRP) und das Just-in-Time-Prinzip (JIT) sind zwei wichtige Ansätze zur Optimierung des Materialflusses, während man mit Hilfe des Prinzips der chaotischen Lagerhaltung den Lagerraum optimal nutzen und den Zeitaufwand für die Ein- und Auslagerung der Materialien minimieren möchte.

Zunächst wird der Übergang von klassischen Lagerhaltungsmodellen zum MRP-Konzept dargestellt. Nach einer Gegenüberstellung der Arten der Materialbedarfsermittlung wird die programmgebundene Bedarfsermittlung betrachtet, wobei die Brutto- und Nettobedarfsplanung, die Losgrößenbestimmung, die Vorlaufzeitverschiebung und die Stücklistenauflösung behandelt werden. Ein weiterer Gesichtspunkt ist die Weiterentwicklung von MRP I zu MRP II (Manufacturing Resource Planning).

Bezüglich des Just-in-Time-Prinzips sind die Entstehung, die Ziele und die Funktionsweise zu erörtern. Danach werden die Einsatzvoraussetzungen und Grenzen der JIT-Produktion und der JIT-Beschaffung analysiert, um schließlich zu Wirtschaftlichkeitsaussagen bezüglich der einsatzsynchronen Materialbereitstellung zu gelangen.

Nach den beiden Konzepten der Materialflußplanung wird das Prinzip der chaotischen Lagerhaltung behandelt. Im Mittelpunkt der Betrachtungen steht hierbei die Ablauforganisation bei chaotischer Lagerhaltung, die die Zuordnung der Lagerplätze und die Ein- und Auslagerung umfaßt. Abschließend werden die Vor- und Nachteile der chaotischen Lagerhaltung gegenübergestellt.

Verfahren zur Reduzierung der Kosten in der Materialwirtschaft/Beschaffungslogistik mit Hilfe der Anlieferintervalle als Vorstufe für eine optimale Bestellpolitik

Uwe Dittmann

Neuenbürg

I. Vorstellung des Themas

Um mit seinen Produkten am Markt bestehen zu können, werden von Unternehmen durch den steigenden Konkurrenzdruck immer neue Kostenreduzierungen gefordert. Hierzu kann die Beschaffungslogistik einen großen Beitrag leisten, da die Materialkosten je nach Branche 50-70% der Herstellkosten betragen. Bisher konzentrierte man sich in der Beschaffungslogistik zur Erreichung dieses Ziels neben anderen Maßnahmen, z.B. Verbesserung der organisatorischen Abläufe, hauptsächlich auf Strategien zur Bestandsreduzierung. Eine andere strategische Vorgehensweise war aufgrund fehlender Systemunterstützung nicht praktizierbar. Mit dieser Politik kann man aber direkt nur eine Kostenart beeinflussen und vernachlässigt damit eventuell andere Kostensenkungspotentiale sowie gegenläufige Auswirkungen.

In der folgenden Ausarbeitung wird am Beispiel eines Automobilherstellers ein Verfahren vorgestellt, das die Anlieferintervalle so festlegt, daß die Summe der wichtigsten Kostenarten der Beschaffungslogistik optimiert wird. Außerdem kann durch Änderung der Eingangsdaten deren Wirkung auf die Kosten durch Simulationen ermittelt werden. Ein Kostenvergleich zeigt die Kosten vor und nach der Optimierung. Dieses Verfahren ist seit 1988 erfolgreich im Einsatz und hat die Erwartungen hinsichtlich einer Kostenreduzierung erfüllt (vgl.(5)).

Die Vorstellung des Verfahrens beginnt im Anschluß an diesen Punkt zunächst mit der Beschreibung der früheren Bestellpolitik. Dabei werden bisherige Maßnahmen zur Kostensenkung und deren Nachteile analysiert. Danach werden die wichtigsten Kostenarten der Beschaffungslogistik besprochen und gezeigt, welche davon durch das oben angesprochene Verfahren reduziert werden sollen. Nach der Vorstellung des Verfahrens und der mit dem Verfahren erzielten Ergebnisse sollen Ansätze zu denkbaren Weiterentwicklungen, die aufgrund theoretischer Untersuchungen des Verfassers gewonnen wurden, aufgezeigt werden.

Operations Research Proceedings 1989

II. Bisherige Bestellpolitik

Bisherige Strategien zur Reduzierung der beschaffungslogistischen Kosten, die weitgehend manuell umgesetzt werden mußten und sich an den Ergebnissen einer ABC-Analyse (vgl. z.B. (2),(8)) orientierten, berücksichtigten neben anderen in der Hauptsache Maßnahmen zur Senkung der Bestände. Deren Kosten sind im Gegensatz zu anderen Kostenarten, im Sinne einer Erfolgskontrolle, relativ leicht zu überprüfen, und man konnte damit nach Einführung der Lagerbestandsführung sowie der in Bild 2 beschriebenen Methoden nachweisbar Bestandskosten senken.

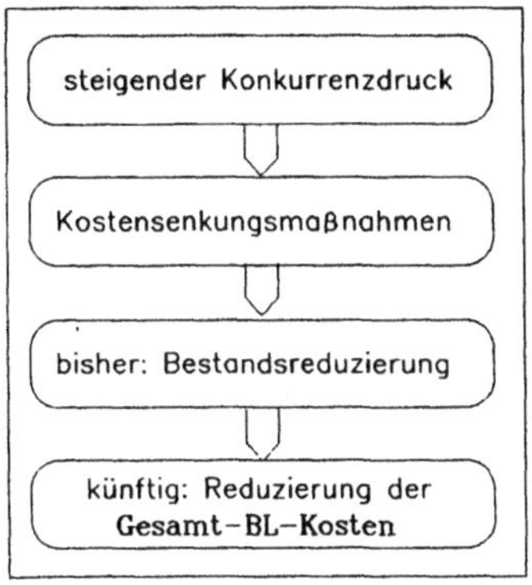

Bild 1 : Bedeutung d. Themas

	ABC–Analyse		
Maßnahmen	A–Teile	B–Teile	C–Teile
Anlieferintervall	klein	mittel	groß
Sicherheitsbestand	klein	mittel	groß
Zusammenfassung von Bestellosgrößen	nein	nein	ja
Reichweitenkontrollen des Lagerbestandes	streng	mittel	nur > 1 Jahr

Bild 2 : Bisherige Strategien zur Kostensenkung

Die aufgrund von Markterfordernissen notwendige Flexibilität des Unternehmens führt wöchentlich zu umfangreichen Bedarfsänderungen bei den zu beschaffenden Teilen und damit zu einem Wechsel in der ABC-Klassifizierung. Dies erfordert wegen der Auswirkungen auf die Bestandskosten eine laufende manuelle Überarbeitung der Anlieferintervalle und der Sicherheitsbestände. Da diese manuelle Überarbeitung bisher wegen des großen Aufwandes nur in größeren Zeitabständen durchgeführt werden konnte, verschlechterte sich das Ergebnis der beschaffungslogistischen Kosten tendenziell mit jeder Bedarfsänderung.

III. Definiton der Kostenarten in der Beschaffungslogistik

In Bild 3 wird ein Überblick über die wichtigsten Kostenarten in der Beschaffungslogistik gegeben. Vier von ihnen werden in dem vorgestellten Verfahren berücksichtigt :

1. **WE-Kosten** sind Kosten für die Wareneingangs-Abwicklung (WE) einer Position in [DM/Anlieferung]. Sie entstehen einmal pro Anlieferung und Position, z.B. für die Erfassung

der Lieferscheine, für die Mengen- und Qualitätsprüfung, für die Rechnungsprüfung. Sie sind unabhängig von der angelieferten Menge.

2. **Handhabungskosten** sind Kosten für die Handhabung eines Ladungsträgers (LT) in [DM/LT]. Sie hängen von der Anzahl der Transportmittelbehälter ab, in denen das Material geliefert wird. Sie beinhalten Kosten für den Transport eines Behälters vom Wareneingang ins Lager, für die Einlagerung im Lager, die Auslagerung sowie die Anlieferung des Ladungsträgers an den Verbraucherort in der Produktion und den Leergutabtransport.

3. **Lagerkosten** sind Kosten für die belegte Lagerfläche in [DM/m^3]. Sie enthalten z. B. Mieten, Energiekosten, Versicherung usw.

4. **Kapitalbindungskosten** sind Kosten für das im Lager gebundene Kapital, bewertet mit dem kalkulatorischen Zinssatz.

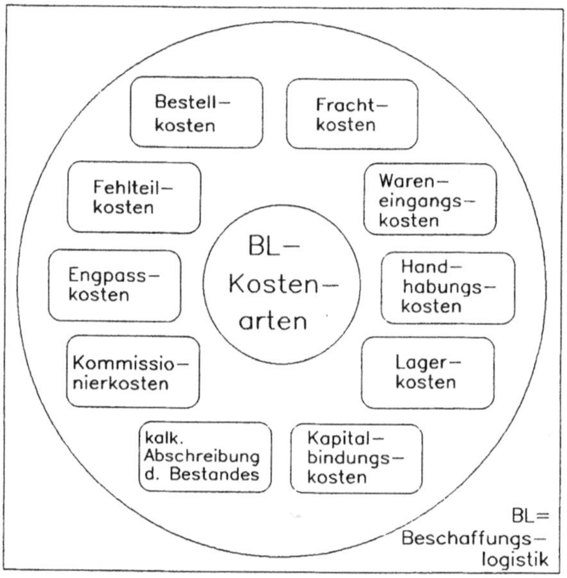

Bild 3 : Übersicht über die Kostenarten in der BL

IV. Beschreibung des Systems zur Reduzierung der Kosten in der Beschaffungslogistik mit Hilfe der Anlieferzyklen

Zu Beginn war mit dem System nur eine maschinelle Durchführung der in Bild 2 beschriebenen Strategien vorgesehen, um eine laufende Umsetzung von geänderten Bedarfszahlen in neue Bestellparameter zu erreichen. In der Konzeptionsphase erkannte die Projektgruppe die Vorteile eines gesamtkostenabhängigen Vorgehens und realisierte es.

Das System übernimmt Daten aus vorgelagerten Systemen und verändert sie mit dem Ziel einer Gesamtkostenminimierung der Summe der vier betrachteten Kostenarten. Durch Änderung der manuell einzugebenden Vorgabewerte kann deren Wirkung auf die Kosten durch Simulationen getestet werden. Die Bestellparameter der ausgewählten Strategie, d.h. die neuen Anlieferintervalle und die neuen Sicherheitsbestände, können dann maschinell an das Bestellsystem zur Weiterverarbeitung übergeben werden.

Bild 4 zeigt eine Funktionsübersicht des Systemablaufes.

Eingangsdaten

Die Eingangsdaten kann man in maschinell zuspielbare und manuell einzugebende unterteilen. Erstere sind im wesentlichen die Bestelldaten und -parameter der alten Bestellpolitik. Manuell eingegeben werden müssen:

- die Kostensätze für die 4 zu optimierenden Kostenarten. Pro Kostenart kann ein Kostensatz vorgegeben werden. Er darf nur variable Kostenanteile enthalten, damit korrekte Optimierungsergebnisse erzielt werden (vgl. z.B. (11)). Auf Basis dieser Kostensätze erfolgt die Optimierung und anschließend die Berechnung der entstehenden (variablen) Kosten.

- die zulässigen Anlieferzyklen. Nur die hier definierte Auswahl der Anlieferzyklen verwendet das System.

- die Anlieferzyklus-Sicherheitsbestands-Tabelle. Jedem zulässigen Anlieferzyklus wird ein bestimmter Sicherheitsbestand zugeordnet und zwar unabhängig von dem Bedarfsrisiko.

- die Optimierungsparameter. Sie geben an, welche Optimierungsschritte durchgeführt werden sollen.

Verfahren

Die in diesem Zusammenhang wichtigsten Optimierungsschritte sind :

Schritt 1: Optimierung des Anlieferzyklus.
Bestimmung des kostenoptimalen Anlieferzyklus, d. h. es wird pro Teil der ("zulässige") Anlieferzyklus bestimmt, bei dem unter Zugrundelegung der bekannten Bedarfe der nächsten x Monate die Summe aus Wareneingangs-, Lager-, Kapitalbindungs- und Handhabungskosten minimal wird.

Schritt 2: Füllgradoptimierung
Aufgrund der Einschränkung des Bestellsystems auf bestimmte diskrete Lieferintervalle (s.o.) gibt es Fälle, bei denen das optimale Anlieferintervall zwischen zwei zulässigen liegt. Im

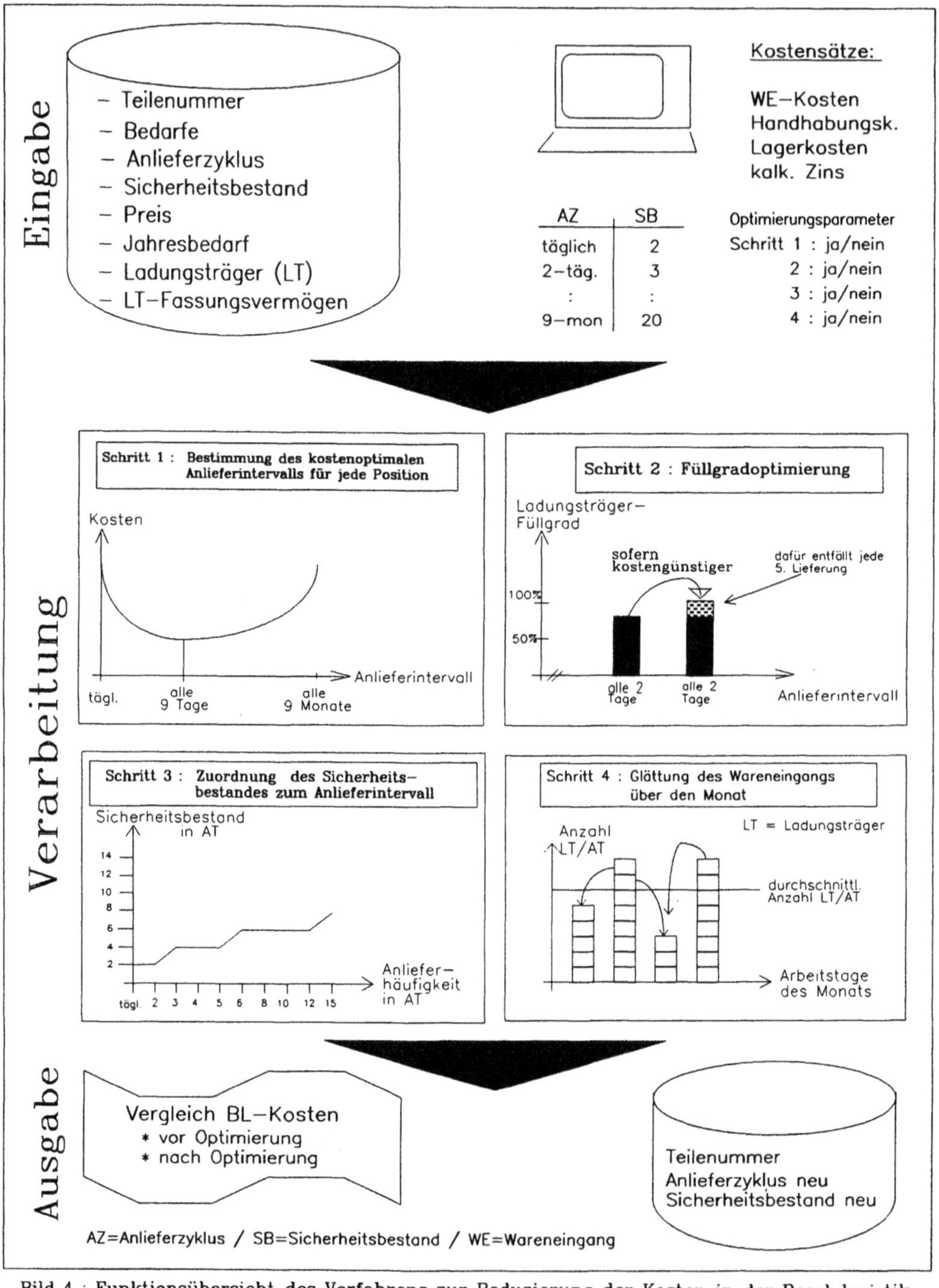

Bild 4 : Funktionsübersicht des Verfahrens zur Reduzierung der Kosten in der Besch.logistik

Schritt 2 wird deshalb untersucht, ob es unabhängig von den zulässigen, diskreten Anlieferintervallen günstiger ist, alle Behälter der anzuliefernden Position 100%-ig zu füllen.

Schritt 3: Zuordnung des Sicherheitsbestands zu dem Anlieferzyklus.
Dem in Schritt 1/2 berechneten optimalen Anlieferzyklus pro Teil wird jeweils laut vorgegebener Tabelle ein Sicherheitsbestand zugeordnet.

Schritt 4: Glättung des Wareneingangs über den Monat
Die aus den Bestellzyklen resultierenden Anliefertermine werden so verschoben, daß die Anzahl der täglich anzuliefernden Ladungsträger möglichst gleichmäßig über die Arbeitstage des Monats verteilt wird.

Ergebnisse :

Zur Darstellung der Ergebnisse vergleicht das System die Kosten vor der Optimierung (alte Lieferintervalle/Sicherheitsbestände) mit den Kosten der neuen Politik (neue Lieferintervalle/Sicherheitsbestände). Durch Änderung der manuell einzugebenden Eingangsdaten können die Kosten verschiedener Strategien verglichen werden, beispielsweise wie sich eine Änderung der Wareneingangskosten oder eine Einschränkung der zulässigen Anlieferintervalle (z.B. Begrenzung auf maximal monatliche Anlieferung) auswirkt.

V. Praktisches Ergebnis der Simulationen

Das Verfahren wird zur Zeit alle 1-2 Monate für von auswärts bezogene Fertigteilen eingesetzt, sofern das erzielbare Einsparungsvolumen, das mit den monatlichen Simulationen ermittelt wird, eine Korrektur der Bestellparameter rechtfertigt.

Bild 5 zeigt die Veränderungen der einzelnen Kosten, die das Verfahren beim ersten Echteinsatz Ende 1988 erzielte. Trotz einer Erhöhung der Bestandskosten um ca. 3 % konnten die Wareneingangs- und Handhabungskosten soweit gesenkt werden, daß sich die Gesamtkosten der 4 betrachteten Kostenarten um 4,7 % reduzierten. Die Reduzierung der Handhabungskosten wurde ermöglicht, weil statt früher bei 70-80% der Positionen jetzt bei ca. 95% die Ladungsträger 100%-ig gefüllt angeliefert werden. Die Wareneingangskosten reduzierten sich durch tendenziell grössere Anlieferzyklen.

Im untersuchten Bereich war es also im Sinne der Gesamtkostenbetrachtung beim ersten Einsatz des Verfahrens wirtschaftlicher, höhere Bestände in Kauf zu nehmen und damit einerseits die Anzahl der zu bewegenden Behälter und andererseits die Anzahl der abzuwickelnden Wareneingänge zu verringern. Das Bestandsniveau der früheren Bestellpolitik lag demnach geringfügig unter dem optimalen Bestandsniveau und verursachte zu hohe Handhabungs- und Wareneingangskosten.

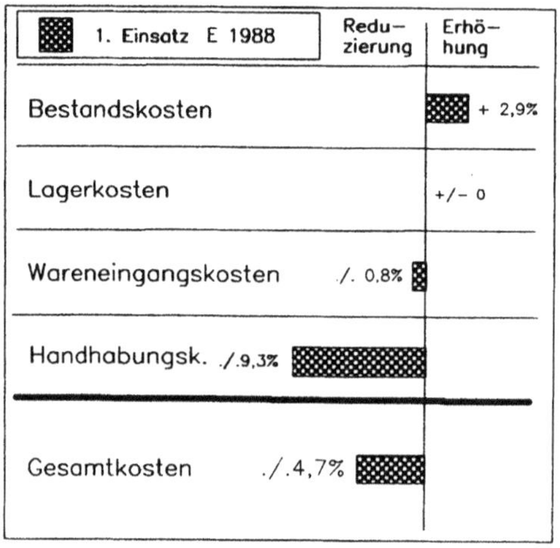

Bild 5 : Ergebnisse des Verfahrens

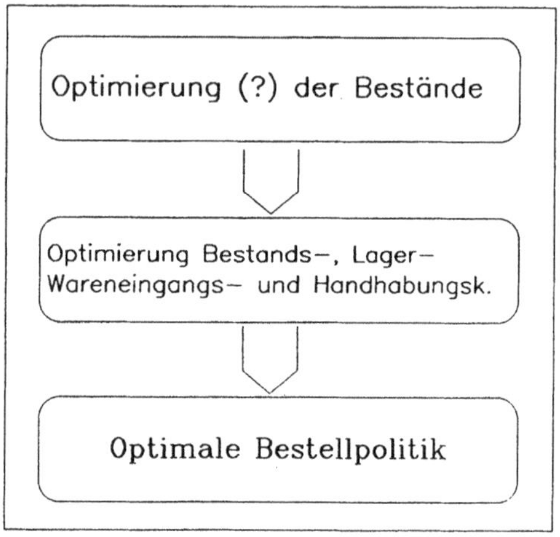

Bild 6 : Ausblick

VI. Ausblick

Das Prinzip des Verfahrens, die Bestimmung der Anlieferintervalle auf Basis von Kostenbetrachtungen, hat sich in der praktischen Anwendung bewährt. Deshalb wird es vom Verfasser in ein theoretisches Modell zur Optimierung der Gesamtkosten in der Beschaffungslogistik und zur Festlegung aller Bestellparameter eingebunden (Bild 6).

Vorläufige Ansatzunkte dazu sind in Bild 7 dargestellt. Bisher wurden 4 Kostenarten in einem schrittweisen Verfahren optimiert. Künftig sollten alle Kostenarten der Beschaffungslogistik differenziert nach fixen und variablen Anteilen in das Verfahren einbezogen werden, um korrekte und realisierbare Ergebnisse zu erhalten. Außerdem müssen Restriktionen, z.B. der verfügbare Lagerplatz, berücksichtigt werden und in einer simultanen Optimierung das optimale Anlieferintervall, die optimale Bestellmenge und der optimale Ladungsträgertyp bestimmt werden.

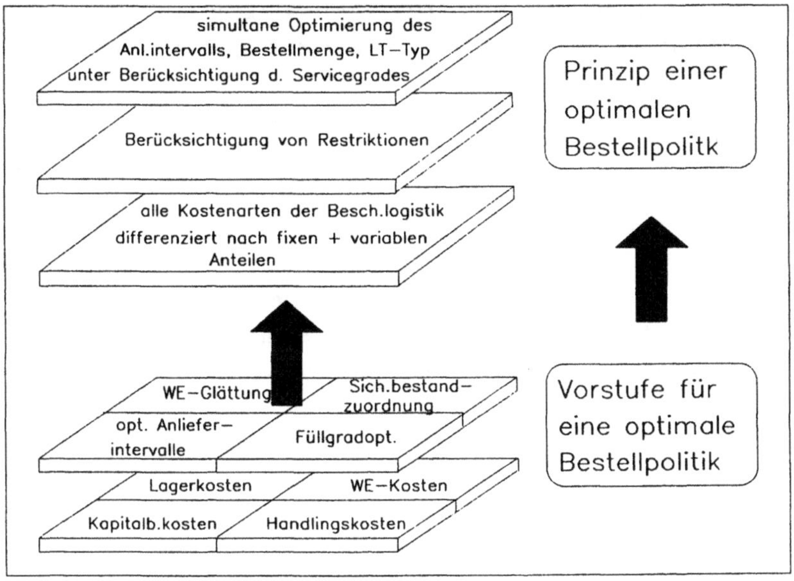

Bild 7 : Ansatzpunkte für eine optimale Bestellpolitik

Literaturhinweise :

(1) Alscher,J./Schneider,H. : Zur gemeinsamen Festlegung von Lieferbereitschaft, Kapitalbindung, Handling und Lagerplatzkapazität für ein Mehrproduktlager, ZfB 51. Jg. (1981), H2 Seite 180-200

(2) Benz,H. : ABC-Analyse, in Lehrwerk Industrielle Beschaffung Hrg. Bundesverband Industrieller Einkauf e.V., Frankfurt/M 1979, Seite 109-117

(3) Benz,H. : Opimale Bestellmenge, in Lehrwerk industrielle Beschaffung, Hrg. Bundesverband Industrieller Einkauf e.V., Frankfurt/M 1979, Seite 121-171

(4) Bichler,K. : Beschaffung und Lagerwirtschaft, Wiebaden 1986

(5) Dittmann,U. : Reduzierung der Kosten in der Beschaffungslogistik durch Simulation, zur Veröffentlichung eingereicht

(6) Grochla,E. : Grundlagen der Materialwirtschaft, 3. Auflage Wiesbaden 1978

(7) Hartmann,H. : Materialwirtschat, Organisation, Planung,Durchführung, Kontrolle, 4. überarbeitete Auflage, Gernsbach 1988

(8) Heidenblut,V. : ABC-Analyse richtig angewandt, Fördermittel-Journal Mai 1984, Seite 46-51

(9) Naddor,E. : Lagerhaltungssysteme, Zürich 1971

(10) Oeldorf,G./Olfert,K. : Materialwirtschaft, Ludwigshafen 1987

(11) Riebel,P. : Einzelkosten- und Deckungsbeitragsrechnung, Opladen 1985

(12) Scheel,J. : Kosten und Nutzen moderner Produktions- und Lagerhaltungsstrategien, ZWF 82 (1987) 11, Seite 637 - 641

(13) Schneeweiß,C. : Modellierung industrieller Lagerhaltungssysteme, Berlin/Heidelberg/New York 1981

(14) Witte,T. : Konzepte der Lagerhaltungspolitik, WISU 7/84, Seite 307-312

(15) Witte,T. : Was kostet die Lagerhaltung wirklich, WISU 7/85, Seite 349-354

DAS SCHÄTZEN VON STRASSENENTFERNUNGEN MIT GEBIETSPAARSPEZIFISCHEN UMWEGFAKTOREN IM PRAKTISCHEN EINSATZ

Wolfgang BERENS, Münster

Informationen über reale Entfernungen werden bei vielen Logistikproblemen benötigt.

Das Konzept, Straßenentfernungen mit gebietspaarspezifischen Umwegfaktoren zu schätzen, ist 1983 im OR Spektrum veröffentlicht worden. In der Zwischenzeit ist dieses Verfahren für das Gebiet der Bundesrepublik Deutschland erheblich verfeinert worden, und es befindet sich seit einigen Jahren im praktischen Einsatz.

Erörtert werden u.a. die folgenden Punkte:
- Bislang erreichter Entwicklungsstand des Schätzverfahrens in der Bundesrepublik Deutschland und Ausblick auf weitere Verfeinerungsmöglichkeiten,
- Erfahrungen bei bisherigen praktischen Anwendungen,
- Ausblick auf weitere Anwendungen, wie z.B.
  - Integration in ein Modell zur Fuhrparkplanung,
  - Integration in ein interaktives Modell zur Disponentenunterstützung in Transportunternehmen,
  - Erweiterung des Konzepts auf Europa im Hinblick auf die Liberalisierung des Kraftverkehrs 1992.

Fahrwegoptimierung im Containerverkehr

M. Buhk, D. Steenken, Hamburg

1 Einleitung

Bei einem jährlichen Durchsatz von 800.000 Containereinheiten stellt die Optimierung der internen Containertransporte eines großen Hafenbetriebs einen wichtigen wirtschaftlichen Faktor dar. Berichtet wird von Fahrwegoptimierungen beim Einsatz von Spezialfahrzeugen (Van Carriern) am Hafenterminal.

Die Basisdaten für die Fahrwegoptimierung werden dabei von einem EDV-System geliefert, das die Containerbestandsverwaltung, Stellplatz- und Schiffsplanung integriert. Die Containerfahrzeuge erhalten ihre Fahraufträge über Datenfunk: in den Fahrerkabinen sind Eingabe- und Sichtgeräte installiert, auf denen die Fahraufträge angezeigt und die Koordinaten der Auftragsbestätigung eingegeben werden. Die Daten werden per Datenfunk zum Zentralrechner übertragen und führen u. a. zu einer Aktualisierung der Bestandsdatei.

Das EDV-System und die Optimierung wurden auf einer VAX unter VMS und der Programmiersprache MUMPS realisiert.

2 Realisierung

2.1 Problemstellung

Um Erfahrungen zu sammeln, wurde zunächst die Auftragsoptimierung mit Fahrwegminimierung für die LKW-Abfertigung entwickelt. Gleichzeitig sollte die manuell im Dialog erfolgende Fahrauftragserteilung durch ein automatisches Verfahren abgelöst werden.

Bei der An- und Auslieferung von Containern per LKW werden Container vom LKW zum Container-Stellbereich (Export) bzw. vom Container-Stellplatz zum LKW (Import) transportiert. Mit Hilfe der Fahrwegoptimierung muß also u. a. erreicht werden, daß Leerfahrten vom LKW-Halteplatz zum Containerstellplatz bzw. vom Container-Stellplatz zum LKW-Halteplatz minimiert werden. Dies läßt sich erreichen durch Kombination von Fahraufträgen für Ex- und Importcontainer. Die Kombination von Ex- und Importaufträgen ist dann sinnvoll, wenn der Fahrweg zwischen den jeweiligen Stellplätzen kürzer ist, als die Summe der Leerfahrten vom bzw. zum Abfertigungsbereich. Hierbei ist die Gesamtauftragslage zu optimieren, d. h. gesucht ist die Kombination von Ex- und Importaufträgen, bei der die Gesamtentfernung zwischen Paaren von Ex- und Importaufträgen minimal ist.

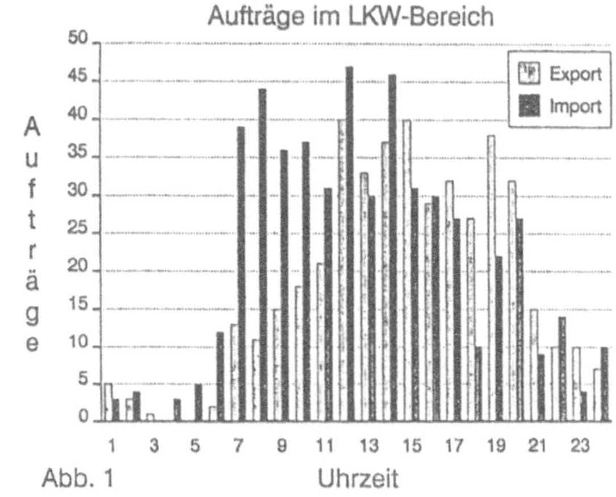

Abb. 1

Bei der LKW-Abfertigung sind Besonderheiten zu berücksichtigen, die sich bei anderen Terminaltransporten (Bahn-, Schiffsabfertigung, Stellplatzänderungen) nicht ergeben. Insbesondere ist das Verkehrsaufkommen im Tagesverlauf sehr unterschiedlich (Abb. 1) und entsprechend die Auftragslage wechselnd. Da weder Verzögerungen bei der LKW-Abfertigung noch Beeinträchtigungen des Datenfunkdialogs in Kauf genommen werden konnten, mußte ein schnelles Optimierungsverfahren implementiert werden.

2.2 Entfernungsmatrix

Voraussetzung für die Fahrwegoptimierung ist, daß die Entfernungen zwischen den Stellplätzen des Containerterminals bekannt sind. Der Stellplatzbereich des Terminals ist in mehr als 300 Blöcke eingeteilt, wobei diese sich in Reihen und Plätze untergliedern. Für die erste Implementierung des Algorithmus wurde ein Netzwerk zugrunde gelegt, das nur die Entfernung zwischen den Blöcken berücksichtigt (statt den Stellplatz-Stellplatz-Entfernungen), um den Erfassungsaufwand für das Netzwerk zu reduzieren. Eine Verbesserung des Optimierungsergebnisses kann sicher durch ein feineres Netzwerk erzielt werden, dessen Implementierung in Zusammenhang mit einer Container-Ortung geplant ist. Zur Ermittlung der Entfernung zwischen je zwei Blöcken wurde der gesamte Stellplatzbereich mit einem Netzwerk überzogen. Als dessen Knoten wurden die Blockmittelpunkte und Fahrstraßenpunkte, die Ein- bzw. Ausfahrten oder Kreuzungspunkte zweier Fahrstraßen markieren, gewählt. Bei der

Ermittlung der Entfernungen von Blockmittelpunkt zu Blockmittelpunkt mußte die Fahrtrichtung in den Blöcken und Fahrstraßen berücksichtigt werden.

Die Einzelentfernungen zwischen benachbarten Knoten wurden in einer Datei erfaßt und hieraus die Blockentfernungen ermittelt. Dies erfolgte sowohl mit dem Algorithmus von Dijkstra wie dem von Ford [1]. Aufgrund von Zeitauswertungen wurde der Algorithmus von Ford für den Praxisbetrieb ausgewählt. Die errechneten Blockentfernungen wurden in einer Datei gespeichert, womit sie ohne Rechenaufwand für die Fahrwegminimierung zur Verfügung stehen.

2.3 Auswahl des Algorithmus

Zur Lösung des linearen Zuordnungsproblems wurde sowohl die Ungarische Methode wie der Algorithmus von Tomizawa in der Version von Dorhout [2] getestet. Zum Vergleich der Rechenzeiten für beide Algorithmen wurde die Dimension der Auftragsmatrix variiert und die CPU-Zeiten gemessen. Das Ergebnis der Tests ist in Abb. 2 dargestellt. Aufgrund der deutlich geringeren Rechenzeit wurde der Algorithmus von Tomizawa für den Praxisbetrieb ausgewählt.

2.4 Integration in die Anwendung

Nach Eintreffen des LKWs im Abfertigungsbereich, werden Basisdaten des Fahrauftrags in einer Steuerzentrale am Bildschirm eingegeben. Im manuellen Betrieb erfolgt hier die Zuordnung des Fahrauftrags zum Van Carrier. Diese Zuordnung entfällt im automatischen Betrieb, bei dem sie vom Optimierungsprogramm übernommen wird. Am Bildschirm erhält der Mitarbeiter in der Steuerzentrale einen Überblick über alle Fahraufträge einschließlich ihres Status.

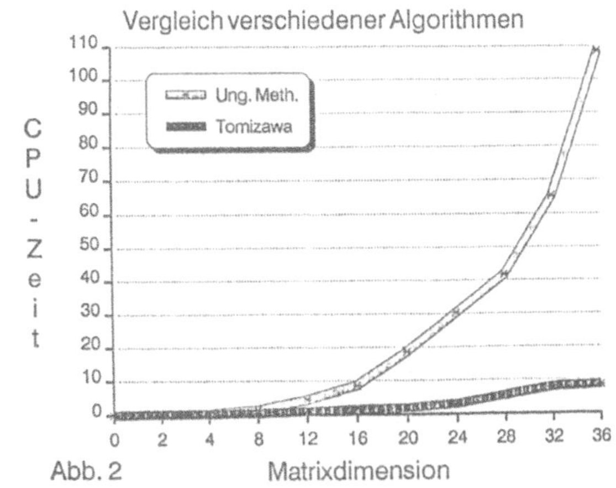

Abb. 2

Da sich das Auftragsvolumen dynamisch ändert und Wartezeiten bei der LKW-Abfertigung nicht akzeptiert werden können, andererseits aber die Rechnerbelastung bei einer Dialoganwendung ein wesentlicher Faktor ist, wird das Optimierungsprogramm nur dann gestartet, wenn sich der Auftragsbestand gegenüber dem vorhergehenden Lauf verändert hat und ein Fahrzeug ohne Auftrag ist. Optimiert wird jeweils die aktuelle Auftragssituation, wobei die bereits vergebenen Exportaufträge ohne Folgeauftrag erneut in die Optimierung einfließen. Damit wird erreicht, daß Fahrzeugen, die bereits Exportaufträge fahren, der optimale (Import)-Folgeauftrag zugewiesen wird. Für jedes Auftragspaar wird bei der Zuordnung ermittelt, ob die Summe der Leerfahrten zwischen dem LKW-Halteplatz und den Stellplätzen kleiner als die Entfernung zwischen den Stellplätzen ist. Ist dies der Fall, werden die Aufträge getrennt vergeben.

Das Ergebnis der Optimierung wird in einer Sequenz (Datei) gespeichert, die von folgenden Kriterien bestimmt wird:

- kombinierte Export-/Importaufträge werden bevorzugt gefahren
- Exportaufträge ohne Folgeauftrag werden einfachen Importaufträgen vorgezogen, da so für beide Einzelaufträge durch den LKW-Zulauf während der Auftragsbearbeitung ein passender Folgeauftrag gefunden werden kann.
- innerhalb des gleichen Sequenzkriteriums werden die Aufträge nach der Zeit der Auftragserteilung sortiert

3 Ergebnisse

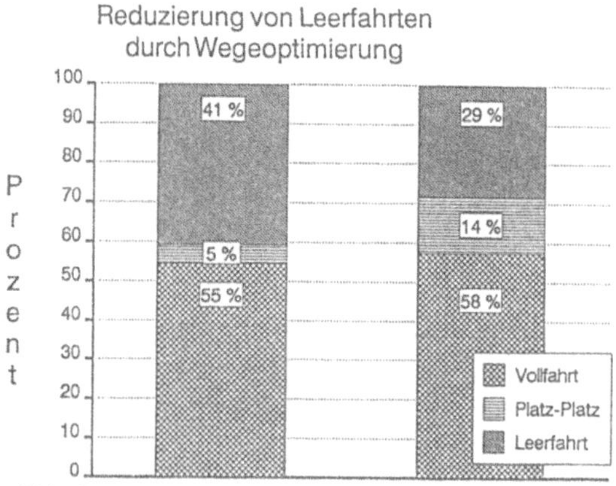

Abb. 3

Durch die Einführung einer automatischen Auftragsvergabe mit Fahrwegoptimierung konnte der Anteil der Leerfahrten für die Containerfahrzeuge deutlich reduziert werden: im manuellen Betrieb betrugen die Leerfahrten 41 %, mit Hilfe des Optimierungsverfahrens konnten sie auf 29 % reduziert werden, wobei der Anteil der erwünschten Platz-Platz-Fahrten von 5 auf 14 % stieg (Abb. 3). Eine völlige Reduktion ist wegen des unstetigen Auftragszulaufs nicht möglich. (siehe Abb. 1) Aufgrund des positiven Ergebnisses werden gegenwärtig weitere Optimierungssysteme für die Abfertigung von Bahncontainern und für die internen Stellplatzveränderungen entwickelt.

Literaturverzeichnis

(1) Domschke, W.: Logistik: Transport. Oldenbourg, München-Wien 1985

(2) Eine Fortran-Version findet sich in:
Burkard, R. E. und U. Derigs: Assignment and Matching Problems: Solution with Fortran Programs. Springer, Berlin-Heidelberg-New York 1980.

Ein Verfahren zur rechnergestützten Tourenplanung im Güterfernverkehr

J. Schmidt, Karlsruhe

1. Einleitung

Während bei der Planung von depotbezogenen Sammel- und Verteilverkehren sich der effiziente Einsatz von OR-Verfahren durch eine Vielzahl von in der Praxis eingesetzten Planungsprogrammen ablesen läßt, sind für den Bereich des Güterfernverkehrs Verfahrensansätze wenig entwickelt. Die spezielle Struktur der Planungsaufgabe, wie sie z. B. bei der Disposition von Gelegenheitsverkehren (Trampverkehre) zu finden ist, läßt eine Übertragung von bekannten Tourenplanungsalgorithmen für den oben genannten Bereich nicht zu.

Bei der Beschreibung eines depotbezogenen Auslieferungsproblems genügt die Angabe des Kundenstandortes und der Liefermenge (sowie ggf. der Kundenöffnungszeiten). Um einen Transportauftrag im Trampverkehr zu beschreiben, ist die Angabe von Be- und Entladeort notwendig (man spricht auch von A/B-Beziehungen). Planungsziel ist es, die Aufträge (z. B. Umzugsaufträge) zu kostenminimalen Touren zusammenzustellen, wobei von verschiedenen Depots mehrere Fahrzeuge eingesetzt werden können.

Für dieses, von der Klassifizierung der Tourenplanungsprobleme als "Multi-vehicle-dial-a-ride-probleme" bekannte Problem, wird im folgenden ein mehrstufiges interaktives Verfahren beschrieben, welches sich an dem von Jaw (1983) oder Wilson (1976) vorgeschlagenen sequentiellen Einfügealgorithmus orientiert.

Folgende anwendungsspezifische Restriktionen (für den Bereich Möbelspedition) sind Randbedingungen des Algorithmus:

- Be-/Entladeorte räumlich verteilt
- Belieferungsintervalle der Ladeorte
- Kein fester Kundenstamm und daher:
- keine für jede Planung gleichen Rumpftouren
- Mehrere Depots mit mehreren Transportfahrzeugen unterschiedlicher Kapazität
- Beilademöglichkeit besteht, d. h. mehrere Aufträge dürfen zusammen transportiert werden

Operations Research Proceedings 1989

2. Problemstellung

Das Planungsproblem besteht in der kostenminimalen Verplanung eines bekannten Auftragsbestands zu Fahrten, wobei N Fahrzeuge, die auf M Depotstandorte verteilt sind, verplant werden können. Es besteht die Möglichkeit zum kombinierten Transport von Aufträgen (Beilademöglichkeit), wobei Belieferungszeiten bei den Ladestellen zu beachten sind. Ein Umladen von Aufträgen zwischen Fahrzeugen (Touren) ist nicht vorgesehen.

Ein Auftrag A(i, j) wird durch die Beladestelle i und die Entladestelle j, die Lademenge Mng(i) sowie das Belieferungsintervall der Ladestelle i (TV_i, TB_i) beschrieben. Für den Weg zwischen zwei Ladestellen i und j fallen die Kosten C(i, j) an.

Eine für ein Fahrzeug geplante Tour ist eine Folge von Ladestellen:

$$T_{Fzg} = \left\{ i_1, \ldots, i_n \right\}$$

Ziel ist es für die Fahrzeuge Touren zu planen, so daß gilt:

$$\sum_{l=1}^{N} \sum_{\substack{i,j \\ \in T_l}}^{n} C(i,j) \longrightarrow \text{Min}$$

Eine vollständige mathematische Formulierung des Problems soll jedoch im Rahmen dieses Beitrages nicht gegeben werden.

3. Interaktives Planungsverfahren

Das hier vorgestellte interaktive Verfahren soll die Schwächen geschlossener Verfahren (keine Steuerung durch den Benutzer, keine schrittweise Planung) vermeiden.

Folgende Punkte sind deshalb bei dem Verfahrensentwurf berücksichtigt:

- Ein interaktiver Planungsablauf wird durch Generieren von Zwischenergebnissen ermöglicht.

- Es können Startlösungen als Vorgabe für die Optimierung berücksichtigt werden.

- Teilschritte sind in einem bestehenden Arbeitsablauf integrierbar, d. h. für jeden Planungsschritt können unterschiedliche Teilziele angegeben werden.

- Die Zuordnungsregeln sind an die Benutzeranforderungen anpassbar.

- Kurze Antwortzeiten bei umfangreichen Aufgabenstellungen sind für einen interaktiven Planungsablauf unerlässlich.

Die Aufteilung des gesamten Planungsablaufs in einzelne Planungsschritte ist in Abbildung 1 skizziert.

In den verschiedenen Planungsstufen können durch die Schritte "Ermittlung der aktiven Aufträge" sowie "Bewertung der aktiven Aufträge" der Auftragsbestand und die Zielfunktion spezifisch angepaßt werden.

Über die Planungsparameter kann die Anzahl der in der jeweiligen Stufe verplanten Aufträge beeinflußt werden. Es ist deshalb durchaus sinnvoll, eine Planungsstufe mit veränderten Planungsparametern wiederholt durchzuführen.

Der Schritt: "Erzeugung des Folgezustands" wird sequentiell für die aktiven Aufträge angewendet. Daher stellt jede Planungsstufe im Prinzip eine Anwendung des sequentiellen Einfügealgorithmus, wie er von z. B. Jaw (1983) beschrieben worden ist, dar.

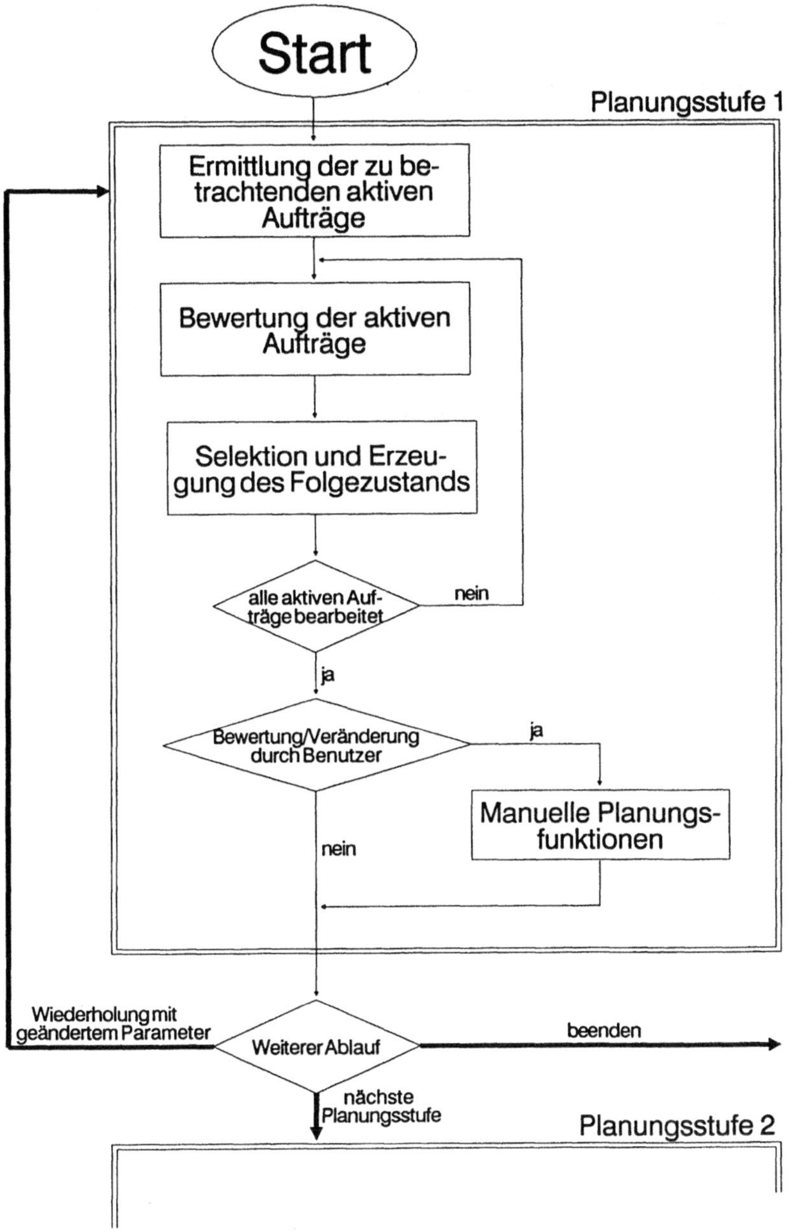

Abb. 1 Aufteilung in Planungsschritte

3.1 Ermittlung der für einen Planungsschritt relevanten (aktiven) Aufträge

Für die hier angewendete sequentielle Planungsstrategie ist nicht nur von Bedeutung, welche Aufträge betrachtet werden, sondern auch, in welcher Reihenfolge die Aufträge betrachtet (verplant) werden.

Die für einen Planungsschritt relevanten Aufträge werden durch hierarchische Untergliederung in Teilmengen festgelegt oder durch die bei Abfolge der vorhergehenden Planungsschritte verbleibende Restauftragsmenge gebildet.

Die Sortierung der aktiven Aufträge erfolgt gemäß der aus der Verplanung des Auftrags resultierenden Änderung des Zielfunktionswertes. Ist diese Veränderung nur schwer zu ermitteln, können Ersatzkriterien, die in Zusammenhang mit dem Zielfunktionswert stehen, benützt werden. Zur Bestimmung von kostenminimalen Touren ist die wegminimale Kombination von Aufträgen zu Fahrten Voraussetzung, da die variablen Tourkosten kilometerabhängige (bzw. fahrtzeitabhängige) Kosten darstellen. Deshalb ist die Reihung von Clustern, welche "ähnliche" Aufträge (im Sinne der Kombinierbarkeit zu Touren) enthalten, eine Sortierung in diesem Sinne.

Bei den in der Literatur behandelten Clusterverfahren (siehe Bock (1980)) wird von Punkten als zu klassifizierende Objekte ausgegangen. Um diese Verfahren für die Clusterung von Aufträgen (Punktepaare mit Vorrangbeziehung) anzuwenden, muß zunächst ein geeignetes Abstandsmaß definiert werden.

In Anlehnung an die Zielgröße: "Wegminimale Kombination" läßt sich als Distanzmaß zweier Aufträge A_1 (i,j) und A_2 (k,l) folgender Quotient angeben:

$$\text{Abst } A_1,A_2 = \begin{cases} \dfrac{\text{Min (Umweg bei Kombination von A1, A2)}}{F\,(i,\, j) + F\,(k,l)} & \text{, falls kombinierte Durchführung nicht möglich} \\ \infty & \text{, sonst} \end{cases}$$

Im weiteren Verlauf der Klassifizierung ist dann jeweils ein Element der Klasse (Auftrag) stellvertretend für die gesamte Klasse. Dies entspricht durchaus der Aufgabenstellung, da die Kombinierbarkeit eines Auftrages zu einer Gruppe durch die Möglichkeit zum verbundenen Transport mit einem bestimmten Auftrag aus der Gruppe repräsentiert wird.

3.2 Bewertung der aktiven Aufträge

Für die Bewertung der aktiven Aufträge werden die geringsten Kosten, die bei isoliertem sowie bei verbundenem Transport entstehen, bestimmt. Dann werden die Kosten einer Stichtour ($NeukostA_i$) sowie die minimalen Zusatzkosten für das Einfügen in die bisher erzeugten Touren ($MinZKostA_i$) berechnet.

Die Bewertung des Auftrags A_i ergibt sich zu:

$$B_{Ai} = \begin{cases} \text{Min}\,(\text{MinZkost}A_i,\ \text{Neukost}A_i), & \text{falls Verplanung unter Berücksichtigung Randbedingungen möglich} \\ \infty, & \text{sonst} \end{cases}$$

3.3 Selektion und Generierung des Folgezustands

Der Auftrag mit dem minimalen Kostenwert B_{Ai} wird aus der Menge der aktiven Aufträge selektiert.

Ein selektierter Auftrag wird dann verplant, d. h. der Folgezustand erzeugt, wenn die für die Planungsstufe aufgestellten Kriterien beim Einfügen in eine Tour oder bei der Neubildung einer Tour erfüllt sind.

Solche Auswahlkriterien sind sowohl kostenorientiert, wie die Betrachtung des durch die Einfügung erzielbaren Deckungsbeitrags oder der Zusatzkosten, beziehen sich aber auch auf die maximal zulässige Tourenlänge.

Da die Touren bei diesem Planungsvorgehen parallel entstehen, können zuerst Aufträge, für die bestimmte Bedingungen gelten (z. B. fester Liefertermin), zu Tourstücken verplant werden. Für Aufträge, die flexibler planbar sind, steht dann eine große Anzahl von Touren für Einfügungen zur Auswahl. Damit wird weitestgehend verhindert, daß Touren mit schlechter Fahrzeugauslastung geplant werden.

4. Beurteilung des Verfahrens

Für umfangreiche Problemstellungen (ca. 300 Aufträge, 130 Fahrzeuge verteilt auf 90 Depots) aus dem Bereich des Möbeltransportwesens konnten Ergebnisse erzielt werden, bei denen die wegabhängigen Kosten ca. 8 % unter denen der manuell geplanten Touren lagen. Die reine Rechenzeit lag, für eine vordefinierter Abfolge von drei unterschiedlichen Planungsschritten, bei durchschnittlich 10 Minuten. Es wurde keine Veränderung der Planungsergebnisse von Hand vorgenommen.

Durch eine Konfigurierung des Teilschrittes "Auswahl von aktiven Aufträgen" konnten bei der rechnergestützten Planung sowohl anwenderspezifische Regeln für die Tourgenerierung (z. B. feste Zuordnung von Aufträgen zu Depots) als auch auftragsgebundene Restriktionen berücksichtigt werden.

Da die Verwendbarkeit für reale Planungsaufgaben wesentlich durch die Möglichkeit bestimmt ist, benutzerspezifische Zuordnungsregeln und Beschränkungen im System abzubilden, ist hierin ein besonderer Vorteil der gewählten Vorgehensweise zu sehen. Weniger formale Zuordnungsregeln, die der manuellen Nachbearbeitung der einzelnen Planungsstufen zugrunde liegen, lassen sich jedoch derzeit nicht im System abbilden. So erwies es sich als nachteilig, daß Korrekturen an Zusammenstellungen teilweise auch in nachfolgenden Schritten vorgenommen werden mußten.

Eine Weiterentwicklung, um schlecht formalisierbares Benutzerwissen auch während des Planungsablaufes für den Algorithmus nutzbar zu machen, kann eine wissensbasierte Problemmodellierung darstellen.

Literatur

A. Assad, M. Ball, L. Bodin, B. Golden
Routing and Scheduling of Vehicles and Crews,
University of Maryland,
Comput. & Operations Research Vol. 10, No. 2, pp 63-211, 1983

H. Bock
Clusteranalyse - Überblick und neuere Entwicklungen, OR-Spektrum 1, S. 211-232
Springer Verlag, 1980

J. Jaw
Solving large-scale dial-a-ride vehicle routing and scheduling problems
MIT, FTL-Report R 84-3, 1983

J. Meißner
Methoden der heuristischen Programmierung, Tagungsbericht Heureka '83, Optimierung in Verkehr und Transport, Karlsruhe 1983

D. Ronen
Perspectives on practical aspects of truck routing and scheduling, University of Missouri-St. Louis,
European Journal of Operational Research 35, S. 137 - 145, 1988

N. Wilson, R. Weissenberg, J. Hauser
Advanced Dial-A-Ride Algorithms,
MIT, Report R76-20, 1976

Neue Heuristiken und Strukturanalysen zum zweidimensionalen homogenen Packproblem

Gerd Naujoks, Frankfurt

Zusammenfassung : Gegenstand dieses Beitrages ist das Problem der Maximierung der Anzahl der auf einer rechteckigen Grundfläche orthogonal anzuordnenden identischen rechteckigen Packstücke. Es werden zwei neue heuristische Lösungsansätze vorgestellt. Ein Verfahren zur Bestimmung der theoretischen Obergrenzen für die Anzahl der anzuordnenden Packstücke wird so erweitert, daß neben einer verbesserten Obergrenzen-Bestimmung auch Informationen über die Struktur einer optimalen Lösung erzeugt werden, die in einem Optimierungsverfahren zur Reduzierung des Rechenzeitaufwandes genutzt werden können.

Summary : The subject of this paper is the problem of maximizing the number of identical rectangular packages to be stacked on a rectangular ground area. Two new heuristic solution procedures are presented. A method for the determination of a theoretical upper bound of the number of packages is modified to increase the quality of the upper bound and also to produce information about the structure of an optimal solution of the problem, which can be used to reduce the computations in an optimizing algorithm.

I. Problemstellung

In der betriebswirtschaftlichen Logistik tritt das Problem der Maximierung der Anzahl der auf einer rechteckigen Grundfläche mit Länge L und Breite $B, L \geq B$, orthogonal anzuordnenden identischen Packstücke mit Länge l und Breite $b, l \geq b$, z.B. bei der Beladung von Paletten oder Containern mit gleichgroßen quaderförmigen Versandgebinden auf. Da zur optimalen Lösung dieses Problems bisher kein Algorithmus mit polynomiell begrenzter Zeitkomplexität bekannt ist (zur Komplexität des Problems vgl. Exeler (1988), S. 41), werden Heuristiken eingesetzt. Durch die Bestimmung einer theoretischen Obergrenze für die Anzahl der auf der Grundfläche anzuordnenden Packstücke läßt sich in den meisten Fällen die Optimalität der heuristisch bestimmten Lösung nachweisen. Nur wenn diese Obergrenze größer ist als der Zielfunktionswert der heuristisch ermittelten Lösung, wird versucht, durch ein exaktes Verfahren entweder die Lösung zu verbessern oder den Nachweis zu erbringen, daß die theoretische Obergrenze nicht erreicht werden kann.

Im folgenden werden zunächst zwei neue Heuristiken zur Bestimmung einer Lösung des Problems vorgestellt. Daran anschließend werden Modifikationen des von Isermann (1987, S. 242f) vorgestellten Verfahrens zur Bestimmung einer theoretischen Obergrenze beschrieben, die eine verbesserte Obergrenzen-Bestimmung ermöglichen. Durch verbesserte Heuristiken und Obergrenzen-Verfahren kann die Zahl der Fälle verringert werden, in denen zur Bestimmung einer optimalen Lösung bzw. zum Nachweis der Optimalität einer heuristischen Lösung ein rechenzeitaufwendiges exaktes Verfahren eingesetzt werden muß. Abschließend wird dargestellt, wie auf der Basis des Obergrenzen-Verfahrens von Isermann Informationen über die Struktur der Lösung des Problems gewonnen werden können, die in einem exakten Verfahren eine Verringerung des Rechenzeitbedarfes ermöglichen.

II. Zwei neue Heuristiken auf der Basis von Diagonal-Strukturen

Ein wesentliches Element heuristischer Lösungsansätze ist der 'Block', das ist ein Rechteck auf der Grundfläche $L \times B$, das von $\alpha\ \beta$ Packstücken gleicher Orientierung gebildet wird. Die möglichen Orientierungen sind 'längs', d.h. die l-Seite des Packstücks ist parallel zur L-Seite der Grundfläche angeordnet, und 'quer', d.h., die b-Seite des Packstücks ist parallel zur L-Seite der Grundfläche angeordnet. Eine n-Block-Heuristik sucht nach Anordnungen mit maximaler Packstückzahl, wobei im Rahmen von vorgegebenen Block-Anordnungen (z.B 4 Eck-Blöcke sowie ein zentraler Block in einer Heuristik mit 5 Blöcken) alle überschneidungsfreien Kombinationen der n Blöcke enumeriert werden. Für jeden Block $i, i = 1..n$, werden die Zahl α_i der in L-Richtung

Operations Research Proceedings 1989

der Grundfläche angeordneten Packstücke, die Zahl β_i der in B-Richtung angeordneten Packstücke sowie die Orientierung (längs oder quer) der Packstücke innerhalb des Blocks i variiert. Heuristiken mit maximal 4, 5, 7 bzw. 9 Blöcken wurden von Smith und DeCani (1980), Bischoff und Dowsland (1982), Dowsland und Dowsland (1983) sowie Exeler (1988) vorgeschlagen. In Abb. 1 sind Anordnungen mit 2,4,5 sowie 7 Blöcken dargestellt.

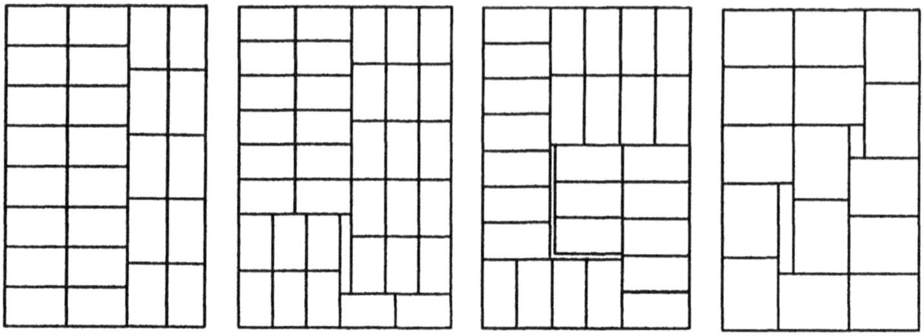

2 Blöcke   4 Blöcke   5 Blöcke   7 Blöcke

Abbildung 1

Eine von Exeler (1988, S. 132ff) vorgeschlagene, als Diagonal-Verfahren bezeichnete Heuristik belegt einen rechteckigen Teil der Grundfläche mit einer Diagonal-Struktur, die verbleibenden Randflächen werden durch mehrfache Anwendung einer 7-Block-Heuristik belegt. Eine derartige Diagonal-Stuktur besteht aus zwei gleichgroßen 'Dreiecken' von Packstücken der einen Orientierung, die von auf der Diagonalen angeordneten gleichgroßen Blöcken der anderen Orientierung getrennt werden. Beispiele für durch Diagonal-Strukturen belegte rechteckige Grundflächen sind in Abb. 2 dargestellt.

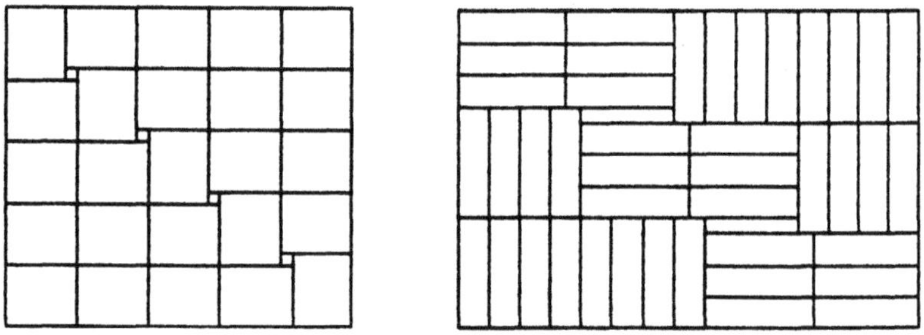

Abbildung 2

Die beiden im folgenden skizzierten neuen heuristischen Ansätze basieren auf der Betrachtung von Diagonal-Strukturen als 'Blöcke' im Sinne einer erweiterten Definition. Diese Definiton bietet sich an, denn die Diagonal-Strukturen sind einfach aufgebaut und belegen eine rechteckige Grundfläche. Deshalb können sie ebenso wie Blöcke der herkömmlichen Definition als Struktur-Element einer blockerzeugenden Heuristik verwendet werden :

<u>Heuristik I :</u> Es werden alle möglichen Anordnungen mit maximal 5 Blöcken enumeriert, wobei maximal einer der Blöcke eine Diagonal-Struktur aufweisen kann.

<u>Heuristik II:</u> Es werden alle möglichen Anordnungen mit maximal 5 Blöcken enumeriert. Jeder der Blöcke kann eine Diagonal-Struktur aufweisen.

In Abb. 3.1 ist eine durch Heuristik I bestimmte Anordnung mit 3 Blöcken der herkömmlichen Definition und einem Block mit Diagonal-Struktur dargestellt. Abb. 3.2 zeigt eine durch Heuristik II bestimmte Anordnung von einem Block der herkömmlichen Definition und 2 Blöcken mit Diagonal-Struktur.

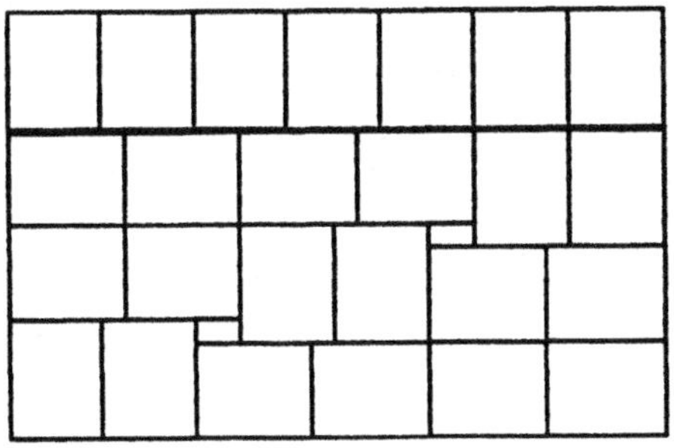

Abbildung 3.1

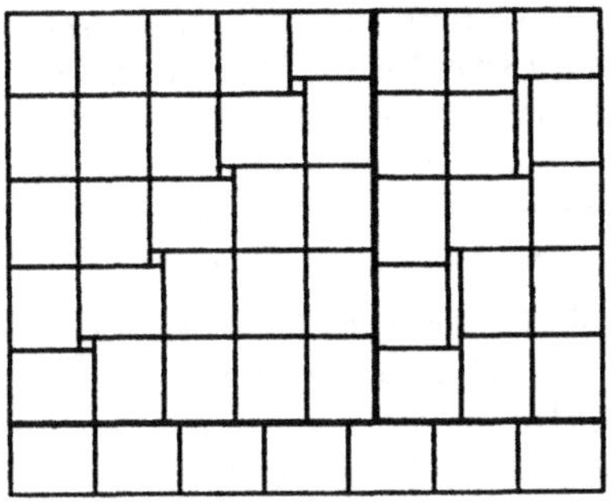

Abbildung 3.2

Zur Beurteilung der Güte dieser Heuristiken wurden mit Hilfe gleichverteilter Pseudozufallszahlen zwei Testdatensätze mit jeweils $n = 10000$ erzeugt. Für die Probleme in beiden Datensätzen gilt $L/B \leq 2$ und $l/b \leq 4$. In Datensatz I gilt $6 \leq LB/lb < 51$. In Datensatz I gelten damit die gleichen Annahmen wie bei den von Dowsland (1987, S. 83) sowie von Exeler (1988, S. 139, Testreihe 1) verwendeten Testdaten. In Testdatensatz II gilt $51 \leq LB/lb < 101$. Für alle Probleme in Testdatensatz I konnte entweder durch Heuristiken und Bestimmung der theoretischen Obergrenze oder aber durch ein exaktes Verfahren die tatsächliche optimale Lösung bestimmt werden. Für 191 Probleme in Datensatz II mit relativ hoher Packstückzahl konnte durch das verwendete exakte Verfahren keine Übereinstimmung zwischen divergierender bester heuristischer Lösung und theoretischer Obergrenze erzielt werden, da der Zeitbedarf des exakten Verfahrens eine vorgegebene Schranke überschritt. In Tabelle 1 ist dargestellt, für wieviele der jeweils 10000 Testprobleme in Datensatz I und II die optimale Lösung bzw. die beste bekannte Obergrenze durch verschiedene Heuristiken erreicht wurde.

Heuristik	Optimum in Datensatz I erreicht	Obergrenze in Datensatz II erreicht
Max. 5 Blöcke (Bischoff/Dowsland)	9606	8691
Max. 7 Blöcke (Dowsland/Dowsland)	9788	9020
Max. 9 Blöcke (Exeler)	9875	9356
Diagonal-Verfahren/7-Block (Exeler)	9945	9558
Heuristik I	9987	9653
Heuristik II	9991	9751

Tabelle 1

Für die Bestimmung optimaler Lösungen für die Bepackung von z.B. Euro-Norm-Paletten mit $L = 1200$ und $B = 800$ mm mit maximal 50 identischen rechteckigen Packstücken ($\triangleq$ Datensatz I) ist der Anteil der nur durch komplexere Heuristiken lösbaren Probleme gering. Bei größeren Packstückanzahlen ($\triangleq$ Datensatz II) hingegen können durch die Einbeziehung von Diagonal-Strukturen wie bei Heuristik I und II in vielen Fällen bessere Lösungen erzielt werden als durch die anderen betrachteten Heuristiken.

III. Verbesserte Bestimmung einer theoretischen Obergrenze

Durch den ganzzahligen Anteil des Quotienten aus Grundfläche und Packstück-Fläche $O_0 = [LB/lb]$ ist eine Obergrenze für die Lösung des betrachteten Packproblems gegeben. Eine wesentliche Verbesserung wurde von Dowsland (1983) vorgeschlagen. Sei $U^L = \{(i,j) \mid il + jb \leq L, i \geq 0, j \geq 0, i + j > 0\}$ die Menge der zulässigen Überdeckungen der Grundflächen-Längen durch Packstück-Längen und -Breiten und analog $U^B = \{(f,g) \mid fl + gb \leq B, f \geq 0, g \geq 0, f + g > 0\}$ die Menge der Überdeckungen der Breite der Grundfläche. Durch $L^* = \max_{(i,j)\in U^L}\{il + jb\}$ und $B^* = \max_{(f,g)\in U^B}\{fl + gb\}$ ist die durch orthogonal angeordnete Packstücke maximal ausnutzbare Fläche gegeben, da alle zulässigen Belegungen der Grundfläche, die L^* bzw. B^* überschreiten, auf diese Maße 'zusammengeschoben' werden können. Die Obergrenze nach

Dowsland ist durch $O_D = [L^*B^*/lb]$ gegeben. Auf Obergrenzen-Verfahren von Barnes (1979) sowie Exeler (1988, S. 58 ff) soll hier nicht eingegangen werden. Ein auf der linearen Programmierung basierendes Verfahren zur Bestimmung einer theoretischen Obergrenze wurde von Isermann (1987, S. 242 f) vorgeschlagen: Den möglichen Überdeckungen $(i,j) \in U^L$ der L-Seite werden stetige Variablen x_{ij} zugeordnet, die der Ausdehnung der Überdeckung (i,j) in B-Richtung der Grundfläche entsprechen. Die Überdeckungen der B-Seite werden durch stetige Variablen y_{fg} für alle $(f,g) \in U^B$ repräsentiert.

Beispiel : Für das durch $(L,B,l,b) = (11,10,4,3)$ gegebene Packproblem gilt $U^L = \{(0,1),(0,2),(0,3),(1,0),(1,1),(1,2),(2,0),(2,1)\}$ sowie $U^B = \{(0,1),(0,2),(0,3),(1,0),(1,1),(1,2),(2,0)\}$. Der in Abb. 4 dargestellten Anordnung entsprechen die Variablen-Werte $x_{21} = 8$, $x_{12} = 2$, $y_{12} = 9$, $y_{03} = 2$ sowie $x_{ij} = 0$ und $y_{fg} = 0$ für alle übrigen Variablen.

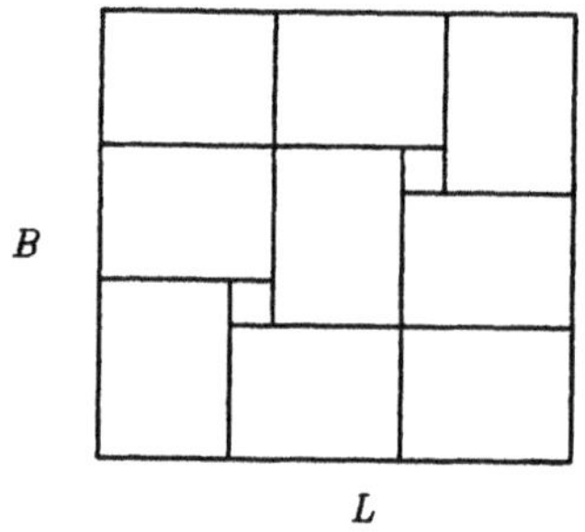

Abbildung 4

Das folgende System linearer Restriktionen

$$(1) \qquad \sum_{(i,j)\in U^L} x_{ij} \leq B^*$$

$$(2) \qquad \sum_{(f,g)\in U^B} y_{fg} \leq L^*$$

$$(3) \qquad \sum_{(i,j)\in U^L} \frac{ix_{ij}}{b} - \sum_{(f,g)\in U^B} \frac{gy_{fg}}{l} = 0$$

$$(4) \qquad \sum_{(i,j)\in U^L} \frac{jx_{ij}}{l} - \sum_{(f,g)\in U^B} \frac{fy_{fg}}{b} = 0$$

$$(5) \qquad x_{ij} \geq 0 \quad \forall (i,j) \in U^L$$

$$(6) \qquad y_{fg} \geq 0 \quad \forall (f,g) \in U^B$$

hat die folgende Funktion : (1) stellt sicher, daß die Gesamt-Ausdehnung der verschiedenen Überdeckungen der L-Seite nicht größer ist als B^*, entsprechend wird die Gesamt-Ausdehnung der Überdeckungen der B-Seite durch (2) auf die nutzbare Grundflächen-Länge L^* beschränkt. Durch (3) und (4) wird sichergestellt, daß die Anzahl der bei den durch die Variablen x_{ij} beschriebenen Überdeckungen der Länge längs bzw. quer angeordneten Packstücke mit der jeweiligen Zahl bei durch y_{fg} beschriebenen Breiten-Überdeckungen übereinstimmt. Die Zielfunktion

$$(7) \qquad max \qquad Z = \sum_{(i,j)\in U^L} \frac{ix_{ij}}{b} + \sum_{(f,g)\in U^B} \frac{fy_{fg}}{b}$$

gibt die Zahl der insgesamt auf der Grundfläche L^* x B^* längs und quer zu packenden Packstücke bei Realisierung der durch die x_{ij} und y_{fg} beschriebenen Überdeckungen an. Sei $\hat{Z}$ der Zielfunktionswert einer optimalen Lösung des durch (1) - (7) gegebenen LP, so ist durch $O_1 = [\hat{Z}]$ eine Obergrenze für das Packproblem (L^*, B^*, l, b) gegeben. Eine Verbesserung dieser Obergrenze ist möglich, wenn in einem zweiten Schritt Obergrenzen für die Zahl der bei Realisierung von O_1 maximal längs sowie quer anzuordnenden Packstücke bestimmt werden. Durch die zusätzliche Restriktion

(8)
$$\sum_{(i,j)\in U^L} \frac{ix_{ij}}{b} + \sum_{(f,g)\in U^B} \frac{fy_{fg}}{b} \geq O_1$$

wird sichergestellt, daß die Summe der längs und quer angeordneten Packstücke O_1 nicht unterschreitet. Die Zielfunktionen

(9)
$$max \quad Z^L = \sum_{(i,j)\in U^L} \frac{ix_{ij}}{b}$$

sowie

(10)
$$max \quad Z^B = \sum_{(f,g)\in U^B} \frac{fy_{fg}}{b}$$

werden jeweils unter Berücksichtigung der Restriktionen (1) - (6) und (8) maximiert. Durch $O_2 = min\{[\hat{Z}_L] + [\hat{Z}_B], O_1\}$ ist eine neue, eventuell verbesserte Obergrenze bestimmt, da $[\hat{Z}_L]$ sowie $[\hat{Z}_B]$ die Zahl der bei Realisierung der Obergrenze O_1 maximal längs bzw. quer anzuordnenden Packstücke angeben. Für das durch (1197,798,357,133) gegebene Packproblem gilt $O_1 = 19$ sowie $\hat{Z}^L = 9.5$ und $\hat{Z}^B = 9.5$ und damit $O_2 = [9.5] + [9.5] = 18$ (vgl. Isermann (1987), S. 243)).

Eine Steigerung der Güte theoretischer Obergrenzen läßt sich durch die Ausnutzung struktureller Identitäten erzielen (s. Dowsland 1984). Durch $U^L_{eff} = \{(i,j) \in U^L \mid il + (j+1)b > L\}$ sowie $U^B_{eff} = \{(f,g) \in U^B \mid fl + (g+1)b > B\}$ sind die Mengen der effizienten Überdeckungen der Grundfläche gegeben. Effizient bedeutet hierbei, daß kein zusätzliches Packstück in der jeweiligen Überdeckung Platz findet. Durch die Struktur $S = \{U^L_{eff}, U^B_{eff}\}$ wird eine Klasse von Packproblemen spezifiziert, die gleiche zulässige sowie optimale Lösungen besitzen (s. Exeler (1988), S. 53ff). Das bedeutet, daß die für ein Problem P^1 mit Struktur S^1 bestimmten Lösungen und Obergrenzen für jedes Problem P^2 gelten, das die gleichen Mengen effizienter Überdeckungen U^L_{eff} und U^B_{eff} wie P^1 und damit ebenfalls die Struktur S^1 besitzt. Die in Abb. 4 dargestellte Lösung des Packproblems $(11, 10, 4, 3)$ ist beispielsweise auch für das Packproblem $(17, 16, 6, 5)$ zulässig (und optimal), da die beiden Probleme eine identische Struktur aufweisen.

Die Bestimmung einer theoretischen Obergrenze braucht für verschiedene Probleme mit identischer Struktur nicht zum gleichen Ergebnis zu führen. Eine Verbesserung der Obergrenzen-Bestimmung mit dem vorstehend beschriebenen LP ist möglich, wenn für verschiedene Probleme mit identischer Struktur, aber unterschiedlichen Packstück-Seitenverhältnissen l/b jeweils eine Obergrenze bestimmt wird. Sei Q eine Menge von Packproblemen mit identischer Struktur S, für die jeweils mit dem durch (1) - (7) gegebenen LP eine Obergrenze bestimmt wurde, und O^Q die Menge der jeweils bestimmten Obergrenzen, so ist mit $O_3 = minO^Q$ eine für alle Probleme mit Struktur S gültige Obergrenze bestimmt, die möglicherweise besser ist als die für das ursprünglich betrachtete Problem bestimmbare Obergrenze. Sei $\hat{Q} \subseteq Q$ die Menge der Probleme, für die die ermittelte Obergrenze O_3 entspricht. Eine weitere Verbesserung ist möglich, wenn zu (1) - (6) die Restriktion

(11)
$$\sum_{(i,j)\in U^L} \frac{ix_{ij}}{b} + \sum_{(f,g)\in U^B} \frac{fy_{fg}}{b} \geq O_3$$

hinzugefügt wird. Für alle Probleme in $\hat{Q}$ werden jeweils die Zielfunktionen (9) sowie (10) maximiert. Seien Z^L_{min} bzw. Z^B_{min} die kleinsten dabei bestimmten Zielfunktionswerte, so ist durch $O^L = [Z^L_{min}]$ eine Obergrenze für die Zahl der bei Realisierung der Obergrenze O_3 längs anzuordnenden Packstücke gegeben, die für alle Probleme mit der Struktur $\hat{S}$ gilt. Entsprechend ist $O^B = [Z^B_{min}]$ eine Obergrenze für die Zahl der quer anzuordnenden Packstücke. Ist $O^B + O^L \geq O_3$, so gilt $O_4 = O_3$, ist jedoch $O^B + O^L < O_3$, so ist O_3 nicht erreichbar und es gilt als neue, verbesserte Obergrenze $O_4 = O_3 - 1$.

Die Ergebnisse des Vergleichs der Obergrenzen $O_1 - O_4$ und der Obergrenze nach Dowsland O_D sind in Tabelle 2 dargestellt. Die Menge Q der Probleme, die bei der Bestimmung der Obergrenzen O_3 sowie O_4 untersucht wurden, wurde gebildet, indem l auf 200 normiert wurde und alle ganzzahligen Werte b' bestimmt wurden, für die Probleme (L', B', b', l) mit Struktur S existieren, wobei $L' = max_{(i,j)\in U^L_{eff}}\{ib' + jl\}$ und

$B' = max_{(f,g)\in U^B_{eff}}\{fb' + gl\}$ bei gegebenen l, b' und S eindeutig festgelegt sind. Für Datensatz I ist angegeben, in wievielen Fällen die jeweilige Obergrenze der optimalen Lösung entsprach. Für Datensatz II ist angegeben, wie oft die mit dem jeweiligen Verfahren ermittelte Obergrenze der jeweils besten durch ein Obergrenzen-Verfahren oder ein exaktes Verfahren ermittelten Obergrenze entsprach.

Obergrenze	Obergrenze = Optimum in Datensatz I	Obergrenze = beste OG in Datensatz II
O_D	7207	5664
O_1	9130	7840
O_2	9173	7878
O_3	9678	8993
O_4	9680	9001

Tabelle 2

IV. Ausnutzung von Struktur-Informationen in einem exakten Verfahren

Exakte Lösungsverfahren, durch die die Bestimmung einer optimalen Lösung des Packproblems garantiert wird, wurden von DeCani (1979, S. 44ff), Isermann (1987, S. 243f), Dowsland (1987) sowie Exeler (1988, S. 85ff) beschrieben. Diese Lösungsansätze basieren auf Branch-and-Bound-Verfahren, durch welche die in Form eines Anordnungsbaumes darstellbare Menge aller zulässigen Anordnungen untersucht werden: In einem Knoten der Stufe k eines Anordnungsbaumes sind bereits k Packstücke gepackt. Die Nachfolger eines Knotens der Stufe k werden durch Längs- oder Quer-Anordnung eines weiteren Packstückes gebildet.

Ist H die Zahl der Packstücke der besten heuristischen Lösung und $O > H$ eine theoretische Obergrenze, so wird das exakte Verfahren eingesetzt, um eine Lösung $H^* > H$ zu bestimmen und/oder den Nachweis zu erbringen, daß O nicht realisierbar ist. Durch $W = L^*B^* - (H+1)lb$ ist eine obere Schranke für den bei Realisierung einer Lösung mit mehr als H Packstücken nicht genutzten Teil der effizienten Grundfläche L^*B^* gegeben. Für die durch den Knoten s repräsentierte Anordnung gibt w_s die nicht nutzbare Fläche an (in Abb. 5 schraffiert dargestellt). Gilt im Knoten s bereits $w_s > W$, so brauchen die Nachfolger von s nicht untersucht zu werden, da in diesem Fall kein Nachfolger des Knotens s mit mehr als H Packstücken existiert.

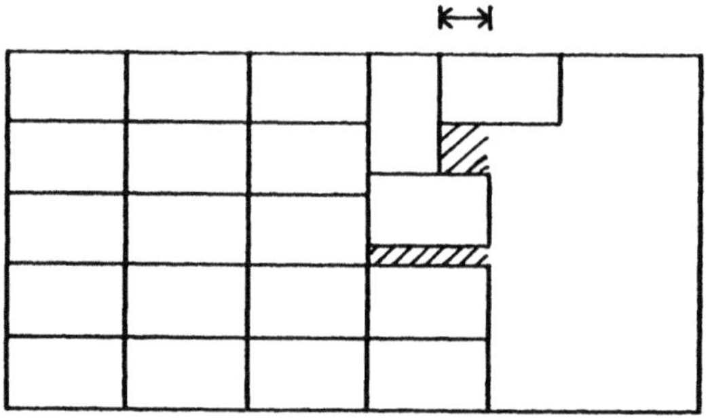

Abbildung 5.

Durch die Obergrenzen O^L und O^B für die Zahl der bei Realisierung der Obergrenze O_3 längs bzw. quer anzuordnenden Packstücke kann ein weiteres Kriterium zur Reduzierung der Zahl der im exakten Verfahren zu untersuchenden Knoten gegeben werden : Sind im Knoten s bereits O^L Packstücke längs angeordnet, so brauchen alle durch Längs-Anordnung weiterer Packstücke gebildeten Nachfolger nicht untersucht zu werden, sind im Knoten s bereits O^B Packstücke quer angeordnet, so brauchen keine Nachfolger dieses Knotens untersucht zu werden, die durch Quer-Anordnung weiterer Packstücke gebildet werden.

Durch die lineare Programmierung lassen sich jedoch noch weitere Informationen über die Struktur einer Lösung des Packproblems gewinnen : Werden die Zielfunktionen

(12) $$max \quad z_{ij}^{L} = x_{ij}$$

sowie

(13) $$max \quad z_{fg}^{B} = y_{fg}$$

unter Berücksichtigung der Restriktionen (1) - (6) und (11) für alle $(i,j) \in U^L$ bzw. für alle $(f,g) \in U^B$ jeweils maximiert, so sind mit z_{ij}^L sowie z_{fg}^B Obergrenzen für die Ausdehnung der einzelnen Überdeckungen der Länge bzw. Breite der Grundfläche bei Realisierung von O_3 bestimmt. Überschreitet die Ausdehnung der in einem Knoten bereits festgelegten (d.h. nicht mehr durch das Packen zusätzlicher Packstücke veränderbaren) Überdeckungen eine dieser Obergrenzen, so brauchen die Nachfolger des Knotens nicht mehr untersucht zu werden, da sie nicht mehr zur gesuchten Lösung mit O_3 Packstücken führen können.

Beispiel : Für das Packproblem (69,35,12,7) kann für die Ausdehnung der Breiten-Überdeckung y_{04} die Obergrenze $z_{04}^B = 3$ bestimmt werden. Die im exakten Verfahren durch den Knoten s repräsentierte Anordnung ist in Abb. 5 dargestellt.Die Ausdehnung der Überdeckung $y_{04} = 5$ ist gekennzeichnet. Da damit die zugehörige Obergrenze z_{04}^B überschritten ist, brauchen die Nachfolger des Knotens s nicht mehr untersucht zu werden. In diesem Beispiel mußte das verwendete exakte Verfahren zum Nachweis, daß keine 28 Packstücke gepackt werden können, ohne Berücksichtigung von Struktur- Informationen 16224 Knoten untersuchen. Wurden die Obergrenzen für die Zahl der längs und quer zu packenden Packstücke berücksichtigt, waren 14846 Knoten zu betrachten, bei zusätzlicher Berücksichtigung der Obergrenzen für die Überdeckungen der Breite der Grundfläche reduzierte sich diese Zahl auf 13080 Knoten. Durch Strukturanalysen auf Basis eines LP ist somit eine Reduktion der Zahl der in einem exakten Verfahren zu untersuchenden Anordnungen möglich.

Literatur :

1. Barnes,F. (1979) : Packing the Maximum Number of m x n Tiles in a Large P x Q Rectangle. Discrete Mathematics 26, S. 93-100
2. Bischoff,E., W. Dowsland (1982) : An Application of the Micro to Product Design and Distribution. J Oper Res Soc 33, S. 271-281
3. DeCani,P. (1979) : Packing Problems in Theory and Practice. Ph.D.Thesis, Department of Engineering Production, University of Birmingham
4. Dowsland,K., W.Dowsland (1983) : A Comparative Analysis of Heuristics for the Two-Dimensional Packing Problem. Paper for Euro VI Conference, July 1983
5. Dowsland,K. (1983) : Determining an Upper Bound for a Class of Rectangular Packing Problems. Department of Management Science, University College of Swansea
6. Dowsland,W. (1984) : The Three-Dimensional Pallet Chart. J Oper Res Soc, 35, S. 895-905
7. Dowsland,K. (1987) : An Exact Algorithm for the Pallet Loading Problem. E J Oper Res, 31, S.78-84
8. Exeler,H. (1988) : Das homogene Packproblem in der betriebswirtschaftlichen Logistik. Physica-Verlag Heidelberg, 1988
9. Isermann,H. (1987) : Ein Planungssystem zur Optimierung der Palettenbeladung mit kongruenten rechteckigen Versandgebinden. OR Spektrum, 9, S.235-249
10. Smith,A., D.DeCani (1980) : An Algorithm to Optimize the Layout of Boxes in Pallets. J Oper Res Soc, 31, S. 583-578

EIN QUANTITATIVER ANSATZ ZUR OPTIMIERUNG DER ERSATZTEILBEREITSTELLUNG

Frieder SCHUPPERT, Mannheim

Der Beitrag stellt einen Ansatz zur Optimierung der Ersatzteilbereitstellungsmenge in der Zeit dar. Ein Ansatz, der den Anspruch der Vollständigkeit erhebt, muß dabei bei der Ursache ansetzen, die zu einem Bedarf an Ersatzteilen führt. Dies ist der Ausfall von Bauteilen in einem Primärprodukt. Bisher wurden in der Ersatzteillogistik überwiegend univariate Prognoseverfahren zur Anwendung gebracht, die den Bezug zum Primärprodukt nicht berücksichtigen. Die Ergebnisse univariater Verfahren führen deshalb in der Regel zu Fehlmengen und/oder Überbeständen, da sie nicht in der Lage sind, den für Ersatzteilbedarfe typischen geknickten Verlauf vorherzusagen. Der Zusammenhang zwischen Primärprodukten und Elementausfällen wird in dem hier dargestellten Ansatz durch die Erneuerungsfunktion hergestellt. Die Zahl der in den Markt gelangten Primärprodukte kann dabei mit Hilfe der Produktlebenszyklusfunktion von Brockhoff und Albach abgebildet werden. Im Anschluß daran wird festgestellt, wieviel dieses Bedarfes als Nachfrage am Markt wirksam wird. Insbesondere interessiert, welche Anteile der Nachfrage auf den Hersteller des Primärprodukts entfallen, da dieser in vielen Fällen das Ersatzteillogistiksystem betreibt. Damit ist zugleich die Frage nach der Wettbewerbsgefährdung von Ersatzteilen durch Imitatoren und den Determinanten der Wettbewerbsgefährdung gestellt. Wenn die Nachfragemenge je Zeiteinheit nun bestimmt ist, muß, da davon auszugehen ist, daß in den meisten Fällen nicht stetig, sondern in Losen produziert wird, mit Hilfe eines Verfahrens zur Losgrößenoptimierung die jeweilige Bereitstellungsmenge ermittelt werden.

RECHNERUNTERSTÜTZTE LÖSUNG EINES ENUMERATIONSPROBLEMS - DARGESTELLT AM BEISPIEL EINES KOMMISSIONIERLAGERS

J. STENZEL, Berlin

Lagerbetriebe und insbesondere Kommissionierlager sind unter verschiedensten Aspekten ein häufiges Anwendungsfeld für die Optimierungsmethoden des Operations Research. Allerdings hat sich durch Einbeziehung logistischer Ansätze das strategische Umfeld, in dem Läger heute betrieben werden, stark verändert. In diesem Zusammenhang haben sich neue Fragestellungen gebildet, die durch die Neuentwicklung bzw. Anpassung bestehender numerischer Methoden gelöst werden können.

Die betrachtete Problemstellung bezieht sich auf Kommissionierläger, in denen die vorhandene Anzahl von Lagerfächern für die Bereitstellung aller Artikel mit je einem Stellplatz in der Greifebene nicht mehr ausreicht, wie es innerhalb der Markenartikel-Distribution bereits vorgekommen ist. Bestimmte Lagertypen - wie beispielsweise Kühllager - können nicht oder nicht ohne weiteres auf andere Flächen ausweichen, so daß zwei oder mehr Artikel in einem Lagerfach bereitgestellt werden müssen. Der dabei entstehende manuelle Umpackaufwand in Abhängigkeit von der günstigsten Fachteilung ist der Optimierungsaspekt.

Zur Lösung dieses klassischen Enumerationsproblems scheiden die vollständige oder die begrenzte Enumeration durch die meist hohe Anzahl von zu prüfenden Konstellationen aus Gründen der benötigten Rechenzeit aus. Vorgestellt wird daher eine einfache analytische Lösung, die eine Implementierung auf dem PC zur periodischen Anwendung durch den Lagerbetreiber möglich macht.

Die Übertragung dieses Verfahrens ist auch für andere Lagerbereiche möglich und wird als Ausblick dargestellt.

EINIGE ANMERKUNGEN ZUR OPTIMALEN FAHRWEISE VON KRAFTFAHRZEUGEN

Ralf Eberenz, Hamburg

1. Einleitung

Die bekanntesten Modelle zur Kraftstoffverbrauchsoptimierung der Fahrweise von Kraftfahrzeugen, der kontrolltheoretische Ansatz von SCHWARZKOPF/LEIPNIK und das dynamische Programmierungsmodell von HOOKER/ROSE/ROBERTS, können beide aus Gründen des Rechenaufwandes und verschiedener realitätsferner Prämissen, so z.B. der Bekanntheit des Höhenprofils der Fahrstrecke oder des Verkehrsaufkommens, nicht für eine bordrechnergestützte realtime-Berechnung kraftstoffverbrauchsgünstiger Fahrweisen im tatsächlich bestehenden Straßenverkehr verwendet werden. Situationsangemessen erscheint hingegen ein System, daß einerseits den stochastischen Umweltbedingungen Rechnung trägt und andererseits bezüglich des Rechenaufwandes so ausgestaltet ist, daß eine rasche Berechnung von Fahrverhaltensvorschlägen für den Fahrzeugführer möglich ist. Kern dieses Systems ist eine aus verschiedenen Komponenten zusammengesetzte Heuristik zur Berechnung von sogenannten Fahrangaben in Form von Wertbestimmungen der Entscheidungsvariablen Beschleunigung (a), Fahrgeschwindigkeit (v) und Gang (k). Die Heuristik selbst baut auf einem Erklärungsmodell des Kraftstoffverbrauchs mit den Bestimmungsfaktoren Fahrangaben, technische Fahrzeugdaten und Rahmendaten, d.h. den umweltbedingten Größen Fahrbahnsteigung, Windrichtung und -geschwindigkeit, Streckenlänge, zulässige Höchstgeschwindigkeit und Wasserstandshöhe (Regen!), auf. Da sich die wesentlichen Rahmenbedingungen in der Realität für gewöhnlich nicht abrupt ändern, ist es ausreichend, ihre Wertausprägungen nach jeweils fest vorgegebenen Teilstrecken (Messzyklen) dem System mitzuteilen und bis zum nächsten Messzyklus als konstant zu unterstellen. Die Messzyklen selbst sind in Streckenabschnitte i der Länge ΔD unterteilt, für die die Heuristik am Anfang eines jeden Messzyklus' die Fahrangaben Durchschnittsgeschwindigkeit v_i, Beschleunigung a_i und Gangwahl k_i bestimmt. Dieses Vorgehen der zyklischen Fahrangabenbestimmung während des Fahrtverlaufes, auch "iterative Optimierung" genannt, wird durch allgemeine Fahrregeln für den Kraftfahrzeugführer ergänzt. Sie decken alle die Situationen ab, die eine Durchsetzung des Fahrangabenvorschlages nicht zulassen, weil z.B. die Verkehrssituationen oder Sicherheitsgründe ein anderes Verhalten erzwingen.

Das Ende eine Fahrstrecke oder das Auftreten bestimmter Verkehrszeichen (Lichtzeichenanlage, "STOP-Schild" u.a.m.) machen eine Verzögerung des Fahrzeugs bis zum Stillstand notwendig. Diese Art von Verzögerungen werden durch die Heuristik nicht angezeigt, da ihre Unvorhersagbarkeit unterstellt wird und somit einzig dem Fahrer die Entscheidung überlassen bleiben soll, wann er einen Ausrollvorgang einleitet. Als Konsequenz hieraus ergibt sich, daß einzig eine situationsspezifisch optimale Dauergeschwindigkeit veb und der bis dorthin notwendige optimale Beschleunigungsvorgang, inklusive etwaiger Gangwechsel, berechnet wird.

2. Heuristikkomponenten

Unterstellt man, daß für das Bewältigen einer Strecke von Ort A nach Ort B keine Zeitrestriktion gilt, so gestaltet sich das Zusammenwirken der einzelnen Heuristikkomponenten entsprechend Abb. 1. Um den Zusammenhang und die Inhalte der Komponenten zu verdeutlichen, sollen diese kurz skizziert werden. Ergibt sich für das Fahrzeug eine Fahrsituation, in der es auch ohne Leistungsabgabe des Motors beschleunigt

Operations Research Proceedings 1989

(Gefällefahrt, Zugkraft Z<0), so ist einzig die Komponente OPT 4 relevant. Sie berechnet den Fahrangabenverlauf (Beschleunigung bis die zulässige Höchstgeschwindigkeit erreicht ist) unabhängig von den anderen Komponenten. In allen anderen Fällen wird über die Komponente OPT 1 unter Benutzung von OPT 11 die optimale Gangwahl und unter Benutzung von OPT 12 die optimale Geschwindigkeit bei Konstantfahrt ermittelt. Wurde auf diese Weise eine anzustrebende Dauergeschwindigkeit berechnet, die unterhalb der Fahrgeschwindigkeit zum Berechnungszeitpunkt (= Anfang des Messzyklus') liegt, so berechnet die Komponente OPT 3 den entsprechenden Ausrollvorgang bis diese erreicht ist. Liegt die optimale Dauergeschwindigkeit hingegen oberhalb der momentanen Fahrgeschwindigkeit, wird der optimale Beschleunigungsverlauf, inklusive etwaiger Gangwechsel, bis dorthin durch die Komponente OPT 2 ermittelt. Dabei bestimmt die Komponente OBIEG die Optimalbeschleunigung in den einzelnen Streckenabschnitten und die Komponente OPT 21 die optimale Gangfolge. Daneben wird OBIEG auch noch für verschiedene Abschätzungen innerhalb der Komponenten OPT 1, OPT 11 und OPT 12 benötigt. Aufgrund der daraus resultierenden zentralen Bedeutung der Komponente OBIEG, soll diese als einzige aus der Gesamtheit der Komponenten herausgegriffen und im folgenden eingehender beschrieben werden.

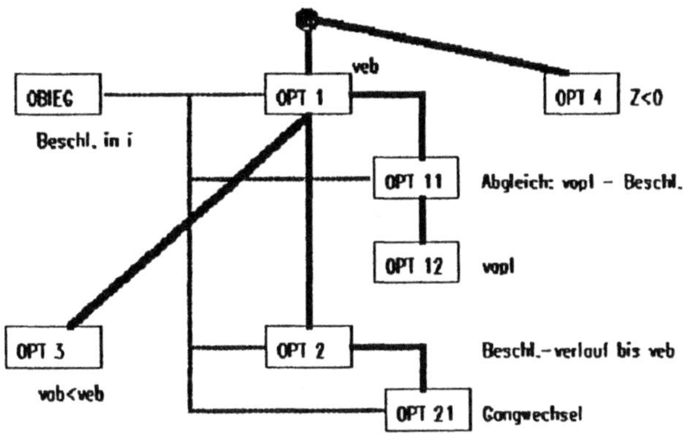

Abb. 1 Heuristikkomponenten

Aufgabe der Komponente OBIEG ist es, die Beschleunigung innerhalb eines Streckenabschnittes i für gegebene Rahmendaten, eine gegebene Fahrgeschwindigkeit am Anfang des Streckenabschnitts, einen gegebenen Gang und eine gegebene anzustrebende Dauergeschwindigkeit zu optimieren. Im einzelnen gelten demnach folgende Prämissen:

- Die Anfangsgeschwindigkeit des betrachteten Streckenabschnittes sei vab_i und ist bekannt.
- Ebenfalls bekannt ist die anzustrebende Dauergeschwindigkeit veb und die hierfür optimale Gangwahl kopt. Die Dauergeschwindigkeit veb ist nicht zwangsläufig die Geschwindigkeit am Ende von i, da sich ggf. noch weitere Beschleunigungen in den nachfolgenden Streckenabschnitten anschließen müssen, um veb zu erreichen. veb sei nicht kleiner als vab_i.
- Die Beschleunigung soll sowohl innerhalb des Streckenabschnittes i, als auch innerhalb des Geschwindigkeitsintervalles $[vab_i, vab_i+\Delta v]$ konstant sein und zwischen der technisch minimalen (a_{min}) und der technisch maximalen Beschleunigung (a_{max}) in Schritten der Größe Δa variiert werden können. Eine technisch minimale Beschleunigung ist zwar theoretisch nicht zu rechtfertigen, um aber einen positiven Anfangswert für den Rechenablauf zu erhalten, wird sie dennoch eingeführt. Bei entsprechender Vorbelegung erlaubt sie die Abdeckung aller in der Realität vorkommenden Fälle. Demnach soll a_{min} die geringste durch den Fahrer verursachbare positive Beschleunigung sein. Während der Beschleunigung soll

kein Gangwechsel erfolgen.

Den Verfahrensablauf soll Abbildung 2 verdeutlichen. Sie zeigt beispielhaft, welche potentiellen Beschleunigungen zu welchen Geschwindigkeitsverläufen führen. Wird innerhalb des Geschwindigkeitsintervalles [vab_i, $vab_i+\Delta v$] mit der technisch minimalen Beschleunigung a_{min} beschleunigt, so werden dabei zwei Streckenabschnitte vollständig durchfahren. Diese maximale Beschleunigungsstrecke sei mit s_1 bezeichnet. Der zugehörige, mit s_1 gewichtete, Kraftstoffverbrauch soll mit $B_i^{abs}(v,a_{min},k_i)*s_1$ beschrieben werden. Diese Notation veranschaulicht für gegebene Rahmendaten und technische Daten die Abhängigkeit des Kraftstoffverbrauches von den Fahrangaben. Zur exakten numerischen Bestimmung des Kraftstoffverbrauchs müßte v mit $(vab_i^2+a_{min}*\Delta D)^{0,5}$ also der Durchschnittsgeschwindigkeit in i belegt werden. Hier wird jedoch v aus Vereinfachungsgründen mit $vab_i+\Delta v/2$, also der Durchschnittsgeschwindigkeit während des betrachteten Beschleunigungsvorganges, vorbesetzt. Der hierdurch erzeugte Fehler bei der Berechnung des Kraftstoffverbrauchs ist bei entsprechender Wahl von ΔD und Δv vernachlässigbar gering. Beschleunigte das Fahrzeug nun nicht mit a_{min}, sondern mit a_h, so wird während des Beschleunigungsvorganges die Strecke s_h durchfahren. Gleichzeitig erreicht das Fahrzeug damit, unabhängig davon wie der Geschwindigkeitsverlauf von $vab_i+\Delta v$ bis veb aussieht, die Dauergeschwindigkeit veb um die Strecke s_1-s_h früher als mit der Beschleunigung a_{min}. Um festzustellen, ob es günstiger ist mit a_{min} entlang s_1 zu beschleunigen oder mit a_h entlang s_h und dann unbeschleunigt die Strecke s_1-s_h zurückzulegen, sind folgende Kraftstoffverbräuche zu vergleichen:

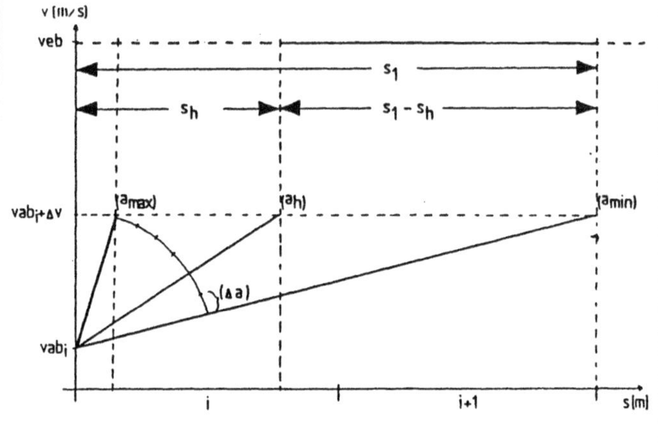

Abb. 2 Variation der Geschwindigkeitsverläufe

$$B_i^{abs}(v,a_{min},k_i)*s_1 \lesseqgtr B_i^{abs}(v,a_h,k_i)*s_h+B_i^{abs}(veb,0,kopt)*(s_1-s_h).$$

Stellt sich bei diesem Vergleich heraus, daß die rechte Seite kleiner als die linke ist, so ist es günstiger, a_h zu wählen als a_{min}. Variiert man a_h von a_{min} bis a_{max} in Schritten der Größe Δa und berechnet damit jeweils die rechte Seite des obigen Kriteriums, kann leicht die optimale Beschleunigung gefunden werden. Voraussetzung ist lediglich, daß, wenn veb erreicht ist, auch tatsächlich mindestens die Strecke s_1-s_h ohne Beschleunigung realisiert wird.

Da in der Regel die Optimalbeschleunigung aopt nicht dazu führt, daß $vab_i+\Delta v$ exakt am Ende des Streckenabschnittes erreicht wird, treten zwei Probleme auf. Zum einen könnte das Ende des Beschleunigungsvorganges vor dem Ende von i liegen (in Abb. 2 z.B., wenn a_h=aopt). Dann soll dennoch aopt als Optimalbeschleunigung für den gesamten Streckenabschnitt i gelten. Der dadurch verursachte

Berechnungsfehler, v ist mit einem zu kleinen Wert vorbesetzt worden, ist unerheblich, da erstens der Einfluß der Geschwindigkeit v im Gegensatz zu dem der Beschleunigung auf den Kraftstoffverbrauch vernachlässigbar ist und zweitens, dieser Fall bei sachgerechter Wahl von Δv und ΔD nur extrem selten auftreten kann.

Ein anderes Problem tritt auf, wenn der Beschleunigungsvorgang nach dem Ende von i endet (in Abb.2 z.B., wenn a_{min}=aopt). In diesem Fall gilt aopt nicht nur für i, sondern auch für alle nachfolgenden Streckenabschnitte, bis $vab_i+\Delta v$ erreicht ist. Dieser Fall ist wesentlich häufiger als die Beendigung des Beschleunigungsvorganges vor dem Ende von i, aber auch hier ist die fehlerhafte Vorbesetzung von v unerheblich, da Δv im Verhältnis zu vab_i sehr klein zu wählen ist und somit nur ein äußerst geringer Fehler auftreten kann.

3. Beispielrechnungen

Ein Zahlenbeispiel soll die Zusammenhänge illustrieren. Für ein 7,5 t Lastkraftfahrzeug wurde die optimale Beschleunigung im Geschwindigkeitsintervall 13[km/h] - 14[km/h] bei einer zu erreichenden Dauergeschwindigkeit von 60 [km/h] berechnet. Als technisch minimale Beschleunigung wurde 0,1[m/s²] angenommen. Auch die Schrittweite der Beschleunigungsvariation betrug 0,1[m/s²]. Die Gänge kopt und k_i wurden mit 5 bzw. 2 vorbelegt. Abbildung 3 zeigt den ermittelten gewichteten Kraftstoffverbrauch.

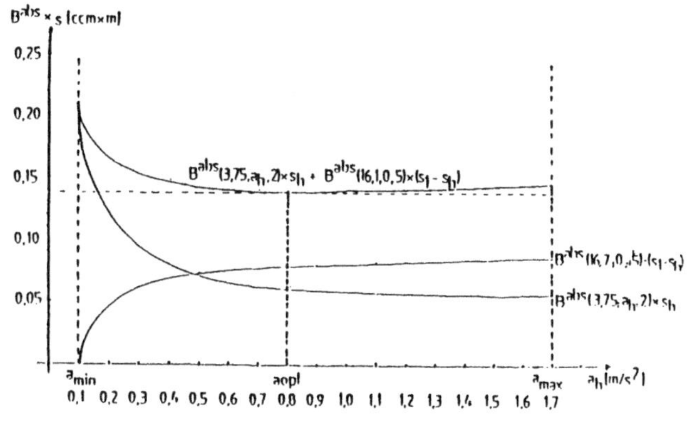

Abb. 3 Durch OBIEG ausgewertete Kraftstoffverbräuche

Beschleunigt man mit a_{min}, so wird keine Strecke mit Dauergeschwindigkeit zurückgelegt; die Funktion $B^{abs}(16.7,0,5)*(s_l-s_h)$ hat hier den Wert Null. Mit steigender Beschleunigung vergrößert sich diese Strecke, so daß auch der hiermit verbundene Kraftstoffverbrauch ansteigt. Im unteren Beschleunigungsbereich ist der Anstieg zwangsläufig steiler als im oberen, da die Beschleunigungserhöhung von a_h auf a_{h+1} zu einer Streckenverminderung $(s_l-s_h)-(s_l-s_{h+1})$ führt, die nur halb so groß ist wie die, durch die Erhöhung von a_{h-1} auf a_h verursachte, Streckenverminderung $(s_l-s_{h-1})-(s_l-s_h)$.
Der Verbrauch während der Beschleunigungsstrecke $B^{abs}(3,75,a_h,2)*s_h$ entwickelt sich zunächst in etwa reziprok. Im unteren Beschleunigungsbereich wird der Einfluß erhöhter Beschleunigung durch die Verkürzung der Beschleunigungsstrecke überkompensiert und es kommt zu stark fallenden Verbrauchswerten. Erst bei sehr hoher Beschleunigung, in Abb.3 ab etwa 1,5[m/s²], ist keine Überkompensation mehr gegeben, und der Verbrauch steigt wieder leicht an.
Addiert man nun beide Funktionen, so erhält man die oberste Kurve in Abb.3 und kann das Minimum bestimmen. In diesem Fall beträgt aopt=0,8[m/s²]. Interessant ist, daß hier eine Unterschreitung der Optimalbeschleunigung den Kraftstoffverbrauch wesentlich stärker beeinträchtigt, als eine Überschreitung. Demnach ist unter diesen Umständen eine sehr geringe Beschleunigung stets zu vermeiden.

Da die Optimalbeschleunigung von der Höhe der anzustrebenden Dauergeschwindigkeit und dem zugehörigen verbrauchsgünstigsten Gang kopt abhängt, soll untersucht werden, inwieweit aopt im Intervall von 13[km/h] - 14[km/h] mit veb variiert. Abbildung 4 zeigt für ausgewählte Dauergeschwindigkeiten im Intervall zwischen 15[km/h] (4,17 [m/s]) und 90[km/h] (25 [m/s]) mit einer Schrittweite von 5[km/h] (1,388 [m/s]), wie sich aopt ändert.

Es ist ersichtlich, daß die Optimalbeschleunigung in der Nähe der verbrauchsgünstigsten Dauergeschwindigkeit vopt am höchsten ist und mit größer werdender Abweichung von dieser absinkt. Ein solches Ergebnis ist unmittelbar einleuchtend, da die Verbrauchseinsparungen während der Fahrt mit veb für ein veb in der Nähe von vopt höher sind als für ein veb, das von vopt weiter entfernt ist. Mithin ist es nachvollziehbar, daß eine Dauergeschwindigkeit mit geringem Verbrauch zu einer höheren Optimalbeschleunigung führt als eine mit höherem.

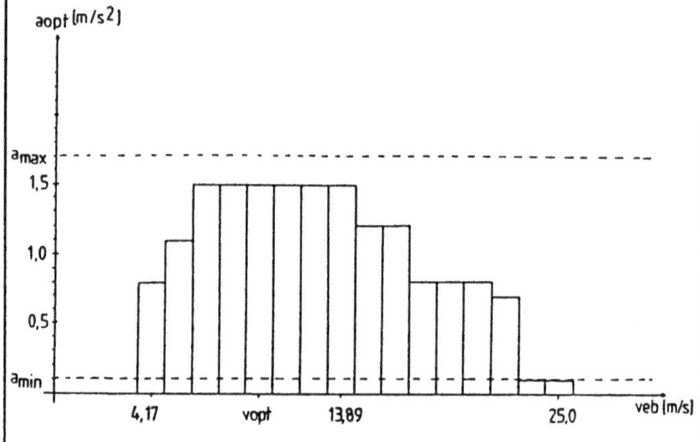

Abb. 4 Einfluß der Dauergeschwindigkeit auf aopt

Um das Beschleunigungsverhalten während eines Beschleunigungsvorganges in Verbindung mit Gangwechseln bei variierenden Rahmendaten demonstrieren zu können, sollen nun drei Ergebnisbeispiele des Zusammenwirkens von OBIEG mit den übrigen Heuristikkomponenten vorgestellt werden. Gesetzt den Fall, daß sich das Beispielfahrzeug mit einer Anfangsgeschwindigkeit von 14 [km/] im 2. Gang bewegt und durch die Komponente OPT 1 i.V.m. OPT 11 und OPT 12 eine optimale anzustrebende Dauergeschwindigkeit veb von 33 [km/h] im 5. Gang bestimmt wurde. Dann entspricht der durch OBIEG und OPT 2 bzw. OPT 21 errechnete Beschleunigungsvorgang in der Ebene, inklusive der optimalen Gangwechsel, der durchgezogenen Linie in Abb. 5. Dabei beträgt die Streckenabschnittslänge ΔD 1 [m] und der Messzyklus, um seinen Einfluß auf das Rechenergebnis auszuschließen, ist unendlich groß gewählt.

Deutlich sind die mit den Zugkraftunterbrechungen verbundenen Geschwindigkeitsabfälle bei den beiden Schaltvorgängen und der im dritten Gang wesentlich flacher als im zweiten Gang verlaufende Geschwindigkeitsanstieg sichtbar. Interessant ist auch die Tatsache, daß der vierte Gang übersprungen wird und damit ein etwas geringerer Kraftstoffverbrauch mit 28,8 [ccm] gegenüber 29,1 [cm] bei dem Durchfahren aller Gänge (nicht eingezeichnet) realisiert wird.

Darüberhinaus verdeutlicht Abbildung 5 den Einfluß der Fahrbahnneigung auf den optimalen Fahrangabenverlauf. Bei einem Gefälle von 1 % (Strich-Punkt-Punkt-Linie) führt die Zugkraftunterbrechung beim ersten Schaltvorgang nicht zu einer Verzögerung, sondern sogar zu einer weiteren Beschleunigung, auch bei dem zweiten Schaltvorgang (Kreuzungspunkt der Linien bei etwa 30 [km/h] bleibt die Geschwindigkeit noch in etwa konstant und erst beim letzten führt die Zugkraftunterbrechnung wegen der dann schon starken Fahrwiderstände zu einem

Geschwindigkeitsabfall. Bei einem 1%igen Gefälle ist das Überspringen des vierten Ganges nicht mehr sinnvoll. Dieses Ergebnis ist auch unmittelbar einsichtig, da der Schaltvorgang vom dritten in den vierten Gang, wie in der Abbildung zu erkennen ist, keines zusätzlichen Beschleunigungsvorganges zur Kompensation des Geschwindigkeitsabfalls während der Zugkraftunterbrechung bedarf und somit gleichsam aufwandsneutral vorgenommen werden kann.

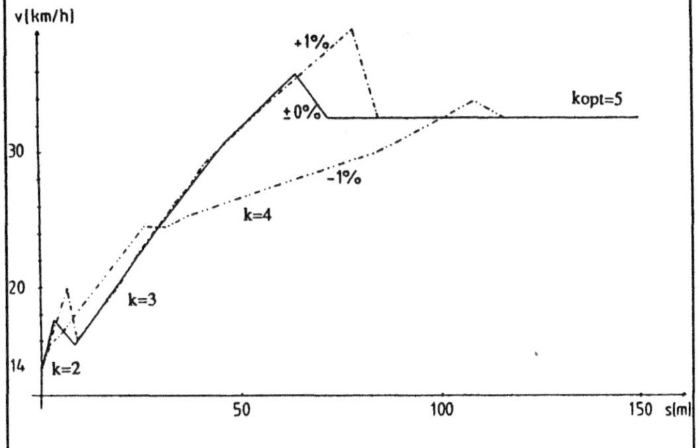

Abb. 5 Gefälle, Ebene, Steigung

Ganz anders zeigen sich die Verhältnisse bei einer Steigung von 1% (Strich-Punkt-Linie). Hier muß vor einem Gangwechsel eine größere Geschwindigkeit erreicht werden, um die technische Durchsetzbarkeit zu gewährleisten. Dementsprechend später wird auch erst die angestrebte Dauergeschwindigkeit erreicht. Der Kraftstoffverbrauch beträgt in diesem Fall 39,1 [ccm] im Gegensatz zu 18,5 [ccm] bei der Gefällefahrt.

Mit Abbildung 6 wird gezeigt, welche Einflüsse von der Variation der Gewichtskraft des Fahrzeugs ausgehen. Bei einer Steigerung der Gewichtskraft um 30% (Strich-Punkt-Punkt-Linie) gegenüber der Ausgangssituation ist in allen Bereichen eine deutliche Verflachung der Geschwindigkeitskurve erkennbar. Dies gilt auch für Abschnitte während der Zugkraftunterbrechnung. Hier macht sich die größere Bewegungsenergie bemerkbar. Genau umgekehrt verhält sich die Situation bei einer Reduktion der Gewichtskraft um 30% (Strich-Punkt-Linie). Dann ist durchweg ein wesentlich steilerer Geschwindigkeitsanstieg zu verzeichnen. Der damit verbundene Kraftstoffverbrauch ist demnach mit 20,0 [ccm] deutlich geringer als der bei erhöhter Gewichtskraft mit 35,3 [ccm]. In beiden Fällen wird der vierte Gang übersprungen.

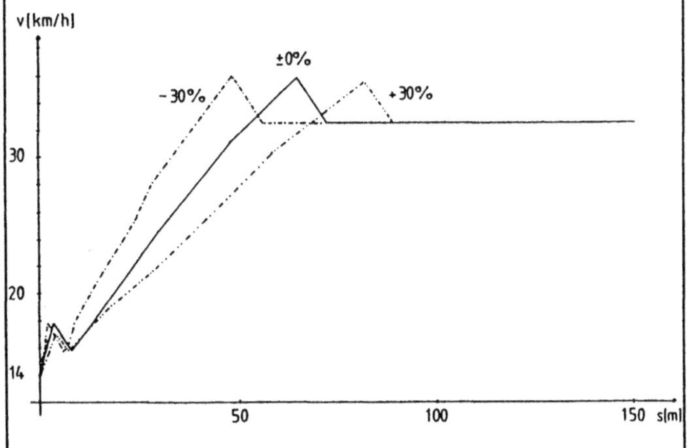

Abb. 6 Gewichtsvariation

Einen nur geringen Einfluß hat, wie in Abbildung 7 zu sehen ist, ein leichter Rücken- (Strich-Punkt-Punkt-Linie) bzw. Gegenwind (Strich-Punkt-Linie) von 5 [m/s]. Die zunächst identischen Geschwindigkeitsverläufe differieren erst in der Nähe des oberen Schaltpunktes, weil dort die Auswirkungen auch geringerer Veränderungen der Fahrwiderstände auf das Verzögerungsverhalten des Fahrzeuges bemerkbar werden. Der Kraftstoffverbrauch ergibt Werte von 27,3 [ccm] bei Rückenwind und 32,6 [ccm] bei Gegenwind. Auch hier wird jeweils der vierte Gang übersprungen.

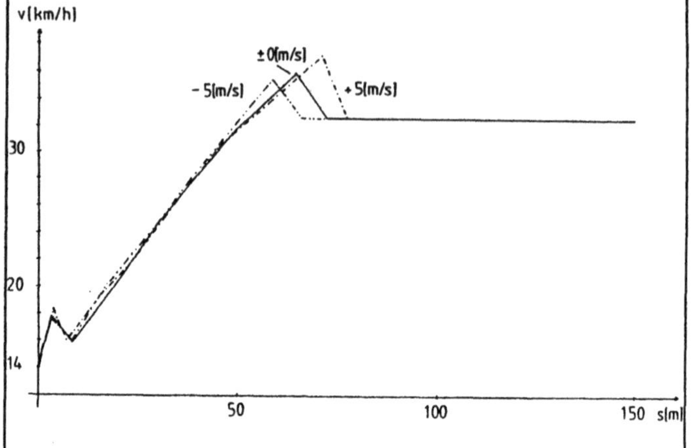

Abb. 7 Gegen- bzw. Rückenwind

Literatur

Hooker,J.N./Rose,A.B./Roberts,G.F.
A Holistic Approach to Vehicle Simulation, in: Mathematics and Computers in Simulation, Vol.25, 1983, S.259 ff.

Schwarzkopf,A.B./Leipnik,R.B.
Control of Highway Vehicles for Minimum Fuel Consumption over Varying Terrain, in: Transportation Research, Vol.11, 1977, S.279 ff.

SUKZESSIVE GLEICHGEWICHTSUMLEGUNG MIT VERLUSTFLÜSSEN

Roger ROHDE, Bremen

Bei der Verkehrsplanung für Straßennetze ist es wichtig, Überlastungen beschreiben zu können, um z.B. Staus in Netzteile zu verschieben, in denen der öffentliche Verkehr nicht behindert wird.

Die Staubildung ist ein instationärer Vorgang. Nur die Annahme starker Rückwirkungen auf die Zuflüsse erlaubt es, die Staubildung näherungsweise mit stationären Modellen zu beschreiben. Nimmt man keine derartigen Rückwirkungen an, so benötigt man instationäre Simulationsmodelle, deren Rechenaufwand erheblich größer ist, als der für stationäre Modelle.

In der vorliegenden Arbeit wird gezeigt, daß man Staus, auch wenn die Zuflüsse unabhängig von der Staulänge sind, mit guter Näherung durch Verlustflüsse beschreiben kann. Diese hängen von der Überlastung ab und sind während der Hauptverkehrszeit konstant. Der Rechenaufwand steigt dabei gegenüber den, in der Verkehrsplanung üblichen, stationären Modellen mit gegebenen konstanten Flüssen nur unwesentlich.

Hier wurde die sukzessive Gleichgewichtsumlegung ausgewählt und entsprechend modifiziert. Es wird gezeigt, daß der Fehler durch die Beschränkung der Betrachtung auf die Zeit des Stauaufbaus nur zu vernachlässigbaren Abweichungen führt. Der simulierte Stau gibt dabei den Zustand bei Ablauf des Betrachtungszeitraums an, bei dem der Stau maximal ist. Dagegen wird bei der Reisezeit eine Mitteilung durchgeführt, so daß für jeden Verkehrsteilnehmer die durchschnittliche Reisezeit für die Wegewahl zugrundegelegt wird.

Eine Abschätzung für die Wirksamkeit der Stauverlagerung, im Hinblick auf die Begünstigung öffentlicher Verkehrsmittel, läßt sich über die Veränderung der Summe der Reisezeiten aller Verkehrsteilnehmer gewinnen. Um die Umweltbelastung abzuschätzen, läßt sich die Motorenbetriebszeit im System bestimmen. Abschließend wird auf die programmtechnische Umsetzung der eben beschriebenen Ziele eingegangen.

Ein neuer Algorithmus zur Lösung des kombinierten Verkehrsverteilungs- und Umlegungsproblems

von Helmut Schittenhelm, Bremen

Abstract: The paper starts with a short review of the 2 standard algorithms (S.Evans, M.Florian) for solving the combined trip distribution and assignment problem. After this, a new algorithm is introduced. At the end of the paper the 3 algorithms are tested with a realistic dataset and the results are compared. These results show, that the new algorithm converges more rapidly than the both in use .

1.Einführung

Seit einigen Jahren hat man in der Verkehrsplanung das Leitbild einer autogerechten Stadt zu Gunsten einer umweltorientierten Planung aufgegeben. Zunehmend wird über Verkehrsbeschränkungsmaßnahmen diskutiert, bzw. werden sie erprobt. Will man die langfristige Wirkung dieser Maßnahmen auf die Fahrtenhäufigkeit analysieren, so kann man dies mit Hilfe von Elastic-Demand- Modellen tun. Für bestimmte Untersuchungszwecke, wie etwa den Berufverkehr, kann es wichtig sein, den Quell- und Zielverkehr einer Zone festzuhalten. Diese zusätzliche Einschränkung führt auf den Spezialfall der kombinierten Verkehrsverteilungs- und Umlegungsmodelle. Mit ihnen kann man die langfristigen Auswirkungen auf die Fahrtenlängen beschreiben.

Ausgangspunkt für die folgenden Betrachtungen ist ein gegebenes Verkehrsnetz. Das Straßennetz wird durch einen gerichteten Graph repräsentiert. Verkehr kann nur in speziellen Knoten - Zellen genannt - entstehen oder enden. Diese Zellen sind durch spezielle Kanten an das übrige Netz angebunden. Für jede Zelle i ist ein festes Quell- und Zielverkehrsaufkommen O_i und D_i gegeben. Bei den kombinierten Verkehrsverteilungs- und Umlegungsmodellen geht man darüberhinaus von den folgenden drei Prämissen aus :

1. Die Verkehrsnachfrage zwischen zwei Zonen läßt sich durch ein (doppelt beschränktes) Gravitationsmodell mit negativer, exponentieller Kostenfunktion beschreiben. Die Nachfrage innerhalb einer Zone ist Null. Die Gesamtanzahl der Fahrten ist fest.
2. Die Verkehrsnachfragematrix wird so auf das Netz umgelegt, daß zwischen allen Quellen und Senken nur Wege mit minimaler Reisezeit benutzt werden. (1.Wardropsche Prinzip)
3. Die Reisezeit auf jeder Kante im Netz läßt sich durch eine positive, monoton wachsende Funktion beschreiben, die nur von dem Fluß auf der jeweiligen Kante abhängt.

Das kombinierte Verteilungs- und Umlegungsproblem besteht nun darin, eine Nachfragematrix zu bestimmen, die sich durch die aus ihrer Umlegung ergebenden, neuen Reisezeiten zwischen den Quellen und Senken nicht ändert. Darüber hinaus soll sich Nachfragematrix Forderung(1) und ihre Umlegung Forderung (2) erfüllen.

Um das kombinierte Problem als mathematisches Gleichgewichtsprogramm formulieren zu können, wird folgende, dem Lehrbuch von Sheffi entnommene, Notation benötigt:

N : Indexmenge aller Knoten (nodes),
A : Indexmenge aller Kanten (arcs),
R : Indexmenge aller Quellen (roots),
S : Indexmenge aller Senken (sinks),
x_a : Fluss auf der Kante a, $x = (x_a)_{a \in A}$: Kantenflussvektor ,
$t_a(x_a)$: Reisezeitfunktion auf der Kante a, $t_a(x_a)$ = Grundreisezeit$_a$ $*(1+(x_a/\text{Kapazität}_a)^4)$,
W^{rs} : Indexmenge aller Wege zwischen r und s,
f_k^{rs} : Fluss auf dem Weg k von r nach s, $f^{rs}=(f_k^{rs})_{k \in W^{rs}}$, $f=(f^{rs})_{rs}$ Wegflussvektor,
c_k^{rs} : Reisezeiten auf dem Weg k von r nach s,
u_{rs} : minimale Reisezeit zwischen r und s,
q_{rs} : Verkehrsnachfrage zwischen r und s, $q = (q_{rs})_{rs}$: Verkehrsnachfragematrix.

Operations Research Proceedings 1989

$$\delta^{rs}_{a,k} : \begin{cases} 1 \text{ , falls Kante a zum k-ten Weg zwischen r und s gehört ,} \\ 0 \text{ , sonst.} \end{cases}$$

β : Systemkonstante für die Verteilung.

Das durch Forderung (1) - (3) beschriebene kombinierte Problem kann in das folgende nichtlineare Minimierungsprogramm (4) transformiert werden:

$$(4.0) \quad \min z(\mathbf{q},\mathbf{x}) = \sum_{a \in A} \int_0^{x_a} t_a(\omega)\, d\omega + \beta^{-1} * \sum_{r,s} q_{rs} * (\ln q_{rs} - 1)$$

$$\text{u.d.NB.} \quad (4.1) \quad \sum_{s \in S} q_{rs} = O_r \qquad \forall\, r \in \mathbf{R} \;,$$

$$(4.2) \quad \sum_{r \in R} q_{rs} = D_s \qquad \forall\, s \in \mathbf{S} \;,$$

$$(4.3) \quad q_{rs} \geq 0 \qquad \forall\, r \in \mathbf{R} ,\ \forall\, s \in \mathbf{S} \;,$$

$$(4.4) \quad \sum_{k \in W^{rs}} f^{rs}_k = q_{rs} \qquad \forall\, r \in \mathbf{R} ,\ \forall\, s \in \mathbf{S} \;,$$

$$(4{,}5) \quad f^{rs}_k \geq 0 \qquad \forall\, r \in \mathbf{R} ,\ \forall\, s \in \mathbf{R} ,\ \forall\, k \in \mathbf{W}^{rs} \;,$$

und der Weg-Kanten—Fluß—Beziehung : (5) $x_a = \sum_{r \in R} \sum_{s \in S} \sum_{k \in W^{rs}} f^{rs}_k * \delta^{rs}_{a,k} \;, \forall\, a \in \mathbf{A}$.

Mit Hilfe des Satzes von Kuhn—Tucker läßt sich zeigen , daß die notwendigen Bedingungen für das Vorliegen eines lokalen Minimums oder eines stationären Punktes der Zielfunktion unter den Nebenbedingungen (4.1) - (4.5) identisch sind mit den durch Forderung (1) und (2) definierten Gleichgewichtsbedingungen (siehe wieder Sheffi). Da z() streng konvex in (q,x) ist, ist dieser Punkt darüberhinaus eindeutig bestimmt.Forderung (3) ist implizit durch die Wahl der Reisezeitfunktionen gegeben. Der Faktor ß in (4.0) ergibt sich aus gegebenen Daten.

2. Bisherige algorithmische Lösungen des kombinierten Problems

Aus der Literatur sind zwei verschiedene Algorithmen zur Lösung des durch (4.0) bis (4.5) definierten, nichtlinearen Minimierunsproblems bekannt. Ein Algorithmus stammt von S. Evans (1974), ein alternativer von M. Florian, S. Nguyen und J. Ferland (1975). Beide Algorithmen sollen hier kurz diskutiert werden.

2.1 Der Algorithmus von Florian, Nguyen und Ferland

Florian,Nguyen und Ferland gehen in der Herleitung ihres Algorithmus von einer Formulierung der Zielfunktion (4.0) des kombinierten Verteilungs- und Umlegungsproblems in Wegflußvariablen aus. Diese Transformation ist unter Verwendung der Beziehungen (4.4) und (5) möglich. Aus einer geschickten Adaption des Frank-Wolfe-Algorithmus ergibt sich ihre weitere Vorgehensweise. Sie linearisieren die Zielfunktion. Die Hilfslösungen $(v_{rs})_{rs}$ bzw. **g** der Nachfragematrix bzw. des Wegflußvektors ergeben sich dann aus dem linearen Unterproblem :

$$(6) \min \nabla z(\mathbf{x}(\mathbf{f}^n)) * \mathbf{g}^T = \sum_{r,s} \sum_k \frac{\partial z(\mathbf{x}(\mathbf{f}^n))}{\partial f^{rs}_k} * g^{rs}_k = \sum_{r,s} \Big[\Big[\sum_k c^{rs^n}_k * g^{rs}_k \Big] + \Big[\beta^{-1} * \ln q^n_{rs} * \sum_k g^{rs}_k \Big] \Big] .$$

$$\text{u.d.NB.} \quad g^{rs}_k \geq 0 \ \ \forall\, r,s,k \;, \quad v_{rs} = \sum_k g^{rs}_k \ \ \forall\, r,s \;, \quad \sum_s v_{rs} = O_r \ \ \forall\, r \;, \quad \sum_r v_{rs} = D_s \ \forall\, s.$$

Es sei $u^n_{rs} := \min \{ c^{rs^n}_k \mid k \in W^{rs} \}$ die minimale Reisezeit zwischen r und s. Unter Kenntnis von $(v_{rs})_{rs}$ kann man die Zielfunktion von (6) für alle Quellen-Senkenpaare (r,s) zerlegen und man erhält eine Lösung von (6), wenn man v_{rs} jeweils auf den Weg min mit der minimalen Zeit u^n_{rs} umlegt. Damit ist $g^{rs}_{min} = v_{rs}$ und $g^{rs}_k = 0$ für alle anderen Wege $k \in W^{rs}$. Durch Gleichung (5) ergibt sich dann die Hilfslösung $(y_a)_{a \in A}$ des Kantenflussvektors. Die Matrix

$(v_{rs})_{rs}$ erhält man aus dem linearen Minimierungsproblem :

$$(7) \qquad \min z^n(v) = \sum_{r,s} [\, u^n_{rs} + \beta^{-1} * \ln q_{rs} \,] * v_{rs} \;,$$

$$\text{u. d.NB.} \quad \sum_s v_{rs} = O_r \quad \forall\, r \;, \quad \sum_r v_{rs} = D_s \quad \forall\, s \;, \quad v_{rs} \geq 0 \quad \forall\, r,s \;.$$

Da die Terme $[\, u^n_{rs} + \beta^{-1} * \ln q_{rs} \,]$ $\forall$ r,s konstant sind, entspricht (7) einem klassischen Transportproblem und läßt sich mit den entsprechenden Algorithmen lösen. Insgesamt ergibt sich der folgende Algorithmus, der im weiteren Verlauf als **Grund-Algorithmus** bezeichnet wird.

0. Initialisierung :

Setze n:=1. Bestimme -analog zu Schritt 1- eine zulässige Anfangslösung $((q_{rs})_{rs},(x_a)_{a \in A})$ und korrigiere auf allen Kanten die zugehörigen Kantenreisezeiten $t^1_a\,(x_a)$.

1. Ermittlung einer Verbesserungsrichtung $\{ (v_{rs})_{rs} , (y_a)_{a \in A} \}$:

a: Bestimme die kürzesten Wege zwischen allen Quelle- Senkenpaaren (r,s) und berechne die zugehörigen Reisezeiten $(u^n_{rs})_{rs}$.

b: Hilfslösung der Verkehrsnachfragematrix $(v_{rs})_{rs}$:
Löse für $(O_r)_r$, $(D_s)_s$ und die Kosten $(c^n_{rs} := u^n_{rs} + \beta^{-1} * \ln q^n_{rs})_{rs}$ das Transportproblem.

c: Hilfslösung des Kantenflussvektors $(y_a)_{a \in A}$:
Lege $(v_{rs})_{rs}$ per Bestwegumlegung auf die in (a) erhaltenen minimalen Wege um.

2. Berechnung der optimalen Schrittweite : Bestimme α_n als Lösung von :

$$\min_{0 \leq \alpha \leq 1} \sum_{a \in A} \int_0^{x^n_a + \alpha * (y_a - x^n_a)} t_a(\omega)\, d\omega + \beta^{-1} * \sum_{r,s} \left[q^n_{rs} + \alpha * (v_{rs} - q^n_{rs}) \right] * \left\{ \ln\left[q^n_{rs} - \alpha * (v_{rs} - q^n_{rs}) \right] - 1 \right\} .$$

3. Fluß- und Reisezeitkorrektur :

Setze : $x^{n+1}_a := x^n_a + \alpha_n * (y_a - x^n_a)$, $t^{n+1}_a := t_a(x^{n+1}_a)$ $\quad \forall\, a$, $\quad q^{n+1}_{rs} := q^n_{rs} + \alpha_n * (v_{rs} - q^n_{rs})$ $\quad \forall\, r,s$.

4. Konvergenztest :

Überprüfe, ob ein Konvergenzkriterium erfüllt ist, falls nicht gehe nach 1.

2.2 Der Algorithmus von S. Evans

Der Algorithmus von Suzanne Evans unterscheidet sich von dem im vorangegangenen Abschnitt 2.1 vorgestellten Algorithmus von Florian u.a. im wesentlichen durch die Bestimmung der Hilfslösung der Nachfragematrix $(v_{rs})_{rs}$. Sie ermittelt die einzelnen Elemente von v so, daß für sie gilt :

$$v_{rs} := \begin{cases} O_r * A_r * D_s * B_s * \exp(-\beta * u^n_{rs}) \;, & \text{falls } r \ll\gg s \\ 0 & , \text{sonst} \end{cases}$$

$$\text{und} \quad \sum_s v_{rs} = O_r \quad \forall\, r \;, \quad \sum_r v_{rs} = D_s \quad \forall\, s \;.$$

Damit erfüllt $(v_{rs})_{rs}$ bezüglich der im n-ten Iterationsschritt bestimmten minimalen Reisezeiten $(u^n_{rs})_{rs}$ Forderung (1). Man erhält $(v_{rs})_{rs}$ als Lösung des nichtlinearen Hilfsproblems :

$$(8) \quad \min z(v) = \sum_{r,s} u^n_{rs} * v_{rs} + \beta^{-1} * \sum_{r,s} v_{rs} * (\ln v_{rs} - 1) \;,$$

$$\text{u.d.NB.} \quad \sum_r v_{rs} = O_r \quad \forall\, r \;, \quad \sum_s v_{rs} = D_s \quad \forall\, s \;, \quad v_{rs} \geq 0 \quad \forall\, r,s \;.$$

(8) läßt sich iterativ durch die Furness-Prozedur lösen. Anschließend wird $(v_{rs})_{rs}$ mit einer Bestwegumlegung auf die minimalen Wege umgelegt. Unter Berücksichtigung von Gleichung (5) führt dies zur Hilfslösung $(y_a)_a$ des Kan-

tenflussvektors. Der **Algorithmus von Evans** ergibt sich aus dem Grund-Algorithmus durch Ersetzen von 1.b durch :

1.b : Hilfslösung der Verkehrsnachfragematrix $(v_{rs})_{rs}$:

Furness-Prozedur:

Vorbesetzung: $v_{rs} := \begin{cases} O_r * D_s * \exp(-\beta * u^n_{rs}) & , \text{ falls } r \ll\gg s \\ 0 & , \text{ sonst} \end{cases}$

Wiederhole : $v_{rs} := v_{rs} * O_r / \sum_s v_{rs} \quad \forall r$ und

$v_{rs} := v_{rs} * D_s / \sum_r v_{rs} \quad \forall s$,

Bis : $\max\{ \max\{ |O_r - \sum_s v_{rs}| \mid \forall r\}, \max\{ |D_s - \sum_r v_{rs}| \mid \forall s\} \} \ll$ Fehler.

2.3 Ein Vergleich beider Algorithmen

Beide Algorithmen benötigen bei ihrer Implementierung auf dem Rechner in etwa denselben Speicherplatz, sie differieren aber erheblich in ihrem Konvergenzverhalten (siehe Abb. 1). Zunächst startet der Algorithmus von Florian mit einer schlechteren Anfangslösung als der Algorithmus von Evans. Ein Grund für die dann zu beobachtende unterschiedliche Konvergenzgeschwindigkeit liegt in den verschiedenen Besetzungsgraden der jeweils bestimmten Hilfslösung für die Nachfragematrix. Während Evans in jedem Iterationsschritt durch die Furness-Prozedur- eine maximal besetzte Matrix ermittelt, hat die -durch Lösen des Transportproblems erhaltene- Matrix von Florian - bei n Verkehrszellen - nur (2n-1) positive Einträge. Somit benötigt dieser Algorithmus $(n-1)^2/(2n-1)$ oder ungefähr (n-1)/2 Iterationen, um eine vollbesetzte Matrix zu erhalten. Da eine Iteration von Evans nur unwesentlich langsamer ist, führt dies zu einem erheblichen Rechenzeitvorteil.

Eine Schwäche beider Algorithmen liegt in der Überprüfung der Konvergenz. Die Konvergenz kann durch zwei unterschiedliche Arten von Konvergenkriterien untersucht werden. Zunächst gibt es die aus der nichtlinearen Optimierung abgeleiteten Tests. Zu ihnen gehören z. B. :

- $0 \gg \sum_{a \in A} t_a(x_a^n) * (y_a - x_a^n) + \beta^{-1} * \sum_{r,s} (v_{rs} - q^n_{rs}) * \ln q^n_{rs} \gg -\varepsilon$,
- Kontrolle des -in Schritt 3 berechneten- Konvexkombinationsparameters α_n : $\alpha_n \ll \varepsilon$.

Diese Tests sind aus der Sicht eines Verkehrsplaners sehr unanschaulich. Von ihnen werden aus diesem Grund Konvergenztests bevorzugt, die von Abstandsmaßen zwischen zwei Lösungen abgeleitet sind. Zu ihnen gehören etwa :

$- \sum_{a \in A} | x_a^n - x_a^{n+1} | \ll \varepsilon$, $\quad - \sum_{a \in A} \left((x_a - x_a) / x_a \right)^2 \ll \varepsilon$, $\quad - \max \{ | x_a^n - x_a^{n+1} | \mid a \in A \} \ll \varepsilon$.

Änderungen -bzw. relative Änderungen- zwischen zwei Iterationsschritten lassen ebensowenig Aussagen über die Güte der Lösung zu, wie die erste Gruppe von Konvergenztests. Auf Grund der Struktur beider Algorithmen ist grundsätzlich keine direkte Überprüfung von Forderung (1) an der Nachfragematrix $(q_{rs})_{rs}$ und von Forderung (2) an dem Kantenflussvektor $(x_a)_a$ möglich, da dies eine Speicherung und Verwaltung der benutzten Wege voraussetzen würde. Diese Speicherung erfolgt jedoch nicht, da sie eine erhebliche Steigerung der Rechenzeit und des Speicherplatzbedarfs nach sich ziehen würde. Eine direkte Überprüfbarkeit der verbalen Forderungen (1) und (2) wäre aber wünschenswert.

3. Ein neuer Algorithmus zur Lösung des kombinierten Problems.

Ausgangspunkt für die Entwicklung des neuen Algorithmus war der Algorithmus von Evans, da er sich in Tests als der Schnellere erwiesen hatte. Dieser Algorithmus weist in seinem Konvergenzverhalten zwei unterschiedliche Phasen auf. Die 1. Phase könnte man als Einschwingphase, für die Nachfragematrix, bezeichnen. In ihr ändert sich die Nachfrage zwischen den Verkehrszellen sehr stark. Dies ist auf starke Reisezeitschwankungen zurück zu führen.

Am Ende der ersten Phase haben sich die Reisezeiten zwischen den Verkehrszellen soweit stabilisiert, daß die zwischen 2 Iterationen auftretenden Reisezeitdifferenzen kaum noch zu Änderungen in der Nachfrage führen. Dies ist der Beginn der 2. Phase. Ihr wesentliches Merkmal ist eine ständige Verbesserung der Umlegung und eine daraus resultierende Stabilisation des Kantenflussvektors. Die Nachfragematrix ändert sich in dieser Phase nur noch über eine ständig steigende Anzahl von Itertionen. Dadurch ähnelt das Verfahren mit wachsender Iterationszahl dem Gleichgewichtsumlegungsverfahren von Leblanc, also einem reinen Umlegungsverfahren.

Zu den in der ersten Phase auftretenden, starken Änderungen in der Nachfragematrix kommt es durch die in jedem Iterationsschritt verwendeten Bestwegumlegung in Verbindung mit den nichtlinearen (Kanten-) Reisezeitfunktionen. Bis das Netz vollständig gefüllt ist, ergeben sich hierdurch auf den optimalen Routen und Kanten unrealistisch hohe Belastungskonzentrationen. Dies führt zu starken Schwankungen in den minimalen Reisezeiten, dadurch verursachten falschen Werten für die Verkehrsnachfrage und zu Belastungen auf sich später als nichtoptimal herausstellenden Wegen. In der in jedem Schritt durchgeführten eindimensionalen Minimierung werden dann die Wegflüsse so korrigiert, daß im Mittel zwischen allen Quellen und Senken die Reisezeit zwischen dem aktuell kürzesten Weg und allen anderen bisher gefundenen Alternativwegen nivelliert wird. Befinden sich unter allen Wegen Wege, bei denen dies nicht möglich ist, so benötigt diese Vorgehensweise sehr viele Iterationsschritte, um den Fluss auf die optimalen Wege zurück zu verlagern. Insgesamt ergab sich aus diesen Beobachtungen die folgende, neue Stategie zur Bestimmung einer Verbesserungsrichtung im Algorithmus von Evans :

> Ersetze die Bestwegumlegung der Nachfragematrix $(v_{rs})_{rs}$ durch eine vollständige Umlegung von $(v_{rs})_{rs}$, d.h. lege $(v_{rs})_{rs}$ so auf das Netz um, daß Forderung (2) und damit für die feste Matriv $(v_{rs})_{rs}$ das 1. Wardropsche Prinzip erfüllt ist.

Diesem Ansatz entspricht die Bestimmung einer Verbesserungsrichtung $\{ (v_{rs})_{rs}, (y_a)_a \}$ durch das Lösen der beiden folgenden nichtlinearen Hilfsprogramme :

9.a : Zunächst bestimmt man -wie bei S. Evans- eine Nachfragematrix $(v_{rs})_{rs}$ als Lösung von :

$$(8) \quad \min z^n(v) = \sum_{r,s} u^n_{rs} * v_{rs} + \beta^{-1} * \sum_{r,s} v_{rs} * (\ln v_{rs} - 1),$$

$$\text{u.d.NB.} \quad \sum_r v_{rs} = O_r \quad \forall r, \quad \sum_s v_{rs} = D_s \quad \forall s, \quad v_{rs} \geq 0 \quad \forall r,s .$$

9.b : Unter Kenntnis von v ermittelt man dann den Kantenflussvektor $(y_a)_a$ aus dem Programm:

$$(10) \quad \min z^n(y) = \sum_{a \in A} \int_0^{y_a} t_a(\omega)\, d\omega$$

$$\text{u.d.NB.} \quad \sum_{k \in W^{rs}} g_k^{rs} = v_{rs} \qquad \forall r \in \mathbf{R}, \forall s \in \mathbf{S},$$

$$g_k^{rs} \geq 0 \qquad \forall r \in \mathbf{R}, \forall s \in \mathbf{R}, \forall k \in \mathbf{W}^{rs},$$

unter Beachtung der Weg-Kanten-Fluss-Beziehung : $y_a = \sum_{r \in R} \sum_{s \in S} \sum_{k \in W^{rs}} g_k^{rs} * \delta_{a,k}^{rs} \quad \forall a \in \mathbf{A}$.

(10) wird auch als Beckmann-Transformation bezeichnet und entspricht einer Transformation von Forderung (2) in ein nichtlineares, konvexes Optimierungsprogramm mit linearen Nebenbedingungen. Durch diesen neuen Ansatz erhält man eine zulässige Abstiegsrichtung für das kombinierte Problem. Man kann das Unterprogramm (10) durch die bekannten Umlegungsalgorithmen (Leblanc, sukzessive Gleichgewichtsumlegung) lösen. Um aus dieser Strategie auch einen Rechenzeitvorteil ziehen zu können, benötigt man aber einen schnellen Algorithmus zur Lösung der Beckmann-Transformation. Ein Algorithmus, der diese Eigenschaft hat, ist der von Bothner/Lutter (1982) vorgeschlagene Algorithmus Ausgleich. Dieser Algorithmus wurde inzwischen zu Ausgleich^4 weiterentwickelt, was eine erhebliche Effizienzsteigerung nach sich zog. Darüberhinaus läßt sich nun für Ausgleich^4 zeigen, daß Ausgleich^4 eine Lösung für das in (10) formulierte Umlegungsproblem liefert. Dieser Konvergenzbeweis findet sich in Schittenhelm (4/89).

Die Idee von Ausgleich^4 besteht darin, sich die Wege und Wegflüsse, die zur Kantenflusslösung $(x_a)_{a \in A}$ führen, zu merken und geschickt zu verwalten. Zu dieser Verwaltung dienen die (Merk-) Wegindexmengen $(M^{rs})_{rs}$. Die Elemente aus M^{rs} haben die Eigenschaft, daß die Reisezeiten auf den zugehörigen Wegen von der minimalen Reisezeit lediglich um einen zulässigen Reisezeitfehler abweichen .

Ausgleich[4] :

1. Bestimmung einer Anfangslösung $(x_a)_{a \in A}$:

Ermittle auf geeignete Art und Weise eine Anfangslösung $\{(M^{rs})_{rs},((g_m^{rs})_{m \in M^{rs}})_{rs})\}$, mit der Eigenschaft :

i. $(M^{rs} \subset W^{rs}, \; g_m^{rs} \geq 0 \;\; \forall\, m \in M^{rs}, \; g_w^{rs} = 0 \;\; \forall\, w \in W^{rs} - M^{rs} \; g_m^{rs} = q_{rs}) \; \forall\, r,s, \; m \in M^{rs}$

ii. $x_a := \sum_{r,s} \sum_{m \in M^{rs}} g_m^{rs} * \delta_{a,m}^{rs} \quad \forall\, a \in A$.

2. Verbesserung der Lösung $(x_a)_{a \in A}$:

Es sei (r,s) ein Quelle-Senkenpaar.

a: Bestimme den kürzesten Weg m zwischen r und s. Falls m noch nicht zu M^{rs} gehört, nehme ihn in M^{rs} auf.

b: Berechne für alle durch M^{rs} verwalteten Wege m die zugehörigen Reisezeiten c_m^{rs} . Bestimme die Wege min bzw. max mit der minimalen bzw. maximalen Reisezeit c_{min}^{rs} bzw . c_{max}^{rs} .
Ist die Reisezeitdifferenz $\{c_{max}^{rs} - c_{min}^{rs}\}$ kleiner als ein zulässiger Reisezeitfehler, gehe nach (c).
Versuche im anderen Fall durch eine Verlagerung von Flussanteilen vom Weg mit der längeren Reisezeit auf den Weg mit der kleineren Reisezeit, die Reisezeitdifferenz zwischen beiden Wegen kleiner als den zulässigen Reisezeitfehler zu machen. Ist dies nicht möglich, entferne den Weg max aus M^{rs}. Korrigiere simultan die sich aus der Flussverlagerung ergebenden Änderung für den Kantenflussvektor $(x_a)_{a \in A}$ und den beiden Wegflussvariablen g_{min}^{rs} und g_{max}^{rs}. Wiederhole Teilschritt b.

c: Wähle auf Grund einer festgelegten Reihenfolge ein neues Quelle-Senkenpaar (r,s). Wiederhole Teilschritt a.

3.Konvergenztest :

Wiederhole Schritt 2 solange, bis für alle Quelle-Senkenpaare (r,s) die Reisezeitdifferenz zwischen dem minimalen Weg und allen durch die Menge M^{rs} verwalteten Wegen kleiner als der zulässige Reisezeitfehler ist.

Damit ist es nun möglich, den neuen Algorithmus zur Lösung des kombinierten Problems zu formulieren :

0. Initialisierung :

Bestimme eine zulässige Anfangslösung $((q_{rs})_{rs}, (x_a)_{a \in A})$ -analog zu Schritt 1 - mit den belastungsunabhängigen Reisezeiten $(u^0_{rs})_{rs}$ und korrigiere anschließend auf allen Kanten die zugehörigen Kantenreisezeiten $t_a^1(x_a)$.
Bestimme die kürzesten Wege zwischen allen Quelle- Senkenpaaren (r,s) und berechne die zugehörigen Reisezeiten $(u^1_{rs})_{rs}$. Setze n = 1.

1. Ermittlung einer Verbesserungsrichtung $\{(v_{rs})_{rs}, (y_a)_{a \in A}\}$:

a : <u>Hilfslösung der Verkehrsnachfragematrix</u> $(v_{rs})_{rs}$:
Bestimme mit den Reisezeiten $(u^n_{rs})_{rs}$ durch die Furness-Prozedur $(v_{rs})_{rs}$.

b : <u>Hilfslösung des Kantenflussvektors</u> $(y_a)_{a \in A}$:
Lege $(v_{rs})_{rs}$ mit Ausgleich[4] auf das Netz um.

2. Berechnung der optimalen Schrittweite : Bestimme α_n als Lösung von :

$$\min_{0 \leq \alpha \leq 1} \sum_{a \in A} \int_0^{x_a^n + \alpha * (y_a - x_a^n)} t_a(\omega)\, d\omega + \beta^{-1} * \sum_{r,s} \left[q_{rs}^n + \alpha * (v_{rs} - q_{rs}^n)\right] * \left\{\ln\left[q_{rs}^n - \alpha * (v_{rs} - q_{rs}^n)\right] - 1\right\}.$$

3. Fluß- und Reisezeitkorrektur :

Setze: $x_a^{n+1} := x_a^n + \alpha_n * (y_a - x_a^n)$, $t_a^{n+1} := t_a(x_a^{n+1}) \;\; \forall\, a$, $q_{rs}^{n+1} := q_{rs}^n + \alpha_n * (v_{rs} - q_{rs}^n) \;\; \forall\, r,s$.
Korrigiere $(x_a^{n+1})_a$ mit Ausgleich[4] so, daß $(x_a^{n+1})_a$ einer Gleichgewichtsumlegung von $(q_{rs}^{n+1})_{rs}$ entspricht.

4. Konvergenztest :

Setze n = n + 1. Bestimme die kürzesten Wege zwischen allen Quelle- Senkenpaaren (r,s) und berechne die zugehörigen Reisezeiten $(u_{rs}^n)_{rs}$. Ist $\max\{\, |u_{rs}^n - u_{rs}^{n-1}| \,|\, \forall\, r,s\} \ll$ **Reisezeitfehler** terminiere, sonst gehe nach 1.

Der neue Algorithmus zur Lösung des kombinierten Verteilungs und Umlegungsproblems ergibt sich aus dem Algorithmus von Evans, wenn man die dort verwendeten Bestwegumlegung durch eine vollständige Umlegung mit Ausgleich[4] ersetzt. Damit entsprechen die beiden Kantenflussvektoren **y** und $\mathbf{x}^n$ nun einer - im Rahmen des vorgegebenen Fehlers - vollständigen Umlegung der zugehörigen Nachfragematizen **v** und $\mathbf{q}^{n+1}$, und erfüllen somit Forderung (2). In Schritt 2 wird jetzt das Minimum der Zielfunktion (4) zwischen 2 Lösungen des nichtlinearen Programmes (4) gesucht, weil sowohl $\{(v_{rs})_{rs},(y_a)_a\}$ wie auch $\{(q^n_{rs})_{rs},(x^n_a)_a\}$ Forderung (1) und Forderung (2) erfüllen, und sie damit Lösung von (4) sind. Da die neue Nachfragematrix $\mathbf{q}^{n+1}$ und der Kantenflussvektor $\mathbf{x}^{n+1}$ durch eine Konvexkombination aus $\{\mathbf{v},\mathbf{y}\}$ und $\{\mathbf{q}^n,\mathbf{x}^n\}$ gebildet werden und die (Kanten-) Reisezeitfunktionen nichtlinear sind, entspricht $\mathbf{x}^{n+1}$ im Allgemeinen nicht einer - im Rahmen des Fehlers - vollständigen Umlegung von $\mathbf{q}^{n+1}$. Dies wird nach Bildung von $\mathbf{q}^{n+1}$ und $\mathbf{x}^{n+1}$ korrigiert. Dadurch wird es nun möglich, die Differenzen zwischen zwei Nachfragematrizen oder - was dazu äquivalent ist - zwischen zwei Reisezeitmatrizen als Konvergenzkriterium zu betrachten.

4. Test aller Algorithmen an einem realistischen Datensatz - Numerische Aspekte.

Alle drei Algorithmen wurden in Pascal programmiert und auf einem Siemens MX-2 PC implementiert und verglichen. Zur Übersetzung diente der Siemens Pascal-XT Compiler, Version 1.1b . Als Testdatensatz wurde ein an der Universität Bremen zur Verfügung stehender Datensatz der Gemeinde Lilienthal verwendet. Dieser Datensatz entstand aus einer von der Gemeinde durchgeführten Kennzeichenerfassung. Die darüberhinaus erforderlichen Daten entstammen einer Befragung der Verkehrsteilnehmer. An das Verkehrsnetz der Gemeinde Lilienthal wurde Bremen - stark vereinfacht durch 3 Zellen modelliert - angebunden, da ein Großteil des Verkehrs von Bremen kommt oder nach Bremen führt. Der Datensatz besteht aus **21 Zellen** und **293 Kanten**. Der Wert für Beta wurde anhand der durchschnittlichen Reisezeit im Netz geschätzt.

Der Algorithmus von Florian und der Algorithmus von Evans differieren bei diesem größerem Testnetz erheblich in ihrem Konvergenzverhalten (siehe Abbildung 1). Der von den 3 vorgestellten Algorithmen tatsächlich benötigte Speicherplatz betrug : **Evans : 50 KB, Florian : 55 KB, Schittenhelm : 60 KB.**

Damit benötigt der neue Algorithmus nur unwesentlich mehr Speicherplatz als die beiden Vergleichsalgorithmen. Es ergaben sich die in Abbildung 1 wiedergegebenen Rechenzeiten. Wie Abbildung 1 zeigt, erhält der neue Algorithmus in kürzerer Zeit eine vom Zielfunktonswert bessere Lösung, als die beiden anderen .

Der Konvergenzvorteil des neuen Algorithmus wird an dem folgenden Vergleich besonders deutlich: Der Algorithmus von Evans benötigt ca. **16.000 cpu-sek** um eine Lösung zu erhalten, die eine durchschnittliche Abweichung des Kantenflußvektors von 1 Prozent von dem exakten hat. Der neue Algorithmus benötig hierfür lediglich **152 cpu-sek**. Dies entspricht einer etwa 100 -fachen Beschleunigung des Algorithmus.

5. Abschließende Bemerkungen und Ausblick

Ziel dieser Arbeit war es einen neuen Lösungsansatz und einen sich aus diesem Ansatz ergebenden Algorithmus zur Lösung des kombinierten Verteilungs- und Umlegungsproblems vorzustellen. Dabei wurde in Forderung (1) von einem doppelt beschränkten , exponentiellen Verteilungsmodell ausgegangen. Diese Einschränkungen sind jedoch unerheblich. An dieser Stelle können auf analoge Art und Weise andere Verteilungsmodelle - etwa einseitig beschränkte Verteilungsmodelle und Verteilungsmodelle mit anderen Nachfragefunktionen - oder ein Elastic-Demand-Modell eingebaut werden. Diese Änderungen müssen lediglich in der mathematischen Formulierung der Zielfunktion des geänderten Modells berücksichtigt werden. Der neue Ansatz läßt sich aber auch auf andere kombinierte Umlegungsmodelle anweden. Zu diesen Modellen gehören z.B. das kombinierte Modal-Split- und Umlegungsmodell, das kombinierte Erzeugungs- und Umlegungsmodell, aber auch die Modelle, bei denen die Kombination von mehr als 2 Teilmodellen berücksichtigt wird. Bei jedem dieser Modellen ergeben sich ähnliche Rechenzeitvorteile.

Mit dem hier vorgestellten Algorithmus zur Lösung des kombinierten Verkehrsverteilungs- und Umlegungsmodell ist es in realistischer Rechenzeit auf einem PC möglich, die Auswirkungen von Änderungen in den Grundreisezeiten und Kapazitäten ausgesuchter Kanten auf die Fahrtenlängen im gesamten Netz zu untersuchen. Diese Änderungen können sich durch Neu-, Aus- und Rückbau von Straßen, Tempobeschränkungen oder anderen Restriktionen ergeben.

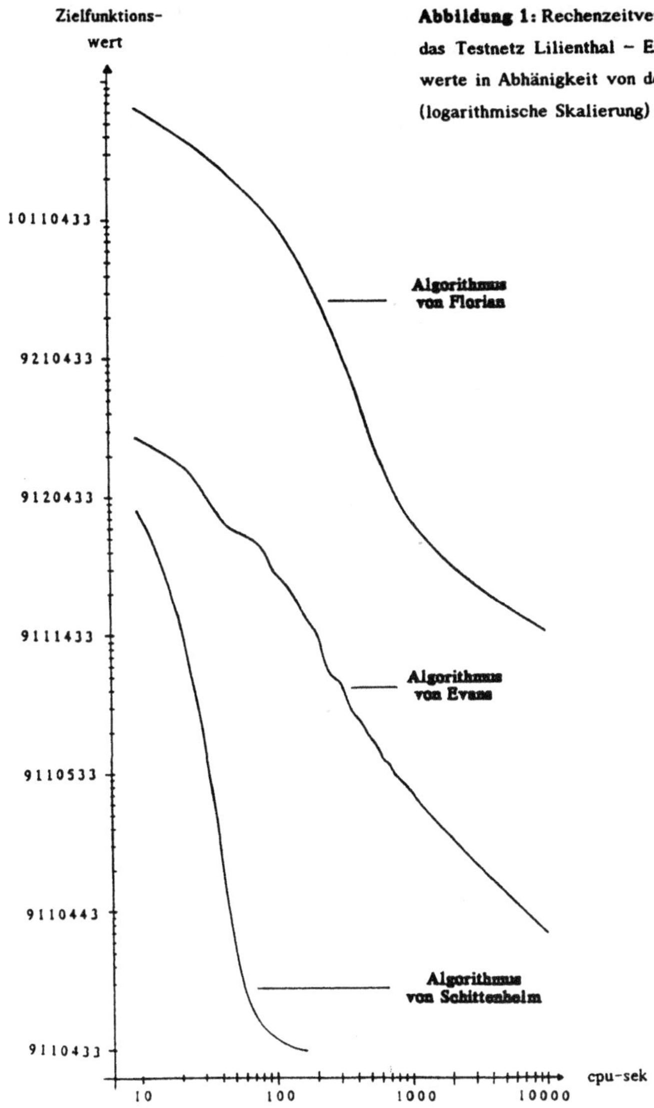

Abbildung 1: Rechenzeitvergleich der 3 Algorithmen für das Testnetz Lilienthal – Entwicklung der Zielfunktionswerte in Abhänigkeit von der Rechenzeit. (logarithmische Skalierung)

6.Literaturverzeichnis

P. Bothner, W. Lutter : Arbeitsbericht 1/82, Universität Bremen, 1982.

S. Evans : Some Models for Combining the Trip Distribution and Traffic Assignment Stages in the Transport Planning Process, Springer L.N in Economics and Mathematical Systems 118 , p. 201-228.

M. Florian, S. Nguyen, J. Ferland : On the Combined Distribution - Assignment of Traffic, Transportation Science 9, 1974.

H. Hönerloh : Arbeitsbericht zu Ausgleich[3], 6/88, Universität Bremen, 1988.

H. Schittenhelm : Ein Konvergenzbeweis für das Verfahren Ausgleich[4], Arbeitsbericht 4/89, Universität Bremen, 1989.

H. Schittenhelm : Ein neuer Algorithmus zur Lösung des kombinierten Verkehrsverteilungs- und Umlegungsproblems - Illustration an einem Beispiel, Arbeitsbericht 6/89, Universität Bremen.

Y. Schmidtke : Arbeitsbericht zu Ausgleich[4] (in Vorbereitung).

Y. Sheffi : Urban Transportation Networks, Prentice-Hall, Englewood Cliffs N.Y. ,1985.

Interaktive Personaleinsatzplanung in großen medizinisch-technischen Krankenhausabteilungen

Wolfgang Berens, Ulrich Dikow, Klaus Fischer, Jörg Schlüchtermann, Münster

1. Problemstellung

In der Radiologischen Klinik der Universität Münster, in der das erstellte Programm als erstes eingesetzt wurde, arbeiten z.Zt. 46 MTR (Medizinisch-Technische-Radiologieassistentinnen) auf 39 Arbeitsplätzen. Ein Arbeitsplatz entspricht hierbei einem Röntgengerät, das von der MTR zu bedienen ist. Bis auf wenige Ausnahmen sind die MTR keinen festen Arbeitsplätzen zugeordnet. Vielmehr werden von der leitenden MTR Wochenpläne mit der jeweils aktuellen Zuordnung von Mitarbeitern zu Arbeitsplätzen erstellt. Hierbei sind folgende planungsrelevante Faktoren zu berücksichtigen:

- Auf einigen Arbeitsplätzen sind funktionsgleiche Geräte zu bedienen. Diese zueinander parallelen Arbeitsplätze werden zu Arbeitsplatzgruppen zusammengefaßt.

- Es gibt einige sogenannte Dauerarbeitsplätze, d.h., diesen Plätzen sind ganz bestimmte Mitarbeiter fest zugeordnet. Dies erfolgt aus Gründen der Kontinuität und aufgrund der erforderlichen Spezialkenntnisse der Mitarbeiter. Eine Umbesetzung wird nur bei zwingenden Gründen wie zum Beispiel Urlaub oder Krankheit vorgenommen.

- Die Besetzung aller übrigen Arbeitsplätze wechselt im Zeitablauf. Dies wird als Rotation bezeichnet.

- Im wesentlichen gibt es zwei Gründe für die Rotation: Zum einen sollen alle MTR möglichst viele Arbeitsplätze kennenlernen und auch lernen, sie auszufüllen. Dies erhöht die Flexibilität des ganzen Instituts wie auch der einzelnen Mitarbeiter. Zum anderen ist die physische und psychische Belastung der MTR an den verschiedenen Arbeitsplätzen sehr unterschiedlich. Die Rotation soll daher zu einer gerechten Verteilung der Arbeitsbelastung für alle Mitarbeiter führen. Hierdurch und durch die wechselnden Arbeitsinhalte kann die Motivation der Mitarbeiter gefördert werden.

Operations Research Proceedings 1989

- Da wegen Urlaub und Krankheit im allgemeinen zu wenig Personal anwesend ist, sind einige Plätze vorrangig und andere nachrangig zu besetzen.

- Jeder Mitarbeiter ist nur für eine begrenzte Zahl von Arbeitsplätzen bzw. Arbeitsplatzgruppen qualifiziert und einsetzbar. Die Qualifikationen ändern sich im Zeitablauf. Durch Ausbildung können die MTR weitere Qualifikationen erwerben.

- Die Frage der aktuellen Einsetzbarkeit eines Mitarbeiters wird über die Frage der Qualifikation hinaus durch weitere Faktoren determiniert, wie insbesondere Urlaub, Krankheit oder Schwangerschaft, bei der die MTR auf einer Reihe von Arbeitsplätzen nicht mehr beschäftigt werden darf.

- Durch das Ausscheiden und den Eintritt von MTR oder auch durch den Austausch von Arbeitskräften mit anderen Kliniken des gleichen Hauses variiert der Mitarbeiterstand sowohl in seiner Größe als auch in seiner qualitativen Zusammensetzung im Zeitablauf. In gleicher Weise ist die Zahl und Funktion der Arbeitsplätze zeitlichen Veränderungen unterworfen.

Durch die Fülle der relevanten Informationen ist die bislang rein manuell durchgeführte, wöchentliche Personaleinsatzplanung sehr zeitaufwendig für die leitende MTR. Es ist naheliegend, den Zeitaufwand durch PC-Unterstützung zu verringern [3,7]. Zu diesem Zweck wurde mit RAROP (Radiologie-Rotations-Planung) ein interaktives Programm entwickelt, das die leitende MTR von dieser rein administrativen Tätigkeit entlastet [2].

2. Das Programmpaket RAROP

2.1 Methodische Einordnung

In der Literatur zur betriebswirtschaftlich orientierten Unternehmensforschung werden für Personaleinsatzplanungsprobleme Ansätze der Linearen Programmierung (LP) formuliert. Als Basis dient in den meisten Fällen eine spezielle LP-Variante, die als Zuordnungsproblem [4] in die Literatur eingegangen ist und für dessen Lösung Spezialalgorithmen entwickelt wurden. Auch für die Personaleinsatzplanung im Krankenhaus werden Ansätze der Linearen Programmierung vorgeschlagen [8].

Voraussetzung für die Anwendung solcher Modelle ist, daß das zugrundeliegende Problem gut-strukturiert ist, d.h., alle Daten und Variablen sind quantifizierbar und bekannt, und es existieren eine eindimensionale Zielfunktion und ein operationales Optimierungsverfahren. Bei der zuvor geschilderten Problemstellung handelt es sich aber um ein schlecht-strukturiertes Problem [1,9], insbesondere gibt es keine operationale, eindimensionale Zielfunktion.

Darüberhinaus ist in diesem Zusammenhang auch die sehr schwache Stationarität der Datensituationen zu nennen. Insbesondere Krankmeldungen treffen sehr kurzfristig ein und müssen entsprechend einfach in die Planung integriert werden können.

Aus den genannten Gründen ist für das Rotationsproblem in der Radiologischen Klinik kein Standardverfahren zum Einsatz gekommen, sondern mit RAROP ein eigenes Planungswerkzeug entwickelt worden. RAROP ist ein interaktives Programm, das durch seine flexible Benutzeroberfläche in der Lage ist, neben der eigentlichen Erstellung einer zulässigen Personalzuordnung auch verschiedene Servicefunktionen zu erfüllen. Kernstück des Programms ist eine eigens für die Problemstellung entwickelte Heuristik.

Der Grundgedanke von RAROP besteht darin, mit der Heuristik ein Verfahren der Unternehmensforschung als Baustein in ein flexibles, EDV-gestütztes Planungswerkzeug zu integrieren, um so einen Kompromiß zwischen rein manueller Planung und einer starren Modellanwendung zu erreichen.

2.2 Arbeitsweise des Programms

Das Hauptmenü von RAROP bietet dem Anwender folgende Optionen zur Auswahl:

1) Plan aufstellen
2) Druckmenü
3) Qualifikationen
4) Stammdaten
5) beenden

Über das "Druckmenü" kann die leitende MTR neben Dateiauszügen fertige Wochenpläne ausdrucken, die zur Information der Mitarbeiter ausgehängt werden. Bei Wahl der Option "Qualifikationen" können Änderungen in der Qualifikationsdatei, in der Dauerstellendatei und in einer Datei vorgenommen werden, die Informationen darüber enthält, welche MTR schwanger ist, und welche Arbeitsplätze daher unzulässig sind. Mit Hilfe der Option "Stammdaten" kann die Zahl der Arbeitsplätze und der Mitarbeiter verändert werden. Es können Arbeitsplätze und MTR gestrichen, eingefügt oder umbenannt werden. Die Option "beenden" ist selbsterklärend.

Die eigentliche Planerstellung (Menüpunkt "Plan erstellen") verläuft in den folgenden Schritten:

<u>0. Vorbereitung</u>
Geplant wird jeweils für eine Kalenderwoche. Als Vorbereitung für die Neuplanung werden dem Rechner Änderungen eingegeben, die sich zwischen der geplanten Arbeitsplatzzuweisung und dem tatsächlichen Dienstplan vergangener Wochen ergeben haben. Es kann vorgekommen sein, daß z.B. durch Krankheit ein Plan nicht exakt eingehalten werden konnte. Um eine gerechte Rotation zu erreichen, müssen die entsprechenden Dateien vor neuen Planungsläufen aktualisiert werden.

<u>1. Schritt:</u>
Zu Beginn der Planung wird dem Programm mitgeteilt, welche Mitarbeiter voraussichtlich aufgrund von Krankheit oder Urlaub abwesend sein werden. Außerdem kann der Benutzer vorab Zuweisungen vornehmen. Soll beispielsweise eine MTR auf einem Arbeitsplatz ausgebildet werden, oder aus anderen Gründen auf jeden Fall einem bestimmten Arbeitsplatz zugeordnet werden, kann diese Zuordnung fest eingegeben werden. In gleicher Weise können Arbeitsplätze frei gehalten werden, wenn es erwünscht wird. Nach Abschluß der manuellen Vorabzuweisungen berücksichtigt der Rechner automatisch die Dauerstellen.

<u>2. Schritt:</u>
Mit Hilfe einer Funktionstaste wird dann die Heuristik "Hierarchische Engpaß-Zeitraum-Priorität" aktiviert, die wie folgt vorgeht:

1. Stufe:
Es wird ermittelt, welche der noch nicht eingeplanten MTR bzw. welcher der noch freien Arbeitsplätze unter Engpaßgesichtspunkten als nächstes eingeplant werden soll. Engpaß ist je nach Zahl der Freiheitsgrade

entweder die noch freie MTR (Fall a), für die aufgrund der Qualifikationen die wenigsten Arbeitsplätze zulässig sind, oder der noch freie Arbeitsplatz (Fall b), für den die wenigsten MTR qualifiziert sind.

2. Stufe:
Hier wird unter Rotationsgesichtspunkten ermittelt, welchen Arbeitsplatz die in der ersten Stufe ermittelte MTR (Fall a) am längsten nicht besetzt hat, bzw. welche MTR am längsten nicht dem Arbeitsplatz (Fall b) zugeordnet war. Ergebnis dieser Stufe ist eine Zuordnung einer MTR auf einen Arbeitsplatz. Anschließend wird wieder zu ersten Stufe übergegangen, bis alle Zuordnungen getroffen sind.

3. Schritt:
Erfahrungen im praktischen Einsatz von RAROP haben gezeigt, daß häufig nachträgliche Änderungen im Plan vorgenommen werden müssen, z.T. weil neue Krankmeldungen eintreffen, z.T. aber auch weil bei den Vorabfestlegungen von der leitenden MTR nicht alles berücksichtigt worden ist. RAROP bietet daher dem Benutzer die Möglichkeit, auf zwei unterschiedlichen Wegen in die vom Rechner erstellte Planung einzugreifen. Zum einen kann mit Hilfe einer weiteren Funktionstaste der Zustand vor Aktivierung der Heuristik rekonstruiert werden. Diese Option hat sich als sinnvoll erwiesen, da auf diese Weise Vorabfestlegungen ergänzt werden können. Zum zweiten können auch nach erfolgter Planung durch den Rechner manuell Umbesetzungen vorgenommen werden. Insgesamt hat der Anwender damit die Möglichkeit, in kürzester Zeit die Auswirkungen verschiedener Vorabfestlegungen zu testen und mehrere Pläne durchzuspielen.

Bei allen Phasen innerhalb dieses Schemas erhält der Benutzer Unterstützung vom Programm. Wenn beispielsweise weniger MTR einzuplanen als Arbeitsplätze zu besetzen sind, erhält der Anwender auf dem Bildschirm einen entsprechenden Hinweis und damit die Gelegenheit, selbst zu bestimmen, welche Arbeitsplätze frei bleiben werden. Außerdem kontrolliert das Programm manuelle Zuweisungen auf Stimmigkeit mit der Qualifikations- und der Dauerstellendatei und gibt auf Wunsch Auskunft über noch freie Arbeitsplätze und MTR.

3. Erfahrungsbericht

RAROP wurde für die Radiologische Klinik der Universität Münster entwickelt und ist dort seit Anfang 1988 im Einsatz. Bis zum Frühjahr 1989 sind zwei weitere Installationen hinzugekommen.

Initiiert wurde die Programmentwicklung von dem Rotationsplanungsproblem des Personals in der Radiologie. Vorgehensweise und Programm sind aber vielseitig einsetzbar. Losgelöst von den Arbeitsinhalten bzw. den Bezeichnungen der Arbeitsplätze und Arbeitsplatzgruppen ist RAROP auf viele Probleme der Personaleinsatzplanung anwendbar, bei denen eine periodische Rotation des Personals gefordert wird. Ein weiteres konkretes Anwendungsgebiet, bei dem RAROP eingesetzt wird, ist beispielsweise die Klinische Chemie. Auch hier rotieren die Mitarbeiter in festen Zeitabständen bei der Besetzung der Analysearbeitsplätze.

Die Hardware-Voraussetzungen für das Programm sind mit einem IBM-kompatiblen PC mit Drucker in den meisten Krankenhäusern erfüllt.

Bei der Konzeption von RAROP wurde bewußt auf die potentielle Anwendergruppe eingegangen. Leitende MTR sind zwar geübt im Umgang mit computergesteuerten Geräten. EDV-Kenntnisse, PC-Erfahrung oder Kenntnisse in Operations Research sind i.d.R. aber nicht vorhanden. Dies ist bei der Gestaltung der Benutzeroberfläche berücksichtigt worden. RAROP kann nach kurzer Einarbeitungszeit von der leitenden MTR eigenständig eingesetzt werden.

Die hohe Akzeptanz von RAROP in den bisherigen Installationen ist schwerpunktmäßig auf zwei Gründe zurückzuführen:

1) Der Benutzer realisiert nach kurzer Zeit einen direkten Vorteil in der Form von eingesparter Arbeitszeit. Der Zeitaufwand für die Planung betrug im Pilotprojekt bisher wöchentlich mehrere Stunden und konnte jetzt auf wenige Minuten reduziert werden. Daneben ergeben sich weitere Arbeitserleichterungen durch die Servicefunktionen (z.B. Drucken).

2) Insbesondere bewährt hat sich das Konzept, flexible Eingriffsmöglichkeiten im Planungsprozeß vorzusehen. Das Programm beinhaltet nicht die starre Anwendung eines OR-Verfahrens, sondern bietet eine Vielzahl von manuellen Eingriffsmöglichkeiten für den Benutzer.

Dies ist vom planungstheoretischen Standpunkt vielleicht unbefriedigend, erhöht aber die Akzeptanz des Planungswerkzeugs erheblich. Manuelle Eingriffsmöglichkeiten verhindern, daß der Benutzer sich "vom Rechner bevormundet" fühlt. Das "Expertenwissen" der leitenden MTR wird nicht ersetzt, sondern nur unterstützt.

Viele OR/EDV-Projekte im Krankenhaus scheitern aus Akzeptanzgründen, und nur die wenigsten werden implementiert und angewendet [5,6]. RAROP zeigt einen Weg auf, das schwierige Anwendungsgebiet Krankenhaus für EDV-gestütze OR-Verfahren zu erschließen.

Literatur:

[1] Adam, D.; Zur Problematik der Planung in schlecht-strukturierten Entscheidungssituationen, in: Jacob, H. (Hrsg.); Probleme der unternehmerischen Planung, Schriften zur Unternehmensführung, Band 28, Wiesbaden 1980

[2] Berens, W.; Fischer, K.; Schlüchtermann, J.; Entlastung des Personals von administrativen Arbeiten, in: f & w - führen und wirtschaften im Krankenhaus, Nov./Dez. 1988, S. 12-17

[3] Klein, R.; Hollberg, N.; PCs für die Einsatzplanung im Pflegedienst, in: f & w - führen und wirtschaften im Krankenhaus, März/April 1987, S. 12-17

[4] Kuhn, H.W.; The Hungarian Method for the Assignment Problem, in: Naval Research Logistics Quaterly 2, 1955, S. 83-97

[5] Page, B.; Methoden der Modellbildung in der Gesundheitssystemforschung, Berlin 1982, S. 181 ff

[6] Rosenhead, J.; Operational Research in Health Planning, in: EJOR 2 (1978), S. 75-85.

[7] Smith, L.D.; The Application of an Interactive Algorithm to Develop Cyclical Rotational Schedules for Nursing Personnel, in: INFOR 14, 1976, S. 53-70

[8] Warner, D.M.; Prawda, J.; A Mathematical Programming Model for Scheduling Nursing Personnel in a Hospital, in: Management Science 19, 1972, S. 411-422

[9] Witte, Th.; Heuristisches Planen, Wiesbaden 1978

Kosteneinsparungen im Krankenhausbereich durch Sofortdiagnostik in der ärztlichen Praxis

Rito Bergemann u. Arno Brandt

(Ergebnisse einer Simulationsstudie unter Verwendung der Entscheidungsbaumanalyse in Verbindung mit der Monte-Carlo-Methode)

Zusammenfassung

Ziel dieser Studie war es, eine quantitative Aussage über Kosteneinsparungsmöglichkeiten im Krankenhausbereich aufzuzeigen, wenn die einweisenden Ärzte die Möglichkeit einer Sofortdiagnostik im Laborbereich gehabt hätten. Die Ergebnisse basieren auf bisherigen Studien in Verbindung mit einer anonymisierten Voll-Datenerhebung aus einem Krankenkassenbezirk über einen Zeitraum von 3 Jahren. Die Modellberechnungen erfolgten exemplarisch für die folgenden 7 Diagnosen: 1) Hyperbilirubinämie 2) Hepatitis oder Leberzellschädigung 3) chron. Hepatitis 4) Gallensteinleiden 5) Cholecystitis 6) Pancreatitis 7) Ulcus pepticum.

In dieser Studie werden Ergebnisse aus 2 früheren Studien zur Sofortdiagnostik bei niedergelassenen Ärzten und neu erhobene Krankenkassen-Daten von über 800 stationären Patienten in einem Simulationsmodell zusammengefasst, um die Kosteneinsparungen durch die Trockenchemie-Sofortdiagnostik zu berechnen. Betrachtet wurden nur die Kosteneinsparungen durch Verhinderung von Krankenhausfehleinweisungen. Die tatsächlich gefundenen Fehleinweisungsraten lagen je nach Diagnose zwischen 12% und 36,6% und standen damit zu den in der Literatur beschriebenen Fehlerraten in guter Übereinstimmung. Es zeigte sich eine Ersparnis von durchschnittlich 650,43 DM pro Patient unter Anwendung der Sofortdiagnostik mit trockenchemischen Methoden bei den gewählten Diagnosen. Unter Berücksichtigung einer Inzidenz von ca. 80.000 (per anno) stationär behandelten Patienten dieser Diagnosen in der BRD, bedeutet dies ein Einsparungspotential von ca. 53 Millionen DM pro Jahr für die Krankenkassen, sofern Sofortdiagnostik auf breiter Ebene eingesetzt wird. In unserer Studie wurde das Einsparungspotential der Sofortdiagnostik für den Krankenhausbereich auf Basis der heute mit REFLOTRON(R) bereits bestimmbaren Blutparameter ermittelt. Nicht Gegenstand dieser Studie waren die möglichen Kosteneinsparungen im ambulanten Bereich infolge Stufendiagnostik und vermiedener Fehldiagnosen, die mit Fehlmedikation und nicht indizierten anderen Behandlungsformen und Überweisungen verbunden sind.

Operations Research Proceedings 1989

Einleitung

Der Arzt in der Praxis sieht sich heute vielen Problemen gegenüber, einige davon sind die gestiegenen Ansprüche des Patienten in Bezug auf Diagnosestellung und sich daran anschließender Therapieempfehlung, die forensischen Konsequenzen bei sogenannten Fehlentscheidungen zum einen von der Patientenseite und zum anderen von der Kassenseite in Form von Regreßansprüchen. Die Sachzwänge des medizinischen Alltags führen in einigen Fällen zu Fehldiagnosen, wobei sich diese Fehldiagnosen nicht unbedingt negativ auf den Gesundheitszustand des Patienten auswirken.

Eine nicht richtige Diagnose kann zu verfrühter, d.h. nach Kenntnis der richtigen Diagnose nicht notwendigen oder aber auch zu verspäteter Krankenhauseinweisung führen. Wird ein Patient mit einer bestimmten Verdachtsdiagnose in ein Krankenhaus eingewiesen, so vergehen in der Regel mehrere Tage, bis der Patient wieder entlassen wird, auch wenn bereits am 1. Tag die Verdachtsdiagnose mit einer hohen Wahrscheinlichkeit ausgeschlossen wird und weitere Untersuchungen nur noch mit einigen Prozent oder sogar nur Promille die Sicherheit in der Diagnosefindung erhöhen. In den meisten Kliniken werden die zur Verfügung stehenden Diagnostikgeräte voll ausgeschöpft, um die Diagnose weitestgehend sicher zu untermauern, bzw. ausschließen zu können. Nicht zuletzt geschieht dies auch aus Gründen der Absicherung für Fälle von Patientenklagen gegen das Krankenhaus.

Die Kenntnis von bestimmten Blutparametern ist für die Stützung respektive Verwerfung einer Verdachtsdiagnose von großer Bedeutung. So läßt sich bei Vorliegen eines Gamma-GT-Wertes von 28 U/l Serum nicht sicher schließen, daß eine Lebererkrankung vorliegen muß, im Gegensatz dazu ist bei einem Wert von 9 U/l Serum mit großer Sicherheit eine Leberschädigung auszuschließen.

Die Entwicklung der Labordiagnostik in der Praxis des niedergelassenen Arztes hat sich in den letzten Jahrzehnten gewandelt. Unter anderem haben immer niedrigere Gebührenbewertungen für Laborleistungen dazu beigetragen, dass die Laborleistungen aus Gründen der Wirtschaftlichkeit nicht mehr im Haus erbracht werden, sondern von einem Gemeinschaftslabor oder einer Praxis für Laboratoriumsmedizin. Hierdurch besteht nicht mehr die Möglichkeit, bei Bedarf einen Blutparameter sofort zu bestimmen. In der Regel vergehen 1 bis 4 Tage bis die Ergebnisse dem Arzt vorliegen. Selbst bei Dringlichkeit mit Taxitransport der Blutprobe zum Laboratorium und telefonischer Rückmeldung des Ergebnisses vergehen mehrere Stunden bis zur Kenntnisnahme der Werte.

Es besteht aber ein Bedarf an frühzeitigerer Kenntnis der Werte von Blutparametern. Für ungefähr 11 Parameter (Stand 2.Quartal 88) ist mit der Trockenchemie eine solche wünschenswerte Sofortdiagnostik ohne die Präsenz eines naßchemischen Labors in der Praxis möglich. Durch die Kenntnis dieser Parameter bereits wenige Minuten nach der Blutentnahme, ist es dem Arzt gegeben, seine Verdachtsdiagnose, gewonnen aus der Anamnese und der klinischen Untersuchung, sofort durch weitere Ergebnisse, nämlich die der Blutuntersuchung, zu verifizieren, zu relativieren oder zu verwerfen zugunsten einer anderen.

In Studien über die Sofortdiagnostik (Prof. Dr. Härter (1988), Dr. Horisberger(1986)) zeigte sich, daß Ärzte mit der Möglichkeit der Sofortdiagnostik ca. 12% - 16,5% weniger Krankenhauseinweisungen vornehmen, als Ärzte ohne diese Möglichkeit.
Nach der Studie von Prof. Dr. Härter liegt die Einweisungsquote von Ärzten mit Sofortdiagnostik bei 7,1 auf 100 Patienten. Ärzte mit Naßchemie wiesen durchschnittlich 8,5 von 100 Patienten in ein Krankenhaus ein. Im direkten Vergleich sind dies 16,5% weniger Krankenhauseinweisungen.

Es ist zu vermuten, daß bei einer breiten Anwendung der Sofortdiagnostik , für die RVO- und Ersatzkassen beträchtliche Kosteneinsparungen resultierten. Diese Vermutung wird in dieser Modellstudie durch eine Entscheidungsbaumanalyse in Verbindung mit der Monte-Carlo-Methode überprüft.

Methodik

Datengrundlagen

Aus einem RVO-Krankenkassenbezirk wurden retrospektiv Daten von 880 hospitalisierten Patienten verwendet. Diese umfaßten die Eingangsdiagnose und Nebendiagnosen, die Ausgangsdiagnosen und Nebendiagnosen, die Liegedauer, das Alter und die Kosten pro Fall. Alle Falldaten lagen anonymisiert vor und es wurden alle Bestimmungen des Datenschutzgesetzes eingehalten und beachtet.

Die Versichertenstruktur dieses Bezirkes ist genau bekannt und entspricht dem Bundesdurchschnitt der AOK-Krankenkassen. Grundlage für die Überprüfung auf Übereinstimmung auf Bundesebene war der Bericht des Bundesarbeitsministers (1987). Da genauere Zahlen für die gesamte BRD nicht zu erhalten sind, wurde diese Stichprobe hinsichtlich der medizinischen Daten als repräsentativ für die BRD verwendet. Für die Bestimmung der

Krankenhausstruktur der BRD wurden Daten der Deutschen Krankenhausgesellschaft (1987) verwendet.

Modellbeschreibung

Diese Studie beschränkt sich auf die Untersuchung von Kostenauswirkungen durch Patienten mit Oberbauchsymptomen und den folgenden vom praktischen Arzt gefaßten Verdachtsdiagnosen: Hyperbilirubinämie, Hepatitis oder Leberzellschädigung, chr. Hepatitis, Gallensteinleiden, Cholecystitis, Pancreatitis, Ulcus pepticum. Grundlage des Modellansatzes ist die Strukturierung der möglichen Ereignisse, Entscheidungen und Kostenfolgen in Form eines Entscheidungsbaumes (siehe Abb. 1 ,2 und 3). Das Durchlaufen dieses Baumes wird im Computer simuliert und entspricht einer Patientenkarriere mit Aufzeichnung der verursachten Kosten.

Grundsätzlich werden 2 Möglichkeiten unterschieden: Die der Trockenchemie-Sofortdiagnostik-Gruppe, d.h, daß der behandelnde Arzt die Sofortdiagnostik nutzt und die der Naßchemie, d.h. der Arzt ist einer herkömmlichen Laborgemeinschaft angeschlossen oder verschickt das Probenblut an einen Arzt für Laboratoriumsmedizin und muß wenige Stunden bis 4 Tage auf die Ergebnismitteilung warten.

Die stochastische Simulation innerhalb des Entscheidungsbaumes erfolgt mit der Monte-Carlo-Methode. Das bedeutet, an den Knotenpunkten wird zufallsmäßig (entsprechend der Wahrscheinlichkeitsvariablen) der 1. 2. oder nte Ast als nächster Punkt der Simulation zugewiesen. Diese Zuweisungsstrategie setzt sich bis zu den Endpunkten fort und stellt das Ergebnis einer Simulation, respektive Patientenkarriere dar. Die Zuweisung von Werten an Variable erfolgt gemäß der beobachteten Ausprägungen.

Ermittlung der Kostenunterschiede von der Sofortdiagnostik-Gruppe und Naßchemie-Gruppe

Bei einer jährlichen Inzidenz von ca. 80.000/pro anno stationär behandelten Patienten mit oben aufgeführten Diagnosen, werden ebenfalls 80.000 Modellberechnungen mit der Monte-Carlo-Methode durchgeführt. Die Summe dieser 80.000 Berechnungen ergibt dann die entstehenden Kosten pro Jahr für die Sofortdiagnostik-Gruppe und Naßchemie-Gruppe. Die Kosten, die durch einen Patienten entstehen, beinhalten minimal die Kosten für 1 Konsultation incl. Kosten der Sofortdiagnostik bis hin zu maximal den Kosten für eine mehrmonatige stationäre Behandlung.

Beschreibung der Modellvariablen

1 stationärer Behandlungstag verursachte 1986 zwischen 162,94 DM und 431,42 DM. Die Verteilung zwischen diesen Werten und die Gewichtung derselben erfolgte nach Zahlen der deutschen Krankenhaus-Gesellschaft.

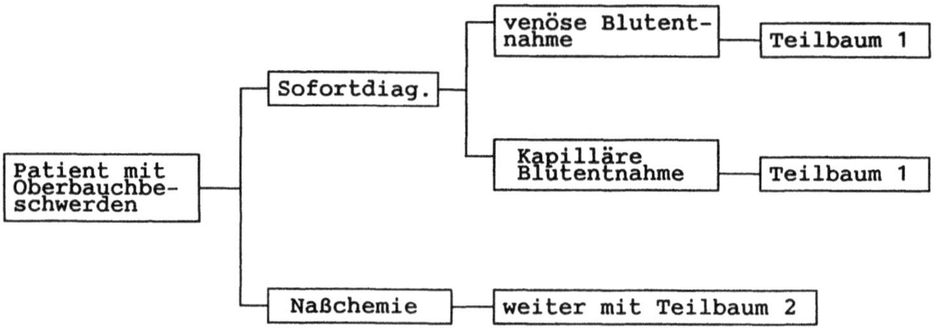

Abb. 1: Baumstruktur des Modells an der Wurzel

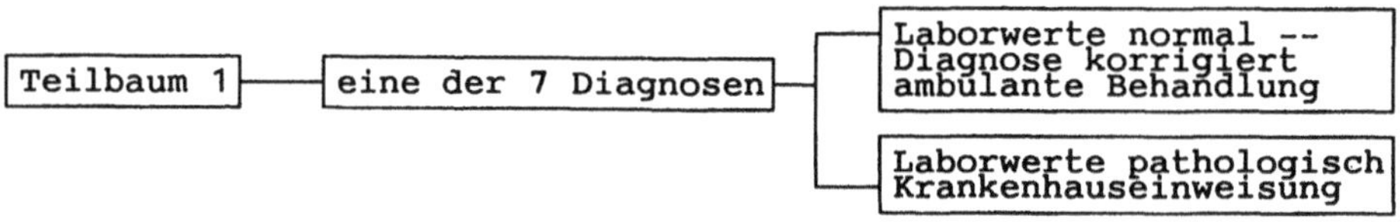

Abb. 2: Teilbaum 1 des Modells

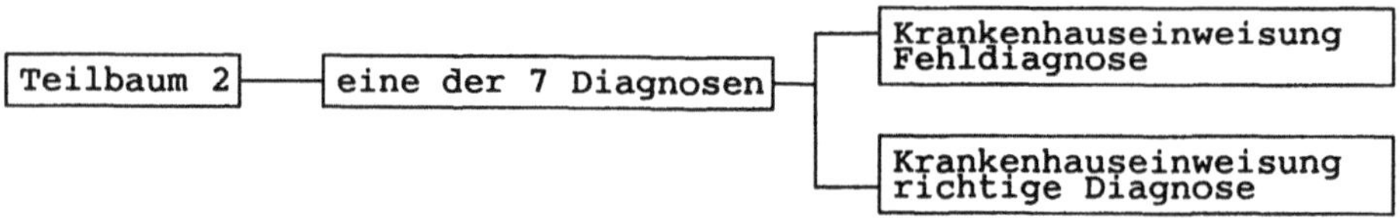

Abb. 3: Teilbaum 2 des Modells

Für diese Gewichtung werden die neurologischen und psychiatrischen Kliniken nicht verwendet. Der niedrigste Satz entsteht bei Belegkrankenhäusern, der höchste bei Universitätskliniken. Nach dem einheitlichen Bewertungsmaßstab (EBM) wird eine laborchemische Leistung für die oben angeführten Parameter mit 40 Punkten bewertet. Eine venöse Blutentnahme wird mit 50 Punkten bewertet.Die Hepatitis-Antikörper-Bestimmung kann mit maximal 400 Punkten berechnet werden, diese Zahl wird hier für Modellrechnungen benutzt. Je nach Krankenkasse (RVO-Kassen, Angestellten-Ersatzkassen, Arbeiter-Ersatzkassen) wird der Punktwert unterschiedlich bewertet. Er liegt zwischen minimal 6,92 Pf (KV-Bezirk Hamburg) bis maximal 11,49 Pf (KV-Bezirk Pfalz). Diese Angaben sind Zahlen aus dem 2. Quartal 1988. Diese Punktwerte wurden entsprechend ihrer regionalen Verteilung und der Aufsplitterung in RVO-Kassen, Ersatzkassen gewichtet und für das Simulationsmodell verwendet.

Von 880 stationär behandelten Patienten mit den ausgewählten Einweisungsdiagnosen wurde die Verteilung der Liegedauer bei zutreffender und bei nicht zutreffender Einweisungsdiagnose ermittelt. Diese Verteilungen werden für die Simulation verwendet.

Die Diagnosen waren bei den 880 Patienten folgend verteilt:

1) Hyperbilirubinämie	9,8%
2) Hepatitis oder Leberzellschädigung	3,7%
3) chron. Hepatitis	3,3%
4) Gallensteinleiden	31,9%
5) Cholecystitis	5,3%
6) Pancreatitis	23,0%
7) Ulcus pepticum	23,0%

Ausgehend von diesen Werten als Dichtemittel, wurde für die Monte-Carlo-Methode eine Lognormal-Verteilung verwendet.

Die Simulation wurde auf einem mit 25 MHz getakteten PC mit Hilfe des SMLTREE(R)-Entscheidungsbaum-Interpreters durchgeführt.

Ergebnisse

1: Generelle Anwendung von trockenchemischer Sofortdiagnostik in der Praxis des niedergelassenen Arztes:

Kosten für die ambulanten Laborleistungen und die stationären Behandlungen: 402.294.400,- DM, das sind im Durchschnitt 5.028,68 DM pro Patient. Die Einzelergebnisse reichen dabei von 10,75 für eine einzige Laborparameterbestimmung bis zu 63.237,51 DM für einen vielwöchigen Krankenhausaufenthalt bei der Diagnose Pancreatitis. Patienten, welche Kosten über 25.000.- DM verursachen, spielen zahlenmäßig keine Rolle. Die Verteilung dieser Einzelergebnisse ist zweigipfelig mit einem 1. Dichtemittel in der Klasse von 0 - 1000,- DM mit einem relativen Anteil von 23%. Das 2. Dichtemittel liegt in der Klasse von 4000-5000,- DM mit einem relativen Anteil von 11%.

2: Generelle Anwendung von naßchemischen Labormethoden durch den niedergelassenen Arzt:

Kosten für die ambulanten Laborleistungen und die stationären Behandlungen: 454.328.800,- DM, das sind im Durchschnitt 5.679,11 DM pro Patient. Die Spannbreite der Ergebnisse pro Patient reicht von 175,18 DM bei einer stationären Behandlung von 1 Tag bis zu 67.755,19 DM für eine vielwöchige Pancreatitisbehandlung. Es liegt eine 1 gipfelige Verteilung mit einem Dichtemittel in der Klasse von 4000 bis 5000,- DM mit einem relativen Anteil von 14% vor.

Übersicht der ermittelten Ergebnisse

Vergleich der zu erwartenden Mittelwert-Kosten (Trockenchemische Sofortdiagnostik/ naßchemische Diagnostik bei den 7 aufgeführten Erkrankungen (Die erwarteten Kosten beziehen sich auf einen Patienten):

Diagnose	REFLOTRON	ohne REFLOTRON
Hyperbilirubinämie	2399,85	3624,36
Hepatitis	1655,70	2209,28
Chron. Hepatitis	5549,47	6436,80
Gallensteinleiden	6030,77	6269,48
Cholecystitis	5066,61	6009,48
Pancreatitis	4313,41	5571,97
Ulcus pepticum	5501,46	5674,59

Vergleich der erwarteten Kosten bei generalisierter Anwendung bzw. Nichtanwendung von REFLOTRON auf Basis der obengenannten Zahlen

Diagnose	REFLOTRON	ohne REFLOTRON
Unklare Oberbauch-beschwerden	5028,68	5679,11

Bei Anwendung der Sofortdiagnose ergibt sich somit ein Einsparungspotential von durchschnittlich 650,43 DM pro Patient mit Oberbauchbeschwerden.

Die Gegenüberstellung der beiden Zahlen zeigt ein deutliches Gesamteinsparungspotential:

Sofortdiagnostik	402.294.400,- DM
Naßchemie	454.328.800,- DM
Differenz	52.034.400,- DM

Eine mögliche Ersparnis von 52 Millionen DM pro Jahr bei einer Inzidenz von nur 80000 pro Jahr ist ein deutliches Resultat.

Eine bessere Ermittlung des Kosteneinsparungspotentials durch Sofort-Diagnostik ist nur durch eine prospektive randomisierte Studie möglich, diese verursacht aber sehr hohe Kosten und es ist fraglich, ob genügend Ärzte zur Mitwirkung bei einer solchen Studie bereit sind. Damit ist die Entscheidungsbaumanalyse in Verbindung mit der Monte-Carlo-Methode eine kostengünstige Möglichkeit sichere Entscheidungen, als sie bisherige Methoden zuließen, zu treffen.

Literatur

Der Bundesminister für Arbeit und Sozialordung : Die gesetzliche Krankenversicherung in der BRD im Jahre 1986, Bonn 1987

Deutsche Krankenhausgesellschaft : Auswertung der Kosten und Leistungsnachweise 1986, (1987)

Härter G. : Bewertung trockenchemischer Labormethoden (REFLOTRON) bei der Stufendiagnostik in der allgemeinmed. Praxis, Vortrag, Therapiewoche in Karlruhe, September 1988

Horisberger, B. : Sofortdiagnostik und Wirtschaftlichkeit im Labor, Arzt u. Wirtschaft 13(1987), 11-19

OPTIMA - EIN PLANUNGSSYSTEM ZUR MÜLLENTSORGUNG FÜR DEN LANDESBETRIEB HAMBURGER STADTREINIGUNG

Hartmut STADTLER, Hamburg

Zur täglichen Müllentsorgung des Hamburger Stadtgebietes wird das PC-gestützte Planungssystem OPTIMA eingesetzt, das im Rahmen der Reorganisation des Landesbetriebes Hamburger Stadtreinigung von der SCS Informationstechnik GmbH entwickelt wurde.

Das Planungssystem liefert einen Grundvorschlag für die Zuordnung der anfallenden Müllmengen zu den (begrenzten) Annahmekapazitäten der Entsorgungseinrichtungen. Es wird die Aufgabe der täglichen Abfuhrplanung und das zu seiner Lösung entwickelte Planungssystem vorgestellt. Hierzu werden

- das hierarchische Planungssystem, in das die tägliche Abfuhrplanung eingebettet ist,
- das zur Generierung eines Grundvorschlages verwendete Netzwerkflußmodell

und

- die interaktive Benutzeroberfläche, mit der der Grundvorschlag entsprechend den betrieblichen Anforderungen modifiziert werden kann, erläutert.

Erste Erfahrungen mit dem Planungssystem im betrieblichen Einsatz schließen den Vortrag ab.

PREDICTION FROM TRUNCATED PAYMENT STATISTICS

Ove Frank, Stockholm

Payment statistics involve numbers and totals of payments at specified times or time intervals. The accuracy and detail in amount and time specifications vary with the application, and different specifications lead to different kinds of estimation and prediction problems. The purpose here is to show that estimation and prediction problems for truncated payment statistics are related to similar problems for truncated life times in reliability theory and survival analysis. Analysis of payment statistics also presents interesting new interpretations of concepts like the Gini coefficient and the Lorenz curve which usually appear in the statistical analysis of income distributions.

Payment quantiles and amount fractions

Consider n payments effectuated in a certain period of time. The amounts of these payments are $x_1,\dots,x_n$. Let $x_{1,n}\le\dots\le x_{n,n}$ be the ordered amounts and $s_{k,n}=x_{1,n}+\dots+x_{k,n}$ the sum of the k smallest amounts for $k=1,\dots,n$. To facilitate comparisons between different data sets, it is convenient to plot the scaled quantiles $x_{k,n}/\bar{x}$ and the amount fractions $s_{k,n}/n\bar{x}$ against payment fractions k/n for $k=1,\dots,n$. Here $\bar{x}=s_{n,n}/n$. The n points in each plot can be connected by line segments to give polygonal curves. In applications to income distributions the amount fraction curve is usually called a Lorenz curve.

A slightly different graphical representation in terms of empirical distribution functions can be described as follows. For any fixed amount x, the number of payments not exceeding x is denoted by n_x, and the total amount of these payments is denoted by s_x. Let I(A) be 1 if A is true and 0 otherwise. Now

$$n_x = \sum_{k=1}^{n} I(x_k\le x) = \max\,\{k : x_{k,n}\le x\},$$

$$s_x = \sum_{k=1}^{n} x_k\, I(x_k\le x) = s_{n_x,n}.$$

Corresponding to any amount x, there is a payment fraction $y=F_n(x)=n_x/n$ and an amount fraction $z=L_n(y)=s_x/n\bar{x}=s_{ny,n}/s_{n,n}$. Corresponding to any fraction y there is a payment quantile

Operations Research Proceedings 1989

$$x = F_n^{-1}(y) = \sup\{u : F_n(u) \le y\}.$$

The scaled quantile $F_n^{-1}(y)/\bar{x}$ and the amount fraction $L_n(y)$ considered as functions of the payment fraction y are step functions that approximate the scaled quantile curve and the amount fraction curve.

The reasoning above can be generalized to define the amount fraction $z=L(y)$ corresponding to the distribution function $y=F(x)$ of any positive random variable X with finite mean $\mu = \int_0^\infty x dF(x)$. The scaled quantile is $F^{-1}(y)/\mu$ and the amount fraction in the lower y-quantile is

$$L(y) = \int_0^{F^{-1}(y)} (x/\mu) dF(x) = \int_0^y (F^{-1}(v)/\mu) dv,$$

so that L(y) is a distribution function with density equal to the scaled quantile $L'(y) = F^{-1}(y)/\mu$. The amount fraction in the upper y-quantile is

$$U(y) = 1 - L(1-y),$$

and the amount fraction in any y-quantile is at least L(y) and at most U(y). The Gini coefficient γ is defined as the expected range of the amount fraction in a quantile corresponding to a uniform random fraction $Y=F(X)$:

$$\gamma = E[U(Y)-L(Y)] = \int_0^1 [U(y)-L(y)]dy.$$

By partial integration, the Gini coefficient can be interpreted as the covariance between a uniform random fraction and the corresponding scaled lower and upper payment quantile difference, or, alternatively, as the covariance between a scaled payment X/μ and the difference between F(X) and its complement 1-F(X):

$$\gamma = \int_0^1 y[L'(y)-U'(y)]dy = \mathrm{Cov}(Y, L'(Y)-U'(Y)) =$$

$$= \mathrm{Cov}(Y, L'(Y)) - \mathrm{Cov}(Y, L'(1-Y)) = \mathrm{Cov}(Y-(1-Y), L'(Y)) =$$

$$= \mathrm{Cov}(2F(X)-1, X/\mu).$$

The Lorenz curve and the Gini coefficient are among the central concepts in econometric investigations of inequity of income distributions (Nygård & Sandström, 1981). In demography, risk theory, survival analysis and reliability theory many related concepts are useful (Bain, 1978, Kalbfleisch & Prentice, 1980, Nelson, 1982). If X is life length of an individual, the expected remaining life at age x is $E(X-x|X>x)$ and it can be shown to be equal to $\mu[(1-L(y))/(1-y)-L'(y)]$ where $y=F(x)$. If X is time to failure in reliability testing, the scaled total time on test when a fraction y has failed is $E\min(X, F^{-1}(y))/\mu$ and it can be shown to be equal to $L(y)+(1-y)L'(y)$.

Arnold (1987) contains further material on the Lorenz curve and especially on Lorenz ordering of distributions. Shorack and Wellner (1986) give an extensive treatment of empirical processes including quantile and amount fraction processes.

Truncated payments

The general prediction problem for truncated payment statistics is illustrated by an application that concerns international payments. The total amount of all payments from or to Sweden is important information for the Swedish National Accounts. Such payments above a certain threshold amount have to be reported to the Central Bank of Sweden by the commercial banks and other financial actors that are allowed to perform international payments. For each payment there is also information reported about country, currency, and purpose according to a detailed code. Payments not exceeding the threshold are numerous for most categories of payments, and the total amount of these has to be predicted in order to compile statistics for the national accounts.

Assume that during a certain period of time and for a certain category of payments, there are n payments $x_1,\ldots,x_n$ of total amount $s=x_1+\ldots+x_n$. Let c be a critical threshold, and assume that there are n_c payments not exceeding c and $N_c=n-n_c$ payments exceeding c. The total amount of the n_c small payments is s_c, and the total amount of the N_c large payments is $S_c=s-s_c$. Only the large payments are observed, and it is required to predict the number n_c and total amount s_c of small payments.

Consider the payments as independent observations on a random variable X with $P(X\leq x)=F(x)$, $EX=\mu$, and $EXI(X\leq F^{-1}(y))=\mu L(y)$. Set $F(c)=p$. The expected numbers of small and large payments are np and $n(1-p)$ respectively, and the expected totals of small and large payments are $n\mu L(p)$ and $n\mu(1-L(p))$, respectively. As predictors of n_c and s_c we will use

$$\hat{n}_c = N_c\hat{p}/(1-\hat{p}) \text{ and } \hat{s}_c = S_c\hat{L}(\hat{p})/(1-\hat{L}(\hat{p}))$$

where $\hat{p}=\hat{F}(c)$, and $\hat{F}$ and $\hat{L}$ are estimators of F and L based on the large payments only. The next two sections will consider parametric approaches to estimating F and L, and the last section will briefly discuss a nonparametric approach.

Exponentially distributed payments

If X has an exponential distribution with mean μ, the distribution function is $F(x)=1-e^{-x/\mu}$, the scaled y-quantile is $L'(y)=F^{-1}(y)/\mu=-\log(1-y)$, and the amount fraction corresponding to the lower y-quantile is $L(y)=y+(1-y)\log(1-y)$. The difference between the amount fractions corresponding to the upper and lower y-quantiles is equal to the entropy function

$$U(y)-L(y) = -y\log y-(1-y)\log(1-y) = h(y),$$

and the Gini coefficient is

$$\gamma = Eh(F(X)) = \int_0^1 h(y)dy = 1/2.$$

The distribution of $X-c$ conditional on $X>c$ is here equal to the unconditional distribution of X, so that the large payments have a distribution function

$$P(X\leq x|X>c) = F(x-c) \text{ for } x>c.$$

It follows that the maximum likelihood estimator (MLE) of μ is given by $\hat{\mu}=c(R-1)$ where $R=S_c/cN_c$. This estimator is unbiased and has variance μ^2/N_c. The MLE of p is $\hat{p}=1-e^{-1/(R-1)}$ and the n_c predictor is

$$\hat{n}_c = N_c(e^{1/(R-1)}-1).$$

Conditional on N_c, the variance of $\hat{n}_c$ is approximately (for large N_c)

$$\text{Var } \hat{n}_c \simeq (N_c c^2/\mu^2)e^{2c/\mu}$$

which is estimated by $(N_c/(R-1)^2)\ e^{2/(R-1)}$ so that an approximate 95% prediction interval for n_c can be given by

$$\hat{n}_c \pm 2\sqrt{N_c}(1+\hat{n}_c/N_c)\log(1+\hat{n}_c/N_c).$$

Since L contains no parameters, the MLE of L(p) is given by $L(\hat{p})$, and the s_c predictor is

$$\hat{s}_c = S_c[(1-1/R)e^{1/(R-1)}-1] = c[(R-1)\hat{n}_c-N_c] =$$

$$= -cN_c + c\hat{n}_c/\log(1+\hat{n}_c/N_c).$$

Conditional on N_c, the approximate variance of $\hat{s}_c$ is

$$\text{Var } \hat{s}_c \simeq N_c \mu^2 [(1-c/\mu)e^{c/\mu}-1]^2$$

which is estimated by

$$N_c c^2 [(R-2)e^{1/(R-1)}-R+1]^2 = (c\hat{n}_c-\hat{s}_c)^2/N_c$$

so that an approximate 95% prediction interval for s_c can be given by the simple formula

$$\hat{s}_c \pm 2(c\hat{n}_c-\hat{s}_c)/\sqrt{N_c}.$$

For the application to international payments mentioned above, the threshold is c = 25000 SEK and for some categories of payment a typical value of the large payment mean is about 75000 SEK with $N_c \simeq 2000$ large payments per month. This implies that $R \simeq 3$, $\hat{n}_c \simeq 1300$ and $\hat{s}_c \simeq 15000000$ SEK. The prediction intervals are 1300 ± 74 for the number of small payments and 15000000 ± 780000 SEK for the total amount of the small payments. This illustrates the uncertainty for the chosen period of time. By extending the period from a month to a year, N_c will be approximately 12 times as large, and the relative uncertainty of both the intervals will be reduced by a factor of about $1/\sqrt{12}$= 29%.

Lognormally distributed payments

If log X is normally distributed with mean α and standard deviation β, the distribution function of X is given by $F(x)=\Phi((\log x-\alpha)/\beta)$ where Φ is the standard normal distribution function. It follows that the mean and variance of X are

$$\mu = e^{\alpha+\beta^2/2} \quad \text{and} \quad \sigma^2 = e^{2\alpha+\beta^2}(e^{\beta^2}-1),$$

and the scaled y-quantile of X is given by

$$L'(y) = e^{\beta\Phi^{-1}(y)-\beta^2/2}.$$

It also follows that

$$L(y) = \Phi(\Phi^{-1}(y)-\beta) \quad \text{and} \quad U(y) = \Phi(\Phi^{-1}(y)+\beta)$$

so that the Gini coefficient can be given as

$$\gamma = E[\Phi(\Phi^{-1}(Y)+\beta)-\Phi(\Phi^{-1}(Y)-\beta)]$$

where $Y=F(X)$ is a uniform random fraction. For small β we have an approximation

$$\gamma = 2\beta \int_0^1 \varphi(\Phi^{-1}(y))dy = 2\beta \int_{-\infty}^{\infty} \varphi(z)^2 dz = \beta/\sqrt{\pi} = \sqrt{(1/\pi)\log(1+\sigma^2/\mu^2)}$$

which is an increasing function of the coefficient of variation. Here $\varphi=\Phi'$ denotes the standard normal density.

Set $N=N_c$ and let $x_1,\ldots,x_N$ be the large payments. The MLE $\hat{\alpha}$ and $\hat{\beta}$ are the solutions of the ML equations

$$\sum_{k=1}^{N} u_k/N = \varphi(v)/[1-\Phi(v)]$$

$$\sum_{k=1}^{N} u_k^2/N = 1 + v\varphi(v)/[1-\Phi(v)]$$

where $u_k=(\log x_k-\alpha)/\beta$ and $v=(\log c-\alpha)/\beta$. Iterative methods have to be used in order to find the MLE. For details we refer to a monograph by Schneider (1986). Now F and L are estimated by

$$\hat{F}(x) = \Phi((\log x-\hat{\alpha})/\hat{\beta}) \quad \text{and} \quad \hat{L}(y) = \Phi(\Phi^{-1}(y)-\hat{\beta})$$

and the n_c and s_c predictors are given by

$$\hat{n}_c = N_c\psi((\log c-\hat{\alpha})/\hat{\beta})$$

$$\hat{s}_c = S_c\psi((\log c-\hat{\alpha})/\hat{\beta}-\hat{\beta}) = S_c\psi(\psi^{-1}(\hat{n}_c/N_c)-\hat{\beta})$$

where $\psi(x)=\Phi(x)/(1-\Phi(x))$.

The asymptotic variances of the predictors for large N_c can be found by lengthy calculations using approximations to ψ and the asymptotic covariance matrix of $\hat{\alpha}$ and $\hat{\beta}$.

Symmetrization

Assume that X has a distribution that is symmetric around μ, that is $F(\mu-x)=1-F(\mu+x)$ for all x. The expected value and the median of X are both equal to μ. Assume further that less than half the distribution is truncated so that $c<\mu$. Then μ can be estimated from the large payments by using that the empirical distribution should satisfy the following equations approximately for all x:

$$n_{\mu-x} = N_{\mu+x} = 2N_{\mu} - N_{\mu-x}$$

$$s_{\mu-x} = 2\mu N_{\mu+x} - S_{\mu+x} = 2\mu N_{\mu} - S_{\mu-x}$$

For instance, a criterion to estimate μ is to let $\hat{\mu}$ be the value of μ that minimizes some measure of discrepancy between the empirical distribution of the large payments and some fitted truncated symmetric distribution. An estimator of $p=F(c)$ is $\hat{p}=N_{2\hat{\mu}-c}/(N_{2\hat{\mu}-c}+N_c)$ or $\hat{p}=(2N_{\hat{\mu}}-N_c)/2N_{\hat{\mu}}$ leading to a predictor of n_c given by

$$\hat{n}_c = N_{2\hat{\mu}-c} \quad \text{or} \quad \hat{n}_c = 2N_{\hat{\mu}}-N_c$$

or some weighted combination thereof. Similarly $L(p)$ is estimated by

$$\hat{L}(\hat{p}) = (2\hat{\mu}N_{2\hat{\mu}-c} - S_{2\hat{\mu}-c})/(2\hat{\mu}N_{2\hat{\mu}-c} - S_{2\hat{\mu}-c} + S_c)$$

or

$$\hat{L}(\hat{p}) = (2\hat{\mu}N_{\hat{\mu}} - S_c)/2\hat{\mu}N_{\hat{\mu}}$$

leading to a predictor of s_c given by

$$\hat{s}_c = 2\hat{\mu}N_{2\hat{\mu}-c} - S_{2\hat{\mu}-c} \quad \text{or} \quad \hat{s}_c = 2\hat{\mu}N_{\hat{\mu}} - S_c$$

or some weighted combination thereof.

Now payments usually do not exhibit a symmetric but rather a highly skewed distribution, so before the preceeding reasoning can be applied, we have to transform the large payments. Assume that T is an increasing transformation such that $U=T(X)$ has a distribution that is symmetric around α:

$$F(T^{-1}(\alpha-u)) = 1 - F(T^{-1}(\alpha+u))$$

for all u. If $\hat{\alpha}$ is an estimator of α based on the transformed large payments, then $\hat{m}=T^{-1}(\hat{\alpha})$ is an estimator of the median of X, and

$$\hat{n}_c = 2N_{\hat{m}} - N_c$$

is a predictor of n_c. To find a predictor of s_c we start by using a Taylor approximation for the inverse transformation $x=T^{-1}(u)$, say $x=a+bu$ where

$$a = c-T(c)/T'(c) \text{ and } b = 1/T'(c).$$

It follows that $s_c=an_c+bs^*_{T(c)}$ where $s^*_{T(c)}$ is the sum of the transformed small payments. This sum can be estimated as above leading to a predictor of s_c given by

$$\hat{s}_c = a\hat{n}_c + b(2\hat{\alpha}N^*_{\hat{\alpha}} - S^*_{T(c)})$$

where the star refers to transformed payments.

Further analysis is required to find prediction intervals. It should be noted that convenient symmetrizing power transformations (Chambers, Cleveland, Kleiner & Tukey, 1983, Hines & O'Hara Hines, 1987) also often give reasonable normal approximations so that prediction methods based on a truncated normal distribution could be useful. Estimation of truncated normal distributions is treated at length by Schneider (1986).

References

Arnold, B. (1987) Majorization and the Lorenz Order: A Brief Introduction. Springer, Berlin.

Bain, L.J. (1978) Statistical Analysis of Reliability and Life-Testing Models. Marcel Dekker, New York.

Chambers, J.M., Cleveland W.S., Kleiner B. & Tukey P.A. (1983) Graphical Methods for Data Analysis. Wadsworth, Belmont, CA.

Hines, W.G.S. & O'Hara Hines R.J. (1987) Quick Graphical Power-Law Transformation Selection. The American Statistician 41, 1, 21-24.

Kalbfleisch, J.D. and Prentice, R.L. (1980) The Statistical Analysis of Failure Time Data. Wiley, New York.

Nelson, W. (1982) Applied Life Data Analysis. Wiley, New York.

Nygård, F. & Sandström A. (1981) Measuring Income Inequality. Almqvist & Wiksell, Stockholm.

Schneider, H. (1986) Truncated and Censored Samples from Normal Populations. Marcel Dekker, New York.

Shorack, G.R. & Wellner J.A. (1986) Empirical Processes with Applications to Statistics. Wiley, New York.

Zur empirischen Bestimmung der Eigenschaften von Saisonbereinigungsverfahren

K.H. Edel, CH-Niederteufen

1. Einleitung

Dass eine Vielzahl von Saisonbereinigungsverfahren exisiert, ist bekannt. Ein beträchtlicher Teil davon ruht in theoretischen Papieren. Nur einige wenige werden von offiziellen Stellen verwendet. Zeitreihen, die durch eine dieser Prozeduren bereinigt worden sind, dienen als Basis für die Diagnose der allgemeinen wirtschaflichen Situation und damit auch als Basis für die Prognose der künftigen wirtschaftlichen Entwicklung.
Nun ist ebenso bekannt, dass offizielle Stellen in verschiedenen Ländern verschiedene Verfahren verwenden. Selbst innerhalb eines Landes werden verschiedene Verfahren angewandt. So benutzt beispielsweise die Deutsche Bundesbank eine Version des bekannten Census X-11, während das Statistische Bundesamt das Berliner Verfahren benutzt. Es ist überflüssig zu erwähnen, dass die verschiedenen Verfahren natürlich verschiedene Resultate erzeugen, vor allem für Daten am aktuellen Rand. Besonders an diesen Beobachtungspunkten kann man Unterschiede beobachten. Dies ist ein unbefriedigender Zustand, weil gerade diese Daten für die Diagnose der konjunkturellen Lage wichtig sind.
Aus diesem Grund hat die Arbeitsgruppe Prognoseverfahren der DGOR vor einigen Jahren beschlossen, sich auch mit den Problemen der Saisonbereinigungsverfahren zu beschäftigen. Genauer gesagt, sie beschäftigt sich damit, wie Kriterien formuliert werden können, um verschiedene Ansätze in den Grundprinzipien unterscheiden zu können. Dabei ist anzumerken, dass es nicht darum geht, bessere oder schlechtere Verfahren zu unterscheiden, sondern eher um eine Katalog von Kriterien, die einen Vergleich der verschiedenen Verfahren auf einer einheitlichen Basis erlauben.
Ein wichtiger Aspekt der Saisonbereinigung ist das relative Verhalten in Bezug auf zwei Aspekte: einmal das Verhalten im

Operations Research Proceedings 1989

Zeitbereich, zum anderen das Verhalten im Frequenzbereich. Genauer gesagt sind die Amplitudenfunktion und die Phasencharakteristik von Interesse, besonders für die Bereinigung am aktuellen Rand.

2. Theoretische Grundlagen

Für einige der in der Praxis wichtigen Bereinigungsverfahren ist es nicht möglich, ihre Filtereigenschaften analytisch anzugeben. Dies hängt damit zusammen, dass es sich einerseits um nichtlineare Filter handelt, andererseits um Filter, die iterativ angewandt werden und zu einer Gesamtfilterung führen, deren Eigenschaften keinen analytischen Zugang mehr erlauben. Zusätzlich kommt dazu, dass für die Filterung am aktuellen Rand besondere Operationen durchgeführt werden, die einer Analyse noch weniger zugänglich sind als die im mittleren Bereich einer Zeitreihe.

Daher ist es sehr schwierig bis nahezu unmöglich, die Filtereigenschaften einer Saisonbereinigung auf rein theoretischer Basis zu vergleichen. Offen bleibt aber immer noch der empirische Zugang. Diesen Weg haben wir gewählt.

Die Basis dieser Untersuchung bilden nicht beobachtete Zeitreihen, sondern konstruierte Testsignale, deren Filter-Output bekannt ist. Angenommen

X(t) ist das Input-Signal mit t=1,2,...,T und
Y(t) das Output-Signal des Filters,
F: der Filter oder Saisonbereinigungsverfahren,
F: X(t) ---> Y(t), die saisonal bereinigten Beobachtungspunkte oder der saisonal bereinigte aktuelle Rand.

Gerade die letzte Variante ist üblicherweise nicht zeitinvariant und/oder nichtlinear. Unsere Ergebnisse sind lediglich lineare Approximationen an diese Nichtlinearitäten.

Mit dem Testsignal X(t)=SIN(Pt+d), - P steht für das gewohnte Theta, die Frequenz, d statt Delta für die Phase - ergibt sich ein Filter-Output durch:

F(t):=X(t) ---> Y(t)=|F(t,P)|SIN[Pt+d+V(t,P)], wobei V(t,P) die Phasenfunktion des Outputs gegenüber der Inputreihe bezeichnet, die durch die Filteroperation beziehungsweise das Bereinigungsverfahren verursacht wird.

In der Mitte der Zeitreihe ist V(t,P) für die meisten Bereinigungsverfahren nahezu null. Aber für die Anwendung ist die Phasenfunktion am aktuellen Rand wichtiger. Wie gross ist die Phase für den zuletzt bereinigten Wert, wieviele Zeiteinheiten beträgt die Phase?
|F(t,P)| bedeutet die Amplitudenfunktion oder Transferfunktion des saisonalen Filters. Sie zeigt uns, in welchem Ausmass die einzelnen Frequenzen oder Frequenzbänder entfernt, beibehalten oder auch verstärkt werden. Eine "gute" Saisonbereinigung sollte lediglich saisonale Masse entfernen und den Rest unverändert lassen. Gerade für den aktuellen Rand ist diese Frage interessant.
Da wir die Amplitudenfunktion |F(t,P)| und die Phasenfunktion V(t,P) für alle Zeitpunkte t und für alle Frequenzen P bestimmen wollen, benötigen wir die zwei Filterergebnisse Y1(t) und Y2(t).

Y1(t) = |F(t,P)|SIN[Pt+V(t,P)]

Y2(t) = |F(t,P)|COS[Pt+V(t,P)].

Die zwei Testsignale sind X1(t)=SIN(Pt) und X2(t)=COS(Pt).

3. Empirische Amplituden- und Phasenfunktionen

Aus dieser Beziehung kann die empirische Amplitudenfunktion hergeleitet werden: |F(t)| = SQRT(Y1(t)**2 + Y2(t)**2). Durch Division der beiden Filteroutputs Y1(t) und Y2(t) erhalten wir:
TAN(Pt + V(t,P))= Y1(t)/Y2(t). Die empirische Phasenfunktion ist demzufolge V(t,P) = ATAN(Y1(t)/Y2(t)) - Pt.
Für die praktische Bestimmung der Phasenfunktion der verschiedenen Saisonbereinigungsverfahren kann die normale ATAN-Funktion nicht verwendet werden, da sie nur im Intervall [-PI/2,PI/2] definiert ist. Diese Definition hat den Nachteil, dass sie auch negative Werte annehmen kann, was die sinnvolle Interpretation mühsam macht. Man glaubt dann gerne, dass der Wechsel der Vorzeichen aus einer LAG-Beziehung eine LEAD-Beziehung macht, dass also gewisse Komponenten anstelle einer Zeitverzögerung einen Vorlauf gegenüber der Originalzeitreihe aufweisen. Natürlich kann hier nur eine Verzögerung auftreten, und niemals ein Vorlaufen. Um diese Fehlinterpretation zu vermeiden, empfiehlt sich eine Definition der ATAN-Funktion, die keinen Vorzeichenwechsel aufweist. Selbstverständlich ist es sinnvoll, diese Phasenwerte in den Zeitbereich zu transformieren, da

die Interpretation in Winkelmassen nicht unserer gewohnten Begriffswelt entspricht.

4. Das Experiment

Sechzig Zeitreihen X1(t)=SIN(Pt) und X2(t)=COS(Pt) wurden erzeugt und zwar für die sechzig Frequenzen PI*k/60, k=1,...,60, jeweils der Länge T=200. Diese Reihen wurden als Input verschiedenen Saisonbereinigungen unterzogen. Die Amplitudenfunktion und die Phasenfunktion wurden sowohl im mittleren Bereich (t=100 bis 170) als auch am Rand (T=171 bis 200) ausgewertet. Die untersuchten Verfahren sind Census X-11 mit additiver und multiplikativer Saisonalität, das Berliner Verfahren, Version IV und ein multipler Kerbenfilter (Stier, 1980). Weitere Verfahren werden noch untersucht.
Die ideale Amplitudenfunktion sollte in den saisonalen Frequenzen den Wert null, sonst den Wert eins annehmen. Für die glatte Komponente sollte die Amplitudenfunktion für alle Frequenzen über der ersten saisonalen Frequenz den Wert null annehmen.

5. Resultate

Für den mittleren Bereich sieht die Amplitudenfunktion weitgehend wie erwartet aus. Am aktuellen Rand sind dagegen Verzerrungen festzustellen. Der Kerbenfilter hat als rekursiver Filter auch theoretisch dieselbe Amplitudenfunktion. Die Amplitudenfunktion des glatten Komponente des Census Verfahren sieht dagegen auch im mittleren Bereich wie ein schlechter Tiefpassfilter aus. Sie verstärkt gewisse Frequenzen, was einen Slutzky-Effekt produziert. Dies kann auch an Beispielen gezeigt werden.
Die Interpretation der Phase bildet ein grösseres Problem. Wir nehmen an, dass die Phasen der einzelnen Frequenzen gewichtet werden müssen, um einen durchschnittlichen Phasenwert zu erhalten, den man schliesslich als duchschnittlichen LAG in Zeiteinheiten ausdrücken kann. Die nachfolgenden Bilder stellen die Amplitudenfunktion bzw. Transferfunktion des Census-Programmes für das additive und das multiplikative Modell dar, jeweils für die finale Filterung und für die Filterung am aktuellen Rand, sowohl für die saisonbereinigte Reihe wie für die glatte Komponente.

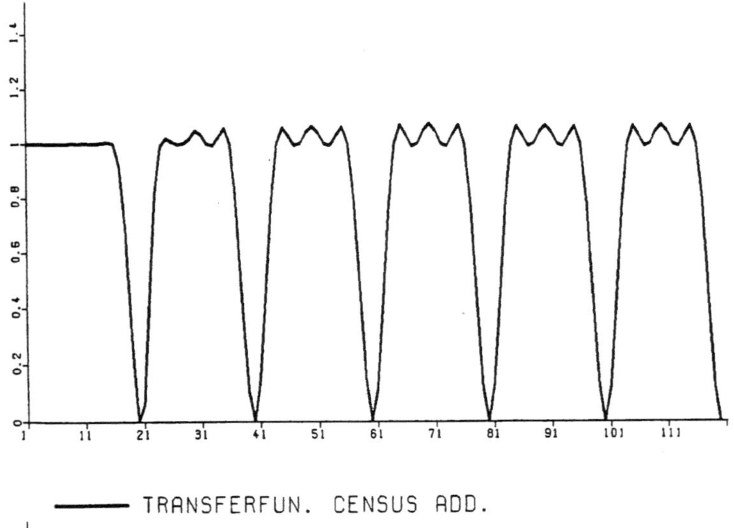
TRANSFERFUN. CENSUS ADD.

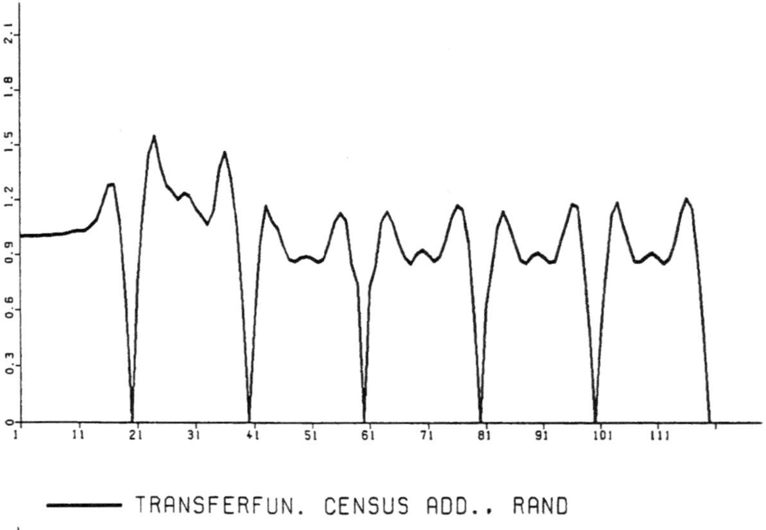
TRANSFERFUN. CENSUS ADD., RAND

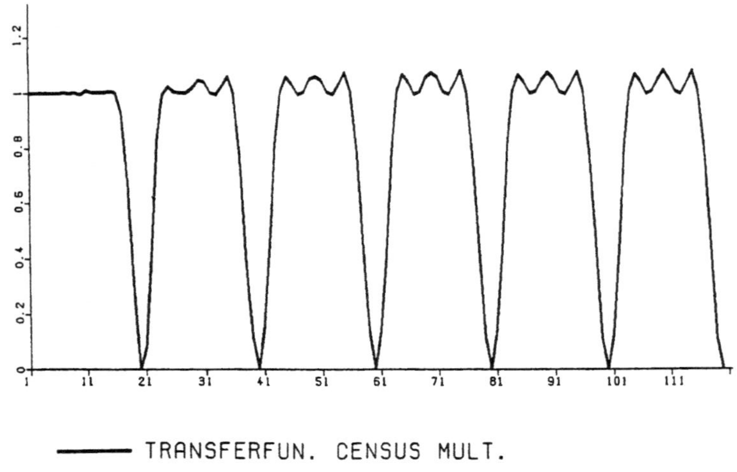
TRANSFERFUN. CENSUS MULT.

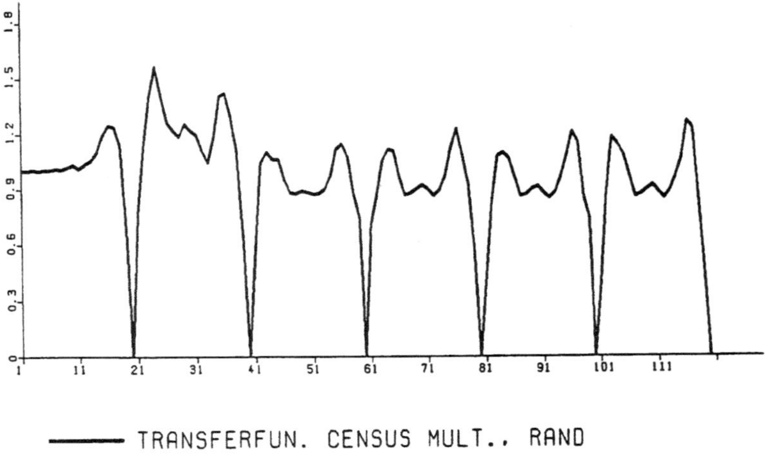
TRANSFERFUN. CENSUS MULT., RAND

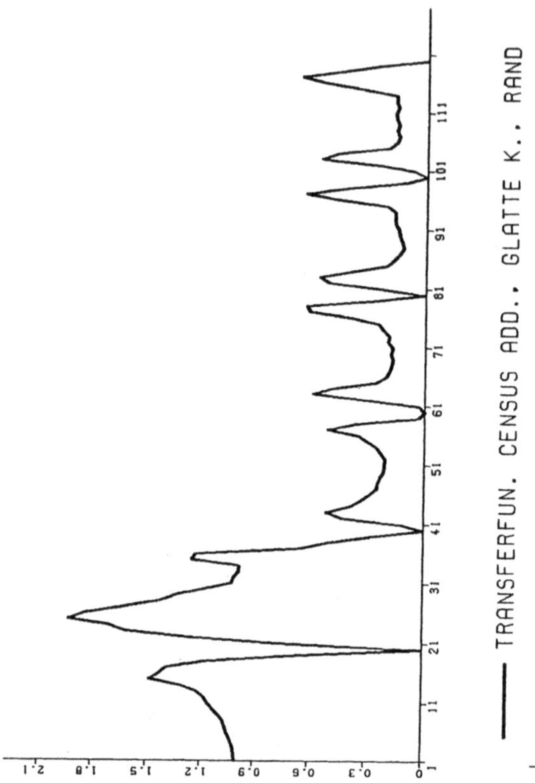
TRANSFERFUN. CENSUS ADD.., GLATTE K.., RAND

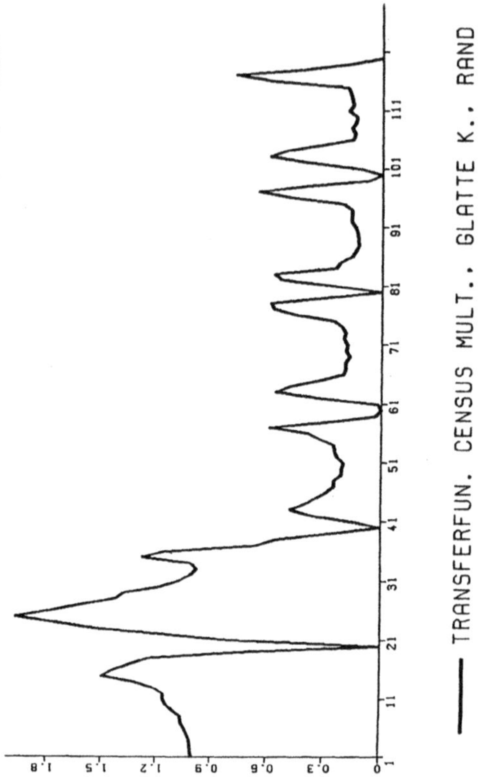
TRANSFERFUN. CENSUS MULT.., GLATTE K.., RAND

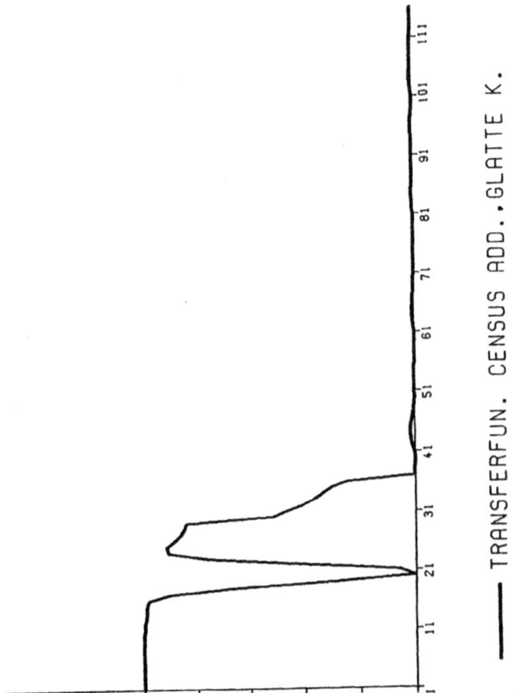
TRANSFERFUN. CENSUS ADD..,GLATTE K.

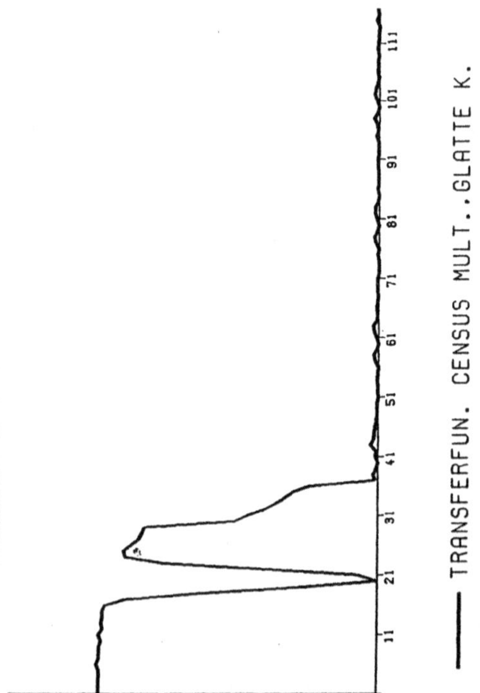
TRANSFERFUN. CENSUS MULT..GLATTE K.

ERZEUGNISDISPOSITION MIT MODERNEN METHODEN DER ABSATZPROGNOSE UND JAHRESPLANUNG ZUR FESTLEGUNG DER MITTELFRISTIGEN UNTERNEHMENSZIELE

Erich KONOPICKY, München

• Statistik, Datenanalyse und Prognose

Die strategische Planung mit computerunterstützten Planungs- und Prognoseverfahren kommt in vielen Unternehmen zu kurz. Dabei liegen insbesondere in der Konsumgüterindustrie die Vorteile auf der Hand:

- frühzeitiges Erkennen von Trends
- Verbesserung der Sortimentsstruktur am Lager
- Reduzierung der Kapitalbindung am Lager
- Reduzierung von Abwertungsverlusten
- Verbesserung der Lieferbereitschaft

Aufgezeigt werden die Möglichkeiten, die wissenschaftlich fundierten, statistischen Methoden praxisnah zur Erzeugnisdisposition anzuwenden. Es wird auf die Verfahren der Trend- und Hochrechnung eingegangen, wobei in einem ersten Schritt die Vergangenheitsdaten analysiert, mit diesen Basiswerten die Prognose gerechnet und dann die Sondereinflüsse berücksichtigt werden. Die Ergebnisse können auch für die Jahresabsatzplanung zur Festlegung der mittelfristigen Unternehmensziele verwendet werden. Kaum ein Unternehmen der Konsumgüterindustrie kann heute noch auf eine computergestützte Absatzdisposition verzichten; in vielen Fällen werden allerdings nur einfachste selbst erstellte Lösungen mit häufig unbefriedigenden Ergebnissen verwendet.
Ergänzt wird der Vortrag durch Anwendungsbeispiele aus verschiedenen Unternehmen.

PENALTY-VERFAHREN BEI DER CLUSTERANALYSE

Wolfgang GAUL, Karlsruhe

In der Clusteranalyse versucht man, auf der Grundlage von Daten, die interessierende Objektmengen beschreiben, eine Aufteilung der verschiedenen Objekte auf unterschiedliche Gruppen oder Klassen dergestalt, daß ähnliche Objekte in der gleichen Klasse zusammengefaßt werden.

Bei den vielen Clusteranalysen-Methoden, die für unterschiedliche Klassifikationsproblemstellungen entwickelt wurden, spielt auch die Einhaltung entsprechender Nebenbedingungen (z.B. für die Darstellung der Lösung mittels Dendrogrammen oder additiver Bäume oder aufgrund von Praxisanforderungen an die Anzahl/Größe der Klassen, etc.) eine wichtige Rolle. In diesem Zusammenhang wird über den Einsatz von Penalty-Verfahren bei der Clusteranalyse berichtet und auch ein eigener Ansatz zur Behandlung spezieller zweimodaler Fragestellungen vorgestellt.

KAUSALANALYSE MIT DEM LISREL-ANSATZ ODER EINER KOMBINATION TRADITIONELLER MULTIVARIATER METHODEN?

Jochen BENZ, Fulda

Multivariate statistische Methoden werden seit längerer Zeit beispielsweise in der experimentellen Psychologie sowie in den Sozialwissenschaften erfolgreich eingesetzt. In den letzten Jahren erfolgte die Ausweitung der Anwendung dieser Verfahren auf die Betriebswirtschaftslehre, wo sie sich insbesondere für die Marketingforschung anbieten.

Nach den "traditionellen" Verfahren, zu denen beispielsweise Clusteranalyse, Pfadanalyse und Regressionsanalyse zählen, standen in der letzten Zeit vor allem integrierte Verfahren der Kausalanalyse im Mittelpunkt der wissenschaftlichen Diskussion. Einer der am stärksten beachteten Ansätze ist der von Karl G. Jöreskog entwickelte LISREL-Ansatz.

Kausalanalysen sind jedoch auch durch eine Kombination der traditionellen Verfahren

- Faktorenanalyse
- Diskriminanzanalyse
- Regressionsanalyse

möglich. Deshalb stellt sich die Frage nach Vor- und Nachteilen der beiden Wege (LISREL und Kombination traditioneller Verfahren). Weiterhin gilt es zu klären, ob generell einer der beiden Wege vorzuziehen ist. Oder ob sie sich sinnvoll ergänzen.

Diese Fragestellungen werden beantwortet anhand praktischer Erfahrungen mit Kausalanalysen in der Marketingforschung. Die Darstellung erfolgt an einem Beispiel, das mit Hilfe der Programmpakete SPSS/PC+ sowie LISREL 7 ausgewertet wird.

PREISSIMULATION AUF BASIS VON LABOR- UND SCANNERDATEN

B. ERICHSON und A. BISCHOFF, Nürnberg

Die Findung des **"richtigen" Preises** bildet ein Kardinalproblem jeder Marketingstrategie. Dies gilt gleichermaßen für **existierende** wie für **neue Produkte**. Die Lösung dieses Problems erfordert quantitative Informationen über die Wirkung von Preisänderungen auf die Nachfrage von konkurrierenden Produkten. Ein neuartiges Verfahren zur Beschaffung derartiger Informationen für Konsumgüter ist das **TESI-Preismodell.** Gestützt auf ein interaktives Computer-Programm lassen sich damit für beliebige Preissituationen die Marktanteile der konkurrierenden Marken, deren Preisabsatzfunktionen, Preiselastizitäten und weitere Kenngrößen ableiten und grafisch darstellen.

Das TESI-Preismodell ist ein **mikroanalytisches Verfahren,** d.h. es werden individuelle Preisreaktionen prognostiziert und sodann aggregiert. Als empirische Basis werden daher auch individuelle Einkaufsdaten benötigt. Je Person einer repräsentativen Stichprobe müssen für eine Mehrzahl von Einkaufssituationen die jeweils gewählte Marke sowie die Preise der angebotenen Marken (also auch die von nicht gekauften Marken) bekannt sein. Derartige Informationen stehen in konventionellen Formen von Haushalts- und Handelspanel nicht zur Verfügung. Es werden daher **Labordaten** verwendet, die durch Befragung einer Stichprobe von Konsumenten in einem Teststudio gewonnen werden. Sie müssen für jede Anwendung (Warengruppe) speziell erhoben werden. Eine alternative Datenbasis bilden **Scannerdaten,** die in einem elektronischen Testmarkt (z.B. Behavior-Scan) gewonnen werden.

Die **Vorteile von Labordaten** sind insbesondere Aktualität und Flexibilität. Das Kaufverhalten wird quasi im Zeitrafferverfahren erfaßt, so daß sich sehr schnell ein Bild der aktuellen Marktsituation erstellen läßt. Es lassen sich sowohl Ver- als auch Gebrauchsgüter untersuchen. Und es kann sich sowohl um existierende Produkte wie auch um neue, noch nicht im Markt befindliche Produkte handeln. Der **Vorteil von Scannerdaten** liegt in deren Realitätsnähe. Sie spiegeln tatsächliches Kaufverhalten wieder (biotische Situation), und sie ermöglichen die gleichzeitige Erfassung von Werbemaßnahmen der Hersteller und/oder Verkaufsaktionen des Handels. Voraussetzung für die Verwendung von Scannerdaten ist jedoch, daß ein hinreichend langer Beobachtungszeitraum vorliegt (abhängig von der Kauffrequenz in der untersuchten Warengruppe) und daß im Markt eine hinreichende Preisvariation existiert. Eine weitere Einschränkung folgt aus der bislang noch geringen Verfügbarkeit elektronischer Testmärkte (wenige Länder, ein Kunde pro Warengruppe).

EFFIZIENTE INFORMATIONSNUTZUNG MITTELS FORMALER LERNREGELN IN BIOLOGISCHEN PRODUKTIONSMODELLEN

Christian NOELL, Kiel

Biologische Produktionssysteme sind in der Land- und Ernährungswirtschaft die übliche Basis zur Erzeugung von Gütern. In zunehmendem Maße besteht aber auch in anderen Wirtschaftsbereichen Interesse an biologischen Produktionsverfahren (Energiegewinnung, Biotechnologie, ökologisch unbedenkliche Abfallbeseitigung etc.). Anders als die industrielle chemische und technische Produktion ist die biologische Produktion in Verlauf und Ergebnis häufig extrem standortabhängig und verläuft meist in langen Zyklen. Produktionsergebnisse werden durch das Zusammenwirken deterministischer und stochastischer Komponenten geprägt, wobei deren spezifische Ausprägungen am Produktionsstandort eine besondere Stellung einnehmen. Eine Vielzahl dieser Standortfaktoren wirken nämlich systematisch auf die Produktion ein, über ihren Einfluß liegen allerdings bei Aufnahme der Produktion nur unscharfe Informationen vor. Durch Verwertung der nach jedem Produktionszyklus anfallenden Informationen können die Standortwirkungen aber erlernt und damit die Produktionsvorgänge optimiert werden.

Dieser Beitrag stellt daher entsprechende Alternativen formaler Lernregeln vor, die u.a. auf klassischen aber auch auf Bayes-statistischen Methoden beruhen. Es wird an Hand eines Simulationsmodells gezeigt, welche Vor- und Nachteile einzelne Lernstrategien unter variierenden Bedingungen aufweisen und welche effizient in Produktionsmodellen einsetzbar sind.

Vergleich adaptiver Verfahren der Exponentiellen Glättung

J. Schwarze

1. Vorbemerkung

Die Güte von Prognosen mit Hilfe der exponentiellen Glättung hängt in sehr hohem Maße vom Wert des Glättungsparameters α ab. Bei "stabilen" Zeitreihen zeigt sich, daß ein kleiner Wert für α tendenziell bessere Prognosen liefert als ein großes α. Bei instabilen Zeitreihen mit Strukturbrüchen ist, um eine schnelle Anpassung an Strukturveränderungen zu erzielen, ein großes α erforderlich. Bei bereichsweise stabilen Zeitreihen mit Strukturbrüchen ist deshalb bei der Anwendung der exponentiellen Glättung im Regelfall ein variabler Glättungsparameter wünschenswert, damit das Verfahren schnell auf Strukturänderungen reagieren kann.

Veränderungen des Glättungsparameters bei Strukturbrüchen können auf zwei Arten erreicht werden: Das α kann durch den Benutzer der exponentiellen Glättung manuell geändert werden oder α wird bei Strukturbrüchen automatisch angepaßt. Manuelles Ändern setzt voraus, daß Strukturbrüche sehr schnell erkannt werden und erfordert ständiges Beobachten der Entwicklung durch den Benutzer. Da exponentielles Glätten vor allem bei "Massenprognosen" eingesetzt wird, ist für die Anwendung vor allem eine automatische Anpassung des Glättungsparameters interessant.

Verfahren mit einer automatischen Steuerung des Glättungsparameters sind von Smith, Trigg und Leach, d'Amico, van Dobben de Bruyn, Chow und Whybark vorgestellt worden. Um die Güte und die Eigenschaften dieser Verfahren zu untersuchen wurden sie auf einem PC implementiert und in einem Verfahrensvergleich gegenübergestellt. Dabei wurden die in der Literatur vorgestellten Ansätze teilweise noch zusätzlich modifiziert.

Der Verfahrensvergleich wurde an simulierten Zeitreihen durchgeführt. Diesem lag als deterministische Komponente ein konstantes Modell (für exponentielles Glätten 1. Ordnung) bzw. ein Modell mit linarem Trend (exponentielles Glätten 2. Ordnung) zugrunde. Für die Zufallskomponente wurde von einem "weißen Rauschen" ausgegangen.

Um die adaptiven Eigenschaften der einzelnen Verfahren zu analysieren, wurden verschiedene Strukturbrüche durch unterschiedlich hohe Niveauverschiebungen bzw. Steigungsveränderungen simuliert.

2. Kurzbeschreibung der verglichenen Verfahren

Eine ausführliche Diskussion der bei dem Verfahrensvergleich benutzten Verfahren ist in dem vorliegenden Rahmen nicht möglich. Es wird dazu auf die Literatur verwiesen.

2.1 Verfahren von Trigg und Leach

Das Verfahren von Trigg und Leach (1967) ist für Zeitreihen mit linearem Trend entwickelt worden. Mit diesem Ansatz wird in der Periode t eine Prognose für die Periode t+1 wie folgt berechnet:

$$x^*_{t+1} = M_t + \left(1 + \frac{1-\beta}{\beta}\right) T_t$$

wobei Grundwert M_t und Trendwert T_t wie folgt bestimmt werden:

Operations Research Proceedings 1989

$$M_t = \alpha_t x_t + (1-\alpha_t) M_{t-1}$$
$$T_t = \beta(M_t - M_{t-1}) + (1-\beta) T_{t-1} \,.$$

Der Glättungsparameter α_t für die exponentielle Fortschreibung des Grundwertes M_t wird wie folgt in jeder Periode neu berechnet:

$$\alpha_t = \frac{|MD_t|}{MAD_t}$$

mit

$$MD_t = \gamma (x_t^* - x_t) + (1-\gamma) MD_{t-1}$$
$$MAD_t = \gamma |x_t^* - x_t| + (1-\gamma) MAD_{t-1} \,.$$

Der Glättungsparameter ß für die eigentliche Prognose sowie für die exponentielle Fortschreibung des Trendwertes (Steigung) wird fest vorgegeben. Ebenso der Glättungsparameter γ für die exponentielle Fortschreibung der beiden für die Berechnung von α verwendeten Fehlergrößen. Dabei ist festzustellen, daß die Selbststeuerung des Verfahrens (Geschwindigkeit der Anpassung an Strukturänderungen) um so größer ist, je größer der Glättungsparameter γ ist.

2.2 Verfahren von Smith

Das Verfahren von Smith (1974) ist mit dem Verfahren von Trigg und Leach weitestgehend identisch. Der einzige Unterschied besteht darin, daß der über die beiden Fehler berechnete Wert für den Glättungsparameter α noch einmal zusätzlich exponentiell geglättet wird. Für die Fortschreibung des Grundwertes wird also anstelle von α_t der Parameter α^*_t verwendet, der wie folgt berechnet wird:

$$\alpha^*_t = \alpha_t + (1-\partial)\, \alpha^*_{t-1}$$

Der zusätzliche Glättungsparameter ∂ für die Glättung von α muß wie die Parameter ß und γ ebenfalls gegeben werden.

2.3 Verfahren von d'Amico

D'Amico (1971) benutzt für die Prognose wie Trigg und Leach ebenfalls einen Ansatz mit linearem Trend. Wobei Grundwert und Trendwert mit gleichen Parametern exponentiell geglättet werden:

$$x^*_{t-1} = M_t + \left(1 + \frac{1-\alpha_t}{\alpha_t}\right) T_t$$

mit

$$M_t = \alpha_t x_t + (1-\alpha_t) M_{t-1}$$
$$T_t = \alpha_t (M_t - M_{t-1}) + (1-\alpha_t) T_{t-1} \,.$$

D'Amico berechnet mit dem Ansatz in jeder Periode zwei Prognosen mit zwei verschiedenen α_t, die wie folgt ermittelt werden:

$$\alpha_{t1} = (\bar{\alpha} - \underline{\alpha})\, \Delta MAD_{t-1} + \underline{\alpha}$$
$$\alpha_{t2} = (\bar{\alpha} - \underline{\alpha}) \frac{0{,}1}{\Delta MAD_{t-1}} + \underline{\alpha}$$
$$\text{mit} \quad MAD_{t-1} = \frac{|MAD_{t-1} - MAD_{t-2}|}{MAD_{t-2}} \,.$$

Die Größen $\bar{\alpha}$ und $\underline{\alpha}$ geben obere und untere Grenzen für den Glättungsparameter α an, die nicht überschritten bzw. unterschritten werden dürfen. MAD ist der durch exponentielle Glättung ermittelte mittlere absolute Prognosefehler.

Für die endgültige Prognose wird das α verwendet, bei dem der exponentiell geglättete mittlere absolute Fehler zu einem Minimum wird. Mit dem dafür verwendeten MAD werden dann für die nächste Periode wieder zwei neue α-Werte bestimmt.

2.4 Verfahren von van Dobben de Bruyn

Van Dobben de Bruyn (1964) hat als erster ein Verfahren mit einer automatischen Anpassung des Glättungsparameters entwickelt. Für die Prognose verwendet er den gleichen Ansatz wie d'Amico mit einer Modifikation bei der exponentiellen Fortschreibung des Grundwertes. Hier führt er zusätzlich einen additiven Term, der vom mittleren Fehler abhängt, ein:

$$M_t = \alpha_t x_t + (1-\alpha_t) M_{t-1} + \beta_t MD_t$$

mit

$$MD_t = \gamma(x_t^* - x_t) + (1-\gamma) MD_{t-1}.$$

MD ist der exponentiell geglättete mittlere Fehler. Der Glättungsparameter γ ist konstant.

Der Glättungsparameter α sowie der Parameter β, mit dem der mittlere Fehler MD berücksichtigt wird, werden beide adaptiv gesteuert und in jeder Periode wie folgt neu berechnet:

$$\alpha_t = \left(\frac{\dfrac{|x_t^* - x_t|}{\sigma_t^2}}{1 + \dfrac{|x_t^* - x_t|}{\sigma_t^2}} \right)^x \quad ; \quad \beta_t = \left(\frac{\dfrac{|MD_t|}{\sigma_{ot}^2}}{1 + \dfrac{|MD_t|}{\sigma_{ot}^2}} \right)^x$$

mit

$$\sigma_t^2 = \frac{1}{7} \sum_{i=1}^{7} (x_{t-i} - \bar{x}_t)^2$$

$$\bar{x}t = \frac{1}{7} \sum_{i=1}^{7} x_{t-i}$$

$$\sigma_{ot}^2 = \sigma_t^2 \sqrt{\frac{\alpha}{2-\alpha}}$$

$$x = \text{const. und } x \geq 0.$$

Je größer der Exponent x ist, desto größer ist die Selbststeuerung des Verfahrens. Bei einer großen Zufallskomponenten der Zeitreihe (große Streuung im weißen Rauschen), wird der Glättungsparameter relativ groß und das Verfahren liefert tendenziell sehr schlechte Ergebnisse.

2.5 Verfahren von Chow

Chow (1965) verwendet als Prognosemodell den gleichen Ansatz wie d'Amico. Die spezifischen Eigenheiten seines Ansatzes sind die folgenden:

In jeder Periode werden drei Prognosen berechnet. Dafür werden drei verschiedene Werte für den Glättungsparameter α benutzt, und zwar:

$$\alpha_t .$$

$$\overline{\alpha}_t = \alpha_t + \Delta\alpha$$

$$\underline{\alpha}_t = \alpha_t - \Delta\alpha .$$

Als α_t verwendet man denjenigen der drei α-Werte aus der Vorperiode, der die beste Prognose in der Periode t-1 geliefert hat. Dafür benutzt Chow zwei Ansätze:

(1) Er verwendet das α aus der Vorperiode, bei dem der über Exponentielles Glätten bestimmte mittlere absolute Prognosefehler am kleinsten war.

(2) Er verwendet das α der Vorperiode, bei dem der letzte absolute Prognosefehler $(x^*_{t-1} - x_{t-1})$ am kleinsten war.

Das $\Delta\alpha$ wird vorgegeben. Chow selbst hat dafür 0,05 angesetzt.

2.6 Verfahren von Whybark

Bei dem adaptiven Ansatz von Whybark wird als Prognosemodell das gleiche wie bei Trigg und Leach verwendet. Das heißt, daß ein variables α nur für die Fortschreibung des Grundwertes benutzt wird. Die Glättungsparameter für die eigentliche Prognosegleichung für die Fortschreibung des Trendwertes werden nicht automatisch angepaßt.

Im Gegensatz zu den bisher beschriebenen Ansätzen berechnet Whybark nicht in jeder Periode ein neues α in Abhängigkeit von den Prognosefehlern, sondern er operiert nur mit drei vorgegebenen α-Werten, und zwar

$$\alpha_1 = 0{,}2;\ \alpha_2 = 0{,}4;\ \alpha_3 = 0{,}8.$$

Die adaptive Steuerung des Verfahrens geschieht folgendermaßen:

Im Regelfall wird mit $\alpha_1 = 0{,}2$ gearbeitet.

In jeder Periode wird der mittlere quadratische Prognosefehler über einen Ansatz der Exponentiellen Glättung berechnet.

$$\sigma_t^2 = \alpha_t (x_t^* - x_t)^2 + (1 - \alpha_t) \sigma_{t-1}^2 .$$

In jeder Periode wird außerdem der absolute Prognosefehler berechnet:

$$|x_t^* - x_t|$$

Ist dieser absolute Prognosefehler in einer Periode größer als 4 σ_t, dann wird mit einem Wert $\alpha_3 = 0{,}8$ gearbeitet. In der Folgeperiode wird $\alpha_2 = 0{,}4$ verwendet und danach $\alpha_1 = 0{,}2$.

Der Wert $\alpha_3 = 0{,}8$ wird auch dann verwendet, wenn in zwei unmittelbar aufeinanderfolgenden Perioden der absolute Prognosefehler gößer als 1,2 σ_t gewesen ist. Danach wird wieder $\alpha_2 = 0{,}4$ verwendet und aschließend $\alpha_1 = 0{,}2$.

Das wesentliche des Ansatzes von Whybark ist also, das α nur diskret variiert wird.

3. Verwendete Zeitreihen

Für den Verfahrensvergleich wurden simulierte Zeitreihen verwendet.

Die Zeitreihen bestehen aus einer linearen deterministischen Komponente und einer $N(0, \sigma)$-verteilten Zufallskomponente z:

$$x_t = a + bt + z.$$

Für die Erzeugung der Zufallskomponente wurden die Fälle $\sigma = 1,2,5$ und 10 verwendet.

Jede simulierte Zeitreihe war 80 Werte lang. Die ersten 20 Werte wurden zum "Einschwingen" der Verfahren benutzt und blieben bei dem Vergleich unberücksichtigt. Strukturbrüche wurden an der Stelle t = 40 simuliert.

Folgende Zeitreihenmodelle wurden für die angegebenen 4 Werte von α untersucht:

(1) a = 50, b = 0
Strukturbruch: Δa = 10, 20, 30, 50

(2) a = 50, b = 1
Strukturbruch: Δa = 10, 20, 30, 50

(3) a = 50, b = 1
Strukturbruch: Δb = -0,75, -0,5, 1, 3

(4) a = 50, b = 0,5
Strukturbruch: Δa = 10, 20, 30, 50 **und** Δb = 1,5

4. Verwendung der in Abschnitt 2 beschriebenen Verfahren

Es wurden bei dem Verfahrensvergleich die oben beschriebenen Verfahren so eingesetzt wie sie in der Literatur beschrieben sind. Für die vorzugebenden Parameter wurden dabei unterschiedliche Werte verwendet, um zusätzlich festzustellen wie die einzelnen Verfahren auf unterschiedliche Parametervorgaben reagieren.

Bei den unterschiedlichen Parameterkonstellationen wurden auch unterschiedliche Startwerte für variable Parameter untersucht. Die Parameter- bzw. Startwertkonstellationen, die sich im Rahmen des Vergleichs als am günstigsten herausgestellt haben, sind in Tabelle 1 für die verschiedenen Zeitreihenmodelle zusammengestellt.

Zu der Verwendung der Verfahren ist zusätzlich folgendes zu bemerken:
Die in der Literatur beschriebenen Verfahren wurden für den Vergleich nicht nur in ihrer Originalversion eingesetzt, sondern auch in einer abgewandelten Form. Bei dem Verfahren von Trigg und Leach wurde anstelle des mittleren absoluten Fehlers auch die Quadratwurzel aus dem mittleren quadratischen Fehler verwendet. Das Originalverfahren wurde mit Modell 0, die Modifikation mit Modell 1 gekennzeichnet. Das gleiche erfolgte bei dem Verfahren von Smith.
Bei dem Verfahren von d'Amico wurde ebenfalls als Modifikation die Quadratwurzel aus dem mittleren quadratischen Fehler anstelle des mittleren absoluten Fehlers verwendet (Modell 0 ist die Originalversion und Modell 1 das modifizierte Modell).

Bei dem Verfahren von van Dobben de Bruyn bezeichnet das Modell 0 den Ansatz mit Verwendung des mittleren Fehlers, während im Modell 1 nur der letzte Prognosefehler für die Adaption verwendet wird. Beim Ansatz von Chow wurde anstelle von drei α -Werten im modifizierten Modell mit fünf α -Werten gerechnet, wobei die von Chow vorgeschlagene Sprungweite halbiert wurde.

Bei dem Ansatz von Whybark wurde versucht, anstelle der α-Werte 0,2, 0,4 und 0,8 mit anderen Werten zu arbeiten, und es wurden auch andere Vielfache der Standardabweichung untersucht. Als besonders günstig haben sich dabei die α -Werte 0,1, 0,3 und 0,7 sowie das zweifache der Standardabweichung (anstelle des 1,2-fachen) bei zweimaliger Überschreitung der Grenze herausgestellt.

Zeitreihen	Verfahren	Mod.	$\alpha/\alpha^*/\alpha_0$	β/β_0	γ/γ_u	$\Delta\alpha/\partial/\sigma_0/\alpha_1$	α_2	α_3	MAD
konstant	Trigg & Leach	0/1	0,1	0,05	0,1	–	–	–	–
	Smith	0/1	0,1	0,05	0,1	0,9	–	–	–
	D'Amico	0/1	0,2	0,2	0,3	–	–	–	–
	van Dobben de Bruyn	0/1	0,1	0,1	0,5	1	–	–	0,1
	Chow	0	0,3	–	–	0,05	–	–	1
	Whybark	0/1	–	0,2	–	0,2	0,4	0,8	1
	Whybark	1	–	0,2	–	0,1	0,3	0,7	1
Trend	Trigg & Leach	0/1	0,1	0,05	0,1	–	–	–	1
	Smith	0/1	0,1	0,05	0,1	0,9	–	–	1
	D'Amico	0/1	0,2	0,2	0,3	–	–	–	1
	van Dobben de Bruyn	0/1	0,1	0,1	0,5	1	–	–	0,1
	Chow	0/1	0,3	–	–	0,15	–	–	1
	Whybark	0	–	0,2	–	0,2	0,4	0,8	1
	Whybark	1	–	0,2	–	0,1	0,3	0,7	1
Trendänderung	Trigg & Leach	0/1	0,1	0,2	0,05	–	–	–	1
	Smith	0/1	0,1	0,2	0,05	0,3	–	–	1
	D'Amico	0/1	0,15	0,15	0,3	–	–	–	
	van Dobben de Bruyn	0/1	0,1	0,1	0,5	2	–	–	0,1
	Chow	0/1	0,3	–	–	0,15	–	–	1
	Whybark	0	–	0,2	–	0,2	0,4	0,8	1
	Whybark	1	–	0,2	–	0,1	0,3	0,7	1
Trendänderung und Sprung	Trigg & Leach	0/1	0,1	0,2	0,2	–	–	–	1
	Smith	0/1	0,1	0,2	0,2	0,9	–	–	1
	D'Amico	0/1	0,15	0,15	0,3	–	–	–	1
	van Dobben de Bruyn	0/1	0,1	0,1	0,5	1	–	–	0,1
	Chow	0/1	0,3	–	–	0,15	–	–	1
	Whybark	0	–	0,2	–	0,2	0,4	0,8	1
	Whybark	1	–	0,2	–	0,1	0,3	0,7	1

Tabelle 1

5. Vergleichsauswertung

Bei dem Verfahrensvergleich wurden jeweils zwei Versionen der verschiedenen Verfahren gegenübergestellt, also insgesamt 12 Varianten.

Für die Auswertung wurden unterschiedliche Fehlermaße berechnet. Im einzelnen waren das:

Mittlerer relativer absoluter Fehler:

$$MR = \frac{1}{T} \sum_{t=1}^{T} \frac{|x_t^* - x_t|}{x_t} .$$

Mittlerer absoluter Fehler:

$$MAF = \frac{1}{T} \sum_{t=1}^{T} |x_t^* - x_t| .$$

Quadratwurzel des mittleren quadratischen Fehlers:

$$WMQF = \sqrt{\frac{1}{T} \sum_{t=1}^{T} (x_t - x_t)^2} .$$

Dazu wurde zusätzlich ein relatives Fehlermaß berechnet, indem WMQF in Beziehung zum mittleren Zeitreihenwert des Prognosehorizontes gesetzt wurde.

Zusätzlich wurden die beiden Theil'schen Ungleichheitskoeffizienten und der größte absolute kummulative Fehler (als Maß für eine Über- oder Unterschätzung) berechnet (vgl. dazu Schwarze 1980).

Um zu entscheiden, welches Verfahren in welcher Version am günstigsten abschnitt, wurden den 12 verschiedenen Versionen der adaptiven exponentiellen Glättung jeweils Plätze von 1 bis 12 zu jeder Zeitreihe und jedem Fehlermaß zugeordnet.

In der folgenden Tabelle 2 ist das Ergebnis zusammengefaßt. Dabei wurde zu jedem Zeitreihenmodell die Reihenfolge der Verfahren angegeben. Die letzte Spalte enthält die Reihenfolge über alle Zeitreihenmodelle und ihre Varianten.

		Zeitreihenmodell				
		1	2	3	4	insgesamt
Trigg & Leach	0	4	4	7	5	5
	1	3	3	1	2	3
Smith	0	5	5	3	4	4
	1	2	2	2	3	2
d'Amico	0	7	8	6	6	6
	1	9	9	9	9	10
van Dobben de Bruyn	0	10	7	4	7	7
	1	11	12	12	11	11
Chow	0	8	10	8	8	8
	1	12	11	10	12	12
Whybark	0	6	6	11	10	9
	1	1	1	5	1	1

Tabelle 2

Das Verfahren von Whybark in der modifizierten Form (andere α-Werte und andere Grenzen) hat sich insgesamt als bestes Verfahren herausgestellt.

6. Ergänzung

Es wird nötig sein, den Vergleich fortzusetzen und die Güte der Verfahren auch an empirischen Zeitreihen zu untersuchen.

Literatur

Chow, W.M.: Adaptive Control of the Exponential Smoothing Constant. In: Journal of Industrial Engineering 16, 1965, S. 314ff.

D'Amico, P.: Forecasting System uses modified Smoothing. In: Industrial Engineering 3, 1971, S. 15-20.

Dobben de Buyn, C.S. Van: Prediction by Progressiv Correction. In: Journal of Royal Statistical Society, B26, 1964, S. 113ff.

Schwarze, J.: Statistiche Kenngrößen zur ex post Beurteilung von Prognosen. In: Schwarze (Hrsg.): Angewandte Prognoseverfahren, Herne/Berlin 1980, S. 317-344.

Smith, D.E.: Adaptive Response for Exponential Smoothing. In: Operational Research Quarterly 25, 1974, S. 421ff.

Trigg, D.W. and Leach, A.G.: Exponential Smoothing with an adaptive response rate. In: Operational Research Quarterly 18, 1967, S. 53ff.

Whybark, D.C.: A Comparison of Adaptive Forecasting Techniques. In: Logistic and Transportion Review, Vol. 83, 1973, S. 13-26.

PROGA - eine Experimentier- und Lernumgebung für kurzfristige Univariable Prognoseverfahren

Jochen Benz, Michael Gebauer, Susanne Schneider

1. Einleitung

Zwischen theoretischem Wissen und seiner praktischen Anwendbarkeit liegen oft Welten. Denn der erfolgreiche Einsatz von erworbenem Sachwissen erfordert Erfahrungen, die nicht in Form von Faktenwissen vermittelbar sind. Auch Erfahrungsberichte können diese Lücke kaum schließen, denn sie präsentieren Schlußfolgerungen, die ein Leser bzw. Hörer in vollem Maße in ihrer Bedeutung kaum erfassen kann. Deshalb ist in vielen Wissenschaftsbereichen die Vermittlung von Wissen und vor allem Know-how heute ohne Laborversuche undenkbar.

Speziell für die Vermittlung mathematischer Methoden steht jedoch der Laborversuch nicht zur Verfügung. Aber kostengünstige und leistungsfähige Computersysteme erlauben es, dem Laborversuch vergleichbare Lernmethoden anzuwenden. Durch Simulation einer Modellwelt bieten sie die Möglichkeit, theoretisches Sachwissen zu erwerben, anzuwenden, auszuprobieren und in Erfahrung umzuwandeln.

Eine solche Experimentier- und Lernumgebung unterscheidet sich ganz wesentlich von herkömmlichen Lernprogrammen auf Computern. Denn diese sind hauptsächlich darauf ausgerichtet, statisches Faktenwissen zu vermitteln und in Lernzielkontrollen abzufragen. Der Auswertungs- und Schlußfolgerungsvorgang ist dem Lernenden damit zumeist bereits abgenommen. Eine Experimentierumgebung soll im Unterschied dazu dem Lernenden die Möglichkeit erhalten, selbst Beobachtungen auszuwerten und Schlußfolgerungen zu ziehen. Auf diese Weise wird Wissen erfahrbar und bleibt in dem Zusammenhang von Abhängigkeiten, Ursachen, Auswirkungen und Bedingungen eingebunden. Ein wichtiges Ziel einer Experimentierumgebung muß es sein, den Lernenden aus passiven Verhaltensweisen zu lösen und ihm ein aktives Vorgehen zu ermöglichen.

Die im folgenden dargestellte Experimentier- und Lernumgebung PROGA wurde an der Fachhochschule Fulda für die Vermittlung von Modellen der Univariablen Prognose entwickelt. Die Grundgedanken sind jedoch auf viele weitere Gebiete anwendbar.

Innerhalb der Umgebung PROGA können Modelle und Verfahren der kurzfristigen Univariablen Prognose getestet und untersucht werden. Parametereinstellungen und die Kombination einzelner Verfahrensmodule lassen beliebig viele Variationen zu, in denen das Verhalten der Verfahren studiert und in ihren Ergebnissen unmittelbar erlebt werden kann. Das aktive Vorgehen wird zusätzlich dadurch unterstützt, daß der Anwender aus der Experimentierumgebung auf die Lernumgebung zugreifen kann, die ihm die theoretischen Grundlagen kontextbezogen in Text und Grafik bereitstellt.

Operations Research Proceedings 1989

2. Bereiche des PROGA

Das System PROGA gliedert sich für den Benutzer in vier Bereiche.

1. **Bereich:** Hinweise und Systemeinstellungen
   Bedienungshinweise, Erläuterungen der Zielsetzung usw sowie Bereitstellung einer Änderungsmöglichkeit für globale Systemparameter und Voreinstellungen.

2. **Bereich:** Zeitreihe bearbeiten
   Zur Bearbeitung gehört als Mindestangabe die Auswahl einer Zeitreihendatei. Darüberhinaus werden Funktionen zur Generierung synthetischer Testzeitreihen sowie Funktionen zur Manipulation und Erfassung von Zeitreihen angeboten.

3. **Bereich:** Analyse
   Die Zeitreihe wird auf ihre Charakteristika hinsichtlich Trend, Mittelwert und Saisonkomponente untersucht. Dieser Bereich ist in der vorliegenden Version noch nicht implementiert.

4. **Bereich:** Prognoseverfahren
   Dies ist der Kernbereich des Systems. Hier wird nach der Auswahl des Modells das Prognoseverfahren bestimmt. Für jedes Verfahren können Einstellungen vorgenommen werden. Nach den Einstellungen erfolgt der Start des Prognoseprogramms. Die Ergebnisse werden grafisch und als Zahlenübersicht ausgegeben.

Abbildung 2-1 gibt einen schematischen Überblick über die 4 Bereiche des PROGA.

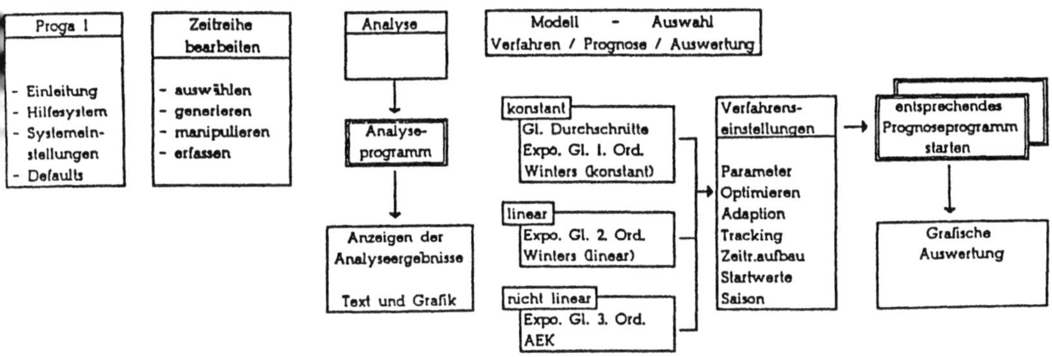

3. Konzepte der Experimentier- und Lernumgebung

Die Systemgestaltung muß auf die besondere Zielsetzung einer Experimentier- und Lernumgebung ausgerichtet sein. Die gewählten Architekturkonzepte müssen dazu dienen, die Strukturen und Zusammenhänge des Wissensgebietes deutlich zu machen. Deshalb wurden folgende Konzepte gewählt.

a) Verwendung von **Pull-Down- und Pop-Up-Menüs**(1) zur Strukturierung der Auswahlmöglichkeiten. Abbildung 3-1 zeigt das Hauptmenü realisiert als Pull-Down-Menü. Der Menüpunkt "Modell" stellt die Modelltypen konstant, linear und nicht-linear in einem Pull-Down-Menü zur Verfügung. Nach der Wahl eines Modelltyps kann in einem Pop-Up-Menü das gewünschte Verfahren bestimmt werden.

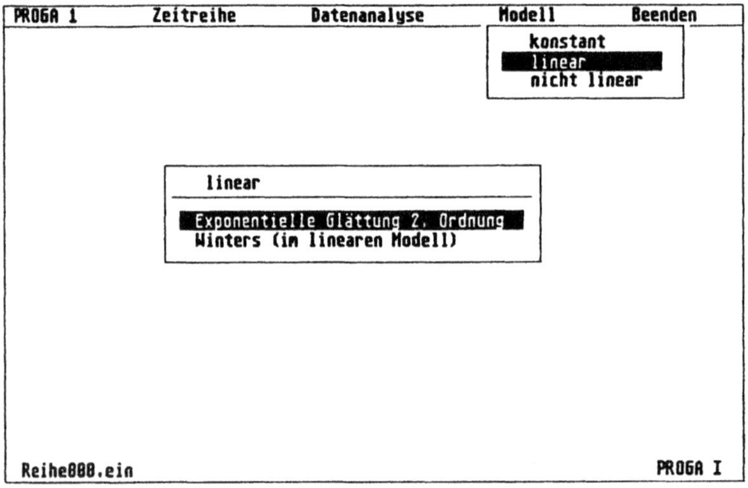

Abb. 3-1: Hauptmenüframe

b) Das **Framekonzept**(2) wird genutzt, um logisch in sich abgeschlossene Themeneinheiten zusammenzufassen und manifestiert damit eine bestimmte Rahmensituation. Abb. 3-1 zeigt den Frame des Hauptmenüs, während Abb. 3-2 einen Verfahrensframe darstellt.

Für einen Frame gilt:

- Der Frametitel links enthält allgemeine Hinweise und erläutert auf Wunsch das Verfahren vollständig anhand zahlreicher Hilfeseiten.
- Die Bearbeitung eines Frames erfolgt in der Regel von links nach rechts, ohne daß der Benutzer jedoch an diese Vorgehensweise gebunden ist.

c) Vom Benutzer werden jeweils nur die aktuell benötigten Informationen verlangt. Dies wird mit dem Konzept der **Informationsmodule** realisiert. Sie strukturieren Wissen in überschaubare Einheiten und unterstützen damit das Verständnis für die Zusammenhänge des Wissensgebietes. Am Beispiel der Handhabung des Glättungsparameters Alpha im Verfahren der Exponentiellen Glättung 2. Ordnung wird dieses Prinzip erläutert (siehe Abb. 3-3).

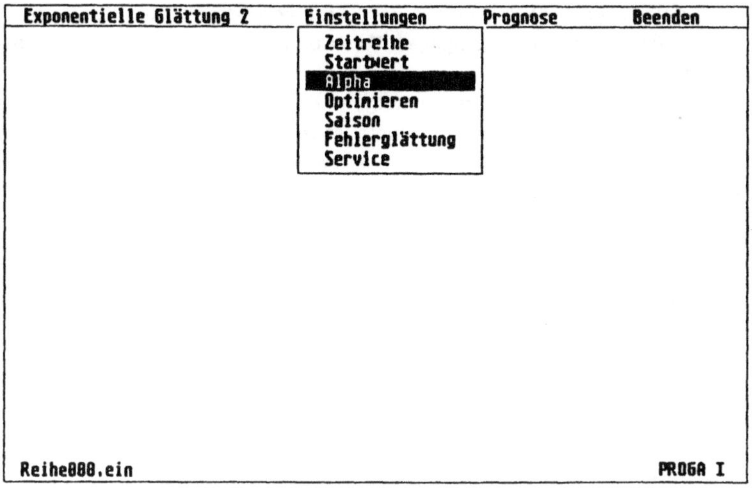

Abb. 3-2: Frame für das Verfahren Exponentielle Glättung 2. Ordnung

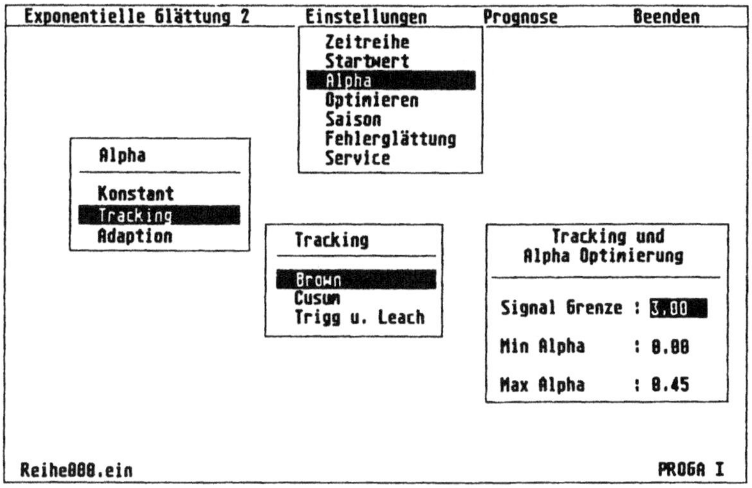

Abb. 3-3 Informationsmodule am Beispiel "Tracking nach Brown"

Nach der Auswahl von Alpha im Pull-Down-Menü erscheint in einem Pop-Up-Menü eine Unterauswahl, in der festgelegt wird, wie Alpha zu behandeln ist. Sie entspricht einem Informationsmodul. Abhängig von der dann getroffenen Entscheidung erscheinen weitere Module mit detaillierteren Angaben.

- Der Benutzer wird nicht dadurch verunsichert, daß er in übervollen Bildschirmmasken sehr viele Angaben machen muß, deren Bedeutung er im Moment vielleicht noch nicht einschätzen kann. Die benötigte Information wird **just-in-time** verlangt.
- Die Eingabefelder in den Informationsmodulen werden - soweit möglich - bereits mit sinnvollen Werten vorbesetzt. Benutzerangaben aus früheren Sitzungen bleiben erhalten und können zudem unter beliebigen Dateinamen abgespeichert werden.

d) Der Anwender kann jederzeit **kontextbezogen** auf die **Lernkomponente** von PROGA zurückgreifen, um dort Informationen über eine Eingabeaufforderung abzurufen, ohne die aktuelle Programmposition verlassen zu müssen.
Die Hilfe ist so aufgebaut, daß er sich in Hilfeseitenfolgen (Kapiteln) bewegen kann. Fast alle Hilfeseiten bieten Querverweise zu Schlagworten, die in anderen Hilfeseiten erläutert werden. Dem Benutzer ist es möglich, durch Anwählen des Querverweises direkt auf die betreffende Hilfeseite zu verzweigen. PROGA speichert intern die Folge der aufgerufenen Hilfen, so daß eine Rückverfolgung der Hilfeseiten gewährleistet wird.
Neben dem kontextbezogen Einstieg in das Hilfesystem steht zusätzlich ein Hilferegister zur Verfügung, in dem alle Schlagworte alphabetisch sortiert vorliegen. Über dieses Hilferegister kann durch Wahl eines Schlagwortes direkt auf die betreffende Hilfeseite zugegriffen werden.

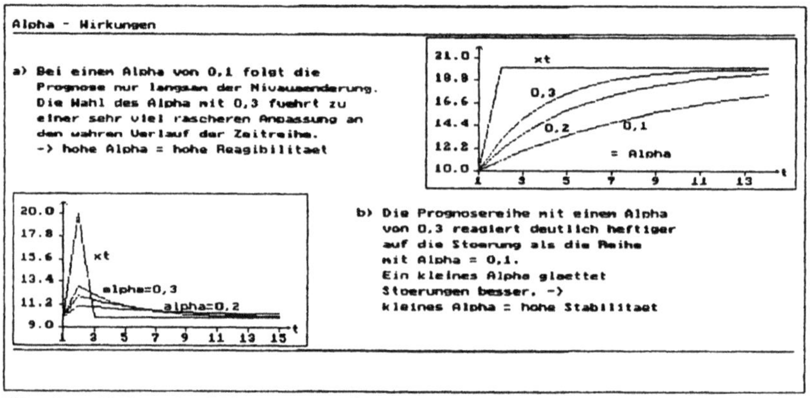

Abb. 3-4: Hilfemaske "Alpha-Wirkung" mit Grafik

4. Darstellung der Prognoseergebnisse

Zur Beurteilung von Prognoseergebnissen ist vor allem die grafische Darstellung geeignet. Ein isoliertes Betrachten aggregierter Fehlermaße erlaubt die objektive Beurteilung eines Verfahrens in der Regel nicht. In Verbindung mit einer grafischen Auswertung werden Stärken und Schwächen der Verfahren besser erkennbar. Abbildung 4-1 zeigt eine typische Bildschirmsituation der grafischen Anzeige. Nach Ablauf der Prognose wird automatisch in diesen Bereich verzweigt.

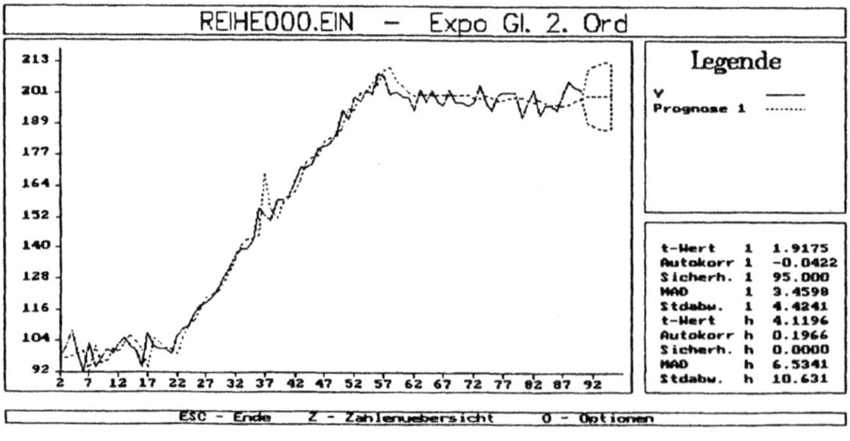

Abb. 4-1: Bildschirm der Grafikausgabe

Für die Darstellung der Prognoseergebnisse bietet PROGA folgende Funktionen:

1) Einschränkung des **Bildschirmausschnitts** auf bestimmte Zeitreihenbereiche. Die Zeitreihe wird entsprechend vergrößert im Anzeigefenster dargestellt.

2) Standardmäßig wählt PROGA den passenden **Maßstab** für die Grafik selbst. Es ist aber auch möglich, feste Maßstabsgrenzen vorzugeben.

3) **Auswahl** weiterer Ergebnisreihen. Zur Verfügung stehen im allgemeinen folgende Reihen:
   a) Beobachtungswerte der Zeitreihe
   b) Reihen bezüglich eines Prognosehorizontes von **einer** Periode:
      - Prognosewerte $\hat{Y}$
      - Epsilon = Prognosedifferenz
      - MAD
      - Standardabweichung
   c) Reihen bezüglich eines Prognosehorizontes von **h** Perioden:
      - Prognosewerte $\hat{Y}$
      - Epsilon = Prognosedifferenz
      - MAD
      - Standardabweichung
   d) geglätteter MAD
   e) geglättete Standardabweichung
   f) Alpha
   g) Saisonkomponente
   h) von der Saison bereinigte Beobachtungswerte

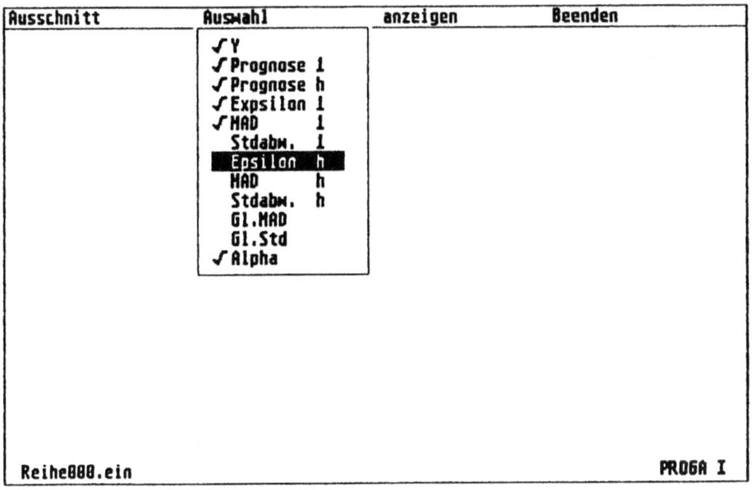

Abb. 4-2: Bildschirm zum Auswählen der Anzeigereihen

4) Festlegung der **Bildauswahl.** Insgesamt sechs der oben aufgelisteten Reihen können im Bild gleichzeitig dargestellt werden. Die Angabe der gewünschten Kombination erfolgt dazu unter dem Titel ANZEIGEN.

5) Anzeige der ausgewählten Reihen als **Zahlenübersicht.**

6) Im Parameterfenster wird eine Liste abschließender **Ergebnisparameter** ausgegeben.

Nachfolgend werden einige Ausgabereihen vorgestellt. Die Ausgabereihen wurden manuell um Kommentare ergänzt.

Einstellungen: Exp. Glättung 2.Ordnung (Tracking nach Brown)
$0 <= \alpha <= 0.95$ Signalgrenze $= 3\times\sigma$
Anfangsoptimierung, Kriterium MAD

Zur Lesart: $\hat{Y}_{t-5+5}$ bedeutet: Prognose 5 Perioden in die Zukunft zum Zeitpunkt t-5 prognostiziert. ($\hat{Y}_{16-5+5}$ = Progose für die Periode 16 in der Periode 11 prognostiziert).

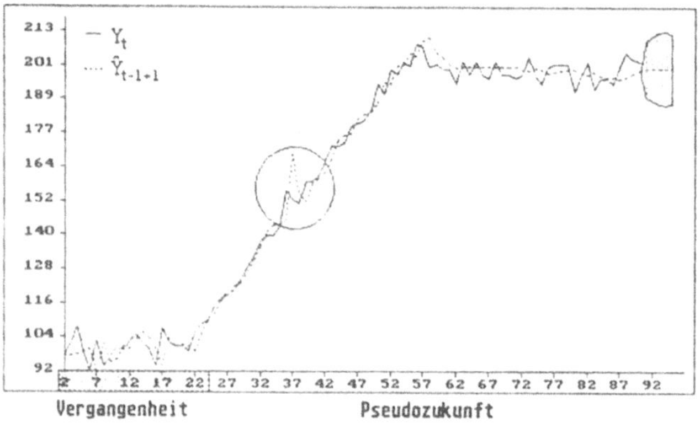

Durch einen sehr weiten Katalogbereich $0 <= \alpha <= 0.95$ kommt es im markierten Bereich zu einer kurzen Überreaktion(3).

Abb. 4-3a

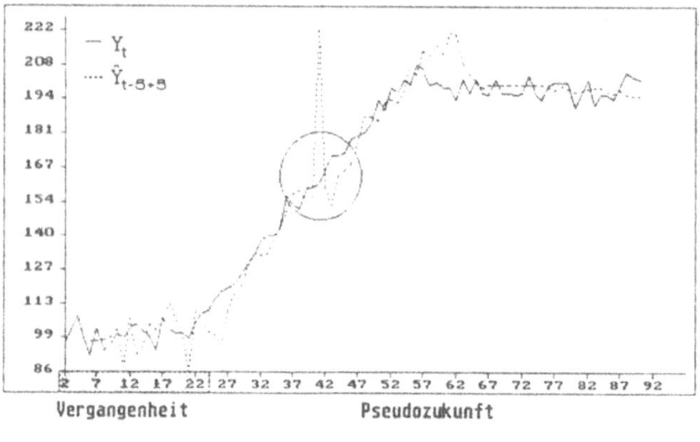

Die Überreaktion aufgrund des hohen α-Wertes zeigt sich besonders bei einem weiten Prognosehorizont.

Abb. 4-3b

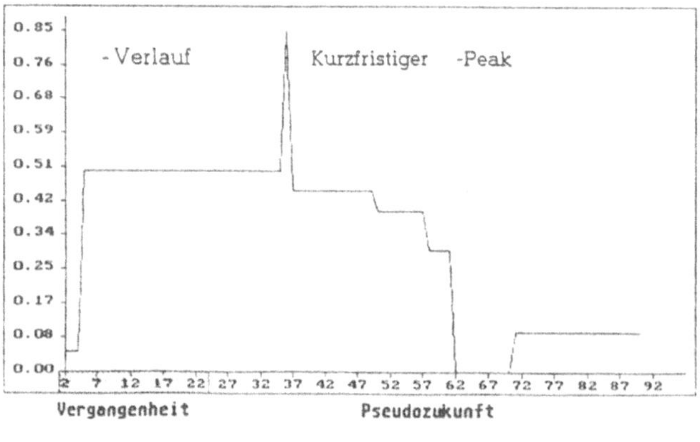

Abb. 4-3c

Fußnoten

(1) **Pull-Down-Menüs** stellen sich in PROGA als eine Titelzeile am obersten Bildschirmrand dar und bieten eine Auswahl verschiedener Menüpunkte mit Hilfe der Cursortasten an. Die **Pop-Up-Menüs** sind eng mit den Pull-Down-Menüs verwandt und können im Gegensatz zu diesen überall am Bildschirm erscheinen. Die Pop-Up-Menüs stellen dabei eine Unterauswahl zu einem im Pull-Down-Menü getroffenen Menüpunkt dar.

(2) Ein **Frame** faßt alle Menüs und Dialogmasken zusammen, die für eine bestimmte Themeneinheit zur Verfügung stehen. Jedes Prognoseverfahren wird beispielsweise durch einen Frame repräsentiert.

(3) Der Glättungsparameter läßt sich in PROGA bei Adaptions- und Trackingverfahren auf einen bestimmten Bereich begrenzen. Es ist z.B. möglich, nur im Bereich zwischen 0.2 und 0.5 variieren zu lassen. Die Festlegung von Grenzen, speziell einer Obergrenze, kann verhindern, daß Überreaktionen auftreten.

Literaturverzeichnis

Lewandowski, Rudolf:
Prognose- und Informationssysteme und ihre Anwendung · Band 1
Walter de Gruyter · Berlin, New York 1974

Mertens, Peter (Hrsg):
Prognoserechnung
Physika-Verlag · Würzburg-Wien 1981

Schneider, Susanne / Gebauer, Michael:
Entwicklung und Implementierung einer Experimentier- und Lernumgebung für Kurzfristige Univariable Prognoseverfahren
Diplomarbeit · FH Fulda 1989

ÜBER DAS VERHALTEN EINIGER AUSREISSERTESTS BEI ZEITREIHEN FÜR ENDLICHES MESSDESIGN

Wolfgang Schmid, Ulm

Zusammenfassung

Der Autor gab in [13] mehrere Tests zur Überprüfung einer Realisierung $x_1,\ldots,x_n$ einer Zeitreihe auf Ausreißer an. Dabei ging man von der Kenntnis eines ungestörten Datenblocks, nämlich $x_1,\ldots,x_r$, aus. Für die Prüfgrößen wurden die asymptotischen Verteilungsfunktionen ($r\to\infty$, $n-r=k=$ konst.) berechnet und miteinander verglichen.

In dieser Arbeit wird auf die Anwendbarkeit dieser Tests bei endlichem Meßdesign eingegangen. Es zeigt sich, daß für den Fall $k \leq \frac{r}{2}$ die asymptotischen Ergebnisse gute Näherungen darstellen. Ist diese Bedingung nicht erfüllt, so schlagen wir eine modifizierte Vorgehensweise vor.

Zusätzlich zu diesen Ergebnissen geben wir einen Algorithmus zur Ermittlung der Ausreißerstellen an. Dieser basiert auf der abwechselnden Anwendung verschiedener Ausreißertests.

Operations Research Proceedings 1989

1. Einleitung und Modellbildung

Ein Beobachter interessiert sich für eine Messung eines gewissen Vorgangs. Dieser soll sich durch eine Zeitreihe $\{Y_t\}$ beschreiben lassen. Aufgrund von exogenen Störungseinflüssen (empfindliche Messungen,...) muß er davon ausgehen, daß die resultierenden Beobachtungen $x_1,\ldots,x_n$ verschmutzt sein könnten (Ausreißer). Somit liegt die Realisierung eines Prozesses $\{X_t\}$ vor, wobei bei unserem Modellansatz ($\delta_{tq} = 1$ falls $t = q$, 0 sonst)

$$X_t = Y_t + \sum_{v=1}^{s} a_v \, \delta_{tq_v} \; .$$

Das Auftreten eines Ausreißers wird also durch eine Verschiebung des Erwartungswerts erklärt. Die Größen $a_v \neq 0, q_v \quad v = 1,\ldots,s$ und s seien deterministisch und unbekannt. Ein derartiger Typ von Modellausreißer wird als Ausreißer 1. Art bezeichnet ([6]) .

Wir gehen hier davon aus, daß die Werte $x_1,\ldots,x_r$, $r < n$ ungestört seien, d.h. es ist $r + 1 \leq q_v \leq n$. Die Annahme der Existenz eines derartigen Datenblocks erscheint durchaus realistisch und ist bei vielen praktischen Fragestellungen gegeben (ein Beobachter überwacht die Messungen bis zum Zeitpunkt r, eine Gesetzesänderung tritt zum Zeitpunkt r ein, usw.).

Im Zusammenhang mit der Ausreißeranalyse stellen sich nun folgende Fragen:

i) Treten in der Datenmenge $x_{r+1},\ldots,x_n$ Ausreißer 1. Art auf?

ii) Welche Werte können als Ausreißer 1. Art angesehen werden?

Die Klärung dieser Fragen ist für die weitere Datenanalyse aus unterschiedlichen Gründen von Bedeutung ([1]).

Für den Praktiker sind insbesondere automatische Verfahren (Computerprogramme) von Interesse. Hiermit ist auch die Überprüfung größerer Datenmengen möglich. In Abschnitt 4 und 5 stellen wir derartige Verfahren vor.

Im folgenden sei $\{Y_t\}$ ein schwach stationärer ARMA(p,q)-Prozeß mit Erwartungswert μ, also

$$\sum_{v=0}^{p} \alpha_v \, (Y_{t-v}-\mu) = \sum_{j=0}^{q} \beta_j \, \varepsilon_{t-j} \qquad t \in \mathbb{Z}$$

wobei $\alpha_0 = \beta_0 = 1$ sei. Die Zufallsvariablen $\{\varepsilon_t\}$ seien unabhängig und identisch verteilt mit $E(\varepsilon_t) = 0$ und $Var(\varepsilon_t) = \sigma^2$, $\sigma > 0$. Ferner seien die Nullstellen von $\sum_{v=0}^{p} \beta_v z^v$ und $\sum_{j=0}^{q} \beta_j z^j$ vom Betrag größer als 1.

2. Ausreißertests

Die hier vorgestellten Tests wurden in der Arbeit von Schmid [13] eingeführt. Die Beweise über das asymptotische Verhalten der Prüfgrößen können dort nachgelesen werden.

In [13] wird als ungestörter Prozeß ein mehrdimensionaler ARMA-Prozeß zugrundegelegt. Wir wollen uns an dieser Stelle auf den eindimensionalen Fall beschränken.

2.1 Ein Test auf Ausreißer

Das zu i) gehörende Testproblem lautet

$$H: s = 0 \qquad \text{gegen} \qquad K: s \neq 0 \; .$$

Als Prüfgröße verwenden wir eine Größe, die auf dem Vergleich der Meßwerte x_t $t \geq r+1$ mit der besten linearen Vorhersage im ungestörten Zustand für x_t basierend auf den Daten des Startblocks $x_1,\ldots,x_r$ beruht. Diese Vorhersage berechnet sich für $t \geq r+1$ zu ([7, S. 81])

$$\begin{aligned} X_t(r) &= X_t(r;p,q,\underline{\alpha},\underline{\beta},\mu) \\ &= \mu - \sum_{j=1}^{\min\{t-r-1,p\}} \alpha_j(X_{t-j}(r)-\mu) - \sum_{j=t-r}^{p} \alpha_j(X_{t-j}-\mu) + \sum_{j=t-r}^{q} \beta_j\, \varepsilon_{t-j}(r) , \end{aligned}$$

wobei $\underline{\alpha} = (\alpha_1,\ldots,\alpha_p)'$, $\underline{\beta} = (\beta_1,\ldots,\beta_q)'$ und $\varepsilon_t(r)$ $t \leq r$ gegeben ist durch

$$\varepsilon_t(r) = \begin{cases} \sum_{j=0}^{p} \alpha_j X_{t-j} - \sum_{j=1}^{q} \beta_j\, \varepsilon_{t-j}(r) & p+1 \leq t \leq r \\ & \text{falls} \\ 0 & t \leq p \end{cases}$$

Mit $\hat{p}_r$, $\hat{q}_r$, $\hat{\underline{\alpha}}_r$, $\hat{\underline{\beta}}_r$, $\hat{\mu}_r$, $\hat{\sigma}_r^2$ bezeichnen wir schwach konsistente Schätzer für p, q, $\underline{\alpha}$, $\underline{\beta}$, μ, σ^2. Ferner sei $\hat{X}_t(r) = X_t(r;\hat{p}_r,\hat{q}_r,\hat{\underline{\alpha}}_r,\hat{\underline{\beta}}_r,\hat{\mu}_r)$.

Schmid ([13]) betrachtet als Prüfgröße für H gegen K

$$\hat{R}_r^{(k)} = \frac{1}{\hat{\sigma}_r^2} \max_{1\le i\le k} \hat{\Delta}_{r+i}(r+i-1) \qquad \text{mit}$$

$$\hat{\Delta}_{r+i}(r+i-1) = X_{r+i} - \hat{X}_{r+i}(r+i-1) \; .$$

Unter der Annahme $\varepsilon_t \sim N(0,\sigma^2)$ (Normalverteilung mit Erwartungswert 0 und Varianz σ^2) ist für $k = n-r$ fest $\hat{R}_r^{(k)}$ asymptotisch $(r\to\infty)$ verteilt wie $\prod_{i=1}^{k} \chi^2_{1,\lambda_i}(\cdot)$, wobei unter H $\lambda_i = 0$ für alle $i \in \{1,\dots,k\}$ ist.
Dabei bezeichne $\chi^2_{m,\lambda}$ die nichtzentrale χ^2-Verteilung.

2.2 Klassifizierung eines Meßwerts

Läßt der obige Test den Schluß auf die Existenz von Ausreißern zu, so ist es für viele Fragestellungen von Interesse, die Ausreißerpositionen zu kennen. Man wird a priori jede Beobachtung als störungsverdächtig ansehen. Dies legt die folgende Modellwahl nahe

$$X_{r+i} = Y_{r+i} + \sum_{v=1}^{k} d_v \,\delta_{vi} \qquad i=1,\dots,k \; .$$

Dabei ist $d_v \in \mathbb{R}$ $v=1,\dots,k$. Das Ziel ist die Angabe von Tests für $H^{(i)}$: $d_i = 0$ gegen $K^{(i)}$: $d_i \neq 0$.

Zur Klärung dieses Problems eignen sich die Statistiken $\hat{\Delta}_{r+i}(r+i-1)$ und $\hat{\eta}_{r+i}(r) = \frac{1}{\hat{\sigma}^2_{i,r}} (X_{r+i} - \hat{X}_{r+i}(r))^2$ mit $\hat{\sigma}^2_{i,r}$ wie in [13]. Beide Größen sind asymptotisch $(r \to \infty$, i fest) nichtzentral χ^2_1-verteilt. Für $\hat{\eta}_{r+i}(r)$ ist unter $H^{(i)}$ der Nichtzentralitätsparameter gleich 0. Dies muß für $\hat{\Delta}_{r+i}(r+i-1)$ nicht der Fall sein (gültig für $i \le q_1$) .

3. Verhalten dieser Ausreißertests bei endlichem Meßdesign

Da es nahezu unmöglich erscheint, die exakte Verteilung von $\hat{R}_r^{(k)}$ zu tabellieren, haben wir in [13] die asymptotische Verteilungsfunktion berechnet. Es wurde das Verhalten bei wachsendem Umfang des Startblocks und konstantem k betrachtet. Folglich liegt es nahe, r möglichst groß zu wählen; allerdings ist man bei der Vorlage einer Realisierung in der Wahl von r häufig sehr eingeschränkt. Somit stellt sich die

Frage, in welcher Beziehung r und k stehen sollten, damit der vorgeschlagene Test auch bei endlichem Meßdesign effektiv ist. Eine umfangreiche Simulationsstudie hat gezeigt, daß in etwa für $\frac{k}{r} \leq \frac{1}{2}$ und $r \geq 50$ die empirische Gütefunktion sich gut an die asymptotische Gütefunktion $(r \to \infty)$ annähert ([11]). Dabei wurden Kleinste-Quadrate-Schätzer für die Parameter verwendet.

Bei den Prüfgrößen $\hat{\Delta}_{r+i}(r+i-1)$ und $\hat{\eta}_{r+i}(r)$ ist die Konvergenzgeschwindigkeit unabhängig von k (i fest). Sie hängt wie bei $\hat{R}_r^{(k)}$ von der Wahl des Schätzverfahrens ab (siehe Anhang). Die meisten populären Verfahren liefern für $r \geq 50$ brauchbare Ergebnisse.

4. Überprüfung einer Datenmenge auf Ausreißer

Beim Modell mit Startblock besteht der erste Schritt der Datenanalyse stets darin, ein ARMA-Modell zur Beschreibung der Daten zu ermitteln. Anschließend wird ein Test auf die Modelladäquatheit durchgeführt (siehe Anhang). Erhält man hiermit einen geeigneten Prozeß, so wird dieser vorerst bei der Ausreißeruntersuchung zugrundegelegt.

Für den Fall $\frac{k}{r} \leq \frac{1}{2}$ kann der Test aus 2.1 direkt angewandt werden. Ist diese Anforderung nicht erfüllt, so wählen wir die folgende Vorgehensweise:

Zunächst werden die Beobachtungen $x_{r+1},\ldots,x_{r+k'}$ mit diesem Test analysiert. Hierzu sollte $k' \leq \frac{r}{2}$ sein. Wird ein Ausreißer erkannt, so endet das Verfahren; andernfalls werden die Daten $x_{k'+1},\ldots,x_{r+k'}$ als neuer Startblock verwendet. Es wird ein neues Modell angepaßt. Damit werden die Werte $x_{r+k'+1},\ldots,x_{\min\{n,r+2k'\}}$ auf Ausreißer untersucht, usw..

Der Algorithmus endet, wenn die gesamte Meßreihe überprüft worden ist oder ein Ausreißer festgestellt wurde.

Die sukzessive Startblockerneuerung erlaubt die Anwendung dieser Methode auf Datenmengen, die sich nur lokal durch einen speziellen ARMA-Prozeß darstellen lassen. Diese Situation trifft man vorwiegend bei umfangreichen Meßreihen an. Aus diesem Grund scheint es sinnvoller zu sein, bei einer Startblockerneuerung nicht sämtliche vorhergehende Daten als neuen Startblock zusammenzufassen, sondern nur eine bestimmte Anzahl zurückliegender Beobachtungen.

Auf das Problem der Kontrolle des Fehlers 1. Art bei sukzessiver Startblockerneuerung wird in [2] eingegangen. Dieses Verfahren wurde sowohl auf zahlreiche simulierte ([11])

als auch auf eine praktische ([2]) Datenmenge angewandt. Man erzielte damit durchgehend sehr gute Ergebnisse.

5. Lokalisation der Ausreißerstellen

Wir stellen nun eine Methode vor, die eine Antwort auf die eingangs gestellte Frage ii) liefert. Diese basiert auf der abwechselnden Anwendung der in 2.2 vorgestellten Tests.

Wie in 4 passen wir zuerst an die Daten des Startblocks ein ARMA-Modell an. Davon ausgehend untersuchen wir sukzessive die Meßwerte mittels $\hat{\Delta}_{r+i}(r+i-1)$ auf Ausreißer. Wird ein Meßwert nicht als Ausreißer 1. Art eingestuft, so wird der nächste Wert überprüft. Dies wird so lange durchgeführt, bis ein Wert als Ausreißer 1. Art klassifiziert wird. Alle folgenden Daten werden dann mittels der Prüfgröße $\hat{\eta}_{r+i}(r)$ untersucht. Erst wenn eine gewisse Anzahl von aufeinanderfolgenden Beobachtungen (bei einem AR(p)-Prozeß p Werte) als nicht fehlerhaft eingestuft wird, wird als Teststatistik wiederum $\hat{\Delta}_{r+i}(r+i-1)$ verwendet, usw.

Um zu vermeiden, daß zur Berechnung von $\hat{\Delta}_{r+i}(r+i-1)$ gestörte Werte berücksichtigt werden, wenden wir die beiden Tests abwechselnd an.

Ist k groß in Bezug auf r, so ist eine sukzessive Startblockerneuerung wie in 4 erforderlich.

Bei dieser Methode wird jeder Meßwert einzeln untersucht. Um eine Fehleranhäufung durch die Testfolge zu vermeiden, muß der Gesamtfehler 1. Art kontrolliert werden. Wir beschränken uns auf den Fall ohne Startblockerneuerung. A priori hat man leider keine Kenntnis darüber, wie oft ein Test mittels $\hat{\Delta}_{r+i}(r+i-1)$ bzw. $\hat{\eta}_{r+i}(r)$ durchgeführt wird. Wir gehen hier von dem Ansatz aus, daß eine Vorinformation über den Verschmutzungsgrad der Daten vorliege; es seien weniger als τ % der Daten verschmutzt (τ bekannt).

Ein Idealfall liegt vor, wenn alle Ausreißerstellen richtig erkannt werden. In diesem Fall müßten weniger als $\frac{\tau k}{100}$ Daten mittels $\hat{\eta}_{r+i}(r)$ untersucht worden sein und mehr als $k(1-\frac{\tau}{100})$ mittels $\hat{\Delta}_{r+i}(r+i-1)$.

Da die Größen $\hat{\Delta}_{r+i}(r+i-1)$ $i\in\{1,\dots,k\}$ asymptotisch unabhängig sind, bestimmen wir den kritischen Wert aus $\chi_1^2(c_1) = \sqrt[k]{1-\alpha}$ und für den Test basierend auf $\hat{\eta}_{r+i}(r)$ aus $\chi_1^2(c_2) = 1 - \frac{100\alpha}{\tau k}$.

Dieser Algorithmus wurde sowohl an simulierten Daten ([11]) als auch an praktischen Datenmengen (4000 Daten mit extremen und langen Ausreißerblöcken ([2])) getestet. In ([11]) wurde ein Programm auf einem Commodore PC 10 (MS/DOS) entwickelt.

Die hierbei gemachten Erfahrungen kann man wie folgt zusammenfassen:

a) Extreme Ausreißerblöcke werden ohne Probleme erkannt.

b) Es werden teilweise kleinere Ausreißer erkannt, die bei einer visuellen Überprüfung nicht registriert worden wären.

c) Das Verfahren arbeitet mit einer vertretbaren Rechenzeit. Bei der Verwendung robuster Methoden steigt diese allerdings an.

Somit erscheint das vorgestellte Verfahren für praktische Zwecke von Bedeutung zu sein.

Anhang: Methoden zur Modellanpassung und Modelldiagnose

Stark konsistente Schätzer für die Modellordnung (p,q) liefern etwa das Bayessche Informationskriterium und das Hannan-Quinn-Kriterium ([12, S. 248 ff.]), stark konsistente und asymptotisch normalverteilte Schätzer für $\underline{\alpha}$, $\underline{\beta}$, μ und σ erhält man mittels der Likelihood-Quotienten-Methode bzw., was populärer ist, durch diverse Näherungen an die Likelihood-Funktion ([3, S. 374]). Eine speziell bei kleineren Stichprobenumfängen wirksame Methode wurde von Hurvich & Tsai ([8]) angegeben.

Bei vielen praktischen Fragestellungen kommt es vor, daß auch der Startblock störungsverdächtige Beobachtungen enthält. In einem derartigen Fall empfiehlt sich die Verwendung von robusten Schätzern. Da Ausreißer 1. Art einen speziellen Typ von additiven Ausreißern darstellen, eignen sich insbesondere GM und TRA-Schätzer ([10]) Damit ist gewährleistet, daß das Verfahren auch bei geringem Verschmutzungsgrad des Startblocks effektiv arbeitet.

Nun stellt sich natürlich die prinzipielle Frage, ob die vorliegenden Daten sich überhaupt durch einen ARMA-Prozeß beschreiben lassen. Um dies zu klären, muß nach der Modellanpassung ein 'Goodness-of-fit'-Test durchgeführt werden. Eine Zusammenstellung der bekanntesten Methoden findet man etwa in [3, S. 296 ff.] und [12, S. 236 ff.]. Eine robuste Portmanteau-Statistik wurde von Li und Hui (1988) vorgeschlagen.

Bei den theoretischen Ergebnissen in Abschnitt 2 haben wir einen stationären Gaußschen Prozeß vorausgesetzt. Zur Überprüfung dieser Modellanforderungen können die von Epps eingeführten Tests ([4],[5]) angewandt werden.

Literaturverzeichnis

[1] Barnett, V. & Lewis, T. (1984). Outliers in statistical data, 2nd edition. New York, Wiley.

[2] Bertsch, C. (1988). Lokalisierung von Ausreißern bei AR-Prozessen. Diplomarbeit, Universität Ulm.

[3] Brockwell, P.J. & Davis, R.A. (1987). Time series: theory and methods. New York, Springer Verlag.

[4] Epps, T.W. (1987). Testing that a stationary time series is Gaussian. Ann. Statist., 15 (4), 1683-1698.

[5] Epps, T.W. (1988). Testing that a Gaussian process is stationary. Ann. Statist., 16 (4), 1667-1683.

[6] Fox, A.J. (1972). Outliers in time series. J.R. Statist. Soc., B 34, 350-363.

[7] Fuller, W.A. (1976). Introduction to statistical time series. New York, Wiley.

[8] Hurvich, C.M. & Tsai, C.-L. (1989). Regression and time series model selection in small samples. Biometrika, 76 (2), 297-307.

[9] Li, W.K. & Hui, Y.V. (1989). Robust multiple time series modelling. Biometrika, 76 (2), 309-315.

[10] Martin, R.D. & Yohai, V.J. (1985). Robustness in time series and estimating ARMA models. In 'Handbook of Statistics', Vol. 5, 119-155 North-Holland, Amsterdam.

[11] Schade, E. (1989). Lokalisierung von Ausreißern bei gestörten AR-Prozessen mit Startblock - ein Programm für den PC. Diplomarbeit, Universität Ulm.

[12] Schlittgen, R. & Streitberg, B.H.J. (1987). Zeitreihenanalyse. München, Oldenbourg Verlag.

[13] Schmid, W. (1990). How to locate outliers in a time series if a starting-block is present. To appear in Sankhya.

DIE BEWERTUNG NEUER TECHNOLOGIEN MIT VERFAHREN DES MULTI-CRITERIA-DECISION-MAKING

W. Habenicht, Hohenheim

0. Einleitung

Der Einsatz neuer Technologien stellt die Unternehmen vor Entscheidungsprobleme, die durch klassische Konzepte der Wirtschaftlichkeitsanalyse nicht adäquat erfaßt werden können. Neue Technologien verändern das Leistungsverhalten von Fertigungssystemen in einer Weise, die durch Kosten- und Erlösgrößen nicht vollständig beschreibbar ist. Die Notwendigkeit einer mehrdimensionalen Bewertung ist deshalb sowohl in der betriebswirtschaftlichen Literatur wie auch in der betrieblichen Praxis allgemein anerkannt.

Dem Bewußtsein der Notwendigkeit des Einsatzes mehrdimensionaler Bewertungen stehen nach wie vor Probleme der methodischen Umsetzung gegenüber. Ziel dieses Beitrages soll es daher sein, Ergebnisse der Entscheidungsforschung bei Mehrfachzielsetzung (Multi-Criteria-Decision-Making, MCDM) für den angesprochenen Problemkreis nutzbar zu machen.

1. Bewertungsprobleme neuer Technologien

1.1. Zur Notwendigkeit mehrdimensionaler Bewertungen

Bewertungsprobleme neuer Technologien, bei denen es sich um Produkt-, Prozeß- oder Informationsverarbeitungstechnologien handeln kann, treten im Zusammenhang mit deren Einsatzentscheidungen auf. Die Nutzung neuer Technologien führt i.A. zu tiefgreifenden Veränderungen von Produktionssystemen, die sich nicht vollständig in monetären Größen erfassen lassen. Diese Veränderungen betreffen z.B.

- den Automationsgrad
- den Integrationsgrad
- die Flexibilität und
- die Komplexität

von Produktionssystemen. Die Veränderung dieser Parameter führt zu einer Reihe von Wirkungen, die nicht unmittelbar monetär erfaßbar sind.

Hierzu zählen z.B. zeitliche und qualitative Wirkungen, Wirkungen auf Qualifikationsanforderungen wie auch auf das erwerbbare Know-How ebenso wie Bestandswirkungen oder Änderungen in der Informationsversorgung (vgl. auch WILDEMANN-1987). Die Subsumierung dieser Wirkungen unter ein monetäres Ziel verbietet sich, wenn deren monetäre Effekte nicht hinreichend erfaßbar sind oder ein eigenständiges Ziel darstellen.

Welche Technologiewirkungen zur Bewertung herangezogen werden, hängt, neben der Technologieart selbst, von dem Anlaß zur Technologiebewertung ab.

Operations Research Proceedings 1989

1.2. Bewertungsanlässe

Wir gehen davon aus, daß Entscheidungstatbestände über den Einsatz neuer Technologien die Anlässe für deren Bewertung sind. Hinsichtlich Bewertungszweck und Informationsbasis lassen sich dann drei Bewertungsanlässe unterscheiden:

1. Technologieentscheidungen,
2. Systemwahlentscheidungen,
3. Systemgestaltungsentscheidungen.

Unter einer **Technologieentscheidung** verstehen wir die grundsätzliche Entscheidung über den Einsatz oder die Weiterentwicklung einer Technologie. Hierbei handelt es sich um eine strategische Entscheidung für die lediglich allgemeine, mit großen Unsicherheiten behaftete, schwer quantifizierbare Informationen zur Verfügung stehen. Der Bewertungszweck liegt weniger darin, eine Technologie mit anderen vergleichbar zu machen, als vielmehr in der Ermittlung der Bedeutung einer Technologie für die Wettbewerbsposition eines Unternehmens.

Systemwahlentscheidungen betreffen die Auswahl eines Systems einer bestimmten Technologieart. Sie beziehen sich auf eine begrenzte Zahl explizit bekannter Alternativen. Die Informationsbasis besteht i.d.R. aus einem umfangreichen, detaillierten System von Beurteilungsgrößen. Der Bewertungszweck liegt in der Erzeugung einer Ordnung auf der Menge alternativer Systeme zum Zwecke der Systemauswahl.

Systemgestaltungsentscheidungen betreffen die Auslegung eines gegebenen Systems. Sie sind charakterisiert durch eine große, häufig unendliche Zahl von Gestaltungsmöglichkeiten, die nicht explizit bekannt sein müssen, sondern ggf. durch Restriktionen beschrieben sind. Der Bewertung kommt hier zusätzlich die Aufgabe der Identifizierung guter Alternativen zu. Bewertungsmodelle dienen der Steuerung dieses Identifizierungsprozesses.

2. Bewertungsansätze des Multi-Criteria-Decision-Making (MCDM)

2.1. Grundmodell der Mehrzielbewertung

Mehrzielmodelle gehen von der Annahme aus, daß die Elemente einer Objektmenge $A = \{a_1, a_2, \ldots\}$ durch eine vektorielle Ergebnisfunktion $f = (f_1, f_2, \ldots f_m)$ beschrieben werden können. Außerdem existiere eine Präferenzrelation $W \subset A \times A$ auf der Objektmenge A. ($a_k W a_j$:<=> " a_k wird nicht schlechter bewertet als a_j "). Die zentrale Hypothese besteht darin, daß W eindeutig durch die Ergebnismenge $E = f(A)$ bestimmt ist. D.h. es existiert eine Präferenzordnung $\bar{W} \subset E \times E$ auf E mit folgender Eigenschaft:

$$e_k \bar{W} e_j \iff a_k W a_j \quad \text{mit } e_k = f(a_k) = (e_{1k}, e_{2k}, \ldots, e_{mk})$$

Der Bewertungsvorgang besteht dann in der (vollständigen oder teilweisen) Ermittlung von $\bar{W}$. Es sind im Rahmen des MCDM eine Vielzahl von Bewertungskonzepten entwickelt worden, die sich in drei Klassen unterteilen lassen:

1. Funktionenbasierte Ansätze
2. Relationenbasierte Ansätze
3. Effizienzorientierte Ansätze.

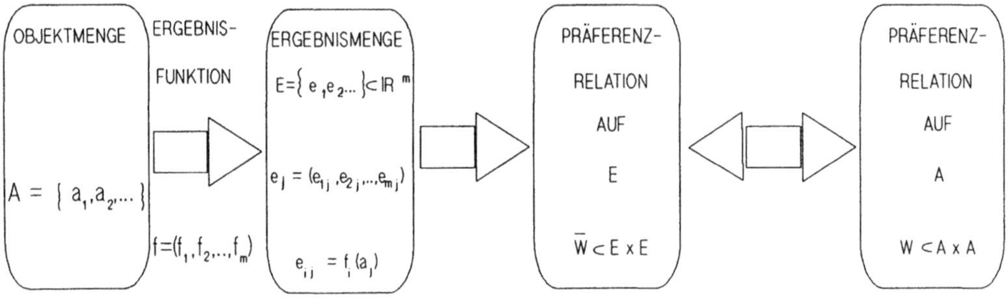

Abb.1: Grundmodell der Mehrzielbewertung

2.2. Funktionenbasierte Ansätze

Funktionenbasierte Ansätze versuchen, die Präferenzordung $\bar{W} \subset E \times E$ durch eine Wertfunktion [1] $v: E \rightarrow \mathbb{R}$ anzugeben, für die gelten muß:

$$v(e_k) \geq v(e_j) \iff e_k \bar{W} e_j \; .$$

Die Ermittlung der Wertfunktion kann dabei in zwei Stufen erfolgen. Auf der ersten Stufe wird für jede Dimension des Ergebnisraums eine partielle Wertfunktion $v_i : E_i \rightarrow \mathbb{R}$ ermittelt. In der zweiten Stufe wird eine Aggregationsfunktion $\tilde{v} : \mathbb{R}^m \rightarrow \mathbb{R}$ ausgewertet wird. Es ergibt sich damit das folgende Bewertungsmodell:

$$v(e_j) = \tilde{v}((v_1(e_{1j}), v_2(e_{2j}), \ldots v_m(e_{mj}))$$

Die funktionenbasierten Ansätze unterscheiden sich i.W. in der Wahl der Aggregationsfunktion $\tilde{v}$. Für die Form der Aggregationsfunktion sind Unabhängigkeitsbedingungen zwischen den Ergebniskomponenten bestimmend.

Das additive Modell ist der bedeutendste funktionenbasierte Ansatz. Er hat die Form:

$$v(e_j) = \sum_{i=1}^{m} g_i * v_i(e_{ij})$$

Dies Modell stellt die höchsten Anforderungen an die Unabhängigkeit der Ergebniskomponenten. Es erfordert wechselseitige Präferenzunabhängigkeit (vgl. WEBER-1983,S.97f.). Dies bedeutet, daß die Prä-

1) Wir beschränken uns auf die Erörterung deterministischer Ansätze. Hier hat sich der Begriff " Wertfunktion " durchgesetzt. Der Begriff der Nutzenfunktion wird i.A. in stochastischen Modellen verwendet. (vgl. WEBER-1983,S.89ff.)

ferenzordnung, die durch eine Teilmenge der Ergebniskomponenten - bei gegebenen Werten der restlichen Komponenten - erzeugt wird, unabhängig sein muß von den Ausprägungen der restlichen Komponenten.

Funktionenbasierte Ansätze erzeugen eine schwache Ordnung (vollständig,transitiv). Der hohe Informationsgehalt wird erkauft durch strenge Voraussetzungen und/oder hohe Anforderungen an die Versorgung mit Präferenzinformationen zur Bildung des Präferenzmodells (zur Bestimmung von Wertfunktionen vgl. WEBER-1983,S.100ff.)

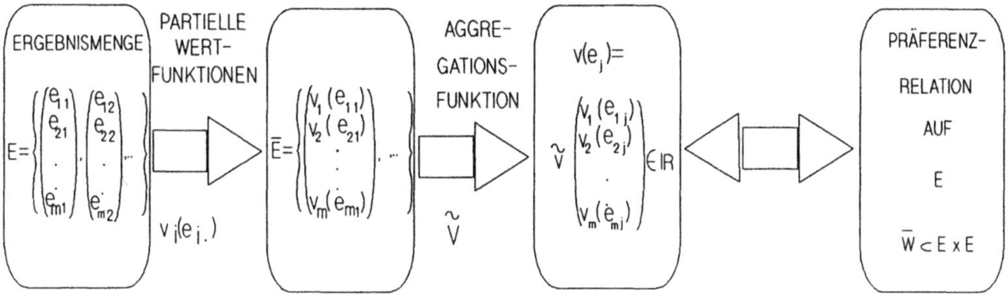

Abb.2: Funktionenbasierte Ansätze

2.3. Relationenbasierte Ansätze

Relationenbasierte Ansätze verzichten auf die Verwendung von Wert funktionen zur Erfassung von Präferenzstrukturen. Sie können von wesentlich schwächeren Voraussetzungen über die Präferenzstrukturen ausgehen. Damit nimmt ggf. der Informationsgehalt der erzeugten Präferenzrelation ab. So können insbesondere nicht-vollständige Präferenzrelationen erzeugt werden, d.h. daß für einzelne Objektpaare keine Präferenzaussagen gemacht werden. Relationenbasierte Ansätze erzeugen auf der Ergebnismenge eine Relation S, die wir als (globale) Prävalenzrelation bezeichnen. Diese wird folgendermaßen interpretiert:

$e_k S e_j$ <=> "Es existieren hinreichende Gründe für die Annahme, e_k sei nicht schlechter zu bewerten als e_j."

Die Herleitung erfolgt - wie bei den funktionenbasierten Ansätzen - in zwei Stufen. Zunächst wird für jede Ergebniskomponente i eine partielle Prävalenzrelation $S_i \subset E \times E$ hergeleitet. Dies kann geschehen durch Ausnutzung der Ordnung der reellen Zahlen, falls die i-te Ergebniskomponente reellwertig ist. Werden hierbei Schwellenwerte berücksichtigt, so muß S_i keine schwache Ordnung sein. Im zweiten Schritt wird durch Anwendung eines Aggregationsverfahrens die globale Prävalenzrelation S aus den partiellen Prävalenzrelationen S_i hergeleitet. Hierbei kann man sich zweier Maßzahlen für jedes Ergebnispaar (e_k,e_j) bedienen, die Konkordanz - bzw. Diskordanzzahl genannt werden.

Die Konkordanzzahl $c(e_k,e_j)$ ist ein Maß dafür, inwieweit die partiellen Prävalenzrelationen S_i die Hypothese $e_k S e_j$ stützen. Nur bei Überschreiten eines vorzugebenden Schwellenwertes wird die Hypothese

$e_k S e_j$ angenommen. $c(e_k,e_j)$ kann auf unterschiedlichste Weise gebildet werden. Zur Verdeutlichung sei eine naheliegende Vorgehensweise skizziert (vgl. OSTANELLO-1985,S.44f.). Für jede Ergebniskomponente i sei eine Zahl p_i gegeben, die die (relative) Bedeutung der i-ten Ergebniskomponente für die Gesamtbewertung widerspiegelt.

$$c(e_k,e_j) := 1/p \sum_{i \in I^+(e_k,e_j)} p_i$$

mit $I^+(e_k,e_j) := \{i \mid e_k S_i e_j\}$ und $p = \Sigma\, p_i$.

Hier wird die Konkordanzzahl gebildet als Summe der Gewichtungen aller Ergebniskomponenten bzgl. derer e_k nicht schlechter bewertet wird als e_j.

Über die Diskordanzzahl $d(e_k,e_j)$ sollen Bewertungsaspekte erfaßt werden, die einer Annahme der Hypothese $e_k S e_j$ entgegenstehen. Exemplarisch sei hier das Vorgehen bei der Methode ELECTRE I dargestellt (vgl. OSTANELLO-1985,S.46f.):

$$d(e_k,e_j) := \begin{cases} 0 & \text{falls } I^-(e_k,e_j) = \phi \\ 1/d^* \max\limits_{i \in I^-(e_k,e_j)} \{e_{ij} - e_{ik}\} & \text{sonst} \end{cases}$$

mit $I^-(e_k,e_j) := \{i \mid e_j S_i e_k \wedge e_k S_i e_j\}$ und $d := \max\limits_i \{ \max\limits_l e_{il} - \min\limits_l e_{il}\}$

Die globale Prävalenzrelation kann dann durch folgendes Vorgehen gebildet werden:

$$e_k S e_j :\Leftrightarrow c(e_k,e_j) \geq \bar{c} \wedge d(e_k,e_j) \leq \bar{d}$$

Die Hypothese "e_k ist nicht schlechter zu bewerten als e_j" wird angenommen, wenn die Konkordanzzahl ein vorzugebendes Konkordanzniveau $\bar{c}$ erreicht und die Diskordanzzahl das Diskordanzniveau $\bar{d}$ nicht übersteigt.

Neben dem hier exemplarisch skizzierten Vorgehen existieren eine Fülle alternativer Vorgehensweisen. Zur Abgrenzung gegenüber den funktionenbasierten Ansätzen sind die folgenden Eigenschaften relationenbasierter Ansätze von besonderer Bedeutung:

1. Relationenbasierte Ansätze lassen sich auf allgemeine Präferenzstrukturen anwenden, sie setzen nicht die Existenz einer schwachen Ordnung voraus.
2. Die Bewertung von Objekten erfolgt durch Präferenzaussagen zwischen Objektpaaren, ein allgemeines Bewertungsmaß (etwa in Form einer Wertfunktion) wird nicht erzeugt.
3. Relationenbasierte Ansätze setzen die explizite Kenntnis aller zu bewertenden Objekte voraus.

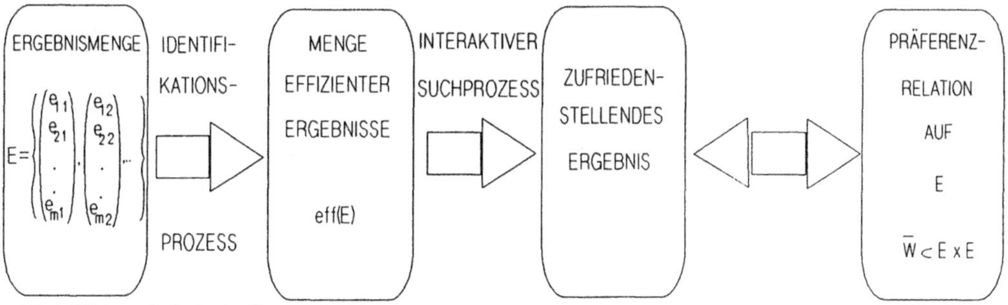

Abb.4: Effizienzorientierte Ansätze

2.4. Effizienzorientierte Ansätze

Effizienzorientierte Ansätze realisieren in einem interaktiven Prozeß die Suche nach "guten" Ergebnisvektoren. Sie konzentrieren sich auf die Analyse der Menge effizienter Ergebnisse eff(E), die wie folgt definiert ist :

$$eff(E) := \{e \in E \mid \bar{e} \leq e \wedge \bar{e} \in E \Rightarrow \bar{e} = e\}$$

Zur Identifizierung und Auswahl effizienter Ergebnisse werden parametrische Optimierungsprobleme eingesetzt. Hier lassen sich zwei Vorgehensklassen unterscheiden, solche die Zielgewichtungsmodelle einsetzen und solche die Referenzpunktmodelle benutzen (einen Überblick findet man in HABENICHT-1984,S.60ff.)

$$P_{NA}(\lambda,\mu): \quad \underset{e_j \in E}{\text{maximiere}} \; z(e_j) = \sum_i \lambda_i * e_{ij}, \qquad e_j \geq \mu$$

$P_{NA}(\lambda,\mu)$ ist ein typisches Zielgewichtungsmodell mit den Parametern λ, $\mu \in \mathbb{R}^m$. λ bewirkt eine Gewichtung der Ergebniskomponenten und μ ist als Anspruchsniveauvektor zu interpretieren. $P_{NA}(\lambda,\mu)$ maximiert eine additive Wertfunktion über alle Ergebnisvektoren, die alle Anspruchsniveaus erfüllen.

$$P_R(r): \quad \underset{e \in E}{\text{minimiere}} \; a(e,r)$$

$P_R(r)$ stellt ein allgemeines Referenzpunktmodell dar, in dem der Referenzpunkt r ein Punkt des Ergebnisraums und a ein Abweichungsmaß auf dem Ergebnisraum ist. $P_R(r)$ ermittelt den Ergebnisvektor, der dem Referenzpunkt r gemäß dem Abweichungsmaß a möglichst nahe kommt.

Da den parametrischen Optimierungsproblemen stärker instrumentelle Bedeutung zukommt, müssen diese nicht das "wahre" Bewertungsmodell eines Entscheidungsträgers abbilden. Sie müssen vielmehr in der Lage sein, zusätzliche Präferenzinformationen über geeignete Parametervariationen für den interaktiven Suchprozeß nutzbar zu machen.

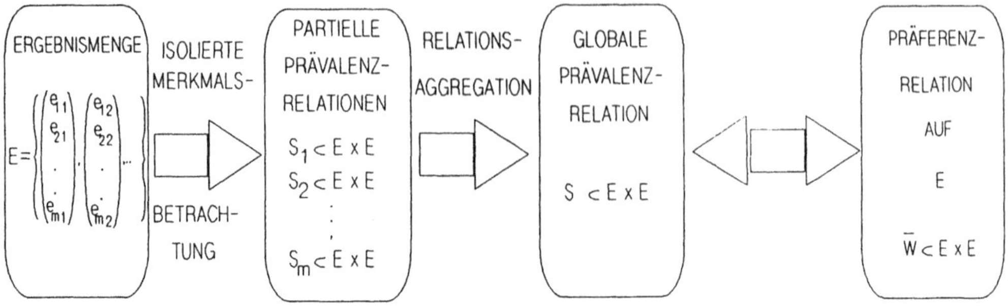

Abb.3: Relationenbasierte Ansätze

3. Anwendung von Mehrzielverfahren zur Technologiebewertung

3.1. Technologieentscheidungen

Das z.Zt. bedeutendste Instrument zum Treffen von Technologieentscheidungen ist das Technologieportfolio, das von Pfeiffer und seinen Mitarbeitern (PFEIFFER-1982,S.77ff.) entwickelt wurde. Hier wird eine Technologie beschrieben durch die Merkmale "Technologieattraktivität", die ein Maß ist für die Chancen und Risiken, die mit dem Technologieeinsatz verbunden sind, und der "Technologieposition des Unternehmens" als der Fähigkeit des Unternehmens, eine Technologie zu realisieren. Die Technologieattraktivität kann beschrieben werden durch Chancen - und Risikoprofile, die ihrerseits aus einer Reihe von Technologiemerkmalen gebildet werden, während die Technologieposition über Stärken- und Schwächenprofile ermittelt wird (vgl. WILDEMANN-1987a,S.73ff.). Für beide Merkmalsklassen lassen sich Hierarchien bilden, für deren Auswertung Mehrzielverfahren herangezogen werden können.

Bei Einsatz eines funktionenbasierten Verfahrens werden für die Bewertungsgrößen Technologieattraktivität und Technologieposition quantitative Größen ermittelt, sodaß eine Positionierung innerhalb der Portfoliomatrix unmittelbar erfolgen kann. Allerdings stellt ein solcher Ansatz hohe Anforderungen an die Informationsbasis, die bei strategischen Problemen häufig nur unzureichend erfüllt werden können. Ganz besonders problematisch ist die Forderung nach gegenseitiger (Präferenz-) Unabhängigkeit der Bewertungsmerkmale zu beurteilen.

Beim Einsatz relationenbasierter Verfahren ist zu klären, wie eine Positionierung einer Technologie aus den Prävalenzrelationen bzgl. der Merkmalsklassen Technologieattraktivität bzw. Technologieposition erfolgen kann. Hier sind zwei Vorgehensweisen möglich. Die eine besteht in der Positionierung einer Technologie in Relation zu vorgegebenen (fiktiven) Referenztechnologien. Dadurch wird eine Positionierung innerhalb eines vorgegebenen Bewertungsrasters realisiert. Zum andern kann eine relative Positionierung verschiedener (konkurrierender) Technologien erfolgen. In diesem Fall wäre aus der Prävalenzordnung auf der relevanten Ergebnismenge eine schwache Ordnung herzuleiten.

3.2. Systemwahlentscheidungen

Systemwahlentscheidungen sind geprägt durch eine diskrete, endliche Alternativenmenge. Hinsichtlich der Operationalität der Bewertungsmerkmale können i.A. recht hohe Anforderungen gestellt werden. Die Angemessenheit funktionenbasierter Ansätze hängt auch hier wesentlich von der Erfüllung der Präferenzunabhängigkeit aller Ergebniskomponenten ab. Ist diese nicht erfüllt, so kann bspw. die Anwendung einer additiven Wertfunktion zu nicht begründbaren Diskriminierungen einzelner Alternativen führen.

Bei der Anwendung relationenbasierter Ansätze ist zu klären, wie das Auswahlproblem auf der Basis einer Prävalenzrelation, die keine schwache Ordnung ist, gelöst werden kann. Hier sind als Lösungskonzepte der Kern und der Quasi-Kern vorgeschlagen worden (vgl. HANSEN-1976).

3.3. Systemgestaltungsentscheidungen

Bei Systemgestaltungsentscheidungen können funktionenbasierte und effizienzorientierte Verfahren zum Einsatz kommen.

Zur Verwendbarkeit funtionenbasierter Ansätze gelten die gleichen Einschränkungen, wie sie im Zusammenhang mit Systemwahlentscheidungen angesprochen wurden. Darüberhinaus treten hier häufiger Akzeptenzprobleme auf, die darauf zurückzuführen sind, daß der Zusammenhang zwischen Präferenzmodell und ermittelter Lösung dem Entscheidungsträger nicht vermittelt werden kann.

Die Akzeptanz effizienzorientierter Verfahren hängt wesentlich davon ab, wie und welche Präferenzinformationen im interaktiven Suchprozeß umgesetzt werden können. Im Falle diskreter Ergebnismengen sind spezielle Anforderungen an die Bewertungsmodelle zu stellen. (vgl.HABENICHT-1984,S.64ff.)

Literatur:

Habenicht, W.(1984): Interaktive Lösungsverfahren für diskrete Vektoroptimierungsprobleme unter besonderer Berücksichtigung von Wegeproblemen in Graphen. Königstein 1984.

Ostanello, A.(1985): Outranking Methods. In: Fandel, G., Spronk, J. (Hrsg.): Multiple Criteria Decision Methods and Applications. Berlin-Heidelberg 1985, S. 41-60.

Pfeiffer, W., Merke G., Schneider,W., Amber,R.(1982): Technologie-Portfolio zum Management strategischer Zukunftsgeschäftsfelder Göttingen 1982.

Weber, M.(1983): Entscheidungen bei Mehrfachzielen. Wiesbaden 1983.

Wildemann, H.(1987): Betriebswirtschaftliche Wirkungen einer flexibel automatisierten Fertigung. In: BFuP 39 (1987), S. 209-224.

Wildemann, H.(1987a): Investitionsplanung und Wirtschaftlichkeitsrechnung für flexible Fertigungssysteme (FFS). Stuttgart 1987

KONSISTENZ VON ENTSCHEIDUNGSVERFAHREN FÜR MEHRFACHE ZIELSETZUNGEN BEI VARIABLEN ATTRIBUTMENGEN

Rudolf Vetschera, Wien

1. Problemstellung

Entscheidungsverfahren bei mehrfacher Zielsetzung gehen häufig von einer a priori festgelegten und unveränderlichen Menge von Attributen aus. In realen Entscheidungssituationen kann jedoch der Fall eintreten, daß im Zuge der Entscheidungsfindung weitere Aspekte des Problems als relevant erkannt und als Attribute in den Entscheidungsprozeß mit einbezogen werden. Für die Plausibilität und damit die Akzeptanz eines Entscheidungsverfahrens ist die Reaktion des Verfahrens auf derartige Änderungen von großer Bedeutung. Führt z.B. die Einbeziehung eines weiteren Attributes zu einer Umkehrung in der Reihung von Alternativen, die aus den Datenwerten des neu betrachteten Attributes nicht intuitiv einsichtig ist, so kann das Vertrauen des Anwenders in das benutzte Verfahren und die damit erzielte Lösung erheblich beeinträchtigt werden.

In dieser Arbeit wird eine Konsistenzbedingung für multikriterielle Entscheidungsverfahren bezüglich Änderungen in der Menge der betrachteten Attribute definiert. Die Bedeutung dieser Bedingung wird anschließend anhand eines konkreten Beispiels demonstriert. Die darauf folgenden Abschnitte stellen Beziehungen zwischen der Konsistenzbedingung und verwandten Konzepten her und illustrieren Anwendungsmöglichkeiten der hier entwickelten Analyse.

2. Konsistenzbedingung für Variationen in Attributmengen

2.1 Notation

In dieser Arbeit werden Entscheidungsverfahren betrachtet, in denen die Präferenzvorstellungen des Entscheiders durch eine Bewertungsfunktion v repräsentiert werden. Für die weiteren Ausführungen ist es irrelevant, ob v als zeitlich invariant angesehen wird oder (etwa in interaktiven Ansätzen) lediglich augenblickliche, im Verlauf des Verfahrens variable Präferenzvorstellungen darstellt.

Die Grundlage der Analyse bildet die Berücksichtigung eines einzelnen zusätzlichen Attributes. Es sei X die Menge der bisher betrachteten Attribute, y ein neu berücksichtigtes Attribut. Eine Handlungsalternative A wird durch einen Attributvektor (a_X, a_y) beschrieben, wobei a_X ein Vektor ist, der die Werte sämtlicher Attribute in X umfaßt. Die Bewertungsfunktion ohne Berücksichtigung von Attribut y wird mit $v_X(a_X)$ bezeichnet, die davon induzierte Präferenzordnung mit $\succeq_X$. Die Bewertungsfunktion unter Berücksichtigung von X und y sei $v(a_X, a_y)$, die daraus resultierende Präferenzordnung wird mit $\succeq_{X\cup\{y\}}$ bezeichnet. Ferner sei $v_y(a_y)$ eine partielle Bewertungsfunktion für Attribut y und $\succeq_{\{y\}}$ die entsprechende Präferenzordnung.

Operations Research Proceedings 1989

2.2 Definition

Die hier zu definierende Konsistenzbedingung soll ausschließen, daß die Einbeziehung eines zusätzlichen Attributes y zu einer Umkehrung der Präferenz zwischen zwei Alternativen A und B führt, soferne diese nicht durch die Datenwerte in dem neu hinzugekommenen Attribut gerechtfertigt ist. Formal läßt sich diese Überlegung wie folgt darstellen:

$$A \succeq_X B; \quad A \succeq_{\{y\}} B \Rightarrow A \succeq_{X \cup \{y\}} B \tag{1}$$

Wird also Alternative A aufgrund der in X enthaltenen Attribute der Alternative B vorgezogen und weist A in y ebenfalls einen besseren Wert als B auf, so sollte auch die Bewertung unter Berücksichtigung von X und y Alternative A als besser ausweisen.

2.3 Ein Gegenbeispiel

Die soeben definierte Bedingung scheint sehr plausibel. Wie das folgende Beispiel zeigt, wurden in der Literatur dennoch Entscheidungsverfahren bei mehrfacher Zielsetzung vorgeschlagen, die dieser Bedingung nicht genügen.

Ein derartiges Gegenbeispiel liefert die Referenzpunkt-Methode von WIERZBICKI /9/, /10/. Diese stellt ein verbreitetes Entscheidungsverfahren bei mehrfacher Zielsetzung dar, das auch als Grundlage anderer Ansätze herangezogen wurde /4/, /6/, /7/. Dieses Konzept beruht auf einer Erweiterung des auf CHARNES et al. /2/ zurückgehenden Goal-Programming Ansatzes. Ähnlich wie beim Goal-Programming werden auch in der Referenzpunkt-Methode vom Entscheider Zielniveaus vorgegeben. Im Gegensatz zum ursprünglichen Goal-Programming werden in der Referenzpunkt-Methode sowohl Unterschreitungen als auch Überschreitungen dieser Niveaus berücksichtigt, so daß auch im Falle zulässiger vorgegebener Zielniveaus eine effiziente Lösung ermittelt wird.

Zur Beurteilung der Abweichungen von den vorgegebenen Anspruchsniveaus wird häufig eine Bewertungsfunktion der Form

$$s(Q) = \min\left\{\min_k \rho(q_k - \overline{q_k}); \sum_k (q_k - \overline{q_k})\right\} + \epsilon \sum_k (q_k - \overline{q_k}) \tag{2}$$

vorgeschlagen /10/. Dabei stellt $\overline{q_k}$ das vom Benutzer vorgegebene Anspruchsniveau für Attribut k dar. ρ ist ein Parameter, der mindestens der Zahl der Attribute entspricht. Durch geeignete Wahl dieses Parameters kann mit Funktion (2) ein a priori sehr plausibles Entscheidungsverhalten modelliert werden: solange die vorgegebenen Zielniveaus nicht in allen Attributen erreicht sind, erfolgt eine Bewertung nach der maximalen Unterschreitung. Sobald sämtliche Anspruchsniveaus erfüllt sind, wird durch die Summen-Komponente Kompensation zwischen Attributen zugelassen.

Diese Funktion erfüllt jedoch nicht die Konsistenzbedingung (1), wie anhand eines Zahlenbeispiels leicht gezeigt werden kann: Zwei Alternativen A und B weisen die Attributvektoren $a_x = (4;7)$, $a_y = 14$ sowie $b_x = (4,5;5,5)$ und $b_y = 9$ auf. Mit den Parametern $\overline{q_k} = 0$, $\rho = 4$ und $\epsilon = 0,01$ ergibt sich:

$$v_x(A) = \min\{16; 28; 11\} + 0,01 \cdot 11 = 11,11$$
$$v_x(B) = \min\{18; 22; 10\} + 0,01 \cdot 10 = 10,10 < 11,11 = v_x(A)$$

$$a_y = 14 > 9 = b_y$$

aber

$$v(A) = \min\{16; 28; 56; 25\} + 0,01 \cdot 25 = 16,25$$
$$v(B) = \min\{18; 22; 36; 19\} + 0,01 \cdot 19 = 18,19 > 16,25 = v(A)$$

2.4 Graphische Analyse

Dieses Problem kann anhand einer graphischen Darstellung analysiert werden. Abbildung 1 zeigt die Entwicklung der Bewertungsfunktion $v(A)$ sowie $v(B)$ in Abhängigkeit von $\overline{q_y}$. Da in die Bewertungsfunktion nur Ausdrücke der Form $(a_y - \overline{q_y})$ bzw. $(b_y - \overline{q_y})$ eingehen, entspricht dies auch einer Darstellung in Abhängigkeit von den Attributwerten a_y und b_y bei konstanter Differenz zwischen den beiden Werten.

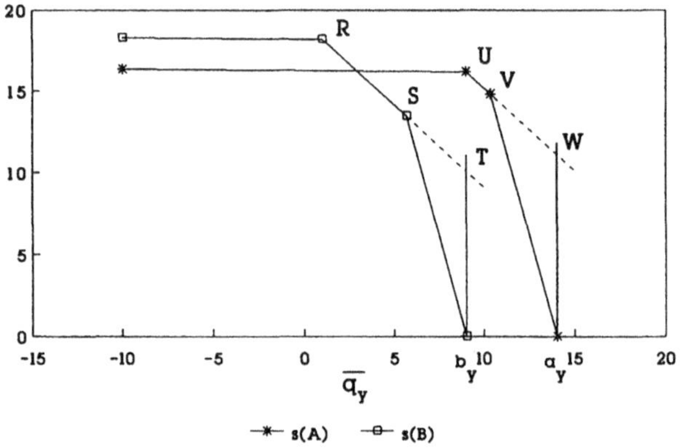

Abbildung 1: Graphische Interpretation der Konsistenzbedingung für Bewertungsfunktion (2).

Für sehr kleine (eventuell sogar negative) Werte von $\overline{q_y}$ ist das Anspruchsniveau in y deutlich überschritten und die Beurteilung wird durch das Minimum in einem anderen Attribut determiniert. Ab einem gewissen Grenzwert (Punkte R und U in Abbildung 1) determiniert die Summe der Abweichungen die Bewertung, die mit steigendem $\overline{q_y}$ fällt. Gleichzeitig fällt aber auch die Bewertung in Attribut y, die ab einem weiteren Punkt (S bzw. V in Abbildung 1) den Wert der Summe unterschreitet und somit die Gesamtbewertung determiniert. In dem Punkt, in dem der Wert einer Alternative in Attribut y dem Anspruchsniveau für dieses Attribut entspricht, ist $(a_y - \overline{q_y})$ bzw. $(b_y - \overline{q_y}) = 0$. Die Summenkomponente entspricht daher der ohne Berücksichtigung von y (Punkt T bzw. W), der Wert von s daher der Bewertung ohne Berücksichtigung des Attributes y.

Konsistenzbedingung (1) würde erfordern, daß die Kurve für $s(A)$ streng oberhalb der Kurve für $s(B)$ verläuft. Die Kurven weisen jedoch einen Schnittpunkt auf, links von dem die Kurve $s(B)$ die Kurve $s(A)$ übersteigt. In diesem Bereich ist die Konsistenzbedingung daher verletzt.

3. Verbindung zu anderen Konzepten

3.1 Dominanzprinzip

Die hier vorgestellte Konsistenzbedingung weist formale Ähnlichkeiten zum Dominanzprinzip auf. In Gegensatz zum Dominanzprinzip wird hier jedoch die aggregierte Bewertung einer Alternative in sämtlichen Attributen in X betrachtet, während im Dominanzprinzip die Attribute individuell betrachtet werden. Wie leicht gezeigt werden kann, genügt Funktion (2), die der Konsistenzbedingung nicht entspricht, dem Dominanzprinzip. Die Einhaltung des Dominanzprinzips impliziert also nicht die hier vorgestellte Konsistenzbedingung.

Umgekehrt aber kann durch Induktion gezeigt werden, daß die hier vorgestellte Konsistenzbedingung das Dominanzprinzip impliziert. Eine Alternative A dominiere eine andere Alternative B. Daraus folgt, daß für alle Attribute k gilt: $a_k \succeq_{\{k\}} b_k$. Wird die Menge der betrachteten Attribute ausgehend von einem Attribut schrittweise erweitert, so folgt daraus unmittelbar, daß eine Bedingung (1) genügende Bewertungsfunktion A als besser als B ausweisen muß und somit dem Dominanzprinzip genügt.

3.2 Präferenzunabhängigkeit

Auch das in der nutzentheoretischen Literatur benutzte Konzept der Präferenzunabhängigkeit beruht auf der Betrachtung von Teilmengen der Attribute. Aus unterschiedlichen Formen von Präferenzunabhängigkeit können unterschiedliche Konsequenzen für die Formulierung von Nutzenfunktionen abgeleitet werden /8/. Präferenzunabhängigkeit wird in der nutzentheoretischen Literatur sowohl bezüglich einzelner Attribute als auch bezüglich Attributmengen, die aus mehreren Elementen bestehen, untersucht.

Die hier formulierte Konsistenzbedingung ist am ehesten mit der Präferenzunabhängigkeit eines Attributes bezüglich seiner Komplementmenge (der Menge der anderen Attribute) vergleichbar. Formal kann diese durch

$$(a_x, \bar{y}) \succeq (b_x, \bar{y}) \Rightarrow (a_x, y) \succeq (b_x, y) \qquad \forall y$$

dargestellt werden /1/, /5/, /8/.

Aus der Präferenzunabhängigkeit sämtlicher Attribute von ihren jeweiligen Komplementen folgt die Existenz einer additiven Nutzenfunktion. Überträgt man dieses Konzept in eine Darstellung ähnlich wie Abbildung 1, so ergeben sich daraus zwei Konsequenzen: Präferenzunabhängigkeit bezieht sich erstens nur auf identische Werte in Attribut y, während die hier formulierte Konsistenzbedingung auch unterschiedliche Werte zuläßt. Die in Abbildung 1 implizierte seitliche Verschiebung der beiden Kurven ist daher nicht möglich.

Zweitens bedeutet die Existenz einer additiven Nutzenfunktion, daß die Kurven parallel verlaufen müssen. In einer additiven Nutzenfunktion der Form $v(a_x, a_y) = v_x(a_x) + v_y(a_y)$ entsprechen die in Abbildung 1 dargestellten Kurven der partiellen Nutzenfunktion v_y plus einem von a_y unabhängigem Term $v_x(a_x)$. Da im Konzept der Präferenzunabhängigkeit nur Alternativen mit identischen Werten in Attribut y verglichen werden, handelt es sich bei den Kurven für $v(A)$ und $v(B)$ also um parallel verschobene Darstellungen der partiellen Nutzenfunktion von y.

Im Gegensatz dazu erfordert Bedingung (1) nur, daß eine Kurve strikt oberhalb der anderen Kurve, aber nicht notwendigerweise parallel, verläuft. Präferenzunabhängigkeit stellt somit eine schärfere Bedingung als die hier behandelte Konsistenzbedingung dar.

4. Anwendungsmöglichkeiten und Erweiterungen

4.1 Begründung von Entscheidungsverfahren

Im vorhergehenden Abschnitt konnte gezeigt werden, daß die hier formulierte Konsistenzbedingung eine schärfere Bedingung als das Dominanzprinzip, jedoch eine schwächere Bedingung als Präferenzunabhängigkeit darstellt. Daraus ergibt sich die Möglichkeit, diese Bedingung zur (axiomatischen) Begründung von Entscheidungsverfahren bei mehrfacher Zielsetzung heranzuziehen.

Wie bereit gezeigt werden konnte, existieren Bewertungsfunktionen, die zwar dem Dominanzprinzip, nicht aber der hier vorgestellten Konsistenzbedingung genügen. Damit bleibt zu zeigen, daß Präferenzunabhängigkeit Funktionen ausschließt, die der Konsistenzbedingung genügen. Eliminiert man etwa aus (2) den Term $\sum_k (a_k - \overline{q_k})$, so genügt die verbleibende Bewertungsfunktion

$$s(A) = \min_k (a_k - \overline{q_k}) + \epsilon \sum_k (a_k - \overline{q_k}) \tag{3}$$

in der nun auch Parameter ρ überflüssig ist, der Konsistenzbedingung (1), aber nicht der Bedingung der Nutzenunabhängigkeit. Bedingung (1) charakterisiert somit eine eigenständige Klasse von Bewertungsfunktionen

4.2 Interpretation von Zielgewichten

Eine Erweiterung der Konsistenzbedingung (1) kann auch dazu benutzt werden, eine neue Interpretation von Zielgewichten oder vergleichbaren Parametern multikriterieller Entscheidungsverfahren zu geben.

Abweichend von [illegible]) soll nun davon ausgegangen werden, daß das zusätzlich betrachtete Attribut der bisherigen [illegible]ung zweier Alternativen A und B widerspricht, also daß $A \succeq_X B$ und $B \succeq_{\{y\}} A$ gilt. Die Funktion eines Zielgewichtes w_y für Attribut y (oder eines vergleichbaren Parameters /3/) kann nun darin gesehen werden, eine eindeutige Kontrolle über die resultierende Präferenzordnung zu ermöglichen.

Ein (allgemeines) Zielgewicht w_y ermöglicht dann eine eindeutige Kontrolle, wenn es einen eindeutigen Wert $\overline{w_y}$ gibt, ab dem der Einfluß von y die Gesamtbeurteilung determiniert.

Formal kann diese Kontrollierbarkeitsbedingung wie folgt dargestellt werden:

$$\begin{aligned} A \succeq_X B, \quad B \succeq_{\{y\}} A \Rightarrow \exists \;\; & \overline{w_y}: \\ w_y \geq \overline{w_y}: & \;\; B \succeq_{X \cup \{y\}, w_y} A \\ w_y < \overline{w_y}: & \;\; A \succeq_{X \cup \{y\}, w_y} B \end{aligned} \tag{4}$$

wobei $\succeq_{X \cup \{y\}, w_y}$ die Präferenzordnung darstellt, die sich aus der Berücksichtigung der Attribute in X und des Attributes y mit Gewicht w_y ergibt.

Graphisch kann diese Bedingung ähnlich wie in Abbildung 1 analysiert werden. So können etwa die Anspruchsniveaus in Bewertungsfunktion (3) als Parameter zur Darstellung der Bedeutung von Zielen herangezogen werden. Abbildung 2 stellt für die bereits im vorhergehenden Beispiel benutzten Alternativen A und B den Verlauf der Bewertungsfunktion in Abhängigkeit von Parameter $\overline{q_y}$ dar. Wie die Abbildung zeigt, wird für geringes $\overline{q_y}$ (in Bereich B) die Alternative B als besser ausgewiesen, für höhere Werte (in Bereich A) die Alternative A. Auch ohne Berücksichtigung von y wird B als die bessere Alternative ausgewiesen.

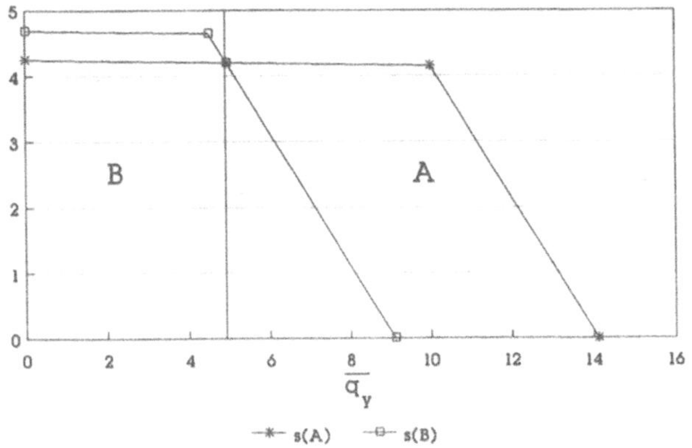

Abbildung 2: Graphische Interpretation der Kontrollierbarkeitsbedingung für Bewertungsfunktion (3).

Die Analyse der Bewertungen zweier Alternativen unter parametrischer Variation der Attributwerte (oder des Zielgewichts) eines neu in die Bewertung aufgenommenen Attributes kann somit wesentlich dazu beitragen, Eigenschaften von Entscheidungsverfahren bei mehrfacher Zielsetzung zu untersuchen.

Literatur

/1/ CHANKONG V., HAIMES Y.: Multiobjective Decision Making: Theory and Methodology. North Holland, Amsterdam (1983).

/2/ CHARNES A., COOPER W.W., FERGUSON R.O.: Optimal Estimation of Executive Compensation by Linear Programming. Management Science 1, 138–151 (1955).

/3/ GERSHON M.: The Role of Weights and Scales in the Application of Multiobjective Decision Making. EJOR 15, 244–250 (1984).

/4/ KALLIO M., SOISMAA M.: Some Improvements to the Reference Point Approach for Dynamic MCLP. In: CARLSSON C., KOCHETKOV Y. (Hrsg.): Theory and Practice of Multiple Criteria Decision Making. North Holland, Amsterdam, 77–90 (1983).

/5/ KEENEY R., RAIFFA H.: Decisions with Multiple Objectives: Preferences and Value Tradeoffs. J. Wiley & Sons, New York (1976).

/6/ KORHONEN P., LAAKSO J.: Solving Generalized Goal Programming Problems Using a Visual Interactive Approach. EJOR 26, 355–363 (1986).

/7/ SAKAWA M., MORI N.: Interactive Multiobjective Decision Making for Nonconvex Problems Based on the Penalty Scalarizing Function. EJOR 17, 320–330 (1984).

/8/ VON WINTERFELDT D., EDWARDS W.: Decision Analysis and Behavioral Research. Cambridge University Press, Cambridge, Mass. (1986).

/9/ WIERZBICKI A.: A Mathematical Basis for Satisficing Decision Making. IIASA Working Paper WP-80-90 (1980).

/10/ WIERZBICKI A.: On the Completeness and Constructiveness of Parametric Characterizations to Vector Optimization Problems. OR Spektrum 8, 73–87 (1986).

Zur Axiomatisierung und den Konsequenzen der dualen Theorie der Entscheidungen unter Risiko

Ralf Trost , Augsburg

1. Einleitung

Gegenstand der Theorie der Entscheidungen unter Risiko ist die Charakterisierung optimalen Verhaltens in Situationen, in welchen zwischen mehreren Aktionen gewählt werden kann, wobei das Resultat dieser Handlung noch abhängig ist vom Eintreten eines Umweltzustandes; die Wahrscheinlichkeiten für das Eintreten der Umweltzustände werden als bekannt vorausgesetzt. Während die Modellierung der Entscheidungssituation hier nicht problematisiert wird, soll die Frage, wie die "Optimalität" von Handlungen beschrieben wird, unter einem speziellen Blickwinkel untersucht werden. Dieser Gesichtspunkt wird am deutlichsten durch die Fragestellung beleuchtet, welche Art von Rationalität man der "Optimalität" zugrundelegt. Mathematisch orientierte Arbeiten gehen prinzipiell von einer *normativen* oder *präskriptiven* Funktion der entscheidungstheoretischen Modelle aus: Die Modelle liefern Handlungsvorschläge, welche optimal unter einem zwei Komponenten umfassenden Rationalitätsbegriff sind, nämlich

1. Akzeptanz einer Reihe von grundsätzlichen "einfachen" Verhaltensregeln (*Axiome*) und

2. Akzeptanz der Regeln der Mathematik zur Deduktion aus den Axiomen folgender Schlüsse.

Über die erste Komponente, die Axiome, wird bezüglich des Bernoulli-Prinzips als herausragendem Modell der Entscheidungen unter Risiko seit Jahrzehnten ausführlich diskutiert, die zweite als Selbstverständlichkeit erachtet. Dennoch läßt gerade sie die Axiomatisierungen in einem anderen Licht sehen. Das aus der Mathematik bekannte Bestreben, mit möglichst sparsamen Axiomensystemen auszukommen, führt dazu, daß wichtige Eigenschaften der Modelle in die Deduktion verlagert und somit die aus den Axiomen resultierenden Konsequenzen verschleiert werden. Dies ist insbesondere deswegen problematisch, weil für Anwendungen in den Wirtschaftswissenschaften den Modellen neben der normativen Funktion auch ein *deskriptiver* Aspekt zugeordnet werden sollte: Eine auf solchen Entscheidungsmodellen basierende Analyse ökonomischer Zusammenhänge ist natürlich zweifelhaft, falls normativ beschriebenes und in der Realität beobachtbares Verhalten in starkem Widerspruch zueinander stehen. (Die oben angesprochenen Diskussionen lassen sich im Grunde auf Diskussionen darüber zurückführen, wann ein solcher Widerspruch eklatant genug ist, um das gesamte Modell zu verwerfen.)
Für das Bernoulli-Prinzip sind die diesbezüglichen Diskussionspunkte hinlänglich bekannt; als Schlagwort sei an das berühmte "Allais-Paradoxon" erinnert. Die folgenden Darlegungen orientieren sich an der dualen Theorie von Yaari (1987). Damit soll zum einen die obige Überlegung betreffend der Art der Axiomatisierung verdeutlicht werden. Dabei wird eine Axiomatisierung vorgestellt, welche im Gegensatz zu den bisherigen auf eine explizite Zuhilfenahme des Begriffes der Komonotonie verzichtet. Zum anderen sollen einige Aussagen über den Realismus von aus der dualen Theorie resultierenden Verhaltensannahmen gewonnen werden.

Auf einer Menge Z von Zufallsvariablen liege eine Präferenzordnung $\precsim$ vor, welche durch ein Präferenzfunktional $\Phi : Z \longrightarrow \mathbb{R}$ repräsentiert werden soll: $X \precsim Y \iff \Phi(X) \leq \Phi(Y)$ für alle $X, Y \in Z$. Es wird die Gültigkeit des Reduktionsaxioms gefordert: Zufallsvariablen werden nach ihrer Verteilung beurteilt. Für $X \in Z$ bezeichne F_X die Verteilungsfunktion und F_X^* die inverse

Operations Research Proceedings 1989

Verteilungsfunktion oder **Quantilfunktion.** Um die Darstellung einfach zu halten, umfasse Z nur Zufallsvariablen mit beschränktem Träger, so daß wir schreiben können:

$$F_X^*(p) = \begin{cases} \sup_{q \leq p}\{t \in \mathbb{R} : F_X(t) = q\} & \text{für } p \in [0,1) \\ \lim_{q \nearrow 1} F_X^*(q) & \text{für } p = 1. \end{cases}$$

Das Bernoulli-Prinzip besagt nun, daß aus einem geeigneten Axiomensystem (vgl. z.B. Bamberg/Coenenberg (1989), S. 86f.) die Existenz einer **Nutzenfunktion** $u : \mathbb{R} \longrightarrow \mathbb{R}$ folgt, so daß $\Phi_B : Z \longrightarrow \mathbb{R}$ gemäß

(1) $$\Phi_B(X) = \int_{\mathbb{R}} u \, dF_X \qquad \forall\, X \in Z$$

ein Präferenzfunktional darstellt.

2. Die duale Theorie der Entscheidungen unter Risiko

Yaari (1987) motivierte die Entwicklung der dualen Theorie mit der vielfältigen Kritik, die sich am Bernoulli-Prinzip entzündete; vgl. z.B. Allais (1953) oder für eine Übersicht Schoemaker (1982). Die übliche Vorgehensweise dabei ist die Konstruktion eines Zahlenbeispiels, gefolgt von empirischen Untersuchungen, welche belegen, daß viele (oder die meisten) der Befragten Verhaltensweisen zeigen, die von einem Funktional der Gestalt (1) nicht dargestellt werden können. Die Ursache dafür ist darin zu sehen, daß ein Bestandteil der Zufallsvariablen, die möglichen Realisierungen, mittels der Funktion u transformiert werden, während die Wahrscheinlichkeiten untransformiert eingehen. In der dualen Theorie werden diese Rollen gerade vertauscht, so daß ein Funktional $\Phi_D : Z \longrightarrow \mathbb{R}$ gemäß

(2) $$\Phi_D(X) = \int_{[0,1]} F_X^* \, dv \qquad \forall\, X \in Z$$

mit der **dualen Nutzenfunktion** $v : [0,1] \longrightarrow [0,1]$ entsteht. Mit der Herleitung eines Funktionals der Gestalt (2) unter verschiedenen Axiomensystemen und verschiedenen Einschränkungen der Menge Z befassen sich Yaari (1987), Röell (1987), Denneberg (1989a) und Trost (1989).

Die Axiomatisierungen involvieren Konvexkombinationen von Verteilungsfunktionen für das Bernoulli-Prinzip und Konvexkombinationen von Quantilfunktionen in der dualen Theorie. Während die Konvexkombination von Verteilungsfunktionen eine leicht verständliche Operation darstellt — denn $\alpha F_X + (1-\alpha)F_Y$, $\alpha \in [0,1]$, $X, Y \in Z$ ist die Verteilungsfunktion der Zufallsvariablen, welche ein Zufallsexperiment beschreibt, das mit Wahrscheinlichkeit α zur Zufallsvariablen X und mit Wahrscheinlichkeit $1-\alpha$ zur Zufallsvariablen Y führt — , ist die Interpretation in der dualen Theorie schwieriger.

Beispiel 1: Es seien $\Omega_1 = \{\omega_{11}, \omega_{12}\}$, $\Omega_2 = \{\omega_{21}, \omega_{22}\}$, $P_1(\omega_{11}) = P_1(\omega_{12}) = \frac{1}{2}$, $P_2(\omega_{21}) = \frac{3}{4}$, $P_2(\omega_{22}) = \frac{1}{4}$, $X(\omega_{11}) = Y(\omega_{21}) = 0$, $X(\omega_{12}) = Y(\omega_{22}) = 1000$. Dann ist

$$\frac{1}{2}F_X^*(p) + \frac{1}{2}F_Y^*(p) = \begin{cases} 0 & \text{für } 0 \leq p < \frac{1}{2} \\ 500 & \text{für } \frac{1}{2} \leq p < \frac{3}{4} \\ 1000 & \text{für } \frac{3}{4} \leq p \leq 1 \end{cases}$$

die Quantilfunktion einer Zufallsvariablen, welche mit Wahrscheinlichkeit $\frac{1}{2}, \frac{1}{4}, \frac{1}{4}$ die Werte 0, 500, 1000 annimmt. ∎

Auch wenn beide Zufallsvariablen auf dem gleichen Wahrscheinlichkeitsraum definiert sind, wird die Interpretation noch nicht zwangsläufig offensichtlicher. Dies ist erst der Fall, wenn außerdem die beiden Zufallsvariablen kein Hedging zulassen.

Beispiel 2: (a) Seien nun X und Y auf $(\Omega_1, \mathcal{P}(\Omega_1), P_1)$ definiert mit $X(\omega_{11}) = Y(\omega_{12}) = 0$ sowie $X(\omega_{12}) = 1000$ und $Y(\omega_{11}) = 2000$. Die Quantilfunktion $\frac{1}{2}F_X^* + \frac{1}{2}F_Y^*$ ist diejenige einer Zufallsvariablen, welche jeweils mit Wahrscheinlichkeit $\frac{1}{2}$ die Werte 0 und 1500 annimmt, und natürlich ungleich der Quantilfunktion von $\frac{1}{2}X + \frac{1}{2}Y$.
(b) X und Y seien wieder auf $(\Omega_1, \mathcal{P}(\Omega_1), P_1)$ definiert, aber nun seien $X(\omega_{11}) = Y(\omega_{11}) = 0$ und $X(\omega_{12}) = 1000$, $Y(\omega_{12}) = 2000$. Es ergibt sich dieselbe Quantilfunktion, die aber nun gleich der Quantilfunktion von $\frac{1}{2}X + \frac{1}{2}Y$ ist. ∎

Für eine spezielle Klasse von Zufallsvariablen liegt immer der in Beispiel 2 (b) skizzierte Fall vor. Wir bezeichnen mit λ das Lebesque-Maß und mit $\mathcal{B}([0,1])$ die Borelsche σ-Algebra auf $[0,1]$. $\widetilde{Z}$ sei die Menge aller (auf $[0,1]$ definierten, monoton steigenden, von rechts stetigen und beschränkten) Funktionen, welche Quantilfunktion zu einer Zufallsvariablen aus Z sind. Dann reicht es aus, unser Axiomensystem für alle Zufallsvariablen aus $\widetilde{Z}$ zu formulieren, denn für jedes $X \in Z$ gibt es ein $\widetilde{X} \in \widetilde{Z}$ mit $F_{\widetilde{X}} = F_X$, nämlich $\widetilde{X}(\omega) = F_X^*(\omega)$ (für alle $\omega \in [0,1]$). Mit dem Reduktionsaxiom gelten die Forderungen dann für ganz Z.

Axiomensystem $\mathcal{A}$:

(A1) **Reduktionsaxiom:** Zufallsvariablen werden nach ihrer Verteilung beurteilt.

(A2) **Ordinales Prinzip:** $\precsim$ ist vollständig, reflexiv und transitiv (auf $\widetilde{Z}$).

(A3) **Duales Substitutionsaxiom:** Für alle $X, Y, Z \in \widetilde{Z}$ und alle $\alpha \in [0,1]$ gilt:

$$X \precsim Y \quad \Longrightarrow \quad \alpha X + (1-\alpha) Z \precsim \alpha Y + (1-\alpha) Z$$

(A4) **Duales Stetigkeitsaxiom:** Für alle $X, Y, Z \in \widetilde{Z}$ mit $X \precsim Y \precsim Z$ existiert ein eindeutiges $\alpha \in [0,1]$ mit $\alpha X + (1-\alpha) Z \sim Y$.

(A5) **Monotonie bezüglich stochastischer Dominanz 1. Ordnung:** Für alle $X, Y \in \widetilde{Z}$ gilt:

$$X(\omega) \le Y(\omega)\ \forall\, \omega \in [0,1] \quad \wedge \quad \exists\, \omega \in [0,1] : X(\omega) < Y(\omega) \quad \Longrightarrow \quad X \prec Y$$

Satz 1: Unter Axiomensystem $\mathcal{A}$ existiert eine eindeutige, streng monoton steigende duale Nutzenfunktion $v : [0,1] \longrightarrow [0,1]$ mit $v(0) = 0$ und $v(1) = 1$, so daß das Funktional (2) existiert und gilt:

$$X \precsim Y \quad \Longleftrightarrow \quad \Phi_D(X) \le \Phi_D(Y) \qquad \forall\, X, Y \in Z$$

Zum Beweis siehe Trost (1989). Da sie in Abschnitt 4 benötigt wird, soll die Gestalt des Funktionals für diskrete Zufallsvariablen angegeben werden. Es seien $x_1, x_2, \ldots, x_n$ die möglichen Realisierungen der Zufallsvariablen X, welche mit den Wahrscheinlichkeiten $p_1, p_2, \ldots, p_n$ angenommen werden, wobei $x_1 < x_2 < \ldots < x_n$ gilt. Dann ist

$$\Phi_D(X) = \sum_{k=1}^{n} x_k \cdot \left[v\left(\sum_{i=0}^{k} p_i\right) - v\left(\sum_{i=0}^{k-1} p_i\right) \right],$$

wobei noch $p_0 := 0$ gesetzt wurde.

Es sei nochmals betont, daß die "eingängige" Formulierung von (A3) nur wegen der speziellen Struktur von $\widetilde{Z}$ möglich ist. Formuliert für die Menge Z lautet das Axiom:

Allgemeines duales Substitutionsaxiom: Seien $\alpha \in [0,1]$, $X_1, X_2, Z \in Z$ und Y_i die Zufallsvariablen aus Z mit $F_{Y_i}^* = \alpha F_{X_i}^* + (1-\alpha) F_Z^*$ für $i = 1, 2$. Dann gilt $X_1 \precsim X_2 \Longrightarrow Y_1 \precsim Y_2$.

Die Beispiele 1 und 2 (a) zeigen die Schwierigkeiten in der Interpretation dieser Konvexkombination auf. In den vorliegenden Arbeiten zur dualen Theorie wird die Gültigkeit des Axioms für komonotone Zufallsvariablen gefordert, da für solche Zufallsvariablen X und Z die Konvexkombination $\alpha X + (1-\alpha)Z$ die Quantilfunktion $\alpha F_X^* + (1-\alpha)F_Z^*$ besitzt (vgl. Trost (1989)). Alle Zufallsvariablen aus $\widetilde{Z}$ sind komonoton zueinander, so daß die explizite Einführung des Begriffes für das vorliegende Axiomensystem überflüssig ist. Der Vollständigkeit wegen sei die Definition angegeben:

Definition: Zwei Zufallsvariablen heißen **komonoton**, wenn sie auf dem gleichen Wahrscheinlichkeitsraum $(\Omega, \mathcal{A}, P)$ definiert sind und wenn für P-fast alle $\omega_0 \in \Omega$ gilt:

$$P(\{\omega \in \Omega : \; X(\omega) < X(\omega_0) \;\wedge\; Y(\omega) > Y(\omega_0)\}) = 0$$

(Zu weiteren Definitionen der Komonotonie siehe Yaari (1987), Röell (1987), Denneberg (1989a, 1989b).)

Die Axiome (A2), (A4) und (A5) kann man als — zumindest normativ — relativ unproblematisch ansehen. Das Reduktionsaxiom (A1) ist im wesentlichen dafür verantwortlich, daß die Eigenschaften des dualen Präferenzfunktionals aus Axiomensystem $\mathcal{A}$ kaum ablesbar sind. Diese problematischen Eigenschaften wiederum resultieren hauptsächlich aus dem dualen Substitutionsaxiom — analog zum Bernoulli-Prinzip und dessen Substitutionsaxiom. Während dem (mathematischen) Ziel einer "möglichst sparsamen" Axiomatisierung genügt wird, sind nun im Interesse der Anwendbarkeit der Theorie die Folgerungen genauer zu untersuchen.

3. Eine duale "In-betweeness"-Eigenschaft

Aus (A3) (und (A1)) folgt, daß für alle $X, Y, Z \in Z$ und $\alpha \in [0,1]$ mit $X \precsim Z$ und $F_Y^* = \alpha F_X^* + (1-\alpha)F_Z^*$ gelten muß: $X \precsim Y \precsim Z$. Sogar in Fällen, in denen die Konvexkombination leicht überschaubar ist, kann diese "In-betweeness"-Eigenschaft eine zweifelhafte Forderung darstellen. (Die Bezeichnung wurde einer vergleichbaren Eigenschaft beim Bernoulli-Prinzip entlehnt.)
Z.B. sei die Präferenzordnung eines durchschnittlichen, nicht als Hasardeur veranlagten Menschen betrachtet, X beschreibe ein Zufallsexperiment, welches jeweils mit Wahrscheinlichkeit $\frac{1}{2}$ die Auszahlungen +1.000.000 und −1.000.000 liefert, Z sei die sichere Auszahlung 0, und es sei $X \precsim Z$ angenommen. (X und Z sind sogar komonoton.) Sei nun $\alpha = 2{,}5 \cdot 10^{-6}$. Die Zufallsvariable Y, welche jeweils mit Wahrscheinlichkeit $\frac{1}{2}$ die Werte $+2{,}5$ und $-2{,}5$ annimmt, hat dann die Quantilfunktion $\alpha F_X^* + (1-\alpha)F_Z^*$, und es muß $Y \precsim Z$ gelten. Aus der Weigerung, "Haus und Hof" auf einen Münzwurf zu setzen, resultiert unter der dualen Theorie zwangsläufig, daß auch kein Interesse besteht, mit einem Münzwurf eine Runde Bier für zwei Personen auszuknobeln. Auch wenn das Beispiel sicherlich extrem gewählt ist, gibt es dennoch zu Zweifeln an der dualen Theorie Anlaß.

4. Unverträglichkeit mit dem Roll-Back-Verfahren

Entscheidungsbäume werden aufgestellt, um mehrstufige Entscheidungsprobleme transparent zu machen. Eckige Knoten symbolisieren dabei, daß eine Wahl zwischen mehreren möglichen Aktionen zu treffen ist, an runden Knoten findet ein Zufallsexperiment statt. Wir wollen annehmen, daß Auszahlungen nur an den Blättern des Baumes stehen. Bei der Rückwärtsrechnung (Roll-Back-Verfahren) wird nun ausgehend von den Blättern sukzessive der Erwartungswert für alle Aktionen berechnet, jeweils die Aktion mit dem höchsten Erwartungswert gewählt und letztendlich die (zulässige) Kombination von Entscheidungen gewählt, welche zum höchsten Erwartungswert führt.

Falls an den Blättern nicht Auszahlungen x, sondern transformierte Nutzenwerte $u(x)$ stehen, ist dieses Vorgehen konsistent mit dem Bernoulli-Prinzip.

Satz 2: Das Roll-Back-Verfahren ist nur verträglich mit einer Axiomensystem $\mathcal{A}$ genügenden Präferenzordnung, wenn die duale Nutzenfunktion v die Identität auf $[0,1]$ ist.

Beweis: Seien $X_1, X_2, Z \in \mathcal{Z}$ und $Y_i \in \mathcal{Z}$ mit $F_{Y_i} = pF_{X_i} + (1-p)F_Z \quad (i = 1,2)$ für ein beliebiges $p \in [0,1]$. Folgende Entscheidungsbäume liegen vor:

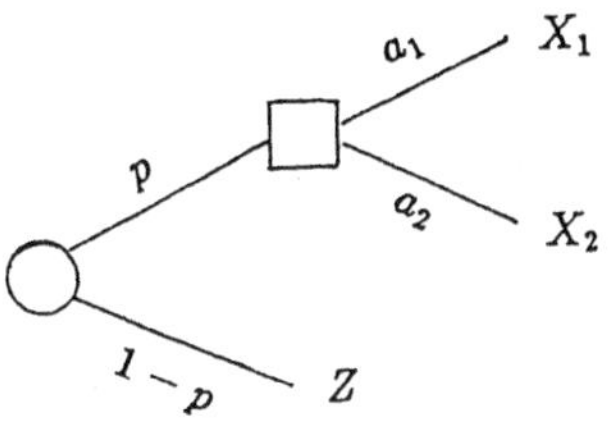

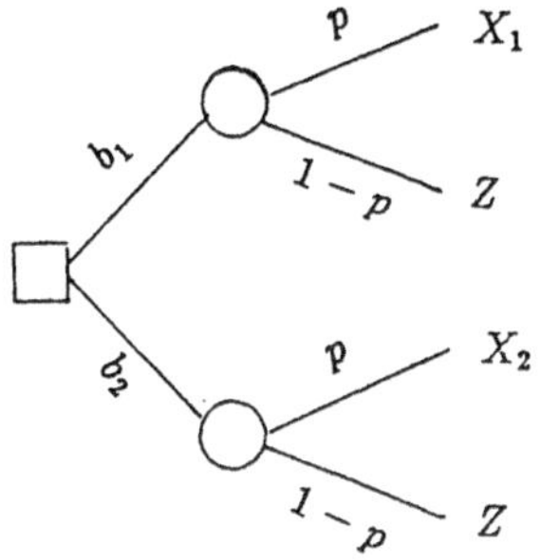

Nach dem Roll-Back-Verfahren ist mit der Wahl von a_1 (bzw. a_2), welche natürlich vor Durchführung des Zufallsexperimentes stattfinden muß, der gleiche Erwartungswert wie mit der Wahl von b_1 (bzw. b_2) verknüpft. Also muß für beliebige $X_1, X_2, Z \in \mathcal{Z}$, $p \in [0,1]$ und wie oben definierte Y_1, Y_2 insbesondere folgende Implikation gelten: $X_1 \precsim X_2 \Longrightarrow Y_1 \precsim Y_2$. Dies ist jedoch gerade das *Substitutionsaxiom für das Bernoulli-Prinzip, welches also notwendig für das Roll-Back-Verfahren ist* (LaValle/Wapman (1986)). Nun läßt sich leicht zeigen, daß $v(p) = p$ $(p \in [0,1])$ die einzige duale Nutzenfunktion ist, welche das Substitutionsaxiom erfüllt, und so das Funktional (2) zum Erwartungswert degeneriert. Für die Einzelheiten sei auf Trost (1989) verwiesen. ∎

Unter der dualen Theorie ist demnach in mehrstufigen Entscheidungssituationen für jede zulässige Kombination von Aktionen der Wert des Funktionals (2) für die zugehörige Zufallsvariable zu berechnen. Die vereinfachende Berechnungsmöglichkeit mit Hilfe des Roll-Back-Verfahrens geht verloren. Diese sicherlich nicht offenkundige Konsequenz des Axiomensystems $\mathcal{A}$ soll abschließend an einem Beispiel verdeutlicht werden.

Beispiel 3: Es sei $v(p) = \sqrt{p}$, und folgender Entscheidungsbaum liege vor:

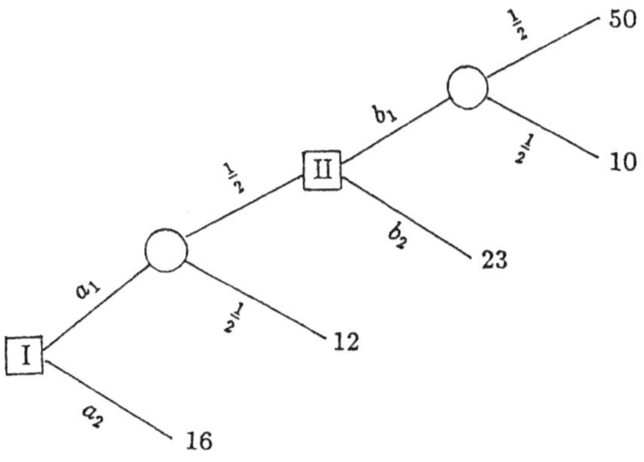

X_1 sei die mit Aktion b_1 verknüpfte Zufallsvariable, X_2 die mit b_2 verknüpfte, wobei man sich in Knoten II befinde. Es ist

$$\Phi_D(X_1) = 50\left(1 - \frac{1}{\sqrt{2}}\right) + \frac{10}{\sqrt{2}} = 21,72 < 23 = \Phi_D(X_2).$$

Betrachtet man die Situation von Knoten I aus, und ist Y_1 die mit der Aktionenkombination (a_1, b_1), Y_2 die mit (a_1, b_2) und Y_3 die mit a_2 verbundene Zufallsvariable, so gilt:

$$\begin{aligned}\Phi_D(Y_1) &= 50\left(1 - \frac{\sqrt{3}}{2}\right) + 12\left(\frac{\sqrt{3}}{3} - \frac{1}{2}\right) + \frac{10}{2} \\ &= 16,09 > 16 = \Phi_D(Y_3) > 15,22 = 23\left(1 - \frac{1}{\sqrt{2}}\right) + \frac{12}{\sqrt{2}} = \Phi_D(Y_2)\end{aligned}$$

Die von Knoten II aus gesehen optimale Aktion b_2 wird also in der Kombination mit a_1 zur schlechtesten der zur Auswahl stehenden Handlungsmöglichkeiten. ∎

Literatur

Allais, M. (1953), Le Comportement de l'Homme Rationnel devant le Risque: Critique des Postulats et Axiomes de l'Ecole Américaine, *Econometrica* **21**, 503-546

Bamberg, G./A.G. Coenenberg (1989), Betriebswirtschaftliche Entscheidungslehre, 5. Auflage, Vahlen, München

Denneberg, D. (1989a), On non-expexted-utility preferences, Manuskript, Universität Bremen; erscheint in den Proceedings zur Tagung "Foundations of Utility and Risk", 1988, Budapest

Denneberg, D. (1989b), Verzerrte Wahrscheinlichkeiten in der Versicherungsmathematik, quantilsabhängige Prämienprinzipien, Universität Bremen, Fachbereich Mathematik/Informatik, Preprint Nr. 34

LaValle, I.H./K.R. Wapman (1986), Rolling back decision trees requires the independence axiom!, *Management Science* **32**, 382-385

Röell, A. (1987), Risk aversion in Quiggin and Yaari's rank-order model of choice under uncertainty, *Economic Journal* **97** *(Conference 1987)*, 143-159

Schoemaker, P.J.H. (1982), The expected utility model: It's variants, purposes, evidence and limitations, *Journal of Economic Literature* **20**, 529-563

Trost, R. (1989), Entscheidungen unter Risiko: Bernoulli-Prinzip und duale Theorie, Dissertation, Universität Augsburg (Veröffentlichung in Vorbereitung)

Yaari, M.E. (1987), The dual theory of choice under risk, *Econometrica* **55**, 95-115

STOCHASTISCHE DOMINANZ BEI UNVOLLSTÄNDIGER WAHRSCHEINLICHKEITSINFORMATION

Hans-Jürgen KEPPE und Martin WEBER, Köln

In diesem Vortrag werden LP-Ansätze vorgestellt, mit deren Hilfe stochastische Dominanz zwischen zwei Alternativen bei Vorliegen von partieller Information über die Eintrittswahrscheinlichkeiten der Umweltzustände überprüft werden kann. Die Ansätze setzen eine endliche Menge von Umweltzuständen voraus.

Die von Pearman und Kmietowicz (1986) vorgeschlagenen Verfahren werden dahingehend erweitert, daß auf Ganzzahligkeitsbedingungen bzgl. der Ergebnisse verzichtet werden kann. Dies führt zu einer je nach Problemstruktur erheblichen Verringerung der Anzahl der zu lösenden LP's. Weiterhin können notwendige und hinreichende Bedingungen für strikte stochastische Dominanz angegeben werden, die mit Hilfe zusätzlicher LP's überprüfbar sind. Es zeigt sich, daß diese Unterscheidung zwischen einfacher und strikter stochastischer Dominanz bei partieller Information komplexer und bedeutender ist als in einer analogen Risikosituation.

Die Zusammenhänge werden anhand von Risikoprofilen verdeutlicht, die bei bestimmten Strukturen des Entscheidungsproblems ein anschauliches und leicht handhabbares Instrument zur Überprüfung stochastischer Dominanz bei partieller Information darstellen.

Keppe, H.-J.; Weber, M.: Stochastic Dominance with Incomplete Information on Probabilities, 1989, erscheint in: European Journal of Operational Research.

Pearman, A.D.; Kmietowicz, Z.W.: Stochastic Dominance with Linear Partial Information, in: European Journal of Operational Research, 23, 1986, S. 57-67.

ASYMMETRISCHE INFORMATIONSVERTEILUNG UND DER HANDEL VON INFORMATIONEN AUF MÄRKTEN

Eva TERBERGER, Frankfurt

Asymmetrisch verteilte Informationen zwischen Käufer und Verkäufer gelten gemeinhin als die Funktionsfähigkeit von Märkten beeinträchtigend, da sie vorteilhafte Transaktionen behindern oder sogar vereiteln. Es existieren jedoch Märkte, die eine differenziertere Einschätzung der Auswirkungen von ungleich verteilter Information verlangen; und hierzu zählt der Markt für das Gut 'Information'.

Sollen Informationen auf Märkten gehandelt werden, so ist i.d.R. die Aufrechterhaltung einer asymmetrischen Informationsverteilung zwischen den Tauschpartnern eine Bedingung für das Gelingen von Transaktionen. Die asymmetrische Informationsverteilung als Voraussetzung für die Funktionsfähigkeit des Informationsmarktes geht indirekt sogar in das entscheidungstheoretische Modell zur Informationsbewertung ein: Der Informationswert - und damit der Preis, den ein potentieller Käufer bereit ist, für eine Information zu zahlen - wird unter Unsicherheit über ihren genauen Inhalt bestimmt, obwohl die Ausprägung der Information ihrem Verkäufer, der Informationsquelle, bereits bekannt sein könnte. Warum eine asymmetrische Informationsverteilung eine der Voraussetzungen ist, damit ein Handel von Informationen überhaupt zustande kommt, ist unmittelbar plausibel. Würde ein Verkäufer den genauen Inhalt seines Informationsangebots mitteilen, wäre jeglicher Anreiz, einen Preis zu zahlen, entfallen: Mit der Kenntnis aller Eigenschaften des zu erwerbenden Guts ist ein potentieller Käufer bereits im Besitz desselben.

Doch auch wenn der Handel von Informationen ohne ein Informationsgefälle zwischen den Marktpartnern nicht funktionieren kann, sind damit die transaktionsbehindernden Auswirkungen einer asymmetrischen Informationsverteilung nicht hinfällig, so daß schon diese Besonderheit des Guts 'Information' den Markt als effiziente Form der Koordination von Angebot und Nachfrage in Zweifel zieht.

Neuere ökonometrische Verfahren des Betriebsvergleichs: eine Anwendungsstudie der Data-Envelopment-Analyse

Eva Zanders, Trier

Ausgangspunkt für die Data-Envelopment-Analyse (DEA), die 1978 von CHARNES/COOPER/RHODES (CCR) konzipiert wurde, bilden die Arbeiten FARRELLs. Der Anlaß für dessen Arbeiten im Jahre 1957 war, daß bis dahin kein befriedigendes Maß zur Messung der Produktionseffizienz von komplexen Firmen, die multiple Inputs zur Produktion multipler Outputs einsetzen, existierte. Sein Ziel bestand somit einerseits darin, aus den bestpraktizierenden Firmen die relevante, empirische Produktionsfunktion zu schätzen und andererseits in der Konstruktion eines einzelnen Maßes der technischen Effizienz, das das Verhalten ökonomischer Einheiten durch Einbeziehung aller Inputs und Outputs und unter Vermeidung von Indexierungsproblemen widerspiegeln sollte.
FARRELLs Kerngedanke dabei war, "it is far better to compare performances with the best actually achieved than with some unattainable ideal". Alle Firmen werden deswegen miteinander verglichen, um die am besten praktizierenden in ein Set zu bringen, das als Maßstab für die Bewertung der anderen Firmen herangezogen wird. Die Effizienz einer Firma ergibt sich somit immer relativ zu den anderen Firmen, die in den Vergleich einbezogen werden.
Als Effizienzkriterium wird die Pareto-Optimalitätsbedingung herangezogen.

1978 greifen CCR die Überlegungen FARRELLs, die von ihm nicht vollständig realsiert werden konnten, zur Konzipierung der DEA auf. Die Zielsetzung der DEA liegt in der Effizienzbewertung öffentlicher, nonprofit Organisationen in einem einzelnen Maß. Dabei soll die Bewertung einer 'Decision Making Unit' (DMU) den Managern ex post Informationen liefern über vorhandene Quellen und Höhen von Effizienz, Ineffizienz, Organizational Slacks und Opportunitätskosten sowie Anregung bieten zu alternativer Inputnutzung/-mixtur und Allokation von Ressourcen zwischen den DMUs. Neben der Kontrolle für vergangene Leistungen soll die DEA auch als Hilfe zur Planung zukünftiger Aktivitäten herangezogen werden. Eine Effizienz- und auch mögliche Effektivitätsverbesserung soll somit einerseits aufgrund der erhaltenen Informationen als auch andererseits aus Motivation durch Schaffung von Wettbewerb erfolgen.
Die Effizienz besteht aus der Sicht von CCR dabei aus zwei Dimensionen:

Operations Research Proceedings 1989

- der individuellen 'Managerial Efficiency', die bei technisch effizientem Handeln der Manager erreicht wird und
- der 'Program Efficiency', die die Wahl der besten Produktionstechnologie voraussetzt.

Als effizient werden dabei die pareto-optimal produzierenden DMUs beurteilt, die deshalb auch als DEA-effizient benannt werden.
Notwendige Voraussetzung dabei ist, daß alle Betriebe die Erreichung gleicher Ziele mit gleichen Inputs anstreben und eine gleichgerichtete Beziehung zwischen Inputs und Outputs besteht. Aus diesen in ihrer Höhe und Zusammensetzung variierenden Inputs und Outputs werden - nach Transformation von FARRELLs Vorstellungen über technische Effizienz in ein LP-Format - sowohl die zugrunde liegende Produktionsfunktion als auch die Wertschätzung/Gewichtung der einzelnen Inputs und Outputs einer DMU ermittelt durch Vergleich mit denen anderer DMUs.

CCR übernehmen dazu die von FARRELL getroffenen Annahmen der

- Konvexität,
- Unabhängigkeit von einen bestimmten, bestmöglichen Input-Output-Mix,
- Produktionsmöglichkeitenbereich umfaßt alle beobachteten Input-Output-Kombinationen

und erweitern diese um drei neue Annahmen:

- Einheiteninvarianz,
- Non-Archimedean-Effizienz,
- streng positive Input- und Outputwerte sowie strenge Positivität bei den durch Optimierung zu bestimmenden Gewichtungen der Inputs und Outputs.

Ausgehend von allen beobachteten Inputs und Outputs aller DMUs gilt es zunächst, die Produktionsfunktion zu ermitteln, die von den effizientesten DMUs einer Referenzgruppe, d.h. die in der Praxis die optimal erreichbaren Input-Output-Kombinationen aufweisen, definiert wird. Für den Fall zweier Inputs, die normiert eine Einheit Output erbringen, wird die Produktionsfunktion folgendermaßen hergeleitet:

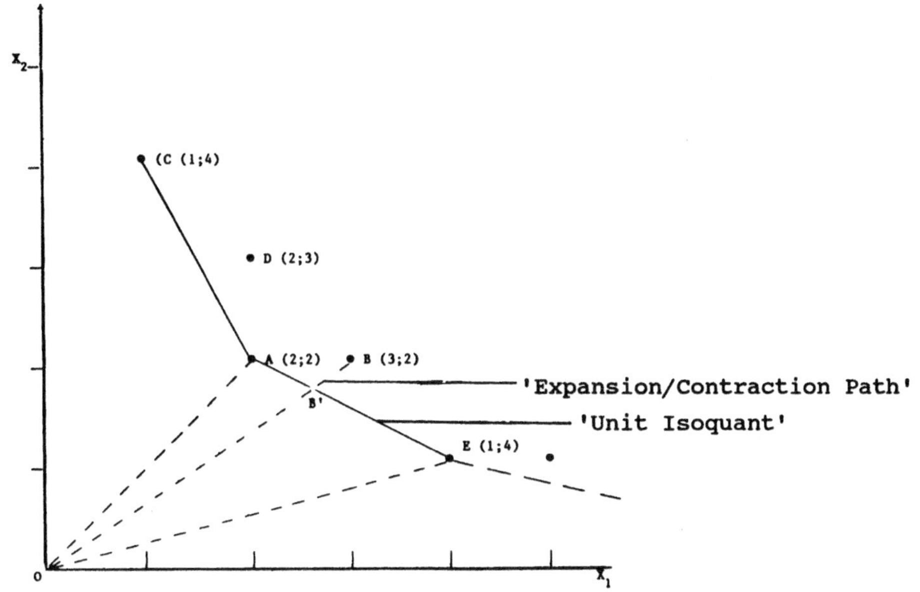

Quelle: SUDIT 1984, 124

Die Koordinaten geben die Mengen der beiden verwendeten Inputs als Rate pro Einheit Output an. So benötigt z.B. DMU B 3 Einheiten von Input x_1 und 2 von Input x_2 zur Erstellung einer Outputeinheit. Die dem Ursprung am nächsten liegenden DMUs werden miteinander verbunden und bilden eine stückweise lineare Produktionsfunktion, die die effizientesten, d.h. bestmöglich in der Praxis erreichbaren, Ressourcenkombinationen aufweist. Es ist nicht möglich, auf der Produktionsfunktion von einem Eckpunkt zu einem anderen zu gehen, wenn die Menge eines Inputs gesenkt werden soll und dabei nicht gleichzeitig die Menge eines anderen Inputs erhöht oder eine Kürzung des Outputs in Kauf genommen wird.
Die effizientesten DMUs formen die Effizienzgrenze; sie 'umhüllen' den Produktionsmöglichkeitenbereich. So bilden die DMUs A und F ein Stück der deterministischen Produktionsfunktion, das wegen der Ähnlichkeit der Input-Output-Struktur mit der von DMU B als deren Vergleichsmaßstab herangezogen wird. DMU B arbeitet demnach nicht effizient, da es möglich ist, die gleiche Outputmenge unter gleichbleibenden Produktionsbedingungen mit geringeren Einsatzmengen beider Inputs zu erzeugen, insoweit es sich um kontrollierbare Inputs handelt (B').
Bei der Einbeziehung multipler Outputs wird der Effizienzwert einer DMU wie folgt bestimmt:

$$\max h_0 = \frac{\sum_{r=1}^{s} u_r y_{r0}}{\sum_{i=1}^{m} v_i x_{i0}} \qquad \text{NB:} \quad 1 \geq \frac{\sum_{r=1}^{s} u_r y_{rj}}{\sum_{i=1}^{m} v_i x_{ij}}$$

$$u_r,\ v_i > 0;\ j = 1,\ldots,n;\ 0 \leq h_0 \leq 1$$

Der Effizienzwert wird maximiert, indem mit dem gegebenen Inputeinsatz die bestmögliche Outputproduktion realisiert wird. Die alternative Formulierung, also minimiere den Inputeinsatz bei gegebenem Outputniveau, ist analog herzuleiten. CHARNES/COOPER (1978) nutzen die Theorie des 'Fractional Programming', um dieses nichtlineare Problem in ein lineares zu transformieren. Dabei ermöglichen die dualen Versionen der beiden Problemformulierungen zusätzlich zur Bestimmung des Effizienz wertes die Aufdeckung von Slackbeträgen.
Eine DMU ist demnach dann als technisch effizient zu beurteilen, wenn der Effizienzwert (h_0) gleich Eins und alle Input- und Outputslacks den Wert Null annehmen.
Die DEA ermöglicht durch diese Art der Problemformulierung die simultane Einbeziehung multipler, beobachteter Input- (x_i) und Outputfaktoren (y_r), unabhängig von einer genauen Spezifikation deren Relation sowie deren Skalenniveau. Eine Vorgabe von a priori-Gewichtungen für alle Input- und Outputfaktoren, z.B. in Form von Preisen oder subjektiven Wertschätzungen, ist nicht erforderlich. Die Gewichtungen für die beobachteten eingesetzten Input- (v_i) und produzierten Outputmengen (u_r) werden im Rahmen der Optimierung so gewählt, daß die jeweilige DMU im 'bestmöglichen Licht' bewertet wird, d.h. den in der Input-Output-Struktur sichtbar werdenden Präferenzen der jeweiligen Organisation weitestgehend Rechnung getragen wird. Somit können die Gewichtungen als 'Most Favourable Weights' interpretiert werden.
Aufgrund von n Optimierungen ermöglicht die DEA mithin die Identifizierung von (In-)Effizienzquellen, Organizational Slacks, Substitutions- und Produktivitätsraten für jede einzelne in den Vergleich einbezogene DMU, weist jedoch gleichzeitig die generellen Nachteile deterministischer Verfahren auf.
Neben der Berechnung dieser 'Managerial Efficiency' schafft die DEA mit der 'Program Efficiency' die Möglichkeit der Unterscheidung zwischen guten Programmen, die schlecht gemanagt werden, und schlechten Programmen, die aufgrund hervorragender Managementfähigkeiten besser erschei-

nen.
Modellimmanente Gefahren liegen in der Fehlinterpretation der Ergebnisse aufgrund von Mißspezifikationen der Beziehung zwischen Inputs und Outputs, der Empfindlichkeit gegenüber Meßfehlern und des Verhaltens gegenüber Extremwerten. So wird Extremität mit Optimalität gleichgesetzt. Diese Probleme und auch die modellinhärenten Manipulationsmöglichkeiten können jedoch durch Plausibilitätskontrollen, Modellvariationen sowie die Wahl eines geeigneten Input-Output-Systems ausgeschaltet werden.

Die Anwendung der DEA auf einen Vergleich von stationären Altenhilfeeinrichtungen soll einen Überblick über ausgewählte Analysemöglichkeiten dieses Instrumentes geben. Zur Auswertung gelangen Daten einer originären Erhebung von 26 stationären Altenhilfeeinrichtungen aus den Bundesländern Rheinland-Pfalz und Saarland von 1987 und 1989. Ausgehend von der Zielfunktion 'optimale Gestaltung der Betreuung, Pflege und Versorgung der Heimbewohner' werden als Inputfaktoren die personelle und räumliche Ausstattung sowie die finanzielle Küchenausstattung erfaßt. Als Outputfaktoren werden die durchschnittliche Verweildauer in den drei Pflegekategorien, die die Intensität der Pflege widerspiegeln, die Anzahl der Überlebenden eines Jahres sowie als subjektives Maß die Zufriedenheit der Heimbewohner gewählt.

Die Berechnungen der DEA ergaben eine Fülle von Einzelergebnissen:

11 Heime wurden als technisch effizient, acht Heime als skaleneffizient, d.h. effizient nur aufgrund ihrer seltenen Input-Output-Mixtur, und sieben Heime als ineffizient identifiziert.
So zeigte sich besonders, daß im Gegensatz zur offensichtlich herrschenden Meinung (O'BRIEN/SAXBERG/SMITH 1983) die Trägerschaft keinen signifikanten Einfluß auf die Effizienz eines Heims hat. Dieser Befund bestätigt damit die u.a. von PAULY (1987) für Krankenhäuser festgestellte Insignifikanz der Trägerschaft für die Leistung dieser Dienstleistungsinstitutionen.
Auch die aufgrund bisheriger empirischer Studien (KNAPP 1978; GREENE/MONAHAN 1981) erwarteten Skaleneffekte bezüglich der Bettenzahl einer stationären Altenhilfeeinrichtung konnten nicht nachgewiesen werden. Auch ergaben sich keine Hinweise auf eine optimale Bettenzahl. Somit hat die Größe (Bettenzahl) bei den Heimen dieser Stichprobe keinen signifikanten Einfluß auf die Effizienz dieser Einrichtungen.
Innerhalb der Überlegungen zu Verbundeffekten war aufgrund der Befunde

von KEMPE/CLOSS (1981) und CLOSS/KEMPE/SAUTER (1981) davon ausgegangen worden, daß bei mehrgliedrigen Heimen die Verlegung von Bewohnern in die nächsthöhere Pflegekategorie aufgrund des sozialen Klimas im Heim länger hinausgezögert werden kann. Dieses führte zu einer geringeren Sterberate und wirkte sich letztendlich positiv auf die Zufriedenheit der Bewohner aus. Im Gegensatz zu den Befunden bisheriger empirischer Studien konnten jedoch keine Verbundeffekte für mehrgliedrige Heime nachgewiesen werden.

Das Alter eines Heims konnte hingegen als effizienzdeterminierende Variable herausgefiltert werden. So sind alle zwischen 1974 (Verabschiedung des Heimgesetzes (HeimG)) und 1984 gebauten bzw. umgebauten Heime technisch effizient. Alle vor der Verabschiedung des HeimG (um-) gebauten bzw. nach 1984 gebauten Heime sind demgegenüber ineffizient oder skaleneffizient. Die Ineffizienz und Skaleneffizienz der sehr jungen Heime sind nicht überraschend, da diese aufgrund der Kürze ihres Bestehens zwangsläufig noch keine hohen durchschnittlichen Verweildauern produziert haben können, obwohl sie inputmäßig nach aktuellen gerontologischen und geriatrischen Erkenntnissen ausgestattet sind. Die ineffizienten und skaleneffizienten alten Heime weisen demgegenüber im Vergleich zu den jüngeren Einrichtungen alle räumliche Defizite auf, die möglicherweise auf die vor der Verabschiedung des HeimG noch nicht existierenden baulichen Mindestanforderungen zurückgeführt werden können.

Entscheidend zentral für die Effizienz eines Heims ist neben dem Alter der Einrichtung die Zusammensetzung des Pflegepersonals nach dem Qualifikationsgrad. So konnte nachgewiesen werden, daß für das quantitative Verhältnis von qualifiziertem zu unqualifiziertem Personal ein Schwellenwert von 1,3 besteht. Alle technisch effizienten Heime weisen eine höhere Relation von qualifiziertem zu unqualifiziertem Personal auf. Nahezu allen ineffizienten und skaleneffizienten Heimen ist im Kontrast dazu eine Relation von weniger als 1,3 gemeinsam. Die Ausnahme bilden drei Heime, die zwar personell gut ausgestattet sind, von denen zwei aufgrund ihres sehr kurzen Bestehens zwansläufig jedoch noch keine hohen durchschnittlichen Verweildauern in den drei Pflegekategorien erzielen konnten.

Die hohe Bedeutung des qualifizierten Personals für eine geeignete Pflege der Bewohner zeigt sich in einem signifikant positiven hohen Korrelationskoeffizienten zwischen der Anzahl von qualifiziertem Personal pro Bewohner und der durchschnittlichen Verweildauer in Pflegekategorie 3 (schwerstpflegebedürftige Bewohner). Somit kann ein hoch signifikanter positiver Einfluß von der Ausstattung eines Heims mit qualifiziertem Personal auf die Leistungsfähigkeit eines Heims nachgewiesen werden.

Die Situation im Heimbereich ist gekennzeichnet durch die zentrale Stellung des vom Träger rekrutierten Heimleiters, dem aufgrund der Unbeobachtbarkeit seines Anstrengungsniveaus und seiner Leistungen ein Informationsvorsprung gegenüber potentiellen Interessenten erwächst. Der Effizienzwert als aggregiertes Maß sowie die Variablengewichtungen und Slackbeträge bei Einzelanalysen als disaggregierte Werte geben nun sowohl potentiellen Bewohnern als auch Trägern ausreichende Informationen, um die Leistung des Heimleiters und des Heims beurteilen zu können und darüber hinaus informieren sie, ob bei Ineffizienzen der Heimleiter, der Träger oder äußere Gegebenheiten für das Ergebnis verantwortlich sind.
Da der Heimleiter im Heimbetrieb de jure und de facto eine zentrale Stellung einnimmt und mit vollständigen Entscheidungsbefugnissen, auch im Personalbereich, ausgestattet ist und somit einen hohen Einfluß auf die Effizienz eines Heims hat, wird eine Anbindung der Leistung des Heimleiters an einen mit positiven und negativen Sanktionen ausgestalteten Anreizkontrakt als sinnvoll beurteilt. Bemessungsgrundlage für die Leistungsbeurteilung bilden dazu die Ergebnisse der DEA. Speziell für den Fall einer leistungsabhängigen Entlohnung erweist sich eine Serie von Kurzzeitkontrakten gegenüber einem Langzeitkontrakt als vorteilhaft, da der Gegenwartswert einer höheren Entlohnung bei Kontraktende bei Kontrakten mit kürzerer Fristigkeit höher ist (CANTOR 1987). Somit verspürt der Heimleiter einen stärkeren Anreiz zu höherem 'Effort'. Nach Ablauf einer Periode wird dabei nicht über eine Verlängerung des Kontraktes, sondern eine mögliche Änderung des Anreizsystems aufgrund veränderter Gegebenheiten verhandelt.
Da die Beurteilung und Sanktionierung des Heimleiters anhand der aus dem Betriebsvergleich gewonnenen Ergebnisse erfolgt, sind die Häufigkeit bzw. der Rhythmus, in dem der Betriebsvergleich durchgeführt wird, mit den Zeitpunkten der Neugestaltung des Anreizsystems zu koordinieren.
Zur Ankopplung des Anreizsystems erweist sich die Veränderung des aufgrund des Effizienzwerts erzielten Ranglistenplatzes gegenüber der im vorherigen Betriebsvergleich erreichten Plazierung als dominant gegenüber anderen Beurteilungskriterien, obwohl Informationen gegenüber dem intervallskalierten Effizienzwert aufgegeben werden. So schafft ein auf dem Vergleich der Leistung aller Konkurrenten basierendes Entlohnungssystem durch Induzierung von Wettbewerb und auch durch Stimulation intrinsicher Motivation einen starken Anreiz für einen hohen Anstrengungsgrad.

Ausgehend von dieser Leistungsbeurteilung eines Heimleiters in Relation zu den Leistungen aller anderen Heimleiter ist wegen des induzierten Wettbewerbs eine positive Sanktionierung bei Steigerung und Konstanz des Ranglistenplatzes, hingegen eine negative Sanktionierung bei Senkung des Ranglistenplatzes anzustreben. Als monetärer Motivator könnte in Analogie zur Entlohnung von Führungskräften in der Industrie ein Bonus, gestaffelt je nach Ergebnis im Betriebsvergleich, rückwirkend für die Leistung in der vorangegangenen Periode zusätzlich zum sicheren monatlichen Einkommen gewährt werden. Bei einem Mißerfolg könnten hingegen andere nicht-monetäre Sanktionen greifen.

Literatur:

Cantor, R.: Work Effort and Contract Length, in: Economica 219/1988, 343-353

Charnes, A./Cooper, W.W.: Managerial Economics - Past, Present and Future, in: Journal of Enterprise Management 1/1978, 5-23

Charnes, A./Cooper, W.W./Rhodes, E.: Measuring the Efficiency of Decision Making Units, in: European Journal of Operations Research 2/1978, 429-444

Closs, C./Kempe, P./Sauter, M.: Heimtypabhängige Charakteristika in Alteneinrichtungen, in: Das Altenheim 5/1981, 103-107

Farrell, M.J.: The Measurement of Productive Efficiency, in: Journal of the Royal Statistical Society 120/1957, 253-281

Greene, V.L./Monahan, D.J.: Structural and Operational Factors Affecting Quality of Patient Care in Nursing Homes, in: Public Policy 4/1981, 399-415

Kempe, P./Closs, C.: Alteneinrichtungen aus umweltpsychologischer Sicht, in: Zeitschrift für Gerontologie 14/1981, 430-443

Knapp, M.R.J.: Cost Functions for Care Services for the Elderly, in: The Gerontologist 1/1978, 30-36

O'Brien, J./Saxberg, B.O./Smith, H.L.: For-Profit or Not-for-Profit Nursing Homes: Does it Matter?, in: The Gerontologist 4/1983, 341-348

Pauly, M.V.: Hospital Finance and Behavior of American For-Profit and Not-For-Profit Hospitals. Paper of the International Workshop "Hospitals Finance under the Perspective of the New Institutional Economics", Saarbrücken 1987

Sudit, E.F.: Productivity Based Management, Boston: Kluwer-Nijhoff 1984

EXTERNE UNTERNEHMENSMODELLIERUNG UNTER BERÜCKSICHTIGUNG VON BRANCHENBESONDERHEITEN UND AGGREGATIONSSTUFEN

Reinhart SCHMIDT, Kiel

Unter externer Unternehmensmodellierung soll eine Form der Unternehmensprognose, -planung und -kontrolle verstanden werden, bei der ausschließlich publizierte Informationen Verwendung finden. Für eine solche Modellierung interessieren sich institutionelle Anleger sowie Unternehmen, die im Rahmen der Konkurrenzanalyse oder der Akquisitionspolitik Urteile qualifiziert unterstützen wollen.

In dem Vortrag wird zunächst kurz dargestellt, welche bisherigen Modellansätze - auch unter Berücksichtigung von entsprechender Software - existieren. An diesen Ansätzen ist zu kritisieren, daß sie aus Sicht der Benutzer eine zu starre Modellstruktur unterstellen, insbesondere was die Berücksichtigung von Branchenbesonderheiten und unterschiedlichen Aggregationsstufen angeht. Deshalb wird der Rahmen für ein **Entscheidungsunterstützungssystem** entwickelt, welches dem Benutzer erlaubt, auf Branche und/oder Aggregationsniveau ausgerichtete Planungen zu betreiben. Die wesentliche Datenbasis bildet dabei das Jahresabschluß-Schema nach neuem Bilanzrecht. Anhand ausgewählter Einzelbeispiele wird die Funktionsweise des in Kiel entwickelten und implementierten Systems erläutert.

Abschließend werden mögliche methodische Erweiterungen des Entscheidungsunterstützungssystems diskutiert.

Bayes-Lernen in Inferenznetzwerken

W.Rödder und H.P.Reidmacher
Universität der Bundeswehr
Hamburg

Auf der Basis der Wissensdarstellung durch symmetrische Inferenznetzwerke wird ähnlich wie im Expertensystem Prospector die Schlußkraft zwischen zwei Knoten durch Sufficiency- (L_S) und Necessity-Koeffizienten (L_N) bewertet. Kanten können beliebig zwischen Knoten angelegt werden, wodurch keine eindeutige Differenzierung zwischen Evidenzen und Hypothesen notwendig wird. Die Eintrittswahrscheinlichkeit jedes Hypothese-Knotens ist durch eine Betaverteilung charakterisiert, die nach Anregung einzelner Evidenzen-Knoten mit Hilfe des Bayesschen Satzes zum Prognosewert führt. Nach der Prognose wird in jeder Evidenz-Hypothese-Beziehung sowohl die Betaverteilung der Hypothese als auch die Bewertung der aktiven Kante nach feed-back-Information über die Richtigkeit der Prognose mittels Bayesschem Satz aktualisiert. Diese Akkumulierung von Informationen über die Eintrittswahrscheinlichkeitender Knoten als auch über deren Abhängigkeiten und ein Alterungsmechanismus befähigt das System zu lernen. Dadurch ist es jederzeit in der Lage, die Realität im Inferenznetzwerk abzubilden. Um auch komplexe Fragestellungen behandeln zu können, werden in dieser Arbeit sowohl das unsichere Eintreten einer Evidenz als auch das Zusammenwirken mehrerer Evidenzen bei Unabhängigkeit berücksichtigt.

1 Einleitung

1.1 Das Inferenznetzwerk als Mittel der Wissensrepräsentation

Eine Form der Wissensrepräsentation , die für den Aufbau der Wissensbasis von Expertensystemen benutzt wird, ist das Inferenznetzwerk. Die Knoten dieses Netzes sind Tokens, die in einfachster Form eine Eigenschaft beschreiben. Folgt einem Token (Evidenz) ein anderes (Hypothese), so wird diese Abhängigkeit als gerichtete Kante zwischen diesen Knoten dargestellt. Damit wird gleichzeitig eine Implikation als logische Aussage formuliert. Für weitere allgemeine Informationen über Inferenznetzwerke verweisen wir den Leser auf die Arbeit von Winston [WIN 87,S.205ff].

Das Token 'Sokrates' wird mit dem Token 'Grieche sein' verknüpft und es entsteht die Implikation 'Wenn Sokrates, dann Grieche sein':

$$\boxed{S \rightarrow G}$$

Wir betrachten nicht nur einstufige Implikationen sondern auch die sukzessive Folgerung über Zwischenknoten. Das bedeutet, ein Token kann zugleich Evidenz als auch Hypothese sein. Die obige Implikation mit der Hypothese 'Grieche sein' kann mit der Anschlußimplikation 'Wenn Grieche dann dunkle Hautfarbe' fortgesetzt werden. Man erhält also gleichzeitig 'Wenn Sokrates, dann dunkle Hautfarbe':

$$\boxed{S \rightarrow G \rightarrow dH}$$

Operations Research Proceedings 1989

Implikationen können zusätzlich auch in entgegengesetzter Richtung gelten, wie z.B. 'Wenn dunkle Hautfarbe, dann Grieche sein'. Ein Netzwerk, in dem solche Doppelkanten vorkommen, nennen wir symmetrisches Inferenznetzwerk.
Wie man an obigem Beispiel erkennt, müssen Hypothesen nicht unbedingt mit Sicherheit gefolgert werden. Der Grad der Sicherheit von Implikationen wird dann durch Schlußstärkefaktoren an den Kanten quantifiziert [DUD 77,S.34ff].

1.2 Ein Inferenznetzwerk als lernendes System

Bekanntlich wird in einigen Expertensystemen, wie z.B. Prospector, dessen theoretische Grundlagen von Duda entwickelt wurden, die Wissensbasis durch ein Inferenznetzwerk mit Kantenbewertungen dargestellt [DUD 77] [DUD 79]. Auch in der Expertensystemshell Leonardo wird diese Art der Wissensrepräsentation verwendet [LEO 86]. Die Struktur des Inferenznetzwerks wird hier auf eine spezielle Thematik zugeschnitten und damit fest vorgegeben. Auch verlangen diese Systeme eine einmalige Festlegung der Schlußstärkefaktoren durch einen Experten. Zum einen ist die konsistente Bewertung aller Implikationen im gesamten Inferenznetzwerk nur schwer möglich, andererseits sind damit alle Abhängigkeiten festgelegt.
Abweichend von dieser Vorgehensweise soll unser System selbständig die Schlußstärkefaktoren berechnen und verändern. Die dazu erforderliche Information erhält das System als feed-back nach Verifizierung/Falsifizierung der prognostizierten Hypothese durch den Benutzer.
Zunächst werden wir jedoch die theoretischen Grundlagen für das Schließen auf die Hypothese in Anlehnung an Duda darstellen.

2 Berechnung der Prognosewahrscheinlichkeiten mittels Bayesschem Satz

Die mathematischen Grundlagen, auf die wir im weiteren aufbauen, basieren auf den Arbeiten von Duda zum Expertensystem Prospector [DUD 77,S.33ff]. In seinem Modell wird jedem Knoten eine subjektive Wahrscheinlichkeit zugeordnet, die den Grad des Zutreffens (Eintretens) ohne Zusatzinformationen mißt. Ist diese sogenannte a-priori-Wahrscheinlichkeit einer Hypothese bekannt und tritt eine Evidenz mit Sicherheit ein, so berechnet sich mittels Bayesschem Satz aus dieser a-priori- eine a-posteriori-Wahrscheinlichkeit der Hypothese:

$$P(h \mid e) = \frac{P(e \mid h)P(h)}{P(e)}. \tag{1}$$

Um die a-posteriori-Wahrscheinlichkeit bei Eintreten einer Evidenz in Abhängigkeit der a-priori-Wahrscheinlichkeit der Hypothese und der Schlußstärken berechnen zu können, bedarf es einer Umformung der Formel (1). Die Aufgabe, die a-priori-Wahrscheinlichkeit über h (genauer einer eineindeutigen Funktion der a-priori-Wahrscheinlichkeit über h) in die a-posteriori-Wahrscheinlichkeit über h zu transformieren, löst Duda, indem er sogenannte Odds einführt [DUD 77,S.33]. Definiert man $O(h) := \frac{P(h)}{P(\bar{h})}$ ($\Leftrightarrow P(h) = \frac{O(h)}{1+O(h)}$) und $O(h \mid e) := \frac{P(h|e)}{P(\bar{h}|e)}$ ($\Leftrightarrow P(h \mid e) = \frac{O(h|e)}{1+O(h|e)}$) dann gilt :

$$O(h \mid e) \quad = \quad \frac{P(h \mid e)}{P(\bar{h} \mid e)} = \frac{P(e \mid h) \cdot P(h) \cdot P(e)}{P(e) \cdot P(e \mid \bar{h}) \cdot P(\bar{h})}$$

$$= \frac{P(e \mid h)}{P(e \mid \bar{h})} \cdot \frac{P(h)}{P(\bar{h})} =: L_S \cdot O(h). \tag{2}$$

Da L_S den a-priori-Odd in den a-posteriori-Odd transformiert, wird es Sufficiency-Faktor genannt.

Analog wird für den Schluß $\bar{e} \rightarrow h$ der Necessity-Faktor $L_N = \frac{P(\bar{e}|h)}{P(\bar{e}|\bar{h})}$ eingeführt. Für weitere Informationen sei der Leser auf Duda [DUD 77,S.34] verwiesen.

Will man von mehreren Evidenzen $e_1, \ldots, e_n$ auf das Eintreten einer Hypothese schließen, so interessiert $P(h \mid e_1, \ldots, e_n)$.

Beschränken wir unsere Betrachtungen zunächst auf die Abhängigkeit der Hypothese h von zwei dieser Evidenzen e_i und e_j $(1 \leq i, j \leq n)$, dann liefert der Bayessche Satz

$$P(h \mid e_i, e_j) = \frac{P(e_i, e_j \mid h)P(h)}{P(e_i, e_j)} \tag{3}$$

Allein um diese Werte für alle möglichen Paare e_i, e_j ausrechnen zu können, benötigt man jeweils die Wahrscheinlichkeiten $P(e_i, e_j \mid h)$ und $P(e_i, e_j)$, also insgesamt $n \cdot (n-1)$ Werte. Deswegen fordert Duda die Unabhängigkeit bzgl. des Auftretens einzelner Evidenzen (4) und die lokale Unabhängigkeit bzgl. des Schlusses zur Hypothese (5) :

$$P(e_i \mid e_j) = P(e_i) \qquad \forall \; i, j \tag{4}$$

$$P(e_i \mid e_j, h) = P(e_i \mid h) \qquad \forall \; i, j. \tag{5}$$

Für n Evidenzen, deren Eintreten oder Nichteintreten mit Sicherheit bekannt ist, erweist sich die Berechnung der a-posteriori-Wahrscheinlichkeitmit Hilfe der Odds als besonders sinnvoll. Denn unter der Vorraussetzung der Unabhängigkeit (Verallgemeinerung der Bedingungen (4) und (5)) vereinfacht sich die Berechnung des a-posteriori-Odds, die man jetzt durch die sukzessive Multiplikation der Schlußstärkefaktoren erhält:

$$O(h \mid \tilde{e}_1, \ldots, \tilde{e}_n) = O(h) \prod_{i:\tilde{e}_i = e_i} LS_i \cdot \prod_{i:\tilde{e}_i = \bar{e}_i} LN_i. \tag{6}$$

Duda berechnet mathematisch konsequent die a-posteriori-Wahrscheinlichkeitder Hypothese bei gegebenen Schlußstärkefaktoren L_S und L_N. Problematisch ist jedoch die Bestimmung dieser Faktoren, die von einem Experten vorgenommen wird und damit auch subjektiven Einflüssen unterliegt. Bei einer großen Anzahl von Knoten ist es dem Experten nicht mehr möglich, wirklich konsistente Angaben über die Beziehungen zwischen ihnen zu machen; auch eine nachträgliche Überprüfung seitens des Systems kann diesen Mißstand nicht wirklich beheben. Die Möglichkeit, mit Informationen über die Richtigkeit des getroffenen Schlusses den bisherigen Wissensstand in geeigneter Weise zu verändern, wird in Dudas Arbeit nicht verfolgt.

3 Ein Lernalgorithmus

3.1 Informationsgewinnung mittels Bayesschem Satz

Im vorigen Kapitel wurde gezeigt, wie der Prognosevorgang bei Eintreten einer oder mehrerer Evidenzen erfolgt, wenn die Schlußstärkefaktoren L_S, L_N bekannt sind. In diesem Kapitel soll die *Größe* dieser Faktoren so hergeleitet werden, daß sie die bereits erfolgten Lernvorgänge der Vergangenheit (Hypothese in der

Realität bestätigt oder nicht) widerspiegelt. Die Faktoren L_S und L_N, die Maße für die Schlußstärke $e \rightarrow h$ bzw. $\bar{e} \rightarrow h$ sind, wollen wir im folgenden über den Zusammenhang zwischen a-priori und a-posteriori-Wahrscheinlichkeit der Hypothese gemäß Formel (2) berechnen.

Über die Wahrscheinlichkeit $P = P(h \mid e)$ haben wir naturgemäß keine sicheren Informationen, da diese lediglich aufgrund von Vergangenheitsdaten geschätzt werden kann. Wir drücken diesen unvollständigen Informationsstand durch eine geschätzte Verteilung über $\{P\}$ aus, die bei jeder verifizierten oder falsifizierten Hypothese (reale Umwelt) zu einer a-posteriori-Verteilung aktualisiert wird. Das Instrument dieser Aktualisierung ist ebenfalls der Bayessche Satz. Ist in der Vergangenheit bereits n-mal von der Evidenz auf die Hypothese h geschlossen worden, so zählt man die Fälle x, für die h galt. Mit diesen Informationen läßt sich mittels Bayesschem Satz eine Verteilung über die Menge aller $P(h \mid e)$ berechnen, deren Dichtefunktion wir $g(P \mid (n, x))$ nennen. Der Erwartungswert dieser a-posteriori-Verteilung $\hat{P}(h \mid e) := E[g(P \mid (n, x))]$ ist Schätzwert für die zukünftige Prognose des Eintretens der Hypothese bei gegebener Evidenz e. Für die genaue Darstellung dieser Zusammenhänge verweisen wir auf Abschnitt 3.2.

Um bei Eintreten mehrerer Evidenzen e_i die a-posteriori-Verteilungen einfacher verknüpfen zu können, werden wir an den Kanten von e_i nach h nicht diese *Verteilungen* sondern Schlußstärkefaktoren L_{S_i} und L_{N_i} fortschreiben. In Abschnitt 3.3 und 3.4 wird auf diese Problematik genauer eingegangen.

Eine sequentielle und kontinuierliche Aktualisierung von $g(P \mid (n, x))$ von e nach h kann erreicht werden, wenn die Parameter x und n bei jedem aufgetretenen Fall mit der Evidenz e fortgeschrieben und gealtert werden.

3.2 Berechnung der a-posteriori-Verteilung bei gegebener Evidenz e

Zunächst liegt keinerlei Information über die Wahrscheinlichkeit $P(h \mid e)$ vor. Dieses Nichtwissen drücken wir a-priori durch eine Gleichverteilung auf dem Intervall $[0, 1]$, d.h. eine $\beta_{1,1}$-Verteilung aus. Bezeichnet man die Zufallsvariable, die die Anzahl der verifizierten Hypothesen bei gegebener Evidenz e mit unbekannter Wahrscheinlichkeit P ausdrückt, mit X_n ($X_n \in \{0, 1, ..., n\}$) und stammen die betrachteten Fälle, die das Merkmal e erfüllen, aus einer unendlich großen Grundgesamtheit, dann ist X_n $b(n, P)$-verteilt. Wendet man den Satz von Bayes auf die Gleichverteilung als a-priori-Verteilung an, so erhält man a-posteriori

$$g(P \mid (n, x)) = \frac{1 \cdot Prob(X_n = x \mid P)}{\int_0^1 1 \cdot Prob(X_n = x \mid P) dP} = \frac{(n+1)!}{(n-x)! x!} P^x (1-P)^{n-x} \qquad P \in (0, 1),$$

eine $\beta_{x+1, n-x+1}$-Verteilung – Binomial- und Betaverteilung sind konjugiert zueinander. Der Erwartungswert dieser Verteilung

$$\hat{P}(h \mid e) := E[g(P \mid (n, x))] = \frac{x+1}{n+2} \tag{7}$$

ist dann ein Schätzwert für $P(h \mid e)$ und damit Prognosewert beim $(n + 1)$ten Eintreten der Evidenz e. Nach diesem Prognosevorgang erhalten wir erneut feed-back-Informationen in Form von Verifizierung/Falsifizierung der Hypothese. Die Zufallsvariable X_{n+1} erhält bei Bestätigung der Hypothese den Wert $x + 1$, bei Falsifizierung ist $X_{n+1} = x$. Damit ergibt sich für das $(n + 1)$te Eintreten der Evidenz der Schätzwert $\frac{(x+1)+1}{(n+1)+2}$ bzw. $\frac{x+1}{(n+1)+2}$.

Bei fortlaufender Akkumulierung der feed-back-Informationen würde sich der Schätzwert $P(h \mid e)$ stabilisieren und neue Informationen hätten auf diesen Wert einen immer geringeren Einfluß. Weiter zuückliegende Daten werden deshalb gealtert. Durch Akkumulierung und Alterung von Informationen über das Eintreten der Hypothese ist das Modell in der Lage, über $P(h \mid e)$ zu lernen. Dieser Lernprozeß wird analog zur Aktualisierung des Wissens über die Prozeßkurve in der Qualitätssicherung durchgeführt. Detailierte Ausführungen über diese Art der Wissensakkumulierung finden sich bei Rödder [RÖD 85].
Für den Fall, daß die Evidenz e mit Sicherheit nicht eintritt, wird in völlig analoger Weise die a-posteriori-Verteilung $g(P \mid (\bar{n}, \bar{x}))$ mit Parametern $\bar{n}$ und $\bar{x}$ fortgeschrieben.

3.3 Prognose mittels Schlußstärkefaktoren

Für eine Evidenz wurde bisher gezeigt, wie man den Schätzer $\hat{P}(h \mid e)$ mit den Vergangenheitsinformationen n und x berechnet, wenn a-priori noch keine Informationen über diesen Wert vorliegen.
Schließen *mehrere* Evidenzen e_i $(1 \leq i \leq n)$ auf die Hypothese h, würde man n Schätzer $\hat{P}(h \mid e_i)$ erhalten. In diesem Fall stellt sich die Frage, wie man den Schätzer $\hat{P}(h \mid e_1, \ldots, e_n)$ errechnet.
Bereits in Kapitel 2 haben wir das Modell von Duda vorgestellt, in dem gerade diese Problematik mit Hilfe der Einführung von Odds gelöst wurde. Gemäß Formel (2) benötigt man zur Berechnung der Schlußstärke L_S die Odds der a-priori- und der a-posteriori-Wahrscheinlichkeiten.
Da es auch hier anfänglich über das grundsätzliche Eintreten der Hypothese keine Informationen gibt, gehen wir auch hier von einer Gleichverteilung als a-priori-Verteilung aus. Mit deren Erwartungswert $\hat{P}(h) = \frac{1}{2}$ als Schätzer für das Eintreten der Hypothese und $\hat{P}(h \mid e) = \frac{x+1}{n+2}$ als Schätzer für die a-posteriori-Verteilung bei gegebener Evidenz e erhält man den Sufficiency-Faktor L_S (8), und analog errechnet man aus den Vergangenheitsdaten $\bar{x}$ und $\bar{n}$ den Necessity-Faktor L_N (9):

$$L_S = \frac{\hat{O}(h \mid e)}{\hat{O}(h)} = \frac{x+1}{n-x+1} \tag{8}$$

$$L_N = \frac{\bar{x}+1}{\bar{n}-\bar{x}+1}. \tag{9}$$

Damit sind L_S und L_N Maße für die Abweichung der a-posteriori-Verteilung $g(h \mid e)$ von der Gleichverteilung $g(h) \equiv 1$. Ihr Wertebereich liegt im Intervall $(0, \infty)$; ein großer Wert erhöht, ein kleiner verringert die Eintrittswahrscheinlichkeit der Hypothese nach Eintreten bzw. Nichteintreten der Evidenz und ein Faktor von 1 hat keinen Einfluß. Bei Unabhängigkeit der Evidenzen läßt sich mittels Formel (6) die a-posteriori-Wahrscheinlichkeit $P(h \mid e_1, \ldots, e_n)$ berechnen.
Ist nach dem Prognose die Hypothese verifiziert oder falsifiziert worden, werden die Faktoren n_i und x_i (bei Eintreten der Evidenz e_i) oder $\bar{n}_i$ und $\bar{x}_i$ (bei Nichteintreten von e_i) wie in Kapitel 3.2 beschrieben aktualisiert.

3.4 Berechnung der Schlußstärkefaktoren bei Vorinformationen über die Hypothese

Bereits Duda verwendet in seinem mathematischen Grundkonzept Schlußstärkefaktoren, um eine a-priori-Wahrscheinlichkeit der Hypothese in die a-posteriori-Wahrscheinlichkeit $P(h \mid e)$ transformieren zu können [DUD 77,S.34]. Sie drücken somit eine Art 'Differenz' zwischen diesen beiden Wahrscheinlichkeiten aus.

In unserem Modell stellen sie die 'Differenz' zwischen dem Erwartungswert der Gleichverteilung ($= 1/2$) und dem a-posteriori-Schätzwert bei gegebener Evidenz e dar (vgl. Formel (8)).
Hierzu betrachten wir folgendes Beispiel:

Eine erstmalige Untersuchung über die Kreditwürdigkeit in den USA ergab, daß Farbige im Durchschnitt zu 96% zahlungsfähig sind. Diese Situation würde in unserem Modell folgendermaßen dargestellt: Es wird von einer Evidenz ('Farbiger sein') auf die Hypothese ('kreditwürdig'), deren a-priori-Verteilung zunächst die Gleichverteilung sei, geschlossen. Für die Schlußstärke ergibt sich der Sufficiency-Faktor $L_S = \frac{O(h|e)}{O(h)} = 24$. Die Evidenz 'Farbiger sein' erscheint wegen des großen Sufficiency-Koeffizienten bedeutend für die Hypothese.
Statistischem Datenmaterial amerikanischer Großbanken war zu entnehmen, daß der Anteil der Kreditwürdigen auch in der Gesamtbevölkerung gleich 96% ist. Die Intergration dieser Zusatzinformation in unser Modell hat folgende Konsequenzen:

1. Die a-priori-Verteilung (urspr. Gleichverteilung) der Hypothese wird so geändert, daß ihr Erwartungswert gleich 96% ist. Somit drückt sie die Wahrscheinlichkeit der allgemeinen Kreditwürdigkeit ohne Zusatzinformationen über die Evidenzen aus.

2. Die modifizierte a-priori-Wahrscheinlichkeit hat Auswirkungen auf den Schlußstärkefaktor , für den jetzt gilt: $L_S = \frac{24}{24} = 1$. Dieser Wert läßt erkennen (vgl. Bemerkung in Kap.3.3), daß die Information Farbiger zu sein irrelevant für die Beurteilung der Kreditwürdigkeit ist.

3. Bei mehreren Evidenzen erlauben die Schlußstärkefaktoren jetzt eine Ordnung der Evidenzen bezüglich ihrer Bedeutung für den Schluß zur Hypothese. Damit wäre z.B. ein gezieltes Abfragen der Evidenzen je nach ihrer Wichtigkeit möglich.

Auch die allgemeine Wahrscheinlichkeit der Kreditwürdigkeit unterliegt in der Realität *Schwankungen* (z.B. wirtschaftliche Entwicklung). Um dies zu berücksichtigen, schreiben wir die a-priori-Verteilung der Hypothese fort. Wir bedienen uns auch dazu der Informationen, die man durch die Verifizierung/Falsifizierung der Hypothese nach jedem abgeschlossenen Prognosevorgang erhält. Um in der mathematischen Theorie konsistent zu bleiben, wählen wir ebenfalls die Betaverteilung mit den Parametern $m + 1$ und $\bar{m} + 1$.
m zählt die Fälle der verifizierten, $\bar{m}$ die der falsifizierten Hypothesen. Um einen Lerneffekt zu erreichen, werden auch hier weiter zurückliegende Ergebnisse geringer gewichtet.
Nach dem Prognosevorgang bei Schließen irgendeiner Evidenz wird zum einen die Schlußstärke von $e \to h$ als auch die allgemeine Wahrscheinlichkeit der Hypothese aktualisiert. Mit dem Erwartungswert der a-priori-Verteilung

$$E[g_{m+1,\bar{m}+1}(h)] = \frac{m+1}{m+\bar{m}+2}$$

berechnet sich der Sufficiency-Faktor zu

$$L_S = \frac{(\bar{m}+1)\cdot(x+1)}{(m+1)\cdot(n-x+1)}. \tag{10}$$

Da sich im Zeitablauf die a-priori-Information über die Hypothese ändert und die Schlußstärken der nichtschließenden Evidenzen natürlich konstant bleiben sollen, müssen die zu jeder Evidenz gehörenden Parameter n und x gemäß Formel (10) geändert werden.

4 Erweiterungen des Prognose- und Lernmodells

4.1 Prognose und Lernen bei unsicherer Evidenz

Gelegentlich ist bei der externen Beurteilung einer Evidenz nicht mit Sicherheit bekannt, ob diese eintritt oder nicht. Außerdem ist das Eintreten einer Evidenz ungewiß, wenn sie selbst Hypothese einer vorhergehenden Folgerung ist.

In Analogie zu Duda [DUD 77,S.35ff] läßt sich diese Unsicherheit über e durch eine Eintrittswahrscheinlichkeit P_e ausdrücken; die zugehörige a-posteriori-Wahrscheinlichkeitder Hypothese nennen wir $P(h \mid P_e)$. Als Extremfälle für P_e ergeben sich das sichere Eintreten ($P_e = 1$) und Nichteintreten ($P_e = 0$) der Evidenz. Für die beiden zugehörigen a-posteriori-Wahrscheinlichkeit erhält man $P(h \mid 1) = P(h \mid e)$ und $P(h \mid 0) = P(h \mid \bar{e})$. In Übereinstimmung mit Duda führen wir mittels dieser beiden Eckpunkte zur Berechnung der Wahrscheinlichkeiten $P(h \mid P_e)$ ($P_e \in (0,1)$) eine lineare Interpolation durch:

$$P(h \mid P_e) = P_e \cdot P(h \mid e) + (1 - P_e) \cdot P(h \mid \bar{e}). \tag{11}$$

Auf diese Weise ist es nun möglich, bei gegebener Evidenz die a-posteriori-Wahrscheinlichkeitder Hypothese zu berechnen, auch wenn Ungewißheit über das Eintreten der Evidenz vorliegt.

Da gemäß Formel (11) sowohl $P(h \mid e)$ als auch $P(h \mid \bar{e})$ den Prognosewert $P(h \mid P_e)$ mitbestimmt haben, müssen auch im Lernvorgang sowohl L_S als auch L_N bzw. n,x als auch $\bar{n},\bar{x}$ verändert werden.

Bei sicherer Evidenz ($P_e = 1$, $P_e = 0$) werden wie bisher nur die Werte n, x bzw. $\bar{n},\bar{x}$ verändert. Ist das Eintreten einer Evidenz ungewiß, so werden alle Werte anteilig zur EintrittswahrscheinlichkeitP_e aktualisiert. Auf eine genaue Darstellung dieser Zusammenhänge wollen wir an dieser Stelle verzichten.

4.2 Prognose und Lernen bei mehreren unsicheren Evidenzen

Nach Formel (6) läßt sich bei sicherem Eintreten mehrerer Evidenzen die a-posteriori-Wahrscheinlichkeit der Hypothese durch die multiplikative Verknüpfung der Sufficiency oder Necessity-Faktoren mit dem a-priori-Odd der Hypothese berechnen. Weil bei unsicheren Evidenzen jeweils sowohl L_S als auch L_N bei der Prognose maßgebend sind, ist das Vorgehen in dieser Form nicht mehr möglich.

Erforderlich ist deshalb *ein* Schlußstärkefaktor L_P, der die Schlußkraft einer Evidenz bei der Eintrittswahrscheinlichkeit P_e auf die Hypothese beschreibt (vgl. hierzu Definition der Odds und Formel (2) in Kapitel 2):

$$P(h \mid P_e) = \frac{L_P \cdot O(h)}{1 + L_P \cdot O(h)}. \tag{12}$$

Beim Schließen mehrerer Evidenzen e_i ($i = 1, \ldots, n$) wird zunächst die Gleichung (12) nach L_{P_i} aufgelöst und dieser Schlußstärkefaktor für jede Evidenz e_i ($i = 1, \ldots, n$) berechnet:

$$L_{P_i} = \frac{P(h \mid P_{e_i})}{O(h) \cdot (1 - P(h \mid P_{e_i}))}. \tag{13}$$

Der a-posteriori-Schätzwert der Hypothese $P(h \mid P_{e_1}, \ldots, P_{e_n})$ läßt sich bei n Evidenzen mit den Eintrittswahrscheinlichkeiten P_{e_i} $(i = 1, \ldots, n)$ über den Odd wie folgt berechnen:

$$O(h \mid P_{e_1}, \ldots, P_{e_n}) = O(h) \cdot \prod_{i=1,\ldots,n} L_{P_i}. \tag{14}$$

Der Lernvorgang wird für jede Evidenz getrennt vollzogen, d.h. die $\bar{n}$, $\bar{x}$, n, x jeder Evidenz werden wie in Kapitel 4.1 angedeutet aktualisiert.

5 Ausblick

Mit dem beschriebenen Modell sind nur die einfachen Beziehungen in einem Inferenznetzwerk, die Form der Wissensdarstellung für unsere Lernkomponente, erfaßt.

Ein nächster Schritt ist die logische Verknüpfung von Evidenzen unter Berücksichtigung der daraus resultierenden Abhängigkeiten. In weiteren Arbeiten wird derzeit untersucht, wie komplexe Fragestellugen im Inferenznetzwerk dargestellt und wie das Updaten der Schlußstärkefaktoren in diesem Fall realisiert wird.

Eine weitere Komponente, die bisher nur kurz in Kapitel 3.4 angesprochen wurde, ist die Möglichkeit der Wissensakquisition, das bedeutet, neue Knoten werden hinzugefügt, bzw. Kanten entstehen oder verlieren ihre Bedeutung. Dies wird ebenfalls die Dynamik des Systems auszeichnen, das damit auf Veränderungen im environment reagieren kann.

Wir denken, das Modell läßt sich in den angesprochenen Punkten konsequent (und konsistent) fortsetzen.

Literatur

[DUD 76] - **Duda,R.O.; Hart,P.; Nilsson,N.J.**: *Subjective Bayesian Methods for Rule-based Inference Systems*, AFIPS Conference Proceedings,Vol.45,pp.1075-1082,1976

[DUD 77] - **Duda,R.O.; Hart,P.; Nilsson,N.J.; Reboh,R.**: *Development of Computer-based Consultant for Mineral Exploration*, Artificial Intelligence Center, SRI International, Menlo Park,CA, Oktober 1977

[DUD 79] - **Duda,R.O.; Hart,P.; Konolige,K.; Reboh,R.**: *A Computer-based Consultant for Mineral Exploration*, Artificial Intelligence Center, SRI International, Menlo Park,CA, September 1979

[LEO 86] - **Leonardo Manual**, Creative Logic Ltd., 1986

[RÖD 85] - **Rödder,W.**: *Lernende Systeme zur kostenoptimalen Stichprobenprüfung und ihre Anwendung auf die Qualitätssicherung*, Habilschrift, Aachen, 1985

[WIN 87] - **Winston,P.H.**: *Künstliche Intelligenz*, Addison-Wesley, Bonn, 1987

Flexible Planung und Kontrolle von Prototypingprojekten

Dipl.-Kfm. Wolfram Pietsch,
Dortmund

1 Software-Projektmanagement und Prototyping

Grundlage für das Projektmanagement von Softwarentwicklungsprojekten ist die Unterteilung des Entwicklungsverlaufes in unterschiedliche Teilaufgaben und -ergebnisse. Die traditionellen Verfahren orientieren sich an linearen Vorgehensweisen nach dem Softwarelebenszyklus [15]. Kennzeichnend für diese Einteilung des Entwicklungsverlaufs und aller darauf aufbauenden Modelle ist die Trennung von Analyse und Realisierung. Der Konkretisierungsgrad nimmt im Entwicklungsverlauf zu, von einer abstrakten Problemdefinition bis zum konkreten Einsatz werden mehrere Entwicklungsphasen durchlaufen. Den einzelnen Phasen können relativ klar abgrenzbare Aufgaben und Ergebnisse zugeordnet werden. Die Ergebnisse jeder Phase gehen direkt in die nachfolgende Phase ein.

Der wirkungsvolle Einsatz der Methoden und Instrumente auf der Basis der klassisch-linearen Modelle ist an bestimmte Voraussetzungen gebunden, u.a.:

- Klar strukturiertes Ausgangsproblem,
- Gesicherte Erfahrungen, erprobte Lösungen,
- Klar definierbare Anforderungen,
- Stabilität von Anforderungen und Problem.

Wenn eine der genannten Voraussetzungen nicht erfüllt ist, zeigt das lineare Modell eklatante Schwächen, die im wesentlichen auf die Notwendigkeit der frühzeitigen Festlegung der Anforderungen und späten Konkretisierung der Ergebnisse zurückgeführt werden können.

Es wurden unterschiedliche Ansätze zur Überwindung der Schwächen der klassisch-linearen Modelle entwickelt. Beim Prototyping i.e.S. wird eine erste betriebsfertige Version eines Softwaresystems mit dem Ziel,

Operations Research Proceedings 1989

Erfahrungen zu sammeln, entwickelt [5]. Das Prototyping i.e.S. kann auf verschiedene Arten in die klassisch-linearen Modelle integriert werden [1,3,4,14].

Anders ist dies beim Versioning, im Entwicklungsverlauf werden hier schrittweise aufeinander aufbauende (Teil-) Versionen realisiert. Implementierte Systemteile können bei der Erstellung einer Folgeversion wieder verändert werden, man spricht deshalb auch von evolutionärem Prototyping [5,10]. Der Begriff *evolutionär* soll veranschaulichen, daß derartige Softwarentwicklungen sich durch ein hohes Maß an Dynamik und Unsicherheit auszeichen. Diese Eigenschaft kann allerdings mehr oder weniger allen Prototyping-Ansätzen zugeschrieben werden [12].

Prototyping-Projekte werden als besonders risikoreich angesehen [2,8]. Dies kann auf zwei Gründe zurückgeführt werden:

- Prototyping-Ansätze sind u.a. bei unsicheren Ausgangssituationen vorteilhaft [3]. So können z.B. unerwartete Verschiebungen in den Anforderungen der Benutzer im Rahmen der Erstellung eines Systemprototyps frühzeitig entdeckt werden.
- Aufgrund der besonderen Dynamik des Entwicklungsverlaufes können die klassischen Verfahren nicht wirkungsvoll angewandt werden. Es fehlt jedoch an spezifischen Ansätzen für die Planung und Kontrolle wie sie für die linearen Verfahren verfügbar sind.

2 Drei-Ebenen-Modell für die Planung und Kontrolle

Wegen des erhöhten Risikos werden an das Projektmanagement bei Prototyping-Projekten besonders hohe Anforderungen gestellt. Bei komplizierten Problemstellungen hat sich die Unterteilung der Planung und Kontrolle in verschiedenen Ebenen mit unterschiedlichen Zielrichtungen bewährt. Durch eine derartige Unterteilung der Planung und Kontrolle kann die Komplexität reduziert und die Transparenz erhöht werden. Die Unterteilung nach Zeithorizonten kann beispielsweise der Auflösung von Konflikten zwischen kurz- und langfristigen Erfolgszielen dienen.

Dieses Konzept wird auf das Software-Prototyping übertragen und zwischen drei unterschiedlichen Ebenen der Planung und Kontrolle unterschieden [11,13]:

- Auf der *strategischen Ebene* wird eine produktspezifische Entwicklungsmethodik z.B. als Phasenmodell aufgestellt. Dabei sind alternative Handlungspläne im Sinne der flexiblen Planung zu berücksichtigen.

- Die *taktische Ebene* umfaßt den allgemeinen Projektstrukturplan, innerhalb dessen die wichtigsten Aufgabenbereiche und wichtige Kommunikationsbeziehungen modelliert und der terminliche Rahmen grob umrissen wird. Dabei wird das Prinzip der rollierenden Planung angewandt.

- Auf der Basis des Projektstrukturplans werden auf der *operationalen Ebene* konkrete Terminpläne durch Abstimmung der Teammitglieder unter Kontrolle des Projektmanagements ausgehandelt und bei Bedarf kurzfristig revidiert.

Zu den Ebenen im Einzelnen:

3 Strategische Entwicklungsplanung

Bei Prototypingentwicklungen kann aufgrund des üblicherweise unstetigen Charakters des Entwicklungsprozesses kein allgemein gültiger Entwicklungsplan aufgestellt werden. Für jede Entwicklung ist ein spezifischer Plan erforderlich, mögliche Veränderungen von Umweltbedingungen sind explizit zu berücksichtigen und alternative Aktionen vorzusehen.

Jedem Entwicklungsabschnitt wird eine inhaltliche Leitlinie zugrundegelegt sowie Ressourcen zugeordnet. Weiter werden Meilensteine definiert und Kriterien zur Beurteilung der Ergebnisse vorgegeben. Je nach Fortschritt bzw. Ausgangslage können auf jeden Meilenstein alternative Handlungspläne folgen.

Der strategische Entwicklungsplan gibt den Rahmen für die Planung und Kontrolle eines Projektes vor. Er enthält jedoch keine konkreten Hinweise bezüglich der inhaltlichen Ausgestaltung und Organisation eines Entwicklungsprojektes. Diese Aufgaben gehören innerhalb des vorgestellten Drei-Ebenen-Modells zur mittleren Ebene.

4 Differenzierte Projektstrukturplanung

Auch die mittlere Ebene muß auf die Erfordernisse des Prototyping abgestimmt werden. Dazu ist die adäquate Modellierung von Aufbau- und Ablaufstruktur erforderlich. Bei der Projektplanung und -kontrolle auf der Basis des linearen Modells sind die einzelnen Phasen starr vorgegeben und werden schrittweise in Einzelaufgaben aufgespalten, bis einzelne, ausführbare Aktivitäten vorliegen. Der Planungsprozeß verläuft top-down und liegt zentral in der Hand des Projektmanagers, Rückkopplungen mit bzw. zwischen den "Ausführenden" bilden die Ausnahme.

Nur bei wenigen Arten von Entwicklungsprojekten ist eine starre Vorgabe bestimmter Aufgaben und deren detaillierte Planung sinnvoll. Selbst bei klassisch-linear durchgeführten Softwareentwicklungsprojekten können Einzelverrichtungen und Aufwand nur grob geschätzt werden. Schon bei kleinen Veränderungen kann die Aufgabenverteilung und Zuteilung von Verantwortlichkeiten nicht mehr adäquat sein; selbst - oder auch gerade - besonders ausgefeilte Ablaufpläne veralten sehr schnell.

Die traditionellen Methoden des Projektmanagements wie die Netzplantechnik stellen für die Modellierung der Projektstruktur i.d.R. nur einfache Vor- und Nachfolgerrelationen bei fester Zuteilung von Ressourcen zur Verfügung. Die Beschreibung der zyklischen Abläufe, die bei Prototypingentwicklungen üblich sind, wird nur unzureichend unterstützt.

Für die Beschreibung von Projektstrukturen im Anlagenbau oder in der industriellen Fertigung reichen diese begrenzten Ausdrucksmittel i.d.R. aus. Für Softwareentwicklungsprojekte ist jedoch eine differenziertere Modellierung der Projektstruktur erforderlich. Ein Beispiel für eine komplexe Aufgabenbeziehung, die den Rahmen der klassischen

Methoden sprengt, ist der Austausch von Anforderungen und Ergebnissen zwischen den Aufgabenbereichen Anforderungsdefinition und Implementierung.

Für eine differenzierte Darstellung des Projektstruktur- bzw. Kommunikationsplans können wissensbasierte Techniken eingesetzt werden [18]. Diese neue Softwaretechnik ermöglicht eine flexible Repräsentation komplexer inhaltlicher Zusammenhänge sowie deren Verarbeitung. Für die Erstellung und Auswertung erweiterter Netzpläne wurden wissensbasierte Techniken bereits mit Erfolg eingesetzt [6,7,9].

Eine weitere Möglichkeit besteht in der Nutzung von Hypertextsystemen [13]. Diese neuartigen Anwendungssysteme wurden zur Unterstützung bei der Strukturierung, Verwaltung und Bearbeitung komplizierter Bedeutungszusammenhänge entworfen. Sie eignen sich für die Darstellung eines Projektstruktur- bzw. Kommunikationsplans und bieten die erforderliche Flexibilität. Aufgabenzuweisungen, -beschreibungen und Kommunikationsbeziehungen können leicht angepaßt und strukturelle Änderungen mit vertretbarem Aufwand durchgeführt werden.

5 Dezentrale Ablaufplanung

Im Mittelpunkt der operativen Ebene steht die Tagesarbeit der Projektmitglieder. Die Ecktermine aus der taktischen Planung werden hier in die persönlichen Arbeitspläne für jeden Projektteilnehmer übernommen. Die Terminierung konkreter Einzelaufgaben erfolgt selbstverantwortlich durch die einzelnen Teammitglieder. Es werden Ausschüsse oder Arbeitsgruppen gebildet, Sitzungen einberufen und die Einzeltermine der Projektteilnehmer koordiniert.

Durch die Teil-Dezentralisierung von Planung und Kontrolle wird nicht nur eine zentrale Feinplanung überflüssig, sondern auch die Kreativität der Software-Ingenieure gefördert, da die in konventionellen Projekten vorkommende Reglementierung vermieden wird. Für die Erstellung des operationalen Terminplans eignen sich Methoden und Instrumente der Bürokommunikation.

6 Ausblick

Ein Projektmanagementsystem, das auf dem vorgestellten Modell basiert, wird im Rahmen des von der Deutschen Forschungsgemeinschaft geförderten Projektes "*Konzeption und Realisierung eines wissensbasierten Projektmanagementsystems zur Planung und Kontrolle evolutionärer Softwareentwicklungen*" konzipiert und prototypisch realisiert. Grobkonzeption und Systemarchitektur werden in [11] beschrieben.

Literatur

[1] B. Boehm: Software Engineering Economics; Englewood Cliffs 1981.

[2] Barkow, G.: Prototyping kann zum Software-Chaos führen; Computerwoche, 11.4.1987, 28-32.

[3] Burns, R.N., Dennis, A.R.: Selecting the Appropriate Application Development Methodology; Data Base, Fall 1987, pp. 31-37.

[4] Dennis, A.R., Burns, R.N., Gallupe, R.B.: Phased Design: A Mixed Methodology for Application Systems Development; Data Base, Fall 1985, pp. 19-23.

[5] Floyd, C.: A Systematic Look at Prototyping; in: Budde, R., Kuhlenkamp, K., Mathiassen, L., Züllinghoven, H. (Hrsg.): Approaches to Prototyping; Berlin, Heidelberg 1984, pp. 1-18.

[6] Fox, M.S., Sathi, M., Greenberg, M.: Issues in Knowledge Representation for Project Management; in: Proceedings of the IEEE Workshop on Principles of Knowledge-Based Systems, IEEE Computing Society, Silver Springs Md. 1984, pp. 17-28.

[7] Fröhlich, R., Schütte, R.: Wissensbasiertes Projektmanagement großer DV-Vorhaben; KI 3 (1988), S. 64-68.

[8] Klingler, D.E.: Rapid Prototyping Revisited; Datamation 15.10.1986, 131-132.

[9] Konrad, W., Umkehrer, E., Gerl, G., Mayer, S.: HORUS - Projektmanagement und Terminplanung; KI 4 (1987), S. 66-71.

[10] Kurbel, K., Labentz, M., Pietsch, W.: Prototyping und Projektmanagement bei großen Entwicklungsteams; Information Management 2 (1987) 1, S. 6-15.

[11] Kurbel, K., Pietsch, W.: Projektmanagement bei evolutionärer Softwareentwicklung; in: Kurbel, K., Mertens, P., Scheer, A.-W. (Hrsg.): Interaktive betriebswirtschaftliche Informations- und Steuerungssysteme, Berlin, New York 1989, S. 261-285.

[12] Mayhew, Dearnley: An Alternative Prototyping Classification; The Computer Journal, 6 (1987), pp. 481-484.

[13] Pietsch, W.: Planung und Kontrolle evolutionärer Softwareentwicklungen; Proceedings zur 19. GI-Jahrestagung in München, erscheint 1989.

[14] Pomberger, G., Remmele, W.: Prototyping-orientierte Softwareentwicklung; Information Management 2 (1987), S. 28-35.M

[15] Seibt, D.: Phasenkonzepte; in: Mertens, P. (Hrsg.): Lexikon der Wirtschaftsinformatik; Berlin, Heidelberg 1987, S. 9-12.

DATENBEWERTUNG MIT EXPERTENSYSTEM-UNTERSTÜTZUNG INTEGRATION UND PRAKTISCHE ERFAHRUNGEN

B. Arrenberg und B. Gurth, Hamburg

Im Vortrag soll ein Expertensystem vorgestellt werden, das die Auswahl von Kunden für Vertriebs- und Marketingaktionen unterstützt. Es beurteilt Kunden auf Basis vorhandener Daten und leitet entsprechende Aktivierungshinweise ab.

Das System ist in der Programmiersprache OPS5 realisiert und wird seit Anfang 1988 erfolgreich in der Praxis eingesetzt. Wegen des hohen Datenvolumens wurde neben der Dialogfassung des Expertensystems auch eine Batch-Version entwickelt, mit der mehrere tausend Kunden in einem Durchgang verarbeitet werden können.

Das System ist ein Beispiel für eine "lose" Anbindung von Expertensystemen an bestehende Daten über File-Transfer. Als Ergebnis steht dem Anwender eine EDV-Liste mit Kundendaten zur Verfügung, die bereits maschinell bewertet und mit Bearbeitungshinweisen versehen ist.

Wegen der Arbeitserleichterung durch den Einsatz des Expertensystems ist die Akzeptanz bei den Anwendern hoch. Zusätzlich ergibt sich eine qualitative Verbesserung, da die Entscheidungen des Expertensystems zuverlässiger sind und stets den Vorgaben entsprechen.

Das bestehende Expertensystem und seine Integration in den vorhandenen Datenfluß läßt sich als eine Musterlösung auffassen für die automatische Auswertung von bisher manuell bewerteten EDV-Listen. In diesem Sinne stellt es ein 'intelligentes Interface' für EDV-Daten dar, das auch auf andere Datensätze und Aufgabenstellungen übertragbar ist.

Tourenplanung mit einem Suchverfahren der Künstlichen Intelligenz

Herbert Kopfer und Michael Lontke, Freie Universität Berlin

1. Einleitung

Gegenstand unserer Untersuchungen ist die Anwendung heuristischer Graphensuchverfahren aus dem Bereich der Künstlichen Intelligenz (vgl. [3], [5] und [6]) auf Problemstellungen der Tourenplanung. In dem vorliegenden Beitrag wird das nur mengenmäßig beschränkte Standardproblem mit einem Depot betrachtet; d.h. die Zielsetzung besteht in der Entfernungsminimierung, wobei die Summen der Entlademengen der ermittelten Touren die maximale Kapazität der Fahrzeuge nicht überschreiten dürfen.

Gewöhnlich unterscheidet man bei der Tourenplanung zwischen exakten und suboptimierenden Verfahren. In der Klasse der suboptimierenden Verfahren haben das Savingsverfahren von Clarke/Wright und daraus abgeleitete Verfahrensvarianten eine große Bedeutung erlangt. Außerdem gibt es mehrere exakte Verfahren, die ebenfalls auf dem Savings-Konzept basieren. Hierzu gehört insbesondere ein von Trochelmann [8] beschriebenes Branch-and-Bound Verfahren. Mit exakten Verfahren konnten bisher auf leistungsfähigen Großrechnern nur Problemstellungen bis zu einer maximalen Größenordnung von 25 - 30 Kundenorten gelöst werden (vgl. z.B. [1] und [2]). Daher haben exakte Verfahren für praktische Belange nur geringe Bedeutung und sind vorwiegend von theoretischem Interesse.

Im folgenden wird ein Graphensuchverfahren vorgestellt, welches sowohl für die exakte als auch für die suboptimierende Lösung von Problemstellungen der Tourenplanung geeignet ist, und eine flexible Anpassung des Lösungsverhaltens an konkrete Gegebenheiten ermöglicht. Es handelt sich um ein A*-Verfahren, welches ebenfalls auf dem Savings-Konzept basiert und dem oben erwähnten Branch-and-Bound Verfahren von Trochelmann ähnelt. Das zu lösende Standardproblem der Tourenplanung wird umformuliert in ein äquivalentes Maximierungsproblem. Zu bestimmen ist ein Tourenplan mit der Eigenschaft, daß die Summe der Savings der zu dem Tourenplan gehörigen Transportverbindungen maximal wird. Bei der Suche nach einer optimalen Lösung erkundet das A*-Verfahren einen Suchgraphen, dessen Knoten mit Hilfe des Savings-Konzepts bewertet werden. Die heuristische Bewertungsfunktion des A*-Verfahrens ergibt sich aufgrund der Lösung einer Relaxation des ursprünglichen Maximierungsproblems.

Operations Research Proceedings 1989

2. Tourenplanung durch optimale Auswahl der Savings

Die zu minimierende Zielfunktion des Standardproblems der Tourenplanung mit dem Depot v_o und den Kundenorten v_i (i=1,...,n) ergibt sich zu

$$Z = \sum_{(i,j)\in TP} d_{ij} \qquad (i,j = 0, \ldots, n),$$

wobei TP die Menge der durch den Tourenplan TP realisierten Transportverbindungen zwischen den Orten v_i und v_j sowie d_{ij} die Entfernung zwischen v_i und v_j bezeichnet. Das Standardproblem der Tourenplanung soll unter Verwendung der Savings in ein äquivalentes Maximierungsproblem transformiert werden. Die Savings sind wie üblich definiert:

$$s_{ij} = d_{oi} + d_{oj} - d_{ij} \qquad (i,j = 1, \ldots, n;\ i<j),$$

wobei d_{oi} bzw. d_{oj} (i,j=1,...,n) die Entfernung von dem Depot v_o zu dem Kundenort v_i bzw. v_j angibt. Die Menge aller Kundenorte der Problemstellung werde mit V bezeichnet. Ein Ort $v_i \in V$ heißt Anfangsort einer Tour T_i, wenn durch die Tour T_i eine Transportverbindung von dem Depot v_o zu dem Kundenort v_i realisiert wird. In diesem Fall wird der Ort v_i auf der Tour T_i entweder als erster Ort oder als letzter Ort bedient. Der Wert des Savings s_{ij} entspricht der Ersparnis an Entfernung, die erzielt werden kann, wenn die Touren T_i und T_j mit den Anfangsorten v_i bzw. v_j gemäß dem Savings-Verfahren von Clarke und Wright zu einer gemeinsamen Tour zusammengefaßt werden. Im folgenden werden nur noch Transportverbindungen betrachtet, die zwischen Kundenorten der Problemstellung existieren. Alle potentiell realisierbaren Transportverbindungen seien gemeinsam mit ihren zugehörigen Savings in die sogenannte Ersparnisliste eingetragen.

Mit Hilfe einer einfachen arithmetischen Umformung kann man zeigen, daß

$$Z = \sum_{(i,j)\in TP} d_{ij} = 2\cdot\sum_{i=1}^{n} d_{oi} - \sum_{(i,j)\in S} s_{ij}$$

gilt, wobei die Menge S alle Transportverbindungen enthält, die durch den Tourenplan realisiert werden und nicht mit dem Depot v_o inzidieren. Da der Term $2\cdot\sum d_{oi}$ konstant ist, kann das Tourenplanungsproblem als ein äquivalentes Maximierungsproblem aufgefaßt werden, bei dem die Summe der Savings der ausgewählten Elemente der Ersparnisliste zu maximieren ist. Eine Auswahl von Elementen ist zulässig, wenn die beiden Bedingungen B1 und B2 erfüllt sind.

(B1): Jeder Kundenort darf, bezogen auf die ausgewählten Elemente der Ersparnisliste, nur mit maximal zwei Transportverbindungen inzidieren; d. h. jeder Kundenort darf bezüglich der ausgewählten Transportverbindungen höchstens den Grad 2 aufweisen.

(B2): Jede durch die Auswahl von Elementen definierte Tour erfüllt die Kapazitätsrestriktion.

Nachfolgend erläutern wir eine notwendige, aber nicht hinreichende Bedingung für die Einhaltung der Kapazitätsrestriktion B2. Es bezeichne m die Anzahl der Touren eines Tourenplanes und n die Anzahl der Kundenorte der Problemstellung. Dann kann die Anzahl r der Transportverbindungen des Tourenplans aus m und n bestimmt werden und ergibt sich zu r = n−m. Ein ähnlicher Sachverhalt gilt für jede beliebige Teilmenge V' der Menge der Kundenorte. Die Menge V'< V enthalte n' Kundenorte und die Anzahl der Touren, durch welche die Kundenorte $v_i \in V'$ bedient werden sei m'. Jeder der m' Touren enthalte mindestens einen Kundenort $v_i \in V'$ und gegebenenfalls noch andere Kundenorte des Tourenproblems, die nicht zu der Menge V' gehören. Dann kann die Anzahl r' der Transportverbindungen, die zwischen den Kundenorten der Menge V' realisiert werden, aufgrund von n' und m' ermittelt werden:

$$r' = n' - m' \qquad (1)$$

Die Anzahl m' der Touren, welche zur Bildung der Kundenorte $v_i \in V'$ benötigt werden, ist ex'ante nicht bekannt. Aus der Kapazitätsrestriktion und den Bedarfsmengen der Kundenorte $v_i \in V'$ kann eine untere Schranke $m_u(V')$ für die Tourenzahl m' abgeleitet werden. Die untere Schranke $m_u(V')$ gibt an, wieviele Touren zur Bedienung der Kundenorte aus V' mindestens gebildet werden müssen, wenn die Kapazität der eingesetzten Fahrzeuge durch die Konstante c beschränkt ist.

$$m' \geq m_u(V') = [\sum_{i|v_i \in V'} b_i / c] + 1 \qquad (2)$$

Die untere Schranke $m_u(V')$ für die Anzahl der benötigten Touren und die Gleichung (1) liefern gemeinsam eine obere Schranke $r_o(V')$ für die Anzahl der realisierbaren Transportverbindungen zwischen den Kundenorten $v_i \in V'$; d.h.

$$r' \leq r_o(V') = n' - m_u(V') \qquad \text{für alle } V' < V \qquad (3)$$

Da die obigen Ausführungen für jeden Tourenplan zutreffen, folgt, daß bei der Konstruktion einer zulässigen Auswahl von Elementen der Ersparnisliste für jede Teilmenge E' der Menge E der ausgewählten Elemente die folgende Bedingung eingehalten werden muß: Die Anzahl $|E'|$ der Elemente E' ist durch v_0 (V') beschränkt, wobei V' die Menge aller Kundenorte bezeichnet, die mit den Transportverbindungen der Elemente aus E' inzidieren. Durch Abschwächung dieser Bedingung wird in Kapitel 3 eine noch weiter gehende Lockerung der Kapazitätsrestriktion B2 vorgenommen. Die dabei entstehende gelockerte Restriktion dient zur Definition einer Relaxition des Problems der optimalen Auswahl von Savings.

3. A*-Verfahren zur optimalen Auswahl von Savings

Aufgrund der Definition eines Suchgraphen und einer Bewertungsfunktion f ist die Reihenfolge der Expansion von Knoten und somit der logische Ablauf eines A*-Verfahrens eindeutig festgelegt (abgesehen von Freiheitsgraden, die bei der Auswahl zwischen Knoten gleicher Bewertung entstehen). Zu Beginn eines A*-Verfahrens existiert nur der Wurzelknoten des Suchgraphen. Anschließend wird der folgende Verfahrensschritt so lange wiederholt, bis entweder ein Zielknoten zur Expansion ausgewählt wird oder bis keine offenen (d.h. generierte aber noch nicht expandierte) Knoten mehr vorhanden sind:

> Unter allen offenen Knoten, muß derjenige Knoten n ausgewählt werden, der die beste Bewertung f(n) aufweist. Der ausgewählte Knoten n wird expandiert (falls er kein Zielknoten ist).

Die Problemstellung der Tourenplanung bzw. das zur Tourenplanung äquivalente Auswahlproblem wird wie folgt auf einen Zustandsraum bzw. Suchgraphen abgebildet: Der Wurzelknoten des Suchgraphen beschreibt einen Anfangszustand, in dem noch kein Element der Ersparnisliste ausgewählt worden ist. Die Blätter (Zielknoten) des Suchgraphen beschreiben Endzustände, in denen aufgrund der bereits getroffenen Entscheidungen Auswahllisten konstruiert worden sind, die nicht durch weitere Elemente der Ersparnisliste ergänzt werden können. Die gesuchten optimalen Zielknoten sind dadurch charakterisiert, daß sie einen Endzustand repräsentieren, bei dem die Summe der Savings der ausgewählten Elemente maximal ist. Die Expansions-Operatoren des Suchgraphen treffen eine Auswahlentscheidung für dasjenige Element k der Ersparnisliste, das von allen erlaubten Elementen den größten Saving aufweist. Sie entscheiden, ob das Element k ausgewählt werden soll oder ob die Auswahl von k für die nachfolgenden Expansions-Operatoren verboten sein soll. Bei der Expansion eines Knotens werden demzufolge maximal 2 Nachfolgeknoten generiert, die den beiden Alternativen der Auswahl oder des Verbots des Elementes k entsprechen.

Die Wahl einer Problemrepräsentation durch einen Suchgraphen stellt die zentrale Entwurfsentscheidung bei der Entwicklung eines A*-Verfahrens dar. Die zweite wichtige Entscheidung besteht in der Definition einer Bewertungsfunktion f, die jedem Knoten n einen Wert $f(n) = g(n) + h(n)$ zuordnet. Die Funktion g(n) bewertet die Qualität des Zustands des Knotens n. Bei Anwendung auf Minimierungsprobleme wird g(n) als Kostenfunktion bezeichnet. Im Falle der Maximierung soll die g-Funktion als Ertragsfunktion bezeichnet werden. Die g-Funktion dient zur Erfassung der Kosten, die bis zum Erreichen des aktuellen Zustands bereits entstanden sind, bzw. zur Erfassung des Ertrags der erzielt werden konnte. Für den Wurzelknoten w muß $g(w) = 0$ gelten, und für alle übrigen Knoten n' gilt $g(n') = g(n) + c(n,n')$. Dabei bezeichnet n einen Vorgänger von n' und c(n,n') die Kantenbewertung des Suchgraphen für die Kante (n,n'). Die Kantenbewertung c(n,n') entspricht dem Ertrag, der mit der Generierung des Knotens n' aus dem Knoten n verbunden ist (bzw. Kosten im Fall der Minimierung). Wenn der zugrundegelegte Suchgraph eine Baumstruktur besitzt, entspricht g(n) der Summe der Bewertungen der Kanten des Pfades, der von dem Wurzelknoten zu dem Knoten n führt. Die heuristische h-Funktion bezieht sich auf die Qualität des Zielzustandes, der ausgehend von dem Zustand des Knotens n bestenfalls erzielt werden kann. Der Wert h(n) ergibt sich aufgrund einer Schätzung der Summe der Bewertungen der Kanten eines optimalen Pfades von dem Knoten n zu einem Zielknoten des Suchgraphen. Der tatsächliche Wert dieser Summe wird mit $h^*(n)$ bezeichnet.

Zur Definition der Bewertungsfunktion f muß festgelegt werden, auf welche Weise die Funktionswerte der g-Funktion und die Schätzwerte der heuristischen h-Funktion ermittelt werden sollen. Die Kantenbewertungen c(n,n') ergeben sich dann aus der Definition der g-Funktion. (Ebenso ist es möglich, die Kantenbewertungen zu definieren. In diesem Fall erübrigt sich die Definition der g-Funktion.) Jeder Knoten n des Suchgraphen beschreibt eine Liste L von ausgewählten Elementen der Ersparnisliste. Der Wert g(n) entspricht der Summe der Savings der Elemente dieser Liste L. Für den oben beschriebenen Suchgraphen, der das zur Tourenplanung äquivalente Auswahlproblem repräsentiert, werden die Schätzwerte h(n) mit Hilfe eine relaxierten Problems bestimmt. Der zu schätzende Wert $h^*(n)$ entspricht der maximal erreichbaren Summe der Savings von Elementen, die bei einer optimalen Auswahl der noch nicht gewählten und noch nicht verbotenen Elemente der Liste L hinzugefügt werden können. Bei der Auswahl von Elementen sind die Bedingungen B1 und B2 einzuhalten. Der Wert h(n) entspricht der Summe der Savings der Elemente, die maximal erzielt werden können, wenn bei der Auswahl anstatt der eigentlichen Bedingungen B1 und B2 nur die nachfolgend erläuterten Bedingungen B1' und B2' eingehalten werden:

Zur Bestimmung einer Lösung der Tourenplanung werden schrittweise Elemente der Ersparnisliste ausgewählt und gemäß der Reihenfolge ihrer Auswahl in der sogenannten Lösungsliste abgelegt. Es bezeichne e_k das k-te Element in der Lösungsliste, V_k die Menge aller Kundenorte, die mit den Transportverbindungen der bereits ausgewählten Elemente der Ersparnisliste e_m (m=1,...,k) inzidieren, und $|V_k|$ die Anzahl der Elemente in der Menge V_k.

Die Bedingung B1 wird abgeschwächt, indem die Zulässigkeit der Auswahl einer hinzuzufügenden Kante e_m $(m = k+1, \ldots, n(n-1)\frac{1}{2})$ lediglich hinsichtlich der durch den Knoten n definierten Teillösung überprüft wird, und nicht hinsichtlich der Teillösungen, die durch Hinzufügen von e_m und weiteren Elementen entstehen. Demzufolge ist die Auswahl eines Elementes e_k gemäß der relaxierten Problemstellung zulässig, wenn e_k die folgende Bedingung B1' erfüllt:

(B1'): Bezogen auf die Transportverbindungen, die in dem Zustand des Knotens n bereits ausgewählt wurden, besitzen die beiden Endorte der Transportverbindung des Elementes e_k den Grad 0 oder 1.

Die Bedingung B2' ergibt sich, indem die Gleichung (3) aus Kapitel 2 nicht für alle Teilmengen $V' < V$ gefordert wird, sondern nur für die Mengen V_k, die schrittweise bei dem Prozeß der Auswahl von Elementen der Ersparnisliste konstruiert werden. Demzufolge ist die Auswahl einer Kante e_k zulässig, wenn die folgende Bedingung B2' erfüllt ist:

(B2'): $k \leq |V_k| - m_u(V_k)$.

Die Ermittlung des Funktionswertes h(n) ist mit relativ wenig Aufwand verbunden, da eine optimale Auswahl gemäß den Bedingungen B1' und B2' ohne einen tentativen Suchprozess auf direkte Weise konstruiert werden kann. Denn die Zulässigkeit der

Auswahl eines Elementes der Ersparnisliste kann unabhängig von den anderen zur Disposition stehenden Elementen der Ersparnisliste überprüft werden.

Das Lösungsverhalten eines A*-Verfahrens wird im wesentlichen bestimmt von den speziellen Eigenschaften der verwendeten h-Funktion, insbesondere von der Zulässigkeit und der Monotonie. In der Literatur werden A*-Verfahren i.a. nur für den Fall der Minimierung betrachtet. Für Maximierungsprobleme sind die Definitionen der Zulässigkeit und der Monotonie entsprechend abzuändern. Dabei ist insbesondere zu berücksichtigen, daß für die Zulässigkeit der h-Funktion nicht nur die Ungleichung $h(n) \geq h^*(n)$ für alle Knoten n des Suchgraphen, sondern zusätzlich $h(t) = 0$ für alle Blätter t des Suchgraphen erfüllt sein muß.

Falls man für alle Blätter t des Suchgraphen $h(t) = 0$ setzt, kann gezeigt werden, daß die h-Funktion, die sich durch die Verwendung der gelockerten Bedingungen B1' und B2' ergibt, monoton ist. Hieraus folgt, daß das vorgestellte A*-Verfahren exakt optimierend ist. Die Monotonie-Eigenschaft ist ferner für die Effizienz des Verfahrens im Vergleich zu anderen Verfahren von Bedeutung. Ein monotones A*-Verfahren dominiert alle anderen exakten Verfahren, die auf dem gleichen Suchgraphen operieren. Dies bedeutet, daß jedes Suchverfahren, welches die gleiche h-Funktion benutzt, mindestens ebenso viele Knoten expandiert wie das monotone A*-Verfahren (abgesehen von einer kleinen Anzahl von Knoten, für die $h(n) = h^*(n)$ gilt).

4. Lösungsverhalten des A*-Verfahrens bei exakter Optimierung

Das in [8] beschriebene Branch-and-Bound Verfahren benutzt einen Entscheidungsbaum, der mit dem Suchgraphen des hier vorgestellten A*-Verfahrens identisch ist. Das Branch-and-Bound Verfahren von Trochelmann wird im folgenden als BB-Verfahren bezeichnet. Die Upper-Bounds, die zum vorzeitigen Abbruch des Verzweigungsprozesses des BB-Verfahrens dienen, werden aufgrund der gleichen heuristischen Information berechnet wie die h-Funktion des A*-Verfahrens. Als Lower-Bound dient die im Verfahrensablauf bisher beste gefundene Lösung. Zur Auswahl der zu verzweigenden Lösungsmenge verwendet das BB-Verfahren die LIFO-Regel; d.h. es handelt sich um ein Verfahren der Tiefensuche.

Das Lösungsverhalten des unmodifizierten (d.h. exakten) A*-Verfahrens wird mit dem des BB-Verfahrens verglichen. Aus der Monotonie der h-Funktion kann man schließen, daß das BB-Verfahren i.a. eine größere Anzahl von Knoten expandieren muß als das A*-Verfahren; andererseits investiert das A*-Verfahren mehr Zeit für das Verwalten einer eventuell großen sortierten Liste von offenen Knoten. Beide Verfahren wurden auf einem IBM/PS2, Modell 70 (16 Mhz) implementiert. Die Anzahl der während des Verfahrensablaufs insgesamt generierten Knoten, die Größe der zu verwaltenden Liste von offenen Knoten sowie der Rechenzeitbedarf der Verfahren wurden verglichen.

Die für einen Verfahrensvergleich herangezogenen Problemstellungen wurden zufällig für die Problemgrößen n = 10, 12 und 15 Kundenorte erzeugt. Für das BB-

Verfahren steigt der Rechenzeitaufwand in etwa proportional mit der Anzahl der expandierten Knoten und für das A*-Verfahren nur leicht überproportional. Bei der Berechnung von insgesamt 180 Problemstellungen war die Anzahl der generierten Knoten bei dem A*-Verfahren durchschnittlich um den Faktor 17 geringer als bei dem BB-Verfahren. Die Verwaltung der offenen Knoten des A*-Verfahrens bereitet i.a. keine Speicherplatzprobleme, da die Anzahl der offenen Knoten bis zu einer Problemgröße von n = 15 verhältnismäßig klein bleibt. Bei der vorliegenden Implementation der Verfahren war das A*-Verfahren durchschnittlich um den Faktor 10 schneller als das BB-Verfahren, wobei die Überlegenheit des A*-Verfahrens bei wachsender Problemgröße tendenziell zunimmt.

Der Speicherplatzbedarf des implementierten A*-Verfahrens stellt nicht den primären Engpaß dar, sondern die Größe der exakt lösbaren Problemstellungen ist durch die verfügbare Rechenzeit beschränkt, die bei der Lösung praktischer Problemstellungen [4] nicht mehr als ca. 5 Minuten betragen sollte.

5. Anpassung des Lösungsverfahrens bei suboptimaler Lösung

Zur Anpassung des Lösungsverhaltens eines A*-Verfahrens an die Größe der zu berechnenden Problemstellungen einerseits und die verfügbare Rechenzeit andererseits sind in der einschlägigen Literatur (vgl. z.B. [6]) mehrere Verfahrensvarianten beschrieben. Für das hier vorgestellte A*-Verfahren zur Tourenplanung werden die folgenden Möglichkeiten zur Anpassung des Lösungsverhaltens erprobt:

- Anpassung durch Vorgabe einer maximal erlaubten prozentualen Abweichung vom Optimum. Die maximal erlaubte Abweichung ϵ wird von dem Benutzer des Verfahrens festgelegt. Diese Form der Anpassung wird realisiert durch eine Fokusierung auf die Teilmenge der offenen Knoten, deren Bewertung (f-Werte) von dem kleinsten f-Wert nicht mehr als $1 + \epsilon$ abweichen. Sie kann aber auch durch eine entsprechende Gewichtung der Bewertungsfunktion erzielt werden.

- Stufenweise steuerbare Annäherung an die Vorgehensweise des Savings-Verfahrens von Clarke und Wright. Auf Wunsch des Benutzers trifft das Verfahren bei dieser Form der Anpassung einige unwiederrufliche Auswahlentscheidungen.

- Anpassung durch Stufung des Suchprozesses. Bei einer Stufung wird die Anzahl der offenen Knoten, die von dem Verfahren verwaltet werden können, beschränkt. Immer wenn die maximale Anzahl A von offenen Knoten erreicht ist, wird eine gewisse Anzahl B von Knoten (die mit den schlechtesten Bewertungen) endgültig von dem Lösungsprozess ausgeschlossen. Die maximale Anzahl A und die Anzahl B der zu verwerfenden Knoten werden von dem Benutzer des Verfahrens festgelegt.

Alle Einflußfaktoren auf das Lösungsverhalten des angepaßten suboptimierenden A*-Verfahrens können über Eingabeparameter festgelegt werden. Durch Variation der Eingabeparameter kann bezüglich des maximal erlaubten Lösungsaufwands oder der erwünschten Lösungsqualität ein großer Bereich abgedeckt werden. Bei Einstellung auf ein minimales Anspruchsniveau erzeugt das Verfahren die gleichen Lösungen wie das Savings-Verfahren von Clarke und Wright; bei maximalem Anspruchsniveau versucht das Verfahren eine optimale Lösung zu bestimmen. Die Abhängigkeit des Lösungsverhaltens von den Einflußfaktoren wird analysiert, damit extern vorgegebene Ansprüche an das Lösungsverhalten durch eine angemessene Einstellung der Eingabeparameter realisert werden können.

Die hier vorgestellten Ergebnisse für das nur mengenmäßig kapazitierte Tourenplanungsproblem sollen auf Problemstellungen mit Zeitrestriktionen und Kundenzeitfenstern [1], [7] übertragen werden. Dabei soll insbesondere eine h-Funktion erprobt werden, die auf derartige Problemstellungen zugeschnitten ist. Aufgrund präziserer Schätzwerte der h-Funktion wird eine Verbesserung des gesamten Lösungsverhaltens angestrebt.

6. Literaturverzeichnis

[1] Brendel, T. (1987): Dialoggestützte Tourenplanung unter besonderer Berücksichtigung von Belieferungszeitintervallen. Europäische Hochschulschriften, Verlag Peter Lang Frankfurt (Dissertation TH Aachen).

[2] Domscke, W. (1982): Logistik, Rundreisen und Touren. Oldenburg Verlag München, Wien.

[3] Kaindl, H. (1989): Problemlösen durch heuristische Suche in der Artifical Intelligence. Springer-Verlag Wien, New York.

[4] Lontke, M. (1987): Entwicklung eines Softwaresystems zur Planung des wirtschaftlichen Fahrzeugeinsatzes in einem konkreten Betrieb des Transportgewerbes. Diplomarbeit Universität Bremen.

[5] Nilsson, N. J. (1982): Principles of Artifical Intelligence. Springer-Verlag Berlin, Heidelberg, New York.

[6] Pearl, J. (1984): Heuristics, Intelligence Search Strategies for Computer Problem Solving. Addison Wesley Reading Massachusetts.

[7] Röscher, P. (1989): Tourenplanung unter Berücksichtigung von Zeitfenstern. In: Operations Research Proceedings 1988, Springer-Verlag Berlin, Heidelberg, New York, S. 568-569.

[8] Trochelmann, J. (1980): Tourenplanung für das deterministische Eindepotproblem. Vandenhoeck und Ruprecht Göttingen.

EXPERTENSYSTEM ZUR BRANCHENSTRUKTURANALYSE

Brigitte Werners, Belinda Lelke, Aachen

1. Einleitung

Grundlage strategischer Entscheidungen eines Unternehmens bildet die Untersuchung der relevanten Umweltbedingungen und der internen Potentiale. Dabei stellt die ganzheitliche Bewertung und Beurteilung strategischer Einflußgrößen aufgrund der Komplexität und der inhärenten Unsicherheiten bezüglich der Relevanz, der Wirkungsweise und der Beziehungen zwischen strategischen Faktoren eine wesentliche Schwierigkeit dar. Zur Entscheidungsunterstützung werden bei der strategischen Planung vornehmlich komplexitätsmindernde Hilfsmittel eingesetzt, die auf Heuristiken und Annahmen über das Zusammenwirken der Faktoren basieren. Durch den Einsatz eines Expertensystems kann die explizite Berücksichtigung nicht exakt beschriebener Beziehungen und Abhängigkeiten rechnergestützt erfolgen.

Die Branchenstrukturanalyse nach dem Konzept von Porter (1985) basiert auf der Kenntnis solcher Zusammenhänge und Abhängigkeiten.
Mit dem hier vorgestellten prototypischen System **EXSTRABS** - **Ex**pertensystem zur **str**ategischen **A**nalyse der **B**ranchen**s**truktur - wird dieser Bereich der strategischen Planung wissensbasiert unterstützt. Die Akquisition und formale Modellierung der Wissensinhalte und Strukturen dieser Domäne ist zunächst unabhängig von einem vorgegebenen Repräsentationsrahmen erfolgt. Diese bilden die Grundlage für die Implementierung des Prototyps mit einem speziellen Expertensystemtool und den dort unterstützten Repräsentationsformen und Inferenzmechanismen.

2. Konzept der Branchenstrukturanalyse nach Porter

Die Wettbewerbssituation einer Branche beeinflußt entscheidend das Gewinnpotential und damit den langfristigen Erfolg der gesamten Branche. Durch sie werden die den Unternehmen in der Branche potentiell zur Verfügung stehenden Strategien eingeschränkt (Porter 1985, S.25). Die Wettbewerbsbedingungen einer Branche werden von der Branchenstruktur, gegeben durch ökonomische und technologische Merkmale der Branche, bestimmt. Diese lassen sich auf das Zusammenwirken von fünf Wettbewerbskräften zurückführen, deren Stärke sich durch die zugrundeliegende

Operations Research Proceedings 1989

Branchenstruktur ergibt (Porter 1985, S.27):

- Bedrohung durch Eintritt neuer Konkurrenten in die Branche,
- Rivalität unter den Unternehmen in der Branche,
- Verhandlungsstärke der Abnehmer,
- Verhandlungsstärke der Lieferanten,
- Bedrohung durch Ersatzprodukte.

Jedes Unternehmen einer Branche hat nun die Möglichkeit, durch die geeignete Wahl einer Wettbewerbsstrategie die strukturellen Merkmale der Branche und damit die Ursachen für die Stärke der Wettbewerbskräfte zu beeinflussen. Dabei kommen als generische Wettbewerbsstrategien in Betracht (Porter 1985, S.62):

- umfassende Kostenführerschaft,
- Differenzierung,
- Konzentration auf Schwerpunkte.

Die konkreten strategischen Möglichkeiten des einzelnen Unternehmens hängen von den Stärken und Schwächen des speziellen Unternehmens ab, welche eine geeignete Anpassung an die Branchenstruktur oder eine Veränderung grundlegender struktureller Größen und damit eine aktive Beeinflussung der Wettbewerbsbedingungen ermöglichen.
Zur Bestimmung einer geeigneten strategischen Ausrichtung eines Unternehmens ist die Untersuchung der Merkmale, die die Stärke der Wettbewerbskräfte und damit die Wettbewerbsbedingungen einer Branche prägen, ihrer Zusammenhänge und Implikationen für den Strategieentwurf notwendig.
Das Konzept der Branchenstrukturanalyse ist gleichermaßen zur Untersuchung der Wettbewerbssituation einer gesamten Branche, d.h. aller Unternehmen in der Branche, als auch zur Beurteilung der Wettbewerbsposition eines einzelnen Unternehmens einer Branche gegenüber den Wettbewerbskräften anwendbar. An dieser Stelle steht die Analyse einer Branche als Ganzes im Vordergrund, welche strategische Folgerungen für den Wettbewerb in der Branche hinsichtlich der verschiedenen Wettbewerbskräfte ermöglicht.

3. Modellierung der Branchenstrukturanalyse für einen Expertensystemeinsatz

Unter einem Expertensystem wird hier ein Computerprogramm verstanden, welches das Wissen und Problemlösungsverhalten eines qualifizierten

Experten für ein bestimmtes, relativ eng begrenztes und schlecht strukturiertes Anwendungsgebiet abbildet und benutzt, um komplexe Probleme aus diesem Gebiet zu lösen. Wesentliche Komponenten eines Expertensystems sind eine benutzerfreundliche Dialogschnittstelle und eine Erklärungskomponente (siehe Zimmermann 1988). Für die Umsetzung der Branchenstrukturanalyse in ein wissensbasiertes System sind die Inhalte des Expertenwissens zu spezifizieren und in ein formales Modell zu übertragen.

Das dem allgemeinen Analysekonzept zugrundeliegende Expertenwissen besteht aus Kenntnissen über die zu untersuchenden strukturellen Branchenmerkmale und deren Einfluß auf die Stärke der Wettbewerbskräfte sowie Erfahrungen bezüglich der Implikationen spezifischer Merkmalsausprägungen für die strategischen Möglichkeiten der Branchenunternehmen. Diese Wissensinhalte wurden durch die Strukturierung und Interpretation verbaler Aussagen und Beschreibungen, welche den Texten Porters (1985) entnommen wurden, akquiriert und durch Festlegung von Objekten, Attributen und deren Beziehungen zueinander in ein formales Modell übertragen.

Wissensinhalte und Struktur der Analyse:

Die Branchenstrukturanalyse beinhaltet zum einen die Untersuchung der Stärke der verschiedenen Wettbewerbskräfte, zum anderen die Bestimmung der sich aus den Merkmalsausprägungen und Kräften ergebenden strategischen Ansatzpunkte zur erfolgreichen Behauptung der Branchenunternehmen gegenüber diesen Wettbewerbskräften.

Die Stärke der einzelnen Wettbewerbskräfte hängt von den Ausprägungen unterschiedlicher Merkmale der Branche ab. Wettbewerbskräfte und Branchenmerkmale werden als Attribute eines Objektes "Branche" aufgefaßt. Die Stärke einer Wettbewerbskraft als Ausprägung eines Attributes WK_i, $i \in \{1,..,5\}$, wird im wesentlichen durch die Ausprägungen der den Branchenmerkmalen entsprechenden Attribute bestimmt. Die Beziehung zwischen Wettbewerbskräften und Branchenmerkmalen sowie Branchenmerkmalen untereinander ist damit als funktionale Abhängigkeit charakterisiert. Verschiedene Branchenmerkmale sind ihrerseits funktional von anderen Branchenmerkmalen abhängig, so daß sich für jede Wettbewerbskraft eine Heterarchie funktionaler Beziehungen zwischen den Attributen der Branche ergibt, die als multiple Bewertungshierarchien aufgefaßt werden können. Diese Zusammenhänge sind wesentlicher Bestandteil des Expertenwissens zur Beurteilung der Wettbewerbskräfte.

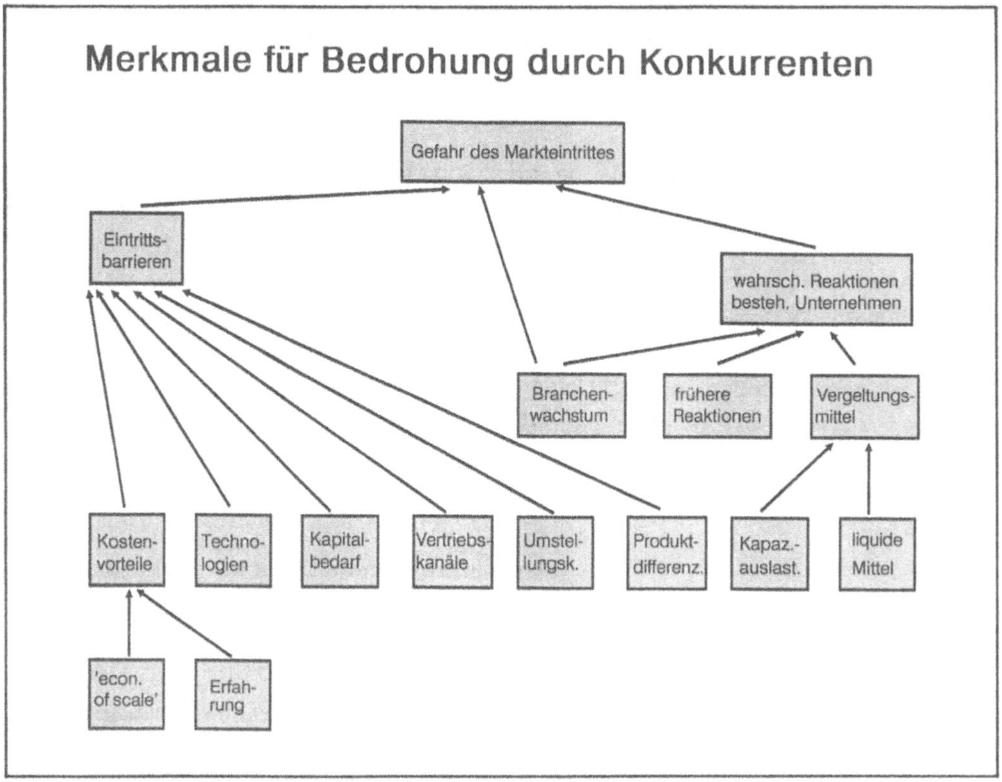

Bild 1: Bewertungsheterarchie für die Wettbewerbskraft "Bedrohung durch neue Konkurrenten"

Bild 1 verdeutlicht die Zusammenhänge zwischen Eintrittsbarrieren in die Branche, Reaktionen von Branchenunternehmen auf Neueintritte sowie weiteren Branchenmerkmalen und der Bedrohung der Branchenunternehmen durch den Markteintritt neuer Konkurrenten.

Auf der Grundlage der von Porter ausschließlich verwendeten qualitativen Form der Beschreibung von Merkmalsausprägungen werden hier ordinal skalierte Wertebereiche für die entsprechenden Attribute gewählt, z.B. für das Attribut "Produktdifferenzierung" die Werte {hoch, mittel, gering}.
Die funktionalen, teilweise nicht vollständig beschriebenen Beziehungen zwischen Attributen werden auf zwei unterschiedliche Arten, als "Verdichtung" und als "Wertveränderung" modelliert. Hierbei bezeichnet "Verdichtung" die mögliche Bewertung eines in der Heterarchie übergeordneten Attributes aufgrund bestimmter Ausprägungen anderer Attribute. Mit "Wertveränderung" wird die Rücknahme einer bereits erfolgten

Bewertung eines Attributes und dessen Neubewertung aufgrund einer speziellen Analysesituation bezeichnet. Diese fragmentarischen Wissensinhalte werden durch Produktionsregeln repräsentiert, die mit den jeweiligen Wettbewerbskräften assoziiert sind.

Ebenso wie Branchenmerkmale werden strategische Ansatzpunkte für die Branchenunternehmen gegenüber den Wettbewerbskräften als Attribute des Objektes "Branche" modelliert. Ihre Werte, die die jeweilige strategische Alternative bezeichnen, sind nominalskaliert. Die von Porter beschriebenen Zusammenhänge zwischen Branchenmerkmalen, Wettbewerbskräften und Strategien werden als einfache funktionale Beziehungen zwischen diesen Größen modelliert und ebenfalls durch den Wettbewerbskräften zugeordnete Regeln dargestellt. Im Gegensatz zur Bewertung der Wettbewerbskräfte können in einer gegebenen Situation mehrere Strategiealternativen gleichzeitig angemessen sein, die sämtlich zu ermitteln sind.
Zusammenfassend sind Attributheterarchien und einfache funktionale Abhängigkeiten den Kontexten der einzelnen Wettbewerbskräfte zugeordnet und stellen das deklarative Wissen (Inferenzwissen) zur Lösung der Teilaufgaben im Analyseprozeß dar.
Die Gesamtanalyse der Branche besteht aus der Untersuchung der einzelnen Wettbewerbskräfte. Diese Analysestruktur bezeichnet im wesentlichen das hier vorhandene Meta- oder Kontrollwissen.

Inferenzprozeß:

Der Inferenzprozeß hat die Bestimmung der Stärke der Wettbewerbskräfte und die Angabe geeigneter Strategien zum Ziel. Zur Ermittlung der Stärke einer Wettbewerbskraft aus verschiedenen Branchenmerkmalen werden Ausprägungen von Branchenmerkmalen entweder vom Benutzer erfragt oder es wird versucht, Ausprägungen dieser Merkmale aus anderen Merkmalen herzuleiten. Dies geschieht in einem rückwärtsgerichteten Inferenzprozeß durch backward chaining auf den entsprechenden Produktionsregeln. Die Vorgehensweise zur Bestimmung von Strategien ist dagegen vorwärtsgerichtet. Aus bekannten Bewertungen von Wettbewerbskräften und assoziierten Branchenmerkmalen werden alle möglichen Strategien durch vollständige Auswertung der entsprechenden Produktionsregeln ermittelt.
Diese Inferenzprozesse werden im Kontext der einzelnen Wettbewerbskräfte durchgeführt. Sie werden durch Kontrollinformationen gesteuert, die den nächsten durchzuführenden Teilschritt der Gesamtanalyse bestimmen und den entsprechenden Kontext instanziieren.

4. Das System EXSTRABS

Eine erste prototypische Realisation des beschriebenen Konzeptes erfolgte durch die Entwicklung des Systems **EXSTRABS** mit dem Expertensystemtool LEONARDO.

LEONARDO stellt als Entwicklungswerkzeug für Expertensysteme auf dem PC unter DOS, ebenso wie in den Mainframe-Versionen für VAX-Rechner unter MVS (Creative Logic 1986), vorgegebene Wissensrepräsentationsformen und einen eingebauten Inferenzmechanismus zur Verfügung. Wissensrepräsentationsformen in LEONARDO sind Objekte, beschrieben durch Attribut-Wert-Paare, Regeln und Prozeduren. Die Abbildung unsicheren Wissens wird im Repräsentationsrahmen von LEONARDO durch die Möglichkeit der Angabe von Sicherheitsfaktoren, Wahrscheinlichkeiten oder Zugehörigkeitswerten unterstützt. Zur geeigneten Aggregation und Auswertung der Regeln stehen auf unterschiedlichen Konzepten beruhende Operationalisierungsmethoden zur Verfügung. Als übergeordnete Problemlösungsstrategie wird backward reasoning verwandt. Der Inferenzmechanismus ist forward und backward chaining. Als Suchstrategie verwendet LEONARDO "depth first". Jeweils die erste Regel, welche das aktuelle Zielattribut referenziert, wird ausgewählt und bearbeitet. Metaregeln zur Steuerung des Inferenzprozesses und zur weitergehenden Konfliktlösung können nicht explizit formuliert werden.

Die mit den einzelnen Wettbewerbskräften assoziierten Regeln zur Ermittlung von Bewertungen für Wettbewerbskräfte und Strategien wurden in **EXSTRABS** in Regelmengen zusammengefaßt. Hierdurch ist der jeweilige Analysekontext gegeben und Inferenzprozesse werden im Analyseverlauf bezüglich dieser Regelmengen angestoßen. Aufgrund der im verwendeten Entwicklungstool fehlenden Möglichkeit, Metaregeln zu formulieren, wurden Kontrollinformationen bezüglich des aktuellen Analysekontextes in die Inferenzregeln integriert, der Inferenzprozeß somit indirekt gesteuert. Zur Ermittlung aller relevanten Strategiealternativen wurde der im Entwicklungstool LEONARDO bereits vorhandene vollständige Inferenzprozeß eingesetzt.

Die Dialogschnittstelle von **EXSTRABS** konnte mit den gebotenen Möglichkeiten des Tools ausgesprochen benutzerfreundlich gestaltet werden. Die Kommunikation zwischen Benutzer und System erfolgt im wesentlichen über Auswahlantwortmenüs und frei gestaltete Bildschirme mit Erklärungstexten.

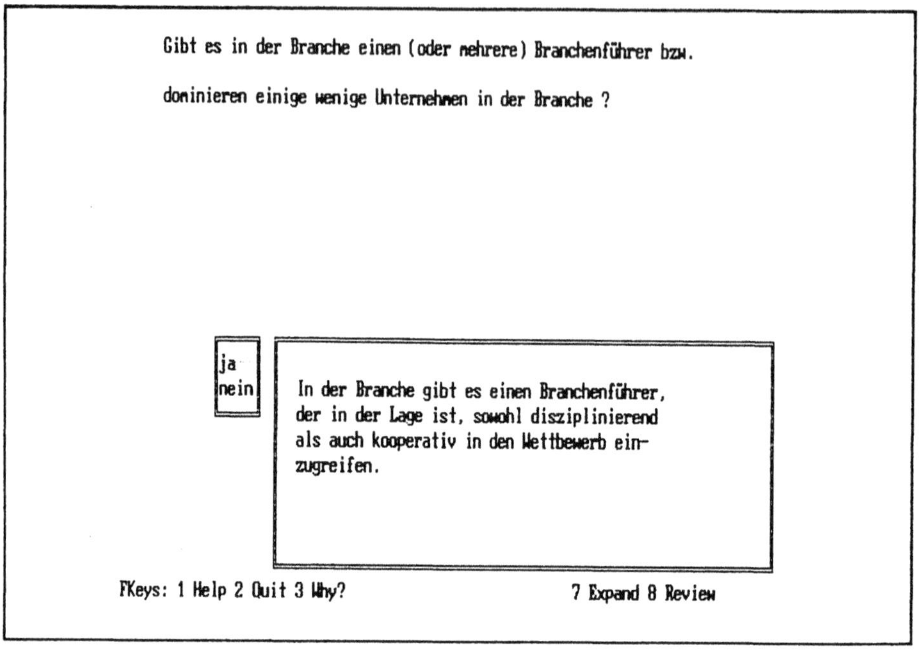

Bild 2: Erklärungen zu möglichen Antworten in einem Benutzermenü

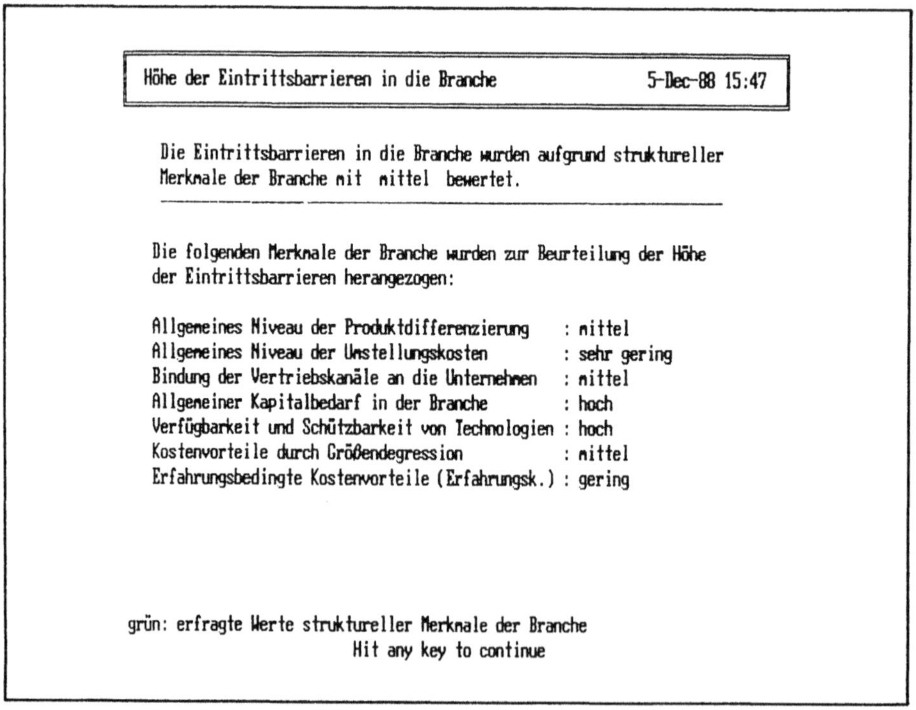

Bild 3: Benutzerinformation von **EXSTRABS** über Merkmalbewertungen

Für eine weitergehende Information des Benutzers während einer Konsultation, als sie mit den eingebauten Hilfefunktionen des Tools möglich wäre, wurden Prozeduren entwickelt, die den Benutzer über den gegenwärtigen Analysestand, erfolgte Bewertungen von Wettbewerbskräften sowie ermittelte Strategien informieren und diese Angaben separat protokollieren.

5. Zusammenfassung und Ausblick

Im System **EXSTRABS** wurde basierend auf den Ausführungen von Porter (1985) ein prototypisches Expertensystem zur Strukturanalyse von Branchen und Ermittlung von Strategieempfehlungen realisiert. Die Implementierung erfolgte mit dem Expertensystemtool LEONARDO auf einem IBM AT unter DOS 3.3. Die Realisierung umfaßt hierbei den allgemeinen Teil des von Porter vorgestellten Konzeptes. Für eine Erweiterung des Systems ist die für die Implementierung verwendete PC-Version von LEONARDO jedoch nicht mehr ausreichend, so daß andere Implementierungsmöglichkeiten untersucht werden.
Ein Schwerpunkt der weiteren Entwicklung von **EXSTRABS** bildet, neben der Einbeziehung zusätzlicher Analysekomponenten aus Porters Konzept, die Behandlung der linguistischen Bewertungen von Branchenmerkmalen mittels unscharfer Mengen und der approximativen Inferenz.

Literatur

Creative Logic Ltd. (1986): Leonardo - the manual, London 1986.

Porter, M.E. (1985): Wettbewerbsstrategie: Methoden zur Analyse von Branchen und Konkurrenten, 3. Auflage, Frankfurt/Main 1985.

Zimmermann,H.-J. (1988): Modellierung von Unsicherheiten in Expertensystemen, in: Entscheidungsunterstützende Systeme im Unternehmen, M.R. Wolf (Hrsg.), München 1988, S.175-191.

Entscheidungsunterstützung bei der Auswertung von Primärforschungsdaten - Ein Konzept zur Verbindung von Wissensbasis, Datenbank und Methoden

Daniel Baier, Wolfgang Gaul
Universität Karlsruhe (TH)

Zusammenfassung
Auf der Basis eines bereits realisierten wissensbasierten Prototypen, mit dem Benutzer bei der Auswahl von Datenanalysemethoden unterstützt werden können, wird für ein Nachfolgesystem ein Konzept vorgestellt, das bei vorgegebenem Auswertungsziel und erhobenen Primärforschungsdaten geeignete Folgen von Auswertungsschritten als Problemlösung vorschlägt. Über das dabei verwandte Datenmodell und die gewählte Form der Repräsentation des Wissens über Methoden wird berichtet.

1. Einführung

Zur Entscheidungsunterstützung bei der Planung und Durchführung von Marketing-Aktionen werden oft Primärforschungsdaten (z.B. über Befragungen) erhoben. Solche Erhebungen können Daten unterschiedlichster Art (z.B. sozio-demographische Daten, Kaufabsichten und -häufigkeiten, Präferenzen, Assoziationen, Paarvergleiche) umfassen, die üblicherweise in mehreren Datenmatrizen dargestellt werden, die in der Regel in vielfältiger Beziehung zueinander stehen und von Datenanalyseexperten entsprechend der gewünschten Expertisen in unterschiedlicher Weise bearbeitet (zusammengestellt, transformiert, analysiert, etc.) werden können.

Zur Bearbeitung dieser Daten stehen eine Vielzahl an Methoden zur Verfügung, die zum Teil bereits in kommerziellen Statistik-Software-Paketen wie SAS, SPSS, BMDP oder P-Stat implementiert sind bzw. zum Teil als Eigenentwicklungen in den unterschiedlichsten Forschungsbereichen eingesetzt werden und deren Einbeziehung in kommerzielle Software noch aussteht (siehe etwa Gaul, Förster, Schiller (1986a,b) zur Nutzung von entsprechender Software in der Marktforschung).

Der Anwender solcher Software bleibt bei der Suche nach der Antwort auf folgende Fragen häufig ohne Hilfestellung:

- Wie lassen sich die vorliegenden Primärforschungsdaten am besten charakterisieren?
- Was sind die Auswertungsziele?
- Welche Alternativen gibt es, um ein Auswertungsziel zu erreichen?
- Welche zusätzlichen Daten müßten erhoben werden, um ein bestimmtes Auswertungsziel zu erreichen?
- Welche der zur Verfügung stehenden Auswertungsmethoden sind besonders geeignet?

Operations Research Proceedings 1989

- Mit welchen Methoden und welchen Daten können welche Zwischenergebnisse erzielt werden?
- Welche Zwischenergebnisse führen zu welchen Auswertungszielen?

Der Versuch, die Diskrepanz zwischen der durch die vorhandene Software erzeugten Methoden-Vielfalt und einer als nicht ausreichend empfundenen problembezogenen Benutzerführung zu beseitigen, führte zu zahlreichen Aktivitäten zur Entwicklung "intelligenter" Datenanalysesoftware (siehe etwa Gale (1986) oder Gaul, Schader (1988) für Proceedingsbände zu diesem Thema oder Gaul, Schader (1989) für einen Überblick unter dem Thema "Datenanalyse und Entscheidungsunterstützung").

Für die Behandlung der Problemstellung Positionierung/Segmentierung im Rahmen der Auswertung von Primärforschungsdaten liefert insbesondere der Prototyp DANEX (Data ANalysis EXpert) (siehe etwa Böckenholt, Both, Gaul (1988), (1989)) einen Ansatz zur Entscheidungsunterstützung. DANEX ist ein Beispiel für einen wissensbasierten Prototypen, welcher den Benutzer bei der Auswahl von Datenanalysemethoden zur Auswertung einer vorliegenden Datenmatrix unterstützt. DANEX ist in einer MS/DOS-Umgebung mit einer wissensbasierten Komponente in PROLOG und einer integrierten Datenverwaltungs- und Methodenverwaltungskomponente in PASCAL realisiert. Eine Erklärungskomponente erläutert die Vorschläge des Prototyps und begründet z.B. auch die Nicht-Wahl einer bestimmten Methode. Es ist möglich, in Abhängigkeit der vorliegenden Datenmatrix geeignete Methoden auszuwählen, eine Methode anzuwenden und nach Kenntnis der Ergebnisdatenmatrix erneut eine Methodenwahl durchzuführen.

Die mit dem hier vorgestellten Ansatz verbundenen Erweiterungen von DANEX beinhalten

- die Berücksichtigung von Methoden, deren Datengrundlage mehr als eine Datenmatrix umfaßt,
- die Einbeziehung von "Wissen" über vorliegende Primärforschungsdaten bzw. bereits verfügbare Zwischenergebnisse bei der Entwicklung von Vorschlägen,
- die Entwicklung von Vorschlägen für Problemlösungen, die aus mehr als einem Auswertungsschritt bestehen.

Hierzu ist es erforderlich, Beziehungen zwischen Datenmatrizen zu modellieren und Regeln zu entwickeln, die nach einer vorgegebenen Spezifikation der Problemsituation zu einer bestimmten Methode zulässige Eingabe- und Ausgabedatenmatrizen definieren.

Auf Basis der mit dem Prototypen DANEX erlangten Erfahrungen wurden bei der Konzeptionierung/Entwicklung eines Nachfolgesystems zu DANEX folgende Änderungen der Entwicklungs-/Anwendungsumgebung vorgenommen:

- Entwicklung unter UNIX auf einer Sun-Workstation wegen dadurch bedingter größerer Betriebssystemflexibilität, höherer Verarbeitungsgeschwindigkeit, erweiterten Speicherkapazitäten und verbesserten Darstellungsmöglichkeiten,
- Verwendung eines relationalen Datenbanksystems zur Datenhaltung.

In dieser Arbeit wird für das schon erwähnte Nachfolgesystem ein Konzept vorgestellt, das bei vorgegebenem Auswertungsziel und erhobenen Primärforschungsdaten geeignete Folgen von Auswertungsschritten als Problemlösung vorschlägt.

2. Daten, Datenmodell und Methoden

Ausgehend von den bereits in DANEX bei der Verfahrenswahl berücksichtigten Spezifikationen von Datenmatrizen, die auf den Vorschlägen von Shepard (1972) und Carroll, Arabie (1980) basieren, wurde eine Modellierung im relationalen Datenmodell entwickelt, die aus Relationen besteht, die durch die Tabellen 'Datenbeschreibung', 'Objektbezeichner' und 'Daten' dargestellt werden. Damit können der Informationsgehalt der Dateneinträge innerhalb einer Matrix sowie Beziehungen, die zwischen verschiedenen Datenmatrizen einer Primärforschungserhebung bestehen, beschrieben und bei der Auswahl von Methoden und zielgerichteten Vorschlägen von Kombinationen von Methoden berücksichtigt werden.

Bei der Beschreibung von Datenmatrizen sind Begriffe zur 'Modalität (Modus)', 'Vielfachheit (Power)' und 'Dimensionalität (Dimension)' hilfreich, denn die Dateneinträge ordnen geeigneten Kombinationen oder Zusammenfassungen (n-Tupeln bei Vorliegen von n-dimensionalen Datenmatrizen) von Objekten aus Mengen unterschiedlicher Modalität ihre zugehörigen Werte zu, die im Datenmodell eindeutig charakterisiert werden müssen.

So ist eine dreidimensionale Matrix, deren Werte z.B. auf individueller Basis bei Versuchspersonen erhobene paarweise Vergleiche von Produkten beschreiben, zweimodal (Objekte der Menge vom 'Modus1': Versuchspersonen, Objekte der Menge vom 'Modus2': Produkte), da die Produktmenge ('Modus2' im Rahmen der Beschreibung der Daten) wegen des paarweisen Vergleichs zweifach ('Power2' = 2) in der Dimensionsbeschreibung der Datenmatrix auftritt. Insgesamt ergibt sich die 'Dimensionalität' als Summe der 'Vielfachheiten' der 'Modalitäten' ('Dimension' = $\sum_{\upsilon}$ 'Powerυ'). Neben Modi wie Versuchspersonen (vp), Produkte (p), zugehörige Merkmale von Versuchspersonen (mvp) bzw. Produkten (mp) werden zusätzliche Modi (z.B. zvp, zp, zmvp, zmp) verwendet, wobei die Bezeichnung "z" auf eine erfolgte Zusammenlegung der Objekte bekannter Modalität hinweisen soll, um z.B. die Verwaltung von Ergebnissen einer Clusteranalyse, Faktorenanalyse, etc., zu ermöglichen.

Auf die Problematik der Eindeutigkeit solcher Zusammenlegungen bzw. der Mechanismen, die diese Eindeutigkeit innerhalb einer Auswertung erzeugen, kann hier nicht eingegangen werden. Daneben ist die Berücksichtigung eines Modus Zeit vorgesehen, Einbeziehungen weiterer Modi sind natürlich jederzeit möglich.

In Abb. 1 werden die zur Spezifikation der Datengrundlage verwendeten Tabellen 'Datenbeschreibung', 'Objektbezeichner' und 'Daten' wiedergegeben.

Die in diesen Tabellen benutzten Bezeichnungen (die Attribute der Relationen) lassen sich - soweit nicht schon geschehen - wie folgt erklären:

Unter 'Matrixnr' wird ein eindeutiger Schlüssel für eine Datenmatrix verwaltet.

Unter 'Bereich' wird der Rahmen festgelegt, innerhalb dessen Objekte einer einheitlichen Codierung unterliegen. Die Zuordnung einer Datenmatrix (dargestellt durch eine Zeile in der Tabelle 'Datenbeschreibung') erfordert bei der Dateneingabe von Primärforschungsdaten die Einhaltung dieser Konvention.

Daten-beschreibung	Matrixnr	Bereich	Matrix-typ	Skalen-typ	Anzahl Modi	Modus1	Power1	Modus2	Power2	Modus3	Power3	...	Modus6	Power6	Kommentar
	27	kaffee	paarw-vergleich	ordinal	2	vp	1	p	2						originär
	28	kaffee	profil	ordinal	3	vp	1	p	1	mp	1				originär
	47	cognac	aehnlich-keit	ordinal	2	vp	1	p	2						originär

Objekt-bezeichner	Objektnr	Bereich	Modus	Bezeichnung
	7	kaffee	vp	Versuchsperson X
	8	kaffee	vp	Versuchsperson Y
	2	kaffee	p	Tchibo Sana
	3	kaffee	p	Tchibo Feine Milde
	18	kaffee	mp	Aroma
	19	kaffee	mp	Qualität
	20	kaffee	mp	Koffeingehalt

Daten	Matrixnr	Dim1	Dim2	Dim3	...	Dim6	Wert
	27	7	2	3			0
	27	8	2	3			1
	28	7	2	18			3
	28	7	2	19			3
	28	7	2	20			4
	28	7	3	19			2

Abbildung 1: Beispielbelegung der Tabellen Datenbeschreibung, Objektbezeichner und Daten

Unter 'Matrixtyp' werden Hinweise auf den Untersuchungszusammenhang der Erhebung der in der Datenmatrix zusammengefaßten Primärforschungsdaten abgespeichert. Mögliche Belegungen des Attributs 'Matrixtyp' sind: praeferenz, paarwvergleich, haeufigkeit, assoziation, kontingenz, fluktuation, aehnlichkeit, unaehnlichkeit, korrelation, kovarianz, distanz, verwechslung, profil, (und zusätzlich zur Berücksichtigung von speziellen Datenmatrizen) pimwraum, vimwraum, zuordnung.
Neben der Beschreibung von Primärforschungsdaten können mit den Ausprägungen des Attributs 'Matrixtyp' auch Datenmatrizen beschrieben werden, die bei Anwendung einer Methode oder einer Transformation entstehen. Die Datenmatrix, die durch Aggregation innerhalb einer Datenmatrix entsteht, die aus mehreren individuelle paarweise Vergleiche beschreibenden Teilmatrizen ('Matrixtyp' = paarwvergleich) besteht, ist z.B. wieder vom gleichen Matrixtyp ('Matrixtyp' = paarwvergleich).
Unter 'Skalentyp' wird das Skalenniveau der Daten mitgeteilt.
Unter 'AnzahlModi' wird die Modalität der Daten aufgelistet, wobei 'Modusυ' (υ=1,...,6) diese Information näher aufschlüsselt und 'Powerυ' die Vielfachheit zu 'Modusυ' (υ=1,...,6) angibt.
In 'Kommentar' kann ein Text abgespeichert werden, der zur Identifikation der Herkunft der beschriebenen Datenmatrix dienen kann (mit der Auskunft "originär" oder einer Angabe, aus welchen Datenmatrizen mit welchen Methoden die Matrix abgeleitet wurde).
Unter 'Objektnr' wird ein eindeutiger Schlüssel für die einzelnen Objekte verwaltet.
Für verschiedene Methoden, die im Anwendungsbereich Positionierung und Segmentierung eingesetzt werden können, wurden Regeln erstellt, die die Anwendbarkeit einer Methode und die entstehenden Datenmatrizen im Rahmen obiger Spezifikationen definieren. Bei Anwendbarkeit einer Methode auf mehrere Datenmatrizen gemäß der beschriebenen Spezifikationen wurde mehr als eine Regel erstellt, ebenfalls bei Entstehung von mehr als einer Datenmatrix durch eine Methode. So können zum Beispiel die Datenmatrizen 27 und 28 aus der Beispielbelegung der Tabelle 'Datenbeschreibung' von Abb. 1 durch eine geeignete Transformation in eine Datenmatrix überführt werden, die eine Unähnlichkeitsbeziehung zwischen den Versuchspersonen im Kaffee-Markt wiedergibt ('Matrixtyp' = unaehnlichkeit, 'AnzahlModi' = 1, 'Modus1' = vp, 'Power1' = 2), die dann mit Hilfe verschiedener Verfahren der Clusteranalyse in eine Datenmatrix überführt werden kann, die eine Segmentzuordnung wiedergibt ('Matrixtyp' = zuordnung, 'AnzahlModi' = 2, 'Modus1' = vp, 'Power1' = 1, 'Modus2' = zvp, 'Power2' = 1).
Jede Regel steht für eine konkrete Ausprägung einer Methode. In diesem Zusammenhang sollte darauf hingewiesen werden, daß bei Festlegung dieser Regeln nur definiert wurde, aus welchen Eingabematrizen unter Zuhilfenahme welcher Methoden welche Ausgabedatenmatrizen entstehen können. Es kann jedoch sinnvoll sein, nach Anwendung der Methode die entstandenen Datenmatrizen nicht weiterzuverarbeiten (z.B. aufgrund von "schlechten" Bewertungen bei zu berücksichtigenden Fit-Kriterien). Daneben werden in der obigen Spezifikation der Datenmatrizen verschiedene Attribute (noch) nicht

berücksichtigt, die vor Anwendung einer Methode überprüft werden müssen und eventuell seine Durchführung verbieten können (z.B. Erfülltsein von Symmetrieeigenschaften, Auftreten der Situation fehlender Werte).

3. Entwicklung von Problemlösungsvorschlägen

Aufgrund von vorliegenden bzw. generierbaren Datenmatrizen ist eine (erste) relativ einfache Formulierung von Auswertungszielen möglich. Ein Ziel kann in der Generierung einer Datenmatrix oder mehrerer Datenmatrizen vorgegebener Spezifikation bestehen (So kann zum Beispiel ein Auswertungsziel sein, für einen bestimmten Markt Marktsegmente und die segmentspezifischen Produktwahrnehmungen und Kaufhäufigkeiten zu ermitteln.).

Um die Überprüfung der Realisierbarkeit eines Auswertungsziels und die Entwicklung von Problemlösungsvorschlägen zu ermöglichen, wurde ein Prädikat 'data' definiert, dessen Argumente den Attributen der Relation 'Datenbeschreibung' (siehe Abb. 1) im relationalen Datenmodell entsprechen und das die Generierbarkeit einer (eventuell noch nicht vorliegenden) Datenmatrix beschreibt. Eine besondere Bedeutung fällt dabei dem Argument zu, das dem Attribut 'Kommentar' entspricht. Bei Generierbarkeit

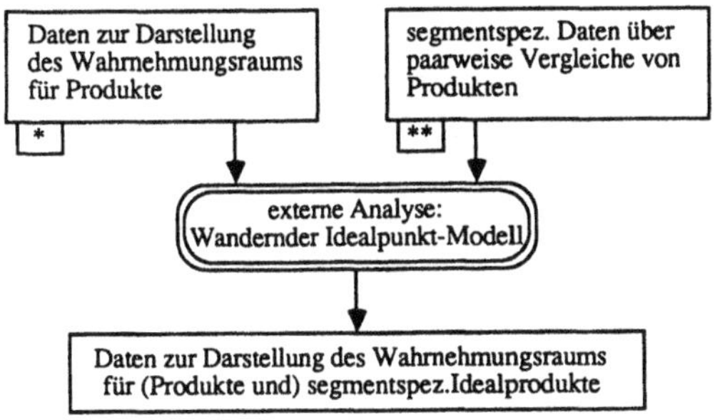

Abbildung 2a: Möglicher Auswertungsschritt

```
data (0, Bereich, pimwraum, Skalentyp, 2, zvp, 1, zmp, 1, Modus3, Power3,
      Modus4, Power4, Modus5, Power5, Modus6, Power6,
      ['externe Analyse: Wandernder Idealpunkt-Modell', A1, A2])
falls

data (Matrixnr1, Bereich, pimwraum, Skalentyp, 2, p, 1, zmp, 1, Modus3, Power3,
      Modus4, Power4, Modus5, Power5, Modus6, Power6, A1)
und

data (Matrixnr2, Bereich, paarwvergleich, ordinal, 2, zvp, 1, p, 2, Modus3, Power3,
      Modus4, Power4, Modus5, Power5, Modus6, Power6, A2)
```

Abbildung 2b: Darstellung mit dem Prädikat data

Abbildung 2: Transformation eines möglichen Auswertungsschritts (Abbildung 2a) in eine Darstellung mit dem Prädikat data (Abbildung 2b) der gewünschten Datenmatrix kann hierüber eine "Aktionsliste" abgerufen werden, die einzelne Auswertungsschritte mit zugehörigen Eingabedatenmatrizen beschreibt, die zu einer entsprechenden Generierung führen. Als Fakten des Prädikats 'data' werden zur Überprüfung der Realisierbarkeit eines Auswertungsziels und zur Entwicklung von Problemlösungsvorschlägen die entsprechenden Zeilen der Tabelle 'Datenbeschreibung' übernommen (Datenmatrizen mit den erhobenen Primärforschungsdaten bzw. bereits generierte und hier abgelegte Zwischenergebnisse).

In Abb. 2 wird vereinfacht dargestellt, wie der in Abb. 2a wiedergegebene Auswertungsschritt in eine Darstellung mit dem Prädikat 'data' gemäß Abb. 2b transformiert wird.

Dabei können die mit (*) bzw. (**) bezeichneten Datenmatrizen Ergebnisse vorgelagerter Auswertungsschritte sein.

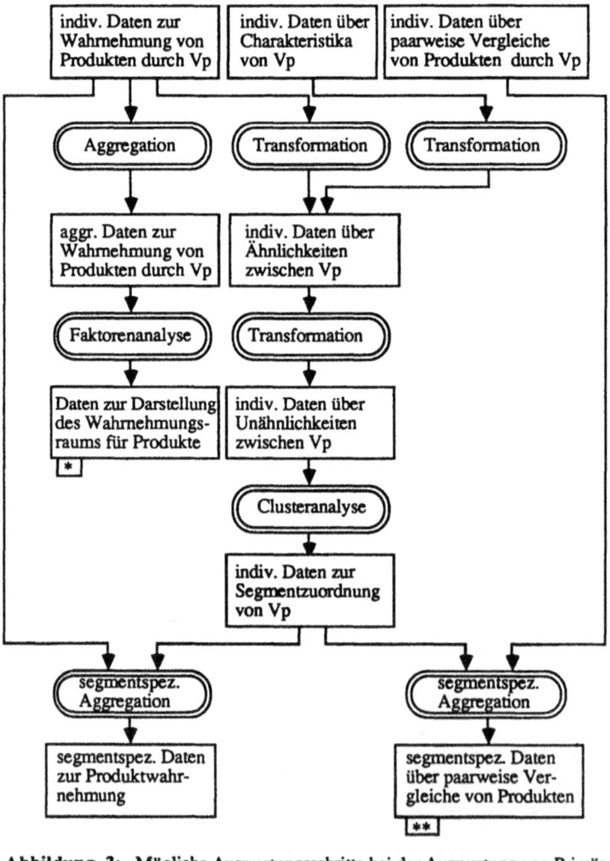

Abbildung 3: Mögliche Auswertungsschritte bei der Auswertung von Primärforschungsdaten (Ausschnitt)

Um die Vorgehensweise bei der Überprüfung der Realisierbarkeit und der Entwicklung von Problemlösungsvorschlägen über mehrere Auswertungsschritte zu verdeutlichen, sind in Abb. 3 verschiedene Folgen von Auswertungsschritten ausschnittartig dargestellt.

Zur Anwendbarkeit einer speziellen Methode müssen sämliche unmittelbar vorgelagerten (und durch Pfeilbeziehungen beschriebenen) Eingabedatenmatrizen vorliegen. Eine Datenmatrix selbst kann entweder bereits vorliegen (Primärforschungsdaten oder schon generierte Zwischenergebnisse) oder durch Anwendung von Auswertungsschritten auf bereits vorliegende Datenmatrizen generiert werden.

Aufgrund des "Wissens" über vorliegende Primärforschungsdaten bzw. bereits generierte Zwischenergebnisse (in Form von Fakten) und über die zur Verfügung stehenden Methoden (in Form von Regeln) können nun Auswertungsvorschläge gemacht werden, die Listen von Anwendungen einzelner Methoden auf definierten Datenmatrizen entsprechen.

4. Ausblick

Mit dem vorgestellten Konzept einer Entscheidungsunterstützung bei der Auswertung von Primärforschungsdaten ist es möglich, ein System zu entwickeln, das einem Nutzer bei der Auswertung umfangreiche Hilfestellungen bietet.

Erweiterungen des Konzeptes durch die Einbeziehung weiterer Methoden zur Datenauswertung führen auch zur Erweiterung der behandelbaren Datengrundlage. An solchen Erweiterungen wird z.Zt. gearbeitet.

Literatur

Böckenholt, I., Both, M., Gaul, W.: "PROLOG-Based Decision Support for Data Analysis in Marketing", in: Gaul, W., Schader, M. (Eds.) "Data, Expert Knowledge and Decisions: An Interdisciplinary Approach with Emphasis on Marketing Applications", Springer, 19 - 34, 1988.

Böckenholt, I., Both, M., Gaul, W.: "A Knowledge-Based System for Supporting Data Analysis Problems", Decision Support Systems, 5, 1989.

Carroll, J.D., Arabie, P.: "Multidimensional Scaling", Annual Review of Psychology, 31, 607 - 649, 1980.

Gale, W.A. (Ed.): "Artificial Intelligence and Statistics", Addison-Wesley, 1986.

Gaul, W., Förster, F., Schiller, K.: "Empirische Ergebnisse zur Verbreitung und Nutzung von Statistiksoftware in der Marktforschung", in: Lehmacher, W., Hörmann, A. (Eds.) "Statistik-Software, 3. Konferenz über die wissenschaftliche Anwendung von Statistiksoftware", Fischer, 323 - 332, 1986a.

Gaul, W., Förster, F., Schiller, K.: "Typologisierung deutscher Marktforschungsinstitute: Ergebnisse einer empirischen Studie", Marketing ZFP 8, 163 - 172, 1986b.

Gaul, W., Schader, M. (Eds.): "Data, Expert Knowledge and Decisions: An Interdisciplinary Approach with Emphasis on Marketing Applications", Springer, 1988.

Gaul, W., Schader, M.: "Datenanalyse und Entscheidungsunterstützung", Studien zur Klassifikation, 19, 59 - 78, 1989.

Shepard, R.N. "A Taxonomy of Some Principal Types of Data and of Multidimensional Methods for their Analysis", in: Shepard, R.N., Romney, A.K., Nerlove, S.B., "Multidimensional Scaling - Theory and Applications in the Behavioral Sciences", Seminar Press, 1972.

ZUM EINSATZ VON DSS IN UNTERNEHMENSSPIELEN

Carsten WEIMANN, Kiel

Unternehmensspiele werden nicht nur als Lehrmittel in der betriebswirtschaftlichen Ausbildung, sondern auch für Forschungszwecke als wirtschafts- und sozialwissenschaftliches Labor eingesetzt.

Für beide Einsatzgebiete müssen nicht nur Modelle und Umfeld möglichst realitätsnah konzipiert werden, sondern dem Entscheider müssen zusätzlich praxisrelevante Entscheidungsunterstützungsinstrumente zur Lösung seiner Entscheidungsprobleme zur Verfügung gestellt werden.

Die Anzahl der einsetzbaren Instrumente, und damit die Realitätsnähe der Entscheidungssituation, hängt insbesondere von der Abbildung des entscheidungsrelevanten Umfeldes ab.

Da gerade im Bankbereich die Informationsverarbeitung eine große Rolle spielt, soll in diesem Vortrag die Konzeption eines realitätsnahen **Bank-Planspieles** vorgestellt werden, welches um DSS-Komponenten erweitert ist. Dabei kann der Spieler (die Versuchsperson) und/oder der Spielleiter (der Untersuchungsleiter) bestimmte Komponenten einsetzen.

Abschließend wird die Einsatzmöglichkeit eines solchen Systems als betriebswirtschaftliches Labor erörtert.

ENTSCHEIDUNGSUNTERSTÜTZUNG BEI DER FuE-PROGRAMMPLANUNG

Richard WEBER und Brigitte WERNERS, Aachen

Die Zusammenstellung eines geeigneten FuE-Programms durch Auswahl von FuE-Projekten erfordert die simultane Berücksichtigung einer Fülle von Aspekten. Hierzu gehören verschiedene Arten von Projektinterdependenzen, externe Abhängigkeiten, multidimensionale Beurteilungskriterien und das Vorliegen von Unsicherheiten. Durch eine Abbildung mittels mathematischer Modelle und deren rechnergestützter Auswertung soll der Entscheidungsfäller in der Behandlung dieses komplexen Entscheidungsproblems unterstützt werden.

Von wesentlicher Bedeutung für die Akzeptanz einer Lösung ist die adäquate Behandlung vorhandener Unsicherheiten, welche z.B. aus folgenden Ursachen resultieren:
- Unkenntnis über Realisationen in der Zukunft,
- Unbestimmtheit möglicher Alternativen oder
- Ungenauigkeit bei der Bewertung von Ergebnissen.

Weiteres wichtiges Kriterium ist die Einbeziehung des Anwenders in einen interaktiven Entscheidungsprozeß.

In einer klassifizierenden Übersicht bestehender FuE-Programmplanungsmodelle werden die jeweiligen Modellprämissen, Bewertungkriterien und Unsicherheitsmodellierungen dargestellt. Anschließend werden Modellerweiterungen vorgeschlagen, die auf dem Konzept unscharfer Mengen basieren. Dabei erfährt die Modellierung von verbalen Äußerungen des Entscheidungsfällers, seiner subjektiven Einschätzungen von Zielausprägungen und vagen Formulierung von Restriktionen besondere Berücksichtigung. Die Integration in ein effizientes, interaktives Entscheidungsunterstützungssystem wird vorgeschlagen.

AVOS: Ein Auswahlverfahren mit gewichteten Kriterien und ordinalen Skalen

G. Bolch S. Smorodinskij M.-M. Vollath

1. Übersicht

In vielen Bereichen steht man vor der "Qual der Wahl", aus einer Fülle von Objekten das bestmögliche herauszufinden. Als Hilfestellung werden dafür unterschiedliche Algorithmen angeboten. Es gibt schnelle Algorithmen, die jedoch oft ungenau sind, und genauere, die dafür aber lange dauern.

In diesem Beitrag wird ein von S. Smorodinskij (Minsk, UdSSR) entwickeltes Verfahren (AVOS) vorgestellt und mit den herkömmlichen Methoden verglichen (z.B. Skalierung, Konsistenz). Hierzu zählen z.B. die Nutzwertanalyse und der analytische hierarchische Prozeß von T.L. Saaty.

AVOS soll eine schnelle und doch zuverlässige Grobauswahl aus einer Vielzahl von Objekten ermöglichen. Es stützt sich auf den allseits für gut befundenen, paarweisen Vergleich von Kriterien, um so eine möglichst objektive Gewichtung dieser zu gewährleisten. Anschließend wird ein Experte herangezogen, der pro Kriterium eine Rangfolge der Objekte untereinander aufstellt. Aus diesen beiden Ergebnissen wird durch eine einfache mathematische Vorgehensweise eine Hierarchie der zur Wahl stehenden Objekte erstellt. Handelt es sich um eine weitreichende Entscheidung, z.B: die Wahl des richtigen EDV-Systems für einen Betrieb, kann man die besten Alternativen nochmals genauer mit einem etwas detaillierteren Feinauswahlverfahren untersuchen.

AVOS wird zur Zeit am Lehrstuhl IV der Universität Erlangen implementiert. Dabei wird insbesondere auf die Gestaltung einer benutzerfreundlichen Oberfläche geachtet.

2. Verschiedene Vorgehensweisen bei Auswahlverfahren

Da die Zahl der verschiedenen Angebote in fast allen Bereichen des wirtschaftlichen Lebens stetig zunimmt, gewinnen Auswahlverfahren immer mehr an Bedeutung.

Ein Gebiet, auf dem eine solche "richtige" Auswahl weitreichende Folgen hat, ist die Frage nach dem am besten geeigneten *Computersystem*. Hierbei kann eine Fehlentscheidung unter Umständen erhebliche langfristige Auswirkungen auf einen Betrieb haben.
Der Schwierigkeitsgrad einer Angebotsauswahl liegt in der Vielzahl der Kriterien, die in die Auswahlüberlegungen einzubeziehen sind. Heute reicht es nicht mehr aus, ein Computersystem nach den *Übertragungsraten* oder den *Zugriffszeiten* auszuwählen, sondern es gilt auch die *Qualität* der angebotenen Software und die *Marktstellung* der Anbieterfirma sowie noch weitere Kriterien zu berücksichtigen. Einem sorgfältigen Auswahlverfahren kommt daher erhöhte Bedeutung zu.

Die wichtigsten bisher bekannten Auswahlverfahren sind die *Nutzwertanalyse (NWA)* von Ch. Zangemeister und der *analytische hierarchische Prozeß (AHP)* von T.L. Saaty. Den folgenden Ausführungen liegt außerdem noch die *Mehrfaktorenabschätzung (MFA)* von G. Bolch und S. Smorodinskij zugrunde.

Während der AHP und die MFA genaue, dafür aber rechenaufwendige Methoden sind, hat die weniger aufwendige NWA den Nachteil, daß keine Anleitung für das "objektive" Finden der einzelnen Kriteriengewichte gegeben wird.

Operations Research Proceedings 1989

Das im folgenden ausführlich beschriebene Verfahren AVOS soll in erster Linie zur *Vorauswahl* weniger Objekte aus einer großen Anzahl dienen. Diese geringere Anzahl von möglichen Objekten kann dann anschließend mit dem AHP oder der MFA detaillierter untersucht werden.

Vorausschickend sei jedoch darauf hingewiesen, daß keines der vorhandenen Auswahlverfahren objektiv sein kann. An irgendeiner Stelle muß in jeder Methode eine *subjektive* Entscheidung getroffen werden. Eine "gewisse" Objektivierung kann nur dadurch erreicht werden, daß es dem Beurteilenden durch eine entsprechende Skala, bzw. durch richtig gewählte Fragen leichter gemacht wird, gleichmäßig und einigermaßen realitätsnah zu bewerten.

Die zur Wahl stehenden verschiedenen Angebote (in der Literatur häufig als *Objekte* oder auch als *Alternativen* bezeichnet) sollen bezüglich bestimmter Kriterien bewertet und ausgewählt werden. So stehen z.B. bei der Beurteilung von EDV-Systemen *lösungs*- und *produktspezifische*, d.h. applikationsbezogene und systemtechnische Kriterien mit ihren *Leistungs*-, *Ergonomie*- und *Sicherheitskomponenten* im Vordergrund.

Bei fast allen Auswahlverfahren wird besonderer Wert auf die Wahl und Gliederung der einzelnen Kriterien gelegt. Durchgesetzt hat sich eine hierarchische Gliederung in verschiedene Ebenen. T.L. Saaty führt dies als einen besonders wichtigen Vorbereitungsschritt für eine stichhaltige und richtige Auswahlentscheidung, unter dem Stichwort *Hierarchie und Bewertung*, in seiner Beschreibung des AHPs aus. Insbesondere verweist er darauf, daß sichergestellt werden muß, daß die Kriterien auf jeder Ebene unabhängig bzw. genügend verschieden voneinander sind und daß diese Unterschiede als unabhängige Eigenschaften in die jeweilige Ebene eingehen.

Ein mögliches Beispiel für eine Kriterienhierarchie bei der Auswahl eines EDV-Systems zeigt Bild 1.

Bild 1: Beispiel für eine Kriterienhierarchie bei EDV-Systemen

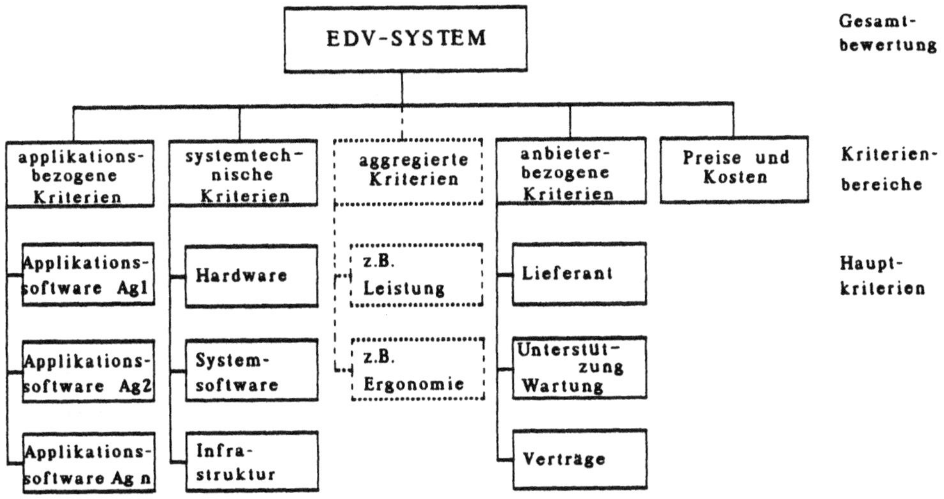

Ag steht für Arbeitsgebiet

Bei den allgemeinen Auswahlverfahren werden zwei Arten von Kriterien meist nicht in dieses Bewertungsschema eingeschlossen:

Zum einen sind das die sogenannten *KO-Kriterien*, denn diese werden gleich zu Anfang herangezogen um diejenigen Alternativen von vornherein auszuschließen, die eine bestimmte, als notwendig erachtete Eigenschaft, z.B. ein bestimmtes Betriebssystem, nicht aufweisen.

Zum anderen sind das die *Kosten*, da hier aufgrund fester Wertangaben keine subjektive Bewertung notwendig ist. Hat man, z.B. mit AVOS, aus einer Vielzahl von Objekten bereits eine kleine Gruppe als infragekommende eliminiert, kann man unter diesen eine anschließende detaillierte Auswahl mit dem *Cost-effectivness-Verfahren* oder der *Cost-value-Technik* vornehmen. Ist diese getrennte Vorgehensweise jedoch nicht erwünscht, kann man die Kosten entsprechend der vorgegebenen Bewertungsskala umrechnen und wie alle anderen Kriterien behandeln.

Bezüglich der Gewichtung der einzelnen Kriterien bestehen derzeit noch sehr unterschiedliche Vorgehensweisen. Die sicherlich "schlechteste" Methode ist die sofortige Bewertung aller Kriterien in Prozent, da hier der Bewertende eindeutig überfordert wird. Zwar aufwendig, aber den Fähigkeiten des Beurteilenden besser angepaßt, ist dagegen der paarweise Vergleich der Kriterien innerhalb einer vorgegebenen *Bewertungsskala*, die z.B. bei T.L. Saaty *neunstufig*, bei AVOS *fünfstufig* ist. Aus einer durch diesen Vergleich entstandenen *Kriterienvergleichsmatrix*, die auf Transistivität und gegebenfalls auch auf Konsistenz überprüft werden sollte, ergeben sich mittels der normierten Zeilensummen die einzelnen *Kriteriengewichte*.

Anschließend müssen die Alternativen bezüglich jedes einzelnen Kriteriums geordnet werden. Hierbei unterscheiden sich zwei Vorgehensweisen:

Die eine ist die direkte Erstellung einer Rangfolge der Alternativen durch Punktevergabe. Dies wird angewendet bei AVOS und leicht modifiziert bei der Nutzwertanalyse sowie noch einigen anderen weniger bekannten Auswahlverfahren.

Die andere ist das Erstellen von Matrizen pro Kriterium, mit den Alternativen als Zeilen und Spalten. Dieses Vorgehen vertritt T.L. Saaty in seinem AHP. Es ist ein aufwendiges zugleich jedoch ein sehr genaues Verfahren, da durch *Konsistenzprüfung* die Fehlerquote der Bewertung bestimmt werden kann.
Eine detailierte Darstellung sowie ein Vergleich dieser einzelnen Methoden anhand von Beispielen findet sich bei /8/.

3. Die Beschreibung von AVOS

Ausgangspunkt für die Entwicklung von AVOS war das Ziel, ohne Verwendung von quantitativen Werten, jedoch mit einer objektiven paarweisen Gewichtung der Kriterien, eine schnelle Vorauswahl einiger guter Alternativen aus einem großen, unübeschaubaren Angebot zu treffen, um diese anschließend eingehender miteinander zu vergleichen.

Bevor AVOS eingesetzt werden kann, sollte eine Kriterienhierarchie festgelegt und diejenigen Alternativen bereits aussortiert sein, die den KO-Kriterien nicht genügen. AVOS beinhaltet folgende vier Schritte:

Schritt 1: Mit Hilfe eines paarweisen Vergleichs der einzelnen Kriterien K_j (j = 1...m) werden die Gewichte der Kriterien ermittelt. Gleichzeitig wird überprüft, ob diese Bewertung keine Widersprüche aufweist.

Schritt 2: Pro Kriterium wird eine Ordnung der Alternativen A_i (i = 1...n) angegeben.

Schritt 3: Mittels eines bestimmten Algorithmus erhält man die endgültige Ordnung der Alternativen.

Schritt 4: Auswählen einer begrenzten Menge der besten Alternativen zur weiteren Analyse.

Diese Schritte werden anhand des Beispiels einer PKW-Auswahl erläutert. Es stehen sechs PKWs zur Wahl, die folgende Kaufpreise haben:

PKW	A_1	A_2	A_3	A_4	A_5	A_6
Kosten(DM)	21595	22005	20010	21575	19500	22190

Zur Bewertung werden folgende sechs Kriterien herangezogen:
Kriterium 1: Fahreigenschaften; Kriterium 2: Komfort; Kriterium 3: Sicherheit;
Kriterium 4: Ausstattung; Kriterium 5: Wartung; Kriterium 6: Kosten
Die dazu gehörenden Unterkriterien können aus Platzgründen hier nicht aufgelistet werden; sie sind jedoch für Autobesitzer leicht vorstellbar (unter Sicherheit z.B. Bremsverhalten und Reifenart, etc).

<u>Schritt 1: Gewichtung der Kriterien durch Experten</u>

Die Kriterien werden paarweise verglichen und das Ergebnis in nachfolgender Tabelle eingetragen (i steht für Zeile, j für Spalte).

Es bedeutet:

"1"	K_i ist sehr viel wichtiger als K_j
"0,5"	K_i ist etwas wichtiger als K_j
"0"	nicht vergleichbar
"-0,5"	K_j ist etwas wichtiger als K_i
"-1"	K_j ist sehr viel wichtiger als K_i

Bild 2: Kriterienvergleichsmatrix (bei Smorodinskij *Vorzugsmatrix*)

K_i \ K_j	K_1	K_2	K_3	K_4	K_5	K_6
K_1		1	-0.5	0.5	0	0.5
K_2	-1		-1	0	-0.5	-0.5
K_3	0.5	1		1	0.5	0.5
K_4	-0.5	0	-1		-0.5	-0.5
K_5	0	0.5	-0.5	0.5		0.5
K_6	-0.5	0.5	-0.5	0.5	-0.5	

Aus dieser *Vorzugsmatrix* werden die Gewichte der einzelnen Kriterien berechnet.

- Zuerst überprüft man die Einträge auf Transitivität, d.h., wenn $a < b$ und $b < c$, dann auch $a < c$

- Alle Einträge werden um 1 erhöht (damit sich keine negativen Werte ergeben)
- Bilden der Zeilensummen der Matrix
- Normierung der Zeilensummen, damit die Gewichte zwischen 0 und 1 liegen

Der transformierte Zeilensummenvektor ist: (6.5, 2, 8.5, 2.5, 6, 4.5)

Die Normierung ergibt sich, indem jeder Wert durch die Summe aller Werte dividiert wird. Man erhält (0.22, 0.07, 0.28, 0.08, 0.20, 0.15)

Diese Ergebnisse entsprechen den Gewichten W_j der jeweiligen Kriterien.

$W_1 = 0.22$; $W_2 = 0.07$; $W_3 = 0.28$; $W_4 = 0.08$; $W_5 = 0.20$; $W_6 = 0.15$

Schritt 2: Ordnung der Alternativen pro Kriterium

Ein Experte vergibt, evtl. unter Verwendung einer *Wissensbasis* (ausführliche Informationen über alle Alternativen), eine Ordnung der Alternativen für jedes einzelne Kriterium. Dabei werden natürliche Zahlen von 1 bis maximal n (=Anzahl der Alternativen) verwendet. Gleichgewichtige Alternativen erhalten dieselbe Zahl (je besser eine Alternative, desto kleiner ist die Zahl).

Bild 3: Zielwertmatrix (bei Smorodinskij auch Vorzugsmatrix)

K_j \ A_i	A_1	A_2	A_3	A_4	A_5	A_6
K_1	1	2	4	6	5	3
K_2	1	1	3	5	4	6
K_3	6	6	4	2	1	3
K_4	6	5	4	2	3	1
K_5	2	2	3	1	3	4
K_6	4	5	2	3	1	6

Schritt 3: Feststellen der endgültigen Rangfolge der Alternativen

Der Algorithmus zur Bestimmung der endgültigen Rangordnung der n Alternativen arbeitet mit folgenden Elementen der *Verlustmatrix* (siehe Bild 3):

Gl. (1) $$r_{ij} = \sum_{k=1}^{m} W_k \,|\, p_{ij}^k - 1 \,|$$ mit i,j = 1, ..., 6 (=Anzahl der A_i)

m = Anzahl der Kriterien

wobei p_{ij}^k die Elemente der folgenden *binären Vorzugsmatrizen* pro Kriterium K_j sind. Es gilt dabei, daß $p_{ij}^k = +1$ ist, wenn A_i besser ist als A_j und $p_{ij}^k = -1$, wenn A_j besser ist als A_i; $p_{ij}^k = 0$, wenn beide nicht vergleichbar sind.

Motivation der Gleichung (1):

Ziel ist es, mit den Werten r_{ij} ein Maß für die Güte der Alternative A_i bezüglich der Alternative A_j anzugeben. S. Smorodinskij setzt folgendes dafür fest: "*je kleiner* der Wert r_{ij}, *desto besser* ist die Alternative A_i gegenüber A_j". D.h., die r_{ij} stellen sogenannte *Vergleichswerte* dar.

Geht man zunächst einmal von der Betrachtung genau eines Kriteriums k aus, so kann der Betrag $|p_{ij} - 1|$ genau drei verschiedene Werte annehmen:

"0" wenn A_i besser als A_j

"1" wenn A_i und A_j nicht vergleichbar

"2" wenn A_j besser A_i

Per Definition gilt für die Summe über alle Kriteriengewichte: $\sum_{k=1}^{m} W_k = 1$

Für die Beziehung von r_{ij} und r_{ji} gilt:

$$r_{ij} + r_{ji} = \sum_{k=1}^{m} W_k |p_{ij}^k - 1| + \sum_{k=1}^{m} W_k |p_{ji}^k - 1 \quad = \sum_{k=1}^{m} W_k \left(|p_{ij}^k - 1| + |p_{ji}^k - 1| \right)$$

mit $p_{ij} + p_{ji} = 0$ bzw. $p_{ij} = -p_{ji}$ per Definition gilt dann für jedes k: $\left(|p_{ij} - 1| + |p_{ji} - 1| \right) = 2$

Daraus folgt: $r_{ij} + r_{ji} = \sum_{k=1}^{m} W_k \times 2 = 2$

Es genügt daher, lediglich r_{ij} zu berechnen und $r_{ji} = 2 - r_{ij}$ festzusetzen.

Da A_i besser ist als A_j, falls $r_{ij} < r_{ji}$, folgt daraus, daß diejenige Alternative die beste von allen ist, deren Zeilensumme aus der Verlustmatrix (Bild 5) den kleinsten Wert aufweist.

Die Vorgehensweise des Algorithmus sieht wie folgt aus:

1) Aufgrund der Rangordnung der Alternativen (Bild 3) kann für jedes Kriterium die binäre Vorzugsmatrix der Alternativen erstellt werden. Zur Verdeutlichung zeigt folgende Tabelle diese Vorzugsmatrix für Kriterium 1. Da sich aus Bild 3 die p_{ij}^k direkt feststellen lassen, kann auf die Aufstellung weiterer binärer Vorzugsmatrizen aus Effizienzgründen verzichtet werden.

Bild 4: Binäre Vorzugsmatrix für Kriterium 1

p_{ij}^1	A_1	A_2	A_3	A_4	A_5	A_6
A_1		+1	+1	+1	+1	+1
A_2	-1		+1	+1	+1	+1
A_3	-1	-1		+1	+1	-1
A_4	-1	-1	-1		-1	-1
A_5	-1	-1	-1	+1		-1
A_6	-1	-1	+1	+1	+1	

2) Die *Verlustmatrix* wird mit Gleichung (1) ermittelt.

Bild 5: Verlustmatrix

r_{ij}	A_1	A_2	A_3	A_4	A_5	A_6
A_1		0.71	1.22	1.42	1.02	0.72
A_2	1.29		1.02	1.42	1.02	0.72
A_3	0.78	0.98		1.12	1.22	1.16
A_4	0.58	0.58	0.88		1.44	0.60
A_5	0.98	0.98	0.78	0.56		0.60
A_6	1.28	1.28	0.84	1.40	1.40	

3) Obige Verlustmatrix wird weiter bearbeitet:

- Es werden die Zeilensummen gebildet und diese Werte in Spalte 1 einer *Rangfolgematrix* eingetragen. Da man die besten Alternativen untereinander vergleichen will, steht diejenige Alternative, die die größte Zeilensumme besitzt in der *vorläufigen* Reihenfolge auf dem letzten Platz. (Dies ist eine Änderung gegenüber der Arbeit von S. Smorodinskij /5/, der diejenige Alternative mit der kleinsten Zeilensumme entfernt und diese auf den ersten Platz setzt.)
- Die Alternative mit der größten Zeilensumme wird aus der Verlustmatrix entfernt und es werden erneut die Zeilensummen gebildet, die in Spalte 2 der Rangfolgematrix eingetragen werden.

4) Diese Vorgehensweise wird solange fortgesetzt, bis alle Alternativen aus der Verlustmatrix entfernt wurden und so die vorläufige Rangfolge der Alternativen feststeht.

Bild 6: Rangfolgematrix (bearbeitete Verlustmatrix)

A_i \ Σ	I	II	III	IV	V	VI
A_1	5.09	4.37	**3.66**	–	–	–
A_2	5.47	**4.75**	–	–	–	–
A_3	5.26	4.10	3.12	**2.34**	–	–
A_4	4.08	3.48	2.90	2.32	**1.44**	–
A_5	3.90	3.30	2.32	1.34	0.56	**0**
A_6	**6.20**	–	–	–	–	–

Aus dieser Rangfolgematrix erhält man folgende *vorläufige* Reihenfolge der Alternativen:

A_5, A_4, A_3, A_1, A_2, A_6

Benachbarte Alternativen müssen jetzt noch bezüglich ihrer r_{ij}- Werte paarweise verglichen werden. Wäre z.B. $r_{62} < r_{26}$, so müßten diese beiden Alternativen in der Reihenfolge die Plätze tauschen.

Dies wird für alle benachbarten Alternativen durchgeführt und man erhält so die *endgültige* Anordnung der Alternativen. In obigem Beispiel gilt stets: $r_{lr} < r_{rl}$ (r-rechts, l-links). Deshalb stimmt die endgültige Reihenfolge mit der vorläufigen überein:

$$A_5,\ A_4,\ A_3,\ A_1,\ A_2,\ A_6$$

Schritt 4: Auswahl der besten Alternativen zur Weiterbearbeitung

Um mit anderen Methoden eine genauere Reihenfolge der Alternativen anzugeben, kann man z.B. die vier besten Alternativen wählen. Dadurch wird der Rechenaufwand bei anderen Methoden verringert.

Literaturverzeichnis

/1/ Bolch, G.; Jung, H.; Smorodinskij, S.:
Ein Dialogsystem zur Auswahl von Rechensystemen unter mehrfacher Zielsetzung, Angewandte Informatik 2/86 S.:75-79

/2/ Bolch, G.; Smorodinskij, S.:
Konzeptuelle und mathematische Grundlagen zur Bewertung der Strukturen komplexer technischer Systeme, OR-Spektrum (1985)/7 S.:165-173

/3/ Keeney, Ralph I.; Raiffa, Howard:
Decisions with Multiple Objectives: Preferences and Value Tradeoffs, New York: Wiley & Sons 1976

/4/ Saaty, Thomas L.:
The Analytic Hierarchy Process, McGraw Hill, 1980

/5/ Smorodinskij, S.; Demtschuk, I.:
Eine Methode zur Strukturanalyse mit Programmunterstützung zur Auswahl komplexer technischer Objekte, Minsk (UdSSR): Institut für Radiotechnik, 1988

/6/ Stahlknecht, Peter:
Einführung in die Wirtschaftsinformatik, 3. neu bearbeitete und erweiterte Auflage, Berlin: Springer, 1987 (eine 4. Auflage dieses Buches gibt es seit 1989)

/7/ Schweizerische Vereinigung für Datenverarbeitung (SVD):
Evaluation von Informatiklösungen, Bern, Stuttgart: Haupt, 1985

/8/ Zangemeister, Christof:
Nutzwertanalyse in der Systemtechnik: Eine Methodik zur multidimensionalen Bewertung und Auswahl von Projektalternativen, München: Wittemannsche Buchhandlung 4.Auflage 1976

ENTWICKLUNG EINES EXPERTENSYSTEMS FÜR DAS DV-CONTROLLING

Jürgen NONHOFF, Münster

Für das Controlling der Datenverarbeitung wird ein Instrument vorgestellt, das sowohl ein Kennzahlen- als auch ein Expertensystem einschließt.

Zunächst werden die Aufgaben und Ziele des DV-Controllings dargestellt. Kennzahlensysteme sind ein wesentliches Instrument für das Controlling. Daher werden zunächst existierende DV-Kennzahlensysteme beschrieben und ihre Stärken und Schwächen herausgearbeitet.

Aufbauend auf den Ergebnissen dieser theoretischen Vorarbeiten und den Resultaten einer Studie bei der Abteilung der Datenverarbeitung eines Medienkonzerns werden die Kennzahlen aufgeführt und zu einem neuen Kennzahlensystem zusammengestellt, die z.Zt. für ein effektives Controlling im DV-Bereich von Bedeutung sind.

An dem entwickelten Kennzahlensystem wird gezeigt, wie die Unterstützung der DV-Controller und der DV-Führungskräfte durch ein Expertensystem aussehen kann. Die Ausgangsbasis für das Programmsystem EXARK (Expertensystem zur Analyse von DV- insbesondere Rechenzentrums-Kennzahlen) bildet ein Anforderungskatalog, der ebenfalls in Absprache mit Praktikern erstellt wurde. Das System ist eine Mischung aus "konventioneller" Software (1-2-3) und der Sprache PROLOG. Die konventionellen Programme dienen sowohl der Aufbereitung des Datenmaterials als auch der graphischen Darstellung betrieblicher Sachverhalte. Die mit PROLOG erstellte Software bewertet die Kennzahlenveränderungen, erlaubt die Abfrage der Analyseergebnisse und gestattet die Eingabe neuer Bewertungsvorschriften.

Da die konzernspezifischen Berechnungen von den konventionellen Programmteilen ausgeführt werden, ist das PROLOG-System auch als Werkzeug für die Kennzahlenanalyse in anderen Unternehmen verwendbar. Die Umsetzung des beschriebenen Systems in ein ablauffähiges Programm kann eine Basis für die Diskussion um den Nutzen von betrieblichen Expertensystemen insbesondere im Bereich des DV-Controllings bilden.

ZUM VERBUND VON INDIVIDUELLER UND ZENTRALER EDV

Klaus HUCKERT, Saarbrücken

Personalcomputersysteme werden seit Anfang der achtziger Jahre zur Lösung von DV-Problemen an Arbeitsplätzen eingesetzt. Bis vor kurzem waren PCs überwiegend als stand-alone-Geräte im Einsatz. Es bestand keine Verbindung zu der existierenden Groß-DV oder zu vorhandenen Abteilungsrechnern. Insbesondere fordern Endanwender, daß ein Informationsaustausch auf Gruppen- bzw. Abteilungsebene stattfindet, daß eine Integration der Daten auf Unternehmensebene realisiert wird und daß der Zugriff auf andere EDV-Systeme möglich ist.

Heute lassen sich unterschiedliche Nutzungsformen für den Personalcomputer unterscheiden. Diese sind der stand-alone-Einsatz, die Nutzung in lokalen Netzwerken, die Kopplung von PCs mit Hostsystemen oder die Koppling von LANs mit Hostsystemen. Für den Verbund stehen unterschiedliche software- und hardwaretechnische Komponenten zur Verfügung. Diese werden charakterisiert und bewertet. Danach wird ein Entscheidungsunterstützungssystem im Personalbereich vorgestellt, das auf einem lokalen PC-Netzwerk mit einer Hostverbindung basiert.

ÜBER EINIGE NEUERE MODELLE DER ZUVERLÄSSIGKEITSTHEORIE

Uwe Jensen, Stuttgart-Hohenheim

Zusammenfassung: Modelle der Zuverlässigkeitstheorie befassen sich mit verschiedenen Aspekten der Analyse von Funktionsfähigkeit und Kontrolle technischer Systeme. Die Theorie der stochastischen Prozesse stellt ein wichtiges Hilfsmittel zur Untersuchung zufallsabhängiger Zustandsverläufe dar. Im Rahmen dieser Theorie werden einige neuere Optimierungsmodelle betrachtet, die sich mit der besten Wahl eines Zeitpunktes für eine Instandhaltungsaktion befassen. Es wird ein Konzept vorgestellt, welches es erlaubt, Optimierungsprobleme auch unter Berücksichtigung unterschiedlicher Informationsniveaus zu lösen. Dies wird an einem Beispiel mit Punkt-Prozeß-Beobachtungen demonstriert.

1. EINFÜHRUNG

Nach KOHLAS (1987) befaßt sich die Zuverlässigkeitstheorie mit der Frage der Funktionstüchtigkeit oder Funktionssicherheit von technischen Systemen. Diese Problematik ist sehr komplex und führt zu ganz unterschiedlichen Fragestellungen. Dies wird deutlich, wenn man folgende Einteilung der Zuverlässigkeitstheorie in verschiedene Problemkreise betrachtet:

- Ersetzungsmodelle. Durchführung von vorbeugenden Erneuerungen des Systems zu vorher festgelegten Zeitpunkten.
- Reparatur und Ersetzung. Bereitstellung von Ersatzelementen (Redundante Systeme) und Reparaturkapazitäten.
- Kohärente Strukturen. Wechselbeziehung zwischen den Zuverlässigkeitskenngrößen eines Systems und seiner Komponenten. Berechnung dieser Kenngrößen.
- Inspektionsmodelle. Beobachtung des Systemszustandes nur zu bestimmten Inspektionszeitpunkten.

Ein Überblick über die Modellvielfalt läßt sich anhand von Monographien zu diesem Thema und der darin aufgeführten Literatur gewinnen. Eine (subjektive) Auswahl von in den letzten Jahren erschienenen Büchern sei hier genannt: BEICHELT (1988), BIROLINI (1985), GAEDE (1977), KOHLAS (1987), SRINIVASAN/SUBRAMANIAN (1980), THOMPSON (1988).

Operations Research Proceedings 1989

Das große Interesse an diesem Problemkreis wird neben der Modellvielfalt auch durch eine große Anzahl von Veröffentlichungen dokumentiert. In dem Übersichtsartikel [6] findet sich ein Überblick über die Literatur bis 1983. Die Datenbank STN International, die im 'MATH database' die Informationen aus dem Zentralblatt für Mathematik enthält, gibt allein für den Zeitraum von 1984 bis Juli 1989 zum Stichwort 'reliability' 2 662 Veröffentlichungen an.

2. ZUSTANDSABHÄNGIGE ERNEUERUNGSSTRATEGIEN

Ausgangspunkt ist das einfache Alterserneuerungsmodell:

Führe eine Wartungserneuerung im Alter T des Systems zu Kosten c durch, falls dieses Alter erreicht wird. Andernfalls führe eine Ausfallerneuerung zu Kosten c+k durch.

Ein optimales Erneuerungsalter nach dem Durchschnittskostenkriterium kann dann aufgrund der Kenntnis der Lebensdauerverteilung mit elementaren Methoden berechnet werden. Die Entscheidung über die durchzuführende Erneuerung basiert ausschließlich auf der zu jedem Zeitpunkt t verfügbaren Information darüber, ob das System intakt oder ausgefallen ist.

Eine naheliegende Verallgemeinerung bestand nun darin, nicht nur zwei sondern mehrere Zustände zu unterscheiden und den Zustandsverlauf des Systems durch einen stochastischen Prozeß zu beschreiben. Die Schwierigkeit bestand darin, einerseits die Lebensdauer an den beobachteten Zustandsverlauf zu koppeln und andererseits das neue Optimierungsproblem zu lösen. Zu dieser Problematik entwickelten sich parallel zwei Modelltypen.

I Markov Modelle

Der beobachtete Zustandsparameter wird durch einen homogenen Markov Prozeß (X_t), $t \geq 0$ beschrieben. Die Lebensdauer X des Systems wird charakterisiert als Zeitpunkt, zu dem der Zustandsparameter erstmals eine Schadensschwelle S (Zufallsvariable, unabhängig von (X_t)) erreicht: $X = \inf\{t | X_t \geq S\}$.
Dieses Modell wurde bei unterschiedlichen Annahmen über den Zustandsprozeß in [15] für einen zusammengesetzten Poisson-Prozeß, in [17] für einen Lévy-Prozeß und in [9] allgemein für Markov-Prozesse untersucht.

Der Zeitpunkt τ für eine Wartungserneuerung wird i.a. vom zufälligen Zustandsverlauf abhängen. Eine Ausfallrate h wird erklärt durch

$$P(t<X\leq t+\Delta t \,|\, X>t,\ X_t=x) = h(x)\Delta t + o(\Delta t),\ \Delta t\to 0.$$

Optimale Wahl von τ: Ist h monoton wachsend oder vom Badewannentyp (erst fallend, dann wachsend), so ist der Zeitpunkt $\tau^* = \inf\{t|h(X_t)\geq z^*\}$ für eine feste Kontrollgrenze z^* optimal nach dem Durchschnittskosten kriterium auf lange Sicht (für Details vgl. [9]). z^* läßt sich aus der Bedingung $z^*E\tau^* - c - kP(X\leq\tau^*) = 0$ bestimmen.

II Modelle mit allgemeinem Zustandsparameter

In dieser Familie von Modellen ist (X_t), $t\geq0$ ein reellwertiger stochastischer Prozeß ohne Einschränkungen bezüglich des Abhängigkeitsverhaltens (nicht Markov'sch). Es wird angenommen, daß (X_t) monoton wachsende Pfade besitzt und daß eine monoton wachsende Funktion $v(x)$, die als Ausfallrate interpretiert werden kann, bekannt ist.

Von BERGMAN (1978) stammt die Idee, die Lebensdauer des Systems in folgender Weise an den Zustandsverlauf zu koppeln: Hat man den Zustandsparameter (X_s), $s\leq t$ bis zum Zeitpunkt t beobachtet, so ist die bedingte Überlebenswahrscheinlichkeit gegeben durch

$$P(X>t|X_s,\ s\leq t) = \exp\{-\int_0^t v(X_s)ds\}.$$

Dieser Ansatz wurde von NUMMELIN (1980) und AVEN (1987) aufgenommen und in verschiedene Richtungen erweitert.

Ähnlich den Markov'schen Modellen ist $\tau^* = \inf\{t|v(X_t)\geq z^*\}$ mit einer festen Kontrollgrenze z^* optimal nach dem Durchschnittskostenkriterium auf lange Sicht.

Diese sehr unterschiedlichen Modellannahmen lassen sich unter einem Dach vereinigen. Dazu werden sie im Rahmen der Theorie der stochastischen Prozesse als Probleme des optimalen Stoppens aufgefaßt.

3. DAS ERSETZUNGSPROBLEM ALS PROBLEM DES OPTIMALEN STOPPENS

Gegeben sei ein reellwertiger stochastischer Prozeß (Z_t), $t\geq0$. Eine (endliche) Stoppzeit τ ist eine Zufallsvariable mit Werten in $\mathbb{R}_+$, für die $\{\tau\leq t\} \in \sigma(Z_s,\ s\leq t)$ für alle $t\geq0$ gilt, wobei $\sigma(Z_s,\ s\leq t)$ die von Z_s, $s\leq t$ erzeugte σ-Algebra ist. Das Problem des optimalen Stoppens besteht nun darin, eine Stoppzeit τ zu finden, welche den Erwartungswert EZ_τ maximiert (minimiert).

Nach dem Durchschnittskostenkriterium ist in den Ersetzungsmodellen immer die Stoppzeit τ (Ersetzungszeitpunkt) gesucht, für die der Quotient aus erwarteten Kosten je Erneuerungszyklus und erwarteter Zyklenlänge minimiert wird. Im Falle der einfachen Kostenstruktur aus dem oben erwähnten Alterserneuerungsmodell erhält man beispielsweise $K_\tau := \frac{c+kP(X\leq\tau)}{E(\min(X,\tau))}$. Dann lautet das Optimierungsproblem

Suche die endliche Stopzeit τ^* mit $K_{\tau^*} = \inf K_\tau$. (1)

Dies kann als Problem des optimalen Stoppens umformuliert und im Rahmen der Martingaltheorie gelöst werden.

Ein wesentliches Hilfsmittel bei der Lösung des Stoppproblems ist eine Semimartingaldarstellung des zugrunde gelegten Prozesses (Z_t):

$$Z_t = Z_0 + \int_0^t f_s ds + M_t, \quad t\geq 0. \tag{2}$$

Dies ist eine Zerlegung in einen Driftanteil, wobei der Integrand (f_s) ein stochastischer Prozeß ist, und ein Martingal (M_t), welches als zu fällige additive Überlagerung aufgefaßt werden kann.

Lösung des Stoppproblems: Besitzt (Z_t) eine Semimartingaldarstellung (2) und wechseln die Pfade von (f_t) mit Wahrscheinlichkeit 1 höchstens einmal das Vorzeichen und zwar von + nach -, dann ist unter geeigneten Integrierbarkeitsbedingungen $\tau^* = \inf\{t|f_t\leq 0\}$ eine optimale Stoppzeit.

Eine ausführliche Darstellung dieses Konzepts, das Stoppproblem mit Hilfe einer Semimartingaldarstellung zu lösen, eine mathematische Formulierung der Ergebnisse und Beweise findet man in [10].

Optimale Erneuerungsstrategie: Zur Lösung von (1) wird angenommen, daß $Z_t = \mathbb{1}_{\{X\leq t\}}$ eine Semimartingaldarstellung

$$Z_t = \int_0^t \mathbb{1}_{\{X>s\}} h_s ds + M_t, \quad t\geq 0$$

besitzt. Dabei ist $\mathbb{1}_A$ die Indikatorfunktion eines Ereignisses A und X die Zufallsvariable, welche die Lebensdauer des Systems beschreibt. Der Prozeß h kann als Ausfallrate interpretiert werden. Hinreichende Bedingungen für eine solche Darstellung werden in [10] angegeben.

Es gilt: Besitzt h mit Wahrscheinlichkeit 1 monoton wachsende Pfade oder Pfade vom Badewannentyp, dann ist $\tau^* = \min(\inf\{t|h_t\geq z^*\}, X)$ eine optimale Stoppzeit für das Problem (1). Die Kontrollgrenze z^* kann aus $z^* E\tau^* - c - kP(X\leq\tau^*) = 0$ berechnet werden.

Verallgemeinerungen von (1) hinsichtlich der Kostenstruktur und des Optimierungskriteriums findet man in [2] und [11].

Vorteile des Martingalkonzeptes liegen unter anderem darin, daß viele Prozesse eine Semimartingaldarstellung (2) besitzen und daß diese stabil ist gegen eine ganze Reihe von Transformationen. Eine dieser Transformationen ist der Übergang zu bedingten Erwartungswerten, der als Übergang zu einem niedrigeren Informationsniveau interpretiert werden kann. Da sich für die bedingten Erwartungswerte ebenfalls eine Semimartingaldarstellung angeben läßt, kann das Stoppproblem bzw. das Ersetzungsproblem auch für das niedrigere Informationsniveau gelöst werden. Dies wird für das Ersetzungsproblem in [11] beschrieben und soll hier an einem Modell demonstriert werden, in dem der Zustand eines Systems, z.B. der Ausfall, nicht direkt beobachtet werden kann, sondern nur Punkt-Prozeß-Beobachtungen zur Verfügung stehen.

4. SYSTEME MIT INDIREKTER ZUSTANDSBEOBACHTUNG

Ein System (Maschine, Bedienungssystem, ...) arbeite in unterschiedlichen Zuständen $j \in S = \{1,2,\dots,N\}$, $N \in \mathbb{N}$, in denen ein output gemäß einem Poisson Prozeß mit Rate μ_j produziert werde, $\mu_j \in \mathbb{R}_+$, $j=1,2,\dots,N$. Der Zustandsverlauf werde durch einen homogenen Markov Prozeß (X_t), $t \geq 0$, mit Werten in S und infinitesimalen Parametern (Übergangsraten) q_i, $q_{ij} < \infty$ beschrieben:

$$q_i = \lim_{t \to 0+} \frac{1}{t} P(X_t \neq i \mid X_0 = i), \; i \in S; \quad q_{ij} = \lim_{t \to 0+} \frac{1}{t} P(X_t = j \mid X_0 = i), \; i,j \in S, \; i \neq j.$$

Der Punktprozeß (N_t), $t \geq 0$ mit Intensität $\lambda_t := \mu_{X_t}$ beschreibe den Abgangsstrom. Beobachtet werde nur der Punktprozeß (N_t) bzw. die Folge seiner Sprungzeitpunkte, die mit T_n, $n=0,1,2,\dots$ ($T_0=0$, $T_n<T_{n+1}$, falls $T_n<\infty$) bezeichnet werden. Es gilt also $N_t = \sum_{n \geq 1} \mathbf{1}_{\{T_n \leq t\}}$. Bei dem Prozeß (N_t) handelt es sich um einen sogenannten doppelt stochastischen Poisson Prozeß, der von einem Markov Prozeß gesteuert wird.

Man denke bei diesem Modell etwa an eine Maschine, die in zufälligen Abständen Teile produziert. Die zeitlichen Abstände werden von einem Poisson Prozeß gesteuert, dessen Rate nicht konstant ist, sondern vom Zustand abhängt, in dem die Maschine arbeitet. Beobachtet werden kann nur die Folge der Zeitpunkte (T_n), zu denen ein Teil produziert wird, nicht jedoch der Zustand der Maschine selbst.

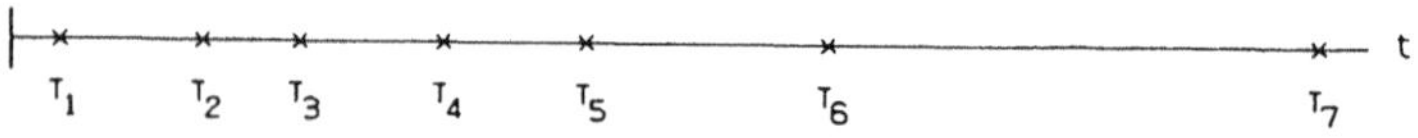

Bild 1. Beobachtete Folge der Zeitpunkte (T_n).

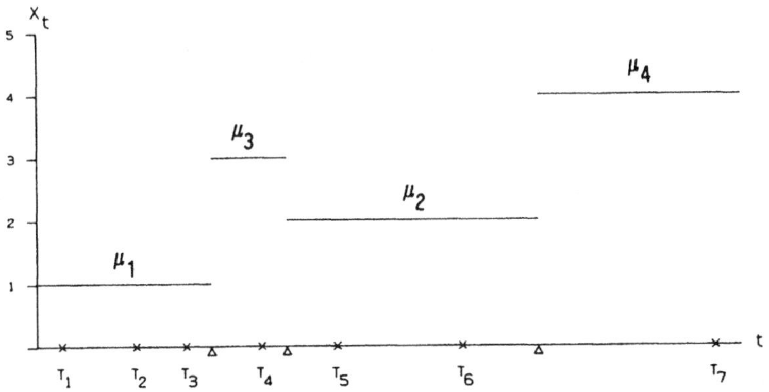

Bild 2. Zusammenhang zwischen dem nicht beobachtbaren Zustand des Systems und den Zeitpunkten T_n. In der Zeichnung gelte $\mu_1>\mu_2>\mu_3>\mu_4$. Δ: Zustandsänderungen können nicht beobachtet werden, sondern nur aufgrund der Folge (T_n) geschätzt werden.

Bewertungsstruktur: Der Gewinn je Zeiteinheit in Zustand j betrage c_j. Der Gesamtgewinn bis t beträgt dann

$$G_t = \sum_{j=1}^{N} \int_0^t c_j U_s(j)ds \text{ , wobei } U_s(j) = \mathbf{1}_{\{X_s=j\}} \text{ ist.}$$

Der Prozeß kann gestoppt werden, um den Zustand des Systems festzustellen und gegebenenfalls das System zu erneuern oder zu reparieren. Die Kosten für das Stoppen des Prozesses im Zustand j betragen k_j. Der Nettogewinn beim Stoppen des Prozesses zum Zeitpunkt t ist

$$Z_t = G_t - \sum_{j=1}^{N} k_j U_t(j). \tag{3}$$

Diese Größe kann aufgrund der Beobachtungen N_s, $s\leq t$ durch den bedingten Erwartungswert $\hat{Z}_t = E(Z_t|N_s,\ s\leq t)$ geschätzt werden.

Gesucht ist die Stoppzeit τ^* in der Menge der $\mathfrak{F}_t^N := \sigma(N_s, s\leq t)$-Stoppzeiten, welche den Erwartungswert $E\hat{Z}_\tau = EZ_\tau$ maximiert: $EZ_{\tau^*} = \sup EZ_\tau$. Zur Lösung dieser Aufgabe soll wiederum eine Semimartingaldarstellung von $(\hat{Z}_t)$ benutzt werden.

Nach [7] p 99 gilt für die Indikatorfunktionen $U_t(j)$ die Darstellung

$$U_t(j) = U_0(j) + \int_0^t (\sum_{i\neq j} U_s(i)q_{ij} - U_s(j)q_j)ds + m_t \text{ mit einem Martingal } (m_t).$$

Setzt man dies in (3) ein und geht man nach der Projektionsformel der Filtertheorie zum bedingten Erwartungswert über (vgl. [7] p 87), so ergibt sich für $(\hat{Z}_t)$ die folgende Darstellung:

$$\hat{Z}_t = -\sum_{j=1}^{N} k_j P(X_0=j) + \int_0^t \{ \sum_{j=1}^{N} ((\hat{U}_s(j)(c_j+q_jk_j) - k_j \sum_{i\neq j} \hat{U}_s(i)q_{ij})\}ds + M_t,$$

wobei $\hat{U}_s(j) = E(U_s(j)|N_s, s\leq t)$ und (M_t) ein $\mathfrak{F}_t^N$-Martingal ist.

Dieses ist der Ausgangspunkt für eine Lösung des Optimierungsproblems. Es müssen nun weitere Annahmen gemacht werden, um die erforderliche Monotonie des Integranden sicherzustellen.

Dies Problem soll nun speziell für ein System mit zwei Zuständen $S=\{1,2\}$ betrachtet werden. Das System startet im Zustand 1 ("zufriedenstellend") und geht zu einem nicht beobachtbaren Zeitpunkt T in den Zustand 2 ("gestört") über, in dem es mit geringerer Rate arbeitet: $\mu_2 < \mu_1$. Die Zufallsvariable T sei exponentialverteilt mit Rate $\lambda>0$:

$$P(X_0=1)=1,\ q_1=q_{12}=\lambda,\ q_2=q_{21}=0.$$

Für $\hat{Z}_t$ ergibt sich

$$\hat{Z}_t = -k_1 + \int_0^t \{c_2 - \hat{U}_s(1)(c_2-c_1+\lambda(k_2-k_1))\}ds + M_t.$$

$\hat{U}_t(1)$ ist durch die Folge (T_n) vollständig festgelegt. Für $t \in [T_n, T_{n+1})$ ist $\hat{U}_t(1)$ deterministisch, an T_n besitzt es einen Sprung dessen Höhe von $\hat{U}_{T_n-}(1)$ abhängt. Falls $\lambda>\mu_1-\mu_2$ ausfällt, ist $U_t(1)$ monoton fallend und es gilt $0\leq\hat{U}_t(1)\leq 1$. Für eine sinnvolle Problemstellung wird weiter angenommen

$$c_2<0<c_1,\ 0<k_1<k_2,\ \mu_1-\mu_2< \lambda < \frac{c_1}{k_2-k_1}.$$

Dann sind die Monotonievoraussetzungen erfüllt und

$$\tau^* = \inf\{t|\hat{U}_t(1)\leq z^*\} \quad \text{mit } z^* = \frac{-c_2}{c_1-c_2-\lambda(k_2-k_1)}$$

ist eine optimale Stoppzeit, die offensichtlich nur vom Punktprozeß (N_t), d.h. von der beobachteten Folge (T_n) abhängt.

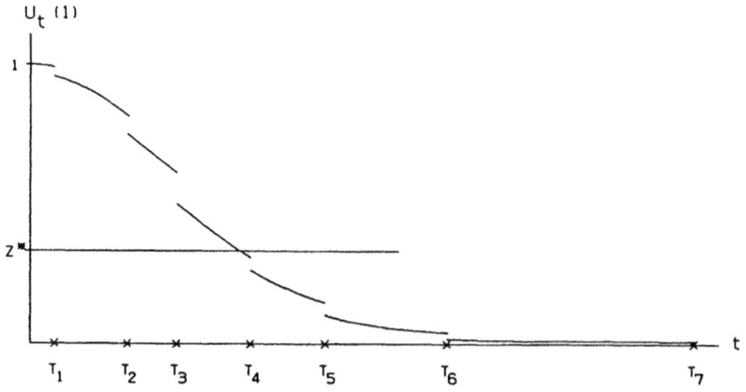

Bild 3.

LITERATUR

[1] Aven T (1987) A counting process approach to replacement models. Optimization 18: 285 - 296

[2] Aven T and Bergman B (1986) Optimal replacement times - a general set-up. J Appl Prob 23: 432 - 442

[3] Beichelt F (1988) Zuverlässigkeit strukturierter Systeme. VEB Verlag Technik Berlin

[4] Bergman B (1978) Optimal replacement under a general failure model. Adv Appl Prob 10: 431 - 451

[5] Birolini A (1985) On the use of stochastic processes in modelling reliability problems. Springer Verlag Berlin

[6] Bosch K, Jensen U (1983) Instandhaltungsmodelle - Eine Übersicht. OR Spektrum 5: 105 - 118 und 129 - 148

[7] Brémaud P (1981) Point processes and queues, martingale dynamics. Springer Verlag New York

[8] Gaede K-W (1977) Zuverlässigkeit, Mathematische Modelle. Carl Hanser Verlag München

[9] Jensen U (1984) Optimal replacement with non-monotone failure rates. OR Spektrum 6: 53 - 57

[10] Jensen U (1989) Monotone stopping rules for stochastic processes in a semimartingale representation with applications. Erscheint in optimization

[11] Jensen U (1989) A general replacement model. Manuskript, Institut für Angewandte Mathematik und Statistik, Universität Stuttgart-Hohenheim

[12] Kohlas J (1987) Zuverlässigkeit und Verfügbarkeit. B G Teubner Stuttgart

[13] Nummelin E (1980) A general failure model: optimal replacement with state dependent replacement and failure costs. Math Oper Res 5: 381 - 387

[14] Srinivasan SK, Subramanian R (1980) Probabilistic analysis of redundant systems. Springer Verlag Berlin

[15] Taylor HM (1975) Optimal replacement under additive damage and other failure models. Naval Res Logist Q 22: 1 - 18

[16] Thompson WA (1988) Point process models with applications to safety and reliability. Chapman and Hall New York

[17] Zuckerman D (1978) Optimal replacement policy for the case where the damage process is a one-sided Lévy process. Stoch Proc Appl 7: 141 - 152

THE SHORTEST QUEUE PROBLEM

by I.J.B.F. Adan, J. Wessels and W.H.M. Zijm , Eindhoven

Introduction

Consider a system consisting of two identical servers, each with exponentially distributed service times. Jobs arrive according to a Poisson stream. On arrival a job joins the shortest queue and in case both queues have equal length, he joins the first queue with probability q and the second one with probability $1-q$. This problem is known as the shortest queue problem. Haight [3] originally introduced the problem. Kingman [4] and Flatto and McKean [2] treated the *symmetric* problem, that is $q = \frac{1}{2}$, by using a generating function analysis. They showed that the generating function for the equilibrium distribution of the lengths of the two queues is a meromorphic function. Then by the decomposition of the generating function into partial fractions, it follows that the equilibrium probabilities can be represented by an infinite sum of product form solutions. However, the decomposition leads to cumbersome formulae for the equilibrium probabilities.

In this paper it will be shown that the equilibrium distribution of the lengths of the two queues can be found in an elementary way directly from the equilibrium equations. The main result is that the equilibrium probabilities can be represented by an infinite sum of product form solutions, which was, as we already mentioned, also recognized by Kingman and Flatto and McKean. Moreover, we provide nice recurrence relations for the terms in the infinite sum. Since the successive terms are easily calculated by means of these recurrence relations and the convergence of the infinite sum is exponentially fast, the analysis leads to a numerically highly attractive algorithm for calculating the equilibrium probabilities.

The paper is organized as follows. In section 1 we formulate the equilibrium equations. Then, in the next section, we treat the symmetric shortest queue problem. Based on these results, we treat the general case in the section 3.

1. Equilibrium equations

For simplicity of notation we suppose that the exponential servers have service times with unit mean and the Poisson arrival process has a rate 2ρ with $0 < \rho < 1$. The parallel queue system can be represented by a continuous time Markov process, whose state space consists of the pairs (m, n), $m, n = 0, 1, \ldots$ where m and n are the lengths of the two queues. Let $\{p_{m,n}\}$ denote the equilibrium distribution of the lengths

Operations Research Proceedings 1989

of the two queues. The equilibrium equations become for all $n > m$

$$p_{m,n}\, 2(\rho+1) = p_{m-1,n}\, 2\rho + p_{m,n+1} + p_{m+1,n} \qquad \text{if } m>0,\ n>m+1$$

$$p_{m,m+1}\, 2\,(\rho+1) = p_{m-1,m+1}\, 2\rho + p_{m,m+2} + p_{m+1,m+1} + p_{m,m}\, 2q\rho \qquad \text{if } m>0,\ n=m+1$$

$$p_{0,n}\,(2\rho+1) = p_{0,n+1} + p_{1,n} \qquad \text{if } n>1$$

$$p_{0,1}(2\rho+1) = p_{0,2} + p_{1,1} + p_{0,0}\, 2q\rho$$

and a similar set holds for all $n < m$, and for $n = m$,

$$p_{m,m}\, 2(\rho+1) = p_{m-1,m}\, 2\rho + p_{m,m+1} + p_{m,m-1}\, 2\rho + p_{m+1,m} \qquad \text{if } m>0$$

$$p_{0,0}\, 2\rho = p_{0,1} + p_{1,0}$$

We will prove that the equilibrium probabilities $p_{m,n}$ can be represented by an infinite sum of product form solutions. That is, there exist parameters ζ_i and η_i and coefficients c_i, d_i and e_i such that

$$p_{m,n} = \begin{cases} \sum_{i=0}^{\infty} c_i\, \zeta_i^m\, \eta_i^n & \text{if } n>m\,, \\ \sum_{i=0}^{\infty} d_i\, \zeta_i^m\, \eta_i^n & \text{if } n=m\,, \\ \sum_{i=0}^{\infty} e_i\, \zeta_i^m\, \eta_i^n & \text{if } n<m\,. \end{cases}$$

Because there is a drift along and to the diagonal in this system, it is more convenient to work on coordinate axis in these directions. Therefore, define for all $s \ge 0$ and $r \ge 0$

$$\overline{q}_{s,r} = p_{s,s+r}\,,$$

$$\underline{q}_{s,r} = p_{s+r,s}\,.$$

Note that by definition $\overline{q}_{s,0} = \underline{q}_{s,0}$. In this paper we will derive expressions for the probabilities $\overline{q}_{s,r}$ and $\underline{q}_{s,r}$. The set of equations for the probabilities $p_{m,n}$ in the upper triangle $n > m$ is transformed into the following set of equations for the probabilities $\overline{q}_{s,r}$,

$$\overline{q}_{s,r}\, 2(\rho+1) = \overline{q}_{s-1,r+1}\, 2\rho + \overline{q}_{s,r+1} + \overline{q}_{s+1,r-1} \qquad \text{if } s>0,\ r>1 \quad (1)$$

$$\overline{q}_{s,1}\, 2(\rho+1) = \overline{q}_{s-1,2}\, 2\rho + \overline{q}_{s,2} + \overline{q}_{s+1,0} + \overline{q}_{s,0}\, 2q\rho \qquad \text{if } s>0,\ r=1 \quad (2)$$

$$\overline{q}_{0,r}\,(2\rho+1) = \overline{q}_{0,r+1} + \overline{q}_{1,r-1} \qquad \text{if } r>1 \quad (3)$$

$$\overline{q}_{0,1}(2\rho+1) = \overline{q}_{0,2} + \overline{q}_{1,0} + \overline{q}_{0,0}\, 2q\rho \qquad (4)$$

A similar set is obtained for the probabilities $\underline{q}_{s,r}$. The equations on the diagonal become

$$\overline{q}_{s,0}\, 2(\rho+1) = (\overline{q}_{s-1,1} + \underline{q}_{s-1,1})\, 2\rho + \overline{q}_{s,1} + \underline{q}_{s,1} \qquad \text{if } s>0 \quad (5)$$

$$\bar{q}_{0,0}\, 2\rho = \bar{q}_{0,1} + \underline{q}_{0,1} \tag{6}$$

We will show that there exist parameters α_i and β_i and coefficients c_i, d_i and e_i such that

$$\bar{q}_{s,r} = \sum_{i=0}^{\infty} c_i\, \alpha_i^s\, \beta_i^r\ , \quad \bar{q}_{s,0} = \underline{q}_{s,0} = \sum_{i=0}^{\infty} d_i\, \alpha_i^s \quad \text{and} \quad \underline{q}_{s,r} = \sum_{i=0}^{\infty} e_i\, \alpha_i^s\, \beta_i^r \quad \text{for } s \geq 0 \text{ and } r \geq 1\ .$$

Clearly the forms for $p_{m,n}$, $\bar{q}_{s,r}$ and $\underline{q}_{s,r}$ are equivalent, with $\alpha_i = \zeta_i\, \eta_i$ and $\beta_i = \eta_i$. Throughout the analysis we will use the trivial, but vital property that the equations, on which the analysis is based, are *linear*, i.e. if two functions satisfy an equation, then any linear combination also satisfies the equation.

2. The symmetric case

In this section we will analyze the special case $q = \frac{1}{2}$. By symmetry

$$\underline{q}_{s,r} = \bar{q}_{s,r}\ .$$

Then the equations on the diagonal become

$$\bar{q}_{s,0}\ (\rho + 1) = \bar{q}_{s-1,1}\ 2\rho + \bar{q}_{s,1} \qquad \text{if } s > 0$$

$$\bar{q}_{0,0}\ \rho = \bar{q}_{0,1}$$

Inserting these equations in (2) and (4), we can eliminate the probabilities $\bar{q}_{s,0}$, yielding

$$\bar{q}_{s,1}\ 2(\rho + 1) = \bar{q}_{s-1,2}\ 2\rho + \bar{q}_{s,2} + (\bar{q}_{s+1,1} + \bar{q}_{s,1}\ 2\rho)\frac{1}{(\rho + 1)}$$

$$+ (\bar{q}_{s,1} + \bar{q}_{s-1,1}\ 2\rho)\frac{\rho}{(\rho + 1)} \qquad \text{if } s > 0,\ r = 1 \tag{7}$$

$$\bar{q}_{0,1}(2\rho + 1) = \bar{q}_{0,2} + (\bar{q}_{1,1} + \bar{q}_{0,1}\ 2\rho)\frac{1}{(\rho + 1)} + \bar{q}_{0,1} \tag{8}$$

Hence the analysis can be restricted to the probabilities $\bar{q}_{s,r}$ with $s \geq 0$ and $r \geq 1$. These probabilities satisfy the equations (1), (3), (7) and (8). We will investigate whether the probabilities $\bar{q}_{s,r}$ have some kind of separable structure. Obviously, the equations (1), (3), (7) and (8) do not allow a separable solution of the form $\bar{q}_{s,r} = \alpha^s\, \beta^r$, but numerical experiments indicate that there exist α and β such that

$$\bar{q}_{s,r} \sim K\, \alpha^s\, \beta^r \quad \text{as } s \to \infty \text{ and } r \geq 1,$$

for some K. The question is, what are in general the parameters α and β? Intuitively, α stands for the ratio of the probability that there are n+2 and n jobs in the system. So a reasonable choice seems $\alpha = \rho^2$, which is supported by the numerical experiments. The parameter β follows by observing that the form $\alpha^s\, \beta^r$ has to satisfy equation (1). Inserting this form in (1) and dividing both sides by the common term $\alpha^{s-1}\, \beta^{r-1}$ gives a quadratic form for the unknown β. This is stated in the following lemma.

LEMMA 1. The form $\alpha^s \beta^r$ is a solution of equation (1) if and only if α and β satisfy

$$\alpha \beta 2(\rho + 1) = \beta^2 2\rho + \alpha \beta^2 + \alpha^2 . \tag{9}$$

Putting $\alpha = \rho^2$ in (9) we obtain two roots $\beta = \rho$ and $\beta = \rho^2/(2+\rho)$. The root $\beta = \rho$ is not useful, since it yields the asymptotic solution $\overline{q}_{s,r} \sim K \rho^{2s} \rho^r$ for some K, which corresponds to the equilibrium distribution of two independent $M|M|1$ queues, each with a workload ρ. Therefore the only reasonable choice is $\beta = \rho^2/(2+\rho)$, which is also supported by numerical experiments. Let $\alpha_0 = \rho^2$ and $\beta_0 = \rho^2/(2+\rho)$, then we empirically found that

$$\overline{q}_{s,r} \sim K \alpha_0^s \beta_0^r \text{ as } s \to \infty \text{ and } r \geq 1, \tag{10}$$

for some K. Actually, Kingman [4] and Flatto and McKean [2] proved this result.

The asymptotic solution $\alpha_0^s \beta_0^r$ perfectly describes the behaviour of the equilibrium probabilities in the interior of the set $\{(s, r), s \geq 0, r \geq 1\}$ as well as near the boundary $r = 1$, but it does not capture the behaviour near the boundary $s = 0$. One easily verifies that $\alpha_0^s \beta_0^r$ indeed satisfies equation (1) and also (7) on the boundary $r = 1$ and that it violates equation (3) on the boundary $s = 0$. Obviously we can further improve the asymptotic solution by adding a term to correct the error on the boundary $s = 0$.

Form the linear combination $\alpha_0^s \beta_0^r + c_0 \alpha^s \beta^r$. We will try to choose c_0, α and β such that this linear combination satisfies equation (3) and (1). Inserting it in equation (3) gives for all $r > 1$

$$(\beta_0^r + c_0 \beta^r)(2\rho + 1) = (\beta_0^{r+1} + c_0 \beta^{r+1}) + (\alpha_0 \beta_0^{r-1} + c_0 \alpha \beta^{r-1}) .$$

Since this must hold for all $r > 1$, we have to put $\beta = \beta_0$. Further we want $\alpha^s \beta_0^r$ to satisfy equation (1). By virtue of lemma 1 there are two α's such that $\alpha^s \beta_0^r$ satisfies equation (1), namely $\alpha_0 = \rho^2$ and $\alpha_1 = 2\rho^3/(2+\rho)^2$. So we have to put $\alpha = \alpha_1$. Then for any c_0, the linear combination $\alpha_0^s \beta_0^r + c_0 \alpha_1^s \beta_0^r$ satisfies equation (1), because equation (1) is linear. Finally, dividing the above equation by the common term β_0^{r-1} yields an equation for the unknown c_0. Hence we can choose the coefficient c_0 such that the linear combination also satisfies equation (3). In general, the result of this procedure can be stated as

LEMMA 2. Let x_1 and x_2 be the roots of the quadratic form (9) for fixed β. Then the linear combination $k_1 x_1^s \beta^r + k_2 x_2^s \beta^r$ satisfies the equations (1) and (3) if k_1 and k_2 satisfy

$$k_2 = -\frac{x_2 - \beta}{x_1 - \beta} k_1 . \tag{11}$$

Applying this lemma with $x_1 = \alpha_0$, $x_2 = \alpha_1$, $\beta = \beta_0$, $k_1 = 1$ and $k_2 = c_0$, yields

$$c_0 = -\frac{\alpha_1 - \beta_0}{\alpha_0 - \beta_0} .$$

Then $\alpha_0^s \beta_0^r + c_0 \alpha_1^s \beta_0^r$ satisfies the equations (1) and (3). Experiments indicated that this refinement indeed captures the behaviour of $\bar{q}_{s,r}$ near the boundary $s = 0$. We conclude that

$$\bar{q}_{s,r} \sim K\,(\alpha_0^s\,\beta_0^r + c_0\,\alpha_1^s\,\beta_0^r) \quad \text{as } s+r \to \infty \text{ and } r \geq 1,$$

for some K. Flatto and McKean [2] proved this result, which is stronger than the asymptotic result (10). We added an extra term to compensate the error on the boundary $s = 0$. On the other hand we introduced a new error on the boundary $r = 1$, since the extra term violates equation (7). Because $\alpha_1 < \alpha_0$ the term $\alpha_1^s\,\beta_0^r$ is very small compared to $\alpha_0^s\,\beta_0^r$ even for moderate s. Therefore its disturbing effect near the boundary $r = 1$ is practically negligible, except in the neighbourhood of the origin. However we can compensate this second order error on the boundary $r = 1$ in the same way as we did on the boundary $s = 0$, by again adding a correction term.

Form the linear combination $\alpha_0^s\,\beta_0^r + c_0\,\alpha_1^s\,\beta_0^r + d_1\,\alpha^s\,\beta^r$. The term $\alpha_0^s\,\beta_0^r$ already satisfies the equations (7) and (1) and we will try to choose d_1, α and β such that the linear combination $c_0\,\alpha_1^s\,\beta_0^r + d_1\,\alpha^s\,\beta^r$ also satisfies the equations (7) and (1). Based on similar arguments as before, we have to put $\alpha = \alpha_1$ and $\beta = \beta_1$, where β_0 and β_1 are the roots of (9) for $\alpha = \alpha_1$. Then for any d_1, the linear combination $c_0\,\alpha_1^s\,\beta_0^r + d_1\,\alpha_1^s\,\beta_1^r$ satisfies equation (1) and we can choose d_1 such that the linear combination also satisfies (7). In general, the result can be stated as

LEMMA 3. Let y_1 and y_2 be the roots of the quadratic form (9) for fixed α. Then the linear combination $k_1\,\alpha^s\,y_1^r + k_2\,\alpha^s\,y_2^r$ satisfies the equations (1) and (7) if k_1 and k_2 satisfy

$$k_2 = -\frac{(\alpha+\rho)/y_2 - (\rho+1)}{(\alpha+\rho)/y_1 - (\rho+1)}\,k_1. \tag{12}$$

Applying lemma 3 with $y_1 = \beta_0$, $y_2 = \beta_1$, $\alpha = \alpha_1$, $k_1 = c_0$ and $k_2 = d_1$, yields

$$d_1 = -\frac{(\alpha_1+\rho)/\beta_1 - (\rho+1)}{(\alpha_1+\rho)/\beta_0 - (\rho+1)}\,c_0.$$

Then the linear combination $\alpha_0^s\,\beta_0^r + c_0\,\alpha_1^s\,\beta_0^r + d_1\,\alpha_1^s\,\beta_1^r$ satisfies equation (1) and (7). Now we compensated the error on the boundary $r = 1$, but we introduced a new one on the boundary $s = 0$, since the compensating term $\alpha_1^s\,\beta_1^r$ violates equation (3). But it is clear how to continue this compensating procedure: for the initial values $\alpha_0 = \rho^2$ and $\beta_0 = \rho^2/(2+\rho)$, generate the sequence $\alpha_0, \beta_0, \alpha_1, \beta_1, \ldots$ such that α_i and α_{i+1} are the roots of

$$\alpha\,\beta_i\,2(\rho+1) = \beta_i^2\,2\rho + \alpha\,\beta_i^2 + \alpha^2$$

and β_i and β_{i+1} are the roots of

$$\alpha_{i+1}\,\beta\,2(\rho+1) = \beta^2\,2\rho + \alpha_{i+1}\beta^2 + \alpha_{i+1}^2.$$

By virtue of lemma 1 all the solutions $\alpha_i^s\,\beta_i^r$ and $\alpha_{i+1}^s\,\beta_i^r$ satisfy equation (1). Because equation (1) is linear, any linear combination also satisfies (1). Now form for all $s \geq 0$ and $r \geq 1$ the infinite sum

$$\sum_{i=0}^{\infty} d_i\,(\alpha_i^s + c_i\,\alpha_{i+1}^s)\,\beta_i^r \;=\; d_0\,\alpha_0^s\,\beta_0^r + \sum_{i=0}^{\infty} (d_i\,c_i\,\beta_i^r + d_{i+1}\,\beta_{i+1}^r)\,\alpha_{i+1}^s, \tag{13}$$

where in the first sum we formed pairs with a common factor β_i and in the second one with a common factor α_{i+1}. Put $d_0 = 1$ and successively generate the coefficients c_i and d_{i+1} such that $(\alpha_i^s + c_i\,\alpha_{i+1}^s)\,\beta_i^r$ satisfies equation (3) on the boundary $s = 0$ and $(d_i\,c_i\,\beta_i^r + d_{i+1}\,\beta_{i+1}^r)\,\alpha_i^s$ satisfies equation (7) on the boundary $r = 1$. By virtue of lemma 2 and lemma 3, this yields for all $i = 0, 1, \ldots$

$$c_i = -\frac{\alpha_{i+1} - \beta_i}{\alpha_i - \beta_i}, \quad \text{and} \quad d_{i+1} = -\frac{(\alpha_{i+1} + \rho)/\beta_{i+1} - (\rho + 1)}{(\alpha_{i+1} + \rho)/\beta_i - (\rho + 1)}\,c_i\,d_i\,.$$

The following theorem establishes our main result: for all $s \geq 0$ and $r \geq 1$ the infinite sum of product form solutions (13) equals the equilibrium probability $\overline{q}_{s,r}$ apart from a normalizing constant C.

THEOREM 1. If $q = 1/2$, then for all $s \geq 0$ and $r \geq 1$

$$\overline{q}_{s,r} = \underline{q}_{s,r} = C^{-1} \sum_{i=0}^{\infty} d_i\,(\alpha_i^s + c_i\,\alpha_{i+1}^s)\,\beta_i^r\,,$$

where $C = \rho(2+\rho)\,/\,2(1-\rho^2)(2-\rho)$.

For a detailed proof of the theorem as well as the lemmas we refer to [1]. In [1] it is further proved that the terms $d_i\,(\alpha_i^s + c_i\,\alpha_{i+1}^s)\,\beta_i^r$ in (13) are alternating and exponentially fast and monotonously decreasing in modulus. This makes the solution approach very appropriate from a numerical point of view. Inserting the solution in equation (2) and (4) (or (5) and (6)) and using equation (9) to simplify the expressions, we obtain the representations on the diagonal, i.e. for all $s \geq 0$

$$\overline{q}_{s,0} = C^{-1} \sum_{i=0}^{\infty} d_i\,\Big(\frac{\alpha_i^{s+1}}{\alpha_i + \rho} + c_i\,\frac{\alpha_{i+1}^{s+1}}{\alpha_{i+1} + \rho}\Big)\,. \tag{14}$$

A property that we will use in the following section, is that for all i

$$c_i > 0 \quad \text{and} \quad d_{i+1}\,/\,c_i d_i < -1 \quad \text{(see also [1])}. \tag{15}$$

3. The general case

In this section we treat the case of an arbitrary q. Define for all $s \geq 0$ and $r \geq 0$

$$q_{s,r} = 1/2\,(\overline{q}_{s,r} + \underline{q}_{s,r})\,. \tag{16}$$

Then $\{q_{s,r}\}$ satisfies the equilibrium equations for $q = 1/2$ and thus for all $s \geq 0$ and $r \geq 1$

$$q_{s,r} = C^{-1} \sum_{i=0}^{\infty} d_i\,(\alpha_i^s + c_i\,\alpha_{i+1}^s)\,\beta_i^r\,, \tag{17}$$

and for $s \geq 0$ and $r = 0$

$$q_{s,0} = C^{-1} \sum_{i=0}^{\infty} d_i \left(\frac{\alpha_i^{s+1}}{\alpha_i + \rho} + c_i \frac{\alpha_{i+1}^{s+1}}{\alpha_{i+1} + \rho} \right). \tag{18}$$

Immediate from (16) we have that $\overline{q}_{s,0} = q_{s,0} = \underline{q}_{s,0}$ for all $s \geq 0$. For $\overline{q}_{s,r}$ and $\underline{q}_{s,r}$ with $s \geq 0$ and $r \geq 1$, we will show that we can choose coefficients $\overline{d}_i$ and $\underline{d}_i$ (with $\frac{1}{2}(\overline{d}_i + \underline{d}_i) = d_i$) such that

$$\overline{q}_{s,r} = C^{-1} \sum_{i=0}^{\infty} \overline{d}_i (\alpha_i^s + c_i \alpha_{i+1}^s) \beta_i^r \quad \text{and} \quad \underline{q}_{s,r} = C^{-1} \sum_{i=0}^{\infty} \underline{d}_i (\alpha_i^s + c_i \alpha_{i+1}^s) \beta_i^r. \tag{19}$$

First note that each term $(\alpha_i^s + c_i \alpha_{i+1}^s) \beta_i^r$ satisfies the equilibrium equations for $s \geq 0$ and $r > 1$ for the special case $q = \frac{1}{2}$. But the probability q may be arbitrary, since it does not occur in the equilibrium equations for $s \geq 0$ and $r > 1$. Hence, by the linearity of the equilibrium equations, for any choice of the coefficients $\overline{d}_i$ and $\underline{d}_i$ the linear combinations (19) satisfy the equations for $s \geq 0$ and $r > 1$ for an arbitrary q. Now we have to choose $\overline{d}_i$ and $\underline{d}_i$ such that the equations for $s \geq 0$ and $r = 1$ are also satisfied. Inserting (18) and (19) in equation (2) and using equation (9) to simplify the expressions, yields for $s > 0$

$$\sum_{i=0}^{\infty} \overline{d}_i (\alpha_i^{s+1} + c_i \alpha_{i+1}^{s+1}) = \sum_{i=0}^{\infty} d_i \left(\frac{\alpha_i + 2q\rho}{\alpha_i + \rho} \alpha_i^{s+1} + c_i \frac{\alpha_{i+1} + 2q\rho}{\alpha_{i+1} + \rho} \alpha_{i+1}^{s+1} \right)$$

and taking terms with a common factor α_{i+1}, then

$$\overline{d}_0 \alpha_0^{s+1} + \sum_{i=0}^{\infty} (\overline{d}_i c_i + \overline{d}_{i+1}) \alpha_{i+1}^{s+1} = d_0 \frac{\alpha_0 + 2q\rho}{\alpha_0 + \rho} \alpha_0^{s+1} + \sum_{i=0}^{\infty} (d_i c_i + d_{i+1}) \frac{\alpha_{i+1} + 2q\rho}{\alpha_{i+1} + \rho} \alpha_{i+1}^{s+1}.$$

Inserting (18) and (19) in equation (4) the same equation is obtained for $s = 0$.
Since the above equation must hold for all $s \geq 0$ we have to put for $i = 0, 1, \ldots$

$$\overline{d}_{i+1} = (d_i c_i + d_{i+1}) \frac{\alpha_{i+1} + 2q\rho}{\alpha_{i+1} + \rho} - \overline{d}_i c_i \tag{20}$$

with initial value $\overline{d}_0 = d_0 (\alpha_0 + 2q\rho) / (\alpha_0 + \rho)$. Similarly, for $i = 0, 1, \ldots$

$$\underline{d}_{i+1} = (d_i c_i + d_{i+1}) \frac{\alpha_{i+1} + 2(1-q)\rho}{\alpha_{i+1} + \rho} - \underline{d}_i c_i \tag{21}$$

with initial value $\underline{d}_0 = d_0 (\alpha_0 + 2(1-q)\rho) / (\alpha_0 + \rho)$. Then the infinite sums (18) and (19) formally satisfy all the equilibrium equations. To complete the proof we have to show that the infinite sums (19) converge absolutely for all $s \geq 0$ and $r \geq 1$. By definition (16) we have that

$$\tfrac{1}{2} (\overline{d}_i + \underline{d}_i) = d_i. \tag{22}$$

From (15), (20) and (21) it follows by induction that $\overline{d}_i$, $\underline{d}_i$ and d_i have the same sign. Then by (22),

$$| \overline{d}_i | \leq | d_i | \quad \text{and} \quad | \underline{d}_i | \leq | d_i | .$$

Hence the sums (19) are bounded by the sum (17), which converges absolutely for all $s \geq 0$ and $r \geq 1$. This proves

THEOREM 2. For all $s \geq 0$ and $r \geq 1$

$$\bar{q}_{s,r} = C^{-1} \sum_{i=0}^{\infty} \bar{d}_i \, (\alpha_i^s + c_i \, \alpha_{i+1}^s) \, \beta_i^r \quad , \quad \underline{q}_{s,r} = C^{-1} \sum_{i=0}^{\infty} \bar{d}_i \, (\alpha_i^s + c_i \, \alpha_{i+1}^s) \, \beta_i^r$$

and for all $s \geq 0$ and $r = 0$

$$\bar{q}_{s,0} = \underline{q}_{s,0} = C^{-1} \sum_{i=0}^{\infty} d_i \, (\frac{\alpha_i^{s+1}}{\alpha_i + \rho} + c_i \, \frac{\alpha_{i+1}^{s+1}}{\alpha_{i+1} + \rho})$$

where the coefficients $\bar{d}_i$ and $\underline{d}_i$ are generated according to (20) and (21).

4. Concluding remarks

In the previous sections we showed that the equilibrium distribution of the shortest queue problem can be represented by an infinite sum of product form solutions. This solution is very appropriate for numerical analysis. Our present research is concerned with related problems, which maybe have a similar product form structure; we already obtained results for the shortest queue problem with non-identical servers (i.e. with different service rates).

References

1. I.J.B.F. Adan, J. Wessels, and W.H.M. Zijm, "Analysis of the shortest queue problem," Memorandum COSOR 89-13, Eindhoven University of Technology, Dep. of Math. and Comp. Sci., 1989. Submitted for publication.
2. L. Flatto and H.P. McKean, "Two queues in parallel," *Comm. Pure Appl. Math.*, vol. 30, pp. 255-263, 1977.
3. F.A. Haight, "Two queues in parallel," *Biometrica*, vol. 45, pp. 401-410, 1958.
4. J.F.C. Kingman, "Two queues in parallel," *Ann. Math. Statist.*, vol. 32, pp. 1314-1323, 1961.

DISCRETE-TIME QUEUES WITH INTERMITTENTLY AVAILABLE SERVER AND PREEMPTIVE PRIORITIES

Manfred KRAMER, Konstanz

Priority queueing systems in discrete time have not yet attained the degree of maturity as their counterparts in continuous time. Caution is needed in paralleling the continuous-time analysis, because instants of arrival and service completions may coincide when restricted to regularly spaced epochs.

As a first step to overcome the difficulties encountered, we study the queueing system $Geom^{(A)}/G/1$ in discrete time with bulk arrivals and a vacation time of the server following on every service. Services and vacation times are subject to general discrete distributions. We determine the z-transformed generating function of the time-dependent queue length probabilities during the first busy period.

These results are straightforwardly extended to a system with two preemptive priority classes, denoted as $Geom^{(A)}{}_2/G_2/1$. The key to the analysis is provided by the observation that every time slot spent in serving the lower priority queue may give rise to an additional busy period with respect to the high priority class in isolation. We derive the z-transformed generating function of the time-dependent and of the stationary queue lenght probabilities in both priority classes.

Finally, we mention briefly how these results can be applied to the performance evaluation of loop data transmission systems and concentrators in packet switching networks.

A NON-EXPONENTIAL QUEUEING SYSTEM WITH INDEPENDENT ARRIVALS BUT BATCH SERVICING

Eric Smeitink

Abstract We study a queueing system with a finite number of input sources. Jobs are individually generated by a source but wait to be served in batches, during which the input of that source is stopped. The service speed of a server depends on the mode of other sources and thus includes interdependencies. The input- and service times are allowed to be generally distributed. A product form expression is obtained for the steady state joint queue length distribution which is insensitive (i.e. depends on only mean input- and service times). The result is of both practical and theoretical interest as an extension of more standard batch service systems. An application to optimal design is included as an illustration.

Keywords : Batch servicing * Product Form * Insensitivity * Source balance.

1 Introduction

Queueing models have been extensively applied in telecommunication and computer performance evaluation and presently enjoy an increasing popularity also in flexible manufacturing and stochastic Petri nets.

Generally, the assumption is made that jobs are served individually and thus leave a service station one at a time. In various present-day applications, however, it is realistic that jobs depart in batches. For instance, in voice-data communication along digitized channels a number of time slots (to be seen as servers) are released at the same time. In parallel programming, a number of program modules can be run simultaneously. In flexible manufacturing, parts are often worked upon (e.g. coated, heated, polished) or transported (e.g. by automated guided vehicles) grouped at pallets. In Petri nets, finally, the firing of a transition may require a number of tokens to be released (completed) at the same time.

The literature on systems with synchronous servicing seems to be restricted to systems in which jobs to be served simultaneously all arrive at the same time. A distinction is then made between systems in which jointly used servers are released independently (the independent case) or at the same time (the

Operations Research Proceedings 1989

concurrent case). For the independent case some analytical results are available (cf. GREEN [3], SEILA [5]), but generally a numerical or approximative approach seems to be needed (cf. FEDERGRUEN and GREEN [1], FLETCHER et. al. [5]). For the concurrent case closed form expressions have been established , assuming that the input is exponential and that blocked arrivals are lost (cf. SCHARTZ and KRAIMECHE [4], WHITT [6]).

The system in this paper can be regarded as just the opposite of the independent service case. Jobs are served concurrently and thus depart at the same time but arrive independently one at a time. A batch service can be initiated upon arrival of a new job. This leads to an essentially different complication as jobs have to wait for other jobs in order to initiate a batch service.

Our analysis includes a state-dependent multi-source input and allows both generally distributed interarrival and service times. Moreover, the service speed of a server depends on on the mode of other sources and thus source interdependencies are allowed.

A product form expression will be derived. This expression is insensitive to the distributional forms of the input and service distributions (i.e. it depends on only their means). At first glance this product form may seem standard. However, it is not as the marginal terms per source have no geometric form. The result can be regarded as a first step towards queueing networks with batch departures and may therefore motivate further investigation in these directions.

2 Model

We study a queueing system with M input sources and a multiple server. A source generates new jobs at random times as long as service upon its jobs has not started. The following protocol for initiating a batch service is in order for each source individually. Consider one of the M sources, say source i. When source i generates a new job while n_i-1 jobs of this source were waiting for service, a batch service upon all these n_i jobs is started with probability $b_i(n_i)$. These jobs begin and end service concurrently. During this service source i cannot generate new jobs. The job generation by source i is restarted upon completion of this batch service. With probability $1-b_i(n_i)$ the n_i jobs have to wait for the generation of a next job from source i to possibly initiate a batch service. The probability that a batch service upon jobs of source i is effectively initiated by the k-th arriving job is thus given by

$$b_i(k) \prod_{j=1}^{k-1} [1-b_i(j)] \tag{2.1}$$

In order to guarantee that jobs ever get served we make the natural assumption that for some constant (possibly infinite) B_i:

$$\sum_{k=1}^{B_i} b_i(k) \prod_{j=1}^{k-1} [1-b_i(j)] = 1 \quad , \text{ for all } i = 1,\dots,M . \tag{2.2}$$

For example, with $B_i=\infty$ and $b_i(.)\equiv b$ for some $0<b<1$, it corresponds to a geometric service triggering when a job arrives, while with $B_i<\infty$ and

$$b_i(k) = 0 \text{ for } k<B_i \text{ and } b(B_i)=1 \tag{2.3}$$

it corresponds to batch services of fixed size B_i which is typical in manufacturing applications. Note that for finite B_i condition (2.2) is always guaranteed by $b_i(B_i)=1$, as it always secures a service initiation if none of the preceding B_i-1 source i jobs has initiated it.

The total amount of service required for a batch service of n_i jobs from source i is a random variable with distribution function $S_i^{n_i}(.)$ and mean $\tau_i(n_i)$. When n_i jobs from source i are waiting for service, the time up to the next generation by source i is a random variable with distribution function $G_i^{n_i}(.)$ and mean $\gamma_i(n_i)$. We assume that the distributions $G_i^{n_i}(.)$ and $S_i^{n_i}(.)$ are continuously differentiable.

Let $[\bar{n},\bar{s}] = ((n_1,s_1),\dots,(n_M,s_M))$ denote that n_i jobs from source i are currently waiting for service when $s_i=1$ while in service when $s_i=2$, where we always assume $s_i=1$ for $n_i=0$, $i=1,\dots,M$. Then the amount of service provided per unit of time (service capacity or speed) to the n_i jobs from a source i with $s_i=2$ is assumed to be positive and state dependent as given by

$$\varphi_i(\bar{s}) = \frac{F(\bar{s}-e_i)}{F(\bar{s})} \quad , \ i=1,\dots,M \tag{2.4}$$

where F(.) is some proper function of the M-dimensional vector $\bar{s}$ and e_i is the i-th M-dimensional unit vector. ($\bar{s}-e_i$ differs from $\bar{s}$ only in that the jobs of source i are not served). Note that the function F(.) is not allowed to be source dependent.

The state dependent service speeds $\varphi_i(\bar{s})$ can be used as delay or acceleration factors to reflect source interdependencies such as an excess of a common threshold or a joint processor-sharing server. For example, with $n_2(\bar{s})$ the number of sources with jobs in service, we may have

$$\varphi_i(\bar{s}) = \begin{cases} 1 & \text{if } n_2(\bar{s}) < L \\ 2 & \text{if } n_2(\bar{s}) \geq L \end{cases} \tag{2.5}$$

which reflects that the service speed for each source is doubled if L or more sources are to be served at the same time. The corresponding choice for the function F(.) is given by

$$F(\bar{s}) = \begin{cases} 1 & , \text{ if } n_2(\bar{s}) < L \\ 2^{-[n_2(s)-L]} & , \text{ if } n_2(\bar{s}) \geq L \end{cases} \tag{2.6}$$

As another example, we have

$$\varphi_i(\bar{s}) = \frac{1}{n_2(\bar{s})} \quad , \ F(\bar{s}) = n_2(\bar{s})! \tag{2.7}$$

when a common resource supplies service to busy servers in a processor sharing manner.

Remarks

2.1 The service speed $\varphi_i(\bar{s})$ at which jobs of a source i are served depends upon the actual mode of the other sources and can be affected by changes (a service initiation or a service completion) at any of these sources. However, we must impose the restriction that the service speeds are of the form (2.4) in order to obtain a product form.

2.2 The assumption that a source stops generating jobs while its jobs are being served may reflect that some device such as a carrier or transporter is needed both for generating and servicing jobs.

2.3 By allowing the generation and service time distributions $G_i^{n_i}$ and $S_i^{n_i}$ respectively to depend on the number of current jobs n_i, we can model various input and service disciplines such as a Poisson input (with constant rate), a finite source input (with decreasing rate proportional to $[M_i - n_i]$ for some given M_i), a single-server (with unit capacity) or a multi-server discipline (with service capacity proportional to n_i).

Examples

2.4 Machine repair system A model that can be easily formulated in terms of the above framework is a repair facility with M machines. A machine is subject to randomly occuring shocks, causing damage to that machine only. When a machine receives a shock it will enter the repair facility with a probability depending on the total number of shocks the machine already received. The time between successive shocks as well as the required amount of repair may depend on the number of shocks received. Machine interdependency is involved as the repair speed may depend on, for example, the total number of machines in repair.

2.5 Manufacturing The framework can also be used to model M production centers, each with a fixed number of pallets devoted to it. Each center piles up finished products on its pallets. When all pallets are filled they are transported and simultaneously return empty after some time. The transportation cycle time depends on the number of transports taking place simultaneously. During transportation of its pallets a center has to stop production as its products cannot be piled up. Production is resumed upon return of the pallets.

2.6 Data processing Another example is that of M workstations, such as terminals, sharing one or more processors and disks. Each workstation has a small private memory which can be filled up by a user. Upon exceeding a certain level (number of bytes) the memory content has to be processed (e.g. retrieved and restored) and copied to a disk. During processing and copying no further data can be stored into the memory. The sharing of processors and disks yields interdependencies.

3 Product form results

Let $[\bar{n},\bar{s},\bar{r}] = \{(n_i, s_i, r_i)\ ;\ i=1,\ldots,M\}$ be the state denoting for each source i when $s_i=1$ that it is in the generation mode with n_i jobs waiting for service and a residual time r_i up to the next job generation and when $s_i=2$ that it has n_i jobs in service with a residual time r_i up to service completion.

Without loss of generality assume that the corresponding Markov process has a unique stationary probability density function $\pi(.)$ which is continuously differentiable in all its residual lifetime components r_i, $i=1,\ldots,M$. We state the following key-result without proof.

Theorem 3.1 *With c a normalizing constant, and for all states* $[\bar{n},\bar{s},\bar{r}]$ *with* $n_i \le B_i$ $(i=1,\ldots,M)$*, the equilibrium density function is given by*

$$\pi([\bar{n},\bar{s},\bar{r}]) = c\,F(\bar{s}) \left\{ \prod_{\{i:s_i=1\}} [1-G_i^{n_i}(r_i)] \prod_{k=1}^{n_i} [1-b_i(k)] \right\}$$

$$\left\{ \prod_{\{i:s_i=2\}} [1-S_i^{n_i}(r_i)]\; b_i(n_i) \prod_{k=1}^{n_i-1} [1-b_i(k)] \right\}. \tag{3.1}$$

Let $\pi([\bar{n},\bar{s}])$ be the stationary probability of a state $[\bar{n},\bar{s}]$ denoting that source i is in status s_i with n_i jobs, $i=1,\ldots M$. Then the following corollary is an immediate consequence of (3.1) by integrating over values r_i for all i and noting that

$$\int_0^\infty [1-G_i^{n_i}(r)]\,dr = \gamma_i(n_i) \quad \text{and} \quad \int_0^\infty [1-S_i^{n_i}(r)]\,dr = \gamma_i(n_i)\;. \tag{3.2}$$

It proves a product form expression that depends upon the state dependent input and service distributions only through their means. This is generally referred to as insensitivity.

Corollary 3.2 *With c a normalizing constant and for all* $[\bar{n},\bar{s}]$ *with* $n_i \le B_i$ $(i=1,\ldots,M)$*, we have*

$$\pi([\bar{n},\bar{s}]) = c\,F(\bar{s}) \left\{ \prod_{\{i:s_i=1\}} \gamma_i(n_i) \prod_{k=1}^{n_i} [1-b_i(k)] \right\}$$

$$\left\{ \prod_{\{i:s_i=2\}} \tau_i(n_i)\; b_i(n_i) \prod_{k=1}^{n_i-1} [1-b_i(k)] \right\}. \tag{3.3}$$

4 Application : A design problem in manufacturing

Consider a system consisting of M identical production centers, each with a fixed number of pallets, B, devoted to it. Each center i fills on average one pallet per hour, so $\gamma_i(.)=1$ hour. When all B pallets of a center are filled they are transported and simultaneously return empty after some time. So the probabilities $b_i(n_i)$ are given by (2.3) with $B_i=B$. During transportation of its pallets a unit has to stop its production as its products cannot be piled up. Production is immediately resumed upon return of the pallets. Transporting these pallets requires one unit of "transporting effort", i.e. $\tau_i(B)=1$. Let the vector $\bar{s}$ indicate for each center i if its pallets are being transported

$(s_i=2)$ or not $(s_i=1)$. As all centers share the same transporting (and unloading) system, the transportation cycle time depends on the number of production units, $n_2(\bar{s})$, having their pallets transported simultaneously, i.e., the pallets of each center are transported at a speed $\varphi_i([\bar{n},\bar{s}])=\{n_2(\bar{s})\}^{-1}$ of transporting effort per hour. The function F is given by $F(\bar{s})=n_2(\bar{s})!$. (see (2.4),(2.7)).

The purchase costs of a machine and a pallet are d_1 respectively d_2. The design problem is to choose the parameters M and B such that the total costs $M(d_1+Bd_2)$ is minimized under the condition that the average number of pallets filled per hour (throughput) denoted by $q(M,B)$ guarantees a minimal service level Q, i.e. $q(M,B) \geq Q$.

From corollary 3.2 it follows that the stationary distribution for this system is given by

$$\pi([\bar{n},\bar{s}]) = c\ F(\bar{s}) = c\ n_2(\bar{s})!\ . \tag{4.1}$$

Denote the probability of having k transports taking place simultaneously by P(k) and the number of states in which k transports take place by T(k). Using the fact that the stationary probabilities must sum to one we obtain

$$\frac{1}{c} = \sum_{k=0}^{M} T(k)\ k! = \sum_{k=0}^{M} \binom{M}{k} B^{M-k}\ k! = M! \sum_{k=0}^{M} \frac{B^k}{k!} \tag{4.2}$$

and

$$q(M,B) = \sum_{k=0}^{M} k\ P(M-k) = c \sum_{k=0}^{M} k\ T(M-k)\ (M-k)! = \frac{\sum_{k=1}^{M} k \frac{B^k}{k!}}{\sum_{k=0}^{M} \frac{B^k}{k!}}\ . \tag{4.3}$$

From (4.3) (and also intuitively) it is readily seen that for fixed B, $q(M,B)\to B$ if $M\to\infty$ and that for fixed M, $q(M,B)\to M$ if $B\to\infty$. In figure 1 below the throughput is plotted as a function of M and B.

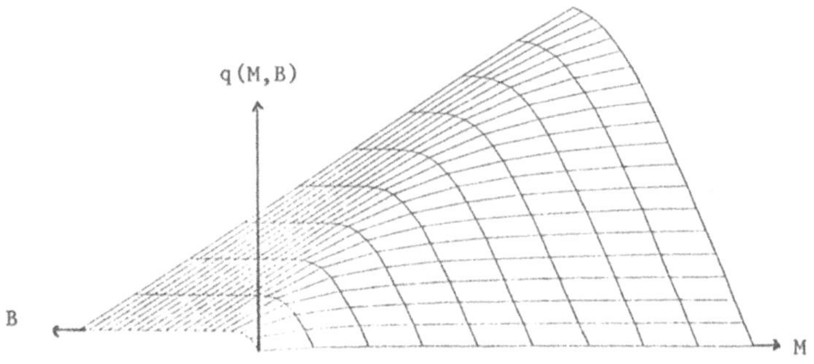

figure 1

Of course this simple expression for the throughput could only be obtained due to the special choice of the functions γ_i, r_i and b_i. However, for general functions γ_i, r_i and b_i the problem is not more difficult conceptionally. It only requires numerical computations that are more complicated.

With expression (4.3) for the throughput, the design problem can be easily solved. For Q=50, d_1=10 and d_2=3 the results are presented in table 1. The optimal design is to operate 56 production centers, each with 55 pallets.

M	B	q(M,B)	$M(d_1+Bd_2)$
51	99	50.02	15657
52	73	50.03	11908
56	55	50.07	9800
60	52	50.31	9960
64	51	50.43	10432
68	51	50.81	11084

table 1

References

[1] Federgruen, A. and Green L., "An M|G|c queue in which the number of servers required is random", Columbia Bus. Sch. Res. Paper 504A, Colombia University (1983).

[2] Fletcher, G.Y., Perros, H.G. and Stewart, W.J., "A queueing system where customers require a random number of servers simultaneously", *EJOR* 23, 331-342 (1986).

[3] Green, L., "Comparing operating characteristics of queues in which customers require a random number of servers", *Management Sci.* 27, 65-74 (1981).

[4] Schwartz, M. and Kraimeche, B., "An analytic control model for an integrated mode", *Infocom* '83, San Diego (1983).

[5] Seila, A.F., "On waiting times for a queue in which customers require simultaneous service from a random number of servers", *Operations Res.* 32, 1181-1184 (1984).

[6] Whitt, W., "Blocking when service is required from several facilities simultaneously", *AT&T Technical Journal*, Vol. 64, No. 8, 1807-1856 (1985).

[7] Whittle, P., "Partial balance and insensitivity", *J. Appl.Prob.*, 22, 168-176 (1985).

ÜBER DAS ASYMPTOTISCHE VERHALTEN VON MARKOV KETTEN VOM M/G TYP

Egbert FALKENBERG, Darmstadt

Eine Markov-Kette heißt vom M/G-Typ, falls die Übergangsmatrix P der Markov-Kette die Gestalt

$$P = \begin{pmatrix} B_0 & B_1 & B_2 & \dots \\ C & A_1 & A_2 & \dots \\ & A_0 & A_1 & \dots \\ & & A_0 & \dots \\ & 0 & & \ddots \end{pmatrix}$$

mit nichtnegativen Matrizen A_i, B_i ($i \in N_0$) und C hat. Für die stationäre Verteilung $\vec{\pi} = (\vec{\pi}_n)_{n \in \mathbf{N}_0}$ einer Markov-Kette werden notwendige und hinreichende Bedingungen für ein asymptotisch geometrisches Verhalten, das heißt für ein asymptotisches Verhalten der Form

$$\vec{\pi}_n = \tau^{-n}\vec{u} + O(\gamma^{-n})\vec{e} \qquad \text{für } n \in \mathbf{N}_0$$

mit $\vec{u} \in \mathbf{R}^m_+$, $1 < \tau < \gamma$, $\vec{e} = (1, \dots, m)^T$, angegeben. Die Unterteilung von $\vec{\pi}$ in Teilvektoren entspreche dabei der Unterteilung der Matrix P.
Speziell für Markov-Ketten vom M/G-Typ in Bedienungsmodellen mit einem von Lucantoni, Meier-Hellstern, Neuts [1988] eingeführten allgemeinen Markov'schen Ankunftsprozeß (MAP) ergeben sich dabei besonders einfache Ergebnisse. Dieser MAP enthält als Spezialfall Phasenerneuerungsprozesse und Markov modulierte Poisson Prozesse. Anhand eines MAP/G/1-Modell wird gezeigt, wie man analog zur abgangs-stationären Verteilung $\vec{\pi}$ notwendige und hinreichende Bedingungen für ein asymptotisch geometrisches Verhalten der zeitstationären Verteilung herleiten kann. Zum Abschluß werden die obigen Ergebnissen auf Markov-Ketten vom M/G-Typ mit $K \geq 1$ Blocksubdiagonalen, wie sie bei Bulk Queue Modellen auftreten, verallgemeinert. Liegt diesem Typ von Markov-Kette ein MAP zugrunde, so ergeben sich auch hier besonders einfache Ergebnisse.

Lucantoni, D.M., Meier Hellstern, K.S., Neuts, M.F.: A Single Server Queue with Server Vacations and a Class of Non Renewal Arrivals, Working Paper No. 88-008, AT&T Bell Laboratories, Hollendel, New Jersey 07733, 1988

EIN SEMI-MARKOV MODELL FÜR DIE HIV-PROGRESSION

Johannes TRITSCHLER, Neuherberg

Ein HIV-Infizierter durchläuft während seiner Krankheit mehrere Stadien. Der Krankheitsverlauf beginnt mit der frischen Infektion und endet mit dem Tod an AIDS oder einer anderen Ursache. Die Übergänge zwischen den Stadien und die in den Stadien verbrachten Verweilzeiten sind zufällig. Unter der - empirisch noch zu verifizierenden - Annahme, daß alle Übergänge insgesamt stochastisch unabhängig sind, ist jeder Krankheitsverlauf die Realisierung eines Markov'schen Erneuerungsprozesses. Wir übernehmen die Stadieneinteilung infiziert, Lymphadenopathiesyndrom, AIDS-related complex, Vollbild AIDS, Tod an AIDS und Tod an anderer Ursache, wobei die Wahl der Zustände nicht von prinzipieller Bedeutung für die Anwendung des Modells ist. Mit einem geeignet gewählten Semi-Markov-Kern berechnen wir die momentane Aufenthaltswahrscheinlichkeit in den einzelnen Stadien unter der Bedingung eines Starts in einem bestimmten Zustand zum Zeitpunkt 0, daraus die Erwartungswerte der Aufenthaltsdauern und daraus, unter geeigneten Annahmen über die stadienspezifischen Kostenraten, wiederum die Erwartungswerte der Gesamtfallkosten. Die Anwendung der Theorie der Markov'schen Erneuerungsprozesse erweist sich im vorliegenden Fall als besonders einfach, da der Semi-Markov-Kern, der zur Modellierung des HIV-Verlaufs vorgeschlagen wird, solange Dreiecksform hat, wie die Patienten vorangegangene Zustände nicht wieder erreichen können, wenn sie sich einmal in einem fortgeschritteneren Stadium aufhalten. Der Modellansatz ist insofern allgemein, als über die Verweilzeitverteilungen, außer daß sie auf der positiven Halbachse konzentriert sind, nichts weiter vorausgesetzt wird. Solange die vorhandenen Daten über den Krankheitsverlauf (noch) nicht ausreichen, um die Modellvoraussetzungen zu überprüfen, bleibt der Ansatz ein Versuch, der aber im Hinblick auf die einschneidenden Auswirkungen, die die Krankheit auf den Umfang und die Struktur der Nachfrage nach Leistungen des Gesundheitssystems haben wird, als lohnenswert erscheint.

Modellierung und Bewertung paralleler Programme mit Hilfe von Markovketten

G. Fleischmann, G. Werner***
Universität Erlangen-Nürnberg
Institut für Mathematische Maschinen und Datenverarbeitung

Zusammenfassung

Ein geeignetes Beschreibungsmittel für den Ablauf paralleler Programme auf Multiprozessorsystemen sind stochastische Graphen. Die Analyse des Laufzeitverhaltens paralleler Programme kann auf die Analyse solcher Graphen zurückgeführt werden. Bei vielen praktischen Problemen zeigen die entsprechenden Graphmodelle eine gewisse Regelmäßigkeit. Zunächst wird die Modellierung konkreter Beispiele vorgestellt; die betrachteten Anwendungen stammen aus den Bereichen Iterationsverfahren und Macropipelining. Die Analyse der stochastischen Graphen erfolgt durch die Abbildung der Graphen in Markovketten, aus deren transienten Lösungen die Leistungsgrößen abgeleitet werden.

1. Einführung

Die Methoden der Leistungsbewertung wurden in der Vergangenheit hauptsächlich zur Analyse von Hardwarestrukturen und zur Optimierung von Betriebssystemstrategien eingesetzt. Anwenderprogramme wurden bisher kaum einer Leistungsanalyse unterzogen. Bei der Entwicklung paralleler Programme wird die Leistungsanalyse allerdings unverzichtbar, da es eine Vielzahl von Möglichkeiten gibt, einen Algorithmus in Teilaufgaben zu zerlegen und diese auf die Prozessoren eines Multiprozessorsystems zu verteilen. Ziel der Modellierung und Analyse paralleler Programme ist es, mit Hilfe verkehrstheoretischer Verfahren das Laufzeitverhalten verschiedener Implementierungsalternativen zu bewerten und so optimale Implementierungen zu finden.

Die Struktur paralleler Programme kann gut durch Graphen dargestellt werden. Dabei stellen die Knoten des Graphen Teilaufgaben dar, die zeitlichen Abhängigkeiten zwischen den Knoten werden durch gerichtete Kanten beschrieben ([Robinson79], [Kung84], [Mohan84]). Die Bearbeitungszeiten der einzelnen Teilaufgaben können durch unabängige Zufallsvariablen modelliert werden. Für die

---

* Lehrstuhl für Betriebssysteme (IMMD IV)
** Lehrstuhl für Rechnerarchitektur und - Verkehrstheorie (IMMD VII)

Operations Research Proceedings 1989

Klasse der serienparallelen Graphen ist die Berechnung der Gesamtbearbeitungszeit effizient möglich ([Kleinöder85], [Sahner87]). Die Analyse nicht serienparalleler Strukturen erweist sich jedoch als sehr viel aufwendiger. Im Bereich des Operations Research wurden verschiedene Verfahren zur Analyse von PERT-Netzwerken entwickelt ([Martin65], [Hartley66], [Ringer69]), die sich grundsätzlich auch hier anwenden lassen. Wir haben die Methode der Markovanalyse gewählt, da sich hier die Bewertung sehr einfach gestaltet.

In dieser Arbeit werden regelmäßige nicht serienparallele Graphen analysiert. Solche Graphen sind zum Beispiel geeignete Modelle für parallele numerische Methoden oder Optimierungsverfahren unter Verwendung verschiedener Synchronisationsstrategien.

2. Modellierung praktischer Beispiele

Parallelisiert man einen sequentiellen Algorithmus zur numerischen Lösung eines linearen Gleichungssystems, so könnte bei Verwendung eines Relaxationsverfahrens als Lösungsverfahren die Parallelisierungsstrategie folgendermaßen aussehen:

Sind die Variablen des Gleichungssystems in Form eines zweidimensionalen Feldes angeordnet, so kann eine Aufteilung der zu berechnenden Variablen auf die Prozessoren erfolgen. Für diese Aufteilung gibt es natürlich verschiedene Möglichkeiten.

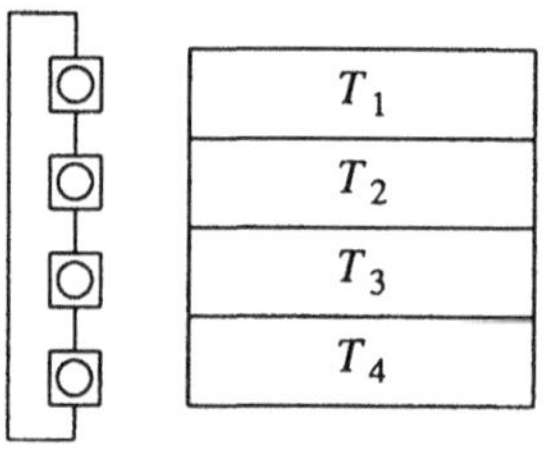

Abb. 2.1

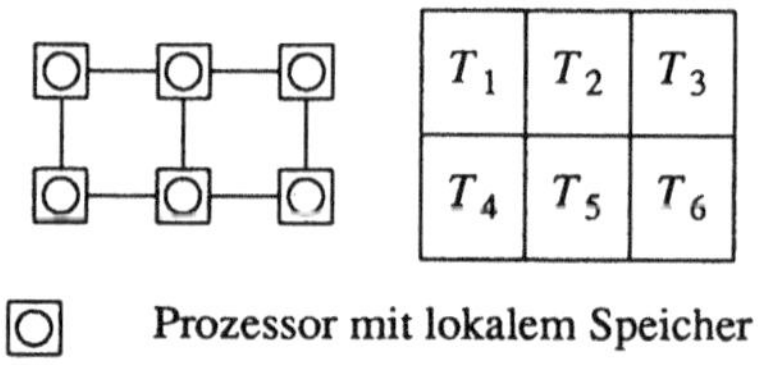

Abb. 2.2

Abbildung 2.1 zeigt die Aufteilung des Variablenfeldes auf eine Prozessorringkonfiguration, Abbildung 2.2 die Aufteilung des Variablenfeldes auf eine Prozessorfeldkonfiguration. Bei herkömmlichen Relaxationsverfahren werden die (i+1)-ten Näherungswerte, aus den i-ten Näherungswerten berechnet. Bei der Berechnung neuer Näherungswerte, insbesondere an den Grenzen der den Prozessoren zugewiesenen Teilbereiche benötigen die Prozessoren i.d.R. Werte aus den Bereichen von Nachbarprozessoren.

Diese beiden Tatsachen erfordern die Verwendung von Synchronisationsstrategien. Müssen alle Prozessoren den i-ten Iterationsschritt abgeschlossen haben, bevor sie mit dem (i+1)-ten Iterationsschritt beginnen, so ist eine *globale Synchronisation* erforderlich. Setzt man voraus, daß die Prozessoren außer aus ihren Bereichen nur Werte aus Bereichen ihrer direkten Nachbarn (Nachbarn mit denen sie eine gemeinsame Grenze haben) benötigen, so kann ein paralleles Programm so konzipiert sein, daß ein Prozessor mit dem (i+1)-ten Iterationsschritt beginnen kann, wenn der Prozessor selbst und seine direkten Nachbarn den i-ten Iterationsschritt abgeschlossen haben. Diese Vorgehensweise würde eine *lokale Synchronisation* bedeuten.

Modelliert man ein paralleles Programm eines solchen Relaxationsverfahrens in Form eines gerichteten, zyklenfreien Graphen in der Art, daß ein Knoten des Graphen die Durchführung eines Iterationsschrittes auf einem Prozessor bedeutet und die Kanten des Graphen die Abhängigkeiten zwischen den Prozessoren und Iterationsschritten darstellen, so führt die Aufteilung des Variablenfeldes auf vier Prozessoren, bei globaler Synchronisation und Ausführung von vier Iterationsschritten zu dem Graphen in Abbildung 2.3. Verwendet man eine lokale Synchronisation, vier Prozessoren und vier Iterationsschritte, dann führt die Modellierung des parallelen Programmes auf den Graphen in Abbildung 2.4.

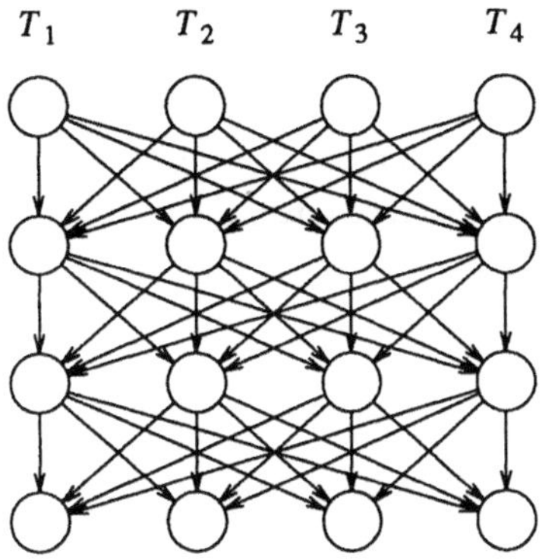

Abb. 2.3

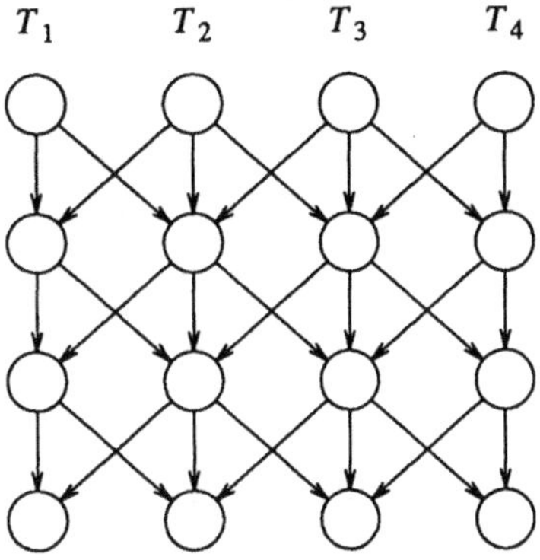

Abb. 2.4

Legt man die Verteilungsstrategie des Variablenfeldes wie in Abbildung 2.2 dargestellt zugrunde und verwendet 2×3 Prozessoren für vier Iterationsschritte bei einer lokaler Synchronisation, so ergibt das den Graphen in Abbildung 2.5.

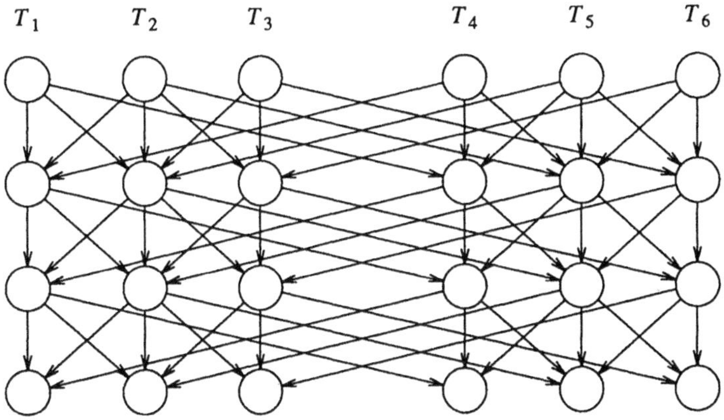

Abb. 2.5

Es fällt auf, daß die Graphen aus Abb. 2.3, 2.4 und 2.5 eine regelmäßige Struktur aufweisen. Der Begriff der Regelmäßigkeit wird durch folgende Definition präzisiert.

Definition:

Sei $G=(V,E)$ ein gerichteter, zyklenfreier Graph mit der Knotenmenge $V=\{v_{ij} \mid i \in \{1,\ldots,n\}, j \in \{1,\ldots,m\}\}$. j soll der Spaltenindex, i soll der Zeilenindex oder Stufenindex heißen. G heißt regelmäßig genau dann, wenn es eine Menge M gibt, so daß gilt:

$$M \subset \{1,\ldots,m\} \times \{1,\ldots,m\}$$
$$E=\{(v_{ij},v_{i+1,\hat{j}}) \mid \forall i \in \{1,\ldots,n-1\}, (j,\hat{j}) \in M\}$$
$$\forall v_{ij} \in V, i \neq 1 : pred(v_{ij}) \neq \emptyset$$
$$\forall v_{ij} \in V, i \neq n : succ(v_{ij}) \neq \emptyset$$

Beispiele:

1. Globale Synchronisation bei m Prozessoren: $M=\{1,\ldots,m\} \times \{1,\ldots,m\}$
2. Prozessorringkonfiguration mit lokaler Synchronistation und m Prozessoren:

$$M=\{(j,j) \mid j \in \{1,\ldots,m\}\}$$
$$\cup \{(j,j+1) \mid j \in \{1,\ldots,m-1\}$$
$$\cup \{(j,j-1) \mid j \in \{2,\ldots,m\}\}$$

3. Bewertung regelmäßiger Graphen mit Hilfe von Markovketten

Werden die Zufallsvariablen X_i durch Phasenverteilungen modelliert, dann ist die Bewertung der Graphen mit Markovmethoden möglich. Typische Phasenverteilungen sind: Exponentialverteilung, Erlangverteilung, Hyperexponentialverteilung, Erlangmisch- und Coxverteilung.

Für die Analyse muß der Programmgraph zunächst in eine Markovkette überführt werden. Es gilt allgemein, daß für azyklische Graphen auch die resultierende Markovkette azyklisch ist. Die Gesamtlaufzeit des parallelen Programmes erhält man aus der Analyse des transienten Verhaltens der Markovkette (siehe z.B. [Marie87]).

Die erzielten numerischen Ergebnisse (ein Teil davon wird in Kapitel 4 diskutiert) geben Anlaß zu folgenden Vermutungen:

1)

Sei $G_n=(V,E)$ ein n-stufiger, regelmäßiger Graph, wobei jedem Knoten $V_{ij}, i=1,\ldots,n$ der Spalte j die gleiche Zufallsgröße X_j zugeordnet wird. Y_i sei die Bearbeitungszeit des i-stufigen Graphen G_i. Dann gilt mit $E_i := |E(Y_i)-E(Y_{i-1})|$ und $D_i := |Var(Y_i)-Var(Y_{i-1})|$ ($E \hat{=}$ Erwartungswert, $D \hat{=}$ Varianz, $E(Y_0)=Var(Y_0)=0$):

$$\forall \varepsilon > 0 : \exists l_1 \in N : \forall i,j > l_1 : |E_i - E_j| < \varepsilon$$

$$\forall \varepsilon > 0 : \exists l_2 \in N : \forall i,j > l_2 : |D_i - D_j| < \varepsilon$$

2)

Es sei $C_i := Y_i - Y_{i-1}$ mit Verteilungsfunktion $F_i(t)=P(C_i \le t)$. Die Verteilungsfunktion F_i konvergiert schwach gegen eine Verteilungsfunktion F, d.h. $\lim_{i \to \infty} F_i = F$.

3)

Es sei Y_{ij} die Bearbeitungszeit der j-ten Spalte des Graphen G_i mit Verteilungsfunktion $A_i(t)=P(Y_{ij} < t)$. Die Verteilungsfunktion A_i konvergiert schwach gegen eine Normalverteilung.

Das Verhalten aus Vermutung 1) wird im folgenden als stationäres Verhalten bezeichnet. Für die numerische Behandlung wird der Begriff "stationäres Verhalten" folgendermaßen verwendet:
Ist für ein vorgegebenes $\varepsilon > 0$ bei einem Zeilenindex l die Differenz der Zuwächse (für Erwartungswert bzw. Varianz) kleiner als ε, so wird ab Zeilenindex l das Eintreten des stationären Verhaltens (konstante Zuwächse) angenommen.

4. Diskussion der Ergebnisse

In diesem Kapitel werden einige numerische Ergebnisse vorgestellt. Es werden dabei Graphen zugrunde gelegt, die eine Struktur wie jene Graphen in den Abbildungen 2.3, 2.4 und 2.5 besitzen. Bei der Zuordnung von Dichtefunktionen an die Knoten der Graphen werden zwei verschiedene Varianten gewählt.

I. Allen Knoten wird die gleiche Dichtefunktion zugeordnet. Dabei soll untersucht werden, wie sich die Gesamtlaufzeitverteilung oder Momente der Gesamtlaufzeitverteilung verhalten, wenn eine möglichst gleichmäßige Lastverteilung auf die Prozessoren angenommen wird. Gleichmäßig soll hier bedeuten, daß die Laufzeiten von Teilaufgaben auf den Prozessoren durch identisch verteilte Zufallsgrößen modelliert werden. Außerdem soll untersucht werden, wie sich die Verwendung verschiedener Synchronisationsstrategien auf das Laufzeitverhalten auswirkt.

II. Es werden genau zwei verschiedene Dichtefunktionen f_1, f_2 verwendet. Den Knoten einer Spalte wird f_1 zugeordnet, allen anderen Knoten die Dichtefunktion f_2. Oft ist eine gleichmäßige Aufteilung der Teilaufgaben auf die Prozessoren nicht möglich. Verwendet man lokale Synchronisation und eine spezielle Prozessorkonfiguration, so ist die Gesamtlaufzeit abhängig von der Zuordnung der zeitlich abweichenden Aufgaben auf die Prozessoren. Es ist das Ziel solcher Untersuchungen eine geschickte (optimale) Zuordnung von Teilaufgaben auf die Prozessoren zu finden.

Dabei wurden Exponentialverteilung EXP(λ), zweiphasige und dreiphasige Erlangverteilung ERL($2,\lambda$) ERL($3,\lambda$) und zweizweigige Hyperexponentialverteilung HYP(p_1,λ_1,λ_2) verwendet.

zu I:
Im folgenden (Tab 4.1 und Tab 4.2) sind einige numerische Ergebnisse in tabellarischer Form dargestellt. Zugrundegelegt wird dabei eine Graphstruktur wie in Abbildung 2.4. In der Horizontalen ist die Variation der Spaltenzahl der Graphen aufgetragen, in der Vertikalen der "konstante" Zuwachs des Erwartungswertes und der Varianz des Graphen nach Erreichen des stationären Verhaltens. Außerdem sind in der Vertikalen zum Vergleich die entsprechenden Werte für einen Graphen mit gleicher Knotenanordnung und der Struktur aus Abbildung 2.3 aufgetragen (Vergleich lokale - globale Synchronisation). Das stationäre Verhalten trat bei den betrachteten Beispielen bereits ab der vierten Stufe ein. O.B.d.A kann für Graphen, bei denen allen Knoten die gleiche Dichtefunktion zugeordnet ist, $\lambda = 1$ gewählt werden.
Auch bei der verwendeten Momentenmethode stößt man schnell, bedingt durch das Anwachsen des

$ERL(3,1)$		3	4	5	6
Erwartungswert	*lokal*	4.309	4.517	4.649	4.741
	global	4.495	4.891	5.197	5.446
Varianz	*lokal*	2.847	2.644	2.470	2.322
	global	3.026	2.987	2.951	2.919

Tab. 4.1

$HYP(\frac{1}{2},\frac{1}{2},2)$		3	4	5	6
Erwartungswert	*lokal*	2.377	2.616	2.777	2.893
	global	2.525	2.951	3.304	3.607
Varianz	*lokal*	4.124	4.114	4.017	3.893
	global	4.539	4.980	5.288	5.511

Tab. 4.2

Zustandsraumes, an die Grenzen der Methode, insbesondere dann, wenn man den aus Anwendersicht durchaus realistischen Fall von Laufzeiten mit großem Erwartungswert und kleiner Varianz annimmt. Dieses Problem kann durch Einführung eines Verschiebungsparameters Θ gelöst werden.

zu II:

Tabelle 4.3 stellt exemplarisch den Einfluß dar, den eine Spalte mit abweichender Knotenbewertung verursacht. Der untersuchte Graph hat dabei die gleiche Struktur wie in Abb. 2.4 mit $j \in <1,5>$. In der Horizontalen wird die Spaltenposition der abweichend bewerteten Spalte variiert. Die Belegung der Vertikalen ist die gleiche wie bei den Tabellen 4.1 und 4.2. Dabei bedeutet Abweichung eine Vergrößerung des Erwartungswertes. Es werden $ERL(2,1)$ Verteilungsfunktionen zugrunde gelegt, wobei in der abweichend bewerteten Spalte der Erwartungswert um 10% vergrößert wird. Auch bei einer solchen Bewertung der Knoten des regelmäßigen Graphen tritt eine stationäre Verhaltensweise auf. Weiter zeigt sich bei der verwendeten Graphstruktur, daß der Erwartungswert der Gesamtlaufzeit des Graphen im Falle der Abweichung des Erwartungswertes nach oben dann am kleinsten ist, wenn den Knoten einer Randspalte die abweichende Zufallsvariable zugeordnet wird; bei einer Abweichung des Erwartungswertes nach unten wird der Erwartungswert der Gesamtlaufzeit am kleinsten, wenn den Knoten der mittleren Spalte die abweichende Zufallsvariable zugeordnet wird. Während die bisherigen Anwendungsbeispiele aus dem Bereich Datenpartitionierung waren, ist Macropipelining ein Modell für Algorithmenpartitionierung. Abbildung 4.1 zeigt die Modellierung eines Beispiels für Macropipelining als Warteschlangenmodell, Abbildung 4.2 die Modellierung desselben Beispiels als Graphmodell. Der resultierende Graph ist nicht mehr regelmäßig im Sinne unserer Definition, aber er ist von Stufe drei bis Stufe k-2, wobei k die Stufenzahl des Graphen ist, ein in unserem Sinne regelmäßiger Graph. Bei dem betrachteten Beispiel werden den Knoten der ersten Spalte (Ankunftsprozess) eine $ERL(2,1)$, jenen der zweiten Spalte (Bedienstation 1) eine $EXP(1)$ und jenen der dritten Spalte (Bedienstation 2) eine $ERL(2,2)$ Verteilung zugeordnet. In Tabelle 4.4 sind die

5 *Prozessoren*		1	2	3
Erwartungswert	*lokal*	3.404	3.436	3.444
	global	3.889	3.889	3.889
Varianz	*lokal*	1.894	1.978	2.008
	global	2.365	2.365	2.365

Tab. 4.3

Vergrößerung des Erwartungswertes in einer Spalte

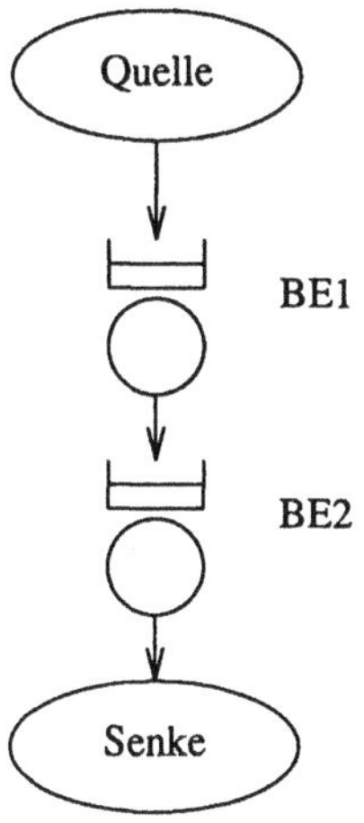

Abb. 4.1

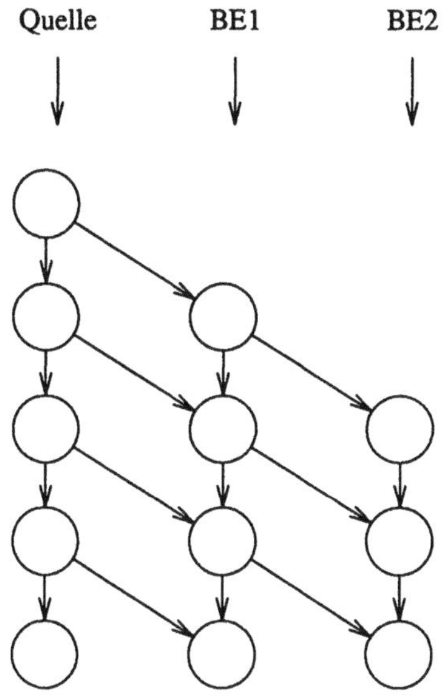

Abb. 4.2

erwarteten Fertigstellungszeitpunkte für i Aufträge und die zugehörigen Varianzen dargestellt. Auch für diesen, schließlich regelmäßigen, Graphen stellt sich, wie in Tabelle 4.4 zu sehen ist, stationäres Verhalten ein.

MP	1	2	3	4	5	14	15	19	20
$E[X_I]$	4.00	6.44	8.67	10.81	12.90	31.13	33.14	41.15	43.15
$Var[X_I]$	3.50	5.22	6.88	8.56	10.28	26.93	28.87	36.70	38.67

Tab. 4.4

Aufgrund des Auftretens des stationären Verhaltens lassen sich relativ leicht die Leistungsgrößen des Warteschlangennetzes aus Abbildung 4.1 berechnen. Bestimmt man den Erwartungswert der Gesamtlaufzeit des Graphen, der aus dem Graphen in Abbildung 4.2 durch Weglassen der dritten

Spalte entsteht, dann liefert die Differenz der Werte der beiden Graphen nach Eintreten des stationären Verhaltens die mittlere Verweilzeit in der Bedienstation 2. Für das betrachtete Beispiel ergibt sich ein Wert von $t_2 = 1.54$. Analog erhält man die mittlere Verweilzeit in der Bedienstation 1. Der Durchsatz λ des Systems ergibt sich aus dem mittleren Ankunftsabstand der Quelle $\lambda = 1/Ankunftsabstand = 1/2$. Die mittlere Anzahl der Aufträge in der zweiten Bedienstation berechnet sich aus $k_2 = \lambda t_2 = 0.77$

5. Zusammenfassung

Gerichtete, zyklenfreie Graphen sind für die Modellierung paralleler Programme gut geeignet. In dieser Arbeit wurde ein Bewertungsverfahren für gerichtete, zyklenfreie Graphen angewendet. Verwendet man zur Knotenbewertung Phasenverteilungen, dann kann der Graph auf eine Markovkette abgebildet werden. Zur Analyse der Markovkette wurde ein Verfahren zur Bestimmung der Gesamtverteilungsfunktion und eine Momentenmethode verwendet.

Bei der Analyse von regelmäßigen Graphen wurde das Auftreten eines stationären Verhaltens für den Erwartungswert und die Varianz der Gesamtlaufzeit des Graphen festgestellt. Bewertungen von großen regelmäßigen Graphen die aufgrund zu großer Zustandsräume nicht mehr mit Hilfe der Markovanalyse ermittelt werden konnten, wurden durch Simulation bestimmt. Es zeigte sich auch hier das Eintreten eines stationären Verhaltens für Erwartungswert und Varianz.

Sollten sich die oben dargestellten Ergebnisse allgemein begründen lassen, könnten Erwartungswert und Varianz kleiner regelmäßiger Graphen zum Beispiel mit Hilfe der Markovanalyse bestimmt werden. Diese Momente großer regelmäßiger Graphen könnten unter Ausnutzung des stationären Verhaltens ermittelt werden.

Literaturverzeichnis

[Hartley66] Hartley,H.O.,Wortham,A.W.: A Statistical Theory for PERT Critical Path Analysis. Management Science, Vol. 12, No. 10, June 1966

[Kleinöder85] Kleinöder,W.: Evaluation of Task Structures for a Hierarchical Multiprocessor System. Modelling Techniques and Tools for Performance Analysis, Elsevier Science Publishers, 1985

[Kung84] Kung,K.C.: Concurrency in Parallel Processing Systems. Ph.D dissertation, Univ. of California, Los Angeles 1984

[Martin65] Martin,J.J.: Distribution of the Time Through a Directed, Acyclic Network. Operations Research, Vol. 13, No. 1, 1965

[Marie87] Marie,R.A,Reibman,A.L.,Trivedi,K.S.: Transient Analysis of Acyclic Markov Chains. Performance Evaluation, Vol.7, No. 3, Aug. 1987

[Mohan84] Mohan,J.: Performance of parallel programs: model and analyses. Ph.D. dissertation, Carnegie Mellon Univ. 1984

[Ringer69] Ringer,L.J.: Numerical Operators for Statistical PERT Critical Path Analysis. Management Science, Vol. 16, No. 2, Oct. 1969

[Robinson79] Robinson,J.T.: Some Analysis Techniques for Asynchronous Multiprocessor Algorithms. IEEE Trans. on Software Eng.,Vol. SE-5, 1979

[Sahner87] Sahner,R.,Trivedi,K.: Performance and Reliability Analysis Using Directed Acyclic Graphs. IEEE Trans. on Software Eng., Vol. SE-0.53, No. 10, 1987

AN APPROXIMATION FOR THE RESPONSE TIME OF AN OPEN CP-DISK SYSTEM

by A. Dekkers and J. van der Wal, Eindhoven

Abstract

In this paper we will discuss the analysis of the response time distribution of database queries to a computer system. This computer system is described as an open queueing model, consisting of a CP and a Disk. The complexity of the model is too large to obtain the exact distribution for the response time of a job to this system, but after some approximations we will derive a good estimation for the distribution.

This is an example of the kind of problems, which arise in practice in evaluating the performance of information processing systems.

1. Introduction

In practice there is an ever increasing need for computer capacity. This need is fed by three processes. The first process is the progress still made in the automation of the work that has to be done. The second one is the increasing friendliness of programs for the user; most programs nowadays have a graphical interface and can be conducted by a mouse. These features have the disadvantage that they require more computer power and/or more storage capacity. The third process are the increasing demands of users; they want to do more work in less time. These processes together urge a system manager to update his resources frequently. A question then is what will be the best changes to make.

The mathematical analysis of an information processing system can be helpful in predicting whether or not a computer system is suited for handling a certain kind of workload in an acceptable amount of time. Furthermore such an analysis can indicate what will be the bottleneck of a system and/or if there will be overcapacity in some part of the system.

The most interesting performance quantities are the sojourn time of a job in the computer system, the queue length and utilization at each server in the system and the throughput of the system as a whole or of a specific server. The average values for these quantities are the most important ones, but often there is an interest for more than the average value of a quantity. For example in real time systems also a maximum response time is given or, in soft real time systems or in interactive applications, a limit is given which may not be exceeded by 90% of the jobs. In this cases the analyst would like to give the

Operations Research Proceedings 1989

distribution of some quantities.

The mathematical analysis of a performance problem consists of two major parts. The first part is the modeling, this requires a thorough understanding of how an information processing system is organized and an adequate modeling tool for storing this knowledge. The second part is to use these models in some way to evaluate the performance of such a system, this requires knowledge of mathematical algorithms and techniques.

For information processing systems queueing models are often used, because they can describe such a system very well (see e.g. Kleinrock [4, 5], Sauer & Chandy [9], Lazowska et al. [7]). Unfortunately only for a small class of networks an exact analytical solution can be given directly, this is the class of product form networks (introduced by Baskett, Chandy, Muntz & Palacios [1]). In general a queueing model which describes a real situation accurately will not have a product form solution. In most cases it will be necessary to skip details which does not influence the performance of a system heavily. Often the resulting model will still not have a product form solution, it is difficult to analyse the model then exactly and approximations have to be made. The derivation of the distributions of the response time and the queue length will be even more difficult. For product form networks only the distribution of the queue length can be derived exactly.

Our main research interests are to describe an information processing system in terms of queueing models, and to obtain the performance measures for this model (exact if possible, approximate otherwise). We prefer analysis to simulation, because for reliable results a simulation has to run long and furthermore for each different situation a simulation program has to be executed again. An analysis raises in our opinion the understanding for the interactions in an information processing system.

In this paper we will give an example of the situation described above. A practical situation is described as a queueing model and then analysed. We will consider a database query environment. Because this is an interactive process, a high response time means a waiting employee, and a high variance in the response time is inconvenient for an employee, therefore the company in question is not only interested in average response times, but also in the distribution. This enables the company to answer questions like: "What is the prabability that an answer to a database query can be given within 2 seconds?"

2. Queueing model

We will now consider an information processing system consisting of central processing capacity and background memory. Jobs, mostly database queries, arrive at this system and are processed. During their stay in the system jobs need information from the background memory several times. We are interested in the distribution of the system response time.

The system consists of two devices, a Central Processing Unit (CP) and a Disk Unit. It can be represented by the following figure:

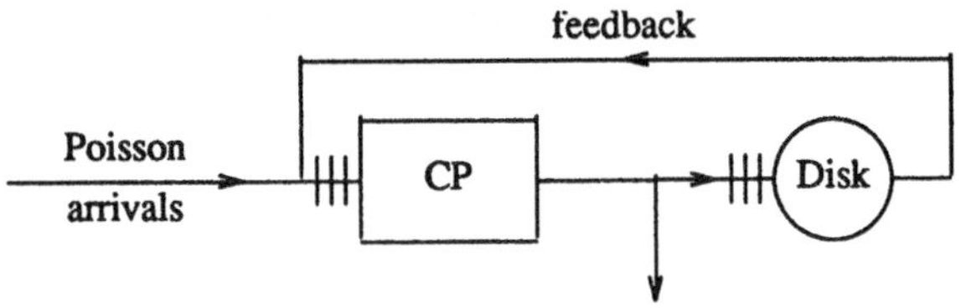

The jobs (data base queries) arrive randomly and independently, it will thus be reasonable to describe the arrivals with a Poisson process with parameter λ. These jobs are served sequentially by both CP and Disk several times before they leave the system (the last visit is always to the CP). The service times in the real system at CP and Disk are rather smooth (the coefficient of variation is certainly smaller than 1) and are therefore not modeled according to a negative exponential distribution. To cope with this smoothness they are Erlang-distributed with m phases and average duration $1/\mu$ per phase at the CP and with n phases and average duration $1/\nu$ per phase at the Disk.

After a visit to the CP a toss with some fixed probability q is made whether a job goes to the Disk or will leave the system (with probability $(1-q)$). This reflects the situation that the data base queries make several rounds, and the number of rounds is not deterministic but depends on the kind of query. This kind of queues is known in literature as queues with delayed Bernoulli feedback (e.g. Foley & Disney [3] and König & Miyazawa [6]). The feedback station (here the Disk) is in most papers in this area modeled as an infinite server in contrary to our model, where both stations are FCFS. A direct consequence of modeling a service as an Erlang distribution with FCFS is that the model has no product form solution, see e.g. Baskett, Chandy, Muntz & Palacios [1].

We describe the state of the computer system by a pair of indices. The first index denotes the number of phases of work in the queue at the CP; the second index denotes the number of phases of work in the queue at the Disk. In order to limit the number of states, we model the system as a closed system with a maximum of K jobs inside. There is no buffering outside the system. This number K should be large enough to cover the real situation, in which the system is open with only seldomly many jobs at a time.

If the system is in a certain state one of the next three events will change the state of the system after some time:

1) a new arrival;

2) the completion of a phase at the CP;

3) the completion of a phase at the Disk.

For some states one of these events is not possible, e.g. finishing a phase at the disk if there are no phases at the disk. For mathematical reasons we nevertheless consider the impossible events as possible and they result in a transition from a state into that same state again. This simplifies the description of the system.

In the next section we will indicate how one can obtain the expected response time of a visit to this system. Then we will derive the variance of the response time in a heuristic way after some intermediate steps. With the mean and variance of the response time and the experience we have for this model we are able to approximate the distribution of the response time, which was our original goal. For a more detailed description of the analysis of the problem see Dekkers & Van der Wal [2].

3. Analysis of the model

The model above, representing the database system, describes a discrete state Markov process, because the system is completely described by its current state. So let $\pi(i)$ denote the equilibrium probability to be in state i and let $p_{i,j}$ denote the probability to go from state i to state j, then the equilibrium equations are

$$\pi(i) = \sum_j \pi(j) \cdot p_{j,i} \text{ for all } i \quad \text{and} \quad \sum_i \pi(i) = 1.$$

Note that $p_{j,i} = 0$ for most j, i. But in spite of the sparsity of the probability matrix it is only possible for Erlang-1 services at CP and Disk to solve the set of equations in terms of the input parameters. The sparsity, however, enables us to calculate the equilibrium distribution numerically for a system with relatively many states. (Van der Wal & Schweitzer [10]). Once these equilibrium probabilities are known one can determine the average queue length at both stations. Little's formula [8] then yields the expected response time of a visit to the system.

But with this method it is not possible to derive the distribution of the response time of a visit to this system. The problems arise as a consequence of the feedback of jobs; jobs not only have to wait for jobs which arrived earlier in the system, but also on jobs which arrived later. The system as a whole is not FCFS. Therefore another approach is needed, based on several steps in which approximations have to be made. In all these steps a simplification of the system is considered; we study the response time of one round, aggregate groups of states, and derive formula's for arrival and departure of jobs. In this way we will find the variance of the response time.

A visit of a job to the system consists of several rounds. The length of each round seems to have more or less the same distribution. That's why we first simplified the system severely by considering only one round made by a job. This results in a system which looks like the one above. One round of a tagged job starts if that tagged job joins the queue at the CP and ends after the completion of service at the disk of the tagged job. During such a round it is not interesting what happens with jobs leaving the disk or with jobs arriving behind the tagged one. For this system we want to derive the distribution of one round for a tagged job, arriving in the system in a certain state. This is still a discrete state Markov process, and furthermore the waiting time for the tagged job is not influenced by the arrival of new jobs. For the tagged job it seems that the system becomes empty. In the description of the state of this system these jobs are therefore not taken into account. The transition probability matrix for this system is triangular. It is now possible to derive recursively for each state, in which a job can start its round, the moments of the distribution of one round of a job started in that state.

If the formula's for the arrival and departure probabilities of jobs would be known we could obtain the variance. But a drawback is that if there are many states, it is very elaborate to get these probabilities for each state, furthermore the arrival probabilities as well as the departure probablities depend mainly on the number of jobs in the system, not on the exact number of phases at each server. Therefore we have aggregated groups of states. An aggregated state describes the number of jobs in the system. The mean and variance of one round of the tagged job for an aggregated state is obtained from the mean and variance for original states contributing to that aggregated state. The equilibrium distribution is used to weigh the contribution of original states to the aggregated state.

In the original system a visit of a tagged job consists of several rounds. If for each round the probability is known to start that round in a certain state then the variance can be derived. At the start of the first round of the tagged job, the PASTA-rule (Poisson Arrival Sees Time Average) is valid, and thus the start probabilities are the equilibrium probabilities without the tagged job. The probability of a transition from one aggregated state at the beginning of one round of the tagged job to another aggregated state at the beginning of the next round of the tagged job is dependent on two processes, departures and arrivals.

The first process is the departure of jobs during one round. If S is the aggregated state, which means there are S jobs in the system, then the probability $D(S,h)$ that h jobs leave the system can be approximated by:

$$D(S,h) = \binom{S-1}{h} q^h (1-q)^{S-1-h},$$

because $S-1$ jobs (all except the tagged one) pass the tossing point after the CP on average once during this round.

The second process is the arrival of new jobs during one round. This happens according to a Poisson process. The length of one round however is not deterministic. We suppose for the arrival probability that the length of one round is the expected response time of it, which is already determined. With S as before the aggregated state of the system and $M(S)$ the expected response time of one such round, the probability $A(S,h)$ of h arriving jobs can be approximated by:

$$A(S,h) = \frac{e^{-\lambda M(S)} (\lambda M(S))^h}{h!}.$$

The start probabilities, and the probabilities $D(S,h)$ and $A(S,h)$ give an approximation for the probability that the tagged job starts a certain round in a certain aggregated state. With these approximations the variance of the response time of a visit of a job to this system can be obtained. Note that the covariance between rounds differs substantially from 0, because there is dependence between two consequetive rounds.

4. Results of the model

The analysis described in the previous paragraph results in the mean and an approximation for the variance of the sytem response time. To check whether the approximations made in the analysis were reasonable, we compared the results of the analysis with a simulation of the system. The results we get were within a few per cent of the simulation (Dekkers & Van der Wal [2]). This difference between analysis and simulation is acceptable; the failure made in modeling and obtaining the parameters is as least as large.

The original question however was not to derive the mean and variance, but the distribution of the response time of a visit. The derivation of higher moments is possible at extra cost in inaccuracy and evaluation time. But this is still no distribution. To estimate the distribution we fitted a combined distribution function on the first two moments. The combination was based on the Erlang distributions for the service times of a job and a Γ-distributed waiting time of a job during its visit. The result of this distribution was plotted in the same figure as a simulated plot of the distribution (Dekkers & Van der Wal [2]). The two graphics did almost overlap one another, so the combined distribution seems to be an acceptable approximation.

We think we have developed a good understanding for the problem, but there are still some problems unsolved. For example: What is the sensitivity of the approach to the distribution of the services at CP and Disk? Is there a more precise approximation possible for the transition probability between aggregated states? Is there another and better choice for the aggregated states? Another interesting research topic is whether or not it is necessary to calculate the equilibrium distribution for all states. For this is in the evaluation the most time-consuming part, and therefore most interesting if one wants to reduce the time needed for the evaluation of this problem.

5. Conclusion

In this paper we discussed an example of a performance problem, which was described as a queueing model. We derived an estimated distribution for the response time of a database query, which is processed several times by the Central Processing Unit and the Disk. The difficulties are mainly caused by the feedback of a job after its visit to the Disk. We showed that this kind of performance problems with information processing systems can be treated very well with a mathematical analysis.

References

1. BASKETT, F., CHANDY, K.M., MUNTZ, R.R., AND PALACIOS, F.G., "Open, Closed and Mixed Networks of Queues with Different Classes of Customers," *J. ACM*, vol. 22, pp. 248-260, , 1975.
2. DEKKERS, A. AND WAL, J. VAN DER, "An approximation for the response time of an open CP-Disk system," Memorandum COSOR 88-37, Eindhoven University of Technology, Dep. of Math. and Comput. Sci., 1988.
3. FOLEY, R.D. AND DISNEY, R.L., "Queues with delayed feedback," *Adv. Appl. Prob.*, vol. 15, pp. 162-182, , 1983.

4. KLEINROCK, L., *Queueing Systems, Volume I: Theory,* John Wiley & Sons, New York, 1975.
5. KLEINROCK, L., *Queueing Systems, Volume II: Computer Applications,* John Wiley & Sons, New York, 1976.
6. KÖNIG, D. AND MIYAZAWA, M., "Relationships and decomposition in the delayed Bernoulli feedback queueing system," *J. Appl. Prob.*, vol. 25, pp. 169-183, , 1988.
7. LAZOWSKA, E.D., ZAHORJAN, J., GRAHAM, G. SCOTT, AND SEVCIK, K.C., *Quantitative System Performance, Computer system analysis Using Queueing Network Models,* Prentice-Hall, Englewood Cliffs, New Jersey, 1984.
8. LITTLE, J.D.C., "A Proof for the Queueing formula: $L = \lambda W$," *Oper. Res.*, vol. 9, pp. 383-387, , 1961.
9. SAUER, C.H. AND CHANDY, K.M., *Computer Systems Performance Modeling,* Prentice-Hall, Englewood Cliffs, New Jersey, 1981.
10. WAL, J. VAN DER AND SCHWEITZER, P.J., "Iterative Bounds on the Equilibrium Distribution of a Finite Markov Chain," *Prob. Eng. Inf. Sci.*, vol. 1, pp. 117-131, , 1987.

OPTIMAL PRICING FOR THE SALE OF SEVERAL COMMODITIES

Wolfgang STADJE, Osnabrück

k commodities of the same kind are for sale in a finite time interval I, and potential customers arrive according to a Poisson process. It is assumed that no customer may buy nore than one unit. The seller has to fix, for each $t \in I$ and each $j \in \{1,..., l\}$, a price for which he is willing to sell a commodity at time t. This decision is based on the knowledge of the prohabilities that a customer appearing at time t will accept a price at most x monetary units (for all $t \in I$ and $x > 0$). There is no possibility of recall of previous customers. The maximal expected gain for selling k commodities ist, as a function of t, seen to satisfy a recursive system of integral equation which under suitable conditions can be reduced to a recursive system of first order differential equations. Once this system is solved, an optimal price function is easily determinde.

We also study a variant of this model in which prices are not fixed in advance, but arriving offers must be decided upon. A remarkable connection between these two models is established. It turns out that if the acceptance probabilities in the first model do not depend on t, it is equivalent to a simple modification of the second model in which the offers are stochastically decreased.

THE MULTI-ARMED BANDIT PROBLEM: COMPUTATIONAL ASPECTS

Lodewijk C.M. KALLENBERG, Leiden

Suppose there are N independent projects on which we can work. Each project is, at any time, in some state. After observing the states of each project, one project has to be selected to work on for the next period. If project k is selected and the state of the project is i, then we receive an expected reward $r^k(i)$ and the next state of project k becomes j with prohability $p^k(i,j)$. The states of the remaining projects, which are not worked on, do not change. The problem is to find a selection rule which maximizes the α-discounted rewards.

This problem can be solved, in principle, as a Markov decision problem. However, this approach has the computational difficulty of a very large state space. Gittins [1] has shown that an optimal policy has the following structure. There exist numbers $G^k(i)$ for each state i in project k $(k=1,2,\ldots,N)$, which determine the optimal policy. These numbers are called the Gittins indices.

Several approaches have been proposed for the computation of the Gittins indices ([2],[3],[4]). We introduce another method and compare the different approaches computationally. We present theoretical as well as numerical results.

1. Gittings, J.C.: *"Bandit processes and dynamic allocation indices"*, Journal Royal Statist. Soc. Ser. B **41** (1979) 148-164.
2. Varaiya, P., Wallrand, J. and Buyckkoc, C.: *"Extensions of the multi-armed bandit problem: the discounted case"*, IEEE Transactions on Automatic Control, Vol. AC-30 (1985) 426-439.
3. Katehakis, M.N. and Veinott, A.F.Jr.: *"The multi-armed bandit problem: decomposition and computation"*, Department of Operations Research, Stanford University, Technical Report No. 41, 1985.
4. Chen, Y.R. and Katehakis, M.N.: *"Linear programming for finite state multi-armed bandit problems"*, Mathematics of Operations Research **11** (1986) 180-183.

ON THE SIZE OF BUFFERS IN AN ASSEMBLY LINE

Jan VAN DER WAL, Eindhoven

We consider the design of a large assembly line with approximately 50 machines, in particular the question where intermediate buffers are necessary, and what size these buffers should have. If in a production or assembly line without buffers one of the machines fails, within a few minutes all machines in front of it will be blocked, and the machines after the one that failed are going to starve. Depending on the failure frequencies and failure times this may lead to an enormous loss of production capacity for the entire system. For the case of 50 machines, where each of the machines is down 2 % of the time, the capacity of the whole system may reduce to 36 % of the capacity without failures. With infinite buffers the capacity remains 98 %.

Usually, and here as well, this is the main reason for installing buffers. There are other reasons such as the randomness in the service times. In the assembly line under consideration the variation in the service times is so small that in all cases a buffer with size one or two is sufficient. A third reason comes from the fact that some of the machines are expensive, so that one wants them to do more work and to operate in two shifts instead of one. This requires buffers that can contain half the daily production. The question we concentrate on is what size the buffers should have in order to keep the overall capacity of the system at an acceptable level given that failures are unavoidable.

Formally the assembly line can be described as a finite capacity queueing network with general service times and with assemblies. For such networks no general results are available. For systems consisting of two machines continuous flow models are known to give good approximate results. By repeatedly applying aggregation and decomposition, results for these small systems can be translated to large systems. It is also possible to derive upper and lower bounds for the capacity of a larger system from results for two machine systems.

In the presentation we will discuss the problem, the modelling aspects, some of the possible approaches, the results we obtained and the main conclusions with respect to the methodology for problems as the one we looked at.

Dynamische Optimierung mit Nebenbedingungen für die Berechnung von Instandhaltungsstrategien

Stefan Schneeberger, München

Für Systeme (im Sinne der Zuverlässigkeitstheorie) mit modularem Aufbau wird die Instandhaltung bei unterschiedlichen Informationsständen untersucht. Bei unvollständiger Information über den Systemzustand wird eine optimale Instandhaltungsstrategie durch "Dynamische Optimierung mit Nebenbedingungen" berechenbar.

1. Das Instandhaltungsmodell bei verschiedenen Informationsständen

Gegeben sei ein **System mit modularem Aufbau:**

- Das System habe k Module, Modul j bestehe aus k_j Komponenten.
- Der Zustand der Komponente i im j-ten Modul: $x_j^i = 1$ bzw. 0, falls die Komponente intakt bzw. defekt ist.
- Die Systemfunktionen in den Modulen: $\varphi_j(x_j^1,\dots,x_j^{k_j}) = r_j = 1$ bzw. 0, falls Modul j intakt bzw. defekt ist.
- Die Systemfunktion der k Module im System: $\varphi(r_1,\dots,r_k) = 1$ bzw. 0, falls das System intakt bzw. defekt ist.
- Die Lebensdauer der Komponente i in Modul j sei λ_j^i-exponentialverteilt und unabhängig von der jeder anderen Komponente.

Instandhaltung des Systems:

- Es werden nur defekte Module ausgewechselt und durch neue Module ersetzt.
- Ein Bedienkanal arbeitet ununterbrochen und wechselt die Module nacheinander einzeln aus, solange mindestens ein Modul defekt ist und das System zu Beginn der Aktion intakt ist.
- Die Bedienzeitanforderung für das Auswechseln von Modul a habe die Verteilungsfunktion R_a mit $R_a(0) = 0$ und ist unabhängig von Zustand oder Lebensdauer jeder anderen Komponente.

Optimierungsziel: Die mittlere Betriebsdauer des Systems soll maximiert werden, d.h.: Sind mehrere Module gleichzeitig defekt, so soll das auszuwechselnde Modul so ausgewählt werden, daß die mittlere Systembetriebsdauer maximiert wird.

Operations Research Proceedings 1989

Das System hat einen endlichen Zustandsraum $J \cup \{0\}$ (J: Menge der Intaktzustände des Systems, 0: absorbierender Defektzustand). Der Verlauf der Systemzustände wird als absorbierender semi-regenerativer Prozeß $(Z(t), t \geq 0)$ mit eingebettetem Markov-Erneuerungsprozeß $((X_n, S_n), n \in \mathbb{N}_0)$ (MEP) beschrieben, z.B.:

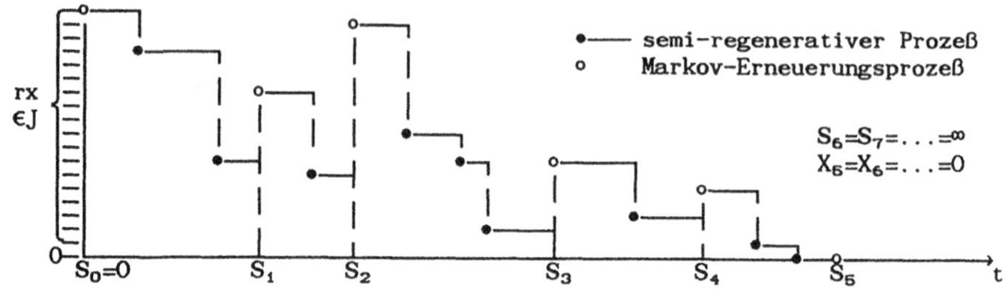

Es seien rx, sy ∈ J Intaktzustände und a eine in Zustand rx zulässige Aktion, d.h.: Reparatur von Modul a, falls Modul a defekt ist, oder warten und reparieren des ersten defektwerdenden Moduls, falls in Zustand rx kein Modul defekt ist.

$Q^a_{rx,sy}$ bzw. g^a_{rx} bezeichne die Übergangswahrscheinlichkeit von rx nach sy in der dem MEP eingebetteten Markov-Kette $((X_n), n \in \mathbb{N}_0)$ (MK) bzw. den Erwartungswert aus min{ Systemlebensdauer ohne Reperatur, Zeitspanne bis zum nächsten Markov-Erneuerungspunkt } bei Start in Zustand rx jeweils bei Verwendung der Aktion a. Ordnet man jedem Intaktzustand rx ∈ J eine zulässige Aktion $\delta_{rx} = a$ zu, so erhält man eine **Politik** δ. Die Menge aller Politiken heißt **Entscheidungsraum** Δ. Eine Folge $(\delta_{(1)}, \delta_{(2)}, \ldots)$ von Politiken heißt **Instandhaltungsstrategie**.

Die mittlere Betriebsdauer $(v^\delta)_{rx}$ bei Start des Systems in Zustand rx und Anwendung der Politik δ ergibt sich für alle Intaktzustände rx als Lösung des linearen Systems $v = g^\delta + Q^\delta \cdot v$, wobei Q^δ bzw. g^δ die Matrix der Übergangswahrscheinlichkeiten bzw. der "Ertragsvektor" zur Politik δ sind und die Lösung mit v^δ bezeichnet wird.

Die **Optimierungsaufgaben**:
Gesucht wird für jeden der folgenden Informationsstände über den Systemzustand eine Politik δ^*, für die $G(v^{\delta^*}) \geq G(v^\delta)$ **für alle zulässigen** $\delta \in \Delta$, wobei für $G(v^\delta)$ jeweils eine geeignete Funktion zu wählen ist.

Vollständige Information: Für alle Komponenten in allen Modulen sei der Zustand x^i_j zu jedem Markov-Erneuerungszeitpunkt beobachtbar und damit sind die Zustände $r_j = \varphi_j(.)$ der Module und der Zustand des Systems $\varphi(.)$ berechenbar.

Unvollständige Information: Die Zustände der Komponenten seien nicht beobachtbar. Statt dessen können nur die Zustände r_j der Module zu jedem Markov-Erneuerungszeitpunkt beobachtet und daraus der Zustand des Systems $\varphi(.)$ berechnet werden.

2. Optimierung bei vollständiger Information mit Dynamischer Optimierung

Für das Problem bei vollständiger Information über den Systemzustand läßt sich die gestellte Optimierungsaufgabe durch Dynamische Optimierung lösen, da alle Politiken $\delta \in \Delta$ zulässig sind und Δ sich als kartesisches Produkt von Aktionen-Mengen darstellen läßt:

$$\text{Bestimme } \delta^* \in \Delta, \text{ so daß } v^{\delta^*} \geq v^{\delta} \text{ für alle } \delta \in \Delta.$$

Da es einen gleichmäßig besten Wertvektor gibt, existiert eine Politik δ^* die dieses Vektor-Optimalitätskriterium erfüllt. Die identische Abbildung kann hier als Funktion $G(.)$ verwendet werden.

Numerische Berechnung von δ^* und v^{δ^*} durch Lineare Optimierung, Werteiteration oder Politikiteration (vgl. z.B. *Denardo* (1982) oder *White* (1978)). Es ist bekannt, daß optimale Strategien stationär sind.

3. Optimierung bei unvollständiger Information als partiell beobachtbarer Markov-Entscheidungsprozeß

Für einen partiell beobachtbaren Prozeß gebe es zu jeder Zufallsgröße X_n, $n \in \mathbb{N}_0$, mit endlichem Zustandsraum E eine Zufallsgröße Y_n, $n \in \mathbb{N}_0$, die Werte aus einem endlichen Beobachtungsraum M von Beobachtungszuständen annimmt. $(X_n, n \in \mathbb{N}_0)$ heißt Kernprozeß und $(Y_n, n \in \mathbb{N}_0)$ Beobachtungsprozeß.

Der Zusammenhang zwischen X_n und Y_n sei durch die Informationsmatrix $H \in \mathbb{R}^{|E|,|M|}$ bekannt: $H_{ij} := P\{Y_n = j \mid X_n = i\}$ für alle $i \in E$ und $j \in M$.

Für das Instandhaltungsproblem bei unvollständiger Information ergeben sich:

- der Zustandsraum des Kernprozesses: $E := J \cup \{0\}$,
- der Beobachtungsraum: $M := \{(r_1,\dots,r_k) \in (0,1)^k : \varphi(r_1,\dots,r_k) = 1\} \cup \{0\}$,
- die Informationsmatrix H: $H_{rx,s} = \begin{cases} 1 \text{ falls } & r = s \\ 0 \text{ falls } & r \neq s \end{cases}$ für alle $rx \in J \cup \{0\}$, $s \in M$,
- die Menge der möglichen Aktionen: Auswechseln eines bestimmten Moduls oder Leerphase des Bedienkanals $(\{1,\dots,k\} \cup \{0\})$, und
- zu jeder Aktion a eine Matrix P^a der Übergangswahrscheinlichkeiten der Zustände im Zustandsraum E.

$\pi_i(t)$ sei die Wahrscheinlichkeit, daß der Kernprozeß zur Zeit t, $t \geq 0$, im Zustand $i \in E$ ist unter Berücksichtigung aller Informationen über den Verlauf des Prozesses bis zum Zeitpunkt t. $\pi(t)$ sei der Vektor mit den Komponenten $\pi_i(t)$, $i \in E$, $t \geq 0$, und wird als Zustands- oder Informationsvektor bezeichnet.
Für den partiell beobachtbaren Markov-Entscheidungsprozeß ergibt sich damit der überabzählbare Zustandsraum $\Pi = \{ x \in \mathbb{R}^{|E|}: \sum_{i \in E} x_i = 1, x_i \geq 0, i \in E \}$.

Die Zustandswahrscheinlichkeiten $\pi(t)$ sind nur zu den Markov-Erneuerungszeitpunkten $S_0=0$, S_n, $n \in \mathbb{N}$, von Bedeutung. Sie lassen sich bei vorgegebenem $\pi(0)$ mit der Bayes-Regel für jedes S_n, $n \in \mathbb{N}_0$, iterativ berechnen:

$$T_i(\pi|j,a) := \pi_i(S_{n+1}) = P\{X_{n+1}=i \,|\, \pi(S_n)=\pi,\ a,\ Y_{n+1} = j\} = \frac{H_{ij} \sum_{e \in E} \pi_e \, p^a_{ei}}{\sum_{l \in E} H_{lj} \sum_{e \in E} \pi_e \, p^a_{el}}, \quad i \in E.$$

Die Abbildungen $T_i(\pi|j,a)$, $i \in E$, definieren eine Abbildung $T(\pi|j,a)\colon \Pi \to \Pi$ für jedes $j \in M$ und jedes $a \in A$.

$\pi(S_n)$, $n \in \mathbb{N}_0$, ist eine <u>suffiziente Statistik</u> für den Verlauf des partiell beobachtbaren Prozesses bis zum Zeitpunkt S_n (vgl. *Smallwood/Sondik* (1973)) und es ist die Markov-Eigenschaft erfüllt: Für jede meßbare Teilmenge $\Gamma \subset \Pi$ gilt:
$P\{\pi(S_{n+1}) \in \Gamma | \pi(S_0),\dots,\pi(S_n),a_n\} = P\{\pi(S_{n+1}) \in \Gamma | \pi(S_n),a_n\}$ (vgl. z.B. *Sawaragi/ Yoshikawa* (1970)).

Damit wird der partiell beobachtbare Markov-Entscheidungsprozeß zu einem vollständig beobachtbaren Markov-Entscheidungsprozeß mit überabzählbarem Zustandsraum Π.

Nach Sätzen von *Sawaragi/Yoshikawa* (1970), *Blackwell* (1965) und *Sondik* (1978) gibt es eine optimale Politik δ^*, die jedem $\pi \in \Pi$ eine Aktion $\delta^*(\pi) \in A$ zuordnet.

Numerische Verfahren für partiell beobachtbare Entscheidungsprozesse:
- *Smallwood/Sondik* (1983) für endlichen Planungshorizont und
- *Sondik* (1978) für unendlichen Planungshorizont mit Diskontierung.

Wesentliche **Nachteile** dieser Algorithmen:
- Sie berechnen nur Näherungslösungen.
- Sie funktionieren (auf Cyber-Anlage) nur für kleine Beispiele, z.B.: $|E|=3$, $|M|=2$, $|A|=4$.
- Für das Instandhaltungsproblem bei unvollständiger Information ist δ ist nur am Rand von π interessant.

4. Optimierung bei unvollständiger Information als Dynamische Optimierung mit Nebenbedingungen

Jeder Informationsvektor $\pi(t)$ des partiell beobachtbaren Entscheidungsprozesses mit überabzählbarem Zustandsraum enthält zusätzlich zum Beobachtungszustand $r \in M$ noch Wahrscheinlichkeiten dafür, in welchem der Kernzustände rx zum Beobachtungszustand r sich das System zum Zeitpunkt t befindet.
Läßt man jedoch diese zusätzliche Information unberücksichtigt und trifft die Entscheidung für eine Instandhaltungsaktion ausschließlich aufgrund des Beobachtungszustandes r, so führt das Problem bei unvollständiger Information auf eine Dynamische Optimierung mit Nebenbedingungen: $\Delta^2 = \{\delta \in \Delta \,|\, \delta_{rx} = \delta_{ry}$ für alle $rx, ry \in J\}$.
Eine Politik δ^2 heißt **zulässig**, wenn allen Kernzuständen rx zum Beobachtungszustand r dieselbe Aktion a_r zugeordnet wird.
Es liegt keine "klassische" Dynamische Optimierung vor, da sich Δ^2 nicht als kartesisches Produkt von Aktionen-Mengen darstellen läßt. Es stellt sich nun die Frage:
Wie ist hier $G(v^{\delta})$ zu wählen, wenn es im eingeschränktem Entscheidungsraum Δ^2 keinen gleichmäßig besten Wertevektor gibt?

Definition: Es sei $W \subset J$, $W \neq \{\ \}$, dann heißt $G(v^{\delta}) = \sum_{rx \in W} (v^{\delta})_{rx}$ **Wertesumme** zur Politik $\delta \in \Delta$.

Gesucht wird eine Politik $\delta^{2*} \in \Delta^2$ für die gilt: $G(v^{\delta^{2*}}) \geq G(v^{\delta^2})$ **für alle** $\delta^2 \in \Delta^2$.

Bemerkung: Es läßt sich zeigen, daß bei vollständiger Information dieses Summenoptimalitätskriterium mit dem Vektor-Optimalitätskriterium äquivalent ist.

Die Anzahl $|\Delta^2|$ der für das Problem bei unvollständiger Information über den Systemzustand zulässigen Politiken ist endlich und wesentlich kleiner als beim Problem mit vollständiger Information. Damit liegt ein diskretes Optimierungsproblem vor. Aber bei sehr kleinen Systemen wird eine vollständige Enumeration sehr aufwendig. Mit **Teilenumeration (Branch-and-Bound)** ist eine optimale Politik für die Dynamische Optimierung mit Nebenbedingungen schnell berechenbar:

Verzweigungsvorschrift:
Für einen Beobachtungszustand r mit $\varphi(r) = \varphi(r_1, \dots, r_k) = 1$, wird der bisherige Entscheidungsraum in Teilmengen aufgespaltet: In jeder Teilmenge wird eine der in r zulässigen Aktionen für jeden zu r gehörenden Kernzustände rx fest vorgeschrieben. Die Anzahl der erzeugten Teilmengen entspricht der Anzahl der in r zulässigen Aktionen.

Abschätzung der Wertesummen durch (obere) Schranken:
Es werden nur die durch Verzweigungen eindeutig festgelegten Aktionen in den Kernzuständen rx zu den bisher verzweigten Beobachtungszuständen r beachtet. Für alle anderen Kernzustände gibt es keine Beschränkung bei der Aktionsauswahl. Hiermit wird ein Entscheidungsraum geschaffen, für den ein gleichmäßig bester Wertevektor existiert, der durch Dynamische Optimierung ohne Nebenbedingung wie in Abschnitt 2 leicht berechnet werden kann. Die Wertesumme dieses gleichmäßig besten Wertevektors ist eine obere Schranke bzw. Abschätzung für alle durch die Verzweigungen erzeugten zulässigen Politiken.

Mit dieser Verzweigungsvorschrift und der Abschätzung ist ein Branch-and-Bound-Verfahren zur Dynamischen Optimierung mit Nebenbedingungen für das Instandhaltungsproblem bei unvollständiger Information vorgegeben. Die Berechnung ist jedoch noch sehr langsam, da ein sehr breiter Baum erzeugt werden muß.

Eine **Beschleunigung** des Verfahrens läßt sich aber erzielen, wenn die Wertesumme einer Politik $\delta^2 \in \Delta^2$ bekannt ist, d.h.: Mit Hilfe einer unteren Schranke für die Wertesumme der optimalen Politik aus Δ^2 kann in vielen Teilbäumen die Existenz einer optimalen Politik aus Δ^2 ausgeschlossen werden.
Die für diese untere Schranke verwendete Politik $\delta^2 \in \Delta^2$ sollte

- eine möglichst gute Näherung für die optimale Politik $\delta^{2*} \in \Delta^2$ sein und
- übereinstimmen mit der zum gleichmäßig bestem Wertevektor (bei der Berechnung der oberen Schranke) gehörenden Politik, falls diese zulässig d.h. $\in \Delta^2$ ist.

Ausgehend vom gleichmäßig bestem Wertevektor nach der Abschätzung ist eine Politik $\delta^2 \in \Delta^2$ mit diesen Eigenschaften schnell zu bestimmen (vgl. *Schneeberger* (1988)).

Der Algorithmus zur Dynamischen Optimierung mit Nebenbedingung soll an einem Beispiel erläutert werden.

5. Beispiel

Fünf Module seien als Brückensystem angeordnet. Jedes einzelne Modul habe die Struktur eines Parallel-, Serien- oder 2-von-3- Systems:
Die Auswechseldauer von Modul a sei 2-stufig Erlang-verteilt mit Parameter σ_a.
W := J.

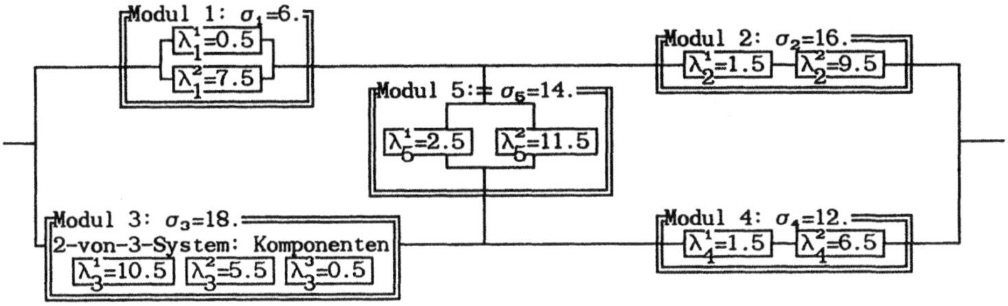

$|J| = 221$, $|\Delta^2| = 2304$.

Der Verlauf des Verzweigungsalgorithmus wird durch die Baumstruktur der erzeugten Knoten beschrieben. Angegeben werden für jeden Knoten

- die Reihenfolge des Generierens durch eine Nummer (┌1—),
- der zugehörige Entscheidungsraum (Z.B. ist in $\Delta_{(0040600000)}$ die Aktion a=4 bzw. a=5 für den 3. bzw. den 5. Beobachtungszustand mit mehr als einer möglichen Aktion fest vorgeschrieben. Für die Kernzustände zu anderen Beobachtungszuständen sind die Aktionen frei wählbar.),
- die obere Schranke und
- die untere Schranke zusammen mit der Politik δ^2, falls δ^2 keine kleinere Wertesumme hat als die bisher größte gefundene Wertesumme einer zulässigen Politik.

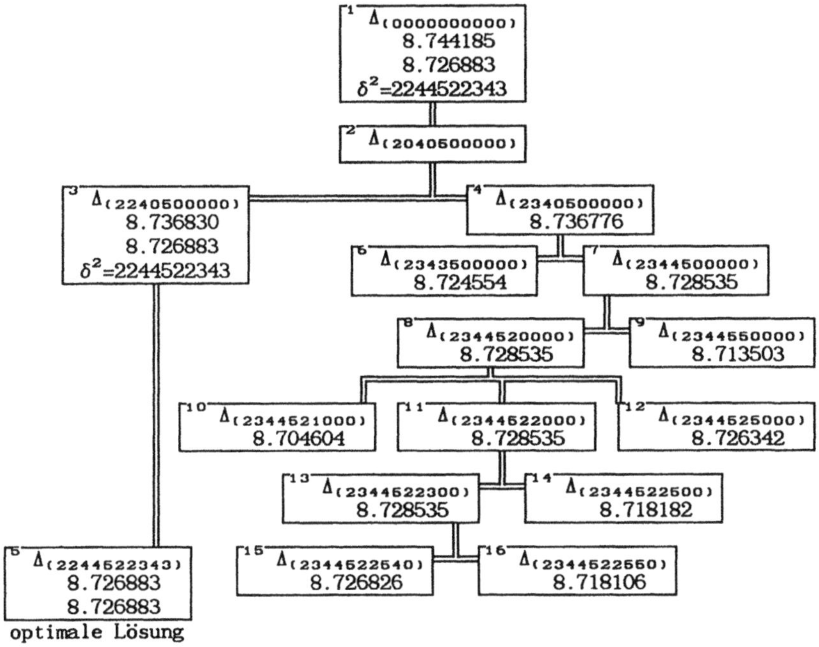

Dauer der Berechnung von δ^*: 0.36 und von δ^{2*}: 2.51 CPU-Sekunden.
Dauer der Berechnung der Übergangswahrscheinlichkeiten: 27.73 CPU-Sekunden.
Zur Berechnung der optimalen Politik werden 46 lineare Systeme gelöst; das sind 2% des Aufwands bei vollständiger Enumeration.

Literatur:

Blackwell, D., (*1965*). Discouted Dynamic Programming, Ann. Math. Stat., 36, 226-235.

Denardo, E.V., (*1982*). Dynamic Programming, Models and Applications, Prentice-Hall, Englewood Cliffs, New York.

Sawaragi, Y., Yosjikawa, T., (*1970*). Discrete-Time Markovian Decision Processes with Incomplete State Observation, Ann. Math. Stat., 41, 78-86.

Schneeberger, S., (*1988*). Optimale Instandhaltung für Systeme mit modularem Aufbau bei unvollständiger Information, Dissertation, Technische Universität München.

Smallwood, R., Sondik, E., (*1973*). The Optimal Control of Partially Observable Markov Prozesses over a Finite Horizon, Oper. Res., 21, 1071-1088.

Sondik, E., (*1978*). The Optimal Control of Partially Observable Markov Prozesses over the Infinite Horizon: Discounted Costs, Oper. Res., 26, 282-304.

White, D.J., (*1978*). Finite Dynamic Programming, John Wiley & Sons, Chincester etc.

NEW ALGORITHMS FOR CONCAVE MINIMIZATION PROBLEMS

Reiner Horst, Trier

Our aim is to find a global solution of the concave minimization problem

$$\text{glob min } f(x) \qquad (1)$$
$$\text{s.t. } g_i(x) \leq 0 \quad (i=1,\dots,m),$$

where $(-f)$, g_i $(i=1,\dots,m)$ are real-valued (finite) convex functions defined throughout $\mathbb{R}^n$. The feasible set

$$D = \{x \in \mathbb{R}^n : g_i(x) \leq 0 \quad (i=1,\dots,m)\} \qquad (2)$$

is assumed to be bounded.

Numerous applications from many different fields lead to concave minimization problems. In addition, several other difficult problems of interest in optimization can be transformed into equivalent concave minimization problems; examples are bilinear programs, linear complementarity problems, certain max–min problems and integer programs. Surveys of concave minimization and its various applications are given in [5, 16].

Previous approaches for solving (1) were either pure outer approximation algorithms or branch and bound procedures.

Outer approximation algorithms were proposed in [2, 17, 18, 19]. A recent general theory of outer approximation in global optimization can be found in [17, 18]. Numerical issues are discussed in [11, 14]. Branch and Bound algorithms were presented in [3, 4, 6, 20, 22]. A general theory of branch and bound in global optimization is developed in [6, 7, 8, 15, 21]. Numerical results can be found in [11, 23].

Both approaches are numerically expensive. Outer approximation methods require, in each step, the determination of all new vertices of a polytope $\overline{P}$ generated from a polytope P by a cut. Branch and bound methods with computationally cheap bounding operations are not very efficient, others involve expensive subproblems which are either similar to those in outer approximation or else require to solve convex programs in each step (cf. [3, 4, 5, 16, 20, 22]).

It is the purpose of this talk to present a new algorithm for solving (1) that, by appropriately combining outer approximation and branch and bound elements, requires only line searches and linear programming subproblems ([1, 13]). First numerical tests indicate that this approach is considerably more efficient than previous ones. Moreover, it will be shown how this approach can be applied to solve typical large scale problems. Finally, an extension to solving general reverse convex programs by a sequence of linear programs is addressed.

A comprehensive treatment of the state-of-the-art in concave minimization and related fields can be found in the forthcoming monograph [16].

References

[1] H.P. Benson and R. Horst, "A branch and bound-outer approximation algorithm for concave minimization", to appear 1990 in Computers & Mathematics with Applications.

[2] K.L. Hoffman, "A method for globally minimizing concave functions over convex sets", Mathematical Programming 20 (1981), 22–32.

[3] R. Horst, "An algorithm for nonconvex programming problems", Mathematical Programming 10 (1976), 312–321.

[4] R. Horst, "A note on the convergence of an algorithm for nonconvex programming problems", Mathematical Programming 19 (1980), 237–238.

[5] R. Horst, "On the global minimization of concave functions: Introduction and Survey", Operations Research Spektrum 6 (1984), 195–205.

[6] R. Horst, "A general class of branch and bound methods in global optimization with some new approaches for concave minimization", Journal of Optimization Theory and Applications 51 (1986), 271–291.

[7] R. Horst, "Deterministic global optimization with partition sets whose feasibility is not known. Application to concave minimization, d.c. programming, reverse convex constraints and Lipschitzian optimization", Journal of Optimization Theory and Applications 58 (1988), 11–37.

[8] R. Horst, "On consistency of bounding operations in deterministic global optimization", Journal of Optimization Theory and Applications 61 (1989), 143–146.

[9] R. Horst, "Deterministic global optimization: some recent advances and new fields of applications", to appear in Naval Research Logistics.

[10] R. Horst, T.Q. Phong and N.V. Thoai, "On solving general reverse convex programming problems by a sequence of linear programs and line searches, submitted.

[11] R. Horst and N.V. Thoai, "Modification, Implementation and Comparison of three algorithms for globally solving linearly constrained concave minimization problems", Computing 42, (1989), 271–289.

[12] R. Horst and N.V. Thoai, "Conical algorithms for the global minimization of linearly constrained large–scale concave minimization problems", submitted.

[13] R. Horst, N.V. Thoai and H. Benson, "Concave minimization via conical partitions and polyhedral outer approximation", to appear in Mathematical Programming.

[14] R. Horst, N.V. Thoai and J. de Vries, "On finding new vertices and redundant constraints in cutting plane algorithms for global opti–mization", Operations Research Letters 7 (1988), 85–90.

[15] R. Horst and H. Tuy, "On the convergence of global methods in multi-extremal optimization", Journal of Optimization Theory and Applications 54 (1987), 253–271.

[16] R. Horst and H. Tuy, "Global optimization: deterministic methods", Textbook, to appear in Springer, Berlin–Heidelberg–New York–Tokyo.

[17] R. Horst, N.V. Thoai and H. Tuy, "Outer approximation by polyhedral convex sets", Operations Research Spektrum 9 (1987), 153–159.

[18] R. Horst, N.V. Thoai and H. Tuy, "On an outer approximation concept in global optimization", Optimization 20 (1989), 255–264.

[19] T.V. Thieu, B.T. Tam and V.T. Ban, "An outer approximation method for globally minimizing a concave function over a compact, convex set", Acta Mathematica Vietnamica 8 (1983), 21–40.

[20] N.V. Thoai and H. Tuy, "Convergent algorithms for minimizing a concave function", Mathematics of Operations Research 5 (1980), 556–566.

[21] H. Tuy and R. Horst, "Convergence and restart in branch and bound algorithms for global optimization. Application to concave minimization and d.c. optimization problems", Mathematical Programming 41 (1988), 161–183.

[22] H. Tuy, T.V. Thieu and N.Q. Thai, "A conical algorithm for globally minimizing a concave function over a closed convex set", Mathematics of Operations Research 10 81985), 498–514.

SIMULTANEOUS NONLINEAR LEARNING CURVE ESTIMATION

Thomas R. Gulledge, Jr.
M. Murat Tarimcilar
Norman Keith Womer
Fairfax, Virginia

Over the years, it has been demonstrated repeatedly [Gulledge and Womer (1986)] that the learning curve is not appropriate for modeling variable cost in made-to-order production programs unless production rate is constant. The effects of production rate changes are not considered in models which employ only learning curve techniques, even though the theoretical foundations for investigating production rate impacts on costs have been considered by economists for many years. These learning curve models consider cumulative output to be the most important cost determinant. After Alchian (1959) implicitly combined a learning curve hypothesis with economic theory in a study related to military airframes, research has appeared that integrates the approaches [Rosen (1972), Washburn (1972), Womer (1979), Womer and Gulledge (1983), Gulledge and Womer (1986)]. Most of these studies are based on production models that are continuous in both time and output rate. The model presented in this paper considers the number of units being produced as a discrete variable within a multistage optimization problem framework.

THEORETICAL MODEL

Production problems are often presented as multistage optimization problems where the stages are defined by time. The problem is usually formulated with time entering the model as a discrete variable, but the decision variables are usually continuous. In contrast to this approach, this paper considers a discrete production function where required resources depend on both production rate and cumulative output. In this regard, this paper presents an application of previously presented theoretical models [Gulledge, et al. (1985) and Womer, et al. (1986)].

The production rate for each unit is given as

$$q_i = A\, x_i^{1/\gamma}\, (i)^{\delta}, \tag{1}$$

and the corresponding resource requirement function is

$$x_i = A^{-\gamma}(t_i)^{-\gamma}\, (i)^{-\delta\gamma}. \tag{2}$$

Furthermore, instead of output rate q_i, this model considers its inverse t_i, the time required to produce unit i.

The variables and parameters in equation (2) are defined as follows:

t_i = time required to produce unit i,

x_i = variable resources required to produce unit i,

i = production unit sequence number,

γ = a parameter that characterizes returns to the variable resources,

δ = a learning parameter, and

A = a constant.

Notice that for constant t_i, equation (2) is a learning curve. However, as previously noted, t_i is <u>not</u> constant for most made-to-order production programs.

Consider a firm with the objective of producing V units at a minimum cost over a finite time horizon, T, and subject to the resource requirement function of equation (2). The corresponding dynamic programming problem may be stated as:

$$\text{Min } C = \sum_i x_i \tag{3}$$

$$\text{s.t.: } x_i = A^{-\gamma}(t_i)^{-\gamma}\,(i),^{-\delta\gamma} \tag{4}$$

$$T_0 = 0, \tag{5}$$

$$T_V = T. \tag{6}$$

In this problem T is the total time required to build V units, and T_i is the date of production of unit i. This problem has stage transformation functions

$$\begin{aligned} T_0 &= T_1 - t_1, \\ T_1 &= T_2 - t_2, \\ &\;\;\vdots \\ T_{V-1} &= T_V - t_V. \end{aligned} \tag{7}$$

The above dynamic programming problem may be solved recursively at each stage. Note that this formulation describes the dynamic nature of the problem, but it has as many stages as the number of units to be produced, therefore, as V increases the solution becomes more computationally time consuming.

This problem may also be written in the following form, a form that leads to a simple solution:

$$\text{Minimize} \quad C = \sum_{i=1}^{V} A^{-\gamma}(t_i)^{\gamma}\,(i)^{\delta\gamma} \tag{8}$$

$$\text{s.t.:} \quad \sum_{i=1}^{V} t_i = T_V, \tag{9}$$

$$t_i \geq 0 \qquad i=1,.., V. \tag{10}$$

The solution proceeds as follows. Define the Lagranqian function as

$$L = \sum_{i=1}^{V} - A^{-\gamma}\,(t_i)^{-\gamma}\,(i)^{-\delta\gamma} + \lambda(T_V - \sum_{i=1}^{V} t_i), \tag{11}$$

and following Nemhauser (1966), the first-order conditions are

$$\frac{\partial L}{\partial t_i} = \gamma A^{-\gamma} (t_i)^{-(\gamma+1)} (i)^{-\delta\gamma} - \lambda = 0 \qquad (12)$$

for i=1,...,V. The objective function is convex as long as $\gamma > 0$. Therefore, the second-order conditions are satisfied for a minimum for positive γ values.

The solution of the first-order conditions yields the time required to produce each unit,

$$t_i = [\, (\lambda/\gamma)\ A^{\gamma}\ (i)^{\delta\gamma}],^{-1/(\gamma+1)} \qquad (13)$$

and using equation (9)

$$\sum_{i=1}^{V} t_i = \sum_{i=1}^{V} [(\lambda/\gamma)\ A^{\gamma}\ (i)^{\delta\gamma}]^{-1/(\gamma+1)} = T_V. \qquad (14)$$

Equation (14) may be solved for λ as

$$\lambda = T_V^{-(\gamma+1)} \{\sum_{i=1}^{V} [\gamma^{-1} A(i)^{\delta\gamma}]^{-1/(\gamma+1)}\}^{\gamma+1}. \qquad (15)$$

This implies that

$$t_i = T_V (i)^{-\delta\gamma/(\gamma+1)} / [\sum_{i=1}^{V} (i)^{-\delta\gamma/(\gamma+1)}]. \qquad (16)$$

Equations (2) and (16) are the basic cost estimating relationships for this model. Through t_i the model explicitly considers the impact of production rate, and the optimum production rate (or time required to produce) for unit i that minimizes the total cost of the production program is generated by equation (16). The output from equation (16) may be used in equation (2), the optimal learning curve.

ESTIMATION STRATEGY AND DATA

First, it is noted that the estimation problem can not be trivialized by assuming that the contractor exactly optimizes production rate. If equation (16) is substituted into equation (2), t_i is eliminated; but the parameters in the resulting expression are not estimable. The parameters are ill-defined due to model degenaracy [see Bard (1974), Section 7.18]. Data on t_i are required in order to obtain the parameter estimates.

Data from the C141 airframe program are used to estimate the parameters of the model and to illustrate its results. The 284 units were produced in 12 production lots. The delivery schedule for each aircraft by month and the direct man hours for each lot are reported by Orsini (1970). Unfortunately, direct manhours are not available by airframe for the C141. Thus, direct manhours for the 12 production lots are used as the dependent variable. To describe these data, equation (18) is summed over the aircraft in lot j to yield

$$X_j = \sum_{i \in L_j} x_i = \beta_0 \sum_{i \in L_j} (t_i)^{-\gamma}(i)^{-\delta\gamma} \tag{17}$$

where L_j is the set of aircraft in lot j.

The assumptions of our approach to estimation are consistent with those of the optimization problem. That is, we assume that the data generated from the C141 program are the result of plans made with the goal of efficient production. As a result, t_i is not an exogeneous variable in equation (17) and the estimation procedure used should recognize the simultaneity of equations (17) and (2).

The parameters, in this study, are estimated recursively. We also formulated a full information maximum likelihood estimation procedure along the lines of Beauchamp and Cornell (1966). When applied to the C141 data, this procedure estimates an insignificant co-variance between the error terms of equations (16) and (17), thus justifying the recursive approach. The estimation is carried out by reparameterizing equation (16) and adding an error term as

$$t_i = T_V \,(i)^{-\beta_1} / [\sum_{i=1}^{V} (i)^{-\beta_1}] + u_i \tag{18}$$

where $\beta_1 = \delta\gamma/(\gamma+1)$.

An estimate for β_1 is found by applying nonlinear least squares to equation (18). This estimation does not provide separate estimates of the factor returns parameter, γ, and the learning parameter, δ ; therefore equation (17) is reparameterized to benefit from the result of the first-stage estimation. That is, $\delta\gamma$ is replaced by $\beta_1(\gamma+1)$ in equation (17) and an error term is added to give

$$X_j = \beta_0 \sum_{i \in L_j} (t_i)^{-\gamma}(i)^{-\beta_1(\gamma+1)} + \varepsilon_j \tag{19}$$

The following sequence of steps outlines the estimation procedure.

1. Estimate β_1 in equation (18) using nonlinear regression.
2. Use the estimate of β_1 from step one to estimate equation (19).
3. Estimate β_0 and γ in equation (19) using Gallant's (1968) method for estimating learning curve parameters from lot data.
4. Use the estimates from step 3 for resource predictions.

ESTIMATION RESULTS AND SENSITIVITY ANALYSES

First, the estimation results for both stages are presented and compared with the actual data. In the first stage, the 284 t_i values are used as the dependent variable in the estimation of β_1 in equation (18). The SSE function is strictly convex and reaches a minimum at β_1 = .4859. Both the predicted and actual t_i values are presented in Figure 1. In this figure the smooth broken line represents the predicted t_i values where the more variable solid line represents the actual t_i values.

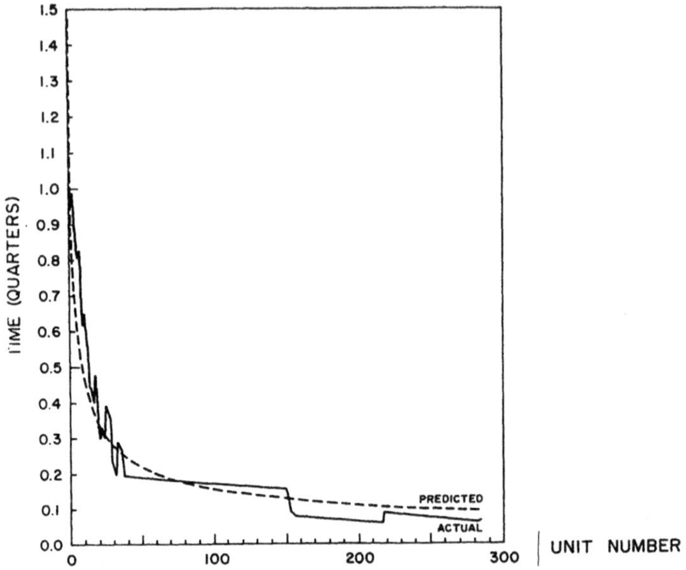

Figure 1 Predicted and Actual Values for the Time Required to Produce Each Unit.

In the second stage of the estimation process the predicted t_i values from the first stage are inserted into equation (19). A contour plot of the SSE function for the second-stage estimation is presented in Figure 2. Again, the strictly convex SSE function has a positive impact on model stability. The values of the estimated parameters and their standard errors for the first and second stages are presented in Table 1.

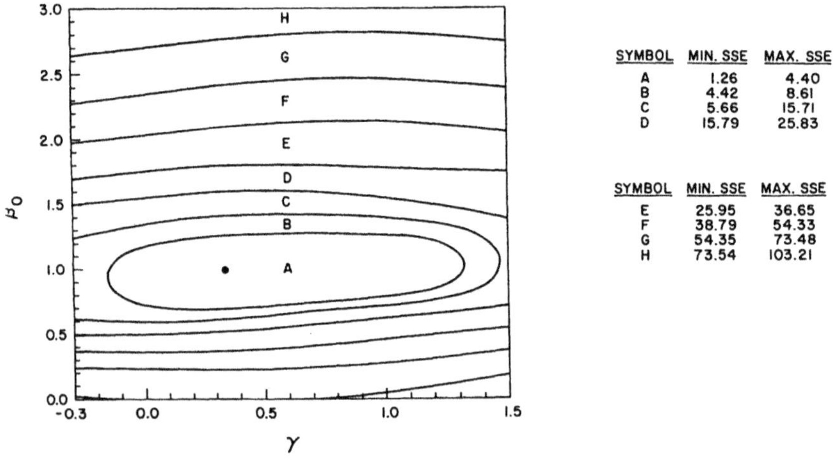

Figure 2 Contour Plot of the Error Sum of Squares Function for the Parameter Estimation in Equation (19).

TABLE 1

Estimation Results for the Two-Stage Recursive Estimation

Parameter	Estimate	Standard Error
β_1	0.48591	0.00720
β_0	0.97883	0.05894
γ	0.33716	0.14445

The estimated values from the regression are consistent with a 67% learning curve slope. All of the parameter estimates are significantly different from zero, implying that both production rate and cumulative output are important cost determinants. The results are certainly plausible and agree with a priori expectations.

Direct manhour estimates obtained from the model are compared with the actual values in Figure 3. In this figure, the actual and predicted average lot costs are plotted against the estimated lot midpoints. It is observed that the model accurately tracks the variability in the actual values, particularly in the middle lots. These middle lots were produced during a period when there was variability in the annual procurement quantities, and thus production rate.

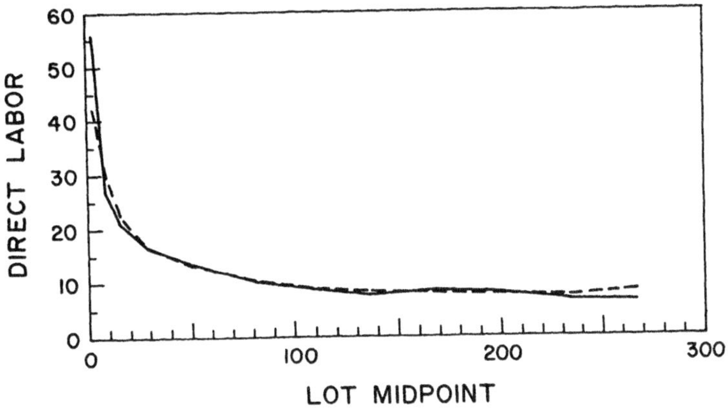

Figure 3 Plot of Predicted Lot Costs Versus Actual Data.

Since the standard learning curve assumes constant production rate, it is impossible to use the learning curve to model this scheduled variability. The inadequacies of the learning curve for modeling production rate changes are demonstrated by Gulledge, et.al. (1987).

CONCLUSION

The objective of this study was to develop, test and illustrate a new approach for predicting resource requirements for made-to-order production programs. To attain the objective a discrete dynamic programming model was specified. The model integrates two important cost determinants: production rate and learning. The estimation results indicate that this model is capable of providing cost predictions when within-lot production rate is variable.

REFERENCES

Alchian, A.A. "Costs and Outputs." In The Allocation of Economic Resources, Edited by Moses Abramovitz. Stanford, California: Stanford University Press, 1959.

Bard, Y. Nonlinear Parameter Estimation. New York: Academic Press, 1974.

Beauchamp, J.J. and Cornell, R.G. "Simultaneous Nonlinear Estimation." Technometrics, Vol. 8 (1966), 319-326.

Gallant, A.R. "A Note on the Measurement of Cost/Quantity Relationship in the Aircraft Industry." Journal of American Statistical Association, Vol. 63 (1968), 1247-52.

Gulledge, T.R., Jr.; Womer, N.K.; and Tarimcilar, M.M. "A Discrete Dynamic Optimization Model for Made-to-Order Cost Analysis." Decision Sciences, Vol. 16 (1985), 73-90.

Gulledge, T.R., Jr. and Womer, N.K. The Economics of Made-to-Order Production. Berlin: Springer-Verlag, 1986.

Gulledge, T.R., Jr., Womer, N.K.; and Camm, J.D. "Learning and Production Costs: An Application of a Cost Prediction Model to a Fighter Airframe Program." In Recent Developments in Production Economics, Edited by R.W. Grubbström and H.H. Hinterhuber. Amsterdam: Elsevier, 1987.

Nemhauser, G.L. Introduction to Dynamic Programming. New York: John Wiley and Sons, 1966.

Orsini, J.A. "An Analysis of Theoretical and Empirical Advances in Learning Curve Concepts Since 1966," unpublished Masters Thesis, Air Force Institute of Technology, 1970.

Rosen, S. "Learning By Experience As Joint Production." Quarterly Journal of Economics, Vol. 866 (1972), 366-82.

Washburn, A.R. "The Effects of Discounting Profits in the Presence of Learning in the Optimization of Production Rates." AIIE Transactions, Vol. 4 (1972), 205-13.

Womer, N.K.; Gulledge, T.R., Jr.; and Tarimcilar, M.M. "A Comparison of Several Dynamic Programming Models of the Made-to-Order Production Situation." Operations Research Letters, Vol. 5 (1986), 87-92.

Womer, N.K. and Gulledge, T.R., Jr. "A Dynamic Cost Function for an Airframe Production Program." Engineering Costs and Production Economics, Vol. 7 (1983), 213-27.

Womer, N.K. "Learning Curves, Production Rate, and Program Costs." Management Science, Vol. 25 (1979), 312-19.

ABOUT THE DEVELOPMENT OF INTEGRATED SOFTWARE-SYSTEMS FOR MATHEMATICAL PROGRAMMING

Manfred Grauer , Siegen

Abstract

The development of mathematical programming systems will be analysed from the view point of users who are interested in problem solving with computer assistance These users need fast and robust support in practical decisions. They are neither computer experts nor specialists in mathematical programming.
We will point out how advanced software and computer systems can provide assistance in problem formulation, its management, solution and interpretation of results. We will mainly concentrate on systems with the WYSIWYG-(what you see is what you get)-concept and systems for nonlinear programming problems. The main idea is to use the object-oriented paradigm of computer languages for the design of the user interface.
For the class of nonlinear problems the questions of sequential and parallel use of optimization algorithms for the single and multiple criteria case, the use of symbol-processing for obtaining derivatives and knowledge-based choice of algorithms are investigated. As an example a prototype of the mathematical programming system OpTiX for micro- and minicomputers is presented.

1.Introduction

In the last few years computer users in general have changed from computer and/or mathematical programming experts to people who are interested in problem solving with computer assistance. In the same way computer-user interaction has changed from punch cards, over line-oriented terminals and technical oriented commands to graphic displays with sophisticated window-or desktop interfaces.
In this paper we will outline the development of integrated software-systems for mathematical programming concentrating on the design of the man-machine interface and not so much on numerical features of specific algorithms. To do this analysis we make the assumption that a real world problem solving task using mathematical programming can be divided into the following steps:

(I) Recognition of the original problem to be solved,
(II) Identifying the programming method/technique to be used for solution,
(III) Formulating the mathematical programming problem representation of the original problem,
(IV) Linking the problem parameters and structure to data values and operations,
(V) Solving the mathematical programming problem and
(VI) Interpretation of the numerical results in the context of the original problem.

Most of the research up to now is concentrated on step (V) to the development of efficient computational algorithms. In order to improve the quality of the underlying decision processes it is necessary to pay more attention to the remaining five steps as well. We will analyze (section 2) programming problems with specific structure which are determined by their data-structures. Linear programming problems belong to this class. Our

Operations Research Proceedings 1989

analysis is based on existing industrial and academic systems. In the next sections (section 3, 4, 5) we will discuss the design, the implementation and the use of integrated software for the general nonlinear case. To test our design concept we are building a prototype system, OpTiX, which runs on mini- and microcomputers. This system is presented and used as example in the corresponding sections.

2.Mathematical programming problems with specific structure

In this section we will concentrate on the following problem classes:

(LP) $\{ \min z(\mathbf{x}) \mid z = \mathbf{c}^T\mathbf{x}, \mathbf{A}\,\mathbf{x} \leq \mathbf{b}, \mathbf{x} \geq \mathbf{0}, \mathbf{x}\text{-real} \}$,

(IP) $\{ \min z(\mathbf{y}) \mid z = \mathbf{c}^T\mathbf{y}, \mathbf{D}\,\mathbf{y} \leq \mathbf{b}, \mathbf{y}\text{ - integer} \}$,

(MIP) $\{ \min z(\mathbf{x},\mathbf{y}) \mid z = \mathbf{c}^T\mathbf{x} + \mathbf{d}^T\mathbf{y}, \mathbf{A}\,\mathbf{x} + \mathbf{D}\,\mathbf{y} \leq \mathbf{b}, \mathbf{x} \geq \mathbf{0}, \mathbf{x}\text{-real}, \mathbf{y}\text{-integer} \}$ and

(QP) $\{ \min f(\mathbf{x}) \mid f(\mathbf{x}) = 1/2\, \mathbf{x}^T \mathbf{C}\, \mathbf{x} + \mathbf{c}^T \mathbf{x}, \mathbf{A}\,\mathbf{x} \leq \mathbf{b}, \mathbf{x}\text{-real} \}$

These mathematical programming problems have the feature that by defining the corresponding datatypes of the variables **x**, **y** like real or integer or arrays for the matrices **A, B, C** or the vectors **c**, **b** a unique computer internal representation of the structure of the problems to be solved is given. By linking values to datafiles the whole problem is determined and can be solved. Because of this feature in model management we call the above problem classes as problems with specific structure. The most famous representative of those data-structures is the socalled "MPS-file". This file is output of step (IV) and serves as problem-input to step (V). In linear programming systems the MPS-file are produced either by matrix-generators, or user programmed codes in FORTRAN or PL/I or by hand, using an editor. Further progress for small and medium size problems can be expected by using spread-sheet-techniques in modelling. This will be the case in the support of operational decisions for a large number of small scale business applications.

Other systems which support partly the steps (III) and (IV) are REDUCE, PRESOLVE, ANALYZE [Greenberg 83] and GAMS [Bisshop 82]. These systems are mostly based on the idea of a modelling-language which the user has to learn.

Step (VI) of our classification is supported in the current systems by report writers, analysis systems and sometimes with graphics. Examples of powerful systems of this type are MPSX/370, MPS3, APEX, SCICONIC (running on mainframes) and [Suhl 88], LINDO or LP90 (running on minis and/or micros).

A detailed analysis of those software-systems on micros for the problem classes (LP), (IP) and (MIP) is given in [Sharda 88] and [Wasil 89]. The development and application aspects of those systems running on mainframes are discussed in [Spielberg 88] and in [Williams 85].

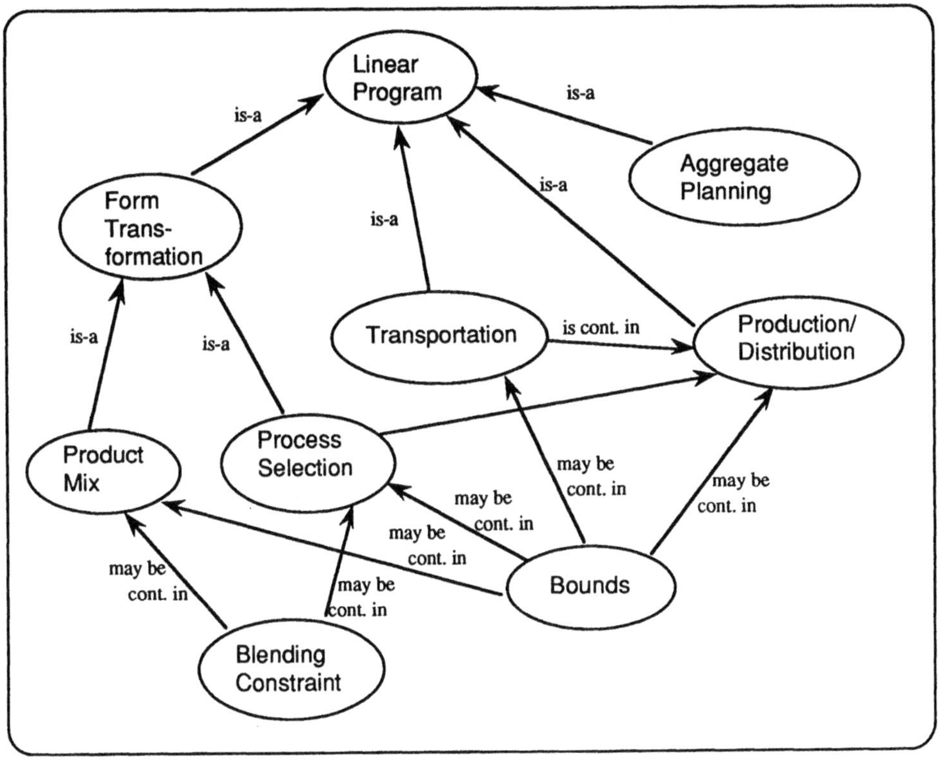

Figure 1: Knowledge in linear programming presented as a semantic net of templates as used in LPFORM [Murphy 88].

A tendency to integrate database management and graphics (step (II)) into the software-systems is in large companies like in oil-processing industry (see [Palmer 84]) underway. A more general and very promising approach seems to be to support the problem formulation (III) using knowledge processing. An example of such an intelligent system that assists in model building is LPFORM ([Stohr 88], [Murphy 88]). The domain-specific knowledge used in LPFORM is that of the nature of linear programming, consisting of physical actions of transforming inputs into outputs. There are three basic transformations: transformations in space, time and form [Murphy 88]. This leads to a knowledge representation as a semantic net presenting a network of relationships among entities (see Figure 1). An approach like used in LPFORM allows to include the user in the problem formulation and by that into the decision process.

3. General nonlinear programming problems

The main emphasis here is placed on the solution of general mathematical programming problems, e.g. nonlinear. We are concerned with the solution of a nonlinear problem in its general form:

(NLP) $\{ \min f(\mathbf{x}) \mid \mathbf{g}(\mathbf{x}) \le \mathbf{0}, \mathbf{x}\text{-real} \}$.

This type of problem cannot be computer-internally represented by only giving a data structure and assigning values. This is because the functions f(**x**) and **g**(**x**) are of general algebraic nature or even computer codes. So in addition to datatypes and their values all possible operations have to be determined in step (IV) of section 1 for a unique problem description. This means that the problem transformation into the input to the problem solver in step (V) has to be organized either by interpretation or compilation like in computer languages to produce the internal problem description. This question will be further investigated in section 4 when presenting OpTiX.
We will now shortly discuss the question of the solution algorithms, e.g. step (V), as the kernel of each integrated system. Despite hundreds of testproblems and detailed studies (to mention only a few [Collville 68], [Himmelblau 72], [Schittkowski 80], [Golden 86]) there is no one algorithm which solves all the possible nonlinear problems best. Currently famous available nonlinear programming systems like MINOS, GINO or OPTPACK uses one solution method. In order to solve a broad class of problems of the above mentioned type the best current strategy seems to combine several methods which deal with most of the possible characteristics of these problems ([Schittkowski 88], [Grauer 89a]).
To cope with the multiplicity of solutions (multimodality, global convergence) of the problem we included a Scanning technique and the Adaptive Random search algorithm (see Figure 3) into the system. To deal with nondifferentiability, a direct search method the Polytop-algorithm, has been included. One can generally assume that, in the vincinity of the solution, the constraints and the objective function are smooth. In this case, and if in addition the problem is convex, then a quadratic approximation of the programming problem is the best model for a solution procedure. The literature and own experiences suggest that then algorithms such a Sequential Quadratic Programming (SQP) and Generalized Reduced Gradients with Active Constraints (GRG-AC) are most effective. Both of these algorithms are included in the library of available nonlinear programming tools for our system. Currently the switch between different methods is userdriven. A knowledge base is under development which either gives advice as when to switch, or does it automatically.

4. The concept of I^3-Software and its implementation

The questions of designing a corresponding interface for general nonlinear problem solution are investigated now in some more detail. The main paradigm here is to use the "WYSIWYG" -(What Your See Is What You Get) - concept from desktop-publishing in combination with features of an object-oriented computer language (see [Grauer 89] for more details). The Smalltalk System [Goldberg 84] incorporates such a combination with a graphic user interface and various programming tools such as a debugger and a system-browser. This type of man-machine interaction was taken as the model when developing the system OpTiX [Grauer 89b] for general nonlinear programming problems. This concept of user interaction together with an interactive approach for the multiple-criteria case (see [Grauer 89a]) stands for the first "I^1" (interactive).

In addition to this, the integration of several different nonlinear programming methods as discussed in the previous section with a syntax-controlled editor stands for the second "I^2" (integrated). On the other hand the system is designed to combine symbolic and numeric methods. For instance, the derivatives are obtained analytical before the numerical treatment is started or a knowledge-base is under development for the choice of the most efficient combination of nonlinear programming techniques during a solution run ("I^3"-intelligent).

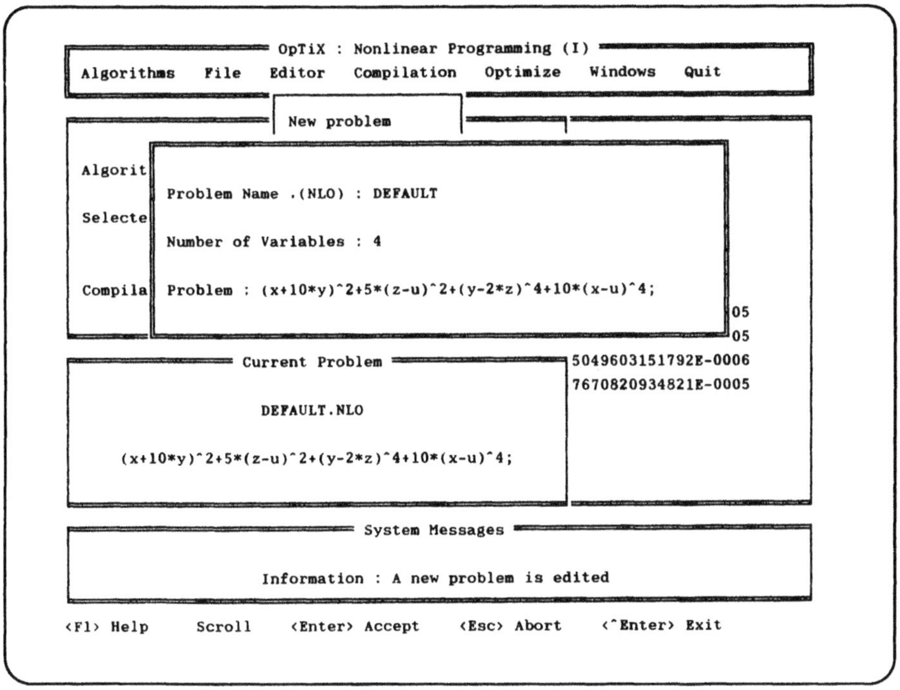

Figure 2: Problem formulation (step III) with OpTiX vers. 2.p [Grauer 89b] on a microcomputer

The system OpTiX exists in two versions based on the two principal possibilities of problem treatment by computers.: (1) the compilation of the problem (OpTiX vers. 2.p see also Figure 2) and (2) the interpretation of the problem (OpTiX vers. 1.c see also Figure 3).

Both versions of OpTiX consist of a window interface, a context-free language for problem definition and a combination of the above mentioned algorithms. Figure 2 which is a hardcopy from a compatible PC under MS/DOS shows the problem formulation step (III) and in the output-windows with data from a testrun. This version of OpTiX is programmed in PASCAL 5.0 and compiles the problem. Figure 3 presents the version of OpTiX under UNIX on a SUN-computer which interprets the problem. It is written in the language C.

Although we know that most engineering and commercial applications are written in FORTRAN or COBOL we decided however to use the language C for the reason that C is generally accepted as the fastest high level language necessary for a comfortable user interface. Secondly a system written in C has a high level of portability and flexibility. Furthermore, some of the software tools like LEX (scanner-generator) and YACC (parser-generator) which are needed for the design of the problem formulation step (III) can only be used in combination with C or the operating system UNIX respectively.

An integrated software-system like the one discussed here would support in the general nonlinear case the steps (III) to (V) and partly (VI) as given in section 1.

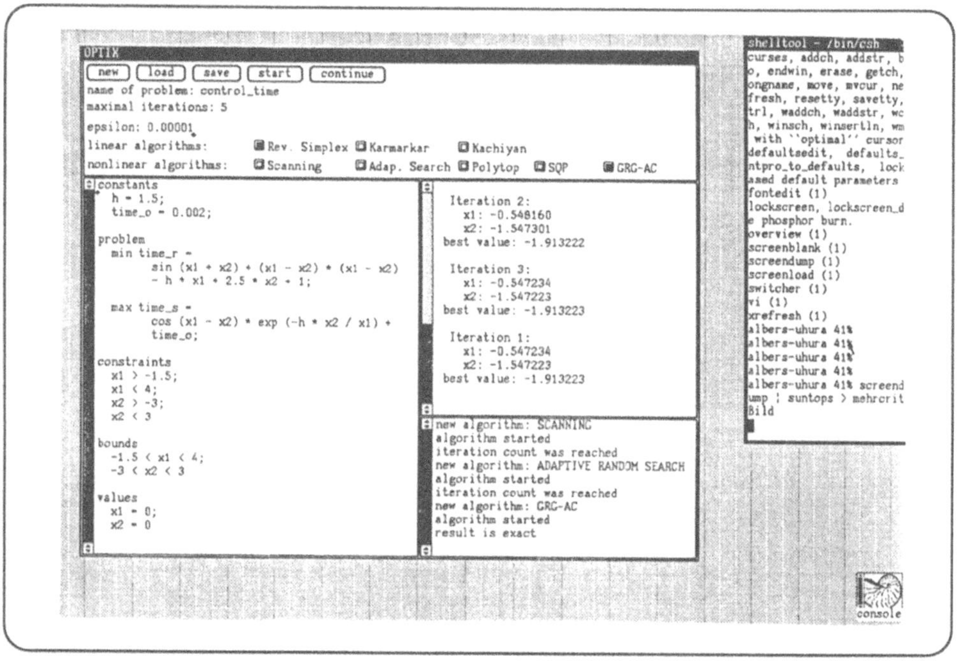

Figure 3: Formulation of a nonlinear multiple criteria problem (step III) and analysis of nondominated solutions (step V) with OpTiX vers. 1.c on a SUN-computer [Grauer 89a]

5.The use of I^3-Software

We will demonstrate the use of the integrated software-system OpTiX here by an interactive analysis of a multiple criteria (vector-valued) nonlinear programming problem. As one can see in Figure 3 the user has in the problem description window two objective functions formulated. The system treats the problem automatically as a multiple criteria one, transforms it into a single criterion problem (here by the socalled reference point method [Grauer 89a]) and solves it numerically using the presented (section 3) methods.

Further industrial applications of OpTiX are underway. To get fast and robust nonlinear programming solutions in this case we experiment with a multiprocessorsystem. The concept behind is to study different types of distributed problem solutions approaches. The same problem will be solved by several algorithms and heuristics on dedicated processors (clients). Based on the client-server approach these processes are controlled by a server which also organizes the information exchange between the parallel solution processes.

6. Conclusions

The future development of integrated software systems and their use in decision processes seems to go along two main lines:

(1) Improvements in the steps (I) to (IV) and (VI) based on the use of results from computer sciences like Artificial Intelligence and the development of object-oriented computer languages. This would allow to use vague knowledge about problem structures and to build up more complex and comfortable software-systems.

(2) Development of new and more efficient algorithms as a subject in numerical analysis and the use of parallel-processing [Lootsma 89]. Multiprocessorsystems would allow a parallel and sequential use of different algorithms and heuristics for one problem. This is obvious for the nonlinear case but also interesting to combine in the linear case seeing that the simplex method and the interior point method have their advantages [Gill 88].

References

BISSHOP, J. (1982), MEERAUS, A.: "On the Development of a General Algebraic Modeling System in a Strategic Planning Environment", Math. Prog. Study, 20, 1-29

COLLVILLE, A. (1968): "A Comparative Study of Nonlinear Programming Codes", Report 320-2949, IBM New York Scientific Center, 1968

GILL, Ph.E. (1988), Murray, W., Saunders, M.A.: "Interior-Point Methods for linear Programming: A Challenge to the Simplex Method", Technical Report SOL 88-14, Dep. of OR, Stanford University

GOLDBERG, A. (1984): "Smalltalk 80: The interactive programming environment", Addison-Wesley Publishing Company, Reading, 1984

GOLDEN, B.L. (1986), Wasil, E.A.: "Nonlinear programming on a microcomputer", Computer & O.R., Vol. 13, No. 2/3, 1986, pp. 149-166

GRAUER, M. (1989a), Albers, St., Frommberger, M.: "Concept and first Experiences with an object-oriented Interface for Mathematical Programming", in: "Impacts of Recent Computer Advances on Operations Research", Sharda, R., Golden, B.L., Wasil, E., Balci, O., Stewart, W. (Eds.), Elsevier Science Publ. Co., 1989

GRAUER, M. (1989b): "Nonlinear Programming (I) with OpTiX", User-manual, Nov. 1989

GREENBERG, H. (1983): "A functional Description of ANALYZE: A Computer-Assisted Analysis System for Linear Programming Models", ACM TOMS 9, 18-56

HIMMELBLAU, D. (1972): "Applied Nonlinear Programming", McGraw-Hill, New York 1972

LOOTSMA, F.A. (1989): "Parallel non-linear optimization", Report of the Faculty of Technical Mathematics and Informatics, Nr. 89-45, Delft University of Technology

MURPHY, F.H. (1988): "A Knowledgebase for Formulating Linear Programs", pp. 451-470, in: "Mathematical Models for Decision Support", Mitra, G.(Ed.), NATO ASI Series, Vol. F48, Springer-Verlag 1988

PALMER, K.H. (1984), Boudwin, N.K., Patton, H.A., Rowland, A.J., Sammes, J.D. and Smith, D.M.: "A model management framework for mathematical programming". An Exxon monograph. John Wiley & Sons. Inc. New York, 1984

SCHITTKOWSKI, K. (1980): "Nonlinear Programming Codes. Information, tests, performance", in: Lecture Notes in Economics and Mathematical Systems, Vol. 183, Springer-Verlag 1980

SCHITTKOWSKI, K. (1988): "EMP - An Expert System for Mathematical Programming", in: "Optimization, Parallel Processing and Applications", Springer-Verlag 1988

SHARDA, R. (1988): "Mathematical Programming on Microcomputers: Directions in Performance and User Interface", in: "Mathematical Models for Decision Support", Mitra, G. (Ed.), pp. 279-294, NATO ASI Series, Vol. F48, Springer-Verlag 1988

SPIELBERG, K. (1988): "Entwicklungstendenzen in der Mathematischen Programmierung", Proceedings "Informationsverarbeitung in Lehre und Forschung", München 1988, Paper Nr. 16

STOHR, E.A. (1988): "Automated Support for Formulating Linear Programs", pp. 519-538, in: "Mathematical Models for Decision Support", Mitra, G.(Ed.), NATO ASI Series, Vol. F48, Springer-Verlag 1988

SUHL, U. (1988) et al: "Ein leistungsfähiger LP-Optimizer für die IBM 6150", Presentation Nr. 81, Proceedings "Informationsverarbeitung in Lehre und Forschung", München 1988

WASIL, E. (1989), Sharda, R., Golden, B.: "Mathematical Programming Software for the Microcomputer: Recent Advances, Comparisons, and Trends", in: "Impacts of Recent Computer Advances on Operations Research", Sharda, R., Golden, B.L., Wasil, E., Balci, O., Stewart, W. (Eds.), Elsevier Science Publ. Co., 1989

WILLIAMS, H.P. (1985): "Model Building in linear and integer programming", in: "Computational Mathematical Programming", K. Schittkowski (Ed.), NATO ASI Series, Vol. F15, Springer-Verlag 1985

NEW RESULTS ON THE PROJECTION GRADIENT METHOD

Eric JACQUET-LAGRÈZE, Versailles

At EURO IX, held in Paris in july 1988, we presented a new projection gradient method for linear programming. The method is very efficient (Our Gradient-lp package is about twice faster compared to other commercial computer packages) and is already used for industrial applications in france at Air France, Renault, in agriculture,...

We intend to present in the paper numerical results we obtained with this method and make some comparisons with the simplex method and results given by other lp packages.

LP-PREPROCESSING UND CRASH-PROZEDUREN ZUR LÖSUNG GROSSER UND SCHWIERIGER LP-MODELLE

Uwe H. SUHL und Ralf SZYMANSKi, Berlin

Der Vortrag beschreibt Algorithmen zur Reduktion von LP-Modellen mit der Zielsetzung, die nachfolgende LP-Optimierung zu beschleunigen. Dies erfolgt durch das Fixieren von Variablen, das Entfernen von expliziten Schranken auf Variablen und die Erkennung von (schwach) redundanten Restriktionen.

Darüber hinaus stellen wir Algorithmen zur Ermittlung einer geeigneten Start-Basis vor. Hier besteht die Zielsetzung darin, mit vergleichsweise geringer Rechenzeit eine Basis des LP-Modells zu bestimmen, die möglichst "nahe" an einer optimalen Basis liegt. Wir beschreiben auch die Implementation der Algorithmen im Rahmen eines sehr schnellen LP-Optimizers und präsentieren numerische Resultate anhand einiger großer LP-Modelle aus praktischen Anwendungen.

DEGENERACY GRAPHS - A SURVEY

Tomas Gal, Fernuniversität Hagen

1. INTRODUCTION

Degeneracy is a complex phenomenon linked with various mathematical programming problems the constraints set of which defines a convex polyhedral set (particularly, a convex polytope), such as linear programming (see, e.g., Altman (1964), Balinski et al. (1986), Beale (1955), Dantzig (1963), Hoffmann (1953), Megiddo (1986), Wolfe (1963)), transportation (network) type of problems (see, e.g., Ahrens und Finke (1975), Cunningham (1979), Cunningham and Klincewicz (1981), McKeown (1978)), quadratic optimization (see, e.g., Chang and Cottle (1980)), linear complementarity problems (see, e.g., Kostreva (1979)), bottleneck linear programming (see, e.g., Derigs (1982), Garfinkel and Rao (1976), Hammer (1969), Seshan and Achary (1982)), multiparametric linear programming (see, e.g., Gal (1979)), linear vectormaximization (see, e.g., Philip (1977)), linear integer vectormaximum problems (see, e.g, Ramesh et al. (1988)), nonlinear programming (see, e.g, Horst et al. (1988)), piecewise-linear programming (see, e.g, Fourer (1988)) etc. - for more references see Kruse (1986) und Zörnig (1989).

Degeneracy may cause various kinds of computing difficulties e.g. in vertex searching methods (see, e.g., Altherr (1975), Dyer and Proll (1977, 1982), Mattheiss and Rubin (1980)), integer linear programming (see, e.g., Fleischmann (1970), Nygreen (1987), Young (1968)), simplex methods for linear programming because of cycling (see, e.g., Avis and Chvátal (1987), Azpeita and Dickinson (1964), Bland (1977), Cameron (1987), Charnes (1952), Cirina (1985), Dantzig et al. (1955), Gass (1979), Gassner (1974), Harris (1973), Hattersley and Wilson (1988), Kotiah and Steinberg (1977, 1978), Magnanti and Orlin (1988), Majthay (1981), Marshall and Suurballe (1989), Ollmert (1965, 1969), Ryan and Osborne (1988), Telgen (1980)), in connection with the determination, definition and interpretation of shadow prices (see, e.g., Akgül (1984), Aucamp and Steinberg (1982), Knolmayer (1976), Mlynarovic (1988), Proll (1987), Strum (1969), Williams (1963) - see also the survey in Gal (1986)), with sensitivity analysis (see, e.g., Evans and Baker (1982), Greenberg (1986), Knolmayer (1984), and the survey in Gal (1986)), in determining neighbouring vertices of a degenerate vertex (see, e.g., Dyer and Proll (1977 and 1982), Mattheiss and Rubin (1980) and Kruse (1986)).

Operations Research Proceedings 1989

Until now any kind of degeneracy problems has been treated separately from each other. Therefore, a trial has been made to find a unifying approach, a roof, under which all the particular degeneracy problems can be subsumed, i.e. analysed and discussed from a common point of view. This should yield a better understanding of what is behind various problems caused by degeneracy and when or under which conditions that or another degeneracy problem arises.

Having in mind convex polytopes, a vertex [$x^k \in X := \{x \in IR^n | Ax \leq b, x \geq 0\}$] with $A \in IR^{mxn}$, $b \in IR^m$, is said to be degenerate if it is (geometrically) over-determined (i.e. more than n hyperplanes pass through x^k). To such a vertex a set of bases of the corresponding enlarged matrix $\bar{A} = (A|I_m)$ is assigned. The complex structure of a degenerate vertex or of the associated set of bases can be studied by translating such structures into the language of the graph theory. Defining appropriately such a graph which is called degeneracy graph (DG for short) yields the instrument suitable for studying and discussing various degeneracy phenomena from a common point of view.

2. DEGENERACY GRAPHS

Consider

$$X := \{x \in IR^n | Ax \leq b, x \geq 0\} \neq \phi \text{ and bounded,} \tag{2.1}$$

where $A \in IR^{mxn}$, $b \in IR^m$, and

$$\bar{X} := \{y \in IR^{n+m} | \bar{A}y = b, y = \binom{x}{s} \geq 0\}, \tag{2.2}$$

$\bar{A} = (A|I_m)$, s - slack vector.

Let $x^0 \in X \subset IR^n$ be a (geometrical) vertex of the polytope X. If x^0 is over-determined (i.e. more than n hyperplanes pass through x^0) then x^0 is called degenerate (Hadley (1977), 180 - 181, Nelson (1957)). With resp. to $\bar{A}$ in (2.2) several bases are assigned to x^0. Let

$$B^0 := \{B_u^0 | u = 1, \ldots, U\}, U > 1, \tag{2.3}$$

be the set of bases associated with a σ-degenerate vertex $x^0 \in X$; here σ is the degree of overdetermination of x^0 or the number of vanishing basic variables in pivot-tableaux associated with x^0.

Define the positive degeneracy graph (DG - for short):

$$G_+^o(x^o) := G_+^o := (V, E_+) \tag{2.4}$$

$$V := B^o,\ E_+ := \{\{B_u^o, B_{u'}^o\} \subset B^o \mid B_u^o \overset{+}{<\!->} B_{u'}^o\}, \tag{2.5}$$

"$\overset{+}{<\!->}$" symbolizing a positive pivot-step exchanging basis B_u^o with $B_{u'}^o$, $u \neq u'$, $u, u' \in \{1, \ldots, U\}$.

If a negative or any non-zero pivot element is used, then "$\overset{-}{<\!->}$" or "$<\!->$" in the above definition and the corresponding respective graphs are called negative or general DG's.

It holds

$$U_{max} = \binom{n + \sigma}{\sigma} \tag{2.6}$$

and

$$U_{min} = 2^{\sigma-1}(n - \sigma + 2), \qquad \sigma < n. \tag{2.7}$$

Moreover, G_+^o and G_-^o need not to be connected, G^o is always connected. Various properties of the DG's such as connectivity, diameter, closed lines in it, formulas for $|B^o|$ and $|E_+|$, $|E_-|$, $|E|$ for σ have been investigated (Gal (1978, 1985), Kruse (1986), Jansson (1985), Zörnig (1989)).

3. APPLICATION OF THE THEORY OF DG'S

3.1 THE NEIGHBOURHOOD PROBLEM

The N-problem constists of determining all neighbouring vertices of a σ-degenerate vertex $x^o \in X \subset IR^n$ (Gal (1978, 1985), Kruse (1986)). Closely related problems are tackled in Balinski et al. (1986), Cunningham (1979), Dyer and Proll (1977, 1982). The N-problem can be regarded as solved by now; the corresponding efficient method is based on the TNP-rule (Geue (1989a)).

3.2 CYCLING OF THE SIMPLEX-METHOD

The research in this case concentrated on the question under which conditions a closed line in G_+^o turns out to become a simplex-cycle in due course of solving an LP-problem. Various concepts have been worked out and a method to construct cycling examples of arbitrary size by a step-by-step procedure has been elaborated (Zörnig (1989), Geue (1989b)).

3.3 DEGENERACY IN AN OPTIMAL SOLUTION TO AN LP

Firstly, so called optimum (o-) DG's have been defined (Kruse (1987)) which consist of nodes given by optimal (i.e. primal and dual feasible) bases and which are induced by the set B^o. Secondly, their properties have been investigated (Kruse (1987)). The results of this theory have been used to investigate questions such as sensitivity analysis with respect to b or c in

$$\text{(LP)} \qquad \max_{x \in X} z = c^T x, \qquad c, x \in IR^n,$$

shadow prices determination, both under degeneracy, and connections among weakly redundant constraints, degeneracy, sensitivity analysis and shadow prices determination (Akgül (1984), Aucamp and Steinberg (1982), Evans and Baker (1982), Gal (1979, 1983, 1986, 1987), Greenberg (1986), Knolmayer (1976, 1984), Karwan et al. (1983), Piehler (1988), Proll (1987), Strum (1969), Williams (1963), Zimmermann and Gal (1979)).

Various, in their turn respectively updated surveys are in Gal et al. (1986, 1988) and a state-of-the-art survey in Gal (1989).

REFERENCES

Ahrens, J. H., Finke, G. (1975):
Degeneracy in fixed cost transportation problems.
Mathematical Programming 8 (1975) 329 - 331.
Akgül, M. (1984):
A note on shadow prices in linear programming.
Journal of Operational Research Society 35 (1984) 425 - 431.
Altherr, W. (1975):
An algorithm for enumerating all vertices of a convex polyhedron.
Computing 15 (1975) 181 - 193.
Altman, M. (1964):
Optimum simplex methods and degeneracy in linear programming.
Bulletin de l'Academie Polonaise des Sciences 12 (1964) 217 - 225.

Aucamp, D. G., Steinberg, D. I. (1982):
The computation of shadow prices in linear programming.
Journal of Operational Research Society 33 (1982) 557 - 565.
Avis, D., Chvátal, V. (1978):
Notes on Bland's pivoting rule.
Mathematical Programming Study 8 (1978) 24 - 34.
Azpeitia, A. G., Dickinson, D. I. (1964):
A decision rule inthe simplex method that avoids cycling.
Numerische Mathematik 6 (1964) 329 - 331.
Balinski, M. L., Liebling, Th. M., Nobs, A.-E. (1986):
On the average length of lexicographic paths.
Mathematical Programming 35 (1986) 362 - 364.
Beale, E. M. L. (1955):
Cycling in the dual simplex algorithm.
Naval Research Logistics Quarterly 2 (1955) 269 - 276.
Bland, R. G. (1977):
New finite pivoting rules for the simplex method.
Mathematics of Operations Research 2 (1977) 103 - 107.
Cameron, N. (1987):
Stationarity in the simplex method.
Journal of Australian Mathematical Society Series A, 43 (1987) 137 - 142.
Chang, Y. Y., Cottle, R. W. (1980):
Least-index resolution of degeneracy in quadratic programming.
Mathematical Programming 18 (1987) 127 - 137.
Charnes, A. (1952):
Optimality and Degeneracy in linear programming.
Econometrica 20 (1952) 160 - 170.
Cirina, M. (1985):
Remarks on a recent simplex pivoting-rule.
Methods of OR 49 (1985) 187 - 199.
Cunningham, W. H. (1979):
Theoretical properties of the network simplex method.
Mathematics of Operations Research 4 (1979) 196 - 208.
Cunningham, W. H., Klincewicz, J. G. (1981):
On cycling in the network simplex method.
Carleton Mathematical Series No. 178, Carleton University, Ottawa/Ontario 1981.
Dantzig, G. B. (1963):
Linear programming and extensions.
Princeton University Press, Princeton New Jersey 1963.
Dantzig, G. B., Orden, A., Wolfe, P. (1955):
The generalized simplex method for minimizing a linear form under linear inequality restraints.
Pacific Journal of Mathematics 5 (1955) 183 - 195.
Derigs, U. (1982):
On three basic methods for solving bottleneck transportation problems.
Naval Research Logistics Quarterly 29 (1982) 505 - 515.
Dyer, M. E., Proll, L. G. (1977):
An algorithm for determining all extreme points of a convex polytope.
Mathematical Programming 12 (1977) 81 - 96.
Dyer, M. E., Proll, L. G. (1982):
An improved vertex enumeration algorithm.
European Journal of Operational Research 9 (1982) 359 - 368.
Evans, J. R., Baker, N. R. (1982):
Degeneracy and the (mis-) interpretation of sensitivity analysis in linear programming.
Decision Sciences 13 (1982) 348 - 354.
Fleischmann, B. (1970):
Duale und primale Schnitthyperebenenverfahren in der ganzzahligen linearen Programmierung.
Dissertation, Universität Hamburg 1970.

Fourer, R. (1987):
A simplex algorithm for piecewise-linear programming. II. Finiteness, Feasibility and Degeneracy.
Technical Report 85/03, April 1987, Dept. of Ind. Eng. and Managem. Sci., North Western University, Evanston, Ill. 60201.
Gal, T. (1978):
Determination of all neighbours of a degenerate extreme point in polytopes.
Workingpaper No. 17b, Fernuniversität Hagen, 1978.
Gal, T. (1979):
Postoptimal analyses, parametric programming, and related topics.
McGraw Hill Co New York, 1979.
Gal, T. (1983):
A method for determining redundant constraints.
In: Karwan et al.(1983), 36 - 52.
Gal, T. (1985):
On the structure of the set bases of a degenerate point.
Journal of Optimization Theory and Application 45 (1985) 577 - 589.
Gal, T. (1986):
Shadow prices and sensitivity analysis in linear programming under degeneracy - A state-of-the-art survey.
Operations Research Spektrum 8 (1986) 59 - 71.
Gal, T. (1987):
Vectormaximum problems: Sensitivity, Degeneracy and Entropy.
In: Sawaragi, Y., Inone, K., Nakayama, H. (Eds.): Towards interactive and intelligent decision support systems. Vol. 1, Lecture Notes in Economics and Mathematical Systems, No 285, Springer Verlag 1987, 392 - 397.
Gal, T. (1989):
Degeneracy Graphs - Theory and Application; A State-of-the-art survey.
Workingpaper No. 142, Fernuniversität Hagen, 1989.
Gal, T., Kruse, H.-J., Zörnig, P. (1988):
Survey of solved and open problems in the degeneracy phenomenon.
Mathematical Programming, Series B, 42 (1988) 125 - 133.
Garfinkel, R. S., Rao, M. R. (1976):
Bottleneck linear programming.
Mathematical Programming 11 (1976) 291 - 298.
Gass, S. I. (1979):
Comments on the possibility of cycling with the simplex method.
Operations Research 27 (1979) 848 - 852.
Geue, F. (1989a):
Eine Pivotauswahlregel und die durch sie induzierten Teilgraphen des positiven Entartungsgraphen.
Workingpaper No. 141, Fernuniversität Hagen, 1989.
Geue, F. (1989b):
Zykelbeispiele.
Workingpaper, Fernuniversität Hagen (in preparation).
Gassner, B. J. (1964):
Cycling in the transportation problem.
Naval Research Logistics Quarterly 11 (1964) 43 - 58.
Greenberg, H. J. (1986):
An analysis of degeneracy.
Naval Research Logistics Quarterly 33 (1986) 635 - 655.
Hadley, G. (1977):
Linear algebra.
Addison Wesley, Reading, Mass., 7th printing 1977.
Hammer, P. L. (1969):
Time minimizing transportation problems.
Naval Research Logistics Quarterly 16 (1969) 345 - 357.
Harris, P. M. J. (1973):
Pivot selection methods of the DEVEX-LP-code.
Mathematical Programming 5 (1973) 1 - 28.

Hattersley, R. S., Wilson, J. (1988):
A dual approach to primaldegeneracy.
Mathematical Programming, Series B, 42 (1988) 135 - 146.
Hoffmann, A. J. (1953):
Cycling in the simplex algorithm.
Bureau of Standards, Rep. No 2974, 1953.
Horst, R., de Vries, J., Thoai, N. V. (1988):
On finding newvertices and redundant constraints in cutting plane algorithms for global optimization.
Operations Research Letters 7 (1988) 85 - 90.
Jansson, C. (1985):
Zur linearen Optimierung mit unscharfen Daten.
Dissertation, Universität Kaiserslautern 1985.
Karwan, M. H., Lotfi, V., Telgen, J., Zionts, S. (Hrsg.) (1983):
Redundancy in mathematical programming: A state-of-the-art survey.
Lecture Notes in Economics and Mathematical Sciences No. 206, Springer Verlag 1983.
Knolmayer, G. (1976):
How many sided are shadow prices at degenerate primal optima?
OMEGA 4, 493 - 494.
Knolmayer, G. (1984):
The effect of degeneracy on cost-ranges and an algorithm to resolve interpretation problems.
Decision Sciences 15 (1984) 14 - 21.
Kostreva, M. M. (1979):
Cycling in linear complementarity problems.
Mathematical Programming 16 (1979) 127 - 130.
Kotiah, T. C. T., Steinberg, A. I. (1977):
Occurences of cycling and other phenomena arising in a class of linear programming models.
Communications of the Association for Computing Machinery 20 (1977) 107 - 112.
Kotiah, T. C. T., Steinberg, A. I. (1978):
On the possibility of cycling with the simplex method.
Operations Research 26 (1978) 374 - 376.
Kruse, H.-J. (1986):
Degeneracy graphs and the neighbourhood problem.
Lecture Notes in Economics and Mathematical Systems No 260, Springer Verlag 1986.
Kruse, H.-J. (1987):
Über spezielle Teilgraphen von Entartungsgraphen.
Workingpaper No. 121, Fernuniversität Hagen, 1987.
Magnanti, T. L., Orlin, J. B. (1988):
Parametric linear programming and anti-cycling pivoting rules.
Mathematical Programming 41, 385 - 392.
Majthay, A. (1981):
On degeneracy and cycling with the simplex method.
Discussion Paper No 41, Center for Econometrics and Decision Sciences, Universität Florida 1981.
Marshall, K. T., Suurballe, J. W. (1969):
A note on cycling in the simplex method.
Naval Research Logistics Quarterly 16 (1969) 121 - 137.
Mattheiss, T. H., Rubin, D. S. (1980):
A survey and comparison of methods for finding all vertices of convex polyhedral sets.
Mathematics of Operations Research 5 (1980) 167 - 185.
McKeown, P. G. (1978):
Some computational results of using the Ahrens-Finke method for handling degeneracy in fixed-charge transportation problems.
Mathematical Programming 15 (1978) 355 - 359.
Megiddo, N. (1986):
A note on degeneracy in linear programming.
Mathematical Programming 35 (1986) 365 - 367.

Mlynarovic, V. (1988):
On shadow prices in convex programming.
Econ. Mat. Obzor 29 (1988) 201 - 214.
Nelson, R. R. (1957):
Degeneracy in linear programming: A simple geometric interpretation.
Review of Economics and Statistics 39 (1957) 402 - 407.
Nygreen, B. (1987):
A possible way to reduce degeneracy in integer programming computations.
Operations Research Letters 6 (1987) 47 - 51.
Ollmert, H.-J. (1965):
Zur Theorie des Simplex-Verfahrens im ausgearteten Fall.
Diplomarbeit, Universität Saarbrücken, 1965.
Ollmert, H.-J. (1969):
Kreisende lineare Programme.
In: Henn, R., Künzi, H. P., Schubert, H. (Hrsg.): Operations Research Verfahren VI.
Verlag Anton Hain 1969, 186 - 216.
Philip, J. (1977):
Vector maximization at a degenerate vertex.
Mathematical Programming 13 (1977) 357 - 359.
Piehler, G. (1988):
Optimalbasenansatz zur Sensitivitätsanalyse bei linearer Programmierung unter Entartung.
Workingpaper No. 130, Fernuniversität Hagen, 1988.
Proll, L. G. (1987):
Goal aggregation via shadow prices - Some counterexamples.
Large Scale Systems 12, 83 - 85.
Ramesh, R., Karwan, M. H., Zionts, S. (1987):
Degeneracy in efficiency testing in bi-criteria integer programming.
Presented at "Methodology and Software for Interactive Decision Support", IIASA Laxenburg 1987.
Ryan, D. M., Osborne, M. R. (1988):
On the solution of highly degenerate linear programms.
Mathematical Programming 41, 385 - 392.
Seshan, C. R., Achary, K. K. (1982):
On the bottleneck linear programming problem.
European Journal of Operational Research 9 (1982) 347 - 352.
Strum, J. E. (1969):
A note on two-sided shadow prices.
Journal for Accounting Research 7 (1969) 160 - 162.
Telgen, J. (1980):
A note on a linear programming problem that cycled.
COAL Newsletters 2 (1980) 8 - 11.
Williams, A. C. (1963):
Marginal values in linear programming.
Journal of the Society for Industrial and Applied Mathematics 11 (1963) 82 - 94.
Wolfe, P. (1963):
A technique for resolving degeneracy in linear programming.
Journal of the Society of Industrial and Applied Mathematics 11 (1963) 205 - 211.
Young, R. D. (1968):
A simplified primal (all-integer) integer programming algorithm.
Operations Research 16 (1968) 750 - 782.
Zimmermann, H.-J., Gal, T. (1975):
Redundanz und ihre Bedeutung für betriebliche Entscheidungen.
Zeitschrift für BWL 45 (1975) 221 - 226.
Zörnig, P. (1985):
Strukturuntersuchungen an 2xn-Entartungsgraphen.
Workingpaper No. 87, Fernuniversität Hagen, 1985.
Zörnig, P. (1989):
Theorie der Entartungsgraphen und ihre Anwendung zur Erklärung des Simplexzykelns.
Dissertation, Fernuniversität Hagen, 1989.

ÜBERGANGSKNOTEN - PIVOTAUSWAHL UND IHRE ANWENDUNG IM N-BAUM-VERFAHREN

Ferdinand Geue, Fernuniversität Hagen

1. EINLEITUNG

Die mit dem Auftreten primaler Entartung verbundenen Effizienzprobleme pivotisierender Verfahren sind bis heute nicht zufriedenstellend gelöst, wie die ständige Entwicklung von Pivotauswahlverfahren für den Entartungsfall belegt (vgl. z. B. die Literaturübersicht in GAL (1989)). Besonders deutlich wird ein solches Defizit bei den Verfahren zur Bestimmung aller Ecken eines Polyeders, die keine konkreten Ansätze zur Behandlung des Entartungsfalles bieten (vgl. Dyer und Proll (1982)), so daß ein Anlaß gegeben war zur Entwicklung eines eigenständigen Verfahrens zur Bestimmung aller Nachbarecken einer entarteten Ecke, d.h. zur Lösung des sog. N-Problems. Mit dem daraus resultierenden N-Baum-Verfahren (Kruse (1986)) steht ein Instrument zur Verfügung , das den Aufwand zur Lösung des N-Problems deutlich reduziert (Sauerbier (1989)). Im Gegensatz zur Berechnung aller Knoten (einer Zusammenhangskomponente) des positiven Entartungsgraphen verringert es den Rechenaufwand durchschnittlich um mehr als zwei Drittel. Die zur Steuerung dieses Verfahrens verwendete ε-Störungsregel (Charnes (1952)) verhindert jedoch nicht Pivotschritte in innere Knoten des positiven Entartungsgraphen. Dies schien im Hinblick auf die Aufgabenstellung unbefriedigend, zumal da die Analyse konkreter Entartungsgraphen zeigte, daß es möglich ist, die Übergangsmengen durch positive Pivotschritte zu verbinden. Das folgende Beispiel deutet die Vorteile einer solchen Vorgehensweise an.

Beispiel 1.1

Betrachtet wird das Ungleichungssystem

$$\begin{aligned} 4x_2 + x_3 &\le 4 \\ x_1 + 5x_2 + x_3 &\le 5 \\ x_1 + 2x_2 \quad &\le 2 \\ x_1 + x_2 - x_3 &\le 1 \\ x_2 \quad &\le 1 \\ x_1, x_2, x_3 \quad &\ge 0 \end{aligned}$$

mit der entarteten Ecke $x^0 = (0, 1, 0)^T$.

Operations Research Proceedings 1989

Die folgende Abbildung zeigt den zugehörigen Darstellungsgraphen[1].

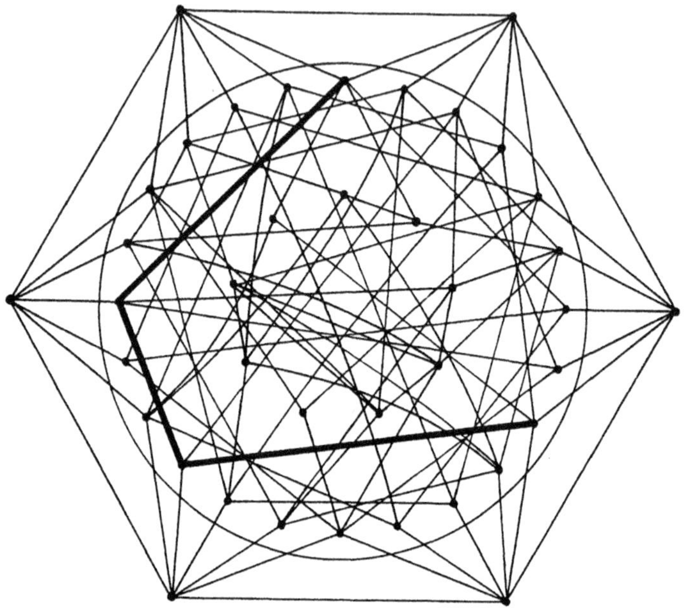

Die Knoten innerhalb des Kreises gehören zur Ecke x^0 - der zugehörige Teilgraph wird als positiver Entartungsgraph von x^0 (Kruse (1986)) bezeichnet -, die übrigen sechs zu den nichtentarteten Nachbarecken. Der in die Graphik eingezeichnete Baum zeigt, daß man lediglich vier (von insgesamt 33) Knoten des positiven Entartungsgraphen benötigt, um alle Nachbarecken bestimmen zu können.

Diese Situation ist kein Sonderfall, sondern kann durch die neue Pivotauswahlregel ständig herbeigeführt werden.

[1] Die Knoten des Darstellungsgraphen entsprechen den zulässigen Basen; zwei Knoten sind genau dann durch eine Kante verbunden, wenn sich die zugehörigen Pivottableaus durch einen positiven Pivotschritt ineinander überführen lassen (vgl. z. B. Kruse (1986)).

2. ÜBERGANGSKNOTEN-PIVOTAUSWAHL

Betrachtet wird im folgenden eine polyedrische Menge

$$X = \{x \in \mathbb{R}^n \mid Ax \leq b,\ x \geq 0\}$$

mit $A \in \mathbb{R}^{m\times n}$ und $b \in \mathbb{R}^m$, deren Ecke x^0 entartet sei. Zur Vereinfachung sei angenommen, daß die Ecke x^0 <u>isoliert entartet</u> ist (Geue (1989)), d.h. alle ihre Nachbarecken nicht entartet sind. Das Pivotauswahlverfahren basiert auf der Beobachtung, daß man den Pivotschritt von einer Nachbarecke x^s in die Ecke x^0 so durchführen kann, daß eine frei wählbare Nichtbasisspalte t im Folgetableau zur Basis B aus der Basenmenge B^0[2] der Ecke x^0 eine <u>Übergangsspalte</u> (Geue (1989)) ist, d.h. daß man durch einen Pivotschritt in dieser Spalte die entartete Ecke wieder verlassen kann:

<u>Satz 2.1</u> (Geue 1989))
Es sei $P(B^s)$ das vollständige Pivottableau zur Basis B^s der Ecke $x^s \in X$ mit der Basislösung $x_B{}^s = (y_1^s, \ldots, y_m^s)^T$, $P(B^s) = (y_{ij}^s \mid y_i^s)$ $(i = 1, \ldots, m,$ $j = 1, \ldots, n + m)$. Spalte j sei als Pivotspalte festgelegt, und $t \neq j$ sei ein beliebiger Nichtbasisindex. Definiere die Vektoren $w^k \in \mathbb{R}^2$, $k = 1, \ldots, m$, durch

$$w^k := \begin{cases} (y_k^s/y_{kj}^s,\ -y_{kt}^s/y_{kj}) & \text{falls } y_{kj}^s < 0 \\ (\infty, \infty) & \text{sonst} \end{cases} \tag{2.1}$$

Es sei w^i der lexikographisch kleinste unter diesen Vektoren. Dann gilt: Wird der Pivotschritt mit dem Pivotelement y_{ij}^s durchgeführt, ist die Spalte t im Folgetableau $P(B)$, $B \in B^0$, eine Übergangsspalte.

Der Beweis dieser Aussage ergibt sich nach Anwendung der Transformationsformeln unmittelbar durch Abschätzung.

Berechnet man bei weiteren Pivotschritten in der entarteten Ecke x^0 die Pivotzeilenindizes ebenfalls unter Ausnutzung von (2.1), so bleiben die Spalten der Folgetableaus Übergangsspalten (Geue (1989)). Der Algorithmus läßt sich dann in PASCAL-ähnlicher Struktur wie folgt beschreiben:

---

[2] Die Basenmenge B^0 besteht aus den zulässigen Basen zur Ecke x^0.

```
procedure transition_node_pivoting3) (m: Number_of_restriktion;
                                      j: pivot_column_index;
                                      t: transition_column_index;
                                      var y: pivot_tableau;
                                      var x: basic_solution;
                                      var w: mx2_matrix;
                                      var pri: pivot_row_index);
var i, k: integer;
begin
    for k: = 1 to m do
        if y[k, j] > 0 then
                      begin
                          w[k, 1] : = x[k]/y[k, j];
                          w[k, 2] : = -y[k, t]/y[k, j];
                      end
                  else
                      begin
                          w[k, 1] := ∞;
                          w[k, 2] := ∞;
                      end;
    pri := lexico_min(w); {Bestimmung des lexikographisch kleinsten Zeilenvektors}
                          {von w}
end;
```

Hier sei bemerkt, daß in der oben vorausgesetzten Situation isolierter Entartung der lexikographisch kleinste der gemäß (2.1) gebildeten Vektoren immer eindeutig bestimmt ist (vgl. Geue (1989)). Wenn entartete Ecken benachbart sind, kann es vorkommen, daß dieses Minimum nicht mehr eindeutig bestimmt ist und die Matrix w in obiger Prozedur entsprechend erweitert werden müßte - an der Übergangseigenschaft der Spalte t ändert dies jedoch nichts.

3. T-ÜBERGANGSGRAPHEN ALS SPEZIELLE TEILGRAPHEN DES POSITIVEN ENTARTUNGSGRAPHEN

Durch Anwendung der tnp-Regel pivotisiert man nur in Teilgraphen des positiven Entartungsgraphen, die sich wie folgt definieren lassen (Geue (1989)).

---

[3] Ausgehend von der englischen Bezeichnung ergibt sich das im folgenden verwendete Kürzel "tnp-Regel".

<u>Definition 3.1</u>

Es sei x^o eine isoliert entartete Ecke von X mit der Basenmenge $B^o = \{B_o^1, \ldots, B_U^o\}$, und t sei ein Index mit $t \notin B_u^o$ für ein $B_u^o \in B^o$. Dann wird der Graph

$$G_+^o\langle t\rangle = (B^o\langle t\rangle, E_+^o\langle t\rangle)$$

mit der Knotenmenge

$$B^o\langle t\rangle = \{B \in B^o : \text{Spalte t ist Übergangsspalte im Tableau } P(B)\}$$

und der Kantenmenge

$$E_+^o\langle t\rangle = \{\{B, B^*\} \subset B^o\langle t\rangle \mid B \overset{+}{\leftrightarrow} B^*\}$$

(wobei $B \overset{+}{\leftrightarrow} B^*$ einen positiven Pivotschritt zwischen den Basen B und B^* symbolisiert) als t-Übergangsgraph von x^o bezeichnet.

Die t-Übergangsgraphen weisen alle im Hinblick auf die Aufgabenstellung wesentlichen Eigenschaften auf, die im folgenden Satz zusammengefaßt sind.

<u>Satz 3.2</u>
Es sei x^o eine isoliert entartete Ecke mit der Basenmenge B^o und t ein Index mit $t \notin B_u^o$ für ein $B_u^o \in B^o$. Dann gilt:

(i) $B_+^o\langle t\rangle$ enthält einen Knoten aus jeder Übergangsmenge.

(ii) $G_+^o\langle t\rangle$ ist zusammenhängend.

Damit erfüllt $G_+^o\langle t\rangle$ die von Kruse (1986) unter dem Begriff Nachbarschaftsbedingung zusammengefaßten Voraussetzungen, so daß die tnp-Regel ins N-Baum-Verfahren eingesetzt werden kann.

4. PRAKTISCHE TESTS

Die mit der durch die tnp-Regel modifizierten Version des N-Baum-Verfahrens bislang gemachten Erfahrungen sind überaus positiv; die Anzahl der für die Berechnung aller Nachbarecken benötigten Knoten des positiven Entartungsgraphen konnte auf durchschnittlich 22 Prozent der Knotenanzahl der zugehörigen Zusammenhangskomponente des positiven Entartungsgraphen reduziert werden (Sauerbier (1989)).

LITERATUR

Charnes, A. (1952):
Optimality and degeneracy in linear programming.
Econometrica 20, 160-170.

Dyer, M. E., Proll, L. G. (1982):
An improved vertex enumeration algorithm.
European Journal of Operational Research 9, 359-368.

Gal, T. (1978):
Determination of all neighbours of a degenerate point in polytopes.
Diskussionsbeitrag Nr. 17b, Feruniuversität Hagen.

Gal, T. (1989:
Degeneracy Graphs - Theory and Application. A State-of-the-Art Survey.
Diskussionsbeitrag Nr. 142, Fernuniversität Hagen.

Geue, F. (1989):
Eine neue Pivotauswahlregel und die durch sie induzierten Teilgraphen des positiven Entartungsgraphen.
Diskussionsbeitrag Nr. 141, Fernuniversität Hagen.

Kruse, H.-J. (1986):
Degeneracy graphs and the neighbourhood problem.
Lecture Notes in Economic and Mathematical Systems 260, Springer-Verlag, Berlin Heidelberg New York Tokyo.

Sauerbier, Th. (1989):
Zur algorithmischen Bestimmung aller Ecken einer polyedrischen Menge unter besonderer Berücksichtigung von Entartung.
Diplomarbeit, Fernuniversität Hagen.

BOUNDS ON THE AGGREGATION ERROR IN CASE OF PRIMAL DEGENERACY

Gerhard KNOLMAYER, University of Berne, Switzerland
Klaus-Peter STUHR, University of Kiel, F.R.G.

Abstract

In computing a-posteriori-bounds on the objective function values of column-aggregated linear programs, the aggregate optimum may be primal degenerate. It is shown that in this case the bounds may be tightened by using other basic dual solutions or well chosen convex combinations of basic dual solutions obtained by applying a razor search procedure. Empirical results on the effect of degeneracy on computing bounds are presented.

1. Introduction

Let an original linear program be

$$\begin{aligned} z^* &= \text{Max } c' \cdot x \\ \text{subject to } A \cdot x &\leq b \\ x &\geq 0 \end{aligned} \tag{1}$$

where $c=(c_j)$ is an n-vector, $b=(b_i)$ is an m-vector, $A=(a_{ij})$ is an m x n matrix and $x=(x_j)$ is an n-vector of structural variables. The optimal solution of (1) is denoted as $x^*=(x^*_j)$. Let $s=\{S_k|k=1,...,K\}$ be an arbitrary partition of $\{1,...,n\}$ with $n_k=|S_k|$. Define A^k to be the submatrix of A consisting of those columns whose indices are in S_k; c^k is defined analogously. Let g^k be a nonnegative n_k-vector whose components sum to unity and define

$$\underline{A}^k = A^k \cdot g^k \quad \text{and} \quad \underline{c}_k = c^k \cdot g^k \qquad k = 1, \ldots, K.$$

With the matrix $\underline{A} = (\underline{A}^1,...,\underline{A}^K)$, the K-vector $\underline{c} = (\underline{c}_1,...,\underline{c}_K)$ and $\underline{x}$ as a K-vector of aggregated variables, the aggregated linear program results as

$$\begin{aligned} \underline{z}^* &= \text{Max } \underline{c}' \cdot \underline{x} \\ \text{subject to } \underline{A} \cdot \underline{x} &\leq b \\ \underline{x} &\geq 0 \end{aligned} \tag{2}$$

with $\underline{x}^* = (\underline{x}^*_j)$ as the primal and $\underline{u}^* = (\underline{u}^*_i)$ as the dual optimum of the aggregate problem. Let $\sigma'=\{S_k'|k=1,...,K'\}$ be another partition of $\{1,...,n\}$ and assume that constraints

$$\sum_{j=1}^{n} d_j \cdot x_j^* \leq p_k \qquad k = 1, \ldots, K' \tag{3}$$

with $d_j > 0$ for $j \in S_k'$, $d_j = 0$ for $j \notin S_k'$ and $p_k \geq 0$ exist. Mendelssohn [5] used results of Zipkin [7] and Kallio [3] and proved that an upper bound UB on the objective function value of (1) is given by

$$z^* \leq UB = \underset{\Theta}{\text{MIN}} \left(\underline{z}^* \cdot \Theta + \sum_{k=1}^{K'} \left[\underset{j \in S_k'}{\text{MAX}} \left\{ (c_j - \Theta \cdot \sum_{i=1}^{m} a_{ij} \cdot \underline{u}^*_i)/d_j,\ 0\right\}\right] \cdot p_k\right) \tag{4}$$

This is a piecewise-linear, convex function in Θ. The index j, for which the maximum in subset k is obtained, is denoted

2. Selecting dual solutions in primal degenerate optima

If the optimum of the aggregate linear program is primal degenerate, different dual solutions may exist [2] and may be used to compute upper bounds. Let $\underline{u}^{**}$ be a dual solution obtained by applying the simplex method to the aggregate problem (2). To test whether another useful dual solution $\underline{u}^{***}$ may exist for a given assignment and a given $\underline{\Theta}$ the following linear program is used [4]:

$$\text{MAX } \left(\sum_{i=1}^{m} \sum_{k=1}^{K'} a_{ir_k} \cdot p_k/d_{r_k}\right) \cdot \underline{u}_i^{**}$$

$$\sum_{i=1}^{m} \underline{a}_{ij} \cdot \underline{u}_i^{**} \geq \underline{c}_j \qquad j = 1,..,K' \tag{5}$$

$$\sum_{i=1}^{m} b_i \cdot \underline{u}_i^{**} = z'$$

$$\underline{u}_i^{**} \geq 0.$$

However, (5) is only a heuristic approach to determine a dual solution which results in a tighter bound because with $\underline{u}^{***}$ other variables in the subsets of σ' may contribute to the bound. A convex combination (with $0 \leq \mu \leq 1$) of the two dual solutions $\underline{u}^{**}$ and $\underline{u}^{***}$

$$\underline{u}(\underline{u}^{**},\underline{u}^{***}) = \mu \cdot \underline{u}^{***} + (1 - \mu) \cdot \underline{u}^{**} \tag{6}$$

may also be used to compute bounds. For a given assignment σ', the upper bound depends on μ and Θ:

$$UB(\mu,\Theta) = \underline{z}' \cdot \Theta + \sum_{k=1}^{K'} \underset{j \in S_k'}{\text{MAX}} \left([c_j - \Theta \cdot \sum_{i=1}^{m} a_{ij} \cdot \{\mu \cdot \underline{u}_i^{***} + (1-\mu) \cdot \underline{u}_i^{**}\}]/d_j,\ 0\right) \cdot p_k. \tag{7}$$

Figure 1 shows how the bound depends on μ and Θ ; this figure is based on a numerical example presented in [6]. From this figure follows that a search procedure that alternately fixes one variable and changes the other is not suited to be applied to this problem. For example, in point Φ neither changing Θ nor changing μ would improve the bound; however, a simultaneous change could improve it. For this reason, the razor search method developed by Bandler and MacDonald [1] is applied to change both variables simultaneously.

3. Empirical results

Thus far, very few large scale experiments on computing bounds or on the effects of degeneracy have been reported. In the following we present results of simulation studies that were conducted to investigate the influence of several dual solutions on upper bounds [6]. In each experiment, 100 linear programs with 50 structural variables, 10 constraints and, on average, 2 assignment possibilities for the variables were generated. Using variable aggregation with $g^i = (0.5, 0.5)$, $i = 1,..,25$ results in aggregated linear programs with $n = 25$ and $m = 10$. To obtain the desired number of primal degenerate rows in the aggregate optimum, the necessary number of nonbinding constraints was randomly selected and their RHS-values were reduced by the value of the corresponding slack variables in the aggregated as well as in the original linear program.

Table 1 shows that the number of cases in which another dual solution is found by (5) increases with the number of primal degenerate rows. $\underline{u}^{***}$ is often found if $\underline{u}^{**}$ leads to a rather loose bound. The average bounds computed with $\underline{u}^{***}$ are less tight than those computed with $\underline{u}^{**}$. This may be caused by the heuristic approach employed in (5). Table 1 and Table 2 show that a convex combination of $\underline{u}^{**}$ and $\underline{u}^{***}$ often results in tighter bounds. The number of these cases increases with the number of primal degenerate rows. For those cases in which convex combinations of $\underline{u}^{**}$ and $\underline{u}^{***}$ did not lead to any improvement, $\underline{u}^{***}$ more often yields the best bound than $\underline{u}^{**}$.

There may exist partitions other than σ' resulting in tighter bounds for $\underline{u}^{***}$. To test whether a reassignment of variables to subsets leads to tighter bounds, another experiment with 100 linear programs was carried out by creating aggregate programs with 3 primal degenerate rows in the optimal solution. Bounds were computed with σ' and $\underline{u}^{**}$. Next, the variables were heuristically reassigned as described by Knolmayer [4] to generate a hopefully better partition σ''. The results of this experiment are shown in Table 3. Using $\underline{u}^{***}$ and σ'' leads, both in the majority of cases and on average, to the tightest bound. This behavior explains why UB($\underline{u}^{***}$,σ') performs worse than UB($\underline{u}^{**}$,σ') in the experiment described in Table 2: To take full advantage of determing $\underline{u}^{***}$ by (5), a subsequent reassignment of variables to subsets is highly recommended.

To test whether using a third dual solution $\underline{u}^{****}$ may be advantageous for the computation of bounds, another 100 linear programs with 3 primal degenerate rows were generated. In the first experiment the partition was not modified when searching for $\underline{u}^{***}$ and $\underline{u}^{****}$. Results are given in Table 4. Without reassignment the average bounds computed with $\underline{u}^{***}$ and $\underline{u}^{****}$ are less tight than those computed with $\underline{u}^{**}$.In the second experiment the variables were reassigned after determination of $\underline{u}^{***}$ and $\underline{u}^{****}$ in σ'' and σ''', respectively. Table 5 shows that the average bounds computed with $\underline{u}^{***}$ and $\underline{u}^{****}$ are better than those computed with $\underline{u}^{**}$ but only small differences exist. The number of cases in which a third dual solution exists may be higher after reassigning the variables according to the second dual solution $\underline{u}^{***}$.

If three different dual solutions are found it may be advantageous to create a convex combination

$$\underline{u}(\underline{u}^{**},\underline{u}^{***},\underline{u}^{****}) = \tau \cdot \underline{u}^{****} + \mu \cdot \underline{u}^{***} + (1-\tau-\mu) \cdot \underline{u}^{**}$$

and apply this dual solution for computing bounds. In the simulation study the razor search procedure was used again to find an appropriate convex combination. As before we distinguish between whether a reassignment of the variables was carried out after looking for another dual solution or not. Table 4 and Table 5 present the results. These tables clearly show a further improvement of the bounds if a convex combination of three dual solutions is allowed for. It is quite remarkable that in these cases the quality of the bounds depends only marginally on the partition used to compute them.

4. Summary

In this paper it is shown that in case of primal degeneracy the selection of an appropriate dual solution and of a well suited partition is of great importance in determining a tight a-posteriori-bound for column-aggregated linear programs.

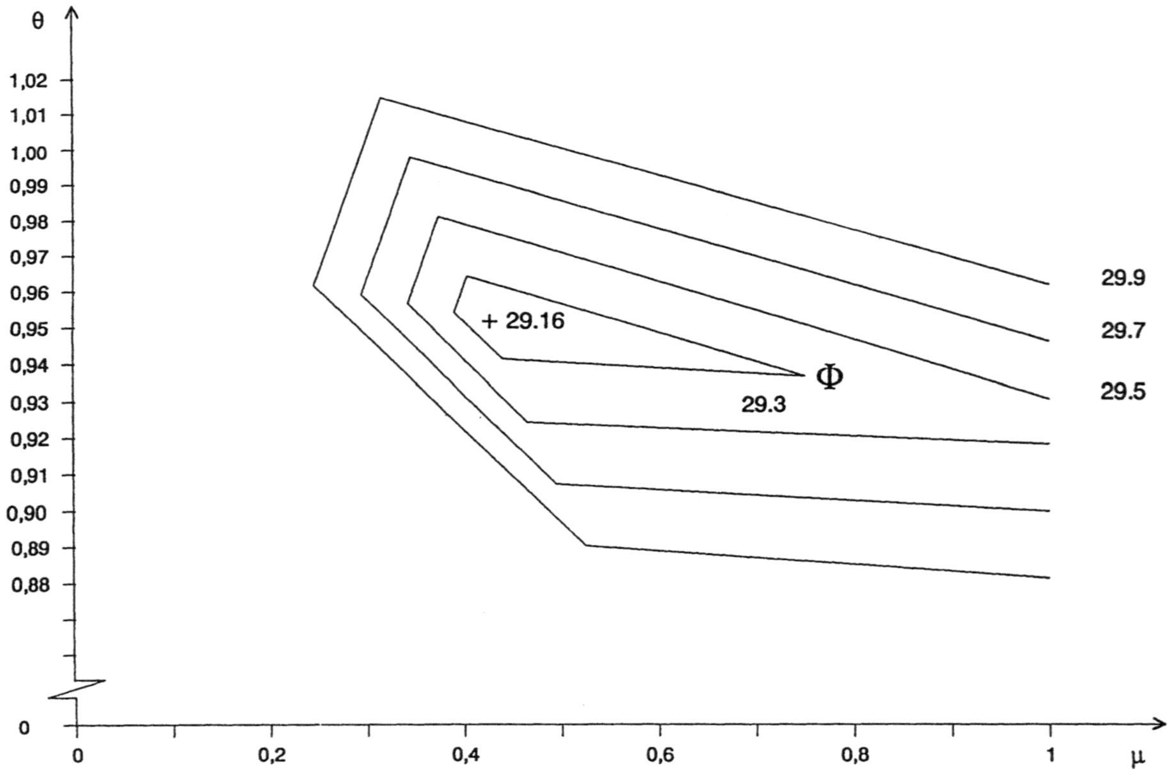

Fig. 1: Bounds as a function of μ and θ

Number of degenerate rows	1	2	3
UB $(\underline{u}^{*\cdot},\sigma')$	107.65	109.43	110.25
Number of cases in which (5) does not lead to $\underline{u}^{*\cdot} \neq \underline{u}^{*\cdot\cdot}$	55	40	35
Average bounds for these cases			
UB $(\underline{u}^{*\cdot},\sigma')$	106.82	109.01	109.25
Number of cases in which (5) leads to $\underline{u}^{*\cdot} \neq \underline{u}^{*\cdot\cdot}$	45	60	65
Average bounds for these cases			
UB $(\underline{u}^{*\cdot},\sigma')$	108.67	109.71	110.79
UB $(\underline{u}^{*\cdot\cdot},\sigma')$	109.56	115.50	119.25
UB $(\underline{u}(u^{*\cdot},\underline{u}^{*\cdot\cdot}),\sigma')$	105.75	104.91	105.83
Number of cases in which UB $\underline{u}(\underline{u}^{*\cdot},\underline{u}^{*\cdot\cdot}),\sigma') < \mathrm{MIN}\ \{\mathrm{UB}(\underline{u}^{*\cdot},\sigma'),\mathrm{UB}(\underline{u}^{*\cdot\cdot},\sigma')\}$ holds:	22	45	51
Average bounds for these cases			
UB $(\underline{u}^{*\cdot},\sigma')$	109.85	110.11	111.49
UB $(\underline{u}^{*\cdot\cdot},\sigma')$	112.66	118.66	122.08
UB $(\underline{u}(\underline{u}^{*\cdot},\underline{u}^{*\cdot\cdot}),\sigma')$	105.38	104.72	105.76
Number of cases in which UB $(\underline{u}(\underline{u}^{*\cdot},\underline{u}^{*\cdot\cdot}),\sigma') = \mathrm{MIN}\ \{\mathrm{UB}(\underline{u}^{*\cdot},\sigma'),\mathrm{UB}(\underline{u}^{*\cdot\cdot},\sigma')\}$ holds:	23	15	14
Average bounds for these cases			
UB $(\underline{u}^{*\cdot},\sigma')$	107.55	108.49	108.26
UB $(\underline{u}^{*\cdot\cdot},\sigma')$	106.59	105.99	108.92
UB $(\underline{u}(\underline{u}^{*\cdot},\underline{u}^{*\cdot\cdot}),\sigma')$	106.11	105.48	106.10

Table 1: Average bounds in the case of primal degenerate aggregate linear programs with 1, 2 and 3 degenerate rows

Number of degenerate rows	1	2	3
Number of cases in which (5) leads to $\underline{u}^{*\cdot} \neq \underline{u}^{*\cdot\cdot}$	45	60	65
Number of cases where			
UB $(\underline{u}^{*\cdot},\sigma')$			
$>$ UB $(\underline{u}^{*\cdot\cdot},\sigma')$	21 (46.7 %)	26 (43.3 %)	26 (40.0 %)
$=$ UB $(\underline{u}^{*\cdot\cdot},\sigma')$	9 (20.0 %)	2 (3.3 %)	1 (1.5 %)
$<$ UB $(\underline{u}^{*\cdot\cdot},\sigma')$	15 (33.3 %)	32 (53.4 %)	38 (58.5 %)
UB $(\underline{u}^{*\cdot},\sigma')$			
$>$ UB $(\underline{u}(\underline{u}^{*\cdot},\underline{u}^{*\cdot\cdot}),\sigma')$	32 (71.1 %)	54 (90.0 %)	59 (90.8 %)
$=$ UB $(\underline{u}(\underline{u}^{*\cdot},\underline{u}^{*\cdot\cdot}),\sigma')$	13 (28.9 %)	6 (10.0 %)	6 (9.2 %)
UB $(\underline{u}^{*\cdot\cdot},\sigma')$			
$>$ UB $(\underline{u}(\underline{u}^{*\cdot},\underline{u}^{*\cdot\cdot}),\sigma')$	26 (57.8 %)	49 (81.7 %)	56 (86.2 %)
$=$ UB $(\underline{u}(\underline{u}^{*\cdot},\underline{u}^{*\cdot\cdot}),\sigma')$	19 (42.2 %)	11 (18.3 %)	9 (13.8 %)

Table 2: Pairwise comparison of bounds computed with different dual solutions and original partition of variables

	Average	Best bound	Worst
UB $(\underline{u}^{*\cdot},\sigma')$	110.79	100.00	131.36
UB $(\underline{u}^{*\cdot\cdot},\sigma')$	119.25	100.66	187.43
UB $(\underline{u}^{*\cdot\cdot},\sigma'')$	109.47	100.58	128.69
Number of cases where		ω	
	$>$	$=$	$<$
UB $(\underline{u}^{*\cdot\cdot},\sigma')$ ω UB $(\underline{u}^{*\cdot},\sigma')$	38 (58.5 %)	1 (1.5 %)	26 (40.0 %)
UB $(\underline{u}^{*\cdot\cdot},\sigma'')$ ω UB $(\underline{u}^{*\cdot\cdot},\sigma')$	11 (16.9 %)	19 (29.2 %)	35 (53.9 %)
UB $(\underline{u}^{*\cdot\cdot},\sigma'')$ ω UB $(\underline{u}^{*\cdot},\sigma')$	25 (38.5 %)	0 (0.0 %)	40 (61.5 %)

Table 3: Bounds computed for linear programs with 3 primal degenerate rows and two different partitions of variables

Number of cases in which $\underline{u}^{*\cdot\cdot\cdot} \neq \underline{u}^{*\cdot\cdot} \neq \underline{u}^{*\cdot}$ was found by using the original partition: 31			
	Average	Best bound	Worst
UB $(\underline{u}^{*\cdot},\sigma')$	111.40	101.77	124.36
UB $(\underline{u}^{*\cdot\cdot},\sigma')$	116.54	100.66	151.15
UB $(\underline{u}^{*\cdot\cdot\cdot},\sigma')$	114.24	100.66	152.83
UB $(\underline{u}(\underline{u}^{*\cdot},\underline{u}^{*\cdot\cdot}),\sigma')$	105.60	100.16	113.27
UB $(\underline{u}(\underline{u}^{*\cdot},\underline{u}^{*\cdot\cdot},\underline{u}^{*\cdot\cdot\cdot}),\sigma')$	103.62	100.00	110.12
Number of cases in which		ω	
	>	=	<
UB $(\underline{u}^{*\cdot\cdot},\sigma')$ ω UB $(\underline{u}^{*\cdot},\sigma')$	16 (51.6 %)	0 (0.0 %)	15 (48.4 %)
UB $(\underline{u}^{*\cdot\cdot\cdot},\sigma')$ ω UB $(\underline{u}^{*\cdot},\sigma')$	15 (48.4 %)	2 (6.4 %)	14 (45.2 %)
UB $(\underline{u}^{*\cdot\cdot\cdot},\sigma')$ ω UB $(\underline{u}^{*\cdot\cdot},\sigma')$	11 (35.5 %)	1 (3.2 %	19 (61.3 %)
UB $(\underline{u}(\underline{u}^{*\cdot},\underline{u}^{*\cdot\cdot},\underline{u}^{*\cdot\cdot\cdot}),\sigma')$ ω UB $(\underline{u}^{*\cdot},\sigma')$	0 (0.0 %)	1 (3.2 %)	30 (96.8 %)
UB $(\underline{u}(\underline{u}^{*\cdot},\underline{u}^{*\cdot\cdot},\underline{u}^{*\cdot\cdot\cdot}),\sigma')$ ω UB $(\underline{u}^{*\cdot\cdot},\sigma')$	0 (0.0 %)	1 (3.2 %)	30 (96.8 %)
UB $(\underline{u}(\underline{u}^{*\cdot},\underline{u}^{*\cdot\cdot},\underline{u}^{*\cdot\cdot\cdot}),\sigma')$ ω UB $(\underline{u}^{*\cdot\cdot\cdot},\sigma')$	0 (0.0 %)	4 (12.9 %)	27 (87.1 %)
UB $(\underline{u}(\underline{u}^{*\cdot},\underline{u}^{*\cdot\cdot},\underline{u}^{*\cdot\cdot\cdot}),\sigma')$ ω UB $(\underline{u}(\underline{u}^{*\cdot},\underline{u}^{*\cdot\cdot}),\sigma')$	0 (0.0 %)	4 (12.9 %)	27 (87.1 %)

Table 4: Bounds computed with 3 dual solutions for linear programs with 3 primal degenerate rows using the *original* partition

Number of cases in which $\underline{u}^{*\cdot\cdot\cdot} \neq \underline{u}^{*\cdot\cdot} \neq \underline{u}^{*\cdot}$ was found by using modified partitions: 37

	Average	Best bound	Worst
UB $(\underline{u}^{*\cdot}, \sigma')$	110.88	101.77	124.36
UB $(\underline{u}^{*\cdot\cdot}, \sigma'')$	109.97	100.58	123.87
UB $(\underline{u}^{*\cdot\cdot\cdot}, \sigma''')$	109.32	100.00	142.04
UB $(\underline{u}(\underline{u}^{*\cdot}, \underline{u}^{*\cdot\cdot}, \underline{u}^{*\cdot\cdot\cdot}), \sigma')$	103.53	100.00	113.05
UB $(\underline{u}(\underline{u}^{*\cdot}, \underline{u}^{*\cdot\cdot}, \underline{u}^{*\cdot\cdot\cdot}), \sigma'')$	104.43	100.00	111.22
UB $(\underline{u}(\underline{u}^{*\cdot}, \underline{u}^{*\cdot\cdot}, \underline{u}^{*\cdot\cdot\cdot}), \sigma''')$	103.60	100.00	113.05

Number of cases in which	ω		
	>	=	<
UB $(\underline{u}^{*\cdot\cdot}, \sigma'')$ ω UB $(\underline{u}^{*\cdot}, \sigma')$	15 (40.5 %)	0 (0.0 %	22 (59.5 %)
UB $(\underline{u}^{*\cdot\cdot\cdot}, \sigma''')$ ω UB $(\underline{u}^{*\cdot}, \sigma')$	13 (35.1 %)	2 (5.4 %)	22 (59.5 %)
UB $(\underline{u}^{*\cdot\cdot\cdot}, \sigma''')$ ω UB $(\underline{u}^{*\cdot\cdot}, \sigma'')$	11 (29.7 %	2 (5.4 %)	24 (64.9 %)
UB $(\underline{u}(\underline{u}^{*\cdot}, \underline{u}^{*\cdot\cdot}, \underline{u}^{*\cdot\cdot\cdot}), \sigma')$ ω UB $(\underline{u}(\underline{u}^{*\cdot}, \underline{u}^{*\cdot\cdot}, \underline{u}^{*\cdot\cdot\cdot}), \sigma'')$	14 (37.8 %)	6 (16.2 %)	17 (46.0 %)
UB $(\underline{u}(\underline{u}^{*\cdot}, \underline{u}^{*\cdot\cdot}, \underline{u}^{*\cdot\cdot\cdot}), \sigma')$ ω UB $(\underline{u}(\underline{u}^{*\cdot}, \underline{u}^{*\cdot\cdot}, \underline{u}^{*\cdot\cdot\cdot}), \sigma''')$	20 (54.1 %)	8 (21.6 %)	9 (24.3 %)
UB $(\underline{u}(\underline{u}^{*\cdot}, \underline{u}^{*\cdot\cdot}, \underline{u}^{*\cdot\cdot\cdot}), \sigma'')$ ω UB $(\underline{u}(\underline{u}^{*\cdot}, \underline{u}^{*\cdot\cdot}, \underline{u}^{*\cdot\cdot\cdot}), \sigma''')$	20 (54.1 %)	11 (29.7 %)	6 (16.2 %)

Table 5: Bounds computed with 3 dual solutions for linear programs with 3 primal degenerate rows using *modified* partitions

References

[1] Bandler, J. W., MacDonald, P. A., "Optimization of microwave networks by razor search", IEEE Transactions on Microwave Theory and Techniques MTT-17 (1969) 552 - 562.

[2] Gal, T., "Shadow Prices and Sensitivity Analysis in Linear Programming under Degeneracy", OR Spektrum 8 (1986) 59-71.

[3] Kallio, M., "Computing bounds for the optimal value in linear programming", Naval Research Logistics Quarterly 24 (1977) 301 - 308.

[4] Knolmayer, G., "Computing a tight a posteriori bound for column aggregated linear programs", Methods of Operations Research 53 (1986) 103-114.

[5] Mendelssohn, R.,"Improved bounds for aggregated linear programs", Operations Research 28 (1980) 1450-1453.

[6] Stuhr, K.-P., Experimentelle Untersuchungen zur Abschätzung des maximalen Aggregationsfehlers in linearen Programmen (Florentz, München, 1987).

[7] Zipkin, P.H., "Bounds on the effect of aggregating variables in linear programs", Operations Research 28 (1980) 403-418.

POSTOPTIMALE ANALYSE FÜR ENTARTETE LINEARE OPTIMIERUNGSPROBLEME

Gabriele Piehler, Fernuniversität Hagen

1. EINLEITUNG

Während im nichtentarteten Fall die gesuchten Größen im Rahmen einer postoptimalen (Sensitivitäts-) Analyse unmittelbar aus dem optimalen Tableau berechnet werden können, sind im entarteten Fall die zugehörigen Informationen über eine Vielzahl von optimalen Tableaus verstreut, [1, 2, 3, 6, 7, 11, 12].

Die Optimalbasenmenge [11] enthält die Menge aller zu einer optimalen Ecke gehörenden (primal und) dual zulässigen Basen (bzw. Simplextableaus), wobei Teilmengen bereits die für eine Sensitivitätsanalyse benötigten Informationen enthalten [7]. Diese Teilmengen zeichnen spezielle Knoten im Optimumgraphen [9, 12] aus, der auf dem Ansatz des Entartungsgraphen [4, 8] zur Untersuchung der Entartungsstrukturen von Polyederecken aufbauend für lineare Optimierungsprobleme entwickelt wurde. Aus der Lage sog. informativer Knoten im Optimumgraphen können Rückschlüsse auf die algorithmische Bestimmbarkeit (vgl. auch [7]) der gesuchten Größen im Rahmen einer postoptimalen Analyse gezogen werden.

2. OPTIMALBASENMENGE UND POSTOPTIMALE ANALYSE

Gegeben sei eine konvexe polyedrische Menge X in der Form

$$X = \{x \in IR^n \mid Ax \leq b,\ x \geq 0\} \tag{1a}$$

wobei $A \in IR^{mxn}$ und $b \in IR^m$ und $X \neq \phi$ gelte.

Wie üblich werde jede (primal zulässige) Basislösung von (1a) identifiziert mit der zugehörigen Basis B, d.h. m linear unabhängigen Spalten von (A, I_m), I_m Einheitsmatrix, bzw. mit dem zugehörigen Pivottableau; kurz: B Basis für (1a).

Operations Research Proceedings 1989

X besitze eine σ-entartete Ecke x^0, wobei $\sigma \geq 0$ der Entartungsgrad von x^0, d.h. die Anzahl der Nullkomponenten einer Basislösung zu x^0 ist. Die Menge aller zu x^0 gehörigen primal zulässigen Basen heißt die Basenmenge B^0 von x^0; ihre Mächtigkeit U wird auch die Entartungszahl von x^0 genannt. Für die Entartungszahl einer σ-entarteten Polyederecke x^0 lassen sich untere und obere Schranken angeben [8, S. 52].

Gegeben sei weiter ein LOP in der Form

$$\max_{x \in X} z = c^T x \qquad (c \in \mathbb{R}^n, \ c \neq 0). \tag{1b}$$

Es werde angenommen, daß die σ-entartete Ecke x^0 (einzige) optimale Ecke für (1) sei; d.h. mindestens eine zu x^0 gehörige Basis $B \in B^0$ (bzw. deren zugehörige Basislösung) sei optimal. Da zwar stets alle zu einer entarteten optimalen Ecke x^0 gehörigen Basen primal zulässig, in der Regel aber nur einige von ihnen auch dual zulässig sind, ist die Menge aller optimalen Basen zu x^0 i.a. eine echte Teilmenge von B^0.

Die zu einem LOP (1) gehörige Optimalbasenmenge ist definiert als die Menge aller optimalen Basen

$$\tilde{B} := \{B \mid B \text{ ist primal und dual zulässige Basis von (1)}\}. \tag{2}$$

Liegt für ein LOP (1) neben primaler auch (echte) duale Entartung vor, so besteht die Optimalbasenmenge $\tilde{B}$ aus allen optimalen Basen (zu allen optimalen Ecken). Die hier aufgeführten Ergebnisse lassen sich auf diesen Fall übertragen (vgl. [10, 11]).

Im Rahmen der einparametrischen Sensitivitätsanalyse bzgl. der rechten Seite wird eine Komponente des Vektors b von (1) variiert: $b(\lambda) = b + e^i\lambda$, $i \in \{1, \ldots, m\}$, $\lambda \in \mathbb{R}$, i fest, $e^i \in \mathbb{R}^m$ i-ter Einheitsvektor. Das zugehörige LOP lautet:

$$\max_{x \in X(\lambda)} z = c^T x \text{ mit } X(\lambda) := \{x \in \mathbb{R}^n \mid Ax \leq b(\lambda), \ x \geq 0\}; \tag{3}$$

die zugehörige Optimalbasenmenge sei $\tilde{B}(\lambda)$.

Entsprechend lautet bei einer Variation der Zielkoeffizienten, $c(t) = c + e^j t$, $j \in \{1, \ldots, n\}$, $t \in \mathbb{R}$, j fest, $e^j \in \mathbb{R}^n$ j-ter Einheitsvektor, das zugehörige LOP:

$$\max_{x \in X} z(t) = c^T(t)x; \tag{4}$$

die zugehörige Optimalbasenmenge sei $\tilde{B}(t)$.

Mit Hilfe der Optimalbasenmengen läßt sich der <u>kritische Bereich</u> im Sinne einer (einparametrischen) Sensitivitätsanalyse bzgl. der rechten Seite definieren als (vgl. [11, 12]):

$$\tilde{\Lambda} := \{\lambda \in IR | \tilde{B}(\lambda) \cap \tilde{B} \neq \phi\} \tag{5}$$

Analog hierzu ist

$$\tilde{T} := \{t \in IR | \tilde{B}(t) \cap \tilde{B} \neq \phi\} \tag{6}$$

der <u>kritische Bereich</u> bzgl. der Zielfunktionskoeffizienten.

Aus der klassischen Sensitivitätsanalyse ist bekannt, daß jeder (optimalen) Basis $B \in \tilde{B}$ eindeutig jeweils ein kritisches Intervall $[\underline{\lambda}, \overline{\lambda}]^{(B)} \subset IR$ bzw. $[\underline{t}, \overline{t}]^{(B)} \subset IR$ zugeordnet werden kann, so daß gilt:

$$B \in \tilde{B} \wedge \lambda \in [\underline{\lambda}, \overline{\lambda}]^{(B)} \Rightarrow B \in \tilde{B}(\lambda), \tag{7a}$$

$$B \in \tilde{B} \wedge t \in [\underline{t}, \overline{t}]^{(B)} \Rightarrow B \in \tilde{B}(t). \tag{7b}$$

Während im Nichtentartungsfall die kritischen Bereiche mit den kritischen Intervallen übereinstimmen, gilt im Entartungsfall (vgl. [11]):

$$\tilde{\Lambda} = \bigcup_{B \in \tilde{B}} [\underline{\lambda}, \overline{\lambda}]^{(B)}, \qquad \tilde{T} = \bigcup_{B \in \tilde{B}} [\underline{t}, \overline{t}]^{(B)}. \tag{8}$$

Neben der Berechnung der kritischen Bereiche gehört die Bestimmung von Schattenpreisen zur postoptimalen Analyse. Diese können im Falle eines (primal) entarteten Optimums nicht unmittelbar aus den Dualwerten abgelesen werden, sondern es muß nach "positiven" (Zuwachs der i-ten Resource) bzw. "negativen" (Abnahme der i-ten Resource) Schattenpreisen p^+ bzw. p^- unterschieden werden (vgl. [1, 2, 3, 6, 7]):

$$p^+ := \min_{B \in \tilde{B}} \{p^{(B)}\} \tag{9a}$$

$$p^- := \max_{B \in \tilde{B}} \{p^{(B)}\} \tag{9b}$$

wobei

$$p^{(B)} := u^{(B)^T} e^i, \quad i \in \{1, \ldots, m\}, \text{ i fest, } e^i \text{ i-ter Einheitsvektor,}$$

und $u^{(B)} \in IR^m$ den zu $B \in \tilde{B}$ gehörigen Vektor der dualen Strukturvariablen bezeichnet.

Zur numerischen Bestimmung der kritischen Bereiche bzw. der Schattenpreise ist es in der Regel ineffizient, auf die Beziehungen (8) bzw. (9) zurückzugreifen, d.h. alle $B \in \tilde{B}$ zu ermitteln, da i.a. echte Teilmengen von $\tilde{B}$ bereits die gewünschten Informationen enthalten (vgl. auch [7]).

Eine Teilmenge $I \subset \tilde{B}$ heißt eine $\tilde{\Lambda}$-(bzw. $\tilde{T}$-, bzw. $p^{\pm}$-) Informationsmenge, wenn gilt:

$$\tilde{\Lambda} = \bigcup_{B \in I} [\underline{\lambda}, \overline{\lambda}]^{(B)} \quad \text{bzw.} \quad \tilde{T} = \bigcup_{B \in I} [\underline{t}, \overline{t}]^{(B)} \text{ bzw.} \tag{10a}$$

$$p^{+} = \min_{B \in I} \{p^{(B)}\}; \; p^{-} = \max_{B \in I} \{p^{(B)}\}. \tag{10b}$$

Per Definition ist $\tilde{B}$ selber eine Informationsmenge bzgl. aller Informationen der postoptimalen Analyse. Ziel ist es, sog. minimale Informationsmengen zu charakterisieren, d.h. Informationsmengen mit minimaler Basenanzahl.

Dabei ist zu unterscheiden, ob z. B. nur der kritische Bereich bzgl. einer Komponente der rechten Seite gesucht wird oder "alle Informationen" der postoptimalen Analyse.

Für die algorithmische Bestimmung der gesuchten Größen sind minimale Informationsmengen $\tilde{I}$ interessant, mit deren Hilfe alle gesuchten Größen (10) für alle Komponenten ($i = 1, \ldots, m$; $j = 1, \ldots, n$) berechnet werden können.

Beispiel

Das LOP

$$\begin{aligned} &\max z = 2x_1 + 12x_2 \\ \text{u.d.N.} \quad & x_1 + 2x_2 \leq 6 \\ & x_1 + 6x_2 \leq 18 \\ & -x_1 + 2x_2 \leq 6, \quad x_1, x_2 \geq 0 \end{aligned}$$

besitzt die 2-entartete optimale Ecke $(0, 3)^T$. Es ist

$\tilde{B} = \{123, 124, 125, 235, 245\}$,

wobei $B \in \tilde{B}$ durch die zugehörigen Basisindizes charakterisiert ist. Die postoptimale Analyse liefert:

Kritische Bereiche bzgl. der rechten Seite	Kritische Bereiche bzgl. der Zielkoeffizienten	Schattenpreise
$\tilde{\Lambda}_1 = [-6, \infty)$	$\tilde{T}_1 = (-\infty, 4]$	$p_1^+ = 0,\ p_1^- = 6$
$\tilde{\Lambda}_2 = [-18, \infty)$	$\tilde{T}_2 = [-8, \infty)$	$p_2^+ = 0,\ p_2^- = 2$
$\tilde{\Lambda}_3 = [-12, \infty)$		$p_3^+ = 0,\ p_3^- = 2$

Minimale Informationsmengen sind:

für	$I \subset \tilde{B}$
$\tilde{\Lambda}_1$	{235, 245}, {123, 245}
$\tilde{\Lambda}_2$	{235, 245}, {124, 235}
$\tilde{\Lambda}_3$	{124, 235}, {124, 245}, {124, 125}
$\tilde{\Lambda}_i$, i = 1, 2, 3	{124, 235, 245}
$\tilde{T}_1$	{245}
$\tilde{T}_2$	{245}, {124}
$\tilde{T}_j$, j = 1, 2	{245}
$p_1^{\pm}$	{123, 245}, {125, 245}, {235, 245}
$p_2^{\pm}$	{124, 125}, {124, 235}, {125, 245}, {235, 245}
$p_3^{\pm}$	{124, 125}, {124, 235}, {124, 245}
$p_i^{\pm}$, i = 1, 2, 3	{124, 125, 245}, {124, 235, 245}

In diesem Beispiel gibt es eine eindeutige minimale Informationsmenge $\tilde{I} \subset \tilde{B}$: $\tilde{I}$ = {124, 235, 245}; i.a. gibt es mehrere. Zudem zeigt das Beispiel, daß es "stark informative" Basen (z. B. 245) und "schwach informative" Basen (z. B. 123) gibt. Instrument zur Charakterisierung solcher Basen ist ein graphentheoretischer Ansatz, der sich zur Untersuchung der Entartungsstrukturen von Polyederecken bewährt hat (vgl. [4, 8]).

3. OPTIMUMGRAPHEN UND INFORMATIVE KNOTEN

Es sei $\overline{B}$ die Menge aller primal zulässigen Basen für (1).

Zwei Basen B, $B^* \in \overline{B}$ heißen <u>benachbart</u>, falls sie sich durch genau einen Pivotschritt ineinander überführen lassen, und je nach dem Vorzeichen des zugehörigen Pivotelementes wird die Basennachbarschaft symbolisiert durch

$$B <\!- + -\!> B^* \quad \text{bzw.} \quad B <\!- - -\!> B^*. \tag{11}$$

Der Graph $D = (\overline{B}, E^+)$ mit der Kantenmenge

$$E^+ = \{\{B, B^*\} \subset \overline{B} \mid B <\!- + -\!> B^*\} \tag{12}$$

heißt der (positive) <u>Darstellungsgraph</u> von X.

Durch Einschränkung der Knotenmenge von $\overline{B}$ auf die Basenmenge B^o der Ecke $x^o \in X$ (und entsprechend der Kantenmenge) erhält man den Teilgraphen $\overset{o}{G}_+ = (B^o, E^+)$, den sog. (positiven) <u>Entartungsgraphen</u> von x^o (vgl. [4, 8])[1].

Durch weitere Einschränkung der Knotenmenge von B^o auf die zur Ecke x^o gehörigen optimalen Basen von (1) entsteht der (positive) Optimumgraph $\overset{o}{O}_+$ von x^o als Teilgraph des Entartungsgraphen (vgl. [9, 12])[2].

Die Basennachbarschaft induziert auf kanonische Weise die <u>Knotennachbarschaft</u>. Ein Knoten B von $\overset{o}{G}_+$ ist ein <u>Übergangsknoten</u>, wenn er zu Knoten von Entartungsgraphen weiterer Ecken von X benachbart ist. Sein <u>Außengrad</u> ist die Anzahl der Kanten $\{B, B^*\}$ in D mit $B^* \notin B^o$; sein <u>Innengrad</u> ist die Anzahl der Kanten $\{B, B^*\}$ in D mit $B^* \in B^o$. Ein Knoten B von $\overset{o}{G}_+$, dessen Außengrad gleich 0 ist, wird <u>Innenknoten</u> genannt; bei Knoten, deren Innengrad gleich 0 ist, handelt es sich um (in $\overset{o}{G}_+$) isolierte Knoten.

---

1) Für jede nichtentartete Ecke ($\sigma = 0$) ist der Entartungsgraph trivial, d.h. er besteht aus genau einem Knoten.

2) Analog zu $\overset{o}{G}_+$ bzw. $\overset{o}{O}_+$ sind der negative Entartungs- bzw. Optimumgraph von x^o definiert, wobei zwei Knoten B, B^* jeweils durch eine Kante verbunden sind, wenn $B <\!- - -\!> B^*$ gilt (vgl. [8, 9, 12]).

Beispiel (Fortsetzung)

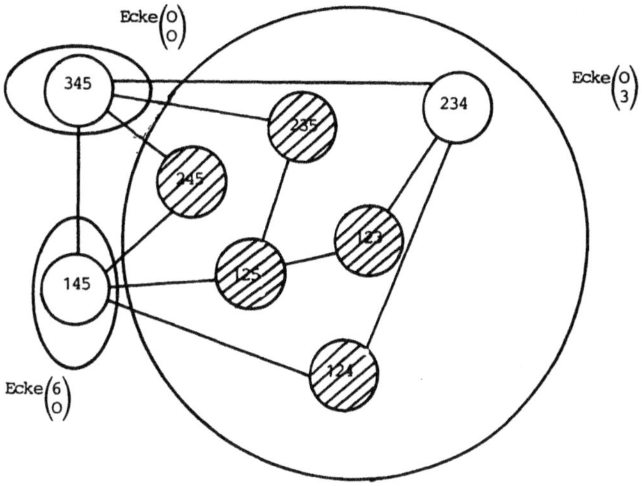

Abb.: Darstellungsgraph zum Beispiel;
optimale Ecke $x^0 = (0, 3)^T$; die optimalen Knoten sind schraffiert; Knoten 245 besitzt den Außengrad 2; Knoten 123 ist ein Innenknoten.

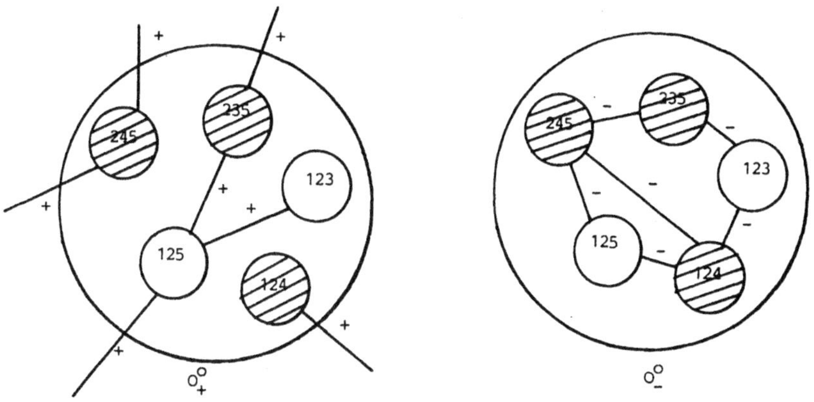

Abb.: positiver und negativer Optimumgraph zum Beispiel;
O_+^o besitzt 3 Zusammenhangskomponenten; die zur minimalen Informationsmenge $\tilde{I}$ gehörenden Basen (Knoten) sind schraffiert; bei O_+^o sind zusätzlich die "nach außen" führenden Kanten eingezeichnet.

Eine vollständige Charakterisierung von minimalen Informationsmengen $\tilde{I}$ steht noch aus. Im allgemeinen gilt, daß Übergangsknoten mit hohem Außengrad zu $\tilde{I}$ gehören[3] und

---

[3] Das Kriterium in [7] zur Identifikation von "gültigen" Schattenpreisen identifiziert Übergangsknoten; nach diesem Kriterium sind auch Opportunitätskosten im Entartungsfall zu berechnen (vgl. [7]).

aus jeder Zusammenhangskomponente des positiven Optimumgraphen mindestens ein Knoten benötigt wird. Innenknoten sind dagegen "schwach informativ".

Zur algorithmischen Bestimmung der im Rahmen der postoptimalen Analyse gesuchten Größen ist ein auf einer speziellen Pivot-Regel [5] aufgebautes Verfahren konzipiert, das insbesondere die Übergangsknoteneigenschaft ausnutzt.

LITERATUR

[1] **Akgül, M. (1984):**
A note on shadow prices in linear programming.
Journal of Operational Research Society 35 (1984) 425 - 431.

[2] **Aucamp, D. G., Steinberg, D. I. (1982):**
The computation of shadow prices in linear programming.
Journal of Operational Research Society 33 (1982) 557 - 565.

[3] **Gal, T. (1986):**
Shadow prices and sensitivity analysis in linear programming under degeneracy - State-of-the-art-survey.
OR Spektrum 8, 59 - 71.

[4] **Gal, T., Kruse, H.-J., Zörnig, P. (1988):**
Survey of solved and open problems in the degeneracy phenomenon.
Mathematical Programming 42, 125 - 133.

[5] **Geue, F. (1989):**
Eine Pivotauswahlregel und die durch sie induzierten Teilgraphen des positiven Entartungsgraphen.
Diskussionsbeitrag Nr. 141, Fachbereich Wirtschaftswissenschaft, Fernuniversität Hagen

[6] **Knolmayer, G. (1976):**
How many sides are shadow prices at degenerate primal optima?
OMEGA 4, 493 - 494.

[7] **Knolmayer, G. (1984):**
The effects of degeneracy on cost-coefficient ranges and an algorithm to resolve interpretationproblems.
Decision Sciences 15, 14 - 21.

[8] **Kruse, H.-J. (1986):**
Degeneracy graphs and the neighbourhood problem.
Lecture Notes in Economics and Mathematical Systems 260; Berlin-Heidelberg-New York-Tokyo.

[9] **Kruse, H.-J. (1987):**
Über spezielle Teilgraphen von Entartungsgraphen.
Diskussionsbeitrag Nr. 121, Fachbereich Wirtschaftswissenschaft, Fernuniversität Hagen.

[10] **Kruse, H.-J., Piehler, G. (1989):**
Complex Optimum Graphs for Sensitivity Analysis in Linear Programming under Degeneracy.
in preparation.

[11] **Piehler, G. (1988):**
Optimalbasenansatz zur Sensitivitätsanalyse bei linearer Programmierung unter Entartung.
Diskussionsbeitrag Nr. 130, Fachbereich Wirtschaftswissenschaft, Fernuniversität Hagen.

[12] **Piehler, G., Kruse, H.-J. (1988):**
Optimumgraphen zur Analyse linearer Optimierungsprobleme unter Entartung.
Operations Research Proccedings 1988, Springer Verlag.

EINE ENTSCHEIDUNGSORIENTIERTE TYPOLOGIE VON ZUSCHNEIDE- UND PACKPROBLEMEN

Harald DYCKHOFF, Aachen

In der Literatur der Betriebswirtschaftslehre, der Ingenieurwissenschaften, der Informatik und Mathematik sowie des Operations Research gewinnen Probleme an Bedeutung, die, obwohl sie eine starke strukturelle Verwandtschaft aufweisen, oft unabhängig voneinander behandelt werden und dementsprechend auch sehr unterschiedlich bezeichnet sind. Es handelt sich hierbei um Probleme des Zuschneidens oder Packens materieller oder immaterieller Objekte fester geometrischer Abmessungen. In dem Beitrag wird versucht,

- eine Definition von Zuschneide- und Packproblemen als Probleme der geometrischen Kombinatorik (oder kombinatorischen Geometrie) zu geben, indem ihre prinzipielle entscheidungslogische Struktur aufgezeigt wird,

- auf dieser Basis eine Systematisierung wesentlicher Charakteristika zu erreichen sowie

- einen Ansatz für eine entscheidungsorientierte Typologie zu entwickeln, der es erlaubt, die Probleme im Hinblick auf geeignete Lösungsmethoden besser vergleichbar zu machen und eine einheitliche Terminologie zu formulieren, so daß die Anwendung vorhandener Methoden sowie die Entwicklung neuer Verfahren gefördert wird.

FULPAL - EIN INTERAKTIVES VEFAHREN ZUR LÖSUNG LINEARER (MEHRZIEL)-OPTIMIERUNGSPROBLEME MIT VAGEN DATEN

Heinrich Rommelfanger

1. Einleitung

Wird ein reales Entscheidungsproblem in Form eines klassischen linearen Optimierungsmodells abgebildet, so muß der Entscheidungsträger in der Lage sein, allen Koeffizienten der Zielfunktion(en) und der Restriktionen eine eindeutig bestimmte reelle Zahl zuzuordnen. In vielen praktischen Anwendungdfällen reichen aber die Informationen des Entscheidungsträgers nicht aus, um diesen hohen Anforderungen zu genügen.

Ein Weg, nur näherungsweise bekannte Daten in ein Modell adäquat abzubilden, bietet die Theorie unscharfer Mengen. Da auch reelle Zahlen als Fuzzy-Zahlen dargestellt werden können, stellt das nachfolgende Fuzzy-Optimierungsmodell (1) eine allgemeine Form für lineare Optimierungsmodelle mit vagen Daten dar.

$$\left.\begin{array}{l}\tilde{C}_{11}x_1 \oplus \cdots \oplus \tilde{C}_{1n}x_n \\ \tilde{C}_{K1}x_1 \oplus \cdots \oplus \tilde{C}_{Kn}x_n\end{array}\right] \longrightarrow \text{Max}$$

unter Beachtung der Restriktionen (1)

$$\begin{array}{llr}\tilde{A}_{i1}x_1 \oplus \cdots \oplus \tilde{A}_{in}x_n \,\tilde{\leq}\, \tilde{B}_i & , & i = 1,\ldots,m \\ x_j \geq 0 & , & j = 1,\ldots,n \quad .\end{array}$$

Das System (1) schließt die Spezialfälle ein, daß

i. einige oder alle Zielfunktionen eindeutige reelle Koeffizienten aufweisen und/oder

ii. mit K = 1 nur ein Ziel verfolgt werden soll und/oder

iii. einige oder alle Restriktionen eindeutige reelle Koeffizienten aufweisen und auch die rechten Seiten eindeutig bestimmt sein können.

In der Literatur findet man verschiedene Methoden zur Lösung von Problemen der Form (1), z.B. [TANAKA; ASAI 1984],[RAMÍK; ŘIMÁNEK 1985], [SLOWINSKI 1986], [ROMMELFANGER 1989],[DELGADO;VERDEGAY;VILA 1989]. Dabei wird in den meisten Vorschlägen eine Fuzzy-Restriktion durch eine oder zwei klassische Ungleichungen ersetzt. Dies hat den Nachteil, daß der Entscheidungsträger im weiteren Verlauf des Entscheidungsprozesses keine Möglichkeit besitzt, mit evtl. besserem Informationsstand die Fuzzy-Restriktionen genauer zu interpretieren.
Dagegen wird in diesem Beitrag jede Fuzzy-Restriktion ersetzt durch

Operations Research Proceedings 1989

eine klassische Ungleichung und eine Fuzzy-Zielfunktion. Der auf dieser Interpretation des Ungleichheitszeichens "$\tilde{\leq}$" basierende Lösungsprozeß FULPAL (Fuzzy Linear Programming based on Aspiration Levels) ist als ein interaktiver Entscheidungsprozeß konzipiert, der mittels Anspruchsniveaus gesteuert wird. Er stellt ein allgemeines Verfahren zur Lösung von Systemen des Typs (1) dar und schließt u.a. die bekannten Methoden zur Lösung von LP-Problemen mit flexiblen rechten Seiten von ZIMMERMANN [1978], ROMMELFANGER [1984], WERNERS [1984] ein. Die Rechendurchführung ist überraschend einfach, wenn das von RÖHLING /2/ entwickelte PC-Software-Programm FULP eingesetzt wird.
In den nachfolgenden Abschnitten werden die wesentlichen Elemente des Verfahrens FULPAL kurz dargestellt. Die genaueren Begründungen und auch das ausführliche Prozeßablaufprogramm findet man in der Monographie /4/. In diesem Buch sind auch die genaueren Literaturangaben nachzulesen, auf die in diesem extended Abstract aus Platzgründen verzichtet werden muß. Lediglich die dort nicht erfaßten neuesten Veröffentlichungen sind in der Literaturliste am Ende dieses Beitrages aufgeführt.

2. Die modellmäßige Beschreibung der Fuzzy-Größen.

In praktischen Anwendungen kann davon ausgegangen werden, daß alle relevanten Fuzzy-Größen des Modells (1) als Fuzzy-Zahlen oder Fuzzy-Intervalle des L-R-Typs, vgl. [DUBOIS; PRADE 1980], dargestellt werden können. Während aber mit dieser Feststellung für die meisten Autoren auf dem Gebiet der Fuzzy-Optimierung das Problem der modellmäßigen Beschreibung der Fuzzy-Größen erledigt ist, bin ich der Ansicht, daß gerade die Bestimmung der Zugehörigkeitsfunktionen der $\tilde{C}_{kj}$, $\tilde{A}_{ij}$ und $\tilde{B}_i$ ein wesentliches Kriterium für die Akzeptanz von Fuzzy-Optimierungsmodellen ist. Selbst wenn man davon absieht, daß Zugehörigkeitswerte eigentlich nur auf einer ordinalen Skala gemessen werden können, ist kaum zu erwarten, daß ein Entscheidungsträger den genauen Verlauf der Zugehörigkeitsfunktionen angeben kann. Insbesondere die Festlegung der Argumente zu kleineren Zugehörigkeitswerten ist i.a. äußerst schwierig.

Als einen praktikablen Weg zur näherungsweisen Bestimmung der Zugehörigkeitsfunktionen von Fuzzy-Größen empfehlen wir das folgende Vorgehen:
Der Entscheidungsträger legt zunächst einige prominente Zugehörigkeitswerte fest und ordnet ihnen eine spezielle Bedeutung zu. Dieses Vorgehen soll für eine rechte Seite $\tilde{B}_i = \{(y, f_{B_i}(y)) | y \in \mathbb{R}\}$ beispielhaft erläutert werden, wobei die rechte Seite der Restriktion i inter-

pretiert werden soll als die maximal zur Verfügung stehende Quantität eines benötigten Gutes.

$\alpha = 1$: $f_{Bi}(y) = 1$ bedeutet, daß der Wert y mit höchster Präferenz zur Menge der maximal zur Verfügung stehenden Quantität gehört. Bei einer rechten Seite $\tilde{B}_i$ ist der Wert y eindeutig bestimmt als die größte Quantität y, die noch mit Sicherheit zur Verfügung steht.

$\alpha = \lambda_A$: $f_{Bi}(y) \geq \lambda_A$ bedeutet, daß der Entscheidungsträger dem Wert y eine hohe Chance einräumt, zur Menge der maximal zur Verfügung stehenden Quantitäten zu gehören. Er ist bei seinem derzeitigen Informationsstand bereit, einen Wert y mit $f_{Bi}(y) \geq \lambda_A$ als realisierbar anzusehen. Offensichtlich ist ein Wert y mit $f_{Bi}(y) = \lambda_A$ eine Art Anspruchsniveau.

$\alpha = \varepsilon$: $f_{Bi}(y) < \varepsilon$ bedeutet, daß ein solcher Wert y nur sehr geringe Chancen hat, zur Menge der maximal zur Verfügung stehenden Quantitäten zu gehören. Der Entscheidungsträger ist bereit, Werte y mit $f_{Bi}(y) < \varepsilon$ zu vernachlässigen.

Der Entscheidungsträger erhält dann eine erste Näherung für die Zugehörigkeitsfunktion f_{Bi} von $\tilde{B}_i$, indem er Werte b_i, $\bar{b}_i^{\lambda A}$, $\bar{b}_i^{\varepsilon}$ mit $f_{Bi}(b_i) = 1$, $f_{Bi}(\bar{b}_i^{\lambda A}) = \lambda_A$ und $f_{Bi}(\bar{b}_i^{\varepsilon}) = \varepsilon$ festlegt und die Paare $(b_i,1),(\bar{b}_i^{\lambda A},\lambda_A)$, $(\bar{b}_i^{\varepsilon},\varepsilon)$ mit einem Polygonenzug verbindet.
Für alle $y \in [b_i,\bar{b}_i^{\varepsilon}]$ ist dann $f_{Bi}(y) = 0$ zu setzen, vgl. Abb.1.

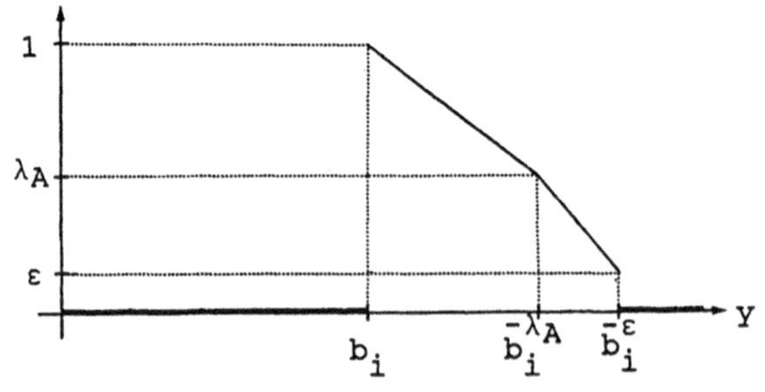

Abb. 1:

In Anlehnung an die abgekürzte Schreibweise für L-R-Fuzzy-Zahlen wollen wir Fuzzy-Zahlen mit dieser speziellen Zugehörigkeitsfunktion mit $\tilde{B}_i = (b_i;0,0;\bar{\beta}_i^{\lambda A},\bar{\beta}_i^{\varepsilon})^{\lambda A,\varepsilon}$ symbolisieren, wobei

$$\bar{\beta}_i^{\lambda A} = \bar{b}_i^{\lambda A} - b_i \quad \text{und} \quad \bar{\beta}_i^{\varepsilon} = \bar{b}_i^{\varepsilon} - b_i \quad .$$

Da echte Fuzzy-Koeffizienten $\tilde{A}_{ij}$ bzw. $\tilde{C}_{kj}$ kein Element enthalten, das mit Sicherheit realisiert wird, lassen diese sich nicht durch ein Fuzzy-Intervall darstellen. Es ist dann unter Beibehaltung der Bedeutung der Zugehörigkeitswerte $1, \lambda_A, \varepsilon$ zunächst ein Intervall $[\underline{a}_{ij}, \bar{a}_{ij}] \subset \mathbb{R}$ festzulegen, dessen Elemente der Zugehörigkeitswert 1 zugeordnet wird, d.h.

$$f_{A_{ij}}(y) \begin{cases} = 1 & \text{für } y \in [\underline{a}_{ij}, \bar{a}_{ij}] \\ < 1 & \text{sonst} \end{cases}$$

Desweiteren sind Werte $\underline{a}_{ij}^{\lambda A}$, $\bar{a}_{ij}^{\lambda A}$, $\underline{a}_{ij}^{\varepsilon}$, $\bar{a}_{ij}^{\varepsilon}$ so festzulegen, daß gilt

$$f_{A_{ij}}(y) \begin{cases} \geq \lambda_A & \text{für } y \in [\underline{a}_{ij}^{\lambda A}, \bar{a}_{ij}^{\lambda A}] \\ < \lambda_A & \text{sonst} \end{cases}$$

bzw.

$$f_{A_{ij}}(y) \begin{cases} \geq \varepsilon & \text{für } y \in [\underline{a}_{ij}^{\varepsilon}, \bar{a}_{ij}^{\varepsilon}] \\ < \varepsilon & \text{sonst} \end{cases}$$

Der Polygonenzug von $(\underline{a}_{ij}^{\varepsilon}, \varepsilon)$ über $(\underline{a}_{ij}^{\lambda A}, \lambda_A), (\underline{a}_{ij}, 1), (\bar{a}_{ij}, 1), (\bar{a}_{ij}^{\lambda A}, \lambda_A)$ zu $(\bar{a}_{ij}^{\varepsilon}, \varepsilon)$, stellt dann eine erste Näherung für die Zugehörigkeitsfunktion von A_{ij} dar, vgl. Abb.2.

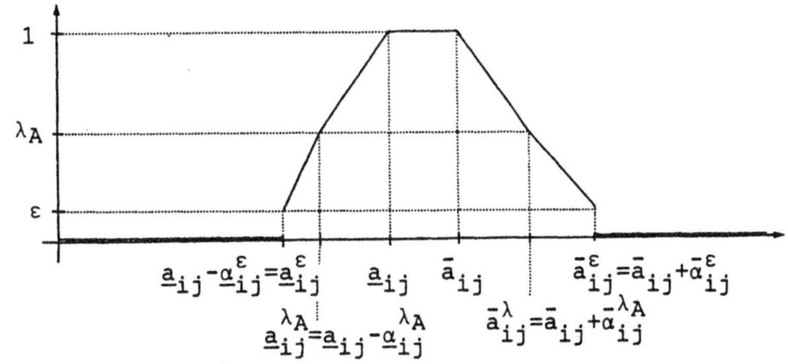

Abb.2: $\tilde{A}_{ij} = (\underline{a}_{ij}, \bar{a}_{ij}; \underline{\alpha}_{ij}^{\lambda A}, \underline{\alpha}_{ij}^{\varepsilon}; \bar{\alpha}_{ij}^{\lambda A}, \bar{\alpha}_{ij}^{\varepsilon})^{\lambda_A, \varepsilon}$

Die Beschreibung der Fuzzy-Koeffizienten $\tilde{A}_{ij}$ durch stückweise lineare Zugehörigkeitsfunktionen des obigen Typs hat darüberhinaus den Vorteil, daß die Ausdrücke $\tilde{A}_{ij}x_j$ auf den linken Seiten der Fuzzy-Restriktionen problemlos addiert und zu einem Fuzzy-Intervall des gleichen Typs zusammengefaßt werden können, vgl. DUBOIS; PRADE [1980] Es gilt dann:

$$\begin{aligned} \tilde{A}_i(x) &= \tilde{A}_{i1}x_1 \oplus \cdots \oplus \tilde{A}_{in}x_n \\ &= (\underline{a}_i(x), \bar{a}_i(x); \underline{\alpha}_i^{\lambda A}(x), \underline{\alpha}_i^{\varepsilon}(x); \bar{\alpha}_i^{\lambda A}(x), \bar{\alpha}_i^{\varepsilon}(x))^{\lambda_A, \varepsilon} \end{aligned}$$

mit $\underline{a}_i(X) = \sum_{j=1}^{n} \underline{a}_{ij}x_j$, $\underline{\alpha}_i^{\lambda A}(X) = \sum_{j=1}^{n} \underline{\alpha}_{ij}^{\lambda A}x_j$, $\underline{\alpha}_i^{\varepsilon}(X) = \sum_{j=1}^{n} \underline{\alpha}_{ij}^{\varepsilon}x_j$,

$\bar{a}_i(X) = \sum_{j=1}^{n} \bar{a}_{ij}x_j$, $\bar{\alpha}^{\lambda A}(X) = \sum_{j=1}^{n} \bar{\alpha}_{ij}^{\lambda A}x_j$, $\bar{\alpha}_i^{\varepsilon}(X) = \sum_{j=1}^{n} \bar{\alpha}_{ij}^{\varepsilon}x_j$.

3. Die Ungleichheitsrelation "$\underset{\sim}{\leq}$"

In den meisten Verfahren zur Lösung von Fuzzy-Optimierungsmodellen wird vorgeschlagen, eine Fuzzy-Restriktion $\tilde{A}_i(X) \underset{\sim}{\leq} \tilde{B}_i$ durch wenige, zumeist zwei klassische Ungleichungen zu ersetzen, vgl. z.B. [NEGOITA; SULARIA 1976],[TANAKA;ASAI 1984],[RAMÍK;RÍMANEK 1985],[SLOWINSKI 1976]. Damit hat der Entscheidungsträger aber keine weitere Möglichkeit mehr, die Fuzzy-Restriktionen genauer zu interpretieren. Diese frühzeitige Festlegung in der Beurteilung der Restriktionen ist auch deshalb bedenklich, da diese auf Zugehörigkeitsfunktionen basiert, die nur näherungsweise geschätzt werden können.

In FULPAL wird eine flexible Interpretation der "$\underset{\sim}{\leq}$"-Relation verwendet. Sie besteht aus der "pessimistische" Relation

$$\bar{a}_i(X) + \bar{\alpha}_i^{\varepsilon}(X) = \sum_{j=1}^{n} (\bar{a}_{ij}+\bar{\alpha}_{ij}^{\varepsilon})x_j \leq b_i + \bar{\beta}_i^{\varepsilon} , \qquad (2)$$

die ausdrückt, daß die nach Ansicht des Entscheidungsträgers maximal zur Verfügung stehende Quantität $b_i + \bar{\beta}_i^{\varepsilon}$ auf keinen Fall überschritten werden soll, und der Fuzzy-Zielfunktion

$$f_{D_i}\left(\sum_{j=1}^{n} \bar{a}_{ij}x_j\right) \longrightarrow \text{Max} \qquad (3)$$

als "optischer" Komponente.

Dabei läßt sich die Zugehörigkeitsfunktion f_{D_i} mit

$$f_{D_i}(y) = \begin{cases} 1 & \text{für } y < b_i \\ f_{B_i}(y) & \text{für } y \geq b_i \end{cases} \qquad (4)$$

interpretieren als das subjektive Zufriedenheitsempfinden des Entscheidungsträgers, wenn angesichts der zur Verfügung stehenden Quantität $\tilde{B}_i$ die Menge $\bar{a}_i(X) = \sum_{j=1}^{n} \bar{a}_{ij}x_j$ benötigt wird.

Diese Ungleichheitsrelation "$\underset{\sim}{\leq}$"$_R$

$$\tilde{A}_i(X) \underset{\sim}{\leq}_R \tilde{B}_i \iff (2) \text{ und } (3)$$

hat den Vorteil, daß ein möglicher Mehrbedarf $\bar{a}_i(X) - b_i > 0$ direkt den Entscheidungsprozeß beeinflußt. Darüberhinaus stimmt diese Interpretation von "$\underset{\sim}{\leq}$" nicht nur mit der klassischen "$\leq$"-Relation überein, sondern entspricht auch für den Fall, daß nur die rechte Seite unscharf ist, der in der Literatur üblichen Auslegung, vgl. [ZIMMERMANN 1978].

4. Das Maximieren von Fuzzy-Zielen

Hinter einer Zielsetzung

$$\tilde{Z}_1(X) = \tilde{C}_{11}x_1 \oplus \tilde{C}_{12}x_2 \oplus \cdots \oplus \tilde{C}_{1n}x_n \quad \longrightarrow \quad \widetilde{\text{Max}} \tag{5}$$

verbirgt sich offensichtlich ein Mehrzieloptimierungssystem. Selbst in dem einfachen Fall, daß alle Koeffizienten $\tilde{C}_{1j}$ die Form $\tilde{C}_{ij} = (\underline{c}_{1j},\bar{c}_{1j};\underline{\gamma}_{1j}^{\lambda A},\underline{\gamma}_{1j}^{\varepsilon};\bar{\gamma}_{1j}^{\lambda A},\bar{\gamma}_{1j}^{\varepsilon})^{\lambda A,\varepsilon}$ aufweisen und $\tilde{Z}_1$ geschrieben werden kann als das Fuzzy-Intervall mit

$$\tilde{Z}_1(X) = (\underline{c}_1(X),\bar{c}_1(X);\underline{\gamma}_1^{\lambda A}(X),\underline{\gamma}_1^{\varepsilon}(X);\bar{\gamma}_1^{\lambda A}(X),\bar{\gamma}_1^{\varepsilon}(X))^{\lambda A,\varepsilon} \tag{6}$$

$$\text{mit} \quad \underline{c}_1(X) = \sum_{j=1}^{n} \underline{c}_{1j}x_j, \quad \underline{\gamma}_1^{\lambda A}(X) = \sum_{j=1}^{n} \underline{\gamma}_{1j}^{\lambda A}x_j, \quad \underline{\gamma}_1^{\varepsilon}(X) = \sum_{j=1}^{n} \underline{\gamma}_{1j}^{\varepsilon}x_j,$$

$$\bar{c}_1(X) = \sum_{j=1}^{n} \bar{c}_{1j}x_j, \quad \bar{\gamma}^{\lambda A}(X) = \sum_{j=1}^{n} \bar{\gamma}_{1j}^{\lambda A}x_j, \quad \bar{\gamma}^{\varepsilon}(X) = \sum_{j=1}^{n} \bar{\gamma}_{1j}^{\varepsilon}x_j.$$

impliziert das Fuzzy-Ziel (5), daß die sechs Ziele

$$\underline{c}_1(X) \longrightarrow \text{Max}, \quad \underline{c}_1 - \gamma_1^{\lambda A}(X) \longrightarrow \text{Max}, \quad \underline{c}_1 - \gamma_1^{\varepsilon}(X) \longrightarrow \text{Max}$$

$$\bar{c}(X) \longrightarrow \text{Max}, \quad \bar{c}_1 + \bar{\gamma}_1^{\lambda A}(X) \longrightarrow \text{Max}, \quad \bar{c}_1 + \bar{\gamma}_1^{\varepsilon}(X) \longrightarrow \text{Max}$$

simultan erfüllt werden.

Da aber eine ideale Lösung dieses Mehrzieloptimierungssystems i.a. nicht existiert, halten wir es für besser, eine Satisfizierungslösung anzustreben.

In Analogie zur Beschreibung der rechten Seiten $\tilde{B}_i$, läßt sich ein Fuzzy-Anspruchsniveau $\tilde{N}_1$ als Fuzzy-Zahl des Typs

$$\tilde{N}_1 = (n_1;\underline{\nu}_1^{\lambda A},\underline{\nu}_1^{\varepsilon};0,0)^{\lambda A,\varepsilon} \tag{7}$$

beschreiben. Bei Verwendung der Ungleichheitsrelation "$\underset{\sim}{\leq}_R$" ist die Bedingung $\tilde{N}_1 \underset{\sim}{\leq}_R \tilde{Z}_1(X)$ äquivalent zu

$$n_1 - \underline{\nu}_1^{\varepsilon} \leq \underline{c}_1(X) - \underline{\gamma}_1^{\varepsilon}(X) = \sum_{j=1}^{n} (\underline{c}_{ij} - \underline{\gamma}_{1j}^{\varepsilon})x_j \tag{8}$$

$$f_{Z_1}(\underline{c}_1(X)) = f_{Z_1}(\sum_{j=1}^{n} \underline{c}_{1j}x_j) \longrightarrow \text{Max} \tag{9}$$

wobei f_{Z_1} die stückweise lineare Zugehörigkeitsfunktion

$$f_{Z_1}(y) = \begin{cases} 0 & \text{if} \quad y < n_1 - \underline{\nu}_1^{\varepsilon} \\ f_{N_1}(y) & \text{if} \quad n_1 - \underline{\nu}_1^{\varepsilon} \leq y \leq n_1 \\ 1 & \text{if} \quad n_1 < y \end{cases} \tag{10}$$

ist.

5. Fuzzy-Optimierungsverfahren

Bei Verwendung der Ungleichheitsrelation "$\underset{\sim}{\leq}_R$" läßt sich das Fuzzy-Optimierungssystem (1) adäquat beschreiben durch das Mehrzieloptimierungssystem

$$(f_{Z_1}(\underline{c}_1'x),\ldots,f_{Z_K}(\underline{c}_K'x),f_{D_1}(\bar{a}_1'x),\ldots,f_{D_m}(\bar{a}_m'x)) \longrightarrow \text{Max}$$

unter Beachtung der Restriktionen (11)

$$(\underline{c}_k-\underline{\gamma}_k^{\varepsilon})'\cdot x = \sum_{j=1}^{n}(\underline{c}_{kj}-\underline{\gamma}_{kj}^{\varepsilon})x_j \geq n_k - \underline{\nu}_k^{\varepsilon} \quad , \quad k = 1,\ldots,K$$

$$(\bar{a}_i+\bar{\alpha}_i^{\varepsilon})'\cdot x = \sum_{j=1}^{n}(\bar{a}_j+\alpha_{ij}^{\varepsilon})x_j \leq b_i + \bar{\beta}_i^{\varepsilon} \quad , \quad i = 1,\ldots,m$$

$$x_j \geq 0 \quad , \quad i = 1,\ldots,m$$

wobei $\underline{c}_k' = (\underline{c}_{k1},\ldots,\underline{c}_{kn})$, $\underline{\gamma}_k' = (\underline{\gamma}_{k1},\ldots,\gamma_{kn})$, $k = 1,\ldots,K$

$\bar{a}_i' = (\bar{a}_{i1},\ldots,a_{in})$, $\bar{\alpha}_i' = (\bar{\alpha}_{i1},\ldots,\bar{\alpha}_{in})$, $i = 1,\ldots,m$

$x' = (x_1,\ldots,x_n)$.

Zur Abkürzung der Schreibweise definieren wir

$$X_R = \{x\in R_o^n \mid (\bar{a}_i+\bar{\alpha}_i^{\varepsilon})'\cdot x \leq b_i + \bar{\beta}_i^{\varepsilon} \quad \text{für alle } i = 1,\ldots,m\} \quad (12)$$

$$X_C = \{x\in X_r \mid (\underline{c}_k-\underline{\gamma}_k^{\varepsilon})'\cdot x \geq \underline{n}_k - \underline{\nu}_k^{\varepsilon} \quad \text{für alle } k = 1,\ldots,K\} \ . \quad (13)$$

Um eine Kompromißlösung von (11) zu bestimmen, soll der Minimumoperator von ZADEH als Präferenzfunktion verwendet werden. Die Schwächen dieses Operators als Aggregationsmechanismus wird in FULPAL durch die Berechnung einer Lösung in Form eines interaktiven Prozesses gemindert.
Die Kompromißzielfunktion

$$\lambda(x) = \text{Min}(f_{Z_1}(\underline{c}_1'x),\ldots,f_{Z_k}(\underline{c}_K'x),f_{D_1}(\bar{a}_1'x),\ldots,f_{D_m}(\bar{a}_n'x)) \quad (14)$$

kann interpretiert werden als Ausdruck der Gesamtzufriedenheit des Entscheidungsträgers mit der Lösung x .

Für den Fall, daß X_C nicht leer ist, ist nach NEGOITA; SULARIA [1976] das Entscheidungsproblem

$$\underset{x\in X_C}{\text{Max}}\ \text{Min}\ (f_{Z_1}(\underline{c}_1'x),\ldots,f_{Z_k}(\underline{c}_K'x),f_{D_1}(\bar{a}_1'x),\ldots,f_{D_m}(\bar{a}_m'x)) \quad (15)$$

äquivalent zu dem Optimierungssystem

$$\lambda \longrightarrow \text{Max}$$

unter Beachtung der Nebenbedingung (16)

$$\lambda \leq f_{Z_k}(\underline{c}_k'\cdot x) \qquad k = 1,\ldots,K$$

$$\lambda \leq f_{D_i}(\bar{a}_i'\cdot x) \qquad i = 1,\ldots,m$$

$$x\in X_C \ ; \qquad \varepsilon \leq \lambda \leq 1 \ .$$

Sind darüberhinaus alle Zugehörigkeitsfunktionen f_{Z_k} und f_{D_i} stückweise lineare Zugehörigkeitsfunktionen, die konkav über $[\underline{n}_k-\underline{\nu}_k^\varepsilon,+\infty[$ bzw. $[-\infty,b_i+\bar{\beta}^\varepsilon]$ sind, so ist nach [ROMMELFANGER 1983] das System (16) äquivalent einem klassischen LP-Modell.

6. Bestimmung des Zielanspruchsniveaus

Ein bislang offenes Problem ist die Bestimmung des Fuzzy-Anspruchsniveaus $\tilde{N}_k$ mit den charakteristischen Werten $n_k - \underline{\nu}_k^\varepsilon$, $z_k^A = n_k - \underline{\nu}_k^{\lambda A}, n_k$.
Die Größe

$$\bar{z}_k = \underline{c}_k' x_k^{**} = \underset{x\in X_R}{\text{Max}}\ \underline{c}_k' x \ . \tag{17}$$

ist offensichtlich eine obere Grenze für n_k.
Andererseits sollte $n_k - \underline{\nu}_k^\varepsilon$ nicht kleiner als

$$\underline{z}_k = \text{Min}\left(\underset{\substack{l=1\\l\neq k}}{\overset{K}{\text{Min}}}(\underline{c}_k-\underline{\gamma}_k^\varepsilon)' x_l^*,\ \underset{\substack{l=1\\l\neq k}}{\overset{K}{\text{Min}}}(\underline{c}_k-\underline{\gamma}_k^\varepsilon)' x_l^{**}\right) \tag{18}$$

sein, wobei x_k^* die Lösung des LP-Systems

$$(\underline{c}_k-\underline{\gamma}_k^\varepsilon)' x \quad \longrightarrow \quad \text{Max}$$

unter Beachtung der Nebenbedingung (19)

$$x \in X_R\ , \qquad \bar{a}_i' \cdot x \quad \leq b_i$$

ist. Die komplexe Form von (18) ist notwendig, da in /3/ gezeigt wurde, daß nicht notwendigerweise der erste Ausdruck in (18) zum kleinsten $\underline{z}_k$ führt. Für den Fall, daß die Lösung von (17) bzw. (19) nicht eindeutig bestimmt ist, empfehlen wir <u>die</u> Lösung zu verwenden, für die (18) den größten Wert von $\underline{z}_k$ liefert.

Im interaktiven Prozeß FULPAL wird $n_k = \bar{z}_k$ und $n_k - \underline{\nu}^\varepsilon = \underline{z}_k$ gesetzt, um ausreichend Spielraum bei der Steuerung des Lösungsprozesses durch schrittweise Änderung der Anspruchsniveaus z_k^A , $k = 1,\dots,K$, und $g_i^A = b_i + \beta_i^{\lambda A}$, $i = 1,\dots,m$, zu haben.

7. Literaturhinweise

/1/ DELGADO M.; VERDEGAY J.L.; VILA M.A. (1989) 'A GENERAL MODEL FOR FUZZY LINEAR PROGRAMMING'; FSS 20, 17-30.

/2/ RÖHLING V. (1988) 'PC-SOFTWARE FÜR DEN BETRIEB DES VERFAHRENS FULPAL IM MENSCH-MASCHINE DIALOG'. DIPLOMARBEIT DES FB. WIRTSCHAFTEN DER UNIVERSITÄT FRANKFURT A.M.

/3/ ROMMELFANGER H. (1988) 'ENTSCHEIDEN BEI UNSCHÄRFE. FUZZY DECISION SUPPORT-SYSTEME', BERLIN HEIDELBERG NEW YORK LONDON PARIS TOKYO.

/4/ ROMMELFANGER H. (1989) 'INTERACTIVE DECISION MAKING IN FUZZY LINEAR OPTIMIZATION PROBLEMS', EJOR 41, 210-217.

Spieltheoretische Ansätze zur Lösung multikriterieller Entscheidungsmodelle

Fritz Wengler, Gusternhain

1. Das Problem der mehrfachen Zielsetzung

Seit dem Beginn der sechziger Jahre wird in der entscheidungsorientierten Betriebswirtschaftslehre davon ausgegangen, daß in einer Unternehmung nicht nur das Ziel der Gewinnmaximierung, sondern auch weitere Zielsetzungen verfolgt werden (vgl. u. a. DINKELBACH [1962]], DINKELBACH [1982, S. 153f.]). In der sogenannten Vektoroptimierung wird diese Problemstellung formalisiert und Lösungsansätze dafür vorgeschlagen. Die Formalisierung erfolgt mit Hilfe eines (K-dimensionalen) multikriteriellen Entscheidungsmodells (Vektormaximierungsmodells) (vgl. u. a. KUHN/TUCKER [1951, S. 487f.], DINKELBACH [1982, S. 155]):

$$
\begin{aligned}
(1) \qquad & max \quad \{ z(x) \mid x \in X \} \\
& \text{mit} \quad X \subseteq \mathbf{R}^n \\
& \qquad z : X \longrightarrow \mathbf{R}^K \text{ eine Abbildung.}
\end{aligned}
$$

Dieses Entscheidungsproblem beschreibt die Situation, daß ein Entscheidungsträger simultan K gleichrangige Ziele verfolgt. Es handelt sich um ein deterministisches Modell mit vollständiger Information. Die Reellwertigkeit der Zielfunktionen in dem Modell impliziert, daß die einzelnen Ziele quantitativ meßbar sind, also die Ergebnisse des Entscheidungsproblems in (i. d. R. kardinal meßbaren) Nutzeneinheiten oder in (auf einem kardinalen Maßstab) entsprechend definierten Größen, wie Geldeinheiten, Marktanteil etc., ausgedrückt werden können. Die Lösungsansätze, die von der Vektoroptimierung für (1) vorgeschlagen werden, beschäftigen sich mit der Interpretation der Maximierungsvorschrift *max*. Da die Elemente der Zielmenge i. a. nicht vollständig geordnet sind, d. h. bei dem Entscheidungsproblem Zielkonflikte vorliegen, handelt es sich bei (1) nicht um ein gewöhnliches Maximierungsproblem unter Nebenbedingungen, so daß vor Anwendung irgendwelcher Lösungsalgorithmen zunächst die Anweisung *max* näher spezifiziert werden muß.
Dies geschieht entweder dadurch, daß *max* mit der Bestimmung aller bezüglich (1) effizienten Lösungen (vollständige Lösung von (1)) gleichgesetzt wird (vgl. u. a. DINKELBACH [1971, S. 2], JAHN [1984, S. 511f.]) oder das Maximum der Nutzenfunktion gesucht wird, die hinter diesem Problem steht. Man formuliert ein skalares parametrisches Optimierungsmodell (Kompromißmodell)

$$
\begin{aligned}
(2) \qquad & \max \quad \{ \Psi(\lambda; z(x)) \mid x \in X \} \\
& \text{mit} \quad X \subseteq \mathbf{R}^n, \ \lambda \in \Lambda \subseteq \mathbf{R}^L \\
& \qquad z : X \longrightarrow \mathbf{R}^K, \ \Psi : \Lambda \times Z \longrightarrow \mathbf{R}^1 \text{ Abbildungen,}
\end{aligned}
$$

das nach Festlegung von Ψ und λ prinzipiell lösbar ist. (Z ist die Zielmenge von (1)). Hierbei gehen in die Kompromißzielfunktion und in den Parametervektor λ die Präferenzvorstellungen des Entscheidungsträgers bezüglich der Zielfunktionen $z_1(x), \ldots, z_K(x)$ ein.

Operations Research Proceedings 1989

Beispiel 1:

$$(3) \qquad max \quad \{ z(x) \,|\, x \in X \}$$

$$\text{mit} \quad X := \left\{ x \in \mathbf{R}^2 \;\middle|\; \begin{array}{rrl} -x_1 & +x_2 & \leq 3 \\ x_1 & +x_2 & \leq 7 \\ x_1 & & \leq 5 \\ & x_1, x_2 & \geq 0 \end{array} \right\}$$

$$z(x) := \begin{pmatrix} z_1(x) \\ z_2(x) \end{pmatrix} = \begin{pmatrix} 2x_1 & + & x_2 \\ -x_1 & + & x_2 + 5 \end{pmatrix}$$

In Abbildung 1 ist die Zielmenge dargestellt.

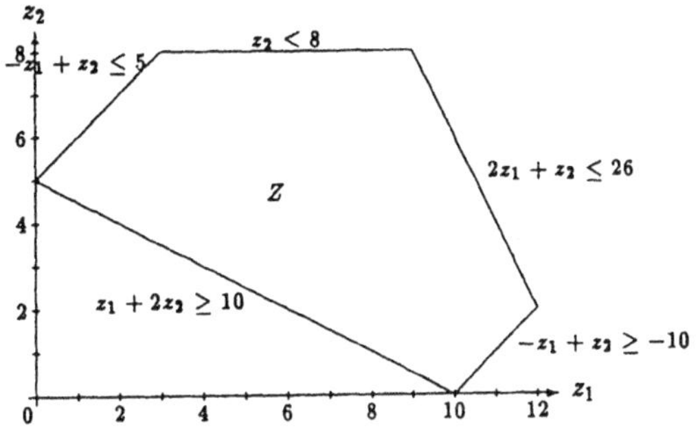

Abbildung 1

2. Kurzer Überblick über die Spieltheorie

Wohingegen in der Vektoroptimierung das Verhalten eines Entscheidungsträgers bei mehreren Zielen untersucht wird, widmet sich die Spieltheorie dem Studium von Interessenkonflikten zwischen mehreren Personen, die jeweils ein Ziel verfolgen. Je nach Entscheidungssituation und den damit verbundenen Fragestellungen haben sich unterschiedliche Darstellungsformen der K-Personenspiele durchgesetzt. Sie lassen sich wie folgt klassifizieren:

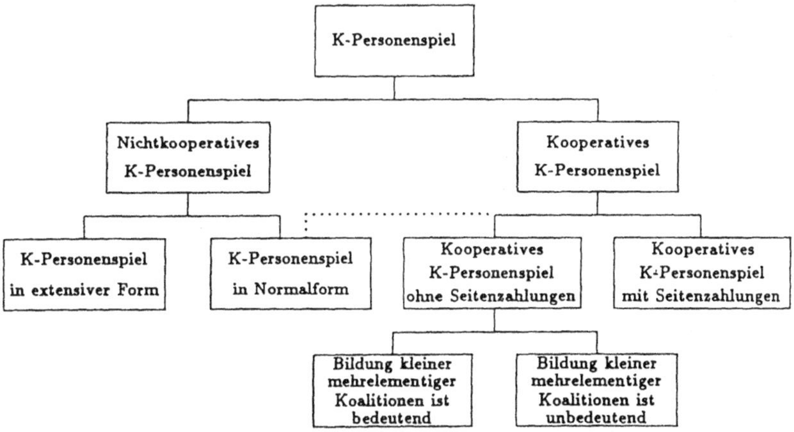

Übersicht 1

Nichtkoop. Spiele:	Keine verbindlichen Absprachen erlaubt oder möglich. Jeder entscheidet für sich.
Koop. Spiele:	Verbindliche Absprachen möglich; nach der Koalitionsbildung verfolgen alle an einer Koalition beteiligten Spieler eine gemeinsame Strategie.
Seitenzahlungen:	Güter, die die Spieler im nachinein, also nach Bildung einer festen Koalition und der Einigung über die Aufteilung des Koalitionsgewinns, einander übertragen können. Der Gesamtnutzen für alle Spieler bleibt nach der Seitenzahlung unverändert.
Kl. mehrel. Koal.:	$1 < \|B\| < K$ K: Anzahl der an dem Spiel beteiligten Spieler $\|B\|$: Mächtigkeit der Koalition

3. Übertragbarkeit verschiedener Lösungskonzepte der Spieltheorie auf das Problem der mehrfachen Zielsetzung

Die Übertragbarkeit wird in der Hinsicht untersucht, daß jedem Spieler ein Ziel zugeordnet wird. Jeder Spieler wird mit einem Ziel identifiziert.

3.1 Nichtkooperative Spiele — Gleichgewichtspunkte

Das Lösungskonzept für nichtkooperative Spiele sind die Gleichgewichtspunkte. Gleichgewichtspunkte sind als Lösungsansatz für das Problem der mehrfachen Zielsetzung nicht geeignet, da die Idee der nichtkooperativen Spiele nicht die Situation eines Entscheidungsträgers mit mehreren Zielen widerspiegelt. Denn ein Entscheidungsträger mit mehreren Zielen wird versuchen, seine Ziele sinnvoll zu koordinieren und nicht gegeneinander auszuspielen, wie dies die Spieler gegenseitig in antagonistischen Ansätzen tun. Die Ziele eines Entscheidungsträgers können keinen Eigenwillen entwickeln. Weiterhin sind Gleichgewichtspunkte häufig nicht effiziente (nicht pareto-optimale) Punkte.

3.2 Kooperative Spiele mit Seitenzahlungen

Ein allgemeines kooperatives K-Personenspiel mit und ohne Seitenzahlungen läßt sich wie folgt definieren:

Definition 1: (Vgl. ROSENMÜLLER [1981, S. 353])
Sei $\Omega = \{1, \ldots, K\}$, $K \in \mathbf{N}$, $\mathbf{B} \subseteq 2^{\Omega}$, $\mathbf{B} \neq \emptyset$ und $V : \mathbf{B} \longrightarrow 2^{\mathbf{R}^K}$ eine Abbildung.

(4) $\quad \Gamma = (\Omega, \mathbf{B}, V)$

heißt *kooperatives K-Personenspiel*, falls V folgenden Kriterien genügt:

1. $V(B) \subseteq Pr_B(\mathbf{R}^K) = \mathbf{R}_B^K, \qquad \forall B \in \mathbf{B},$
2. $V(B)$ ist nichtleer und abgeschlossen bezüglich $\mathbf{R}_B^K, \qquad \forall B \in \mathbf{B},$
3. $V(B)$ ist nach oben beschränkt, $\qquad \forall B \in \mathbf{B}.$

Die Menge aller kooperativen K-Personenspiele (im engeren Sinne) oder auch eine Klasse von kooperativen K-Personenspielen, wie z. B. die Verhandlungsspiele, wird mit Γ bezeichnet. □

K ist die Anzahl der an dem Spiel beteiligten Spieler, die in der Spielermenge Ω zusammengefaßt werden. In der Menge $\mathbf{B}$, einer Teilmenge der Potenzmenge von Ω, werden alle diejenigen Teilmengen der Spielermenge zusammengefaßt, die mögliche Koalitionen von Spielern repräsentieren. Sind prinzipiell alle Koalitionen zugelassen, wird $\mathbf{B} = 2^{\Omega}$ gewählt. Die Mengenfunktion V ordnet jeder Koalition eine Menge von Auszahlungsvektoren zu, d. h., sie gibt an, welche Ergebnisse jede Koalition theoretisch realisieren kann. Die in der Definition geforderten Bedingungen sind mathematischer Natur. $\mathbf{R}_B^K$ bedeutet, daß alle Komponenten der Vektoren, die nicht zur Menge B gehören, auf Null gesetzt werden.
Ein kooperatives K-Personenspiel mit Seitenzahlungen wird wie folgt definiert:

Definition 2: (Vgl. ROSENMÜLLER [1981, S. 217f. u. 358f.])
Sei $\Gamma = (\Omega, \mathbf{B}, V)$ ein kooperatives K-Personenspiel, $V(B) \subseteq \mathbf{R}_B^K$, $v \in V(B)$, $u \in \mathbf{R}_B^K$. Γ heißt *(kooperatives) K-Personenspiel mit Seitenzahlungen*, falls gilt:

$$(5) \quad \sum_{k=1}^{K} u_k = \sum_{k=1}^{K} v_k \Rightarrow u \in V(B), \quad \forall\, B \in \mathbf{B}.$$

Genügt Γ nicht der Bedingung (5), heißt Γ *(kooperatives) K-Personenspiel ohne Seitenzahlungen.* □

Ist Γ komprehensiv, d. h., kann Nutzen in beliebiger Höhe vernichtet werden, läßt sich die Mengenfunktion V schreiben als

$$(6) \quad V(B) \;=\; \{\, v \in \mathbf{R}_B^K \mid \sum_{k=1}^{K} v_k \le \dot{v}(B) \,\}$$

$$\text{mit } \dot{v}(B) = \max \{\, \sum_{k=1}^{K} v_k \mid v \in V(B) \,\}.$$

In der Spieltheorie wird untersucht, welche Koalition wird (soll) sich bilden, und wie werden (sollen) die Spieler ihre Gewinne untereinander aufteilen. Werden Lösungsansätze für kooperative Spiele mit Seitenzahlungen auf das multikriterielle Entscheidungsmodell übertragen, können wir uns bei der Beantwortung dieser Frage zunutze machen, daß die einzelnen Zielfunktionen nicht als sich bekämpfende Konkurrenten auftreten. Wir können davon ausgehen, daß die große Koalition Ω zustandekommt. Es bleibt nur noch die Aufteilung des Gesamtnutzens $\dot{v}(\Omega)$ zu untersuchen.
Der Entscheidungsträger wird einen Punkt aus der pareto-optimalen Menge $V^{o}(\Omega) = \{\, v \in \mathbf{R}^K \mid \sum v_k = \dot{v}(\Omega) \,\}$ realisieren. Da sein Gesamtnutzen bei allen Realisierungen gleich ist, nämlich $\dot{v}(\Omega)$, sind alle Lösungen für ihn gleichwertig. D. h., Spiele mit Seitenzahlungen entsprechen der Kompromißzielfunktion

$$(7) \quad \Psi(\lambda; z(x)) = \sum_{k=1}^{K} \lambda_k z_k(x) \quad \text{mit } \lambda_k = 1;\; z_k(x) = v_k,\; k = 1, \ldots, K,$$

was der Zielgewichtung mit gleichen Gewichtungsfaktoren entspricht.

3.3 Kooperative Spiele ohne Seitenzahlungen, bei denen die Bildung mehrelementiger kleiner Koalitionen bedeutend ist

Die Auszahlungsvektoren der mehrelementigen kleinen Koalitionen sind im Sinne der Vektoroptimierung nicht sinnvoll interpretierbar. Aus dem Grunde eignen sich die in diesem Abschnitt diskutierten Spiele nicht zur Übertragung auf Probleme mit mehrfacher Zielsetzung.

3.4 Kooperative Spiele ohne Seitenzahlungen, bei denen die Bildung kleiner mehrelementiger Koalitionen unbedeutend ist (Verhandlungsspiele)

Definition 3: (Vgl. u. a. NYDEGGER/OWEN [1974, S. 239], ROTH [1979, S. 5])
Sei $\Gamma = (\Omega, \mathbf{B}, V)$ ein kooperatives K-Personenspiel. Γ heißt *Verhandlungsspiel*, falls gilt:

1. $\mathbf{B} = \{ B \mid |B| = 1 \vee B = \Omega \}$.
2. $V(\Omega)$ ist konvex.
3. V ist schwach superadditiv.
4. $\exists v \in V(\Omega)$ mit $v > \underline{v}$. □

Wenn ein Verhandlungsspiel vorliegt, werden nur die große sowie die einelementigen Koalitionen betrachtet, d. h., es besteht nur die Möglichkeit, daß entweder alle Spieler zu einer einstimmigen Entscheidung kommen oder jeder Spieler für sich alleine handelt und der Garantiepunkt $\underline{v}$ realisiert wird. Aus dem Grunde findet sich auch häufig die Schreibweise:

$$(8) \quad \Gamma = (\underline{v}, V) \quad \text{mit } V := V(\Omega).$$

Die Forderung der Konvexität ist eine mathematische Voraussetzung, die die Existenz später zu definierender Lösungskonzepte garantiert. Werden Verhandlungsspiele als multikriterielle Entscheidungsmodelle mit $Z = V(\Omega)$ interpretiert, bedeutet die Annahme der Konvexität, daß nur Vektoroptimierungsmodelle mit konvexer Zielmenge betrachtet werden, was z. B. bei einer konvexen Alternativenmenge und einer linearen (mehrdimensionalen) Zielfunktion z der Fall ist (vgl. BERGE/GHOUILA-HOURI [1969, S. 29]).
Das Lösungskonzept für Verhandlungsspiele sind Verhandlungslösungen:

Definition 4: (Vgl. u. a. OWEN [1971, S. 146], ROSENMÜLLER [1981, S. 361f.])
Sei $\mathbf{\Gamma}$ die Menge aller Verhandlungsspiele, $\mathbf{\Gamma}' \subseteq \mathbf{\Gamma}$ und $\Lambda \subseteq \mathbf{R}^L$ ein Parameterraum. Dann heißt

$$(9) \quad \varphi : \Lambda \times \mathbf{\Gamma}' \longrightarrow \mathbf{R}^K \quad \text{mit } \varphi(\lambda; \Gamma) \in V(\Omega)$$

Verhandlungslösung für $\mathbf{\Gamma}'$ *(in Abhängigkeit des Parameters* λ*).* □

Verhandlungsspiele und damit auch Verhandlungslösungen sind übertragbar auf Probleme mit mehrfacher Zielsetzung. Die Zielmenge Z entspricht der Menge der Auszahlungsvektoren $V(\Omega)$ und der Garantiepunkt $\underline{v}$ Anspruchsniveaus für die einzelnen Zielfunktionen.

3.5 Die nicht symmetrische individuell monotone Verhandlungslösung

Definition 5: (Vgl. PETERS/TIJS [1984, S. 381])
Sei $\mathbf{\Gamma}$ die Menge aller Verhandlungsspiele, $\mathbf{\Gamma}' \subseteq \mathbf{\Gamma}$, $\underline{v}(\Gamma)$ der Garantiepunkt von $\Gamma \in \mathbf{\Gamma}'$, $\bar{\bar{v}}(\Gamma)$ der Punkt der individuellen Maxima von $\Gamma \in \mathbf{\Gamma}'$, $V^o(\Omega)^+$ die pareto-optimale Menge von $V(\Omega)^+ := \{\, v \in V(\Omega) \,|\, v \geq \underline{v} \}$, $L : \mathbf{R}^K \longrightarrow \mathbf{R}^K$ die affine Nutzentransformation

$$(10) \quad L(v) = \left(\frac{v_1 - \underline{v}_1}{\bar{\bar{v}}_1 - \underline{v}_1}, \frac{v_2 - \underline{v}_2}{\bar{\bar{v}}_2 - \underline{v}_2}, \ldots, \frac{v_K - \underline{v}_K}{\bar{\bar{v}}_K - \underline{v}_K} \right)^T$$

$\lambda \in \Lambda = \{\lambda : [1;K] \longrightarrow \mathbf{R}^K \,|\, \sum_{k=1}^K \lambda_k(t) = t,\ 0 \leq \lambda_k(t) \leq 1,\ k = 1, \ldots, K,\ \forall t \in [1;K];\ s \leq t \Rightarrow \lambda(s) \leq \lambda(t),\ \forall s,t \in [1;K]\}$, $K \in \mathbf{N}$, ein Parameter (eine Parameterfunktion), $L(V^o(\Omega)^+) \cap \{\lambda(t) \,|\, t \in [1;K],\ \lambda \in \Lambda\} \neq \emptyset$ und $\varphi : \Lambda \times \mathbf{\Gamma}' \longrightarrow \mathbf{R}^K$ eine Verhandlungslösung für $\mathbf{\Gamma}'$. $\varphi(\lambda)$ heißt *nicht symmetrische (individuell) monotone Verhandlungslösung für $\mathbf{\Gamma}'$ und ein festes $\lambda \in \Lambda$*, falls gilt:

$$(11) \quad \varphi(\lambda;\Gamma) = L^{-1}(\varphi(\lambda;L(\Gamma)) \quad \text{mit } \varphi(\lambda;L(\Gamma)) \in L(V^o(\Omega)^+) \cap \{\lambda(t) | t \in [1;K],\ \lambda \in \Lambda\}, \quad \forall \Gamma \in \mathbf{\Gamma}',\ \lambda \in \Lambda.$$

□

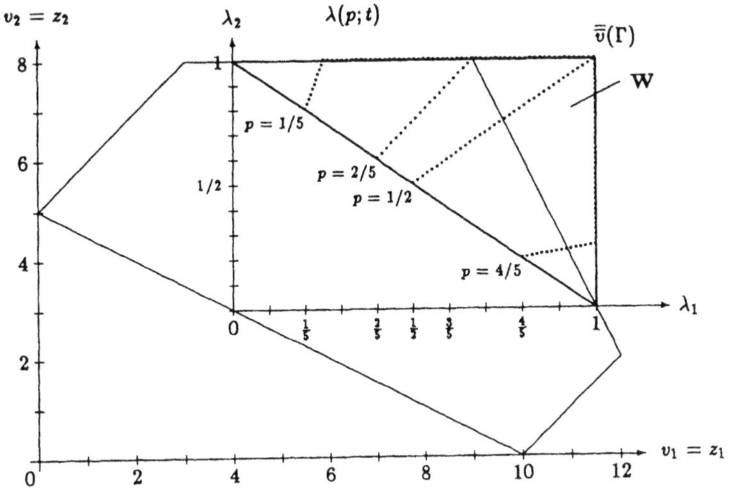

Abbildung 2

Beispiel 2: (Fortsetzung von Beispiel 1)

Sei $\underline{v} := (4;3)^T \Rightarrow \bar{\bar{v}} = (23/2;8)^T$ und

$$(12) \quad \lambda_1(p;t) := \begin{cases} pt & t \in [1;1/(1-p)] \\ t-1 & t \in]1/(1-p);2], \end{cases}$$

$$(13) \quad \lambda_2(p;t) := \begin{cases} (1-p)t & t \in [1;1/(1-p)] \\ 1 & t \in]1/(1-p);2], \end{cases} \qquad p \in [0;1/2],$$

$$(14)\quad \lambda_1(p;t) := \begin{cases} pt & t \in [1;1/p] \\ 1 & t \in]1/p;2], \end{cases}$$

$$(15)\quad \lambda_2(p;t) := \begin{cases} (1-p)t & t \in [1;1/p] \\ t-1 & t \in]1/p;2], \end{cases} \qquad p \in]1/2;1].$$

Die affine Nutzentransformation L gewährleistet, daß $L(\underline{v}) = 0$ und $L(\overline{\overline{v}}) = 1$ ist. Die Funktion $\lambda \in \Lambda$ ordnet jedem Skalar $t \in [1;K]$ einen Vektor $\lambda(t) \in \mathbf{W}$ mit

$$(16)\quad \mathbf{W} = \{\lambda \in \mathbf{R}^K \mid \sum_{k=1}^{K} \lambda_k \geq 1,\ 0 \leq \lambda_k \leq 1,\ k = 1,\dots,K\}$$

zu, so daß jede Komponente des Vektors auf dem Intervall $[1;K]$ monoton steigend ist und sich die Summe der Komponenten zu t addieren.
Die Schnittmenge $L(V^o(\Omega)^+) \cap \{\lambda(t) | t \in [1;K],\ \lambda \in \Lambda\}$ determiniert die Verhandlungslösung für das normierte Spiel $L(\Gamma)$. Durch Umkehrung der affinen Nutzentransformation L erhält man für alle nicht normierten $\Gamma \in \mathbf{\Gamma}'$ die Verhandlungslösung $\varphi(\lambda;\Gamma)$.
Formal zu lösen ist das Problem für $p \in [0;1/2]$

$$(17)\quad \begin{array}{lll} \max & t & \\ \text{u. d. N.} & \begin{pmatrix} \frac{15}{2}pt + 4 \\ 5(1-p)t + 3 \end{pmatrix} \in V(\Omega)^+ & \text{falls } t \leq 1/(1-p) \\ & \begin{pmatrix} \frac{15}{2}(t-1) + 4 \\ 8 \end{pmatrix} \in V(\Omega)^+ & \text{falls } t \geq 1/(1-p) \\ & t \in [1;2]. & \end{array}$$

(17) läßt sich mit Hilfe einer Binärvariablen in ein gemischt ganzzahliges Programm mit linearen Nebenbedingungen und linearer Zielfunktion transformieren. Für $p \in]1/2;1]$ ergibt sich ein analoges Programm. Als Lösung ergibt sich

$$(18)\quad \varphi(\lambda(p);\Gamma) = z = \begin{cases} (9;8)^T & \text{falls } p \in [0;2/5] \\ \frac{61p+8}{4p+2};\ \frac{18-9p}{2p+1} & \text{falls } p \in]2/5;1] \end{cases}$$

$$\text{mit } x = \begin{cases} (2;5)^T & \text{falls } p \in [0;2/5] \\ \frac{33p-6}{4p+2};\ \frac{20-5p}{4p+2} & \text{falls } p \in]2/5;1]. \end{cases}$$

Beurteilung des Kompromißprogramms

$$(19)\quad \begin{array}{ll} \max & \{\Psi(\lambda;z) = t \mid z = L^{-1}(\lambda(t));\ z \in Z^+\} \\ \text{mit} & L^{-1}(\lambda(t)) = (\underline{z}_1 + (\overline{\overline{z}}_1 - \underline{z}_1)\lambda_1(t), \dots, \underline{z}_K + (\overline{\overline{z}}_K - \underline{z}_K)\lambda_K(t))^T \\ \text{und} & \Lambda := \left\{ \lambda : [1;K] \longrightarrow \mathbf{R}^K \;\middle|\; \begin{array}{l} \sum_{k=1}^{K} \lambda_k(t) = t,\ 0 \leq \lambda_k(t) \leq 1, \\ k = 1,\dots,K,\ \forall t \in [1;K]; \\ s \leq t \Rightarrow \lambda(s) \leq \lambda(t), \\ \forall s,t \in [1;K] \end{array} \right\}, \\ & K \in \mathbf{N}: \end{array}$$

- In die Lösung gehen die Anspruchsniveaus $\underline{z}_k$ ein.
- In die Lösung geht der Idealzielpunkt $\overline{\overline{z}}$ ein.
- In der Parameterfunktion λ kann der Entscheidungsträger seine Präferenzen berücksichtigen. Je nach Wahl der Funktion ist die Interpretation der einzelnen Komponenten $\lambda_k(t)$ schwierig.
- Die Lösung ist wegen der dahinterstehenden Axiomatik stets effizient.
- Bei der angegebenen Parameterfunktion erhält man durch Variation des Parameters p alle effizienten Lösungen.
- Die Lösung ist unabhängig von affinen Nutzentransformationen, d. h.

insbesondere geeignet bei Nichtvergleichbarkeit der Ziele.
- Die Lösung ist individuell monoton.

4. Zusammenfassung

Wird jeder Spieler mit einem Spiel identifiziert,
- sind nichtkooperative Spiele zur Übertragung auf multikriterielle Entscheidungsmodelle nicht geeignet
- führen kooperative Spiele mit Seitenzahlungen zum Kompromißmodell der Zielgewichtung mit gleichen Gewichtungsfaktoren
- sind kooperative Spiele ohne Seitenzahlungen, bei denen die Bildung mehrelementiger kleiner Koalitionen bedeutend ist, nicht zur Übertragung geeignet
- sind Verhandlungsspiele zur Übertragung prinzipiell geeignet, wie z. B. die nicht symmetrische individuell monotone Verhandlungslösung; vor Anwendung sind jedoch die speziellen Verhandlungslösungen genauer zu untersuchen.

Literaturverzeichnis

DINKELBACH, W.: Unternehmerische Entscheidungen bei mehrfacher Zielsetzung. Zeitschrift für Betriebswirtschaft 32(1962), 739-747.
DINKELBACH, W.: Über einen Lösungsansatz zum Vektormaximumproblem. In: BECKMANN, M. [Hrsg.]: Unternehmensforschung — Heute. Berlin-Heidelberg-New York 1971, 1-13.
DINKELBACH, W.: Entscheidungsmodelle. Berlin-New York 1982.
JAHN, J.: Neuere Entwicklungen in der Vektoroptimierung. In: STECKHAN, H., et al. [eds.]: Operations Research Proceedings 1983. Berlin-Heidelberg-New York 1984, 511-519.
KUHN, H. W., AND A. W. TUCKER: Nonlinear Programming. In: NEYMAN, J. [ed.]: Proceedings of the Second Berkeley Symposium on Mathematical Statistics and Probability. Berkeley-Los Angelos 1951, 481-492.
NYDEGGER, R. V., AND G. OWEN: Two-Person Bargaining: An Experimental Test of the Nash Axioms. International Journal of Game Theory 3(1974), 239-249.
OWEN, G.: Spieltheorie. Berlin-Heidelberg-New York 1971.
PETERS, H. J. M., AND S. H. TIJS: Individually Monotonic Bargaining Solutions for n-Person Bargaining Games. In: HAMMER, G., AND D. PALLASCHKE [eds.]: Methods of Operations Research 51. Vol. I. Königstein 1984, 377-384.
ROSENMÜLLER, J.: The Theory of Games and Markets. Amsterdam-New York-Oxford 1981.
ROTH, A. E.: Axiomatic Models of Bargaining. Berlin-Heidelberg-New York 1979.

SPIELTHEORETISCHE MODELLIERUNG EINES GESELLSCHAFTLICHEN PROZESSES

Wolfgang MORGENSTERN und Reginald SCHEIDT, Heidelberg

Bestimmte Entwicklungen in einem gesellschaftlichen Gefüge lassen sich verallgemeinernd als Prozeß beschreiben, in dem konkurrierende Interessenlagen zu einem stabilen Gleichgewicht gelangen. Dabei ist in aller Regel das Wissen der beteiligten Gruppierungen über die Interessenlage und das Verhalten anderer sowie über weitere Einflußgrößen nicht detailliert. Prozeßbestimmend sind daher subjektive, sich im Prozeßverlauf ändernde Vermutungen. Diese Situation läßt sich mit einer von W. Böge und seinen Schülern entwickelten Konzeption spieltheoretisch modellieren. Sein Ansatz grenzt sich von anderen ab, indem a) die Spieler ihren mittleren erwarteten Nutzen maximieren (Bayes'sche Hypothese), b) die Wahrscheinlichkeitsverteilungen beliebig (unabhängig) verteilt vorgegeben werden können und c) diese subjektiven a priori Vermutungen in abzählbar vielen Schritten zu eindeutig bestimmbaren a posteriori Vermutungen führen. Schon ein relativ einfaches Beispiel kann zeigen, daß diese Art der Modellierung komplexe Wirkungsmechanismen aufdecken und beschreiben kann: Zwei Parteien haben sich in einem dreistufigen Abstimmungsverfahren auf eine von vier Alternativen zu einigen. In jeder Stufe schlägt eine der Parteien eine Alternative vor, die die andere annehmen (Ende des Verfahrens) oder ablehnen kann (Weiterführung des Verfahrens). In der dritten Stufe muß die dort vorgeschlagene Alternative von beiden Parteien akzeptiert werden. Äußere Einflüsse sind nur insoweit gegeben, als in jeder Stufe der Vorschlagsberechtigte ausgelost wird. Geht man von der Gleichverteilung in den drei Losgängen und von der vierdimensionalen Standardnormalverteilung als subjektiver Vermutung auf den möglichen Nutzenfunktionen der jeweils anderen Partei aus, dann existieren zwei eindeutig bestimmbare Gleichgewichtspunkte. Im ersten Gleichgewichtsfall sind, den vier Alternativen gemäß, die vier kompromißlosen Strategien möglich, nur die Alternative mit dem eigenen maximalen Nutzen vorzuschlagen und auch nur diese anzunehmen. Im zweiten Gleichgewichtsfall sind 136 optimale Strategien möglich, die auch Kompromisse zulassen. Die Teilmenge der möglichen Nutzenfunktionen, für die auch hier das kompromißlose Verhalten optimal ist, hat nur geringe Wahrscheinlichkeit ($p = 0.2652$). Wie auch dieses Beispiel zeigt, kann bei der Beschreibung gesellschaftlicher Prozese eine spieltheoretische Modellierung dazu beitragen, wechselseitig voneinander abhängige Effekte prozeßbestimmender Größen abzuschätzen.

INTERACTION OF PRICE AND ADVERTISING UNDER DYNAMIC CONDITIONS

Engelbert J. Dockner, Wien

Gustav Feichtinger, Wien

Gerhard Sorger, Wien

Summary: This paper studies the strategic implications of price-advertising interactions in an intertemporal setting. Our model is based on three dynamic effects: ***product life cycle, learning by doing,*** and ***discounting.*** The main interest lies on the interaction between the optimal price and advertising policies and their dependence on the product life cycle. As a general result it turns out that the optimal price policy follows the product life cycle. Moreover, both the advertising and pricing policies do depend on the efficiency of advertising expenditures.

1. Introduction

Recent years have seen a growing interest in dynamic marketing decision models. These models analyze the sales response of different marketing efforts in a mathematical framework. Marketing instruments are those variables under the firm's control that affect the level of demand, e.g., product quality, distribution, sales promotion, advertising and pricing. According to LILIEN/KOTLER 1983, the firm's marketing problem is to develop a sound mix of marketing activities. Two questions arise in this context. How does one (or more) marketing instrument(s) operate in the course of time? What are the interactions between different marketing instruments? The first question becomes relevant whenever the model exhibits dynamic features. Among these features are the dynamics on the demand and production side and discounting. The second question arises whenever more than one decision variable is considered, whereby the *interaction* of two (or more) marketing instruments may described roughly as follows: "The market's response to variations in the level of any one marketing input is conditional on the level of the other activities" (LILIEN/KOTLER, 1983). These joint effects of, say, price and advertising are in general intricated and therefore only a few papers have been published which investigate the interaction of several instruments. References include papers like OPITZ/SPREMANN 1978, SPREMANN 1981, ERICKSON 1982, KALISH 1983, TENG/THOMPSON 1985, THOMPSON/TENG 1984. The purpose of this paper is to study the interactions of price and advertising policies within the framework of a general dynamic optimization problem. We deal with a marketing model which

Operations Research Proceedings 1989

comprises several existing models as special cases. It is an extension of the model considered by KALISH 1983, in that it includes the advertising rate as second control instrument and the model considered by DOCKNER/JØRGENSEN 1988, by introducing price as a second control. TENG/THOMPSON 1985, study a price-advertising model but our results are more general since we discuss both the discounted and undiscounted case.

New product diffusion models commonly specify three dynamic effects: *(i) learning on the demand side (word of mouth, saturation), (ii) learning on the production side (learning by doing),* and *(iii) the effect that money now is preferred to future revenues (positive discount rate).*

The dynamics on the demand side are governed by endogenous (autonomous) effects (diffusion, product life cycle) and exogenous (induced) effects (marketing instruments, existing and potential competition). A positive diffusion effect on the demand side means that early acceptance of the product produces a snowball effect on sales through word of mouth or improved reputation. On the contrary, for some products (like durables) saturation effects might be the dominating effects, i.e., as more units are sold the remaining market potential decreases.

On the production side production costs often decline as experience is gained in manufacturing the product ("learning-curve" cost decline). This cost dynamics is a well known phenomenon affecting marketing strategies; see THE BOSTON CONSULTING GROUP 1972, and LILIEN/KOTLER 1983.

There is another feature which is common to the dynamic marketing literature, i.e., a monopolistic market structure. This assumption can be justified if we concentrate on the introductory phase of a new product. In this paper we exclusively discuss the monopoly case.

The paper is organized as follows: In Section 2 the model is presented and the assumptions are discussed. Section 3 contains the optimality conditions derived by means of the maximum principle and their economic interpretations. In Section 4 we state the main results, and Section 5 concludes the paper.

2. The Model

In this section we develop an intertemporal price-advertising model which is general enough to comprise a lot of existing models. The starting point of our formulation is a conjecture by HORSKY/SIMON 1983, where they presume that the main normative conclusions of their advertising model remains valid if one includes price as a second marketing instrument into the demand function. Taking the well known pricing diffusion model studied by ROBINSON/LAKHANI 1975, and assuming that innovators are informed by advertising (HORSKY/SIMON 1983) we get a combination of these two classical models.

Let $x(t)$ be the cumulative sales at time t, $a(t)$ the advertising rate and $p(t)$ the price at time t. HORSKY/SIMON 1983, assume that the cumulative sales develop according to the differential equation

$$\dot{x} = (\alpha + \beta \ln a + \gamma x)(\overline{x} - x). \tag{1}$$

Here $\overline{x} - x$ is the difference between the eventual adopters, $\overline{x}$, and those who already adopted up until time t, $x(t)$. According to equation (1) a new adoption is caused by information through advertising and by word of mouth. Equation (1) is a Bass-like diffusion model BASS 1969, where the constant innovation coefficient is replaced by a concave advertising function, i.e., advertising informs the innovators.

ROBINSON/LAKHANI 1975, on the contrary, assume that the rate of diffusion is influenced by the current market price in a multiplicative way but does not depend on advertising, i.e.,

$$\dot{x} = e^{-dp}(\alpha + \gamma x)(\overline{x} - x) \tag{2}$$

where d is a positive constant. Combining (1) and (2) we get

$$\dot{x} = e^{-dp}(\alpha + \beta \ln a + \gamma x)(\overline{x} - x). \tag{3}$$

Equation (3) is a new product diffusion model where advertising as well as the price influences the rate of adoption of present non-adopters. Although there is little empirical support for the multiplicative price influence on the rate of diffusion this formulation is used in almost all pricing models.

Formulation (3) motivates the genearl demand equation (diffusion function)

$$\dot{x}(t) = f(x(t), a(t), p(t)). \tag{4}$$

For the function f we assume

$$f_a > 0,\ f_{aa} < 0,\ f_p < 0,\ f_{pp} < 2f_p^2/f \tag{5}$$

(5) implies that demand is downward sloping, advertising is subject to diminishing returns, and that marginal revenue is an increasing fuction of price, i.e., $\frac{\partial MR}{\partial p} > 0$.

The effect of the experience $x(t)$ on sales is not uniform but changes according to the different stages of the product life cycle. Typically, it will be positive during the introductory phase of a new product and negative when saturation effects dominate.

So far we have described the demand side of the market. We now turn to the supply side. Production costs are assumed to be a function of cumulative sales, x, that is a proxy variable for experience in production. In this formulation the learning curve phenomenon implies that

$$c = c(x) \text{ with } c'(x) \leq 0. \tag{6}$$

The objective of the monopolistic firm is to maximize the discounted stream of profits over a finite planning interval. Denoting by r the constant discount rate and by T the finite planning horizon this amounts to

$$\max_{p,a} \int_0^T e^{-rt}\{[p(t) - c(x(t))]\dot{x}(t) - a(t)\}dt. \tag{7}$$

subject to (4) - (6) and the initial condition $x(0) = x_0$. In (7) it is assumed that there are linear costs of advertising.

3. Optimality Conditions

In Section 2 we have formulated an intertemporal optimization model that is solved by applying Pontryagin's maximum principle.[1] We formulate the current-value Hamiltonian

$$H = [p - c(x) + \lambda]f(x, a, p) - a, \tag{8}$$

where λ is the current-value adjoint variable. The adjoint variable satisfies the adjoint equation and the transversality condition,

$$\dot{\lambda} = r\lambda - H_x = r\lambda - f_x[p - c(x) + \lambda] + c'(x)f; \;\; \lambda(T) = 0. \tag{9}$$

Assuming interior solutions the optimal controls have to satisfy the maximum conditions

$$H_p = 0 \quad \Rightarrow \quad p - c(x) + \lambda = -f/f_p, \tag{10}$$

$$H_a = 0 \quad \Rightarrow \quad p - c(x) + \lambda = 1/f_a. \tag{11}$$

Defining the price and advertising elasticities as $\eta = \frac{-f_p p}{f}$ and $\epsilon = \frac{f_a a}{f}$, respectively, the first order conditions can be rewritten as

$$p = \frac{\eta}{\eta - 1}[c(x) - \lambda], \tag{12}$$

$$\frac{a}{pf} = \epsilon\frac{(p - c + \lambda)}{p}. \tag{13}$$

[1] For a detailed discussion of the maximum principle and its applications to economics and management science problems see FEICHTINGER/HARTL 1986.

(12) is the dynamic version of the *Amoroso-Robinson* relation known from classical static monopoly pricing. It says that the optimal price is the solution to the equation: *marginal revenue equals marginal costs minus the shadow price.* Thus, marginal costs associated with production are corrected by the price paid for an additional unit of sales. It depends on the sign of the shadow price whether the dynamic monopoly price will be higher or lower than the static (myopic) price. The optimal advertising policy is characterized by equation (13). Defining $\frac{(p-c+\lambda)}{p}$ as a dynamic version of Lerner's degree of monopoly power we get the following interpretation. The optimal ratio of dollar advertising to dollar sales is equal to the product of the advertising elasticity of demand and the dynamic degree of monopoly power. Thus, if ϵ is constant and $\frac{a}{pf}$ is increased the degree of monopoly power will also increase , which makes economic sense. Substitution of (12) into (13) yields a dynamic version of the well known Dorfman-Steiner theorem, i.e.,

$$\frac{a}{pf} = \frac{\epsilon}{\eta}. \tag{14}$$

A monopolist who maximizes the discounted stream of profits by setting price and advertising rate will advertise until the ratio of advertising to sales is equal to the ratio of demand elasticity of advertising to demand elasticity of price. Thus, in the case of constant elasticities, (14) provides an explanation for advertising policies based on a percentage of sales rule.

4. Optimal Solution Patterns

In this section we derive the main results concerning the behavior of price and advertising over time and the interaction of these marketing instruments. Since it turns out that equation (4) is too general for a detailed analysis we specify the following dynamic demand functions

$$\text{(D1)} \qquad \dot{x} = h(p)g(x,a),$$

$$\text{(D2)} \qquad \dot{x} = [\overline{x}(p) - x]g(a).$$

The most restrictive assumption common two both demand functions is the multiplicative structure of price and advertising on sales. Economically this property implies that the price elasticity of demand is independent of advertising and vice versa.

Since our main purpose in the following analysis is the study of the evolution of price and advertising paths, we calculate formulas for the time derivatives of p and a. The detailed calculations can be found in DOCKNER/FEICHTINGER/SORGER 1985.

4.1 Results in the Case of a Zero Discount Rate

First, we consider the case where the discount rate r is equal to zero. This restriction takes away one of the dynamic features of the model. No discounting is applicable, however, if we deal with a short planning period. Before stating our first result let us define the additional elasticity: $\xi = \frac{g_x x}{g}$.

Theorem 1 *For the demand function (D1) and $r = 0$ optimal price and advertising strategies follow the time paths*

$$\dot{p} \begin{Bmatrix} > \\ = \\ < \end{Bmatrix} 0 \Leftrightarrow g_x \begin{Bmatrix} > \\ = \\ < \end{Bmatrix} 0,$$

$$\dot{a} \begin{Bmatrix} > \\ = \\ < \end{Bmatrix} 0 \Leftrightarrow \frac{\partial \xi}{\partial a} \begin{Bmatrix} > \\ = \\ < \end{Bmatrix} 0.$$

According to Theorem 1 the price policy resembles the product life cycle, i.e., in the case of a trapezoid life cycle we have increasing price during the introductory phase, constant price during the maturity phase, and decreasing price during the decay phase. The advertising policy, on the contrary, does depend on the efficiency of advertising during the various stages of the product life cycle. If this efficiency increases (decreases) advertising should be increased (decreased).

Theorem 2 *For the demand function (D2) and $r = 0$ it holds that*

$$\dot{p} < 0, \ \dot{a} = 0.$$

The falling price reflects the fact that the market potential is increased by a decreasing price. The constant advertising policy is optimal since advertising efficiency does not change over the product life cycle (compare Theorem 1).

4.2 Results in the Case of a Positive Discount Rate

Our main results for the zero discount rate case have been a certain resemblence between the product life cycle and the optimal price policy. In this section we show that this property holds in the discounted case too, provided some additional assumptions are satisfied.

Theorem 3 *Assume that the demand function is given as in (D1) and that $g_{aa}g_{xx} - g_{ax} \leq 0$ holds. Then for $r > 0$ the following is true*

1. *If $g_x(a(T), x(T)) < 0$, then $\dot{p} < 0$ for all t.*
2. *If $g_x(a(0), x(0)) < 0$ and $g_x(a(T), x(T)) > 0$, then the optimal pricing policy is first decreasing and then increasing.*

3. *If $g_x(a(T), x(T)) > 0$, then the optimal pricing policy is either monotonically increasing or decreasing and then increasing.*

4. *If $g_x < 0$, $c' = 0$ and $\frac{\partial \xi}{\partial a} < 0$, then the advertising policy is decreasing.*

The result in Theorem 3 is a generalization of KALISH 1983 but shows the same qualitative bahvior for the pricing policy than his.

Theorem 4 *Assume that the demand function is given as in (D2) and no learning economies but positive discounting, then*

$$\dot{p} < 0, \text{ and } \dot{a} < 0.$$

This result is intuitive since a decreasing price increases the remaining market potential, whereas in the case of no learning by doing additional advertising only causes higher advertising costs with no effects on the production costs.

So far we have only studied optimal solution patterns for price and advertising. Now we are going to consider the price advertising interactions.

Theorem 5 *For demand function (D1) the following equalities hold:*

$$sgn\dot{p} = sgn\dot{MR} = sgn\dot{g}_a$$

This equalities say that prices can be increased as advertising becomes more efficient over the course of time, a result that makes economic sense.

5. Conclusions

In this paper we have investigated the intercation of price and advertising in a dynamic marketing model with a monopolistic firm. Our work was motivated by the question whether the results of KALISH 1983, or DOCKNER/JØRGENSEN 1988, can be generalized if we introduce advertising or price as a second marketing instrument. The general predictions of the model are that qualitatively the results for the case with a single marketing instrument do carry over to the case of price-advertising interactions.

REFERENCES

F.M. BASS (1969), A New Product Growth Model for Consumer Durables. Management Science 15, 215-227.

THE BOSTON CONSOULTING GROUP (1972), Perspectives on Experience. Boston.

E.J. DOCKNER, G. FEICHTINGER, G. SORGER (1986), Interaction of Price and Advertising under Dynamic Conditions. Arbeitspapier, Technische Universität Wien.

E.J. DOCKNER, S. JØRGENSEN (1988), Optimal Advertising Policies for Diffusion Models of New Product Innovation in Monopolistic Situations. Management Science 34, 119-130.

R.J. DOLAN, A.P. JEULAND (1981), Experience Curves and Dynamic Demand Models: Implications for Optimal Pricing Strategies. Journal of Marketing 45, 52-73.

G.M. ERICKSON (1982), Optimal Price-Advertising Interaction for New Consumer Durables. Working Paper, University of Washington.

G. FEICHTINGER, R.F. HARTL (1986), Optimale Kontrolle ökonomischer Prozesse: Anwendungen des Maximumprinzips in den Wirtschaftswissenschaften. Berlin.

D. HORSKY, L.S. SIMON (1983), Advertising and the Diffusion of New Products. Marketing Science 2, 1-17.

S. KALISH (1983), Monopolist Pricing with Dynamic Demand and Production Cost. Marketing Science 2, 135-139.

G.L. LILIEN, P. KOTLER (1983), Marketing Decision Making: A Model-Building Approach. New York.

O. OPITZ, K. SPREMANN (1978), Optimale Steuerung von Kaufverhaltensprozessen. In: E. Topritzhofer (ed.) Marketing: Neue Ergebnisse aus Forschung und Praxis. Wiesbaden.

B. ROBINSON, C. LAKHANI (1975), Dynamic Price Model for New Product Planning. Management Science 21, 1113-1122.

K. SPREMANN (1981), Hybrid Product Life Cycles and the Nerlove-Arrow Theorem. Arbeitspapier, Universität Ulm.

J.T. TENG, G.L. THOMPSON (1985), Optimal Strategies for General Price-Advertising Models. In: G. Feichtinger (ed.) Optimal Control and Economic Analysis 2. Amsterdam.

G.L. THOMPSON, J.T. TENG (1984), Optimal Pricing and Advertising Policies for New Product Oligopoly Models. Marketing Science 3, 148-168.

Debt Cycles with Endogenous Interest Rate

by

Ngo Van Long
Australian National University & McGill University

and

Horst Siebert
Kiel Institute of World Economics

I. Introduction

In the course of economic development, nations may find it optimal to go through a cycle of debt. A recent theoretical paper by Long and Siebert (1989) gives sufficient conditions for this, under the assumption that the country is small and faces an exogenously given and time-independent world rate of interest. This raises an interesting question: would debt cycles be optimal (under certain conditions) if the country is large enough to influence the world rate of interest? In addition, is it possible that a debt cycle repeats itself indefinitely with the same frequency and magnitude? Can debt cycles exhibit the property of a converging spiral?

The present paper is a modest attempt to provide a partial answer to the above questions. For simplicity, we assume that there are only two countries, called the home country and the foreign country respectively. There are no impediments to international capital flows, and as a result, marginal products of capital in the two countries are equalized. In the foreign country, saving is a constant fraction of capital income. This is the standard "classical saving" assumption. The home country, however, chooses a consumption path that maximizes its intertemporal utility. This typically implies a non-constant saving ratio. In making its choice of an optimal consumption path, the home country perceives the effect of capital accumulation on the rate of interest. Thus, even though at each point of time no country exercises any influence on the <u>current</u> world rate of interest (itself being equal to the common marginal products of capital which are uniquely determined by the world stock of capital), the home country knows that the future time path of interest rate depends on the capital accumulation in both countries, and it takes this into account in its consumption-saving decision. The assumptions described above are admittedly strong, but they are not too far fetched.

The techniques we use in this paper to determine the optimality of debt cycles are drawn from Hopf bifurcation theory. This theory has been successfully applied to problems in economic theory; see for example Benhabib (1978), Benhabib and Nishimura (1978), Kemp and Long (1988) and (1989). That optimal policies may display cyclical behaviour is not an altogether surprising result. Ryder and Heal (1973) show that if preferences are intertemporally dependent, then consumption cycles may be optimal (depending on parameter values). It has been observed that many families spend a large amount of money for holiday every few years. The utility flow derived from the holiday is experienced not only during the holiday but also before it (anticipation) and after it (reminiscence). The intuition behind the optimality of debt cycles is different. Here we must recall that the home county cannot fully control the rate of capital accumulation in the foreign country; in particular the marginal product of capital in the steady state depends on the propensity to save of the capital owners in the foreign country. This lack of full control may make it optimal to orbit around the steady state.

II. The Model

We envision a world with two countries: country 1 (the home country) and country 2 (the foreign country). Each country produces an output using capital and labour. The two goods are perfect substitutes. There are no impediments to international capital flow. It follows that the marginal products of capital are equalized:

$$F_K(K_1, L_1) = F_K(K_2, L_2) \tag{1}$$

Where

K_i = capital stock employed in country i
L_i = country i's labour force.

For simplicity we assume that the production functions are identical and have all the usual neoclassical properties.

Labour is internationally immobile. We assume that labour grows at a constant rate:

$$dL_i/dt = nL_i \qquad n > 0 \tag{2}$$

In both countries the factor markets are perfectly competitive, so that the wage rate is equated to the marginal product of labour and the interest rate is the marginal product of capital.

Let A_i denote country i's stock of net wealth. Clearly the sum $A_1 + A_2$ must equal the world stock of capital, $K_1 + K_2$. To fix ideas, we shall interpret all capital movements as loans rather than direct investments (even though this distinction is of no consequence in our model). The difference $A_1 - K_1$ represents country 2's net indebtness to country 1. Note that

$$A_1 - K_1 = K_2 - A_2 \,. \tag{3}$$

In each country, national income is the value of output minus the interest on its debts:

$$Y_1 = F(K_1,L_1) + (A_1 - K_1)r \tag{4a}$$

$$Y_2 = F(K_2,L_2) - (A_1 - K_1)r \tag{4b}$$

where r is the interest rate.

Let R_2 denote the income of country 2's capital owners:

$$R_2 = rA_2 \tag{5}$$

(We assume that $A_2 \geq 0$ but we allow A_2 to be less than K_2, indicating that the foreign country is the net debtor in that case). We adopt the assumption that in the foreign country only capital owners save. Their saving ratio is a constant s. Workers in the foreign country consume all their income. Therefore the rate of change in country 2's net wealth is

$$\dot{A}_2 = srA_2 \tag{6}$$

Under the assumptions of constant returns to scale and equal population sizes, we have, from (1) and (3),

$$r = f'(k_1) = f'(k_2) = f'[(a_1 + a_2)/2] \tag{7}$$

where $k_i = K_i/L_i$, and $f(.)$ is the per capita production function, and $a_i = A_i/L_i$. In other words, each country uses half of the world's capital stock. (If the assumption of equal population sizes is dropped, equation (7) will have to be modified, but there will be no essential changes to our result.)

In per capita form, equation (6) becomes

$$\dot{a}_2 = sf'[(a_1 + a_2)/2]a_2 - na_2 \tag{8}$$

In the home country, we have the identity that the increase in per capita wealth equals per capita savings minus na_1:

$$\dot{a}_1 = f[(a_1 + a_2)/2] + [(a_1 - a_2)/2]f' - c - na_1 \tag{9}$$

where c is the home country's per capita consumption, and $(a_1 - a_2)/2$ represents the amount of wealth that the home country invests in the foreign country - given the assumption that marginal products of capital are equalized across countries. The expression $(a_1 - a_2)/2$ can be negative, in that case the home country is the debtor.

Notice that in our model, the foreign country may borrow for investment, but never for consumption. This is because in the foreign country, workers consume all their income and capitalists always save a fraction of their income. In the home country, however, consumption may exceed income over some time interval. In fact, as can be seen from equation (9), a_1 may become negative if c is sufficiently large over a sufficiently long period of time. We must therefore impose the restriction that in the limit, if the home country's net wealth (a_1) is negative, its output must be at least sufficient to service its debt:

$$\limsup_{t \to \infty} \{f[(a_1 + a_2)/2] - [(a_2 - a_1)/2]f'[(a_1 + a_2)/2]\} \geq 0 \tag{10}$$

This constraint, together with the condition that the world's stock of capital is non-negative ($k_1 + k_2 = a_1 + a_2 \geq 0$) imply that the home country cannot increase its per capita debt indefinitely.

We now add the usual assumptions that the utility function is strictly concave and increasing and that the marginal utility of consumption tends to infinity as consumption tends to zero. These, together with our earlier assumptions on the production functions, enable us to concentrate on interior solutions.

To summarize, the home country's problem is to find a time path of consumption, $c(t)$, that maximizes its discounted stream of utility:

$$\text{Maximize} \quad \int_0^\infty L_1(t)u[c(t)]\exp[-\delta]dt, \tag{11}$$

Since $L_1(t) = L_1(0)\exp(nt)$, we can write (11) as

$$\text{Maximize} \quad \int_0^\infty u(c)\exp(-\rho t)dt, \qquad \rho \equiv \delta - n \tag{11'}$$

subject to (8), (9), (10) and the initial conditions

$$a_i(0) = a_{i0} \qquad (i = 1,2). \tag{12}$$

In what follows, we assume that $\delta - n > 0$.

The Hamiltonian for this problem is

$$H = u(c) + p_1[f(0.5a_1 + 0.5a_2) + 0.5(a_1 - a_2)f' - c - na_1]$$

$$+ p_2[sf'(0.5a_1 + 0.5a_2) - n]a_2 \tag{13}$$

Where p_1 and p_2 are the co-state variables, or the shadow prices of the stocks of wealth of the two countries.

At each instant of time, for given values of $p_1(t)$, $p_2(t)$, $a_1(t)$ and $a_2(t)$, consumption must be chosen to maximize the Hamiltonian. Thus

$$\partial H/\partial c = u'(c) - p_1 = 0 \tag{14}$$

From (14), we have

$$u''(c)(dc/dp_1) = 1$$

Therefore c is a decreasing function of p_1:

$$c = \phi(p_1) \tag{15}$$

with

$$dc/dp_1 = \phi'(p_1) = 1/u''(c) < 0 \tag{16}$$

The other necessary conditions for problem (11) are

$$\dot{a}_1 = \partial H/\partial p_1 = f(0.5a_1 + 0.5a_2) + 0.5(a_1 - a_2)f' - c - na_1$$

$$= f(0.5a_1 + 0.5a_2) + 0.5(a_1 - a_2)f' - \phi(p_1) - na_1 \tag{17}$$

$$\dot{a}_2 = \partial H/\partial p_2 = [sf'(0.5a_1 + 0.5a_2) - n]a_2 \tag{18}$$

$$\dot{p}_1 = \rho p_1 - (\partial H/\partial a_1)$$

$$= p_1[\rho + n - f' - 0.25(a_1 - a_2)f''] - 0.5p_2a_2sf'' \tag{19}$$

$$\dot{p}_2 = \rho p_2 - (\partial H/\partial a_2)$$

$$= p_2[\rho + n - 0.5sa_2f'' - sf'] - 0.25p_1(a_1 - a_2)f'' \tag{20}$$

From equation (18), it is clear that if the initial value of a_2 is positive then a_2 can never become negative. It is possible that in a steady state $a_2 = 0$. However, we shall ignore this singular case and concentrate on cases where the foreign country's net wealth is strictly positive (even though its debt may be positive or negative). We now seek to determine the necessary and sufficient condition for a steady state value $\bar{a}_2 > 0$. From (19), setting $\dot{p}_1 = 0$, we obtain:

$$p_2/p_1 = [n + \rho - f' - 0.25(\bar{a}_1 - \bar{a}_2)f'']/[0.5\bar{a}_2sf''] \tag{21}$$

Similaryly, from (20)

$$p_2/p_1 = [0.25(\bar{a}_1 - \bar{a}_2)f'']/[\rho - 0.5\bar{a}_2sf''] \tag{22}$$

Equations (21) and (22) yield

$$0.25\rho(\bar{a}_1 - \bar{a}_2) = (\rho + n - f')(\rho - 0.5\,\bar{a}_2sf'')/f'' \tag{23}$$

On the other hand, if $\bar{a}_2$ is positive in a steady state, then setting $\dot{a}_2 = 0$ in (18), we have

$$f'(0.5\bar{a}_1 + 0.5\bar{a}_2) = n/s \tag{24}$$

This determines a unique steady state capital labour ratio $\bar{k}$, where $f'(\bar{k}) = n/s$, and $\bar{a}_1 + \bar{a}_2 = 2\bar{k}$ in the steady state. Noting that $\bar{a}_1 - \bar{a}_2 = (\bar{a}_1 + \bar{a}_2) - 2\bar{a}_2 = 2\bar{k} - \bar{a}_2$, equation (23) can be simplified to

$$\bar{a}_2 = \rho[\rho + n - (n/s) - 0.5\bar{k}f''(\bar{k})]/[(1 - s)(n + \rho)(-0.5f'')] \tag{25}$$

Hence $\bar{a}_2$ is in fact positive provided that the numerator of (25) is positive. Let us define the elasticity of marginal product of capital, evaluated at $\bar{k}$, as

$$\eta = - \bar{k}f''(\bar{k})/f'(\bar{k}) = -s\bar{k}f''(\bar{k})/n \tag{26}$$

Then, from (25), $\bar{a}_2$ is positive if and only if

$$\delta \equiv \rho + n > (1 - 0.5\eta)n/s \tag{27}$$

Having solved for $\bar{a}_2$, we can find $\bar{a}_1$, from the identity $\bar{a}_1 + \bar{a}_2 = 2\bar{k}$. Steady-state consumption can then be solved using (17):

$$\bar{c} = f(\bar{k}) + (\bar{k} - \bar{a}_2)(n/s) - n(2\bar{k} - \bar{a}_2) \tag{28}$$

Therefore, provided that $f(\bar{k})$ is sufficiently large to ensure that $\bar{c} > 0$, we have identified a unique interior steady state. In addition, from (23) and (24), the home country is the net lender ($\bar{a}_1 - \bar{a}_2 > 0$) if and only if

$$\delta \equiv n + \rho < n/s \tag{29}$$

The results obtained in the preceeding analysis can be summarized in the following proposition.

<u>Proposition 1:</u> A unique steady state exists with $\bar{a}_2 > 0$ provided that (27) holds and $f(\bar{k})$ is sufficiently large to ensure that (28) is strictly positive. At the steady state the home country is the net lender if and only if rate of time preference is sufficiently small so that (29) holds.

The intuition behind Proposition 1 is easy to grasp. If the saving rate of foreign capital owners is low, then the marginal product of capital in the steady state will be high, and if the latter exceeds the home country's rate of time preference δ, then clearly it is optimal for the home country to be the net lender in the steady state.

The loan the home country offers to the foreign country is

$$L \equiv \bar{a}_1 - \bar{k} = \bar{a}_1 - (\bar{a}_1 + \bar{a}_2)/2 = (\bar{a}_1 - \bar{a}_2)/2 \qquad (30a)$$

Therefore (23) can be written as

$$(f'')\rho L/[2(\rho - 0.5a_2 sf'')] = (\rho + n) - f' = \delta - n/s \qquad (30b)$$

Rearranging (30b) to obtain

$$n/s - [\rho L(-f'')]/[2\rho + \bar{a}_2 s(-f'')] = \delta \qquad (30c)$$

We may interpret the left side of (30c) as long run marginal revenue and the right side (= δ) as long run marginal opportunity cost. Compare this with the more familiar static expression

$$r(L) + r'(L)L = MC \qquad (30d)$$

where $r'(L) < 0$ (if we lend more, we depress the interest rate). Instead of $r'(L)$, in (30c) we have a more complicated expression,

$$- [\rho L(-f'')]/[2\rho + \bar{a}_2 s(-f'')] \ .$$

This is because we depress the interest rate only <u>over time</u>, as capitals are accumulated in both countries. In the foreign country, the key variable in accumulation is the saving rate (s) and in the home country, the key parameter is ρ.

The rule "long run marginal revenue must equal long run marginal opportunity cost", as stated by equation (30c), can be illustrated with the help of Figure 1. In this Figure, the two marginal product curves are drawn back to back. Their intersection determines $\bar{k}$, where both marginal products are n/s. The horizontal line δ represents long run marginal opportunity cost. The long run marginal revenue (MR) curve is drawn starting from $\bar{a}_1$, at the heights n/s, because at $\bar{a}_1$, L = 0 and the left side of (30c) collapses to n/s.
The intersection of MR and MC determines the loan size L^*. Note that $\bar{a}_2$ is given by (25), and can be written as

$$\bar{a}_2 = 2\rho[\delta - (1 - 0.5\eta)(n/s)]s\bar{k}/[\delta(1 - s)n\eta]$$

Figure 1

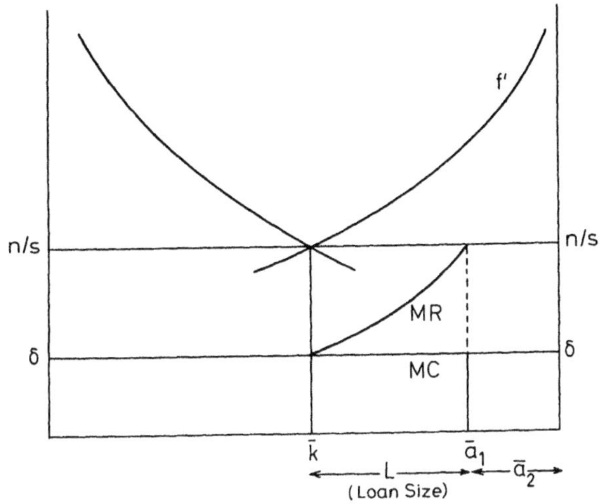

3. The Existence of Debt Cycles

In order to study the question of existence of debt cycles around the steady state, we shall make use of Hopf Bifurcation Theorem, which we reproduce below for ease of reference. This theorem has been applied to economic problems by several authors, including Benhabib (1978), Benhabib and Nishimura (1979), Kemp and Long (1988 and 1989).

Theorem (Hopf): Let $\dot{x} = F(x,\mu)$ be a system of differential equations, where x is a vector of 2n variables, μ is a real parameter, and $F(x,\mu)$ analytic in a domain G for x and μ is bounded. Let there be a steady-state solution $\bar{x}(\mu)$ such that $F(\bar{x}(\mu),\mu) = 0$. For $\mu = 0$, let the Jacobian matrix of F have one pair of pure imaginary roots $a(\mu) \pm b(\mu)i$, $a(0) = 0$, $b(0) \neq 0$, and $da(\mu)/d\mu \neq 0$ at $\mu = 0$. Let μ be parameterized as $\mu = \mu(\epsilon)$, with $\mu(0) = 0$. Then there exists a family of periodic solutions $x = x(t,\epsilon)$ with the properties that $x(t,0) = \bar{x}(\mu(0))$ and that, for all sufficiently small ϵ, $x(t,\epsilon)$ is distinct from the steady-state solution $\bar{x}(\mu(\epsilon))$.

In our problem, the four differential equations (17), (18), (19), and (20) constitute the system $F(x,\mu)$ of the theorem. Our task therefore is to find parameter values such that the Jacobian matrix of the system (17) - (20) has a pair of pure imaginary roots and such that the real parts of those roots change sign at those values.

Linearizing the system (17) - (20) about the steady state ($\bar{a}_1$, $\bar{a}_2$, $\bar{p}_1$, $\bar{p}_2$), we obtain

$$\begin{bmatrix} da_1/dt \\ da_2/dt \\ dp_1/dt \\ dp_2/dt \end{bmatrix} = J \begin{bmatrix} a_1 - \bar{a}_1 \\ a_2 - \bar{a}_2 \\ p_1 - \bar{p}_1 \\ p_2 - \bar{p}_2 \end{bmatrix} \tag{31a}$$

where J is the Jacobian matrix with the following pattern

$$J = \begin{bmatrix} A & B & C & D \\ E & F & D & H \\ K & M & \rho-A & -E \\ M & N & -B & \rho-F \end{bmatrix} \tag{31b}$$

As shown by Kemp and Long (1988), the pattern given by (31b) is common to all Jacobian matrices of optimal control problems with two state variables and a positive discount rate. For our problem, the entries of matrix J are

$$A = \partial\dot{a}_1/\partial a_1 = (n/s) - n + 0.25(a_1 - a_2)f'' \tag{32a}$$

$$B = \partial\dot{a}_1/\partial a_2 = 0.25(a_1 - a_2)f'' \tag{32b}$$

$$C = \partial\dot{a}_1/\partial p_1 = -\varnothing'(p_1) = -1/u''(c) \tag{32c}$$

$$D = \partial\dot{a}_1/\partial p_2 = \partial\dot{a}_2/\partial p_1 = 0 \tag{32d}$$

$$E = \partial\dot{a}_2/\partial a_1 = 0.5a_2sf'' \tag{32e}$$

$$F = \partial\dot{a}_2/\partial a_2 = 0.5a_2sf'' \tag{32f}$$

$$H = \partial\dot{a}_2/\partial p_2 = 0 \tag{32g}$$

$$K = \partial\dot{p}_1/\partial a_1 = -p_1[0.75f''+ 0.5(f'''/f'')(n - n/s + \rho)] \tag{32h}$$

$$M = \partial\dot{p}_1/\partial a_2 = \partial\dot{p}_2/\partial a_1$$

$$= p_1[0.25(a_1 - a_2)(f''/a_2) - (n - n/s + \rho)(1/a_2)$$

$$-0.25f'' - 0.5(f'''/f'')(n - n/s + \rho)] \tag{32i}$$

$$N = \partial\dot{p}_2/\partial a_2 = p_1(f'')[0.25 + 0.5(a_1 - a_2)(1/a_2)]$$

$$-p_1(n - n/s + \rho)[0.5(f'''/f'') + (2/a_2)] \tag{32j}$$

As shown by Kemp and Long (1988, Appendix 1), the four roots of a matrix having the pattern (31b) must have the following form

$$\lambda_{1,2,3,4} = (\rho/2) \pm [(\rho/2)^2 - (W/2) \pm 0.5(W^2 - 4 \det J)^{\frac{1}{2}}]^{\frac{1}{2}} \tag{33}$$

where W is defined as

$$W = -A^2 - F^2 - 2BE - 2DM + \rho A - \rho F - CK - NH \tag{34}$$

Kemp and Long (1988) also showed that if $W^2 - 4 \det J < 0$ then the roots are

$$\lambda_{1,2,3,4} = (\rho/2) \pm \alpha \pm \beta i \tag{35}$$

where α and β are real numbers (see Appendix for details). It follows that a pair of pure imaginary roots exist if parameter values can be found such that $\alpha = \rho/2$.

We now provide such a set of parameter values. Let x be any arbitrary positive number, and let

$$s = 0.2, \quad \rho = 1x, \quad n = 0.5x, \quad f(3.2) = 10x, \quad f(0) = 0,$$

$$f'(3.2) = 2.5x, \quad f''(3.2) = -x. \tag{36}$$

It is easy to check that there exists a unique steady state with

$$\bar{a}_1 = 5.4, \quad \bar{a}_2 = 1, \quad \bar{k} = (\bar{a}_1 + \bar{a}_2)/2 = 3.2 \;, \quad \bar{c} = 12.8x \tag{37}$$

In (36) and (37), the constant x reflects the choice of the unit of measurement of time, therefore x appears in all flow variables, but not in stock variables or in variables representing ratios. Thus if the rate of population growth is 5 per cent per year, then we set $x = 0.10$ so that $n = 0.05$.

The choice of unit of measurement of time has no effects on the equilibrium nor on its stability properties. The roots of the Jacobian matrix depends also on $\tau \equiv -U''/U'$ and on f'''. Let us set $x = 1$ for simplicity of computation, and choose τ and f''' such that

$$\det J = 1.3152 \tag{38a}$$

and

$$W = 1.50 \tag{38b}$$

From the Appendix, it is clear that to satisfy (38), we must have

$$\tau = 0.0458 \equiv \bar{\tau} \tag{39a}$$

$$f''' = 1.8400 \equiv \bar{f}''' \tag{39b}$$

It can be verified that (36), (37), and (39), with $x = 1$, yield a pair of pure imaginary roots and a pair of complex roots with positive real parts:

$$\lambda_{1,2} = 1 \pm i(0.5\sqrt{3}) \tag{40a}$$

$$\lambda_{3,4} = 0 \pm i(0.5\sqrt{3}) \tag{40b}$$

Furthermore, the real parts of (40b) is zero only at $\tau = \bar{\tau}$. In the neighborhood of $\bar{\tau}$, it is an increasing function of τ. For $\tau < \bar{\tau}$, we have two pair of complex roots, one pair with positive real part and one pair with negative real part. For $\tau > \bar{\tau}$, all four roots are complex with positive real parts. Applying Hopf Bifurcation Theorem, the existence of closed orbits (regular cycles) around the steady state is proven. To the left of $\bar{\tau}$, we have damped cycles, converging to the steady state. Figures 2 and 3 illustrate these two cases.

Figure 2 - Regular Cycles

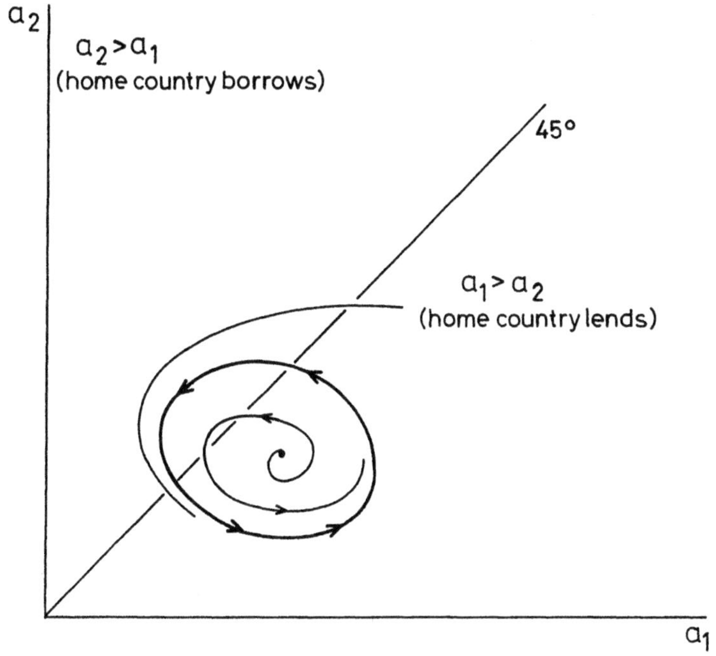

Figure 3 - Damped Cycles

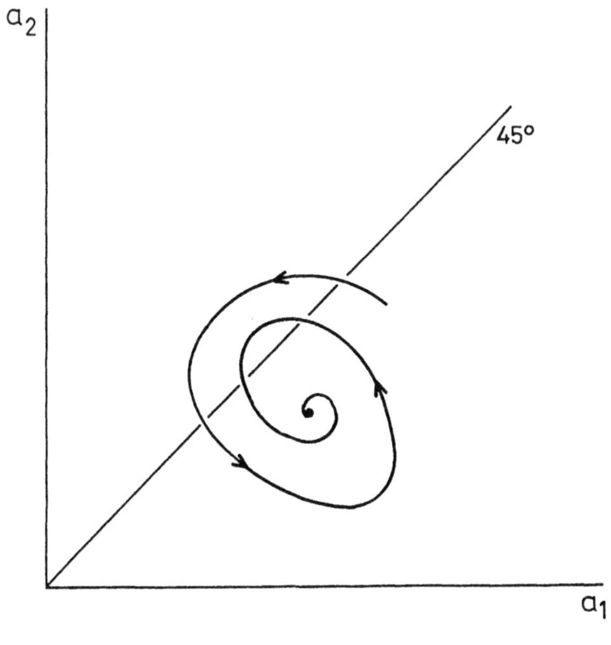

4. Conclusion

We have shown that debt cycles may be optimal for the home country if the capital owners in the foreign country save a constant proportion of their income and workers do not save. This classical saving assumption was adopted because it simplifies computation. It seems likely that if we replace this saving rule by the assumption that in the foreign country a constant fraction of national income is saved, we would also obtain parameter values under which it is optimal for the home country to follow a cyclical policy with regards to foreign investment.

It is interesting to note that cycles also exist in predator-prey models under certain assumptions on parameter values. If the predators were intertemporal maximizers, cycles perhaps would still exist. In fact, our model is a kind of predator-prey model, because the home country actually manipulates the intertemporal terms of trade by changing its supply of capital over time, and because the rate of growth of each country's wealth depends on the wealth of the other country. Finally, it should be noted that in our model we have deliberately assumed that at any instant of time the marginal products of capital are equalized (thus ruling out taxes on foreign investment[1]). This assumption was made in order to isolate long run considerations from short run policy instruments. Furthermore, taxes on foreign investment may provoke retaliation from the foreign country. Our result, that debt cycles may exist in the long run, would remain valid even when complications such as differential taxes on capital income are admitted.

---

[1] For a sample of literature on taxes on foreign investment, see Kemp (1962), Long (1973), Ruffin (1985), and Manning and Shea (1989).

Appendix

The roots of the Jacobian matrix J

Let

$$W = -A^2 - F^2 - 2BE - 2DM + \rho A + \rho F - CK - NH \qquad (A.1)$$

The matrix J has a pair of pure imaginary roots only if

$$W^2 - 4 \det J < 0 \qquad (A.2)$$

(see Kemp and Long (1988), Appendix 1). In our case, det J is given by

$$\det J = AF\rho^2 - AF^2\rho - A^2F\rho + A^2F^2 - 2ABEF - BE\rho^2 + BEF\rho + ABE\rho$$

$$+ B^2E^2 + CEM\rho - 2CEFM + CE^2N - CFK\rho + CF^2K \qquad (A.3)$$

As shown in Kemp and Long (1988), the roots can be calculated as follows:

Let $V = (\rho/2)^2 - (W/2)$ (A.4)

$$Y = 0.5(4 \det J - W^2)^{\frac{1}{2}} \qquad (A.5)$$

$$R = (X^2 + Y^2)^{\frac{1}{2}} \qquad (A.6)$$

Note that Y > 0 because of (A.2)

Define Θ by

$$\cos \Theta = V/R, \quad \sin \Theta = Y/R \qquad (A.7)$$

Then the roots of J are

$$\lambda_{1,2,3,4} = (\rho/2) \pm \alpha \pm \beta i \qquad (A.8)$$

where

$$\alpha = R^{\frac{1}{2}}\cos(\Theta/2), \ \beta = R^{\frac{1}{2}}\sin(\Theta/2) \qquad (A.9)$$

Referring to (36) and (37) and the paragraph that follows (37), it can be verified from (A.1) - (A.9) that the stability properties of the equilibrium are independent of the choice of the unit of measurement of time: if x is multiplied by a constant, then all the four roots are multiplied by the same constant. Therefore we may set

$x = 1$ without loss of generality.

It is clear from (A.8) and (A.9) that a necessary and sufficient condition for a pair of pure imaginary roots is $\alpha = \rho/2$. Therefore we must find parameter values and a value for Θ such that the following equations are satisfied:

$$\cos(\Theta/2) = (\rho/2)R^{-\frac{1}{2}} \quad \text{(A.10)}$$

$$\cos\Theta = [(\rho/2)^2 - (W/2)]R^{-1} \quad \text{(A.11)}$$

Clearly if $R = 1$, $\Theta = 2\pi/3$, $\rho = 1$ and $W = 1.50$ then (A.10) and (A.11) are satisfied, with $\det J = 1.3125$. Having specified $\rho = 1$, $n = 0.5$, $f' = 0.5$, $s = 0.2$, $f'' = -1$, we can find values of f''' and τ ($\equiv -u''/u'$) that yield $W = 1.50$ and $\det J = 1.3125$. These values are 1.8400 and 0.0458 respectively.

It remains to show that the real parts of the pure imaginary roots change sign as τ crosses the value 0.0458. We only need to show that $d\alpha/d\tau$ is not zero. From (A.9),

$$d\alpha/d\tau = 0.5R^{-\frac{1}{2}}\cos(\Theta/2)(dR/d\tau) - 0.5R\sin(\Theta/2)(d\Theta/d\tau) \quad \text{(A.12)}$$

Let

$$z = \cos\Theta = V/R$$

Then

$$d\Theta/d\tau = (d\Theta/dz)(dz/d\tau) = (-\sin\Theta)^{-1}[R(dV/d\tau) - V(dR/d\tau)]R^{-2}$$

Some simple calculations show that $d\alpha/d\tau > 0$ which is what we set out to prove.

References

Benhabib, J. (1978), "A Note on Optimal Growth and Intertemporally Dependent Preferences", Economic Letters, Vol. 1, 321-324.

Benhabib, J. and K. Nishimura (1979), "Hopf Bifurcation and the Existence and Stability of Closed Orbits in Mulisector Models of Optimal Economic Growth", Journal of Economic Theory, Vol. 21, 421-444.

Kemp, M.C. (1962), "Foreign Investment and the National Advantage", Economic Record, Vol. 20, 56-62.

Kemp, M.C and N.V. Long (1988), "Cyclical Redistributive Taxation", Discussion Paper 88/7, University of New South Wales.

Kemp, M.C and N.V. Long (1989), " Union Power in the Long Run: The Case in which Capitalists Save Optimally", IFO-Studien, to appear.

Long, N.V. (1973), " On a Paradox in the Theory of International Capital Movements", Economic Record, Vol. 49, 440-446.

Long, N.V. and H. Siebert (1989), "Full Debt Cycle and Half Dept Cycle: The Impact of the Planning Horizon", Journal of Economics, (Zeitschrift für Nationalökonomie), Vol. 49, No. 3, 279-297.

Manning, R. and K.L. Shea (1989), "Perfect Discrimination and the Long Run National Advantage", Journal of Economics, Vol. 49, No. 3, 299-313.

Ruffin, R. (1985), "Taxing International Capital Movements in a Growing World", Journal of International Economics, Vol. 18, 261-280.

Ryder, H.E. and G.M. Heal (1973), "Optimal Growth with Intertemporally Dependent Preferences", Review of Economic Studies, Vol. 40, 1-31.

Siebert, H. (1989), "The Half and Full Debt Cycle", Weltwirtschaftliches Archiv (Review of World Economics), Vol. 125, 217-229.

INVESTMENT AND DIVIDEND POLICIES OF A FIRM DURING A BUSINESS CYCLE

Onno VAN HILTEN, Maastricht

The dynamic model of the firm to be presented is an extension of earlier models by Leban and Lesourne ("The firm's investment and employment policy through a business cycle", European Economic Review 13 (1980), and "Adaptive strategies of the firm through a business cycle", Journal of Economic Dynamic and Control 5 (1983)) and Nickell ("On the role of expectations in the pure theory of investment", Review of economic studies 41 (1974)). These articles study, in the context of a deterministic dynamic model, the behaviour of a firm which is confronted with a temporary decline in the demand for its product, while investments are irreversible. In our model financial policies of the firm are introduced in this framework. The firm chooses its dividend and investment policy in order to attain the maximal value for the discounted stream of dividends. Especially the role of dividends and the role of debt during the recession will be examined. In mathematical form, the model is nonautonomous and involves pure state constraints. The Maximum Principle is used to derive the necessary conditions and a path-coupling procedure is employed to find the optimal trajectories of the control and state variables for the entire planning period.

The optimal policy will be presented for different degrees of 'severeness' of the recession and for different values of the cost of debt.

POLITISCHE KONJUNKTURZYKLEN ALS LÖSUNGEN VON LINEAR-QUADRATISCHEN KONTROLLPROBLEMEN

Reinhard Neck, Wien

Zusammenfassung: Politische Konjunkturzyklen sind regelmäßige Schwankungen makroökonomischer Variablen, die durch das Verhalten der Regierung ausgelöst werden. Wenn angenommen wird, daß die Regierung eine intertemporale Zielfunktion optimiert, können solche Zyklen im Rahmen politisch-ökonomischer Modelle als Lösungen von Problemen der optimalen Kontrolle abgeleitet werden. Wir geben einen Überblick über einige derartige Modelle, bei denen die Zielfunktion der Regierung quadratisch und das ökonomische Modell linear ist, und zeigen, daß sich bei verschiedenen Modellannahmen unterschiedliche Formen politischer Konjunkturzyklen ergeben können.

Summary: Political business cycles are regular fluctuations of macroeconomic variables which are caused by government's behavior. If the government is assumed to optimize an intertemporal objective function, cycles of this kind can be derived as solutions of optimum control problems within the framework of politico-economic models. We give a review of some of those models where the objective function of the government is quadratic and the economic model is linear. It is shown that different assumptions concerning the objective function and the model result in a variety of patterns of political business cycles.

1. Einleitung

In der Theorie der quantitativen Wirtschaftspolitik wird im allgemeinen davon ausgegangen, daß die geld- und finanzpolitischen Aktivitäten der Regierung das Ziel haben, Konjunkturschwankungen zu vermindern oder zu beseitigen. Dagegen wird von Vertretern der Neuen Politischen Ökonomie gezeigt, daß es für eine Regierung, die ihre eigenen Interessen verfolgt, vorteilhaft sein kann, durch "Stabilisierungspolitik" regelmäßige Schwankungen im Wirtschaftsablauf zu erzeugen und damit die Wirtschaft zu destabilisieren. /3/ gehen von der allgemeinen Hypothese aus, daß die Regierung ihren eigenen Nutzen intertemporal unter Nebenbedingungen maximiert. Dabei handelt es sich um ein Problem der optimalen Kontrolle, das jedoch in der allgemeinen Form mit dem Pontryagin'schen Maximumprinzip analytisch nicht lösbar ist. Frey und Lau zeigen jedoch die Möglichkeit der Erzeugung politischer Konjunkturzyklen für den Fall einer bindenden Wiederwahl-Nebenbedingung.Die Allgemeinheit des Ansatzes von Frey und Lau wird durch das Fehlen spezifischer Resultate erkauft. Spätere theoretische Arbeiten zum politischen Konjunkturzyklus formulieren im allgemeinen explizit lösbare linear- quadratische Kontrollprobleme, also intertemporale Optimierungsprobleme für quadratische Zielfunktionen bei linearen dynamischen wirtschaftlichen Systemen. Die Form des politischen Konjunkturzyklus ist auch in diesem Fall von formalen Details des für die Regierung vorausgesetzten dynamischen Optimierungsproblems abhängig. Diese Tatsache soll im folgenden anhand einiger Beispiele illustriert werden.

Operations Research Proceedings 1989

2. Das Modell von Nordhaus

/10/ geht von einem makroökonomischen Modell des dynamischen Zielkonflikts zwischen Arbeitslosigkeit und Inflation in stetiger Zeit aus. Die Wachstumsrate des Lohnsatzes $w(t)$ zur Zeit t wird bestimmt durch eine kurzfristige Phillipskurve der Form

$$w(t) = f_0[u(t)] + \theta p^*(t),\ 0 < \theta \leq 1, \tag{1}$$

wobei $u(t)$ die Arbeitslosenrate und $p^*(t)$ die im Zeitpunkt t von den privaten Wirtschaftssubjekten erwartete Inflationsrate ist; für die Funktion $f_0(.)$ gilt $f_0'(.) < 0$. Die Preisbildung erfolgt durch Aufschlagskalkulation:

$$p(t) = w(t) - a, \tag{2}$$

wobei $p(t)$ die tatsächliche Inflationsrate und a die als konstant angenommene Wachstumsrate der Produktivität ist. Die Inflationserwartungen werden adaptiv gebildet:

$$\dot{p}^*(t) = \eta[p(t) - p^*(t)],\ \eta > 0. \tag{3}$$

Dieses Modell kann auf die eindimensionale Bewegungsgleichung (3) für die Zustandsvariable $p^*(t)$ mit

$$p(t) = f[u(t)] + \theta p^*(t) \tag{4}$$

und $f[u(t)] \equiv f_0[u(t)] - a$ reduziert werden. Nordhaus nimmt an, daß die Arbeitslosenrate $u(t)$ die Kontrollvariable ist, da sie durch die Geld- und Finanzpolitik der Regierung direkt beeinflußt werden kann.

Bezüglich der Wähler wird angenommen, daß die Arbeitslosenrate und die Inflationsrate Argumente ihrer Präferenzfunktion sind. Die Wähler kennen die makroökonomischen Zusammenhänge nicht und orientieren sich daher an der Vergangenheit. Bei der Wahl können sie sich für eine von zwei alternativen politischen Parteien entscheiden. Die politischen Parteien haben ausschließlich das Ziel, die nächsten Wahlen zu gewinnen, und kennen die Präferenzen der Wähler genau. Die Regierungspartei, die als einzige aktiv handeln kann, entscheidet sich für jene Wirtschaftspolitik, die die Anzahl der für sie abgegebenen Stimmen bei der nächsten Wahl maximiert. Die Präferenzfunktion der Wähler wird durch $g[u(t), p(t)]$ dargestellt mit $g_1 < 0$, $g_2 < 0$.

Nordhaus bestimmt zunächst jene Politik, die eine "soziale Wohlfahrtsfunktion", die den Präferenzen der Wähler entspricht, maximiert. Diese ist durch die Maximierung von

$$\mathcal{J} = \int_0^\infty g[u(t), p(t)] \exp(-rt) dt \tag{5}$$

unter der Nebenbedingung

$$\dot{p}^*(t) = \eta\{f[u(t)] - (1 - \theta)p^*(t)\} \tag{6}$$

gegeben, wobei $r > 0$ die übliche Zeitpräferenzrate ist. Dieses Problem der optimalen Kontrolle mit unendlichem Zeithorizont kann mithilfe des Pontryagin'schen Maximumprinzips gelöst werden, wobei sich Nordhaus auf die stationäre Lösung beschränkt. Das Maximum der "sozialen Wohlfahrtsfunktion" wird von Nordhaus mit einem langfristigen Ergebnis in einem demokratischen politischen System verglichen. Dabei wird angenommen, daß die Regierungspartei völlig myopisch ist und nur die nächste Wahl gewinnen will, wobei sie durch die kurzfristige Phillipskurve beschränkt ist. Nordhaus zeigt, daß in einem demokratischen System, in dem die Wirtschaftspolitik durch Wahlen entschieden wird, eine Politik im langfristigen Zielkonflikt gewählt wird, die eine niedrigere Arbeitslosenrate und eine höhere Inflationsrate aufweist, als es dem Optimum der "sozialen Wohlfahrtsfunktion" entsprechen würde.

Für die Theorie des politischen Konjunkturzyklus unmittelbar interessanter als das langfristige ist das von Nordhaus abgeleitete kurzfristige Ergebnis in einem demokratischen System. Dabei geht es darum, was zwischen zwei Wahlterminen geschieht, also um die Wirtschaftspolitik innerhalb einer Wahlperiode. Hier wird angenommen, daß die Wähler ein abnehmendes Gedächtnis bezüglich vergangener Ereignisse haben. Die Wähler beurteilen dabei die Leistungen der Regierung vor allem anhand der Wirtschaftslage im Wahlzeitpunkt, berücksichtigen aber auch mit rückwärts gerichtet abnehmender Erinnerung die Entwicklung der Wirtschaftslage während der vergangenen Wahlperiode (und nur während dieser). Die Wahlfunktion, die die Regierung maximiert, lautet dann

$$\bar{V}_T = \int_0^T g[u(t), p(t)] \exp(\rho t) dt, \tag{7}$$

wobei T die Länge der Wahlperiode und ρ eine rückwärts gerichtete politische Diskontrate ist, die die Abnahme des Wählergedächtnisses mißt. Die Regierung maximiert $\bar{V}_T$ unter der Nebenbedingung (6).

Bei der Analyse dieses kurzfristigen Problems trifft Nordhaus eine wesentliche Vereinfachung: Da für allgemeine Zielfunktionen und Modelle des wirtschaftlichen Systems nur lokale und keine globalen Aussagen abgeleitet werden können, setzt er eine quadratische Zielfunktion und ein lineares System voraus, und zwar:

$$g[u(t), p(t)] = -u^2(t) - bp(t), \ b > 0, \tag{8}$$

$$f[u(t)] = \alpha_0 - \alpha_1 u(t), \ \alpha_0, \alpha_1 > 0, \tag{9}$$

wobei für (8) angenommen (in den Berechnungen aber nicht explizit berücksichtigt) wird, daß $p(t) \geq 0 \ \forall t \in [0, T]$. Die Zielfunktion (8) ist also quadratisch in der Arbeitslosenrate (der Kontrollvariable) und linear in der tatsächlichen und nach Einsetzen auch in der erwarteten Inflationsrate (der Zustandsvariable); wir wollen diese Spezifikation, die einen Idealwert (Null) für die Arbeitslosenrate, aber nicht für die Inflationsrate voraussetzt, als "linear-quadratische" Zielfunktion bezeichnen. Das linear-quadratische Kontrollproblem mit endlichem Zeithorizont besteht dann in der Maximierung von

$$\bar{V}_T = \int_0^T [-b\alpha_0 - u^2(t) + b\alpha_1 u(t) - b\theta p^*(t)] \exp(\rho t) dt \tag{10}$$

unter der Nebenbedingung

$$\dot{p}^*(t) = \eta[\alpha_0 - \alpha_1 u(t) - (1 - \theta) p^*(t)]. \tag{11}$$

Auch dieses Problem kann mit dem Maximumprinzip gelöst werden. Für die optimale Politik zeigt Nordhaus, daß die Arbeitslosenrate während der gesamten Wahlperiode fällt, also $\dot{u}(t) < 0 \ \forall t \in (0, T)$. Die erwartete und die tatsächliche Inflationsrate steigen während der Wahlperiode. Unmittelbar nach der Wahl erhöht die Regierung die Arbeitslosenrate sprunghaft, um die Inflationserwartungen zu senken. Ferner wird gezeigt, daß der politische Konjunkturzyklus umso ausgeprägter ist, je länger ceteris paribus die Wahlperiode ist. Für die Sensitivität bezüglich der politischen Diskontrate ρ gilt, daß der Abfall der Arbeitslosenrate umso steiler ist, je vergeßlicher die Wähler sind. Als typischen Ablauf eines politischen Konjunkturzyklus erhält man hier eine restriktive Stabilisierungspolitik in den frühen Jahren der Wahlperiode und eine expansive Politik kurz vor den Wahlen. Diese Abfolge kann aber nicht allgemein empirisch in demokratischen Staaten bestätigt werden. Es stellt sich daher die Frage, wie robust das Resultat von Nordhaus in bezug auf die zugrundeliegenden Modellannahmen ist.

3. Erweiterungen mit "linear-quadratischen" Zielfunktionen

Verschiedene Arbeiten erweitern den von Nordhaus verwendeten Modellansatz, ohne die Annahme der "linear-quadratischen" Zielfunktion der Regierung aufzugeben. Eine naheliegende Kritik setzt an der Annahme an, daß die Arbeitslosenrate als Kontrollvariable verwendet wird; diese Größe kann aber nicht direkt von der Regierung kontrolliert werden. Daher erweitert /1/ das Modell von Nordhaus um die Relation

$$u(t) = \beta B(t),\ \beta > 0, \tag{12}$$

wobei $B(t)$ ein Maß für den Budgetüberschuß der Regierung und eine fiskalpolitische Instrumentvariable ist. Unter der Voraussetzung der "linear-quadratischen" Präferenzfunktion der Wähler

$$g_b[B(t), p(t)] = -B^2(t) - bp(t),\ p(t) \geq 0, \tag{13}$$

und einer linearen Phillipskurve ergibt sich das gleiche Verhalten des politischen Konjunkturzyklus wie bei Nordhaus, wobei die Budgetüberschuß-Variable $B(t)$ während der Wahlperiode ansteigt und unmittelbar nach der Wahl sprunghaft vermindert wird. Dadurch wird der gleiche Verlauf von Arbeitslosenrate und Inflationsrate erzeugt wie bei Nordhaus; auch die langfristige Analyse liefert die gleichen Ergebnisse wie bei Nordhaus.

Eine weitergehende Ergänzung des Modells von Nordhaus liefert /6/, indem er statt Zyklen zwischen Inflation und Arbeitslosigkeit im Uhrzeigersinn auch solche gegen den Uhrzeigersinn zuläßt. Sein allgemeines Modell des wirtschaftlichen Systems enthält neben der adaptiven Anpassung der Inflationserwartungen (3) die Beziehung

$$u(t) = f_1[p(t) - \theta p^*(t)] + \varepsilon u^*(t),\ 0 < \varepsilon < 1, \tag{14}$$

und die Annahme der adaptiven Anpassung der erwarteten Arbeitslosenrate $u^*(t)$ an die tatsächliche:

$$\dot{u}^*(t) = \varphi[u(t) - u^*(t)],\ \varphi \geq 0. \tag{15}$$

Für die Funktion $f_1(.)$ gilt $f_1'(.) < 0$. Das Modell von Nordhaus ergibt sich daraus als Spezialfall für $\varphi = 0$ und $\eta > 0$; es generiert Zyklen im Uhrzeigersinn. Setzt man dagegen $\varphi > 0$ und $\eta = 0$ und betrachtet die Inflationsrate als Kontrollvariable der Regierung, so erhält man Zyklen entgegen dem Uhrzeigersinn. Die Analyse des langfristigen und des kurzfristigen Ergebnisses des demokratischen Systems erfolgt formal in gleicher Weise wie bei Nordhaus, liefert aber genau entgegengesetzte Resultate. Der kurzfristige politische Konjunkturzyklus verläuft ebenfalls umgekehrt im Vergleich zu jenem bei Nordhaus: Die Inflationsrate fällt und die Arbeitslosenrate steigt während der Wahlperiode. Bei einer empirischen Testung muß für dieses Modell also ein Verlauf geprüft werden, der jenem von Nordhaus genau entgegengesetzt ist.

Eine grundlegende Kritik an der Hypothese des politischen Konjunkturzyklus wird von /11/ vorgebracht: Weder für das politische System (die Präferenzfunktion der Wähler) noch für das wirtschaftliche System wird von Nordhaus eine theoretisch zufriedenstellende Mikrofundierung geliefert. Unter anderem wird dabei auch die Frage aufgeworfen, ob eine wiederwahlorientierte Regierungspolitik im Fall des Vorliegens endogener Schwingungen des wirtschaftlichen Systems ("ökonomischer" Konjunkturzyklen) diese verstärkt oder abschwächt. Dieses Problem wird von /8/ mithilfe der Kontrolltheorie für ein Modell behandelt, das jenes von Nordhaus in zweifacher Hinsicht erweitert: Ebenso wie bei Breuss wird eine fiskalpolitische Instrumentvariable $B(t)$ eingeführt, die hier als Budgetdefizit oder als Wachstumsrate der Staatsausgaben interpretiert wird. Sie beeinflußt direkt die mit $h(t)$ bezeichnete Überschußnachfrage auf Güter- und Arbeitsmarkt, die wieder die Inflationsrate gemäß

$$p(t) = \lambda h(t) + \theta p^*(t),\ \lambda > 0, \tag{16}$$

und die Arbeitslosenrate gemäß

$$u(t) = \varepsilon_0 - \varepsilon_1 h(t),\ \varepsilon_0, \varepsilon_1 > 0, \tag{17}$$

beeinflußt. Für die Anpassung der Inflationsrate gilt wieder die Beziehung (3). Die zweite Erweiterung des Modells von Nordhaus besteht in der expliziten Einführung von "ökonomischen" Konjunkturzyklen in der Form von regelmäßigen Schwingungen der gesamtwirtschaftlichen Überschußnachfrage. Letztere wird durch

$$h(t) = \gamma B(t) + A\cos(\psi t - v) + G \tag{18}$$

bestimmt, wobei die "ökonomische" Schwingungskomponente durch $A\cos(\psi t - v) + G$ gegeben ist; A ist die Amplitude, $2\pi/\psi$ die Periode dieser Schwingungen.

Unter Voraussetzung der gleichen "linear-quadratischen" Zielfunktion wie bei Nordhaus wird mittels des Maximumprinzips gezeigt, daß sowohl bei Maximierung einer "sozialen Wohlfahrtsfunktion" mit unendlichem Zeithorizont und ökonomischer (vorwärtsgerichteter) Diskontierung wie bei Maximierung der Stimmen bei der nächsten Wahl mit endlichem Zeithorizont T und politischer (rückwärtsgerichteter) Diskontierung durch die optimale Politik die "ökonomischen" Konjunkturzyklen eliminiert werden. Im Fall der Stimmenmaximierung werden jedoch auch hier politische Konjunkturzyklen eingeführt, die bezüglich der Arbeitslosenrate die gleiche Form haben wie bei Nordhaus.

Ein weiterer problematischer Aspekt bei der Analyse von Nordhaus ist die Diskrepanz zwischen der langfristigen und der kurzfristigen Analyse. Aufgrund dieser Kritik entwickelt /4/ ein Modell einer langfristig stimmenmaximierenden Regierung. Dabei wird die Zielfunktion von Nordhaus so verallgemeinert, daß die kurzfristige und die langfristige Analyse integriert werden und als Spezialfälle erscheinen. Die Regierung maximiert hier

$$\bar{V} = \sum_{i=1}^{\infty}\left(\int_0^T \{g[u_i(t), p_i(t)]\exp[\rho(\tau - T)]\}d\tau\right)\xi^{i-1}, \tag{19}$$

wobei $i = 1, 2, \ldots$ die Wahlperioden darstellen. ξ ist der Diskontierungsfaktor der Regierung für zukünftige Wahlen; wenn die Regierung die gleiche Diskontierung anwendet wie die Wähler, ist $\xi = \exp(-rT)$. Die Zustands-, Instrument- und Zielvariablen werden mit der Wahlperiode indiziert; ansonsten gelten die gleichen Nebenbedingungen wie bei Nordhaus.

Allgemein kann Kirchgässner zeigen, daß die optimale Politik einer derart langfristig stimmenmaximierenden Regierung einen politischen Konjunkturzyklus erzeugt. Dieses Resultat wird in /5/ auf multivariable Modelle erweitert. Unter der Voraussetzung des linearen Modells und der "linear-quadratischen" Zielfunktion von Nordhaus kann darüber hinaus für stabile Zyklen die optimale Politik explizit berechnet werden. Auch hier fällt die Arbeitslosenrate während jeder Wahlperiode. Die erwartete Inflationsrate hat vor und nach der Wahl den gleichen Wert; im Wahltermin erreicht sie ihr Maximum; nach der Wahl fällt sie zuerst zu einem eindeutigen Minimum und steigt dann bis zur nächsten Wahl an. Die tatsächliche Inflationsrate ist nach der Wahl geringer als davor; sie steigt entweder während der gesamten Wahlperiode an, oder sie fällt zuerst nach der Wahl bis zu einem Minimum und steigt dann. Bezüglich der Sensitivität in bezug auf die Diskontraten kann gezeigt werden: Je schneller die Wähler vergessen, desto größer ist die Amplitude des Zyklus. Je stärker die Wähler diskontieren und je weniger die Regierung diskontiert, desto höher ist ceteris paribus die durchschnittliche Arbeitslosenrate und desto kleiner ist die durchschnittliche Inflationsrate. Für den Vergleich mit dem Maximum der "sozialen Wohlfahrtsfunktion" erhält Kirchgässner andere Ergebnisse als Nordhaus: Wenn Regierung und Wähler die gleiche Diskontrate verwenden und diese gleich der sozialen Diskontrate ist, dann ist die durchschnittliche Arbeitslosenrate bei Stimmenmaximierung höher und die durchschnittliche Inflationsrate niedriger als die sozial optimalen Werte dieser Variablen.

4. Erweiterungen mit in beiden Zielvariablen quadratischen Zielfunktionen

Die bisher diskutierten Arbeiten verwenden jeweils "linear-quadratische Zielfunktionen", bei denen die Kontrollvariable quadratisch und die Zustandsvariable linear eingehen. Diese Spezifikation hat den Vorteil, daß sie eine explizite analytische Lösung des kanonischen Systems des Problems der optimalen Kontrolle erlaubt, da die Kozustandsvariable nicht von der Zustandsvariable abhängt. Auf den ersten Blick könnte es als unproblematisch erscheinen, diese Spezifikation anstelle einer allgemeineren und in der Theorie der quantitativen Wirtschaftspolitik gebräuchlicheren zu verwenden, bei der die Zielfunktion eine in allen Zielvariablen quadratische Funktion ist. Dies ist jedoch nicht der Fall: Die "linear-quadratische" Zielfunktion impliziert, daß bezüglich der Inflationsrate keine Sättigung gegeben ist, daß also eine maximale Deflation angestrebt wird. Das ist aber aus ökonomischen Gründen unplausibel. Auch in formaler Hinsicht ist bei einem Übergang von einer "linear-quadratischen" zu einer in allen Zielvariablen quadratischen Zielfunktion mit wesentlichen Änderungen zu rechnen. So zeigen /2/, daß das Nordhaus-Modell mit einer derartigen Zielfunktion andere Verläufe des politischen Konjunkturzyklus hervorbringen kann. Dabei wird allerdings nur die myopische stimmenmaximierende Politik der Regierung mit endlichem Zeithorizont betrachtet.

Eine Analyse des politischen Konjunkturzyklus, der sich aufgrund der langfristigen Stimmenmaximierung einer Regierung ergibt, die eine sowohl in der Arbeitslosenrate wie in der Inflationsrate quadratische Zielfunktion hat, wird von /9/ gegeben. Das wirtschaftliche System wird gegenüber jenem von Nordhaus dadurch modifiziert, daß wieder eine fiskalpolitische Instrumentvariable $B(t)$ (z.B. Budgetdefizit) eingeführt und die langfristige Phillipskurve als vertikal angenommen wird. Die tatsächliche Inflationsrate wird hier durch die gesamtwirtschaftliche Überschußnachfrage $h(t)$ und durch die erwartete Inflationsrate (ohne Geldillusion) bestimmt: (16) gilt mit $\theta = 1$, also

$$p(t) = \lambda h(t) + p^*(t). \tag{20}$$

Die Inflationserwartungen folgen dem adaptiven Anpassungsprozeß (3). Die Arbeitslosenrate wird durch eine lineare kurzfristige Phillipskurve bestimmt:

$$u(t) = u_N - \delta h(t),\ \delta > 0, \tag{21}$$

wobei u_N die als konstant angenommene natürliche Arbeitslosenrate ist, bei der die langfristige Phillipskurve vertikal ist; langfristig besteht also kein Zielkonflikt zwischen Arbeitslosigkeit und Inflation. Die gesamtwirtschaftliche Überschußnachfrage hängt von der fiskalpolitischen Instrumentvariable $B(t)$ ab:

$$h(t) = \gamma B(t),\ \gamma > 0. \tag{22}$$

Die Wähler wollen Abweichungen der tatsächlichen von der natürlichen Arbeitslosenrate und der Inflation von Null minimieren; bei quadratischer Spezifikation bedeutet das:

$$g_q[u(t), p(t)] = \frac{1}{2}[-a\hat{u}^2(t) - bp^2(t)],\ a, b > 0, \tag{23}$$

wobei $\hat{u}(t) \equiv u(t) - u_N$. Die Wähler diskontieren die Zukunft mit der Rate r.

Zunächst wird das Entscheidungsproblem einer "altruistischen" Regierung untersucht, die die "soziale Wohlfahrtsfunktion" maximiert. Dies ist ein linear-quadratisches Kontrollproblem, bei dem

$$\mathcal{J} = \frac{1}{2}\int_0^\infty \exp(-rt)[-a\hat{u}^2(t) - bp^2(t)]dt \tag{24}$$

unter den Nebenbedingungen (3), (20), (21) und (22) maximiert wird bei gegebener Anfangsbedingung $p^*(0) = p_0^* > 0$ für die Zustandsvariable. Das Problem kann mit dem Pontryagin'schen Maximumprinzip vollständig analytisch gelöst werden. Das kanonische System hat einen Sattelpunkt, den Ursprung, als eindeutiges stationäres Gleichgewicht. Die optimale Politik besteht darin, entlang des stabilen Sattelpunktspfads zu diesem Gleichgewicht zu konvergieren. Dabei wird die Finanzpolitik in restriktiver Weise mit abnehmender Intensität eingesetzt: $B(t) < 0$, $\dot{B}(t) > 0$. Daraus folgt, daß die tatsächliche und die erwartete Inflationsrate positiv sind und abnehmen; die Arbeitslosenrate ist geringer als die natürliche Rate und konvergiert gegen diese. Das gegenläufige Verhalten aller dieser Variablen ergibt sich, wenn man von einer Situation in $t = 0$ ausgeht, bei der die Inflationserwartungen negativ sind, also $p^*(0) < 0$.

Betrachtet man dagegen das Entscheidungsproblem einer langfristig stimmenmaximierenden Regierung, so lautet die Zielfunktion unter der Annahme, daß in $t = T, 2T, \ldots$ Wahlen stattfinden,

$$\bar{V} = \sum_{i=1}^{\infty} \frac{1}{2} \left(\int_0^T \{[-a\hat{u}_i^2(\tau) - bp_i^2(\tau)] \exp[\rho(\tau - T)]\} d\tau \right) \xi^i, \tag{25}$$

wobei ρ die rückwärtsgerichtete politische Diskontrate ist und $\xi \equiv \exp(-rT)$. $\bar{V}$ ist unter den (mit dem Wahlperiodenindex i zu versehenden) Nebenbedingungen (3), (20), (21) und (22) zu maximieren. Aufgrund des Optimalitätsprinzips der dynamischen Programmierung kann man das Maximum für jede Wahlperiode getrennt bestimmen, wofür wieder das Maximumprinzip angewendet werden kann. Das kanonische System ist dabei unabhängig von der Wahlperiode i, sodaß das qualitative Verhalten des optimalen dynamischen Systems in jeder Wahlperiode das gleiche ist. Man kann aus dem kanonischen System leicht das Zustands-Kontroll-System ableiten. Dessen Lösung ist jedoch schwierig, da es sich dabei um ein zweiseitiges Randwertproblem handelt: In jeder Wahlperiode ist für den Zustand die (aus früheren Wahlperioden resultierende) Anfangsbedingung $p_i^*(0)$ und für die Kontrolle die (aus der Maximierung bezüglich künftiger Wahlperioden resultierende) Endbedingung $B_i(T)$ gegeben. Eine analytische Lösung ist zwar möglich, liefert aber keine qualitativen Einsichten.

Man kann jedoch eine Phasendiagrammanalyse des Zustands-Kozustands-Systems und des Zustands-Kontroll-Systems durchführen. Dabei sieht man, daß man je nach der Größe der politischen Diskontrate ρ und des Anpassungskoeffizienten η der Inflationserwartungen zwei Fälle unterscheiden muß: Wenn $\rho < \eta$ ist, ist das stationäre Gleichgewicht ein Sattelpunkt. In diesem Fall können politische Konjunkturzyklen auftreten, die die gleichen Verläufe haben wie jene bei Nordhaus und Kirchgässner. Sie beginnen nach der Wahl mit einer restriktiven Finanzpolitik, $B(t) < 0$, um die Inflationserwartungen zu vermindern und eine günstigere kurzfristige Phillipskurve zu erreichen. Gegen Ende der Wahlperiode wird die Finanzpolitik expansiv, $B(t) > 0$, wodurch die Inflationsrate steigt. Zum Wahlzeitpunkt erreicht $B(t)$ sein Maximum und fällt unmittelbar nachher auf sein Minimum. Darauf folgt eine neue Expansion; $B(t)$ steigt während der gesamten Wahlperiode, während die erwartete Inflationsrate zuerst fällt und dann steigt. Gilt dagegen der Fall $\rho > \eta$, so kann das genau entgegengesetzte Verhalten eintreten. Das stationäre Gleichgewicht ist dann ein stabiler Knoten. Wenn hier politische Konjunkturzyklen entstehen, haben sie folgenden Verlauf: Die Finanzpolitik beginnt nach dem Wahltermin in expansiver Weise und wird umso restriktiver, je mehr man sich dem nächsten Wahltermin nähert. Die genauen Bedingungen, unter denen in beiden Fällen stabile politische Konjunkturzyklen aus dem langfristig stimmenmaximerenden Verhalten der Regierung resultieren, können allerdings bei der in beiden Zielvariablen quadratischen Zielfunktion nicht analytisch bestimmt werden. Simulationen von /5/ mit einem numerisch spezifizierten Modell in diskreter Zeit legen allerdings den Schluß nahe, daß auch bei einer voll quadratischen Zielfunktion in den meisten Fällen zyklisches Verhalten für eine stimmenmaximierende (und auch für eine ideologiemaximierende) Regierung optimal ist. Dies kann sogar dann gelten, wenn die Wähler voll informiert sind und rational wählen, wie /7/ in einem Modell überlappender Generationen gezeigt hat.

5. Schlußbemerkung

Die hier überblicksmäßig dargestellte Literatur der Neuen Politischen Ökonomie hat gezeigt, daß regelmäßige politische Konjunkturzyklen bei egoistischem Verhalten der Regierung unter verschiedenen Voraussetzungen für die Regierung optimal sein können. Der spezifische Verlauf eines solchen Zyklus hängt jedoch von dem speziellen von der Regierung zu lösenden Kontrollproblem ab, und zwar sowohl von ihrer Zielfunktion wie von dem als Nebenbedingung fungierenden Modell des wirtschaftlichen Systems. Dabei können scheinbar geringfügige Variationen der Annahmen und sogar der Modellparameter sehr unterschiedliche Verläufe politischer Konjunkturzyklen induzieren. Die unzureichende empirische Evidenz für bestimmte Abläufe eines politischen Konjunkturzyklus sollte daher nicht als Falsifikation dieser Theorie insgesamt fehlinterpretiert werden.

Literatur

/1/ BREUSS, Fritz, "The Political Business Cycle: An Extension of Nordhaus's Model", Empirica 2/1980, 223-259.

/2/ CHAPPELL, D. und PEEL, D.A., "On the Political Theory of the Business Cycle", Economics Letters, 1979, 2, 327-332.

/3/ FREY, Bruno und LAU, Lawrence J., "Towards a Mathematical Model of Government Behaviour", Zeitschrift für Nationalökonomie, 1968, 28, 355-380.

/4/ KIRCHGÄSSNER, Gebhard, "The Political Business Cycle if the Government is not Myopic", Mathematical Social Sciences, 1983, 4, 243-260.

/5/ KIRCHGÄSSNER, Gebhard, Optimale Wirtschaftspolitik und die Erzeugung politisch-ökonomischer Konjunkturzyklen, Königstein/Ts.: Verlagsgruppe Athenäum/Hain/Hanstein, 1984.

/6/ LÄCHLER, Ulrich, "The Political Business Cycle: A Complementary Study", Review of Economic Studies, 1978, 45, 369-375.

/7/ LÄCHLER, Ulrich, "The Political Business Cycle under Rational Voting Behavior", Public Choice, 1984, 44, 411-430.

/8/ NECK, Reinhard, "Optimal Stabilizing and Destabilizing 'Stabilization' Policies", in R.Trappl, ed., Cybernetics and Systems '86, Dordrecht: D. Reidel, 1986, 449-456.

/9/ NECK, Reinhard, "The Political Business Cycle under a Quadratic Objective Function", Forschungsbericht 8910, Ludwig Boltzmann Institut für ökonomische Analysen wirtschaftspolitischer Aktivitäten, Wien, 1989.

/10/ NORDHAUS, William D., "The Political Business Cycle", Review of Economic Studies, 1975, 42, 169-190.

/11/ RAMSER, Hans Jürgen, "Anmerkungen zur Theorie politischer Konjunkturzyklen", Diskussionsbeiträge des Fachbereichs Wirtschaftswissenschaften der Universität Konstanz, Nr.105, Konstanz, 1977.

OPTIMAL DYNAMIC TAXATION, SAVING AND INVESTMENT

Raymond GRADUS, Tilburg, The Netherlands

Summary: In many recent papers macro-economic models have been developed to study the dynamic evolution of the economy in order to analyze dynamic effects of fiscal policy (e.g. Hall (1971), Brock and Turnovsky (1981), Abel and Blanchard (1983), Judd (1985) and Van de Klundert and Peters (1986)). Aim of these papers is to investigate the incidence of different tax rates such as a tax on profits, a sales tax, a wage tax or a consumption tax with the help of optimal control theory. However, in these kinds of models the tax rates are given exogenously.

In this paper we deal with this problem by a more normative approach. We are concerned with optimal dynamic taxation, where the government wants to maximize the utility of a representative consumer (e.g. Turnovsky and Brock (1980)) and tries to choose its tax rate in such a way that this objective is maximized. Moreover, we assume that the government takes into account the way that the firm and consumer will react on its tax policy, while the firms and the consumers takes the decision of the other as given. So, the government behaves as the leader in an open-loop Stackelberg equilibrium (e.g. Başar and Olsder (1982)). However, as pointed out by Kydland and Prescott (1977) and Calvo (1978) such an optimal policy may be time-inconsistent. Once the current is history, the effect of policies on behavior in that period are of little or no interest. Therefore, we are concerned with two possible solutions. The first solution, which is the formal outcome of an open-loop Stackelberg equilibrium of game between government, consumers and firms, is only credible, if there is commitment or if there are reputational forces. The second solution, which correspons to a Nash-Cournot equilibrium is time-consistent, but yields a lower value of steady-state utility. In this paper we show that this problem of time-consistency depends on the kind of tax rates the government chooses.

Our approach builds on Abel and Blanchard's (1983) macro-economic market model, which describes intertemporal choice of consumers and firms in a free market economy. Abel and Blanchard use this framework to analyze the dynamic effects of fiscal policy. We extend the Abel and Blanchard model by modelling optimal government's behavior and give some rules for the optimal choice of tax policy. It is shown that there only will be time-inconsistency, if the government chooses profit or sales tax to finance their expenditures. Wage and consumption tax cannot be source for time-inconsistency, which gives an incentive to implement these taxes.

References

Abel, A.B. and O.J. Blanchard. "An Intertemporal Model of Saving and Investment." *Econometrica* 51 (1983): 675-92.

Başar, T. and G.J. Olsder. *Dynamic Non-cooperative Game Theory* . New York: Academic Press (1982).

Brock, W.A. and S.J. Turnovsky. "The Analysis of Macro-economic Policies in Perfect Foresight Equilibrium." *International Economic Review* 22 (1981): 179-209.

Calvo, G.A. "On the Time-inconsistency of Optimal Policy in a Monetary Economy." *Econometrica* 46 (1978): 1411-28.

Hall, R.E. "The Dynamic Effects of Fiscal Policy in Economy with Foresight." *Review of Economic Studies* 38 (1971): 229-44.

Judd, K.L. "Short-run Analysis of Fiscal Policy in a Simple Perfect Foresight Model." *Journal of Political Economy* 93 (1985): 298-319.

Klundert, Th. van de and P. Peters. "Tax Incidence in a Model with Perfect Foresight of Agents and Rationing in Markets." *Journal of Public Economics* 30 (1986): 37-59.

Kydland, F.E. and E. Prescott "Rules Rather than Discretion: the Inconsistency of Optimal Plans." *Journal of Political Economy* 85 (1977): 473-92.

Stabilization of employment in an uncertain open-access resource economy

Veijo Kaitala*[1)] and George Leitmann**[2)]

* Systems Analysis Laboratory, Helsinki University of Technology
SF-02150 Espoo, Finland

** College of Engineering, University of California
Berkeley, California 94720, USA

We consider a resource management problem in which the management objective is to minimize fluctuations in resource economics. Stabilizing management policies consist of memoryless state feedback control strategies for a class of discrete time resource models which contain unknown but bounded fluctuations. The underlying theory is based on conditions developed for a Lyapunov type stability of sets. The design of the stabilizing policies is illustrated by a simulation example from resource economics. Specifically, employment of fishermen is stabilized by using a subsidizing and taxing policy in an open access common-property fishery in which the value of the resource and the resource level fluctuate, and where entry and exit dynamics are determined by fluctuating revenues obtained from the fishery.

1 Introduction

We consider a resource management problem for which the management objective is to minimize fluctuations in resource economics. Such situations may arise in many different fields of resource economics and wildlife management. Consider, for example, a fishery resource system in which the population size of a commercially harvested species tends to fluctuate due to its varying growth. These fluctuations may have cumulative effects on the abundance of other species and on the fisheries economics as a whole. Hence, the resource manager may decide to attempt to depress the fluctuations of the species in order to increase the productivity of the economics of a fisheries and the economic security of the enterprises and the workers involved in the fisheries.

1) The support by the Yrjö Jahnsson Foundation is greatly appreciated.
2) This work was supported by the NSF and AFOSR under grant ECS8602524.

Operations Research Proceedings 1989

Enterprises and different branches of the economy involved in resource utilization may be particularly vulnerable to quick changes in economic conditions while, at the same time, the future harvest is uncertain. Management and economics of fluctuating resources have received a lot of attention in the resource literature (e.g., see the books by Lewis, 1982, Clark, 1985, Mangel, 1985, and Walters, 1986, and the review articles by Andersen and Sutinen, 1984, and Clark et al., 1985), but stabilization of resource economics has received relatively minor attention (Getz at al., 1987). Economic efficiency is the most common management objective studied. Walters (1986) included economic stability in the list of management objectives. Of particular interest is his comment that "about 90 % of the discussion in government/industry forums ... is usually about issues of short-term stability, and 10 % about the "broader" objectives..." (Walters, 1986, p. 28). Walters also notes that there has been little theoretical or empirical research on the importance of short-term stability. This paper presents some preliminary views of possible ways to develop the theoretical issues of the topic.

We shall discuss stabilizing of resource economics. We assume that the system dynamics can be modeled by discrete time models and that the dynamics are affected by fluctuations, but that the realization of the fluctuations is not known at the time of decision making. We depart from the common practice of the resource literature by assuming that no statistical description of the fluctuations is available or used in decision making. We assume, however, that bounds of the uncertainties are known. We shall show that by using the theory developed in Manela (1985), Corless (1985), and Corless and Manela (1986) it is possible to stabilize the responses of a resource economics system into certain "tubes" around the nominal solution obtained in the absence of uncertainties.

Earlier studies of stabilizing discrete time systems under unknown but bounded disturbances deal with linear models of the quality control of rivers (Lee and Leitmann, 1987) and macroeconomic stabilization (Deissenberg, 1986). The results by Corless and Manela (1986) made it possible for Kaitala and Leitmann (1989) to identify some classes of nonlinear resource management problems for which a stabilizing approach can be used as a basis for constructing management rules for uncertain resources.

Stabilization of uncertain animal resources has been studied by Lee and Leitmann (1983) and by Corless and Leitmann (1985) in a continuous-time setting. Lee and Leitmann (1983) assumed that the bounds of the uncertainties may be arbitrarily large but are known, and they designed memoryless feedback controllers for the management of the resources. Corless and Leitmann (1985) assumed that the uncertainties in the models are bounded, however the bounds of the uncertainties are not known; adaptive controllers were designed to stabilize the resources such that, under all conditions, the population level approaches the equilibrium level of the optimally exploited nominal population. The construction of these controllers does not require any limitations on the uncertainty bounds. In this respect, the results obtained for discrete time systems are weaker: Stabilization is possible only within certain limits.

In this paper we consider employment in an open-access common-property fishery. Such a fishery represents one of the basic property rights in resource economics: The resource is a common property and any one has the right to utilize the resource. Since the entry to the resource is unrestricted, the number of fishermen tends to increase as long a reasonable living can be made in this fishery. It is often the case that such an arrangement leads to a decrease of the value of the fishery with time. The resource is harvested to a level at which its growth is so slow that only a relatively small number of fishermen can make living in the fishery.

We consider a case in which there are fluctuations in both the resource growth and economy. These fluctuations may give rise to irregular work opportunities, which may not be a satisfactory state of affair from the social point of view. In some countries an attempt is made to alleviate this problem by various forms of regulations and policies which do not alter the common-property nature of the resources. One such economic regulation scheme consists of subsidies and taxes either on the price of fish or on labor.

The paper is organized as follows. In Section 2 we develop a resource dynamics model. In Section 3 we investigate how a governmental resource agency can stabilize employment in an open-access fishery in which the entry and exit behavior of fishermen in a fishery depends on the current revenue obtained from the fishery. We assume that both the resource dynamics and the economy fluctuate, and we study a case where price subsidy or tax is used as the management tool.

2 Resource dynamics

2.1 Model

Consider an uncertain density-dependent resource described by a difference equation of the form

$$N(k+1) = F(N(k), v(k, N(k), l(k)) - H(N(k), l(k)), \tag{2.1}$$

where $k \in Z = \{..., -1, 0, 1, ...\}$ is the time, $N(k)$ is the aggregated size of the resource stock at time k, $F(\cdot) : R^2 \to R$ is the growth function of the resource, and $l(k)$ is the fishing effort during period $[k, k+1)$. The unknown function $v(\cdot) : Z \times R^2 \to R$ depending on the time, the stock level and the fishing effort, represents the uncertainty or fluctuations related to the growth function of the resource. $H(\cdot) : R^2 \times R \to R$ is the harvest rate, that is, the catch during the period $[k, k+1)$.

We assume that the resource growth function is of the logistic type

$$F(N(k), v(k, N(k), l(k)) = N(k)[1 + (r + v(k, N(k), l(k)))(1 - N(k)/K)], \tag{2.2}$$

where r and K are positive constants, and that the harvest rate function is of the form

$$H(N(k), l(k)) = \frac{l(k)}{a + l(k)} N(k), \tag{2.3}$$

for $l(k) \geq 0$, and a is a positive constant. We assume that the fluctuation affecting the growth rate r is bounded and satisfies

$$\mid v(k, N(k), l(k)) \mid \leq \bar{v} < r, \tag{2.4}$$

where $\bar{v}$ is assumed to be known.

2.2 Resource fluctuations

Consider next the possible range of values of the stock level $N(k)$ of a fishery modelled by (2.1)-(2.4). In particular, it is of interest to determine parameter ranges which assure non-extinction,

$N(k) > 0$ for a $k \in Z$, in the presence on non-negative fishing effort, $l(k) \geq 0$ for all $k \in Z$. Towards that end one can establish the following result: If $N(k) \in (0, K]$, $l(k) \geq 0$, and $r + \bar{v} \leq 1$, then $N(k+1) \in (0, K]$. Henceforth, we shall assume that

$$r + \bar{v} \leq 1. \tag{2.5}$$

3 Fluctuations and employment of fishermen

3.1 Employment dynamics

Consider now a problem in which a governmental regulatory agency attempts to suppress fluctuations in employment caused by varying economic conditions in an open access fishery.

The economic theory describing the use of open access resources predicts that fishermen enter the fishery as long as they receive positive revenues from the resource. Hence, the number of the fishermen increases as long as some profit can be made by harvesting the resource. When the resource has been harvested and the resource level is so low as to produce losses to the fishermen, the fishermen leave the fishery. Hence, the fishing effort is not a control variable in the open access fishery model but it has its own dynamics (Smith, 1969). Berck (1979) showed that this kind of entry behavior is likely to produce oscillations in the fishermen's employment.

Consider an open access fishery with the dynamics of the fish resource described by the model (2.1), namely

$$N(k+1) = F(N(k), v(k, N(k), l(k)) - H(N(k), l(k)), \quad N(0) \in (0, K], \tag{3.1}$$

where $F(\cdot)$ is given by (2.2), $l(k)$ denotes the fishing effort (the number of fishermen) in period $[k, k+1)$, $v(\cdot)$ satisfies boundedness condition (2.4). We assume here that parameters r and $\bar{v}$ satisfy condition (2.6). The harvest function is again of the form (2.3), i.e.,

$$H(k) = \frac{l(k)}{a + l(k)} N(k), \ l(k) \geq 0, \quad a > 0. \tag{3.2}$$

The model of the entry and exit behavior of the fishermen is based on the assumption that the change in the number of employed fishermen is affected by the short term revenues which the fishermen are able to receive from the fishery. Let π denote the value of the unit resource and c the cost of unit fishing effort. Then the entry behavior can be expressed by the following equation (Kaitala and Leitmann, 1989), where fishing effort $l(k)$ is equivalent to the number of employed fishermen:

$$l(k+1) = l(k) + tl(k)[\pi \frac{1}{a + l(k)} N(k) - c], \tag{3.3}$$

where $t > 0$ is an entry coefficient. Thus, when profits are made by fishing, the number of employed fishermen increases, and when the fishermen harvest at a loss their number decreases. We assume here that $tc \leq 1$. Hence, since $N(k)$ is positive for each k, it follows that the fishing effort remains non-negative, i.e., $l(k) \geq 0$ implies $l(k+1) \geq 0$.

Assume next that the value (price) of the unit resource fluctuates; in that case the entry equation becomes

$$l(k+1) = l(k) + tl(k)[(\pi + w(k))\frac{1}{a + l(k)}N(k) - c],$$

where $w(k)$ is a disturbance such that $| w(k) | \leq \bar{w} \leq \pi$, with $\bar{w}$ known. Hence, there are two sources of uncertainty in this fishery, each affecting the employment of the fishermen: (i) the resource growth fluctuates, and (ii) the value of the resource fluctuates. For clarity, we note that $N(k)$ and $l(k)$ are assumed to be known exactly at time k, but due to the uncertainties, $v(\cdot)$ and $w(\cdot)$, the resource manager cannot predict their future values.

3.2 Stabilizing management problem

The stabilizing management problem is as follows. When managing fluctuating resource economics, the resource manager applies a "worst case" design approach: Design a stabilizing feedback management rule, $p(\cdot) : Z \times R \rightarrow R$, which makes the fluctuations of the fishing effort (employment) decrease such that the fluctuations, after a calculable time, can be contained in a calculable set B containing a given target level l_s, given any admissible realization of the disturbances $v(\cdot)$ and $w(\cdot)$.

The management goal of stabilization can be characterized formally by the concept of global uniform asymptotic stability about a set. For a system to be globally uniformly asymptotically stable about a calculable set B it is required that, starting from any initial effort, the effort can be driven arbitrarily close to the set B in finite time and to remain therein for all future time. Thus, the management goal is to keep the effort fluctuations in the range defined by the set B, and to make this set B as small as possible.

Global uniform asymptotic stability of a resource economics system can be achieved using the min-max Lyapunov stability approach (Corless and Manela, 1986) in designing the management rules.

3.3 Feedback stabilization scheme

Assume now that the social manager decides to apply financial control in order to suppress the effort fluctuations and maintain the employment level at or "near" some target level l_s. Assume that the management control, $u(k)$, takes the form of support (penalty) for unit fishing effort, $l(k)$, paid to (levied on) the fishermen. Then the entry dynamics are given by

$$l(k+1) = l(k) + tl(k)[(\pi + w(k))\frac{1}{a + l(k)}N(k) - c + u(k)]. \qquad (3.4).$$

The management action, $u(k)$, needs to be such that the non-negativity condition

$$l(k) \geq 0 \text{ for each } k \qquad (3.5)$$

is satisfied. Below we shall present sufficient conditions for (3.5) to hold.

We now proceed by considering eq. (3.4) as an one-dimensional system, where the stock level $N(k)$ is taken to be an external (measurable) time variable. Now, introducing a change of variables, we get the following equation for the deviation of the employment from the target level:

$$x(k+1) = f(k, x(k)) + C(k, x(k))[u(k) + e(k, x(k), u(k))], \qquad (3.6)$$

where $x(k) \equiv l(k) - l_s$, and

$$f(k,x) \equiv x + t(x+l_s)[\pi \frac{1}{a+x+l_s} N(k) - c],$$

$$C(k,x) \equiv t(x+l_s),$$

$$e(k,x,u) \equiv \frac{w(k)N(k)}{a+x+l_s}.$$

The policy instrument $u(k)$, introduced for the purpose of suppressing the effect of the fluctuating price and resource. The policy instrument $u(k)$ takes the form of a subsidy or tax imposed on a unit of fishing effort and is given by (see Kaitala and Leitmann, to appear)

$$u(k) = -f(k,x(k))/C(k,x(k)). \tag{3.7}$$

Hence, the management rule utilizes the knowledge of the values of the current effort level, $l(k)$, as well as the stock level, $N(k)$. After application the stabilizing control (3.7) the system equation becomes

$$x(k+1) = t(x(k)+l_s)\frac{w(k)N(k)}{a+x(k)+l_s}, \tag{3.8}$$

where $N(k)$ is assumed to satisfy the resource dynamics equation (3.1) containing unknown disturbances.

We next state sufficient conditions for the non-negativity condition (3.5); that is, $l(k) \geq 0$ implies $l(k+1) \geq 0$ if

$$\begin{cases} N(k) \in (0,K], \\ r + \bar{v} \leq 1, \\ t\bar{w}K < l_s. \end{cases} \tag{3.9}$$

Thus, provided (3.9) holds, $N(k) \in (0,K]$ and $l(k) \geq 0$ for all $k \geq 0$, if $N(0) \in (0,K]$ and $l(0) \geq 0$.

3.4 Simulation example

In the simulation example, we have used the parameter values $r = 0.25$, $K = 1000$, $a = 500$, $\bar{v} = 0.1$, $\pi = 1$, $c = 1$, $t = 0.7$, $N(0) = 700$, and $l(0) = 50$. The realization of the price fluctuation was $w(k) = \bar{w}\sin(0.5k)$, where $\bar{w} = 0.1$. Such a realization of the disturbance represents a maximum 10 percent fluctuations in price. The realization of the uncertain fluctuations in the resource growth was taken as $v(k) = \bar{v}\sin(0.2k)$.

When no disturbances are present, employment stabilizes at the level $l = 61.6$, and the corresponding stock level stabilizes at $N = 561.6$. The resource manager prefers, however, more intensive utilization of the resource, and hence he decides to use governmental funds to support a higher employment level, e.g. $l_s = 80.0$. The corresponding steady state stock level is $N = 448.3$.

Simulations show that in the unstabilized fishery the fluctuation in the number of the fishermen lags by about five years behind the stock level fluctuation (Figures 1 and 2). Hence, in this example, the stock level fluctuation seems to have more impact on employment than do the price fluctuations.

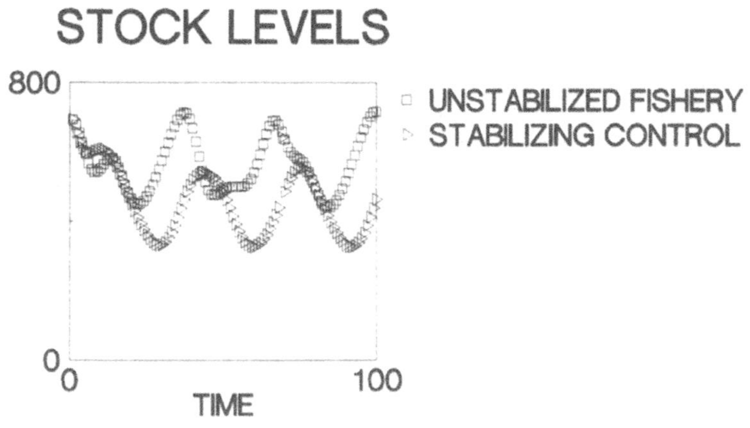

Figure 1. Stock levels in the fluctuating open-access fisheries economy

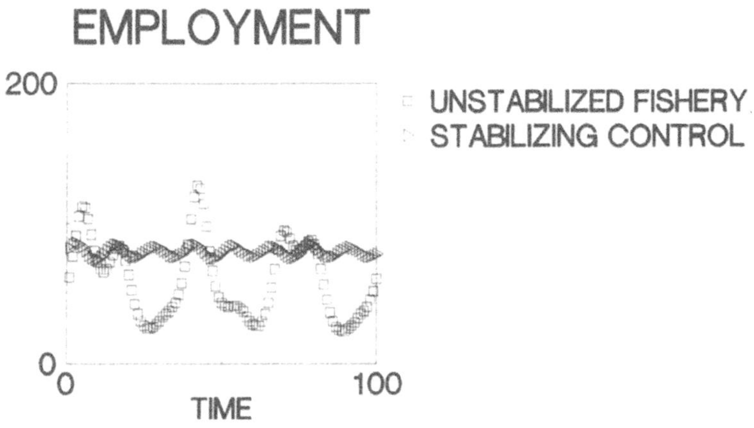

Figure 2. Employment in the fluctuating open-access fisheries economy

References

Andersen, P. and Sutinen, J.G. (1984) Stochastic bioeconomics: A review of basic methods and results. *Marine Resource Economics* **1**(2), 117-138.

Berck, P. (1979) Open access and extinction. *Econometrica* **47**, 877-882.

Clark, C.W. (1985) *Bioeconomic Modeling and Fisheries Management* (John Wiley, New York).

Clark, C.W., Munro, G.R., and Charles, A.T. (1986), Fisheries dynamics and uncertainty. *Progress in Natural Resource Economics* (ed. A. Scott, Oxford, Oxford University Press) 99-120.

Corless, M. (1985) Stabilization of uncertain discrete-time systems. *Proceedings of the IFAC Workshop on Model Error Concepts and Compensation* (Boston).

Corless, M. and Leitmann, G. (1985) Adaptive long-term management of some ecological systems subject to uncertain disturbances. *Optimal Control Theory and Economic Analysis 2* (ed. G. Feichtinger, North-Holland) 3-29.

Corless, M. and Manela J. (1986) Control of uncertain discrete-time systems. *Proceedings of the 1986 American Control Conference* (June 18-20, Seattle, WA) 515-520.

Deissenberg, C. (1986) Long-run macroeconometric stabilization under bounded uncertainty. To appear in *Proceeding of the Optimization Days 1986* (eds.H.A. Eiselt and G. Pederzoli, Springer Verlag).

Getz, W.M., R.C. Francis, and G.L. Swartzman (1987) On managing variable marine fisheries, Can. J. Fish. Aquat. Sci. 44: 1370 - 1375.

Kaitala, V., and Leitmann G. (1989) Stabilizing management of fishery resources in a fluctuating environment, Dynamics and Stability of Systems, No 2.

Kaitala, V., and Leitmann G. (to appear) Stabilizing employment in a fluctuating resource economy.

Lee, C.S. and Leitmann G., (1983) On optimal long-term management of some ecological systems subject to uncertain disturbances. *International Journal of Systems Science* **14**, 979-994.

Lee, C.S. and Leitmann G. (1987) Deterministic control of an uncertain single reach river: A discrete model. *Proceedings of the SICE 87'* (Hiroshima, Japan).

Lewis, T.R. (1982) *Stochastic modeling of ocean fisheries management.* (Seattle, University of Washington Press).

Manela J. (1985) Deterministic control of uncertain linear discrete and sampled data systems (PH.D. Dissertation, UC Berkeley).

Mangel, M. (1985) *Decision and Control in Uncertain Resource Systems* (Academic Press, New York).

Smith, V.L. (1969) On models of commercial fishery, *Journal of Political Economy* **77**, 181-198.

Walters, C.J. (1986) *Adaptive Management of Renewable Resources* (MacMillan, New York).

Verzeichnis der Autoren und Referenten

GPSR Compliance

The European Union's (EU) General Product Safety Regulation (GPSR) is a set of rules that requires consumer products to be safe and our obligations to ensure this.

If you have any concerns about our products, you can contact us on ProductSafety@springernature.com

In case Publisher is established outside the EU, the EU authorized representative is:

Springer Nature Customer Service Center GmbH
Europaplatz 3
69115 Heidelberg, Germany

Batch number: 10844829

Printed by Printforce, the Netherlands